本書由南京大學雙一流建設“百層次”科研項目資助

劉冠才 張玉來 盛林 宮辰 編

# 行走在語言與哲學之間

## ——慶祝李開先生八十壽誕學術論文集

鳳凰出版社

## 圖書在版編目（ＣＩＰ）數據

行走在語言與哲學之間：慶祝李開先生八十壽誕學術論文集 / 劉冠才等編. -- 南京 : 鳳凰出版社，2022.8
ISBN 978-7-5506-3734-4

Ⅰ．①行… Ⅱ．①劉… Ⅲ．①漢語－文集 Ⅳ．①H1-53

中國版本圖書館CIP數據核字(2022)第148958號

| | | |
|---|---|---|
| 書　　　　名 | 行走在語言與哲學之間：慶祝李開先生八十壽誕學術論文集 | |
| 編　　　者 | 劉冠才 等 | |
| 責 任 編 輯 | 張　沫 | |
| 裝 幀 設 計 | 陳貴子 | |
| 出 版 發 行 | 鳳凰出版社(原江蘇古籍出版社) | |
| | 發行部電話025-83223462 | |
| 出 版 社 地 址 | 江蘇省南京市中央路165號，郵編：210009 | |
| 照　　　排 | 南京凱建文化發展有限公司 | |
| 印　　　刷 | 江蘇蘇中印刷有限公司 | |
| | 江蘇省泰州市經濟開發區鮑徐鎮，郵編：225315 | |
| 開　　　本 | 652毫米×960毫米　1/16 | |
| 印　　　張 | 35 | |
| 字　　　數 | 487千字 | |
| 版　　　次 | 2022年8月第1版 | |
| 印　　　次 | 2022年8月第1次印刷 | |
| 標 準 書 號 | ISBN 978-7-5506-3734-4 | |
| 定　　　價 | 318.00圓 | |

(本書凡印裝錯誤可向承印廠調換，電話：0523-82099008)

李開先生與夫人施蘭斌

"五四"以后，进入了以"音值"构拟为标志性成果的新阶段。介音、主元音、韵尾，既着列上古韵母系统与介音章值方面的演变关系，又对声韵调以较宽作构拟。

高氏分论文《中国古音的构拟》(The Reconstruction of Ancient Chinese) (1922)，载伯法堂《语言学论丛》；等复多的是在《广成长安方音》一文中对高氏《中国音韵学研究》(1915—1926)提出的某些批评。

高作《汉字形声论》(Analytic Dictionary of Chinese and Sino-Japanese) (1923)，由高氏第一新研究上古音系的分析。从1.2万字分析中别出古韵的谐声构拟上古音的原则，即上古音主谐字都被带以声母多少，韵字主声及韵尾构拟三等类音词切或相近。高的解释①从中古音，②谐字韵被带以声母多少音部位相同以次为范围，则古 puan；菅 Kien | 千 Kan；平 xan | 干 Kan：早 ran等字都是声母音；微 puan；壁 bhian | 半 puan；判 piuan等字都是浊音，有时古某字与某字，古又某字某部用部位也可以互谐，例如 tʰai；斜 tsʰai | 奇 dʑiəi；堂 dʑaŋ ②主谐字韵被带以谐字主元音不同，大概是复音 tʰuai的对韵的对关系。例如 xuan；权 giuen | 劝 kʰiuP；腾 luP | 仓 bhuy；龙的字等主①因为以口音和喉音的互谐，所以有带主谐字韵被带字的韵尾韵音不同。则复 tʰuai；怡 tʰiəP，高氏认为谐声字有时三谐容合。②有两韵字三条无不完全合，连的对多谐字义实的多谐辅音（复辅韵），例如 iaŋ；通 tʰuŋ | 曳 jiəm；误 d'aml 匈 fuən；匈 Kien | 沉 jiu；并 tʰiu | 三希的多谐辅音作 kʰar；哶 d'ak；欶 biəi；管 p'iat | 卜 puk；悲 pʰiu，用谐字某声构拟上古音读，高本汉使谐声韵韵的构拟与前此大改变。

1928—1954是古音学史上的第三次大改进。高1928、高1934。法它的新论文1945、1954、陈1949王力1957 1960、周1969、李1971 高——这及以上古音部分的《上古问题》(Problems in Archaic Chinese) (1940)〔全文论诸，大说研究对拳本手〕① 5分介口韵的韵的意义和介绍韵构拟音的演变取名系。麻、模、鱼、麻的古谈读 ② 别讲、别介声类、谐声辅音构拟。〔大西末 古 x·d·g·l·b·θ·s·ʃ〕

论文《汉缘的反语》(Tibetan and Chinese) (1932)别韵辅音构拟。从藏语等的此较研究出，把上是第二次介绍说的改声母，高氏使之主要研讨谐声构拟之前此改进，上古音又改进，1950年川别韵法。论文《诗经研讨》(Shi King Researches)(得理译词)《毛诗注疏》(The Particled Parts in Laotsi) (1932)以高声讨论古韵体系统等"之"部与侯等之部"韵"部等与部位及"鱼虞模麻"鱼韵的那多韵尾用语，后再用体韵构拟谈论《音韵》。名谱与古韵《鱼韵》《唐》与谐的《东声》各的《韵韵》、以《东韵》、以逆用语的用韵。

《汉语词族》(别称)(Word Families in Chinese) 别谐别的，的此构拟。上古韵群构拟的各后后韵体，主要音期似一韵的发展。韵尾；别多韵 m·n·ŋ，多读 p·t·k、一读；别声韵，一派主韵收元音，一派主张收辅音；主元音走向简化。高汉、董2o、王95主韵多韵音《古韵圆成》及《汉汉字的音节的生成》(得理成论1932)李提出4阶3习。

李开先生手迹

# 序

　　李開先生八旬壽旦，有心人特爲策劃此書。所集文章近三十篇，有的探究韻部韻書，有的鑽研詞彙語法；有的追踪同源字詞的發生及關聯，有的尋溯歷史上的族際語言接觸；有的細觀一地方言的動詞構造，有的注意到女性用語的特色；有的尋思語言理論方法，有的評析西方語言學流派。又有文章考述近代海外漢語研究的出色成果，或者討論對外漢語教學的策略。涉及面如此廣泛，與歷史語言學、普通語言學、方言地理學、社會語言學、應用語言學、語言學史等等都有關聯，就好像是語言學界同人的一次聚談，并沒有一個約定的話題，與談者盡可乘興申論，一展自家所長。話題雖然繁多，彼此關係不甚緊密，與李開先生本人的學術旨趣却又多所呼應。因爲上述語言學的各門分支，他幾乎都曾涉足，有過相關的著述。凡是携文前來、參與聚談的朋友，想必都讀過李開先生在某個方面的某篇作品，多多少少有所獲益。所以，儘管是自由暢談，各有所好與偏重，實則圍繞着李開先生曾經注意的某一問題有感而發。

　　文集内有綜述文章，賅括李開先生的既往成就；還有專書專評的文章，點評了《漢語語言研究史》(1993)，這是他成熟期的代表作之一。中國語言文學專業的學生，要想把握本學科的發展史，都應該讀一讀這本書。寫中國語言學史的著作雖已有多部，李開先生此書所見的風景却不一樣，所思所析也不盡同：既諳熟傳統小學，又瞭解中西哲學；既深察客觀的語言本體，也致力揭示真實的學人學案——這樣的問學取向和研究路徑，在中國語言學界實不多見。關於清儒學案，李開先生有《戴震評傳》(1992)、《惠棟評傳》(1997)。兩本書由個

1

案延伸至斷代,再擴及總史;由思想者尋根思想,再放眼整部思想史。他的這一追求絕非短期可成。

2000 年 5 月下旬,李開先生來北外參加"紀念馬建忠逝世百年——首屆中國語言學史研討會"。我與他的學術興趣,自那一年起便時有交集,如 2008 年、2017 年我邀他來北京參加"先秦語言思想研討會""甲伯連孜《漢文經緯》學術思想研討會";2010 年初夏他邀我前往南京,共赴金壇"段玉裁與清代學術國際研討會"。最近的一次交集也是不期而至。2019 年的某一日,他於第一時間轉來網訊,告知他的"上古漢語時期的語言哲學"與我的"早期西洋漢語詞典三種"一同入選國家社科基金後期重點資助項目。爲此我們各自準備了多年,我是十年,而李開先生的打稿時日更要翻上一倍還不止。《漢語語言研究史》第一章的第一節,便是以"先秦諸子的語言學説"爲題,簡述了儒、道、名、墨諸家的語言哲學與邏輯思想。

撰寫一部中國語言學通史,自然要從先秦語言思想起筆,王力先生的《中國語言學史》、何九盈先生的《中國古代語言學史》等著作莫不如此。不同的是,李開先生有後續的探索。例如 2008 年的那次會上,他宣讀的論文是《先秦儒家語言思想論》。此文論理邏輯之嚴密、審視角度之獨特(如分析言語與知識的關係,借取了西方哲學的理念論、存在論),就不是一般人所能達到的。文章開頭列出的關鍵詞語,除了"先秦儒家語言思想",還有"知行本體論語言觀""言語評騭形上説""學理諸語言觀"。這些概念和説法我們并不都熟悉,需要放緩讀速,多加咀嚼,纔能瞭悟著者的思路。從李開先生的這篇舊文,以及之前之後的其他相關文章可知,數十年來他一直在"試手"中國古代語言哲學史。此時此刻,大家都期盼他的新著早成,而那也會是我們下一次聚談的新鮮話題。

姚小平

於北京外國語大學

# 目　録

# 語言學、哲學、語言哲學匯通的典範

## ——李開先生學術研究綜述

劉冠才

（南京師範大學文學院）

**摘　要**：李開師自 20 世紀 80 年代初至 2020 年，著述總計近 600 萬字，涉及西方哲學和語言哲學、中國語言學史、中國古代思想文化、漢語本體和漢語文化、詞典編纂理論、出土文獻、對外漢語教學等諸多領域。李師學術研究的主要特點是：研究領域廣泛且框架清晰，以西哲之石攻吾先哲之玉，注重學術源流的考察以及與時俱進的求知精神。

**關鍵詞**：語言學；哲學；語言哲學；匯通

李開師自 1984 年發表《戰國時代第一人稱代詞"我""吾"用法種種》和《古漢語中同義雙語素構成的複音詞》，至 2020 年共出版專著 11 部（另有《上古漢語時期的語言哲學》待出版），主編 4 部，發表論文 220 餘篇（另有書序 27 篇）①，總計近 600 萬字。李師的研究涉及西方哲學和語言哲學、中國語言學史、中國古代思想文化、漢語本體和漢語文化、詞典編纂理論、出土文獻、對外漢語教學等諸多方面。同時，

---

\*　本文篇名是和楊建忠教授商量擬定的，初稿完成後，遵李葆嘉教授建議，全部補出西方哲學家、語言學家的英文名字及生卒年。又蒙李教授教正多處并提供一些西方語言學家的有關信息，張美蘭教授指出兩處校勘錯誤，在此一并致謝。

①　本文所論李師的論著的出版社、發表期刊、轉載情況，均見於本書附錄"李開先生著述目録"，所發表的論文和書序後來大都收入李開《文史研習和理論學語》（江蘇教育出版社 2005 年版）、《哲學和語言文化哲學問津》（韓國首爾出版社 2008 年版）、《漢語古音學研究》（上海人民出版社 2008 年版）、《漢語語學義理舉實》（上海人民出版社 2010 年版）、《語言學和文史語言研究集稿》（南京大學出版社 2015 年版）和《語言學和文史語言研究集稿（續集）》（鳳凰出版社 2021 年版）六本論文集中。

李師還撰有大量的書評、書序。下面我們分爲七個方面叙述，并在此基礎上總結李師學術研究的特點。

## 一、 對西方語言學理論的研究

李師是一位頗具哲學頭腦的語言學家，在西方哲學和語言學理論方面均有深入的研究、豐富的著述。在語言和哲學兩個領域，李師溝通古今，學貫中西。李師的所有研究都是站在很高的哲學角度觀察問題、思考問題和解決問題的。在李師的著述中處處顯示着哲學思考的靈光。李師有關西方語言學理論的論著，除了專著《現代結構主義的一顆明星——布龍菲爾德〈語言論〉導引》(1991)外，還有《現代語言學及其方法論意義》(1985)、《語言學與方法論》(1986)、《從結構主義語言學到現代結構主義》(1986)、《美國的語言分析哲學及其科學邏輯初識》(1989)、《論現代理論語言學的科學方法意義》(1990)、《論現代應用語言學的理論建構》(1991)、《論喬姆斯基語法理論的人文精神》(2005)、《試論索緒爾語言學説的康德哲學淵源》(2007)、《倫敦語言學派的興起及其流變》(2008)、《文化和哲理雙楫推動語言學演進——〈西方語言學史〉評價》(2014)等多篇思想深邃、思維縝密的論文。李師有關西方語言學理論的論著，涉及許多西方語言學家、語言學流派，其中以對索緒爾、布龍菲爾德、喬姆斯基等人的研究最爲深入。此外，李師還主編《理論語言學哲理研究》(與顧濤、盛林合著，2010)一書。

### (一) 對布龍菲爾德語言理論的研究

布龍菲爾德（Leonard Bloomfield, 1887—1949）的《語言論》(1933)，一直以美國結構主義語言學奠基之作的名分，在世界範圍内的語言學界享有崇高的地位。李師對布龍菲爾德語言理論的研究，主要體現在他的《現代結構主義的一顆明星——布龍菲爾德〈語言論〉導引》一書中①。《導引》全書分爲八章：第一章，關於布龍菲爾德的生平事迹；第二章，關於布龍菲爾德描寫語言學產生的文化背景；

---

① 該書 1991 年由南京大學出版社出版，以下行文簡稱《導引》。

第三章,布龍菲爾德《語言論》内容及評介;第四、五、六三章分别討論《語言論》中的描寫語言學理論、現代哲學問題和《語言論》中的文化語言學;第七章,關於布龍菲爾德描寫語言學理論在中國的傳播;第八章,關於布龍菲爾德後學及其哲學意義。

《導引》將《語言論》的内容分爲四大部分:一、《語言論》概論,包括《語言論》第一章至第四章共 38 節,主要討論語言研究的歷史、從"刺激—反應"看語言本質、布龍菲爾德的唯物主義、言語社團及其作用、語言親屬關係問題;二、音位理論,包括《語言論》第五章至第八章共 45 節,主要討論音位的形成及其歸納,音位的類型,從音長、音强、音高看音位及其變體,音位的意義本質;三、語法理論和語言的發展變化,包括《語言論》第九章至第二十四章共 157 節,主要討論以語音研究爲邏輯起點的語言意義研究,語法形式的構成及術語體系,句子的不同描寫類型,描寫語言學的句法理論,以分析粘附形式和屈折方法爲主的詞法理論,構詞形態類型學理論,作爲替代法的代詞的選擇性原則,詞彙的形類及其語法意義,文字記載和文獻語言研究,歷史比較法的作用及其局限,方言地理學對歷史比較的意義,通過音變過程的描寫豐富對音變規律的認識,語音的演變類型,形式頻率的波動及引起波動的原因,語言形式的類推變化和適應性構形語義變化及其文化信息;四、語言和語言學的應用,包括《語言論》第二十五章至第二十八章共二十七節,主要討論語詞的借用及其文化意義,語言在密切接觸中融合,從語言的發展及文字對語言的影響看方言間的借用,語言學在語言標準化、語言研究、語言教學及其他學科領域内的廣泛應用。

布龍菲爾德《語言論》作爲美國結構主義語言學的奠基之作,學習研究者甚衆,不過,以專著的形式全面評介布龍菲爾德《語言論》的理論體系、哲學背景、文化背景、廣泛影響及其後學的發展狀況,李師的《導引》應該是國内較早的一部。《導引》一書除了全面系統地介紹《語言論》的理論體系外,還對布龍菲爾德與鮑阿斯(Franz Boas,1858—1942)、薩丕爾(Edward Sapir,1884—1939)學術淵源的内在邏輯關係,布龍菲爾德的結構主義學派及其後學機械主義派中的哈里斯（Zellig S. Harris，1909—1992）、霍凱特（Charles F. Hockett，1916—2000）的學說和心靈主義派的派克（Kenneth L. Pike，1912—2000）、弗里斯（Jakob F. Fries，1773—1843）的學說的特點，霍凱特與喬姆斯基的爭論，布龍菲爾德後學的理性主義的哲學反思以及哈里斯、派克對喬姆斯的影響等等問題都進行了深入研究。這一切對於深入瞭解 20 世紀美國語言學史都是非常有價值的。《導引》對《語言論》在中國傳播的過程進行了系統的梳理，并且全面介紹了布龍菲爾德學說對王力、呂叔湘、高名凱、趙元任、朱德熙等人語法研究的影響，這對於深入瞭解 20 世紀漢語語法學的發展也是非常有價值的。李師在《導引》"引言"中強調指出："《語言論》本身包含着文化學說，結構描寫又啓迪着邏輯分析哲學，故研究《語言論》就不應當是單一的語音和語法的視角，而應當揭示其本身豐富的內涵，把全書放在一個更爲廣闊的，涉及哲學、邏輯、文化史等多樣綜合形態中加以考察。"李師是這麼説的，也是這麼做的，這對我們認識《語言論》有很大的幫助。

**（二）對喬姆斯基語言理論的研究**①

李師對喬姆斯基（Noam Chomsky，1928—）學說的關注很早，在《導引》中就已論及，在其後的許多論著中也常常提及，而《語言學的現代科學之路》（1990）、《論現代理論語言學的科學方法意義》（1990）、《論喬姆斯基語法理論的人文精神》②（2005）則較爲集中地體現了李師對喬姆斯基語言理論的認識、研究。李師對喬姆斯基語法理論的研究，主要包括兩個方面：一是對喬姆斯基語法理論的三個階段主要理論進行解析；二是對喬姆斯基語法理論的哲學基礎進行探索説明。

在《語言學的現代科學之路》中，李師認爲喬姆斯基不滿足於觀察語言行爲的表面現象，而要求深入產生言語能力和機制的內部與

---

① 李師有關西方語言學理論的論文後均收入其《文史研習和理論學語》《漢語語學義理舉實》和《語言學和文史語言研究集稿》三書中。

② 載《南京大學學報》2005 年第 3 期，人大複印資料 2006 年第 2 期專欄首篇。與薛遴同志合著。又見《文史研習和理論學語》，江蘇教育出版社 2005 年版，第 517—532 頁。

語言結構的內部，其哲學含義顯然是要把言語主體和語言客體統一起來。在《論現代理論語言學的科學方法意義》中，李師對 20 世紀 50 年代到 80 年代末，喬姆斯基語法理論三個階段的理論模式進行了概括解析。《論喬姆斯基語法理論的人文精神》是一篇理論性極強的文章，該文主要探討了喬姆斯基語法學説的學術背景和理論基礎。李師認爲，喬姆斯基語法理論是形式學派領域内理論性、實踐性和人文性都很強的理論；對喬姆斯基語法理論產生重大影響的學者主要有蒯因（Willard Van O. Quine，1908—2000）、笛卡爾（René Descartes，1596—1650）、皮爾斯（Charles S. Peirce，1839—1914）、康德（Immanuel Kant，1724—1804）。在李師看來，20 世紀 50 年代美國的哲學背景是喬姆斯基語言學説的理論源泉，這個時期蒯因強調"語言整體觀""語言規則"和"語言知識基礎"，大大地提升了語言分析哲學；蒯因提出的"語言形而上學"的"實體理論"的"本體論"，正是喬姆斯基語言理論的核心和基礎。李師還認爲，喬姆斯基語言理論的哲學基礎可以遠溯到笛卡爾的哲學思想，笛卡爾理性主義中的語言論諸如"心智説"、"正常使用語言的能力"、"作爲一種解釋原理"的"心智的假設"、"最值得注意的語言特徵"、"語言使用的創造性方面"、"在更廣泛地理解探索中"確立起來的"原則"以及"靈魂"和論證"天賦觀念"時提出的"一種普遍性的因果原則"等等都對喬姆斯基語法理論產生了重大影響，以致在 20 世紀 70 年代末西方有人稱喬姆斯基語法理論爲"笛卡爾語言學"。皮爾斯（1918）的"領悟邏輯"（the logic of abduction）是對天賦觀念的一個説明，和笛卡爾式的古典理性主義對語言和心智關係的探索相像，喬姆斯基幾乎把皮爾斯看成是笛卡爾 20 世紀的美國版。李師認爲，在"先天語法裝置（模式）和後天習得""天賦可能存在的某種本能性質""領悟邏輯導向轉換生成語法和發生認識論"這三個方面，是喬姆斯基立足於笛卡爾的現代美國版的皮爾斯，進而對人腦外化的語言結構和認識發生等進行的人文性的可貴探索。康德三大批判説——純粹理性批判（1781、1787）、實踐理性批判（1788）、判斷力批判（1790），使理性的主體能動性開始發揮其自我批判和自我建立、創造和生成的作用。李師認爲，在喬姆斯基語言學主體部分,即語言經驗事實材料是如何進入大腦的,又如何與先天圖式相結合而形成活動過程,特別是生成與創造過程,正是采用了康德哲學;喬姆斯基語言學的三個時期,正是康德批判精神發揮作用的結果,是康德批判精神的具體體現。康德把人類的知性能力解釋成"一切純粹概念(即純粹理性)發展的綫索",是得到一切分析判斷和綜合判斷的最高原理。康德在其知性過程中建立的圖式顯然不同於笛卡爾的天賦觀念的能力、原則、先天的模式等。李師認爲,喬姆斯基語法轉換生成模式的哲學性質正是康德的知性圖式,而非笛卡爾的先天模式;康德從經驗中抽象出表象,從表象上升到知性,由知性上升到形式理性。喬姆斯基由經驗習得而得知覺的來源在於具體的語言材料,由知覺而循天賦精神,完成感性和形式理性的一致;沒有康德哲學作爲參照,沒有對康德哲學研究的深入,就沒有對喬姆斯基的解讀和研究的深入。

### (三) 對索緒爾語言理論的研究

索緒爾(Ferdinand de Saussure,1857—1913)作爲現代語言學之父,他的《普通語言學教程》[①]是每位研習語言學的人都會涉獵的,對這部經典著作進行研究的人也很多。《教程》的研究者有的研究該書所闡述的語言理論系統,有的研究索緒爾語言理論的文化背景和哲學基礎[②],李師的《試論索緒爾語言學説的康德哲學淵源》(2007)顯然屬於後者。該文分爲兩部分:一是從學術史看索緒爾和康德的理論聯結;二是從理論系統及其發展看索緒爾和康德的學術聯結。李師認爲,歷數歷史上的語言哲學家,沒有一個不或明或暗地聯結着康德,索緒爾也不能例外;根據學術史的一般經驗,追求學術創新的索緒爾在德國留學五年,肯定受過當時風靡一時的德國主流哲學——康德哲學的影響;康德哲學的邏輯起點是知性階段的"物自體"即"自在之物",索緒爾的"語言"就是語言世界中的"物自體";語言研究本質上是知性認知研究,索緒爾的語言理論是語言哲學,從《教程》可以

---

① 以下行文簡稱《教程》。
② 也有研究《教程》版本的,但不是研究的主流。

發現康德的"魍魎微陰"。

在該文中,李師首先對康德哲學體系進行了梳理。李師指出,康德哲學既攸關人類的道德,攸關事物和行爲的價值,也攸關對象研究的本體。貫穿三大"攸關"的人文精神是三大"批判"(純粹理性批判、實踐理性批判、判斷力批判)。而作爲三大"批判"的認識的邏輯起點,就是能與本體(noumenon)交替使用的著名的"物自體"。康德把人類認識分爲三個階段:感性、知性、理性。"物自體"不是事物的本身,而是在知性認識階段產生的心物二元的"物"和"本體"。"物自體"是概念化、抽象化、形式化、符號化了的"物",是一個大寫了的"物"字,而真正的"物"是不可認識的,認識的祇能是概念化、抽象化了的"物自體";索緒爾所説的"語言",就是康德的"物自體",它被概念化、抽象化、形式化、符號化了。"語言"就是語言世界的"物自體",而"言語"則是康德感性領域內的超越經驗界限的"本體",它同樣帶有"物自體"式的"語言"的性質。語言世界中真正的經驗對象是每個人所説的一句句話,它是不可認識的(從語言學的角度説),也是沒有必要認識的,需要認識并加以研究的就是那"物自體"式的語言;言語是語言世界的"本體",由於"物自體"和"本體"的相通的性質,"語言"和"言語"的區分既是明確的,又是相通的,故沒有必要在語言研究之外另設言語研究。

關於《教程》中康德哲學的"魍魎微陰",李師認爲索緒爾在論述"語言可變性"時有一段很費解的話可爲例證:"時間保證語言的連續性,同時又有一個從表面看來好像是跟前一個相矛盾的現象,就是使語言符號或快或慢發生變化的效果;因此,在某種意義上,我們可以同時説到符號的不變性和可變性。"①原編者認爲:"不能因爲這句就認爲索緒爾持語言有不變和可變兩種性質。他是想引兩個互相對立的術語表明以下真理:語言發生變化,但説話者不能使其變化。或者説語言是不可觸動的,但不是不能改變的。"李師認爲:原編著者理解基本上是正確的,這裏正有着康德哲學的痕迹。康德的先驗時間和

---

① ［瑞士］索緒爾《普通語言學教程》,商務印書館 1982 年版,第 111 頁。

"物自體"均被移用於此。索緒爾的原話猶言先驗邏輯形式的空間使"物自體"(語言)存在其中,并能保證"物自體"的連續存在,即時間形式的存在。當知性時間和"物自體"被用來批判地考察感性經驗中的語言表達時,事實上經驗的言語表達并不能被認識,祇能認識"物自體"式的"語言",這時就發生"相矛盾"(二律背反)的情形,而"物自體"式的"語言"在先驗時間的連續系統中的狀況是複雜的:既是可變的,又是不變的。之所以如此,就是因爲"物自體"式的"語言"與企望被考察但不能被考察的言語表達是兩回事。原編者巴利等人不理解索緒爾的康德哲學背景,在此岸現實世界中闡釋索緒爾,而索緒爾此處恰恰不期而然地流露出在康德先驗彼岸世界中考察語言,所以説出常人覺得自相矛盾的話;在知性的先驗時間中看,在感性中以"物自體"式的"語言"爲考察對象看,既可變,又不變,是十分自然的事。

## (四) 其他有關西方語言學理論的論文

李師有關西方語言學理論的文章,以《現代語言學及其方法論意義》(1985)爲最早[①],後來李師將該文的主要内容整理到《論現代理論語言學的科學方法意義》(1990)一文中。在後文中,李師主要是在論證美國語言學學會會長葛林伯格(Joseph H. Greenberg,1915—2001)提出的"語言學是一門領先的學科"這一論題。李師提供的證據有三條:一、亞里士多德(Aristotle,前 384—前 322)提出形式邏輯,就是以語言研究爲基礎的。二、量子力學的創始人、德國著名的物理學家、哥本哈根學派代表人物之一的海森堡(Werner K. Heisenberg,1901—1976)把語言學和邏輯學看得同樣重要,把它們都看作物理學哲學不可缺少的組成部分。三、喬姆斯基的結構主義涉及思維規律的研究,因而成爲現代西方哲學中結構主義的一個代表;喬姆斯基的轉換生成語法爲發展結構主義提供了依據;喬姆斯基的轉換生成語法還促成現代認知心理學的誕生;現代認知心理科學的認知方法,無疑是知識論領域重要的方法學,而它的建立和闡發,一步也沒有離開過現代理論語言學。李師認爲,現代科學理性分析中的

---

① 載江蘇省社會科學聯合會主辦《社科信息》1985 年第 8 期。

三個基本方法——共時描寫和歷時解釋的二維方法、結構主義方法和認知科學中的認知方法，都與現代理論語言學有密切關係；弄清這些方法的來源和掌握這些方法，都離不開語言科學（《文史研習和理論學語》，第499—507頁）。

在《語言科學與方法論》①中，李師補充材料，進一步論證"語言學是一門領先的學科"，強調語言學的方法論意義。同時，李師還明確指出語言學之所以能成爲某種科學方法先導的原因：一、語言携帶思維的信息，研究語言信息意味着對思維及思維對象的深入，語言研究的本身具有横向的滲透能力。二、語言能力的形成及複雜的語言結構内部是世代系列社會（也包括自然）進步的信息庫。三、語言網絡對思維對其對象客體的覆蓋；語言模式與思維客體的某些模式類似；語言信息庫負載的社會和自然的信息要素的深層能力，都決定語言研究不能不帶上方法論的意義。李師最後指出：語言分析於古希臘哲人，陳第的古音研究於歸納法，結構主義語言學於結構主義方法，現代應用語言學於系統論，都不能不產生深刻的影響和給予重大的啓示。

在《從結構主義語言學到現代結構主義》②（1986）一文中，李師對結構主義語言學的萌芽（索緒爾《普通語言學教程》系統概念、共時系統、歷時系統）、發展（哥本哈根學派——"結構主義語言學支柱"，布拉格學派——將結構主義的一些基本概念如結構、符號、職能、運動的内在性運用到其他學科）、衰微（喬姆斯基轉換生成語法出現）的過程進行了簡要介紹，在此基礎上重點介紹了皮亞傑（Jean Piaget，1896—1980）新的結構主義理論的内容、價值和缺陷。李師認爲，皮亞傑新的結構主義理論和原來老的結構主義理論不同之處是：老結構主義重在静態的形式構成，新結構主義的結構是動態的，重在自己系統内的流動和轉換；老結構主義是形式系統，新結構主義，按皮亞

---

① 載《紹興師專學報》1986年1期，《高等學校學報文摘》1987年6期，又載《哲學和語言文化哲學問津》，首爾出版社2008年版，第132—133頁。

② 載江蘇省哲學社會科學聯合會《社科信息》1986年第9期，又載《哲學和語言文化哲學問津》，第130—131頁。

傑的説法,"總是和構造論緊密聯繫的"。李師從九個方面説明皮亞傑的結構主義學説是具有辯證性質的理論,同時李師也指出了皮氏理論的缺陷:祇重視個人的實踐而否認群體的實踐;對列寧的反映論存在嚴重的誤解。

《美國的語言分析哲學及其科學邏輯初識》①(1989),是李師研究西方"語言哲學"的一篇重要的文章。該文從對英國哲學家羅素(Arthur W. Russell,1872—1970)《邏輯是哲學的本質》(1914)一文的介紹開始,然後討論了 20 世紀 20 年代在維也納形成的以石里克(Friedrich Albert Moritz Schlick,1882—1936)爲代表的邏輯實證哲學,30 至 40 年代開始形成的以卡爾納普爲代表的新邏輯實證主義語言分析哲學(或稱爲"語言哲學"),50 年代以美國蒯因爲代表的語言哲學,60 年代以塞拉斯(Roy W. Sellars,1880—1973)和戴維森(Donald Davidson,1917—2003)爲代表的語言哲學,70 年代以塞爾(John R. Searle,1932—)和克里普克(Saul Aaron Kripke, 1940—)爲代表的語言哲學。該文對卡爾納普(Paul R. Carnap,1891—1970)與羅素的差別,蒯因與羅素、索緒爾的關係,塞爾與英國語言學家、語言哲學家奧斯汀(John L. Austin, 1911—1960)的關係都進行了深入探討。李師認爲,語言分析哲學廣泛而深入地研究了邏輯思想、邏輯結構、推理法式等等,從中引出科學的方法論意義,因而建樹了作爲門類科學的方法學的科學哲學和一般科學哲學。……美國語言哲學在人類對語言人工自然客體的探索中留下了豐富的思想,在長達半個多世紀的以語言爲專門對象的研究中,提出了元語言、意義標準、邏輯句法、邏輯分析、符號與概念意義的關係、派生名稱性質、語義描寫和語義哲學的區分、語用學的地位等,對我們從事哲學、邏輯學、語言學的研究都有啓發。同時李師也指出:語言分析哲學的基本立足點是錯誤的,一個最簡單的事實是不能把哲學問題全部歸結爲語言問題,祇能説語言是哲學應當研究和包括的一個客觀對象。

---

① 載《哲學和語言文化哲學問津》,第 155—161 頁。

　　《論現代應用語言學的理論建構》①是李師討論"應用語言學的理論"的代表作。文章首先介紹了應用語言學的產生(19世紀70年代波蘭著名語言學家庫爾德内提出的)和發展,應用語言學的本質(利用語言學知識來解決其他學科領域中的各種問題),"應用語言學"與系統論、信息論、控制論、數理語言學、結構語言學、轉換生成語言學的關係。李師認爲,現代應用語言學在數學分析、邏輯模式、轉換方法、人機系統内的應用等方面,都給其他社會科學領域的深化提供了範例。

　　《認知語言學説略》②是李師討論"認知語言學"的代表作,該文圍繞"認知、認知語言學、認知科學""認知心理學""認知結構、認知心理結構、認知語言結構""普通認知語言學和神經認知語言學""認知心理語言學""認知語用學"六個問題對認知語言學進行了深入系統的討論。

　　《倫敦學派的興起及其流變》③重點討論了倫敦學派的興起、弗思(John R. Firth,1890—1960)的語境學説和功能語言學以及韓禮德系統功能語言學,并對該學派發展的内在邏輯關係進行了深入探討。

　　此外,李師還撰有《皮亞傑建構學説科學認識意義》(1986)、《試論結構研究》(1986)④、《二十世紀文史哲名著精義》([法]加羅蒂《人的遠景》、[美]布龍菲爾德《語言論》)(1992)等哲學、語言理論論文。

　　李師研究西方語言學理論,注重探討語言學在方法論上的意義,注重語言學和哲學的貫通,注重中外的貫通,注重歷史上的追述探源。

## 二、 對中國語言學史的研究

　　"中國語言學史"是李師在南京大學執教時重點講授的課程之一,也是李師措力較多的一個研究方向。李師在中國語言學史研究

---

① 　原載《南京社會科學》1991年第4期,又載李開《文史研習和理論學語》。
② 　原載李開等編《理論語言哲學研究》,南京大學出版社2009年版。
③ 　《湖北大學學報》2008年第3期,又載李開《漢語語學義理舉寔》,第302—316頁。
④ 　這兩篇論文均未公開發表,後收入李開《哲學和語言文化哲學問津》一書中。

方面的論著很多,除專著《漢語語言研究史》(1993)、《戴震語文學研究》(1998)、《漢語古音學史》(與顧濤合著,2015)、《上古漢語時期的語言哲學》(待出版)外,還撰有 60 餘篇相關的論文,涉及中國語言學史的方方面面①。此外還有與盛林、宮辰合著的《二十世紀中國的語言學》(2005)。

《漢語語言研究史》分爲七章,分別對先秦、兩漢、魏晉南北朝、隋唐宋、元明、清代、《馬氏文通》至新中國成立前七個歷史階段的漢語語言研究進行了全面系統的論述。《戴震語文學研究》全書除引言外共三編,分別對戴震的注釋學、以六書體用和轉注互訓爲創新內容的文字學、戴震的音韻學進行了全面系統的研究。《漢語古音學史》全書 37 萬字,共二十三章:第一章,主要討論“時間觀、空間觀在古音學研究的地位和作用”“漢語語音發展的歷史時期”“上古音研究的材料及方法”;第二章至第十三章對早期古音學和陳第、顧炎武、江永、段玉裁、戴震、孔廣森、王念孫、朱駿聲、錢大昕、江有誥、章太炎、黃侃、王力、羅常培、周祖謨、高本漢等人的古音學進行了全面系統的論述;第十四章至第十七章,對古音構擬和三次古音學大討論、上古音主元音之爭始末、古音構擬中的介音構擬問題、古音構擬重紐和非重紐問題進行了全面系統的總結;第十八章至第二十三章,對異質語言研究的新開拓、民族語言接觸視野和漢語古音學、以“中體西用”爲研究法的複聲母元語言解釋系統研究、境外學者從不同的視角對漢語古音的研究、俄籍古音學家雅洪托夫和斯塔羅斯金的系統構擬、新派學者鄭張尚芳和潘悟雲的古音學研究進行了客觀公正的評介。

《上古漢語時期的語言哲學》分爲緒論、範疇、群經基礎(上)、群經奠基(下)、發展、語學六篇,全書 41 萬字。“緒論篇”主要討論什麼是語言哲學,從經、經學到語言哲學,從諸子、諸子學到語言哲學,從史學到語言哲學,從語學到語言哲學;“範疇篇”主要討論正名、名辯、具象思維、漢字、類邏輯、度、注釋、注疏、知識、認知、知行、術、道、德;

---

① 李師有關中國語言學史的論文分別收入李開《文史研習和理論學語》《漢語古音學研究》《哲學和語言文化哲學問津》《漢語語學義理舉實》《語言學和文史語言研究集稿》和《語言學和文史語言研究集稿(續集)》六本論文集中。

"群經基礎篇"(上)主要討論《尚書》《周易》《詩》《三禮》《孝經》中的語言哲學問題;"群經奠基篇"(下)主要討論《左傳》《公羊傳》《穀梁傳》中的語言哲學問題;"發展篇"主要討論《論語》《孟子》《荀子》《墨子》《老子》《莊子》《韓非子》《公孫龍子》、漢代陸賈《新語》、賈誼《新書》、劉向《新序》、揚雄《法言》、王充《論衡》中的語言哲學;"語學篇"主要討論《爾雅》《方言》《説文解字》《小爾雅》《釋名》以及鄭玄、許慎、高誘古注中的語言哲學。該書以王力先生定義的上古漢語時期中的大部分——春秋戰國至東漢末爲時間選擇,以《尚書》今古文至許慎、高誘《淮南子》注釋文字爲文獻依據,研論該時期語言哲學,述其範疇、名、象、漢字、類邏輯、度、注釋等十一大類,分群經基礎、諸子發展、語學綜合等專題作傳統考論。

李師有關語言學史的論文涵蓋古代和近現代,以研究江永、戴震、段玉裁、馬建忠、黃侃、方光燾的爲多,其中研究江永的 4 篇,戴震的 7 篇,段玉裁的 8 篇①,馬建忠的 8 篇,黃侃的 6 篇,方光燾的 4 篇②。此外,有關《爾雅》的論文 2 篇③,有關《説文》《釋名》和顧炎武、江有誥、孔廣森的各 1 篇,有關高本漢的 3 篇,徐復的 2 篇,陸志韋、高名凱、黃景欣、俄斯塔羅思京(Сергей Анатольвич Старостин / Sergai Anatolyevich Starostin,1953—2005)的各 1 篇。另有《論上古韻真、文兩部的考古和審音》(2004)、《現代學術史關於古音學的三次大討論》(2005)、《圍繞脂、微分部的古音學史演進》(2007)、《〈韻鏡〉半舌半齒音重紐和舌音齒音非重紐》(2008)、《〈廣韻〉重紐在古音構擬中的解釋》(2012)、《論上古主元音是〈廣韻〉重紐重要音理》(2012)、《〈墨經〉語言學思想研究》(1986)、《宋賈昌朝〈群經音辨〉及其在中國語言學史上的意義》(1987),《我國古代第一部詞性轉變和詞義轉變詞典〈群經音辨〉》(1988),《元盧以緯〈助語辭〉評介》(1991),《焦循注

---

① 另有將戴震、段玉裁放在一起研究的論文 2 篇:《清代學術史上的盛事:戴震、段玉裁論韻十五年》(2005)、《論戴震、段玉裁真、文分立及其研究方法》(2005)。

② 另有《紀念方光燾、黃淬伯先生誕辰 120 周年國際學術研討會開幕式致詞》(2019)、《五十年前的一場學術大討論:方光燾先生和高名凱先生語言語大討論》兩篇與方光燾有關的論文。

③ 另有《方言》的研究《〈方言〉總體結構及其對〈爾雅〉古今語的記述》(1990)。

釋趙岐〈孟子題詞〉研究》(2000),《王夫之的注釋學思想初探》①
(1988)等有關論文。

　　李師有關中國語言學史的論著,從體裁上看,既有多部專著,也
有大量的論文;從時代上看,以古代的語言學家語言學著作爲主,兼
及近現代語言學家語言學著作;從内容上看,以古音學爲主(兼及今
音學、等韻學),兼及訓詁學、語法學、詞彙學、語言哲學。既有《漢語
語言研究史》這樣通論性質的著作,也有《漢語古音學史》《上古漢語
時期的語言哲學》這樣研究某一領域的專著和《戴震語文學研究》這
樣專門研究某一重要學者語言學成就的專著;以研究經典著作、著名
學者爲主,兼顧一般著作、學者。

　　《漢語語言研究史》中討論了許多傳注訓詁著作,有些著作如宋
賈昌朝的《群經音辨》、三部佛典音義書(唐玄應《一切經音義》、慧琳
《一切經音義》和宋遼僧人希麟《續一切經音義》),是此前的語言學史
著作未涉及的。《漢語古音學史》研究的範圍更加廣泛。該書除了對
傳統的古音研究成果進行評述外,還對近幾十年來出現的新成果、新
領域、新方法進行評述,諸如高本漢上古韻部構擬和音理、古音構擬
和三次古音學大討論、上古音系擬音配置的方法、古音構擬中的介音
構擬問題、古音構擬重紐和非重紐問題、異質語言研究的新開拓、民
族語言接觸視野和漢語古音學、以"中體西用"爲研究法的複聲母元
語言解釋系統研究、境外學者從不同的視角對漢語古音的研究,這些
都是前此古音學史著作未提及或很少提及的。至於頗受爭議的新派
學者鄭張尚芳和潘悟雲的古音學研究,更是其他古音學史論著所忌
憚論及的。

　　《上古漢語時期的語言哲學》一書,從時間上看,李師參考王力先
生《漢語史稿》中"五胡亂華以前都叫上古期"的説法,把先秦至東漢
滅亡齊一爲上古漢語,將先秦兩漢的語學精華都囊括起來。從研究
的材料範圍看,包括群經、諸子(除先秦諸子外,還包括漢代陸賈《新

---

① 王夫之古書注釋分爲兩類,一類以古書闡釋自己的哲學思想爲主,一類以疏通古書的
　語言文字爲主。

語》、賈誼《新書》、劉向《新序》、桓譚《新論》、揚雄《法言》、王充《論衡》);《爾雅》《方言》《説文解字》《小爾雅》《釋名》及鄭玄、許慎、高誘古注中的語言哲學,無不論及。至於《戴震語文學研究》,更是較早全面研究戴震語文學的專著。在衆多有關中國語言學史的論文中,有研究傳統語言學經典作家和經典著作的,也有研究近現代語言學經典作家經典著作的,涉及文字學、音韻學、訓詁學、語法學各個領域。特別值得注意的是,李師能够借鑒西方語言哲學的研究成果,開拓中國語言哲學研究領域。《上古漢語時期的語言哲學》就是將西方語言哲學運用到中國語言學史研究上的典範。西方語言分析哲學認爲,以語言爲對象作哲理邏輯研究,這是一種語言哲學(philosophy of language);以語言學爲對象作哲學層面上的概括,也是語言哲學(linguistic philosophy)。李師認爲,這兩種情況,中國古代都不乏其例。該書研究中國古代語言哲學的視野也是基於以上兩種情況。以語言爲對象的,如孔子、荀子以及名家的"正名"説、孟子的"知言"説(《孟子·公孫丑上》)、墨辯名言説、道家道説和名言説、名家的"白馬非馬"説、《指物論》中的符號説等等。以古代語言學爲對象的,除了對孔子、莊子、荀子等人語言學説的哲學改造以外,還有對語言文字學著作本身的哲學概括,如《爾雅》將天地萬物分成 19 類、揚雄《方言》對歷時性("絶代語釋")和共時性("別國方言")的自覺意識、《説文》對漢字如何産生的思想方法上的反思,乃至《釋名》對名號的闡釋和應用等等,都在中國古代語言哲學的視域之内。

李師在著《漢語語言研究史》《戴震語文學研究》《漢語古音學史》《上古漢語時期的語言哲學》前,曾撰有一系列相關論著,在一系列論著的基礎上撰成的專著,學術質量高是不言而喻的。在一些具體的學術問題上,李師也提出了自己的見解。更爲重要的是,李師能以哲學家的思維方式看待一般的語言現象。中國古代著名的語言學家,大都也是哲學家。明末清初的顧炎武雖然宣導考據學,但他本身也是一位思想家,而戴震更是清代語言學、哲學二者皆精的學者,在戴震的語言學研究中自然閃爍着哲學的光芒。李師作爲一位哲學、語言學、語言哲學皆通的學者,具有較強的哲學思辨能力和深厚的西方語言學理論修養,在對中國語言學史的著名學者、論著、學説進行評價時往往有特殊的視角和出人意表的結論。李師在完成《戴震評傳》後又進一步深入研究"戴震的語文學",自然會有許多獨特的視角。在《漢語古音學史》"緒論"中,李師在談到"時間觀在古音學研究的地位和作用""空間觀在古音學研究的地位和作用"時説:"'時間'和'空間'是事物和運動存在的形式,兩者是哲學的一對基本命題。對時空問題的思索是中西方哲學家和科學家們不斷研究的課題。……時間和空間共同組成了物質存在的統一形式。"該書在述評古音學家的研究成果時,往往注意到古音學家時空觀的自覺程度①。

在《上古漢語時期的語言哲學》中,李師嘗試探尋中國傳統文化研究的新思路、新途徑,除原典以外,尤重相關注釋文字的助證,并在有限範圍内作若干中西比較,尋繹中國傳統語言哲學理路、史脉、文心和文例。在該書的"緒論"部分,李師首先厘清了哲學、語言哲學和語言理論等概念的關係。李師認爲,中國古代的哲學,一般不表現爲本體論、認識論,除了表現爲道德論、知識論、認知説外,還表現爲語言哲學中的正名説、名象説、象數説、類分説、造字用字説等等,研究古代的語言哲學,纔能羽翼、助長、豐沛中國古代哲學;"語言哲學"的語義重心、内涵所在、真值總歸、價值指向,祇能是"哲學",而非語言本身,但必須立足於語言文字談問題,而非立足於社會、思想、意識,更非立足於物理世界本體、世界認識談問題;如果説語言是第三世界的話,語言哲學恰恰就是第三世界哲學;語言與哲學兩者從未須臾分離過;語言理論是以語言爲研究對象,抽象出關於語音、詞彙、語法的具體理論和關於語言的一般抽象理論,它的最重要的内容,按照索緒

①　如該書第十八章異質語言研究的新開拓,主要討論"漢語方言研究的古典傳統不絶如縷""由歷史文獻材料考索古方音遺迹之殘留""由《切韻》之綜合音系上推其古音淵源""關於系統構擬上古方音音系""漢語通語史研究的興起及其意義";第十九章,民族語言接觸視野和漢語古音學,主要討論"民族語言研究的理論建樹""邢公畹由史前文化變遷和原始漢藏語變異説明語言變化""從個别形態同源詞的比較到漢藏澳泰語系""編纂法視野中的漢藏緬、苗瑶、侗臺語族同源發生證例及其上古音反觀""在漢藏語同源背景上看待漢語文化",同時對江永古合韻反映的方音問題論述甚詳,都是作者注意時空觀在古音研究中的重要性的表現。

爾的説法,是語言和言語的區分問題,以"語言内在規則"爲内容;"語言哲學"是以語言(邏輯語言)與物理世界、心理世界的聯結爲研究對象,通過對語言的分析,發現第一、第二世界,它的最重要的内容,按照弗雷格(Gottlob Frege,1848—1925)的説法,就是用"語境原則"或"上下文原則"研究命題的真假,在分析句子中認定語詞意義會直接連接到物理對象和心理過程;語言哲學是人的哲學,是人學,是事關人類本質的文化哲學。李師在該書中堅持語言哲學與語言理論之間的區分和對峙,以使不相混;同時又堅持兩者之間的相通和經過改造而轉換成對方,以使不隔絶。"範疇篇"對"正名""名辯""具象思維""類邏輯""度""注釋""注疏""知識""認知""知行""術""道""德"的文化哲學範疇進行了深入的辨析。李師能以哲學家的頭腦來研究語言問題,所以能在人們非常熟悉的語言材料中發現哲學意涵。以往我們研究先秦儒家語言學説,一開頭就會引用《論語・子路》"正名説":"名不正則言不順,言不順則事不成。"李師認爲,這裏都是強調用詞和説話的重要,可見孔子"正名説"的基本方面是語言論。可是,當孔子"正名"繼續前行而及禮樂、刑罰、社會治事,就是語言哲學的内容了,或者我們一開始就對孔子的語言論加以改造,直接把名和言理解成概念、名分、辯説、推理,這樣與禮樂、刑罰、社會治事的連接更有同質性,這當然就是語言哲學問題了。該書中有許多像這樣從哲學的視角觀察語言現象而獲得新穎而深刻的成果之處。

另外,李師對於中國語言學史的歷史分期十分重視,早在《中國古代文獻語言學史的分期和研究方法問題》(1985)一文中就以語言學思想、人物、專著等爲研究準繩,以社會歷史爲參照,將中國古代文獻語言學史分爲"先秦、兩漢、魏晋南北朝、唐宋元明、清代"五個時期;在《漢語語言研究史》又將中國語言學史分爲七個時期,古代部分分爲"先秦、兩漢、魏晋南北朝、隋唐宋、元明、清代"六個時期,而在《中國語言學史的幾種研究法》(與劉艷梅、焦冬梅合作,2007)中則認爲宋元明爲一個時期比較合理,改變了隋唐宋或唐宋爲一個時期的看法。王力《中國語言學史》(1962、1981)全書分爲四章,包括訓詁爲主的時期(先秦兩漢),韻書爲主的時期(魏晋南北朝至明),文字、音韻、訓詁全面發展的時期（清代），西學東漸的時期（1898 至解放前）。該書對各個時期的研究作了初步的概括，但因分期稍顯籠統，各個時期研究的特點自難概括精確。何九盈《中國古代語言學史》（1985）和濮之珍《中國語言學史》（1987）均未對各個時期研究内容和研究特點進行概括。胡奇光《中國小學史》（1987）將傳統語言學分爲五個時期，并對每個時期的研究内容、特點進行了較爲準確的概括：小學的發端——先秦時代；小學的創立——兩漢時代；小學的發展——六朝隋唐時代；小學的轉折——宋元明時代；小學的終結——清代。李師在《漢語語言研究史》中對中國語言學史七個歷史時期的各自特點作了更爲精確的概括。

## 三、 對漢語和漢語文化的研究

### （一）對古代漢語本體的研究

李師有關漢語本體的研究涉及語法、詞彙、語音各個方面，對漢語應用層面的修辭問題也有討論，同時還討論了與語法、修辭有關的邏輯問題[①]。

李師有關古代漢語語法研究方面的論文 7 篇，其中《戰國時代第一人稱代詞"我""吾"用法種種》（1984）、《戰國指示代詞"所"和"所"字結構用法初探》（1985），是李師有關漢語語法研究材料豐富、分析深入、論證縝密的論文，均以戰國時代的《論語》《孟子》《莊子》《荀子》《韓非子》[②]爲研究材料。前者從詞彙義和語法義兩個方面對"我""吾"的關係進行了深入分析，文中列表統計了戰國時期"我""吾"的"格位"分布情況，并對"我""吾"在戰國時期所居格位進行了認真細緻的討論；後者對"所"的所指在句中的位置、常見的"所"字結構的意義、"所"作賓格以及"所字結構"的理論依據等進行了深入系統的分析，得出了一些很有價值的結論。《〈論語〉〈孟子〉〈莊子〉人稱代詞"其"及"其"字結構研究》（1987）是李師研究代詞的另一篇重要論文。

---

① 李師此方面的論文均收入《文史研習和理論學語》，第 3—191 頁。
② 李師認爲，《論語》雖爲孔子及其弟子應答之辭，但成書當在戰國初，"我""吾"的用法均不同於《書》《詩》《左傳》等春秋宏制。

在該文中,李師對"其"的"指示"意義與"稱代"意義的關係、遠指意義的用法、指稱用法的活用、"其"所指對象在句子中的分布、"其"的重指用法、"其"的格位、"其"的各種短語結構(十五種語法結構)等進行了深入系統的分析,得出了一些很有啓發意義的結論。《〈呂氏春秋〉主題句研究》(1987)、《〈呂氏春秋〉判斷句初探》(1989)、《〈呂氏春秋〉高誘注的語法問題》(1989)是三篇與《呂氏春秋》有關的語法論文,前兩篇是對《呂氏春秋》本體的語法現象的研究,後者是對高誘注《呂氏春秋》所揭示語法現象的探討。在《〈呂氏春秋〉主題句研究》中,李師對什麽是主題句和《呂氏春秋》中主題句的句型、主題句與主謂句的關係、主題語與評説語的邏輯關係、主題語系統、評説語系統、思維系統等進行了深入系統的分析;在《〈呂氏春秋〉判斷句初探》中,李師統計出《呂氏春秋》中的判斷句有 33 種表達方式,認爲《呂氏春秋》中判斷句衍生出的判斷句的種類繁多,説明戰國後期的判斷句與春秋和戰國早、中期的判斷句式確已不同。李師指出,《呂氏春秋》除了標準的判斷句式衍生外,還有表明判斷句發展軌迹的判斷句式即用表示判斷意義的副詞"是"(實)聯結的判斷句。根據李師研究,《呂氏春秋》中表明判斷句發展軌迹的判斷句式可以分爲:1. 判斷詞偶有出現;2. 無語法標記的判斷句;3. "此……"式的判斷句大量出現。《〈呂氏春秋〉高誘注的語法問題》是李師從古書注解中考察古人語法現象認識的一篇重要論文,具有很高的方法論價值。李師認爲,古代的注釋家雖然沒有自覺的語法思想,但要解決語義、語音等問題,就不能不涉及語法問題;研究古代注釋中的語法問題,要注意當時以今釋古的表達特徵,要注意有三個時點:古代文獻本身的時點,高誘作注的東漢末,今天的讀者的時點。在研究中應以現代語法學去分析古代文獻和東漢語言特徵。該文重點討論了古代詞語的語法構成、語詞在句中的語法功能、句法對應、虛詞的用法、語法範例的語義注釋和修辭的語法問題等等。文中所指明的高注中的語法問題,一般由文獻原著、高注叙述中的對應、今天的推證求索而來。《論〈韓非子〉複句及其在判斷和推理中的應用》(1991)是李師將語法與邏輯統一起來討論的代表作。該文對《韓非子》中的複句展開研究,剖析複句在判斷推理的邏輯結構中的作用，并以此説明我國古代語法和古代邏輯的關係。該文是在句際關係中研究複句。李師指出：立足於邏輯研究，則以複句結構爲微觀深入；立足於複句研究，則以句際關係邏輯爲宏觀參照。論文分爲三部分，第一部分是《韓非子》複句類型及其邏輯結構；第二部分是《韓非子》邏輯論式和多層複句的應用；第三部分是由邏輯結構和論式看複句。李師將《韓非子》的複句歸爲六大類三十一小類，并對每個大類小類的特點、作用進行了深入系統的分析；同時，李師也對《韓非子》邏輯論式和多層複句的應用進行了全面系統的研究，并討論了《韓非子》的辯式邏輯和論式邏輯對《韓非子》一書語言風格形成的作用。此外，李師還撰有《古漢語修辭中的比喻》一文，對明喻、隱喻的特點作用進行了全面深入的分析，結合邏輯來討論修辭，認爲研究比喻的層次是研究修辭學的新課題，也是研究修辭與邏輯關係的新課題。

李師有關詞彙研究方面的論文共 10 篇，研究範圍涉及上古、中古、近代漢語各個階段，既有對傳世文獻詞語的研究，也有對出土文獻詞語的考釋。《〈莊子〉與〈楚辭〉互通和用楚地語考》(1991)，考釋《莊子》《楚辭》在語言上的聯繫和所用楚地語，以楚解《莊》，以窺見南北文化交流和語言的融合。在該文中，李師對《莊子》一書中使用的 73 條楚方言詞語(《内篇》30 條，《外篇》24 條，《雜篇》19 條)從形音義三個角度一一進行疏證，并援引楚方言作品和揚雄《方言》材料進行補充説明，有些考釋很有説服力。在《〈諸宫調兩種〉詞語考釋》(1991)中，李師以凌景埏、謝伯陽校注《諸宫調兩種》爲依據，對《劉知遠諸宫調》和元王伯成《天寶遺事諸宫調》中的 34 個詞語進行考釋，得出了許多有價值的成果。在《〈五燈會元〉詞語考釋(一)》(與日本長尾光之教授合作，1992)、《〈五燈會元〉詞語考釋(二)》(1999)中[①]，李師對《五燈會元》中的 89 條詞語進行考釋，有些考釋非常有參考價值。在《〈全唐詩〉詞語札記》(1997)中，李師對唐太宗、唐玄宗、武則

---

[①] 釋道原《景德傳燈録》、惟白《建中靖國續燈録》、悟明《聯燈會要》、正受《嘉泰普燈録》和駙馬都尉李遵勖《天聖廣燈録》，是佛家重要語録，南宋釋普濟撮其精華，撰成《五燈會元》。

天等人詩歌中的 29 條詞語進行詮釋,對人們理解相關詩歌具有很大的幫助。《滬博楚竹簡〈孔子詩論〉"吝"字考釋》(2004)、《上博楚竹簡〈孔子詩論〉詞語考釋》(2005)、《楚簡拾詁三則》(2011)是對新出土的簡帛文獻文字的考釋。此外,李師的《古漢語中同義雙語素構成的複音詞》(1984)、《古漢語"所"字語義初探》(1989)也都是很有學術價值的文章。

李師有關古代語音方面的研究論文,大多數與古音學史的研究有關(已見前)。

**(二) 對漢語文化的研究**

李師對中國文化的研究包括兩個方面,一是對古代思想文化的研究,一是對漢語文化的研究。李師有關漢語文化的專著有《漢語文化》(2017)和《中國漢語文化》(2020),後者是前者的修訂版。《中國漢語文化》分七部分:一、緒論;二、漢語詞彙學;三、漢語語法學;四、古代語文經典《爾雅》;五、古代文字學經典《説文解字》;六、漢語中的數字;七、對聯及其漢語漢字的妙用。

"緒論"部分,主要討論什麽是"文化"和中華傳統的"文""化""文化";從語言文化到漢語漢字文化。李師認爲,文化是人類在物質領域、精神領域、語言世界自覺的主體實踐創造的產物。……文化不外乎物質文化、精神文化、語言文化三大類(第 1—7 頁);語言本身就是文化,語言世界是文化世界(第 11 頁);漢語文化是隸屬於語言世界的文化,這是漢語漢字文化的文化定位和歸屬。

"漢語詞彙學"部分,主要討論詞的性質、類型,詞義的概念,多義詞的義項,同義詞和反義詞,成語。李師認爲,詞義感情色彩本身就是一項文化內容,古今往往有所不同;詞義有本義、基本義與引申義,還有一項重要的文化史意義。在説明多義詞的義項關係時還可以根據本義、基本義與引申義畫出樹狀圖。就詞義的引申方式而言,有鏈條式引申,有輻射式引申,有綜合式引申,不管哪種形式引申,都可以畫出樹狀圖。樹狀圖本身就具有自然圖示的邏輯文化意義。多義詞的文化內容最豐富,每個詞都有自己的歷史;"語言的歷史和文化的歷史是相輔而行的,它們可以互相協助和啓發"(柏默爾語),"凡解釋一個字就是一部文化史"（陳寅恪語）；名物詞的考釋比普通詞的考釋更貼近文化；詞義的考訂和辨析，總是要牽涉古今詞義的變化，而這最能反映文化心理、文化概念、文化的變遷。研究古今字義，是研究古今文化最好的切入點；同義詞類聚本身能呈現某種文化面貌（第33—34頁）；漢語成語是最具傳統文化意義的固定詞組，它來歷久遠、含義豐富、形式簡練，是體現中國語言文化特色的文化寶藏之一（第36頁）。

"漢語語法學"部分，主要討論一百多年來的漢語詞類劃分；文法、語氣、文氣；修辭、語法、修辭語法。李師認爲，語法是語言研究中最具哲學文化的部分，故有"語法哲學""哲理語法"等説法（第42頁）。漢語詞類第一層面分實詞、虛詞和游離於句子之外的嘆詞；第二層面實詞分體詞、謂詞、飾詞，虛詞分介詞、連詞、助詞、語氣詞；第三層面體詞分名詞、名詞性代詞、數詞、量詞等，功能是名詞性功能，常作主語、賓語等；謂詞分動詞、形容詞等，功能是謂詞性功能，常作謂語。李師認爲，以上漢語詞類三層次的劃分，第三層面上的漢語詞類具體、功能明確，含結構層次、本體內涵、功能外延，皆爲現代語言哲學所關注，其哲學文化的性質十分充分（第42頁）；詞類劃分認識史本身就是文化史的一部分，詞類爭辯有邏輯問題在內，詞類劃分是本體論、存在論、結構論中的形態論，而非上下文中確定不同意義的意義論，這或許是詞類劃分更深層次的邏輯文化（第45—46頁）。複句，今屬句法，更確切地説，它是語義語法邏輯、語法哲學的問題。複句語法理論及其分析作業是有語言哲學性質的（第48頁）。

"古代語文經典《爾雅》"部分，李師認爲要研究漢語文化、漢字文化，當然要追本溯源，尋找語文經典中的文化問題。《爾雅》將天地萬物分爲十九類，這是極有創意的文化思想。"十九"既是確數，又是"言其多"的約數。李師將《爾雅》十九篇即十九類分六部分來掬取文化現象：（一）釋"詁、言、訓"；（二）釋"親"；（三）釋"宮、器、樂"；（四）釋"天、地、丘、山、水"；（五）釋"草、木"；（六）釋"蟲、魚、鳥、獸、畜"。李師認爲，《爾雅·釋詁》171條，第1條"初……始也"言萬物的開始，這和《説文》開始於"一"終結於"亥"（核）的文化精神是一致的；《釋詁》第 2 條"林……君也",其中"后"本指母系氏族的首領,父系社會指男性統治者,周代以後,男性統治者稱王,"后"成了國君的正妻,"后"字的解釋背後,竟有一部文化史;《釋詁》第 3 條"弘……大也",其中"業,大也"透漏出古代的音樂文化信息;《釋詁》"怡……樂也",反映古人的和樂文化,亦即精神文化之一種;《釋言》第 1 條"殷、齊……中也",反映上古時期地理文化觀念,以齊地爲天下之中,以儒家文化發源地爲天下中心也。李師認爲,《爾雅》前三篇 607 條普通詞語,都是語言世界本身的,是涉及客體世界的物質文化、主體世界的心理文化和精神文化諸方面。李師對釋"親"、釋"宮、器、樂"、釋"天、地、丘、山、水"、釋"草、木"和釋"蟲、魚、鳥、獸、畜"等揭示的古代文化現象都進行了剖析。

"古代文字學經典《説文解字》"部分,李師從《説文》中的"經學""哲學""語言哲學""漢字部首和六書""文字孳乳和變易""玉器""樂器和樂器文化""中醫和中藥"等八個方面挖掘《説文》蘊藏的思想文化、精神文化和物質文化。

"對聯及其漢語漢字的妙用"部分,主要討論什麼是楹聯、門聯、對聯,對聯的内容分類,漢語字詞在對聯中的妙用,從中挖掘楹聯、門聯、對聯蘊含的文化現象。"漢語中的數字"部分,主要討論數字的起源、"河圖""洛書"、九宫格;數目字的産生;數字的崇拜;術數、方向、顏色與清代八旗;數字"八""四""六""七"和俗文化。

## 四、 有關詞典編纂理論的研究

李師 1981 年研究生畢業後留校任教,教學之餘,開始從事《漢語大詞典》的編纂工作。李師對待自己所接受的任何工作都會勤勤懇懇、認認真真去完成。李師認爲,要編好詞典,光有語言素養是不夠的,還應瞭解詞典的歷史,探討詞典學的各種理論問題。基於這種認識,李師一邊編詞典,一邊研究詞典學,《現代詞典學教程》就是他研究詞典學的心得。後來,李師又寫了一系列與詞典學有關的論文。

### (一)《現代詞典學教程》

《現代詞典學教程》是李師出版的第一部學術著作,全書共分爲十一章;第一章,詞典和詞典學,重點闡釋什麼是詞典、什麼是詞典學,認爲詞典編纂是一門應用科學;第二章,詞典類型學,主要討論詞典的外部形態分類及其作用、詞典的綜合形態分類、詞典的描寫類型分類、詞典的效用評價分類;第三章,詞典編纂的歷史,重點介紹中外詞典的編纂情況,中國的從《史籀篇》《爾雅》一直到《辭源》《辭海》《漢語大字典》《漢語大詞典》,國外的從《阿瑪拉科婆》《真主的書》到《牛津英語詞典》《韋伯斯特國際大詞典》,以及中國人編寫的《英漢大詞典》《俄漢大詞典》,尤其是對《爾雅》《説文》《廣韻》《語音詞典》《中華大字典》《辭源》《辭海》以及詹森(Samuel Johnson,1709—1784)的《英語詞典》等重要詞典的優劣得失都進行了深入的剖析;第四章,詞典編纂的社會功能系統,對憑個人力量編寫詞典的歷史和靠集體合作編寫詞典的演進史進行了梳理,重點討論了詞典編纂的組織工作和管理、編寫班子内外廣求書證資料、收詞原則和條目的擬定、編寫體例的制定、增大詞典信息量的種種辦法、詞典檢索和檢索配套、詞典的審稿、詞典的出版和競争;第五章,百科全書和百科詞典,重點討論百科全書、百科詞典及其方法學和知識分類學,百科全書、百科詞典的收詞和釋文;第六章,單語語文詞典的注音,主要討論表音文字詞典的注音問題、《説文解字》對字典標音的貢獻、漢語詞典注音的歷史原則;第七章,單語語文詞典的義項概括,主要討論了從義位、義素和語義場結構看義項概括,同形詞和多音多義詞的義位問題,詞義運動和義項的確立,語文詞典的義項排列問題,義項概括不當種種;第八章,單語語文詞典的釋義,主要討論對譯叙述釋義法、定義釋義法、説明和描寫釋義法、語素義複合釋義法、探源釋義法,也討論了語法分析和邏輯分析在釋義中的作用、詞典釋義的科學性和詞典風格;第九章,詞典的書證,主要討論書證的作用、書證的采入;第十章,雙語詞典的編纂,主要討論雙語詞典二元構成論、雙語詞典的釋義問題;第十一章,計算機和詞典編纂,主要討論計算機對詞典編纂的輔助作用、詞典編纂中的計算機信息加工和處理、"人—機"系統和機器詞典。

該書高屋建瓴,較好地把握了現代詞典學的理論體系,全書十一章五十七個小節,基本上概括了現代詞典學的主要問題,對詞典學領域中各個重點理論問題和實際問題都作了全面深入的討論和有益的探索；在詞典編纂史的研究中，該書將詞典史分爲早期和現代兩個階段進行討論，對新中國成立後的詞典編纂工作作了系統論述，并將中外詞典作了全面比較；該書從分類科學、發生學分類對詞典類型學作了系統研究，并從理論上作了“外部形態”“綜合形態”“描寫類型”和“效用評價”的分類；該書在詞典的義項概括和釋義方法上，遵從現代語義學和解釋科學，將這兩個本來難以分開的問題分列專章加以論述，前者從現代語義學着眼，後者從釋義方法着眼，使兩者既有聯繫又自成系統，較之通常將這兩者合而爲一的做法前進了一步，有利於深入闡述詞典編纂中義項概括和釋義這兩個難題；該書從現代思維科學角度探討了詞典編纂的應用科學性質，并從社會系統工程方面考察之。同時，該書對雙語詞典編纂和計算機輔助編纂的作用、“人—機”系統問題也有較深入的論述，并將詞典編纂中的組織管理等納入編纂系統工程，對編委如何采入材料、如何組織審稿以及審稿中應注意的問題均有深入的論述，具有重要的實踐意義。

**（二）有關詞典學方面的論文**[①]

李師有關詞典學方面的論文主要有《試論詞典編纂中的義項分合》（1985）、《試論詞典釋義中的幾個問題》（1989）、《詞典編纂中的共識和獨見、繼承和創新》（1995）、《義素分析法在詞典釋義中的作用》（2001）、《〈現代漢語詞典〉詞性標注和釋義互補》（2003）、《論〈現代漢語詞典〉的釋義》（2005）、《〈辭源〉第三版釋義研究——以丑集爲例》（2017）。

在《試論詞典編纂中的義項分合》中，李師認爲，釋義是詞典的靈魂，義項分合又是釋義的前提，而確定基本義位是正確分合的關鍵；爲了正確進行實詞的義項分合，首先必須確定基本意義義位，然後將那些非基本意義的義素與基本意義義位的主要義素作比較，對那些可能劃定與基本意義義位不同義界而產生的新的義位的義素，可視

---

① 李師這幾篇論文分別收入《文史研習和理論學語》《漢語語學義理舉實》《語言學和文史語言研究集稿》和《語言學和文史語言研究集稿（續集）》四書中。

作新的非基本義位的主要義素,并據此建立義項;爲切實防止義素比較中的隨意性,必須以賴以建立義位的主要義素所直接對應的概念爲依據,排除義素的觀念部分以保證義項分合的可靠性;至於虛詞,當以其語法意義爲依據建立義項。

在《詞典編纂中的共識和獨見、繼承和創新》中,李師全面討論了詞典編纂中的共識和獨見、繼承和創新問題。李師認爲,在詞典的編纂過程中僅知"共識"和"繼承"而忽視"獨見"和"創新",是思想上的形而上學,操作上的懶漢行爲。李師在該文中就語文詞典編纂的創新重要途徑提出了六條:第一,編纂"體例"的修改,具體的做法就是"定大例,明凡例,貫體例,慎變例",這"不僅可以使詞典編纂得心應手,從帶着枷鎖跳舞的必然境界逐步進入自由,還可改變面貌,敦促獨創,力避抄襲之嫌";第二,在書證的搜輯和核對上下"功夫";第三,在義項分合和釋義上見功夫、求創新;第四,吸收歷代語言文字學家特別是當代學者的研究成果;第五,必須有賴於職能部門、出版部門的宏觀調控,這樣可以避免選題單一雷同和抄襲;第六,詞典獨見和創新還有待於詞典編纂者理論水準的提高。

在《義素分析法在詞典釋義中的作用》中,李師對義素分析法在詞典釋義中的作用和如何運用義素分析法爲確立義項精準釋義進行了深入的論述。在《〈現代漢語詞典〉詞性標注和釋義互補》中,李師指出,很難找到一本完全標注詞性的漢語詞典,很難見到一本不標詞性的外語詞典。《現代漢語詞典》虛詞都標上了詞性,在實詞的詞性標注上也作了努力,給實詞中的量詞、副詞和代詞都標上了詞性,而對實詞中的名詞、動詞、形容詞、數詞則未標詞性[①]。對於未標注詞性的詞,李師提出三個補充方法:第一,可以通過加大釋義中的語法含量來補充;第二,釋義時要儘量采用詞性明確同義詞、近義詞;第三,緊緊扣住詞的語素來釋義。在《論〈現代漢語詞典〉的釋義》中,李師對《現代漢語詞典》的七大釋義方法(定義法、説明法、比喻法、描寫法、語素義複合法、探源法、舉證法)作了深入系統的研究,也對《現代

---

① 2005 年第五版在區分詞與非詞的基礎上標注了詞類。

漢語詞典》的釋義系統作了深入的剖析。在《〈辭源〉第三版釋義研究——以丑集爲例》中,李師從義項的設置、釋義的準確度、釋義和書證的關係三個方面比較《辭源》二版、三版,認爲在這三個方面三版均優於二版。同時也對《辭源》第三版釋義的語義邏輯結構進行了深入系統的分析。

　　李師還撰寫一系列有關詞典的書評,主要有《〈反義成語詞典〉略評》(1994)、《求精求實之作——評〈同義成語詞典〉》(2004)、《語言世界中的異同和相反對待之辨——讀〈同義成語詞典〉和〈反義成語詞典〉》(2008)、《一部實用而精深的字典——〈漢語通用字字典〉略評》①(1994)、《晚晴光華鑄寶典——論鄒酆先生現代辭書學理論研究》(2007)、《字典編撰應强調規範性和知識性幷重——兼評〈新華多功能字典〉》②(與喬永合作,2007)、《故訓資料的纂集和上古漢語詞彙研究——兼論〈故訓匯纂〉對章黄學派的新開拓》(與喬永合作,2008)、《學術寶山裏的點金術——讀許惟賢教授〈説文解字注〉整理本》(2010)、《查檢工具與研纂方法幷臻——讀王培林〈檢篆釋疑〉》(2011)、《規範化維度下的與時俱進——學習〈現代漢語詞典〉第6版》(2013)、《校勘〈集韻〉的實踐、例式和碩果——學習趙振鐸先生〈集韻校本〉》(2014)等。同時,李師還撰有蔣蔭楠教授《〈反義成語詞典〉第三版"序言"》(2001)、張美蘭《〈近代漢語後綴形容詞詞典〉序》(2001)、郭駿教授主編《〈學生成語詞典〉序》(2016)、喬永著《〈辭源史論〉序二》(2015)等與詞典有關的序文。另外,李師還從事了《漢語大詞典》"鬲部""鬼部""魚部"的編寫工作(1993)和《辭源》"夊部""攵部""夕部""口部"等增補、修訂工作(自審稿941條,2014),幷審定南京編寫組組内稿件4500餘條。

## 五、 有關對外漢語教學研究的論著

　　李師在南京大學海外教育學院主政多年,除了撰有《漢語語言學

① 馮瑞生主編《漢語通用字字典》,北京出版社1993年版。
② 曹先擢、蘇培成編《新華多功能字典》,商務印書館2005年版。

和對外漢語教學論》(2002)這一專著外,還撰寫了一系列有關對外漢語教學的論文。

## (一)《漢語語言學和對外漢語教學論》

《漢語語言學和對外漢語教學論》分爲"名理""本體""文化"三篇(共十五章)。"名理篇"側重講語言理論和語言教育理論,選擇幾個特定的視角,研述漢語語言學在中西文化交流中的新發展,以及由此而逐步形成的第二漢語教學理論系統、第二漢語教學實踐過程中形成的對外漢語教育學;"本體篇"側重討論漢語知識和漢語教學實踐,主要探討對外漢語教學中的語音、漢字、詞彙、語法教學問題,還特別就詞組教學、複句教學問題作了深入系統的研究;"文化篇"側重研究漢語教學與漢語文化教學的關係及相關問題,就中華文化海外傳播中的知識結構和文化素養、對外漢語教學中的素質教育、文化哲學背景下的中外文化交流作具體研究。凡此三篇,由基礎理論到教學理論到教學實踐,由普通語言學到漢語語言學到漢語教學,由漢語與漢文化的關係到漢語教學中的漢文化教學,廣鋪細析,層層深入,使對外漢語教學這一新興學科的面貌更加全面而具體地展現在人們的面前。全書考慮到建構對外漢語教學理論系統的需要,理論抽象性較強。

對外漢語教學是一門年輕的學科,對外漢語教學界的專家學者多數是在對外漢語教學實踐中逐漸成長起來的,他們在教學經驗的積纍和教學經驗的理論性總結方面各有專長,但在語言學、心理學、心理語言學以及教育學等方面的理論修養卻各有長短。這一情況直接影響着對外漢語教學學科理論的發展。李師講漢語語言學,從"西學東漸"開始,追根溯源,述古論今,尤能給人以啓發。李師以語言學家、哲學家的眼光觀察對外漢語教學,把自己的理論修養融進對外漢語教學,成就尤著,爲對外漢語教學的學科理論建設譜寫新篇。在該書中,李師用較大的篇幅論述漢語語言學的發展,并重點介紹了方光燾先生的理論,又從漢語(第二語言)學習和教學的角度分析漢語的特點,這不但有益於對外漢語教學本身,而且對從漢語的特點出發研究漢語也有啓示作用。

### （二）有關對外漢語教學的論文

李師有關對外漢語教學的論文有：《CIEE 短期漢語培訓教學探析》（1997）、《論常用漢字的語像和習得》（1998）、《認知語言學、計算語言學、對外漢語教學是現代語言學的三大突破》（2000）、《對外漢語教學中的語音教學和設計》（2000）、《對外漢語教學中的詞彙教學和設計》（2000）、《漢語體詞性詞組的語義類型、功能及其在對外漢語教學中的應用》（2001）、《對外漢語教學中的素質教育》（2001）、《方光燾對理論語言學的重大貢獻及其在對外漢語教學實踐中的指導作用》（2000）、《發揮綜合大學優勢，推進對外漢語教學》（2000）、《來華學子的立論新視角》（2000）、《〈馬氏文通〉中的複句研究與對外漢語教學》（2002）、《對外漢語教學中的詞彙教學與設計》（2002）、《代爲草擬"南京大學—紐約大學"國際漢語教學研討會論文集序》（2002）、《與時俱進的碩果——第三屆國際漢語教育研討會學術成果綜述》（2002）、《漢語母語教學向第二漢語教學的轉換》（2003）[①]等。

在《論常用漢字的語像和習得》中，李師認爲，對外漢語教學掌握 1988 年 1 月國家語言文字工作委員會和國家教育委員會聯合頒布的《現代漢語常用字表》中的 3500 個常用字（包括 2500 個常用字，1000 個次常用字）是關鍵，這 3500 個常用字是外國留學生學習漢語，掌握中國文化的"金針"；漢字的文化意蘊十分豐富，而漢字的文化意蘊又集中表現爲它的象似性。漢字的語像是對外漢語教學中可加充分利用的豐富的信息資源；現代漢字是古代漢字的發展，漢字的産生決定了漢字的豐富的語像；象形字具有最豐富的象似性（像外物、像概念），指事字也有豐富的象似性，會意字是指兩個或兩個以上的形體經意合而形成某一意義；這種意合不是嚴格的邏輯推理而得出的結論，而包含着想象，包含潛意識的心理作用，包含經驗而意合，包含某些約定而形成的共識的綜合思維；在教學漢字時，是可以用畫龍點睛

---

① 另有《教育學、教育心理學、教育哲學、對外漢語教學》（與吳淮南、王長發教授合作，2000）、《對外漢語教學與中華文化海外傳播交流中的客體知識結構和主體文化素養》（與姜明保教授合作，2000）、《論對外漢語教學漢語言專業（四年制）本科課程建設和教學》（與吳淮南、封淑珍教授合作，2000）。

的方式作有針對性的挖掘的;形聲字的義符和聲符都是由表意字構成,仍屬表意體系的文字,在表形表意方面有豐富的象似性;從六書入手求漢字的象似性,對來自古漢字或今天新造漢字的常用、次常用字教學是有積極意義的。漢字象似性的另一特點,集中表現爲象漢語;漢語比較缺乏形態,或謂詞根語,漢字適應而象似之,一個漢字常常是一個詞;用漢字象漢語的象似性特質來掌握漢字,并反過來促進學習漢語,是一條學習規律。母語習得者經研習漢語而研究漢字,第二漢語習得者經學習漢語而學習漢字。

在《對外漢語教學中的詞彙教學和設計》中,李師就對外漢語教學中的詞彙教學提出了總體設計,強調語素和構詞法。李師從語素層級考慮,將構詞法分爲:A(甲種語素＋甲種語素)、B(甲種語素＋非甲種語素)、C(非甲種語素＋甲種語素)、D(非甲種語素＋非甲種語素)四式,認爲可將上述語素構成系統用於詞彙教學次序。同時,李師認爲,語境對詞義的認知,同樣是詞彙教學總體設計的重要參照。李師還認爲,從教學實踐上看,在語素和構詞法的理論指導下進行詞彙教學是重要的,在具體的教學中強調語素字和詞彙字的不同,強調語素和構詞法是很有必要的,這樣可以防止留學生"以翻譯法代替漢語構詞""靠外文翻譯生詞"一類的錯誤的發生;對留學生講漢語的詞性和詞類,最好以詞彙等級大綱的詞彙分類説之。關於上下文語境確定詞義,李師列舉了大量離開語境就無法確定具體詞義的多義詞,強調要將直觀認識和語境結合起來。在具體的詞彙教學中,李師主張先教甲級詞彙(教學等級大綱規定的 1033 個甲級詞,單義詞 458個,複音詞 508 個,其他 67 個),甲級詞中先教甲級單音節詞,甲級中的複音詞則循次依 A、B、C、D 四式順序教授。對等級大綱確定的乙級、丙級、丁級詞彙的教學次序也可以進行同樣操作。

《對外漢語教學中的素質教育》重點探討的是漢語語言學在對外漢語教學中素質教育的作用問題。李師認爲,對外漢語教學具備"把漢語作爲外語教學、漢語語文教育、漢語本體研究和漢語語言學的基本保障作用"的特殊性質,這些方面共同構成對外漢語教學學科的基本定性。對留學生實行素質教育也應該從這些方面體現和外射;對外漢語教學作爲一個學科還包括對外文化課的教學。鑒於從那些簡單的話語中概括出的 S-V-O 的結構可以類推無窮，李師認爲，以語法規則指導教學，提高語言表達能力，這是不折不扣的素質教育。李師還認爲，漢語史是廣義的歷史科學，應當是在馬克思所强調的"唯一的科學"之列的[①]；把握科學方法論有重要意義，是素質教育的最根本的目的；對外漢語教學的語文和科學方法的素質教育就在漢語教學之内，而不在之外。

在《〈馬氏文通〉的複句研究與對外漢語教學》中，李師認爲《馬氏文通》分爲"正名、實字、虛字、句讀"四大塊，没有複句這一術語，但實際上馬建忠對複句是有很多研究的，衹是這些研究均散見於書中。在《文通》中，講連詞時涉及了複句的類别，講助詞時涉及了大量的意合複句（這主要在虛字篇中），在講句與句的關係時也涉及了複句問題。李師主要從"關聯詞語的使用而涉及的複句"[②]和"緣辭氣而涉及的複句"兩個方面全面歸納了《文通》對複句的有關研究。李師認爲，我們今天將複句進行承接、因果、假設等分類，都是邏輯關係的分類，而《文通》的"緣辭氣而涉及的複句"的類别則是表達關係分類。李師指出，《文通》中的"排句而意無軒輊"類即今之"并列"複句，"叠句而意有淺深"類即今之"遞進"複句，"兩商之句"即今之"選擇"複句，"反正之句"即今之"轉折"複句。李師認爲，《文通》重辭氣，重虛詞，從漢語本身的特點出發分析複句，對認識複合法複句具有重要意義，在漢語教學，尤其是重視話語教學的對外漢語教學中仍然具有實際指導意義。李師指出：教外國人學漢語，用西洋來的科學分析方法教授之固然很好，而用中國固有的整體體認把語法教習之，往往更能合乎漢語本真，且有利於抉發漢語的特點；體認法可以是分析法的補充，在以話語教學爲主的對外漢語教學中，把握辭氣尤爲重要。

---

① 馬克思在《德意志意識形態》第一章"費爾巴哈"中説："我們僅僅知道一門唯一的科學，即歷史科學。歷史可以從兩方面來考察，可以把它劃分爲自然史和人類史。但這兩方面是密切相聯的；衹要有人存在，自然史和人類史就彼此相互制約。"（《馬克思恩格斯全集》第三卷第 20 頁注）。

② 主要是"而"字、"則"字。

在《漢語母語教學向第二漢語教學的轉換》中,李師探討了漢語母語教學向第二漢語教學轉換的過程和方法。從思維科學看轉換,強調語言通式的概括,以生動的話語教學實踐豐富教學内容的客觀性,并輔以通俗化、形象化等教學手段溝通中外。語言既然是思維的符號,漢字的教學不僅是重要的内容,而且是重要的轉換途徑。將詞彙納入等級大綱的做法也是一種轉換;語法教學既要用分析法,也要用漢語固有的整體觀照法"辭氣"讀之,語法範圍内的轉換,尤其要注重選擇性的簡明邏輯公式語法提煉和探究①。

## 六、 對中國古代思想文化的研究

李師對中國古代思想文化研究的論著,遍及各個歷史時期的主要思想家。無論是先秦還是兩漢,抑或是魏晉南北朝隋唐宋元明清,重要的思想家的著述李師大都有所論及,但其重心在先秦兩漢和清朝。

### (一) 對先秦諸子的研究

先秦諸子,是智慧的淵藪,學問的寶藏,是我國古代文學和學術史上的一顆璀璨的明珠。中國的思想文化在世界思想文化史上占有崇高的地位,是和以先秦諸子爲代表的思想家的貢獻分不開的。諸子文章極富個性,或汪洋恣肆,或犀利峻峭,或渾厚嚴謹,或韻味悠長。狹義的諸子是指周秦諸子,廣義的諸子包括兩漢六朝的思想家在内。《百子全書》所收子書則上起先秦,下至明代。從時代上看,先秦諸子是子學的主要部分。李師以一位哲學家的眼光遍論周秦諸子,對儒家的孔子、孟子、荀子,道家的老子、莊子,墨家的墨翟及後墨,法家的韓非,兵家的孫武、孫臏,名家的鄧析、惠施、公孫龍子,雜家的《管子》《吕氏春秋》及縱橫家、陰陽家等均有研究。漢魏諸子討論到王充和范縝,此外還研究了宋代朱熹②。李師對先秦子書的研究

---

① 以上五篇有關對外漢語教學的論文,後均收入李開《文史研習和理論學語》一書中。

② 《朱熹:天地理一與格物致知》(載郭維森教授主編,錢南秀、柳士鎮教授副主編《古代文化知識要覽》,湖南人民出版社 1988 年版)、《理學和朱熹》(載郭維森、柳士鎮教授主編《古代文化基礎》,湖南岳麓書社 1995 年版)。

主要包括兩個方面，一是從語言文字的角度對諸子書進行研究（重點在語法方面，已見前），一是對諸子的思想文化進行探索。

李師有關諸子語言研究的論文均爲宏篇巨制，而有關諸子思想文化的論文除了《〈墨經〉語言學思想研究》外，均爲短小精悍的隨筆，具體特點是以點帶面討論問題。《以仁爲本，一以貫之——孔丘與〈論語〉》（1988）在"以仁爲本，一以貫之"的名目下對孔子的政治主張、學術思想、文化史上的貢獻均作了深入的考辨；《試論"里仁爲美"——孔丘美學思想初探》（1993），在"里仁爲美"的名目下將孔子的美學思想、仁的具體表現、仁和美的關係、仁和禮的關係、孔子之仁與後儒之仁的區別辨析得清晰透徹；《浩然之氣與充實謂美——孟軻與〈孟子〉》（1988）在"浩然之氣與充實謂美"的名目下將孟子的學術淵源、孔孟思想的異同、孟子文章的特點、孟子的道德哲學和美學層次等等，闡述得淋漓盡致。其餘的如在"'最爲老師'，警句勸學"（荀子，1988）、"無"中生"有"與大音希聲（老子，1988），"逍遙遁世與萬物一齊"（莊子，1988），"矛盾""隱栝"，刑名之術（韓非，1988），"平民哲學，邏輯大全"（墨翟與後墨，1988）、"知己知彼，百戰不殆"（孫武和孫臏，2008）、"'同異''堅白'，思想代數"（惠施和公孫龍，2008）、"博覽群書，思想巨擘"（王充，2008）、"形神相即，不朽之論"（范縝，2008）[1]，分別將荀子、老子、莊子、墨翟與後墨、韓非、孫武和孫臏、惠施和公孫龍、王充、范縝的思想精華囊括殆盡。李師在討論諸子思想時，往往聯繫時代背景，注重學術源流的考察，注重同一學派學術發展的内在邏輯，注重不同學派之間的相互影響。《孔孟儒學的發展》（1995）、《先秦儒學的一次重大轉型》（2012）、《墨翟與後墨》（1988）、《道家本體論思想與美學境界》（1988）、《法家代表人物韓非》（1995）、《稷下黄老，融貫法家——〈管子〉及其他》（2008）、《〈吕氏春秋〉中的陰陽家文化》（1991）、《陰陽家與歷史循環論》（1995）、《〈戰國策〉與縱横家》（1995）、《古代的邏輯學派與詭辯家》（1995），分別將先秦儒家的歷史淵源發展脉絡、墨家的學術源流、道家美學思想源流、法家思想的源

---

[1] 此二篇未公開發表的論文均收入李開《哲學和語言文化哲學問津》一書中。

流分支、陰陽家和縱橫家的來龍去脉窮盡考索，揭示無遺。

此外，李師還撰寫了一些研究簡帛的文章，這些文章涉及了周秦諸子，如《從郭店楚墓竹簡本〈老子〉看春秋戰國之際道家哲學》(2002)、《戰國簡儒家"仁"論元語言的蜕變——學習〈郭店楚簡〉和上海博物館藏戰國楚竹書(第一、二册)》(2010)、《西漢竹書〈老子〉上經校勘繹言》(2019)、《西漢竹書〈老子〉下經校勘繹言》(2019)、《西漢竹書〈老子〉下經校勘考述》(2020)、《關於北大簡〈老子〉的辨僞》(2016)、《〈説文〉段注在漢簡〈老子〉上經考訂中的解釋作用例舉》(2016)，都是利用新的出土文獻探討諸子學説的重要文章。另外，李師還撰有《先秦的重要歷史文獻〈吕氏春秋〉》(1991)、《〈莊子〉外篇的寓言故事和相關名理分析》(2015)、《〈吕氏春秋·察今〉評析》等與諸子有關的文章。

### (二)《戴震評傳》和《惠棟評傳》

乾嘉學派分爲吳派和皖派，吳派以研究歷史爲主，惠棟爲其學術領袖；皖派以考據學爲主，戴震爲其學術領袖。《戴震評傳》(1992)和《惠棟評傳》(1996)是李師爲南京大學中國思想家研究中心發起的《中國思想家評傳叢書》撰寫的兩部專著，該叢書由著名的教育家、南京大學原校長匡亞明主編，共200部，李師是唯一的一人完成兩部評傳巨著的作者。李師用近八年的時間對乾嘉學派兩位學術領袖的學術經歷、學術成就、學術思想、學術影響進行了系統的研究和全面的評價，提出了許多精到的見解。

《戴震評傳》全書共分八章：第一章，人生路標和學術起點；第二章，戴震的前期思想；第三章，《七經小記》；第四章，戴震思想的轉變；第五章，自然科學及其哲學問題；第六章，戴震的史地學；第七章，戴震的人文科學語言解釋哲學；第八章，戴震後期的心理學道德哲學。《惠棟評傳》共分十一章：第一章，哺育一代經學大師成長的人文學術和時代主潮；第二章，考論僞古文《尚書》和鄭玄述逸篇；第三章，惠棟的《詩經》研究和詩文評；第四章，惠棟的《三禮》學研究；第五章，惠棟的《春秋》學研究；第六章，惠棟《易漢學》要論；第七章，惠棟《周易述》系列著作考論(上)；第八章，惠棟《周易述》系列著作考論(下)；第九章,惠棟的《論語》研究和世界觀特點;第十章,惠棟的史學;第十一章,惠棟的語言文字學。該書還附有《惠周惕評傳》和《惠士奇評傳》①。

乾嘉學派研究的領域十分廣泛,以經學爲中心,兼及史學、文學、諸子、天文、地理、曆算、音韻、訓詁、金石、校勘、輯佚、辨僞等方面。惠棟和戴震的著述,幾乎囊括了乾嘉學派學術的各個領域②。爲這兩位學術領袖作學術評傳,需要學術修養深厚,學術領域寬廣,且具有很强的哲學思辨能力纔能擔當此任。能爲這兩位學術領袖之一作一高質量的學術評傳已難能可貴,而李師居然爲這兩位學術領袖分別作了高水平的學術評傳。

《戴震評傳》以戴震的治學方法和哲學思想的邏輯發展貫串全書,對戴震思想産生的時代背景和文化背景、前後期思想的區分及其轉變動因、經學成就、自然科學及其科學哲學成就、史地學成就、人文科學的語言解釋哲學成就、新理學道德哲學和經濟倫理及其樸素辯證法成就作了全面深入的探討,對於人們瞭解乾嘉皖派學術具有很大的幫助。李師在該書中將能搜集到的有關戴震的生平事迹放在其學術思想、科學思想的演進中叙述,注意對這位清代第一流學問大家的深奧的學術問題和哲學問題作具體的縷析,具有較强的可讀性。此外,李師還撰有《戴震語文學研究》和大量與戴震有關的學術論文(見本文第二部分)。

《惠棟評傳》探究了一代學術大師成長的人文學術和時代的主

---

① 惠周惕,惠棟之祖父,清代經學家,康熙三十年進士,始創惠氏經學,爲乾嘉學派吳派導源人,著有《詩説》三卷、《易傳問》二卷、《三禮問》六卷、《春秋問》五卷;惠士奇,惠棟之父,清代經學家,康熙五十年進士,督學廣東,乾隆元年官至侍讀學士,奉詔纂修《三禮》,著有《易説》《禮説》《春秋説》《大學説》《交食舉隅》《紅豆齋小草》等。

② 惠棟著有《九經古義》二十二卷、《春秋左傳補注》六卷、《古文尚書考》二卷、《後漢書補注》十五卷、《周易述》二十六卷、《易漢學》《周易本義辨證》《訓纂補》《惠氏讀説文記》《山海經訓纂》《屈原賦注》《九曜齋筆記》《松崖筆記》《竹南漫筆》《明堂大道録》《諦説》等。戴震著有《尚書義考》《毛詩補傳》《毛鄭詩考正》《杲溪詩經補注》《中庸補注》《深衣解》《石經補字正非》《經考》《經考附録》《經雅》《方言疏證》《續方言手稿》《聲類表》《聲韻考》《屈原賦注初稿》《屈原賦注》《原象》《續天文略》《水地記初稿》《水地記》《水經考次》《算學初稿四種》《勾股割圜記》《策算》《九章算經補圖》《五經算術考證》《考工記圖》《原善》《孟子私淑録》《緒言》《孟子字義疏證》《東原文集》《戴東原先生文》《戴氏雜録》《與段茂堂十一札》等。

潮,深入原著,從具體到抽象又從抽象到具體,縷述惠棟在《尚書》學、《詩經》學、《三禮》學、《春秋》學、《易》漢學、史地學、語言文字學等領域内的重要文獻,剖析其學術思想和科學邏輯思想(包括經學思想、語言文字學思想、哲學思想等,并及寄寓其中的政治思想、人生追求和社會理想)。該書從門類科學的方法和方法學,從科學的世界觀和方法論來研述和評析惠氏的經史小學和考據學。李師在撰寫《惠棟評傳》時遵循四點原則:一是注意到深藏於樸學家、小學家靈魂深處的社會關懷之心和社會責任感;二是注重其樸學的内在邏輯,注重其語言文字學的思想;三是仔細審察傳主的每一個説法,包括純屬語言文字學的説法,以理論工作者特有的敏感捕捉其中的觀念形態;四是針對經學家、樸學家、小學家的特點,除行文中儘量注重形成緯綫小系統外,全篇緯以細目大綱領統之,作爲各章節内大系統,與行文中的緯綫小系統共成網絡以張羅各篇。以往學界一般認爲,惠棟的學術特點是條分縷析,多是一字一句的考證,較少系統性。李師從大處着眼,將其零星的考據之資料條而貫之,并於每節之前冠以提要,從而發明其知識、文化意義,發明其邏輯學方法論的價值,從具體考證中抽繹出某種概括性的結論。李師力圖從世界觀和方法論的高度來發掘惠棟考據的思想價值,力圖指明其思想内涵,發掘其思想底蘊;從思想史的角度,闡釋了惠氏考據學的時代意義,指出其包含的價值觀念,寄寓的社會理想,從而強調其所具有的啓蒙作用。在研究内容、研究方法上均是突破性的嘗試。

**(三) 對嘉道經學及其哲學邏輯的研究**

《清代嘉(慶 1796—1820)道(光 1821—1850)經學及其哲學邏輯》,是李師的博士論文(2003)①,該文除了"引言"和"小結"外,主要討論五個方面的問題:一、以社會批判論爲中心的龔自珍(1792—1841)經史創新之學;二、寫定群經與變古因革相統一的魏源(1794—1856 或 1857)"經世""致用"之學;三、常州學派後起之秀宋翔鳳(1779—1860)的《論語》學闡釋和唯物自然觀;四、揚州學派劉文淇

---

① 該文收在《哲學和語言文化哲學問津》一書中,此處所標頁碼均爲該書頁碼。

(1789—1856)、劉寶楠(1791—1855)的經學及其哲學；五、徽州學派江有誥(？—1851)、夏炘(1789—1871)、夏燮(1880—1879)古音學中邏輯方法。該文以清代嘉慶、道光年間的經學爲研究對象，從中挖掘出歷來不被人們注意的哲學邏輯問題。

"引言"部分主要討論近代的含義和雍乾學術的衍脉、主流學術和主流學術精神、經學的前邏輯時期和經學的產生、宋代變古經學對嘉道學術前期經學的影響、開始走向近代經學的學術邏輯綫索。李師認爲，嘉道時期是中國近代時期的前夜，顯然要在近代史的背景上透視之；由於它上承雍乾，受到乾嘉學派的影響，又需尋找它們在學術上的聯繫；漢代的經學和宋代的理學，是嘉道學者出此入彼之處。全文處處注意嘉道經學與近代經學文化和古代學術之間的聯結(第335頁)。

晚清學術是從龔自珍、魏源開始的。龔自珍起家古文經學，受其外祖父段玉裁和父親龔麗正(曾受業於段玉裁)的影響，與章學誠"六經皆史"相互發明，兼采漢宋經學，又轉攻今文經學，發揮《公羊》"三世說"，師承常州學派始祖劉逢禄，後將《公羊》"三世說"和《尚書·洪範》演化成歷史進化論；經史結合，闡發《春秋》大義三律；在哲學方面將歷史發展觀和歷史發展循環論交織在一起，形成了世界爲心力所造的唯心宇宙觀、"名副其實"的名實觀、無善無惡的人性論、社會變革的歷史哲學思想。李師認爲，龔自珍、魏源皆上接董仲舒，憂世即事，有極强的社會會診作用和人文關懷意識；龔自珍深得莊存與、劉逢禄融貫今、古文，治經爲治世實用，經言與史論相表裏的治學精神，又深受浙東史學家章學誠"六經皆史"、以史闡經、重視當代社會關心的史學傳統的影響，功在現實、功在當代，却無暇寫定群經，而"不拘一格降人才"的呼喚則激越千古；龔自珍的社會批判説已涉及封建社會制度，其諸子之學，特別是"賓賓"之説，是爲了闡釋他的自由言論；龔自珍的"治經抱小"(從語言文字出發)的學理邏輯，架起經學與子學的橋梁①。李師認爲，魏源的今文經學思想包括對乾嘉學派的批

---

① 李師另有《龔自珍的諸子哲學和邏輯》，載《商丘師範學院學報》2003年第1期。

評,以經術爲治術的批評標準,《書古微》《詩古微》是其代表;魏源的啓蒙哲學思想是樸素的辯證法和進化的歷史觀、以民爲本的思想、以天爲本的世界觀和注重實踐的認識方法;魏源認爲"六經"皆聖人憂患之書,可謂"六經載道盡憂患";魏源的治世之道有八十條,有的至今仍閃耀光輝;魏源以經、子、史論治政、治軍、治水、治學,處處注意概括出規律以矯時弊,在哲學和邏輯的層面上考察這些治理之策,更見其本真和理性;魏源的改革論用董仲舒的"三統説"濟其成,古代的改革家往往求助於古聖亡靈,合乎"以復古爲解放"的一般邏輯,龔自珍亦然;"經世"和"憂患"本質上都成了魏源經學的邏輯貫穿,《書古微》《詩古微》的治學宗旨和辯説方法,在邏輯上有可取之處,也有敗筆。魏源信奉"六經載道不言真"之説,李師認爲"六經"不言"真",但研究"六經"則需求真;光知"憂患"還不能解決問題。魏氏小學的失足亦源於此。

　　該文對嘉道常州學派宋翔鳳的《論語》學、自然觀和《易》《書》格義之法均作了深入研究,尤其是對宋翔鳳的《論語説義》168 條指歸所用的方法、文化哲學進行了發掘整理。李師認爲,同其他學者一樣,宋翔鳳把正確的自然觀移用於社會,陷入了錯誤的唯心説;宋氏强行牽合之處不少,後世詬病之處正在此[1];常州學派的今文經學思想也包括對乾嘉學派的批評。李師認爲,揚州學派的實學究古,劉文淇《左傳舊疏考證》唯漢代賈逵、服虔學説是信,排斥杜預,不免偏狹拘執,但書中纂論,往往見寶;劉寶楠《論語正義》,奠定了《論語》學;劉書以文本詮釋和哲學闡釋無間,竟成雙壁。李師對《論語》若干道德實行範疇的語彙,如"仁、禮樂、義、知、信、中庸、度"等,作了對照詮釋研究,以此發現《正義》高明之處。李師認爲,揚州學派與徽州學派同根同源,歙縣凌廷堪精於國學,洞達西學,對劉文淇後學有很大的影響;嘉道徽州之學古音學極盛,江有誥古音學的若干成就,可剖析其精蘊,實是思維邏輯之精髓。

---

[1]　李師另有《宋翔鳳及常州學派的經學闡釋和學理》,載《中國經學》第 10 期,廣西師範大學出版社 2012 年版。

　　李師另有與劉冠才合作主編的《晚清學術簡史》,對龔自珍、魏源、章太炎、孫中山等三十餘位晚清主要思想家的學術思想進行了全面深入的探討。

### (四) 其他有關古代思想文化的論文

　　李師還撰有一系列與古代思想文化有關的論文:《古代文學批評方法學的文化淵源》(1987)、《中國古代文學批評方法論》(1988)、《古代宗教:精神鴉片與文化契機》(1988)、《二十世紀文史哲名著精義》(周振鶴、游汝傑《方言與中國文化》)(1992)、《第一次西學東漸與乾嘉學派》(1999)、《焦循注疏趙岐〈孟子題辭〉研究》(與韓國張惠榮博士、周遠富博士合作,2000)、《從傳統哲學向科學哲學、歷史文化哲學的轉移和開拓——兼論匡亞明教授主編〈中國思想家評傳叢書〉》(2001)、《論郭店楚簡〈太一生水〉本體生成系統》(2003)、《韓國研經〈論語〉考》(2007)、《〈春秋經〉和〈左氏傳〉的若干名例和思想》(2008)、《論〈三禮〉主體名式和類旨》(2008)、《先秦社會轉型時期的思想文化記錄——讀〈郭店楚墓竹簡〉》(2009)、《〈尚書〉篇目類屬和學理》(2009)、《戰國簡儒家"仁"論元語言的蛻變——學習〈郭店楚簡〉和上海博物館藏戰國楚竹書(第一、二冊)》(2010)、《潛探學理,深繹史脉——紀念孫叔平教授誕辰一百周年》(2010)、《先秦文學元素論》(2011)、《中國禮學文化的嬗變》(2012)、《先秦儒學的一次重大轉型》(2012)、《中國禮學的文化哲學特質及其歷史轉型》(2013)、《〈禮記〉禮學原論中的語言叙事和認知》(2013)、《外演在場禮儀,內合情美之禮——〈儀禮〉禮儀存在和語言叙事》(2014)、《孫叔平中國哲學史觀探論——紀念孫叔平教授誕辰 110 周年》(2016)。

### 七、 書評和書序

　　李師在學術上與時俱進,還表現在密切注視着新的科研成果,一旦有新的學術成果出現,李師都是及時閱讀研究,有時以讀後感、書評的方式闡述自己的學習研究心得。

　　蔣蔭楠教授編著《同義成語詞典》①（1987）、《反義成語詞典》（1988、1991）出版後，李師撰寫了《〈反義成語詞典〉略評》（1994）、《求精求實之作——評〈同義成語詞典〉》（2004）、《語言世界中的異同和相反對待之辨——讀〈同義成語詞典〉和〈反義成語詞典〉》（2008）三文，對兩書的特點及需要改進之處作了深入系統的分析；黃坤堯《〈經典釋文〉動詞異讀新探》（1992）出版後，李師撰有《〈經典釋文動詞異讀新探〉略評》（1996）一文，對該書的研究目標、研究方法、研究原則、研究成就及存在的問題均作了全面深入的分析；張永言《語文學論集》（增補本，1999）出版後，李師就撰寫出《精深與博大兼備——讀張永言教授〈語文學論集〉》（2000），對該書的研究成果、研究方法及價值作了全面系統的論述；《方光燾語言學論文集》（1997）出版後，李師撰寫了《讀〈方光燾語言學論文集〉》（2001）一文，對方光燾先生"三十年代末漢語‘廣義形態’説的提出及其學術背景"進行了深入探討，對方光燾"從‘廣義形態’切入點到漢語語法體系"（以"廣義形態"作爲漢語詞類劃分漢語語法研究的切入點，構建漢語語法體系：形態—範疇—類別—系統；範疇—類別—系統）進行了系統説明；徐復先生的《〈尷書〉詳注》出版後，李師認真研讀，撰寫了《爐火純青鑄偉辭——學習徐復教授著〈尷書詳注〉》（2002）一文，對該書的注釋體例、訓釋特點、訓釋方法進行了全面系統的研究，對徐著可以改進之處作了委婉的提示；俞佩琳《中文字序學》（2001）出版後，李師撰寫了《漢字研究領域的新開拓——讀俞佩琳先生著〈中文字序學〉》（2003）一文，對該書的獨到見解進行了概括，對俞書提出的"形序"和"序位"兩個概念與傳統的形位説的異同作了細緻的分辨，也委婉地指出了該書值得推敲改進之處；趙振鐸《中國語言學史》（2000）出版後，李師撰寫了《探求中國語言學的發展規律——評趙振鐸〈中國語言學史〉》（2003）一文，對該書在語言學史分期、充分開發傳注材料、在世界語言學史的背景下考察中國語言學史等方面的成就進行深入系統的分析，對該書的不足之處進行了全面的闡述；王學奇、王靜竹夫婦撰著《宋金

---

① 　該書是與郭熙教授合編。

元明清曲辭通釋》(2002)出版後,李師撰寫了《戲曲詞語的歷史畫卷——讀〈宋金元明清曲辭通釋〉》(2004)一文,對該書的特點、所取得的成果、邏輯架構、釋義方法及不足之處均進行了全面深入的考察。

宗福邦等《故訓匯纂》(2003)出版後,李師撰寫了《故訓資料的纂集和上古漢語詞彙研究——兼論〈故訓匯纂〉對章黃學派的新開拓》(2008)一文,對這部工程浩大、規模宏偉的訓詁學工具書的特點、價值以及對章黃學派的新開拓方面作了深入系統的介紹。關於該書的編排特點,李師認為該書各字頭下的羅列次序,綜合考慮了原典和注釋者的時代,力求做到語義邏輯和歷史先後的一致,體現了現代學術的風貌。關於該書的價值,李師認為該書是研究上古漢語詞彙的好材料,可以利用它來研究上古詞義的義項,可由該書窺見更多的上古義項,而《漢語大詞典》是排斥以故訓為書證來設立義項的(以故訓為依據建立義項,該書是第一次),從這一點看,該書可以彌補《漢語大詞典》在此方面的不足;該書材料宏富,不僅對傳世古籍的解釋力極強,就是對出土的戰國時期文字也具有極強的解釋力;該書無論是往上位的宏觀同義聯繫,還是往下位的義項,尤其是義素分析深層次的開掘,對豐富語義場、拓展語義分析,都是有積極意義的。至於該書對章黃學派學術的拓展,實際上就是對阮元等編輯的《經籍籑詁》的超越。黃侃明確指出《經籍籑詁》有兩大不足,一是"載字先後毫無意義",即缺乏內在的語義邏輯性;二是"(至其)搜輯,亦有不備者",即材料不足。《故訓匯纂》在這兩個大的方面,都有質的超越。李師對該書在編排上的體例進行了歸納:一是近同義按本訓義、近訓義排列;二是同項內書證以原典先後為次;三是不同義項(語義板塊)之間的排列以意義相引為參照,盡可能體現邏輯次序;四是複音節排序按第二個字筆劃。書中搜集材料宏富,完全達到了黃侃所要求的"幾於完備"。需要說明的是,黃侃先生還說:"《經籍籑詁》間亦載音,如其引《字林》即載其音,究於漢後唐前之音多所漏略,今宜更纂一書曰

《經籍籑音》。"①在《故訓匯纂》出版 16 年後,宗福邦先生等的《古音匯纂》(商務印書館 2019 年版)出版,該書與《故訓匯纂》構成姊妹篇,《古音匯纂》的出版,可以看成章黄學派完成了黄侃先生"宜更纂一書曰《經籍籑音》"的遺願。

姚小平教授的《羅馬讀書記》(2009)出版後,李師隨即撰寫了《目錄學藝苑中的新枝——讀姚小平教授著〈羅馬讀書記〉》一文。李師高度肯定了該書在目錄學方面的價值,對梵蒂岡館藏本十九種、羅馬大學東方研究院所藏八種和意大利國家圖書館等所藏西土漢學著作和中學西傳的"西土文物"的價值作了説明。該文對梵蒂岡館藏中的西班牙瓦羅(Francisco Varo,1627—1687)《官話語法》(1670)、《華語官話語法》(1703)及傅聖澤(Jean Francoise Foucquet,1665—1741)《釋中國史紀年新表》的内容、價值和不足均作了深入的論述,對這些書在認識明清時代南京話的價值和在漢學語法史上的地位作了深刻的剖析;對羅馬大學和意大利國家圖書館等所藏的《海篇統匯》、趙頤光《説文長箋》和供漢人學習滿語用的滿漢對音書《關西字彙》《箋注十二字頭》的價值也作了透徹的説明。姚先生的《西方語言學史》(2011)出版後,李師又撰寫了《文化和哲理雙楫推動語言學演進——〈西方語言學史〉評價》(2014)一文,對該書的内容、特色(立足於思想史乃至更爲廣袤的文化史視角,以文化和哲理雙楫來推進語言學史)、結構視角、行文風格進行了深入系統的探討,也對該書存在的可以改進的地方作了簡要的説明。

許惟賢教授《説文解字注》整理本(2007)出版後,李師撰寫了《學術寶山裏的點金術——讀許惟賢教授〈説文解字注〉整理本》一文,爲了考察該書的實證功夫和編纂理念,李師對整理本歸納出的《段注》引書十六種疏失一一還原書證,并對其作用進行説明。此外,李師還對該書在發明段注條例、概括段注釋義方法方面的成就作了深入系統的闡述,對該書的價值(提供字形和語義研究的平臺)及不足之處也作了説明。

———————————

① 黄説均見黄侃述、黄焯編《文字聲韻訓詁筆記》,上海古籍出版社 1983 年版,第 14 頁。

《現代漢語詞典》第 6 版出版後,李師就撰寫了《規範化維度下的與時俱進——學習〈現代漢語詞典〉第 6 版》(2013);高名凱先生《語言論》2011 年重印後,李師就撰寫了《從理論啓蒙到理論體系——學習高名凱先生〈語言論〉》(2012)一文;趙振鐸先生《集韻校本》(2012)出版後,李師撰寫了《校勘〈集韻〉的實踐、例式和碩果——學習趙振鐸先生〈集韻校本〉》(2014)一文①。

李師在百忙之中還爲師友弟子新書作序,付出了大量的寶貴時間。據不完全統計,從 2001 年開始至 2020 年,李師爲師友弟子新書作序 27 篇,按時代順序羅列於下:2001 年,蔣蔭楠教授《反義成語詞典》第三版《序言》、張美蘭《近代漢語後綴形容詞詞典》序;2002 年,代爲草擬"南京大學—紐約大學"國際漢語教學研討會論文集序;2004 年,王章濤《阮元評傳》序;2005 年,高小方、顧濤編著《工具書使用和文獻檢索》序;2006 年,王章濤《王念孫王引之年譜》序、孫宜志《安徽江淮官話語音研究》序;2007 年,楊曉黎《漢語詞彙學與對外漢語教學》序、劉冠才《兩漢韻部與聲調研究》序;2008 年,盛林《〈廣雅疏證〉中的語義學研究》序、周遠富《〈通雅〉古音考》序;2009 年,王建軍《中西方語言學史之比較(修訂本)》序、汪業全《叶音研究》序;2010 年,焦冬梅《高誘注釋語言詞彙研究》序;2011 年,張家港市沙洲中學七十華誕《芳草青青》序、徐四海《語言與語言應用研究》序;2012 年,董淑慧《認知視野下的對外漢語語法教學——以"趨向動詞語法化"爲例》序、朱湘蓉《秦簡詞彙初探》序、劉冠才《兩漢聲母系統研究》序;2013 年,王培林《説文檢字》序、俞士林《老沙話語匯》序;2014 年,楊建忠《楚系出土文獻語言文字考論》序;2015 年,喬永《辭源史論》序二;2016 年,郭駿主編《學生成語詞典》序;2017 年,宋洪民《八思巴字資料與蒙古字韻》序;2020 年,李葆嘉等《塵封的比較語言學史:終結瓊

---

① 李師另有《〈人論〉——探索人類認識能力的哲學著作》(1986)、《卡西爾〈人論〉中的藝術觀》(1987)、《一部在開放中捍衛馬克思主義的著作——讀加羅蒂〈人的遠景〉》(1989)、《從解讀馬克思追尋者的角度解讀馬克思主義本體——讀〈盧卡奇與馬克思〉有感》(2002)、《一部有解釋功力的辭書——讀〈當代民諺民謡〉》(2008)、《當代國學研究的一次新嘗試——讀黃麗麗新著〈左傳新論〉》(2009)等書評讀後感。

斯神話》序、劉冠才《北朝通語語音研究》序。

　　李師爲師友和弟子的書作序，涉及的學術領域包括文字學、音韻學、訓詁學、語法學、出土文獻、八思巴字、對外漢語教學、思想家評傳、工具書檢索、西方語言學史等方方面面，這些序文足以顯示出李師淵博的知識、敏銳的思維和高度的概括能力。

## 八、李師學術研究的主要特點

　　通過以上介紹，我們可以看出，李師的學術研究具有如下幾個顯著特色：

### （一）研究領域廣泛且框架清晰

　　李師作爲 20 世紀 80 年代初走上學壇的學者，近四十年來撰寫了大量的學術論著，涉及西方哲學、西方語言學理論、中國古代思想文化、中國語言學史、古代漢語語法、古代漢語詞彙、古代漢語修辭、漢語文化、詞典編纂理論、出土文獻、對外漢語教學等等，研究範圍之廣在其同輩學者中罕有其比。縱觀李師的學術活動，有四大根據地：西方語言學理論、中國語言學史、中國古代思想和詞典編纂理論。在四大根據地中有五大特區：喬姆斯基語言學思想、上古語言哲學、清代古音學、傳統小學經典、晚清經學。另有六個游擊區：漢語本體研究、漢語文化研究、對外漢語教學、書評、出土文獻。李師的全部著述主要是在這個框架內展開的。

### （二）以西哲之石攻吾先哲之玉

　　作爲一位哲學博士，李師在進行學術研究時自然會以哲學家的頭腦來思考問題，研究西方語言學理論是這樣，研究中國語言學史、中國古代思想文化、漢語和漢語文化等，自然也是如此。李師在研究西方語言學理論時，除了考察某種語言理論自身內容外，還特別注重某種語言學理論的哲學背景，而這哲學背景主要是康德哲學。李師在考察索緒爾、布龍菲爾德、喬姆斯基等語言理論背景時均重點介紹了康德哲學對他們的影響①。同時，李師又將西方哲學和西方語言學

---

① 在討論喬姆斯基語言理論時還介紹了蒯因、笛卡爾、皮爾斯等人的哲學思想。

理論運用到漢語和中國古代思想文化研究中，取得了許多出人意表的研究成果。李師在研究過程中，非常注重方法論的討論，這和他精通哲學、邏輯學和西方語言理論是分不開的。在李師的全部論著中，我們會常常讀到蘇格拉底（Socrates，前 469—前 399）、亞里士多德、笛卡爾、黑格爾（Georg W. Friedrich Hegel，1770—1831）、康德、費希特（Johann G. Fichte，1762—1814）、達爾文（Charles R. Darwin，1809—1882）、穆勒（F. Max Müller，1823—1900）、皮爾斯、拉法格（Paul Lafargue，1842—1911）、庫爾德內（Бодуэн де Куртенэ／Baudouin de Courtenay，1845—1929）、文德爾班（Wilhelm Windelband，1848—1915）、弗雷格、索緒爾、鮑阿斯、胡塞爾（Gustav A. Husserl，1859—1938）、懷特海（Alfred N. Whitehead，1861—1947）、克羅齊（Benedetto Croce，1866—1952）、羅素、卡西爾（Ernst Cassirer，1874—1945）、房德里耶斯（Joseph Vendryes，1875—1960）、斯賓格勒（Arnold G. Spengler，1880—1936）、塞拉斯、雅斯貝爾斯（Karl Jaspers，1883—1969）、薩丕爾、布龍菲爾德、海德格爾（Martin Heidegger，1889—1976）、弗思、卡爾納普、皮亞傑、舒茨（Alfred Schutz，1899—1959）、海森堡、蒯因、哈里斯、葛林伯格、奧斯汀、派克、霍凱特、弗里斯、戴維森、斯特勞森（Peter F. Strawson，1919—2006）、施太格穆勒（Wolfgang Stegmuller，1923—1991）、福柯（Michel Foucault，1926—1984）、亨廷頓（Samuel P. Huntington，1927—2008）、德里達（Jacques Derrida，1930—2004）、柏默爾（Frank R. Palmer，1922—2019）、泰勒（Edward B. Tylor，1832—1917）、詹森、喬姆斯基、塞爾、哈爾維克（Roland Harweg，1934—）克里普克、斯塔羅思京等西哲的名字和他們的學說。

### （三）注重學術源流的考察

李師的學術研究，既能以點帶面討論問題，更能高屋建瓴在宏觀上把握問題。在具體的研究過程中，注重學術源流的考察，注重同一學派學術發展的内在邏輯，注重不同學派之間的相互影響。李師在研究西方語言學理論時，常常將某一理論、某一學派的學術源流窮根究柢，考察其來龍去脈，如對布龍菲爾德語言理論的研究，不祇是在全面介紹布龍菲爾德理論來源的基礎上闡述布龍菲爾德的語言理論，也對布龍菲爾德後學的語言理論及布龍菲爾德後學與喬姆斯基語言理論的關係作了深入的探討，同時也把布龍菲爾德對中國語言學家的影響剖析得非常透徹。又如對倫敦學派的研究，既討論了倫敦學派的興起、弗思的語境學説和功能語言學以及韓禮德系統功能語言學，又對該學派發展的内在邏輯關係進行了深入探討。再如在《從結構主義語言學到現代結構主義》一文中，李師對結構主義語言學的萌芽、發展、衰微的過程，以及皮亞傑新的結構主義理論的内容、價值和缺陷都分析得清晰透徹。李師在討論諸子思想時，往往聯繫時代背景，注重學術源流的考察，注重同一學派學術發展的内在邏輯，注重不同學派之間的相互影響。李師對晚清經學的研究等也是如此。

### （四）與時俱進的求知精神

李師治學還有一個顯著的特點，就是能够及時預流、與時俱進。李師治學與時俱進首先體現在步步緊跟新的哲學思想和新的語言學理論。凡是一種新的哲學思想、新的語言學理論出現或被介紹到中國來，李師均能及時捕捉到，并能深入掌握充分利用。李師除精通索緒爾、布龍菲爾德、喬姆斯基等語言理論外，新出現的認知語言學、認知心理學、認知語用學、應用語言學、數理語言學、結構語言學及與其有關的系統論、信息論、控制論等等，李師都能及時掌握運用。李師治學與時俱進另一個表現就是隨着社會的發展，根據自己的工作需要，及時調整研究方向。從 20 世紀 80 年代開始，中國學術界的美學研究和文化研究均成爲熱點，李師對先秦諸子研究的許多論文都是從美學的角度展開討論的[1]；對中國文化的研究，李師除了撰有一系列研究思想文化的論文外，還著有《中國漢語文化》一書。隨着改革開放的脚步加快，中國人需要走出去，外國人需要走進來，對外大力推廣漢語成爲我們的一項基本國策。李師結合自己的實際工作，除

---

[1]　如《道家本體論思想與美學境界》(1988)、《浩然之氣與充實謂美——孟軻與〈孟子〉》(1988)、《試論"里仁爲美"——孔丘美學思想初探》(1993)等文均是討論諸子美學思想的。

了著有《漢語語言學和對外漢語教學論》這一專著外，還撰寫了一系列與對外漢語教學有關的論文。近幾十年來，隨着簡帛材料不斷出土，對新出土文獻的詞語考釋和思想闡釋成了熱門課題。李師及時預流，在簡帛文獻的思想闡釋和詞語考釋兩個方面都取得了很大的成就。李師在學術上與時俱進，還表現在密切注視着新的科研成果，一旦有新的重要學術成果出現，李師大都是及時閱讀研究，有時以讀後感、書評的方式闡述自己的學習研究心得。

李師的學術研究宏通嚴謹、博大精深，是我們做弟子的難以企及的。本人在學習李師的論著時總有仰之彌高，鑽之彌堅之感，有如侏儒觀戲一般；在綜述李師學術成就時雖然有意遵循不重複、不遺漏的原則，但因學力不及、天分有限，執筆寫作中深感綆短汲深、力有不逮；自知領會不深入、總結不到位處甚多，挂一漏萬之處更是在所難免。莊子有言"小知不及大知，小年不及大年"，爲李師的學術研究寫綜述，纔真正理解了莊子此語的含義。

## 參考文獻

郭維森：《惠棟評傳·序》，載李開《惠棟評傳》，南京大學出版社 1997 年版。

何九盈：《中國古代語言學史》，廣東教育出版社 2000 年版。

胡奇光：《中國小學史》，上海人民出版社 1987 年版。

蔣蔭楠：《現代詞典學教程·序》，載李開《現代詞典學教程》，南京大學出版社 1990 年版。

吕必松：《漢語語言學和對外漢語教學論·序》，載李開《漢語語言學和對外漢語教學論》，中國社會科學出版社 2002 年版。

魯萌一：《漢語語言研究史·序》，載李開《漢語語言研究史》，江蘇教育出版社 1993 年版。

濮之珍：《中國語言學史》，上海古籍出版社 2002 年版。

王力：《中國語言學史》，山西人民出版社 1981 年版。

# 語素分層設級的必要性與可行性

## ——再讀李開師《對外漢語教學中的詞彙教學與設計》有感

楊曉黎

（安徽大學文學院）

**摘　要**：漢語語素在國際中文教學中的地位日漸凸顯，但缺乏量化指標的隨機性教學影響了語素作用的發揮。新近頒布實施的《國際中文教育中文水平等級標準》對語素的關注不夠，漢語語素的分層設級勢在必行。李開師《對外漢語教學中的詞彙教學與設計》創設語素分級範式，科學性與可操作性兼具，對當前國際中文教育有着很好的啓迪和引領作用。

**關鍵詞**：漢語語素；分層設級；《等級標準》；李開；《對外漢語教學中的詞彙教學與設計》

《國際中文教育中文水平等級標準》（GF0025-2021，以下簡稱《等級標準》）已於2021年7月1日起正式實施。作爲面向新時代的國家標準，《等級標準》發布後引起海內外國際中文教育界的廣泛關注與高度重視。

選定語言要素并進行分層設級，爲中文作爲第二語言的學習者量身定制語言量化指標，是《等級標準》研發的目標與追求。《等級標準》對語言要素的選定，經過"二維基準""三維基準"和"四維基準"的不斷發展。1992年推出的《漢語水平詞彙與漢字等級大綱》（以下簡稱《等級大綱》）構建了以詞彙爲中心、漢字跟着詞彙走的二維基準模式；2010年發布的《漢語國際教育用音節漢字詞彙等級劃分》（以下簡稱《等級劃分》）引入音節，以漢字爲核心，形成了音節、漢字、詞彙三維基準體系；《等級標準》在沿襲了《等級劃分》音節表、漢字表和詞彙表的基礎上,增設了《語法等級大綱》,進而形成音節、漢字、詞彙、語法四維基準體系。不難看出,歷經三十年發展,《等級標準》中的語言要素在不斷增加,漢字地位也在逐步提升。對漢字地位問題,主編者指出"在這個體系中,漢字是漢語的'根',處於軸心地位","新型漢字與詞彙課程,一定要特別關注漢語的生成規律,打通漢字教學與詞彙教學的通道"(劉英林、馬箭飛 2012:410,415)。

漢字教學與詞彙教學的通道應該如何打通?怎樣纔能準確認識并充分利用漢語的生成規律來促進中文作爲第二語言的教學?漢字在各語言要素中的核心和紐帶作用應當如何發揮?上述問題中文教學界曾有不少探討,如李開師《對外漢語教學中的詞彙教學與設計》(2002)一文就曾提出過自己的解決方案。結合新發布的《等級標準》,今天重讀李開師 20 年前發表的這篇論文,筆者又有了許多新的體會與認識,不僅折服於先生求真務實且意義深遠的學術見解,對《等級標準》有關語素的呈現情況與可完善之處也有一些思考。

## 一、 字詞之辨與語素分級示範

李開師《對外漢語教學中的詞彙教學與設計》一文,立足於漢語漢字的實際,從詞彙、語素、漢字的三者關係入手,探討了對外漢語詞彙教學的最佳路徑,既有理論上的探索與創新,又有具體而微的引領與示範,知行合一,堪稱典範。

### (一) 强調語素字和詞彙字不同,打通字、詞、語素教學通道

國際中文教學界歷來重視漢字教學與詞彙教學,與之相關的研究成果也極爲豐碩。但如何在教學中將作爲書寫符號的漢字與作爲語言單位的詞彙有機貫通,做到既能體現出各有側重又可以相互助力,李師文中有關語素字和詞彙字的闡述,可以給我們很多啓示。

李師指出:"在詞彙教學中,强調語素字和詞彙字的不同,强調語素和構詞法是必要的。""語素本體性質與單音節詞的詞性無關,倒是可以作爲一個個孤零零的字來看待。"如"'雞蛋'一詞中的'雞'和'蛋'都作語素用,兩個語素按偏正方式構成雙音節詞。而詞組'小雞''大雞''公雞''母雞'中的'雞'字是詞彙字,亦即構成單音節詞的

字。應該說,在理論上用漢語字取代漢語詞的語素是很困難的事,因爲一個方塊字可能是一個語素,也可能是一個單音節詞",“但我們可以借漢字比況語素,用於漢字教學"。

“借漢字比況語素"“强調語素字和詞彙字的不同"等觀點,是李師在對傳統語言學和中文作爲第二語言教學的深刻認識與感悟基礎上的真知灼見,蘊含着深厚的哲學與理論思辨的内容,也爲我們如何看待和處理漢語中字、詞、語素的關係提供了很好的思路。

漢字教學與詞彙教學的通道,可以通過語素來打通,而語素功能的發揮,則可以通過强調語素字和詞彙字的不同來實現,這是重讀李師論文後我們獲得的一個深切體悟。

語素字是指字記録的爲一個語素,語素的書寫符號就是語素字;而詞彙字則是指字記録的爲一個詞,詞的書寫符號就是詞彙字。語素字和詞彙字的區別,體現了漢語中字、詞、語素間既分工明確又錯綜複雜的相互關係。根據李師的統計,《等級大綱》1033 個甲級詞中,單音節詞共 458 個,這“458 個單音節詞全部都可以用作構詞語素,例如前 50 個甲級詞中 30 個單音節詞均可用作構詞語素,如‘矮、愛、八、把、白、百、擺、班、搬、半、辦、飽、抱、杯、北、倍、比、筆、邊、變、遍、表、別’等",而這“30 個單音節甲級詞的書寫符號,全部是等級大綱中的甲級字"。

漢語中字、詞、語素的關係是由漢字與漢語的關係決定的。上古時期單音節詞是詞彙系統的主體,一個字記録的就是一個單音節詞,因此上古階段出現的字在絶大多數情況下也就是詞彙字。從中古開始,雙音詞不斷增多,經歷了詞彙語素化之後,上古漢語的單音節詞,在雙音節化的過程中逐步轉化爲語素。在語素化過程中,漢字的發展也與之步調一致,由詞彙字逐步轉化爲語素字。與此相伴隨,語素的語義發展、新詞新義的出現以及文字系統自身不斷的調整、簡化和優化,不僅使得原來意義上的字詞關係轉變成語素和語素字關係,而且語素與語素字的内部關係也變得更加複雜,呈現出“同音語素"“同形語素"等各種現象,給中文作爲第二語言學習與教學帶來了很多難題。“在詞彙教學中,强調語素字和詞彙字的不同",可以說是找到了語素和漢字教學相互貫通的一把鑰匙。

自 20 世紀 90 年代起,國際中文教學界有不少學者先後對"字本位"問題有所探討,强調在漢語教學中要以"字"作爲基本的單位,教學中"以字帶詞",將漢字教學作爲詞彙教學的中心[①]。需要指出的是,這些學者討論的所謂的"字",究其實質就是語素字,是以漢字形式呈現出來的在構詞中有一定意義的語素,它與文字學中所説的作爲書寫符號的漢字是有本質不同的。

漢字、語素字、詞彙字的區分是立足於漢語漢字特點的對漢字功能的再認識,使漢語教學在充分認識漢語字詞關係的基礎上更具針對性和解釋力,也有利於發揮漢字在各語言要素中的核心和紐帶作用,是打通字、詞、語素教學通道的重要之舉。

**(二)探索語素分層設級的路徑,開創性與示範性兼具**

針對語素等級分類的缺失及其對漢語詞彙教學帶來的影響,李師特別强調"需要指出的是,有關語素構成的等級的分類,我們過去講得很少","語素構成分析及其分類在對外漢語詞彙教學中,可用於確定講解的先後次序……可以大大提高詞彙教學的科學性"。

如何針對中文作爲第二語言的學習者這一特定群體,對漢語語素進行分層設級,李師在論文中向我們展示了操作性極强的方法與步驟。

李師首先對《等級大綱》中 1033 個甲級詞及其構詞語素進行了窮盡性分析:"在 1033 個甲級詞中,從詞性看,名詞最多,占 37.3%,動詞次之;從音節數看,單音節詞 458 個,複音詞 508 個,其他 67 個。458 個單音節詞全部都可以用作構詞語素。"在此基礎上,李師對漢語作爲二語教學時如何對語素分層設級展開了富有開創性的探討:"在 1033 個甲級詞中,凡可以作爲語素構成複音節甲級詞(詞組)的單音節詞,我們稱之爲甲種語素,甲種語素以外的都稱爲乙種語素。例

---

① 對這一問題開展探討的學者有:王若江(《由法國"字本位"漢語教材引發的思考》,《世界漢語教學》2000 年第 3 期)、潘文國(《字本位與漢語研究》,華東師範大學出版社 2002 年版,第 305 頁)、張德鑫(《從"詞本位"到"字中心"》,《漢語學報》2006 年第 2 期)、吕必松(《漢語和漢語作爲第二語言教學》,北京大學出版社 2007 年版,第 32 頁)等。

如,甲級詞'愛'作爲語素構成甲級詞'愛人','愛'爲甲種語素,而甲級詞'安靜''安排'中的'安、靜、排'都不屬於甲級詞,它們作構詞語素用時,我們稱之爲乙種語素。"

根據李師的統計,甲級詞內的甲種語素有"愛(~人)、半(~天)、杯(~子)、比(~較)、變(~化)、表(~示)、車(~站)、城(~市)"等共139個,"這139個甲種語素以外的'白、百、擺、班'等單音甲級詞作語素用時,沒有構成甲級詞,故'白、百、擺、班'等不能說是甲級詞構詞範圍內的甲種語素。上述139個甲級複音詞中以'甲種語素+甲種語素'(A式)方式構成的共72個,其餘67個甲級複音詞的構成方式是'甲種語素+乙種語素'(B式)"。"構成甲級複音詞的語素可能都是乙種語素(D式,共213個),例如'安靜、安排、必須、參觀、弟弟'等,也可能其中有一個甲種語素(B式、C式,共194個),例如'比賽、變化、表演、電影、機場、機會、將來'等。"

綜上可見,李師對漢語語素分層設級的構想是科學而縝密的,既有創新引領作用又有"授人以漁"的具體操作步驟,體現了科學性和實用性的統一。正如李師所總結的,"這樣的分析,同樣可用於乙級、丙級、丁級詞,任何按統計法、等級劃分法等方法劃分形成的詞彙系統的分析都可以這樣來進行,通過這種分類和分析無疑也可以看出詞彙系統內在構成的規律性。比如我們可以對留學生用《漢語水平詞彙等級大綱》甲級詞系統、乙級詞系統及漢語常用詞、次常用詞系統等,進行內部構成分析。分析標準是客觀的,也是規定性的,即主客觀統一的,當然也是具有認知價值的。例如上述甲級詞系統內部甲種語素的確定、甲級複音詞內的乙種語素的確定,及經過分析而得出的A式(甲甲)、B式(甲乙)、C式(乙甲)、D式(乙乙)四種構成方式,都有這種主客觀統一的特點"。

需要特別注意的是,李師在談到語素構成分析及分類在詞彙教學中的作用時,多次強調單音節詞教學與漢字教學的結合,"例如:先講甲級單音節詞(可與漢字教學結合在一起),後講非甲級單音節詞(也可與漢字教學結合)",體現了李師對漢語字、詞、語素教學既分且合、有機貫通的辯證觀點。

　　李師的研究,基於多年來對中文作爲第二語言教學的細緻觀察與切身感受,同時又以語言學家的卓識與高度,進行了理論總結和闡釋,引起了國際中文教學界的極大關注。劉智偉、任敏《近五年來對外漢語詞彙教學研究綜述》(2006)注意到了李師的研究:"該文從宏觀上就對外漢語詞彙教學提出總體設計,以其中 HSK 詞彙大綱中的1033 個甲級詞作爲分析對象和分析系統,強調語素和構詞法,以語素層級説構詞法,根據構成語素的不同對詞彙進行分類,從而決定詞彙教學的次序。"李如龍、楊吉春在《對外漢語教學應以詞彙教學爲中心》(2004)一文中對李師的研究更是有極高評價:"李開的《對外漢語教學中的詞彙教學與設計》(2002)對《漢語水平詞彙等級大綱》中的 1033 個甲級詞彙進行了語素分析。他把 1033 個甲級詞彙中凡是可以作爲語素構成複音節甲級詞(詞組)的單音節詞稱之爲甲種語素,其餘則稱爲乙種語素。結果有 458 個單音節詞是甲種語素,由兩個甲種語素構成的複合詞 132 個,由一個甲種語素構成的複音詞 223 個。如果用同樣的方法分析《漢語水平詞彙等級大綱》中的乙級、丙級、丁級詞彙,便可以爲對外漢語教學的詞彙教學提供一個合理的教學順序。漢語複合詞是由語素依照一定的構詞規律結合而成的。祇有理解了詞中每個語素的意思,纔能準確理解和把握整個詞義。詞彙教學一定要充分重視構詞語素教學,這是明擺着的道理。"

　　對漢語語素的分層設級不僅科學合理而且切實可行,這是李師研究給我們帶來的啓迪與信心,相信也一定會對推進國際中文教育更好地遵循漢語的規律和特點發揮積極而重要的影響。

## 二、《等級標準》中語素的呈現情況及不足

　　新頒布的《等級標準》中增設了《語法等級大綱》,這是一個突出的亮點。《語法等級大綱》包括了語素、詞、短語、句子、句群全部五級語言單位在內的共 12 大類語法項目,但"在具體語法項目的提取與整合方面,突出針對性與實用性,對語素、短語、句子成分、句子的類型等語法項目簡略呈現,而對意義相對較'虛',學習者不易理解和掌

握的語法項目(如詞類)作爲重點呈現"①。

我們考察了被納入《等級標準》簡略呈現範圍的語素項目,覺得對其中語素呈現的方式及相關理念,還有進一步開展討論的必要。

**(一) 語素在《等級標準》中的呈現過於簡略且較爲粗疏**

《語法等級大綱》共有 572 個語法點。作爲簡略呈現的語素項目,與之相關的僅有關於詞綴的 4 個點,包括前綴(第～、老～、小～)、後綴(～兒、～家、～們、～頭、～子)、類前綴(超～、多～、反～、無～、亞～、準～)、類後綴(～化、～式、～型、～性),詞根未見提及。而在詞彙表的 11092 個詞語中,明確標出詞綴的爲 22 個,包括前綴(類前綴)5 個(第～、老～、小～、初～、非～),後綴(類後綴)17 個(～們、～子、～家、～頭、～化、～性、～員、～者、～品、～界、～力、～長、～族、～度、～感、～率、～業)。語素在《等級標準》中的呈現確實是非常簡略的。

語素在《等級標準》中的呈現不僅簡略而且較爲粗疏。首先,語素作爲構詞單位,包括詞根和詞綴,《語法等級大綱》列出的語素大類,卻僅僅提到詞綴,與其提出的適度兼顧系統性的目標不太相合。其次,關於詞綴的呈現方式,《語法等級大綱》與詞彙表兩部分没有很好相互照應,比如"初(初一)""非(非金屬)"在詞彙表中注明爲前綴,但語法點中不見;"～兒"在語法點中作爲後綴列出,但在詞彙表中卻未見標示。再如語法點標出的全部 6 個類前綴,在詞彙表中一個也未見標示,類後綴"～型",詞彙表中有"小型、中型、大型"等詞出現,卻未見"型"的後綴標示,而類後綴"～式",不僅未見詞綴標示,甚至整個詞彙表不見例詞"美式"。以上情況,在很大程度上影響了各相關部分的有機貫通與配合。

**(二)《等級標準》應重視對語素的呈現與分級問題**

語素在《等級標準》中的呈現情況與編者對語素的認識有關。如編者所言,列爲重點呈現的是爲了"突出針對性與實用性",而作爲簡

---

① 見《國際中文教育中文水平等級標準(國家標準·應用解讀本)》使用説明,北京語言大學出版社 2021 年版,第Ⅵ頁。

略呈現的語素項目,祇需要"一筆帶過"[①]。面向中文作爲第二語言學習者群體,語素是否也具有針對性與實用性,這涉及如何認識語素在中文教學中的功能與作用問題,直接關係到相關標準制定時對語素的定位和處理。

國際中文教學界早已注意到語素在漢語詞彙教學中的作用。呂文華(1999:75)在第六屆國際漢語教學討論會上提出了《建立語素教學的構想》,指出"語素教學對外國人學習漢語很有必要。語素教學除了有助於漢字的認記、消除錯別字以外,其主要作用是可以大大提高學習詞彙、掌握詞彙、擴大詞彙以及正確運用詞彙的能力"。盛炎(1990:328)呼籲"要大力提倡適合漢語特點的語素法,可以提高漢語詞彙教學的效率"。李如龍、楊吉春(2004)強調詞彙教學要充分重視構詞語素教學,因爲"漢語詞彙是以單音節語素爲基礎構建起來的"。應該説,自 20 世紀 90 年代開始,重視語素教學的理念已逐漸爲國際中文教學界所認識并接受。但具體到如何進行語素教學,哪些語素需要分析,哪些語素應該列爲重點範圍等等,一綫教師頗感困惑,而相應教材的編寫明顯也跟不上教學的需求。究其原因,一方面是漢語語素數量巨大,内容過於複雜,如清華大學建立的漢語語素數據庫收録語素達 10442 個(苑春法、黄昌寧 1998);另一方面,目前普遍采用的語素教學是一種隨機性的教學法,作爲教學内容的語素選擇缺乏標準和依據,因而無法達到預期的教學效果。

在國際中文教學中,語素教學要落到實處并取得切實的效果,按照李師有關語素分層設級的理論和實踐,對漢語語素進行科學的分層設級,確實是標準制定和教學實踐中勢在必行的基礎性工作。

《等級標準》的漢字表、詞彙表分別收録了 3000 個漢字、11092 個詞語,同時又在漢字和詞彙的内部分層設級,漢字與詞彙字的問題得到了較好解決,但由於缺乏對語素字或曰語素的足够關注,不能説不是該標準留下的一個遺憾。對漢語語素分層設級并在此基礎上增設語素表是國際中文教學界的期盼,也并非難以施行。李師對《等級大

---

① 見《國際中文教育中文水平等級標準(國家標準·應用解讀本)》代序,第 9 頁。

綱》甲級詞細緻分析并從中提取甲種語素的實驗,給我們做出了很好的示範,而"這樣的分析,同樣可用於乙級、丙級、丁級詞,任何按統計法、等級劃分法等方法劃分形成的詞彙系統的分析都可以這樣來進行"的提示,更使我們對龐雜的漢語語素梳理分級充滿信心。《等級標準》應乘勢而爲,回應國際中文教學的需求,重視對漢語語素的呈現和分層設級工作,從而使漢語語素教學有據可依。

### 三、 語素分級與重點語素的選取

筆者從攻讀博士學位起,就一直關注漢語語素的分層設級問題,并在李師的指導下做了一些嘗試性的工作,對語素的選取、層級劃分和重點語素的確定等問題進行了研究,也獲得了一些階段性成果,加深了對相關問題的思考和認識。

#### (一)語素選取的範圍與語素表呈現方式問題

如前所述,語素選取與分級是爲了方便國際中文教學,因此語素選取的範圍就應該是基於已爲海內外國際中文教學界熟知并具權威性的三個大綱,包括收錄了 8822 個詞語的《等級大綱》和收錄了 11092 個詞語的《等級劃分》與《等級標準》。

李師和學界多位學者都曾對《等級大綱》中的詞彙做過語素分析,呂文華(1999:77)檢查出《等級大綱》1033 個甲級詞中共有語素921 個,其中成詞語素 285 個,不成詞語素 636 個;朱志平(2005:3,60)統計出《等級大綱》甲乙丙雙音複合詞中的實詞共 3251 個,其中語素總數爲1882 個,包括自由語素 622 個,非自由語素 1260 個;邢紅兵(2006)對統計出的《等級大綱》中全部 6396 個雙音節詞的語素按義項進行標注,建立了語素數據庫,按義項分列的語素達 5393 個。前期的相關研究,爲國際中文教學中的語素選取打下了一定基礎,也爲未來語素表的創建提供了參考。

我們認爲,收入語素表中的語素,應該是國際中文教學中常見的"語素字",也就是李師提及的"可以借漢字比況語素"的部分。這些"語素字"與漢字表中的"方塊字"和詞彙表中同時作爲單音節詞的"詞彙字"有交叉重合,但功能與作用有很大的不同。它們是作爲構詞單位出現的,同時是以輔助詞彙教學爲目的而聚焦起來的"字",在中文作爲第二語言教學中有着獨特而重要的作用。

語素表可以單獨設立,也可以在漢字表和詞彙表後增設語素附表。參照《等級標準》對漢字和詞彙的等級設定與量化指標,語素的呈現也可以采用三等九級的範式,將語素分爲初等、中等和高等水平三個等次,同時在初等中分設一至三級,中等中分設四至六級,高等設七至九級不再細分,使漢字表、詞彙表、語素表既分類明確又互有關聯,以便字、詞、語素教學相貫通,發揮并實現漢字在各語言要素中的紐帶作用。

**(二) 重點語素的選取問題**

制定語素表要特別關注重點語素,包括常用語素和核心語素的選取工作。核心語素相當於《等級標準》語言量化指標的初等一級,是中文學習的入門階段即需掌握的語素;常用語素則定位於初等二級,是學習者已掌握一定數量的詞彙和漢字後所要掌握的語素。對重點語素的選取與層級劃定,我們建議采取由大而小再中間的方式,即先通過三個人綱的語素篩選框定一個大的語素範圍和數量;然後根據一定標準找出最核心的語素,類似漢字表、詞彙表中的一級水平;再擴大至常用語素,類似二級水平……不斷擴大,直至高等水平。

選準選好重點語素的關鍵是準入條件的限定。考慮到語素教學的輔助性和中文作爲第二語言教學的特殊性,重點語素選取應特別注意的有如下兩個因素:

(1) 字、詞、語素三位一體,易學且實用。如前所述,語素是構詞的單位,而非語言的使用單位,漢語學習者希望掌握的是可以書寫的漢字和可以用於交際的詞語,而語素教學僅僅起輔助詞彙教學的作用。教學中學生對老師介紹的語素構詞往往有一定的畏難情緒,有一種不能直接獲取詞語義的擔憂。但當語素本身又可以作爲漢字和單字詞學習之後,這個問題便迎刃而解了。爲了讓學習者輕鬆自如地認識語素并自覺自願地進入到語素學習的過程,適合於入門階段教學的重點語素選取就必須將字、詞、語素作爲一個整體來考慮。如"邊、上、天"是所有學生在入門階段就要學習的漢字和單字詞,在掌握了這些開始學習中文就必須掌握的字詞後,教學中便可以自然而然地導入語素構詞,如"邊上、上邊、天上、上天、天邊",既以滾雪球的方式擴大了詞彙量,同時又可以幫助學生加深對單字詞的理解與掌握,可謂一舉兩得。具體而言,重點語素應該是成詞語素,同時也是學習者常寫常用的漢字。因爲祇有當語素學習與字、詞的學習無縫對接、融爲一體時,學生纔會樂於接受并容易掌握這樣一個看似無用的語言單位,願意跨過語素這個門檻進入廣闊的詞彙學習天地。

(2) 從上古傳承至今,有較強的構詞能力。在現代漢語詞彙系統中,語素大多數是從上古漢語的詞演變而來的,經歷了一個由詞轉換爲語素的語素化過程。從上古漢語的詞發展而來、在現代漢語中作爲構詞成分而存在的語素,我們稱之爲傳承語素(楊曉黎,2008)。選取重點語素時關注其歷史來源,是由中文作爲第二語言教學既是語言教學又是文化教學的特性所決定的。傳承語素歷經漢語數千年的發展而沿用至今,富有深厚的歷史文化底蘊,同時又具有很強的構詞能力,而詞語學習過程中讓學習者費解難學的很多"問題語素",也常常是源於傳承語素本身所携帶的歷史文化內涵與現代漢語常用詞彙義不完全相合的情況,這樣的問題很適於放入重點語素的範圍內以給予特別關注。

### (三) 對語素分層設級的嘗試

對漢語語素的分層設級,我們嘗試做了以下三方面工作:一是在考察國際中文教學界權威大綱的基礎上構建有一定範圍限定的漢語語素語料庫;二是在對大綱及語料庫中詞彙、語素、漢字綜合比對的基礎上劃分出相關語素的層級;三是在一定範圍和特定標準下選取常用語素和核心語素。我們的具體做法是:

1. 在對《等級大綱》詞彙進行窮盡性考察的基礎上構建全部語素語料庫①。我們首先對納入《等級大綱》的全部 8822 條詞語進行了窮盡性考察,建立了由 3120 個語素構成的全部語素語料庫。在此基礎

---

① 這部分工作主要在讀博期間完成,具體見《現代漢語傳承語素研究——以〈漢語水平詞彙等級大綱〉爲例》,南京大學博士學位論文,2008 年。

上，篩選出 2425 個傳承語素，占全部語素總數的 77.7%，其中有 2184 個語素可以在《等級大綱》中構成合成詞。我們嘗試將這 2184 個語素進行了分級處理，共分爲甲乙丙丁四個級別：甲級語素（298 個）既可以構成甲級詞，同時又可以作爲甲級詞或乙級詞單獨使用；乙級語素（524 個）、丙級語素（539 個）、丁級語素（823 個）的單獨使用範圍覆蓋大綱所有級別，區別在於構詞範圍的大小。乙級語素可以構成甲乙兩級詞，丙級語素擴大至甲乙丙三級詞；丁級語素包括甲乙丙丁所有級別。

2. 基於《等級大綱》語素庫構建《等級劃分》一級詞彙語素庫。在對《等級大綱》語素分級的基礎上，我們又對《等級劃分》一級（普及化等級）詞彙進行了分析。《等級劃分》一級詞彙共有 2245 個詞語，包括第一檔最常用詞 1342 個（一①②）和第二檔常用詞 903 個（一③），其中第一檔最常用詞又分爲兩個小層次，即最低入門等級詞彙 505 個（一①）和其他最常用詞（一②）837 個。《等級劃分》一級詞彙中全部語素共 984 個，占已有《等級大綱》語料庫 3120 個語素總數的 31.5%。經過我們對全部 984 個語素的逐一考察，最後確定傳承語素 853 個，包括可以作爲單音節詞使用的 463 個（如"愛、八、大"）和衹作爲構詞語素出現的 390 個（如"安、必、參 cān"）。

3. 將兩個大綱中的相關語素進行匹配處理。《等級劃分》一級詞彙中確定的 853 個語素與《等級大綱》中的甲級語素在構詞數目、目標群體等方面具有較大的相關性，我們將二者進行了匹配處理，得到數據如下：甲級語素共有 298 個，包括構詞級別爲甲級、單用級別也爲甲級的語素（下面簡稱"甲甲"）190 個和構詞級別爲甲級、單用級別爲乙級的語素（下面簡稱"甲乙"）108 個。在《等級劃分》選定的 853 個語素中，有見於"甲甲"的 177 個語素可以作爲單音節詞單獨使用，其中單用級別爲一①的有 117 個，一②50 個，一③10 個。在這 177 個可以單獨使用的語素中，參與一級詞彙三個級別構詞的達 172 個，包括一①105 個，一②62 個，一③5 個。此外，有見於"甲乙"的 60 個語素可以作爲單音節詞單獨使用，其中單用級別爲一①的 3 個，一②24 個，一③33 個。在這 60 個可以單獨使用的語素中，參與一級詞彙三個級別構詞的有 58 個,包括一①12 個,一②39 個,一③7 個。

4. 將《等級標準》初等漢字表與相關語素逐一比對。在對《等級大綱》和《等級劃分》中相關語素仔細分析的基礎上,我們又將《等級標準》漢字表的初等水平與前述語素進行了綜合比對。初等漢字表包括一、二、三級,每級都爲 300 字,一共 900 字。初等水平漢字與《等級大綱》中的甲級語素、《等級劃分》中的一級詞彙同屬於中文作爲第二語言學習者的入門級別,將初等漢字與我們已確定的相關語素進行逐一比對,是我們在重點語素應符合字、詞、語素三位一體的分級理念下所開展的工作,也是我們在確定重點語素時必不可少的一步。

5. 選取常用語素和核心語素。確定選取標準是常用語素和核心語素選取中最需要認真對待的環節。由於選取範圍及語料處理方式的不盡相同,實施過程中的具體標準必然是靈活多樣的。我們依據多年來不斷完善的語料庫,對常用語素確定的選取標準爲:(1) 在《等級大綱》298 個甲級語素的範圍之內;(2) 在《等級劃分》一級詞彙範圍內既可以單獨使用,又可以參與構詞,同時應屬於《等級劃分》一級詞彙中確定的 853 個語素;(3) 在《等級標準》初等漢字表(一、二、三級)900 字的範圍之內。根據這個標準,我們選定了適用於國際中文教學的 227 個常用語素(見附錄 1)。

在常用語素選取的基礎上,我們又進行了核心語素的再篩選。我們對核心語素確定的入選標準爲:(1) 在《等級大綱》中構詞級別與單用級別均爲甲級("甲甲");(2) 在《等級劃分》中構詞級別和單用級別均見於入門等級詞彙一①;(3) 在《等級標準》初等漢字表一級和二級的 600 字範圍之內。根據這個標準,我們選定了總數爲 95 個的核心語素(見附錄 2),占常用語素總數的 41.9%。

綜上可見,對語素進行分層設級後,列入重點範圍的語素顯示出三個特點:一是這類語素爲中文教學的初級階段學習者就應掌握的漢字和單音節詞;二是這類語素歷史悠久,從上古漢語傳承至今,既可以單獨成詞又具有較強的構詞能力;三是這類語素在中文教學初級階段漢語詞彙中就參與構詞,可解釋性與示範性都很強。語素的分層設級表明，由常用和核心語素構成的重點語素，在教學中應該放在更加突出的地位。

漢語語素的分層設級是面向國際中文教育的一項基礎性工作，李開師 20 年前的探索具有重要的理論價值和實踐意義。新頒布的《等級標準》對語素的關注不夠，難以適應國際中文教學的實際需求，應考慮開發"國際中文教育中文水平等級標準語素表"的建設項目，這也是數十年國際中文教學界的殷切期盼。語素表的構建是一項從無到有的工作，李開師等前輩學者爲我們做出了很好的示範，但如何接棒前行，還有許多難題需要解決，尤其需要學術界凝聚共識，提升理論認識，開展多角度、多層次的深入研究與實踐。我們堅信，祇要目標明確且不懈努力，漢語語素分層設級的工作一定會取得令人滿意的結果。

**附錄 1**：適用於國際中文教學的常用語素（227 個）

愛、辦、半、包、杯、北、比、筆、邊、變、表、病、不、步、部、纏[2]、常、場、車、成、城、出、初、床、詞、從[2]、錯、大、帶、代[2]、但、當、到、道[1]、得 dé、地、第、點、電、定、東、動、對、度、多、發、飯、放、飛、分 fēn、富、改、乾[1]gān、高、個、各、關、國、過、行 háng、好 hǎo、合、黑、後、畫、話、化、回、會[1]、活、火、或、難、急、級、加、家、間 jiān、見、建、將、較、接、節、斤、緊、近、進、靜、久、酒、就、句、開、看 kàn、考、科、刻、課、空、口、苦、塊、快、困、來、離、裏[2]、力、練、涼、領、留、錄、馬、滿、門、米[1]、名、南、難 nán、能、年、牛、女、平、期、齊、起、氣、前、輕、請、求、取、去、全、熱、人、日[1]、上[1]、上[2]、少 shǎo、生[1]、勝、十、使[1]、室、市、事、試、是、收、手、書、水、睡、說、算、他、它、太、提、題、天、條、跳、聽、通、痛、頭[1]、圖、團、外、完、玩、晚、圍、爲 wéi、爲 wèi、聞、問、我、西、洗、系、下[1]、下[2]、先、響、想、向[1]、像、小、笑、寫、新、信、行 xíng、姓、學、眼、演、也、一、銀、用、有、遠、院、月、再、在、早、照、真、正、直、祇 zhǐ、中 zhōng、鐘、種

zhǒng、重、周、組、準[1]、最①

**附錄 2：**適用於國際中文教學的核心語素(95 個)

半、北、病、不、纔[2]、常、場、車、出、從[2]、大、當、到、第、點、電、東、動、對、多、飯、放、飛、高、關、國、過、好 hǎo、後、回、會[1]、活、難、家、間 jiān、見、進、酒、開、看 kàn、課、口、塊、來、裏[2]、馬、南、能、年、牛、女、起、前、請、去、全、人、日[1]、上[1]、上[2]、少 shǎo、是、手、書、水、睡、説、他、天、聽、外、玩、晚、問、我、西、洗、下[1]、下[2]、先、向[1]、小、笑、學、一、用、有、再、在、早、真、正 zhèng、中 zhōng、重 zhòng、最

## 參考文獻

國家對外漢語教學領導小組辦公室漢語水平考試部：《漢語水平詞彙與漢字等級大綱》，北京語言學院出版社 1992 年版。

教育部中外語言交流合作中心：《國際中文教育中文水平等級標準(國家標準·應用解讀本)》，北京語言大學出版社 2021 年版。

李開：《對外漢語教學中的詞彙教學與設計》，《語言教學與研究》2002 年第 5 期。

李如龍、楊吉春：《對外漢語教學應以詞彙教學爲中心》，《暨南大學華文學院學報》2004 年第 4 期。

劉英林、馬箭飛：《研制〈音節和漢字詞彙等級劃分〉 探尋漢語國際教育新思維》，《世界漢語教學》2010 年第 1 期。

劉英林、馬箭飛：《再論漢語國際教育新思維——解讀和應用〈等級劃分〉的若干問題》，載《第十屆國際漢語教學研討會論文選》，萬卷出版公司 2012 年版。

劉智偉、任敏：《近五年來對外漢語詞彙教學研究綜述》，《雲南師範大學學報》(對外漢語教學與研究版)2006 年第 2 期。

吕文華：《對外漢語教學語法體系研究》，北京語言文化大學出版社 1999

---

① 纔[2](剛剛，剛纔)、從[2](介：由)、代[2](朝代)、道[1](道路)、乾 gān(濕之反)、會[1](會合，聚會)、裏[2](衣服的内層)、米[1](稻米，大米)、日[1](一畫夜，一天)、上[1](名：上面)、上[2](動：升、登)、生[1](動：生長)、使[1](動：派遣，指使)、頭[1](物體頂端)、下[1](名：下面)、下[2](動：降落)、向[1](方向)、準[1](標準，準則)。

年版。

盛炎:《語言教學原理》,重慶出版社 1990 年版。

苑春法、黄昌寧:《基於語素數據庫的漢語語素及構詞研究》,《世界漢語教學》1998 年第 2 期。

邢紅兵:《〈(漢語水平)詞彙等級大綱〉雙音合成詞語素統計分析》,《世界漢語教學》2006 年第 3 期。

楊曉黎:《漢語詞彙發展語素化問題芻議》,《漢語學習》2008 年第 1 期。

中華人民共和國教育部、國家語言文字工作委員會:《漢語國際教育用音節漢字詞彙等級劃分》,北京語言大學出版社 2010 年版。

朱志平:《漢語雙音複合詞屬性研究》,北京大學出版社 2005 年版。

# 關於理論語言學和對外漢語教學理論的探討

## ——李開教授理論語言學相關論述的學習體會

劉艷梅

（東南大學人文學院）

　　**摘　要**：理論語言學向來以其艱深的理論探討、嚴密的邏輯思維令人望而却步，該科目要求學習、研究者有高深的知性、理性思維能力。南京大學李開教授正以其傳統的哲學見解、較好的理論素養、較規範的邏輯表達爲我們探索理論語言若干哲理和令人關注的課題，指出西方理論語言學發展高度重視理性思維過程、一般形式化表達模式。在介紹每一西方語言理論前展開中外背景宏觀對比，進行時空定位；對語言理論進行哲學背景溯源，勾勒梳理思想源流；簡要概括和闡釋每一語言理論核心要義。此三點是《理論語言學哲理研究》邏輯展開路數。李老師還把對外漢語教學理論和實踐研究作爲當代理論語言學和應用語言學的組成部分，并結合其所從事的工作進行了較深入的研究，而這一研究又是以方光燾語言理論爲基礎的；同時，也在當代理論語言學研究中深化了對方先生理論的認識。

　　**關鍵詞**：理論語言學；理性思維；對外漢語教學理論和實踐；方光燾

　　在我看來，李開老師對理論語言學的愛好，從大學時代即開始。李老師的語言學理論任課教師黃景欣先生是著名的理論語言學家，漢語教師周鍾靈先生是著名理論語言學家方光燾先生的追隨者，又是康德哲學專家。李老師後來編《黃景欣語言學論文集》（1995），寫

---

\*　本文寫成後，曾請李開老師修改補充，最後由筆者定稿。

數篇紀念黃先生的文章;注釋周鍾靈先生著《韓非子的邏輯》（人民出版社 1958 年版），體悟和彰顯周先生原著中的康德哲學思致、魅力和創新點。此外，李老師還撰寫了研究方先生理論語言學的文章。這些都説明李老師對理論語言學的愛好淵源有自，是由二十世紀五六十年代，或更早就具備的南大理論語言學沃土培植起來的。

## 一、 結構語言學

《論現代理論語言學的科學方法意義》（1990）是一篇較早的文章，發表後立即被《新華文摘》轉載，這是進入新時期後南大中文系首篇被《新華文摘》轉載的論文。文章主要從邏輯方法入手來理解布龍菲爾德的描寫語言學和喬姆斯基轉換生成語言學。布龍氏理論的方法所在，文章歸結爲描寫、歸納、經驗語言行爲研究;而對喬氏的理論方法所在，則歸結爲結構、演繹、語言能力的研究。李老師的語言研究，一個重要特點是把語言研究與哲學緊密結合在一起，在理論語言學範圍內，將語言研究與哲學緊密結合起來，這有其天然的合理性。文章説:"喬氏的結構主義涉及到思維規律的研究，因而成爲現代西方哲學中結構主義的一個主要的代表。"事實正是如此，現代西方結構主義哲學有多家，如法國列維-斯特勞斯的人類學結構主義、福柯的思想史結構主義、拉康的心理學結構主義、阿爾都塞的結構馬克思主義等等，西方結構主義形成了一場思想方法的運動。皮亞傑説:"作爲方法論，結構主義是開放性的，就是説，在這些接觸交換過程中，也許它接受的没有它給與的那麼多，因爲結構主義是最新的產物，還充滿着豐富的預見不到的東西，不過它要整合大量的資料，并且有種種新的問題要解決。"①

喬姆斯基的理論是不容易講清楚的。李老師在講清楚、聽得懂上下了功夫。喬氏理論公認分爲三個階段。第一階段古典模式階段，以"核心句理論"爲代表，李老師結合漢語語法研究，指出這一階段是對句法分析中的樹形圖分析法作了改進——提取核心句。這僅

---

① ［瑞士］皮亞傑《結構主義》，倪連生、王琳譯，商務印書館 1984 年版，第 102 頁。

僅是分析方法的運用和改進,并非理論上的突破。第二階段是標準
理論模式階段,也是喬氏理論最主要的部分,又稱爲深層結構向表層
結構轉換的"生成轉換"理論。什麼是深層結構,李老師認爲就是語
法邏輯結構,因爲在語言研究中邏輯和語法的一致性,語法邏輯結構
就是語法結構,是可以概括爲若干公式的那些語法式。什麼是表層
結構,實際上是用語法的眼光來看待并看到的千千萬萬的語法表現
或句子。"轉換生成"説的是那共性的、有限的語法公式向個性的、無
數的、表現爲句子的個別例式的轉變,或後者的抽象形成前者,即通
常所説的共性轉化成個性,個性形成共性,故稱"轉換","生成"其實
也是雙向的,共性生成個性,無數個別句生成共性的一般公式。第三
階段是擴充標準理論模式。所謂"擴充",就是將第二階段的"語法研
究"擴充到語義研究。喬氏的語法研究是高度形式化的,語義研究能
形式化嗎?語義不是詞彙意義,而是詞彙在語法上的概括義,如漢語
中的構詞法、複句中的句法關係、詞與詞之間的關係、同一個詞的内
在構成關係、詞類的劃分等。如此看來,語義研究同樣是形式化的。
當然,通俗易懂的解釋是無法離開理論維度的。李老師認爲,喬氏的
第三階段的形式化語義研究與卡爾納普(1891—1970)的語言哲學異
曲同工。卡氏是德國哲學家,後來去了美國。李老師的文章指出,卡
氏《語義學導論》(1942)區分描述語義學和純粹語義學,前者是經驗
性的,後者是分析性的。他的《邏輯的形式化》(1943)實際是對語義
展開邏輯分析,離開語言的經驗日常意義而作形式化的研究。實際
上,卡氏1934年的《語言的邏輯句法》就已經亮出了他的内在的思
路:邏輯是對語言的句法分析,語言研究是對它作邏輯的形式化分
析。形式化、形而上的研究,本來就是西方人從學事研的一貫思路。
中國古代也早就指出"形而下者謂之器,形而上者謂之道"。中國文
化傳統尤其是道家文化傳統是崇尚"道"的研究的,也是把"形而上"
作爲最重要的研究方法的。喬姆斯基的三個階段的理論,無一不是
形而上的。第一階段是樹形分析,第二階段的深層向表層的轉換和
生成是形而上、形式化表達下的轉換和生成,第三階段擴充模式發展
的語義形式化研究正與卡氏如出一轍。

## 二、 認知語言學

索緒爾的普通語言學,哈里斯、布龍氏的結構主義,喬姆斯基轉換生成語法之後的理論語言學是什麼? 索、布、喬以後的時代是以電腦的問世和廣泛運用爲標記的時代。李老師實際上將結構主義語言學、描寫語言學、轉換生成語言學之後的語言學看作認知語言學。沈家煊在對現代漢語語法作了若干有價值的結構分析和研究之後,著論《認知與漢語語法研究》①。沈家煊教授的研究實踐表明,他認可理論語言學的發展順序是清晰的。陸儉明教授曾提出"認知語言學、計算語言學、對外漢語教學是當代語言學的三大發展",如果把計算語言學看作認知語言學的一種高級形態,則認知語言學正是結構語言學、描寫語言學之後的當代理論語言學。正是本着這些思想,李老師主編的《理論語言學哲理研究》以"認知語言學學理邏輯"殿後,應該就是這個意思。可以説,李老師對認知語言學相關理論的闡釋是比較全面的、中肯的。其中有認知科學一般、認知心理學、語言認知結構、神經認知語言學、認知心理語言學、認知語用學六個方面。這六個方面都有一些亮點。

認知科學一般中説,認知語言學的基礎是認知科學,但兩者不一樣,它們是同時産生的。認知語言學的重點是分析腦思維,分析與電腦網絡極爲相似的大腦信息庫;而認知科學是認識論、方法論層面的。如果説形式邏輯與語法分析是内在學理方法與語言分析上的一次交集,認知科學與認知語言學則是認識方法與大腦思維過程分析的交集。前一交集是各自獨立的,後一交集也是各自獨立的。如何進行腦思維分析? 腦思維分析就是人腦如何進行信息加工。當今世界如何建立話語權問題就是如何進行信息加工的問題。應該説建立話語權問題就是一個認知語言學課題。又如新冠肺炎疫情溯源問題也是如何進行信息加工的問題,這也是個認知語言學問題。可見認知語言學問題的實踐性、現實性都很強。李老師還認爲,認識與認知

---

① 沈家煊《認知與漢語語法研究》,商務印書館 2006 年版。

一字之差,但兩兩與共,認知也就是認識。但一般説,認識主要落實在理性認識上,認知則多指從感性認識到理性認識的全體認識過程。認知語言學來自西方,西方任何一個學派無不受康德哲學的影響。認知和康德的先驗知性是分不開的。李老師接受他的導師周鍾靈先生的看法,周先生是康德哲學專家。康德強調視、聽、嗅、味等感知世界的無比重要性,但康德哲學是先驗論哲學,一進入他的先驗本體論,先驗知性和先驗理性纔是他把握先驗本體世界最有力的兩大認識範疇。認知最初導源於康德的知性,結於康德的先驗理性。康德的先驗認識一般即指他的先驗理性,而康德的先驗認知一般説的是他的先驗知性和從先驗知性到先驗理性的發展全過程。有了上述區分、溯源和舉例,我們對認知語言學是能較有區別性地切實地把握到它的。康德的感性、知性、理性的區分是什麼? 感性是直觀的能力,而知性則是思維的能力,也就是把感覺表象置身於規律之下的能力①。上海的理論家王元化先生曾説,康德的感性是肯定,知性是否定,理性是否定之否定。爲什麼是這樣? 王先生没有具體説明。李老師認爲,王説是對的。感性是在現象,也是在現實世界中觀察到的,是對現實世界的肯定。一旦進入先驗世界的知性,就不能不是對感性的否定,先驗世界本身就是對現實世界的否定。至於先驗理性,當然是對知性的肯定,但先驗理性畢竟不同於先驗知性,應該是對知性的否定之否定。我們認爲李老師的這一解釋是合理的,實際是對王元化先生試用否定之否定規則來解釋康德"三性"作了一次注釋。

關於認知心理學。認知語言學來自國外,但也遇到挑戰。美國的心智和語言哲學家塞爾反對"認知主義哲學",反對一般意義上的認知語言學。其認爲認知語言學充其量也衹能是對語言進行信息加工的大腦活動,是在信息處理的層次上去記録和描述大腦的活動。李老師認爲,既然強調大腦活動,就與心理分析密不可分。心理活動、心理分析,説到底都是大腦的功能和機制。果不其然,塞爾是不反對認知心理學的。李老師回歸傳統,將由心理活動組成的較爲傳

---

① ［德］康德《邏輯學講義》,許景行譯,商務印書館 2010 年版,第 9 頁。

統的發生認識論看作認知語言學的一般解釋原理。但發生認識論是"古典的認識論",它直接派生出結構主義。在這種理論與實際研究并不一致的情況下,李老師認爲,漢語認知研究走在前面。李老師説:"可喜的是,近年來漢語研究者從漢語的外部表達語言的詞彙、語法研究入手,或對漢語的外部表達語言作認知、計算機、心理功能等新項目、新方法的研究,來嘗試揭示漢語内化的心智、心理。例如,袁毓林'倡導一種注重可計算性的認知主義,摸索一種基於認知并面向計算的語言研究的途徑'。"①塞爾是反對"認知主義"的,中國學者另闢蹊徑,追踪當代科學前沿電腦科學來尋覓"可計算的認知主義"。前面提到的沈家煊著《認知與漢語語法研究》正是以"可計算認知主義"爲方法的研究。以上可知,在認知語言學遭遇挑戰的時候,李老師一是力主認知心理學與語言研究的交集,二是以中國學者的"可計算的認知主義"及其漢語認知研究的成果來尋求認知語言學的學術地位,理論上是費力推尋的。

關於結構,李老師提出與認知語言學研究有關的三大結構:認知結構、認知心理結構、認知語言結構。根據皮亞傑本人的看法,20世紀20年代出現的格式塔衹是物理性質的結構,缺乏歷史性、主體性。認知結構的特性是認知和認識永無盡頭的永恒過程—永恒的主體性—從個別主體到認識論主體—功能作用中心—人工智慧模式。這些結構每一個都有可能成爲"巨無霸"。李老師認爲,雖然這些都是宏觀的,但體現在認知語言學却是具體的。經認知心理學研究句法,可得轉換分析;經計算語言學研究語言結構,可得語言的邏輯構成,打通從語言學走向哲學的道路;經對語言内部結構關係的分析,最終可得語言綜合結構圖式②。這些看法,進一步劃清了格式塔傳統結構心理學與現代認知心理學的界限,并能看出認知結構"巨無霸"轉化爲具體的語言分析的途徑。應該説是對認知語言學理論和實踐相結合的一個較好的説明。

---

① 參見李開主編《理論語言學哲理研究》,南京大學出版社 2010 年版,第 190、195 頁。

② 參見李開主編《理論語言學哲理研究》,第 192 頁。

　　認知語言學與神經語言學。對這兩者的區分,李老師的定位是:前者以語言信息爲直接研究對象,在語言學領域内研究語言信息,又與信息理論、控制論密不可分,與思維科學在語言研究中的運用也密不可分,故語言的編碼功能、思維職能包含其中。神經語言學的對象是語言的神經機制,它的内容主要是指語言的産生、接收、分析、儲存的神經機制,以及這一機制與語言的關係。神經語言學的"神經"正是指思維神經元。内部語言信息系統與腦神經網絡,都與思維機制(不是思維邏輯規則)密不可分。從美國科學家申農提出信息理論至今不過七十多年,而語言與腦神經關係則早就被人們注意到。古埃及人就記錄過失語症,十九世紀六七十年代就發現了大腦言語活動的兩個區間。江蘇師範大學楊亦鳴教授的神經語言學研究也主要集中在語言的大腦神經機制、病理機制等方面,這是合理的。在涉及語言本身的研究時,實際上又總要轉入語言的認知心理研究。

　　關於認知心理語言學。國外幾乎把認知心理學等同於認知語言學。這是有傳統可依的。索緒爾的結構主義語言學歷來被看作與集體心理學密不可分。李老師説:"認知心理學和認知語言學是一大門類學科,它和普通認知語言學平行。"[1]這一定位是比較明確的。這樣就提出了認知心理語言學問題。具體來説,它的任務是要闡述語言的認知心理基礎。言語交際從説話到聽話就是從編碼到解碼的過程,這一認知過程處處都是心理活動,亦即人腦信息加工。例如"奥運會場館鳥巢回應了中華有巢氏"這句話的認知心理過程與語言認知緊密結合。認知心理語言學與神經語言學有何區別? 應該説認知心理語言學是認知語言學的一部分,它們可以是兩個區塊,但前者是後者的認知基礎。神經語言學與認知語言學僅僅在語言形成機制上發生交集,它們是兩個學科。心理説到底是大腦的活動,是經大腦活動形成的知性認知部分。神經元是大腦的組成,神經語言學研究大腦神經元和言語區形成語言的機制、功能和作用。認知心理學研究大腦形成語言的過程。

---

① 　參見李開主編《理論語言學哲理研究》,第 195 頁。

關於認知語用學，李老師認可韓禮德的功能語言學爲認知語用學，而丹麥哥本哈根學派葉爾姆斯列夫的結構語符不在認知語用範圍之內。理由是語用學或者説應用語言學研究的是語言符號的社會功能，并非是語言符號的結構功能。這一點也是明確的。

綜上所述，在結構主義語言學方面，李老師作了比較傳統的説明，也比較穩妥，這也是南大中文系研究理論語言學的一貫風格。認知語言學賡續結構語言學，這是新的理論問題。其有學術的前沿性，也有很深的探求性，將理論語言學進一步向前推進。

## 三、理論語言學的實踐理論

上文已經提到陸儉明教授曾把對外漢語教學看作現代理論語言學的發展。李老師因工作需要，將理論語言學與對外漢語教學理論研究結合起來。李老師的對外漢語教學理論可看作理論語言學的實踐理論研究。

李老師認爲，從事漢語類教學人員與從事文化類教學人員之間的關係，尤其是漢語教學與文化教學的同一性關係，直接牽涉對外漢語教學的學科性質問題。我們認爲對外漢語教學的重心在漢語文化教育。

李老師將"漢語文化教育"這個術語性詞組分析成兩個層次的構成："漢語‖文化│教育"[①]。"漢語文化"和"教育"的關係是定中結構關係，"教育"是中心詞，處於六字術語的中心位置。李老師把這一劃分歸功於北京語言大學資深教授李楊老師，李楊老師在當時國家漢辦召集的會議上多次强調"對外漢語教學"的重心在"教學"，亦即在"教育"，不在"漢語"上，更何況這"漢語"是對外教學中的"漢語"，不是原本意義上的"漢語"。舉個例子來説，詞類劃分是漢語中的重大問題。中國學生對漢語詞類的劃分一般很容易與"字本位"聯繫起來，前國家漢辦主任吕必松先生（1935—2017）與北大教授徐通鏘先

---

① 參見李開《對外漢語教學的重心在漢語文化教育》，載《國際中文教育七十年紀念文集》，北京語言大學出版社 2021 年版。

生(1931—2006)的觀點相同,都是主張"字本位"的。大多數情況下,漢語尤其是古漢語中一個字就是一個詞,詞的性質主要是由詞的概念意義決定的,不是由詞的功能,或詞的"廣義形態"決定的。可是對外國留學生來説,漢語詞的性質區分由漢語詞在詞組中的功能(吕叔湘1942,1979)、組合和用法中的"廣義形態"(方光燾1939)決定,是再正常不過的事情了。

"對外漢語教學"的重心既在"教學",它的下位概念大都分爲"教學理論"和"教學法"兩大塊。作爲一名專職教留學生的老師,我們常常會問:你是研究教學理論呢,還是研究教學法? 一般不會問他:你研究漢語詞彙,還是研究漢語語法? 南京大學文學院招收的對外漢語研究方向的研究生,也是下分教學理論和教學法,未見到過下分漢語詞彙研究、漢語語法研究,那是文學院漢語專業研究生的區分法。對外漢語專業研究生在論文選題時,也多是教學理論或教學法兩個方面選其一,不會去選漢語詞彙研究或漢語語法研究。李老師高度評價20世紀90年代末北京語言文化大學出版社出版的九本書,涉及漢語語法研究(趙金銘主編)、詞彙文字研究(崔永華主編)、語音研究(趙金銘主編)、漢語課程研究(李楊主編)、漢語習得研究(王建勤主編)、漢語文化(周思源主編)、(漢語)教學論(劉珣主編)、漢外語言文化對比(趙永新主編)、漢語水準測試(劉鐮力主編),都冠之以"對外漢語教學",而非漢語詞彙、語法、語音等的本體研究。九本書的出版,當即成爲對外漢語教學學術界一道亮麗的風景綫。在"對外漢語教學"維度下作相關對象——漢語詞彙、語法、語音等的考察和研究,成爲引領對外漢語教學的九種重要文獻。李開老師説,這九本書的研究實踐和問世,可證"對外漢語教學"是一完整的專門術語,其表達重心"漢語‖文化│教育"的第一層次的切分是正確的。"對外漢語教學"的重心首先是"教學""教育",是"漢語和文化"的教育。

李老師很强調文化教學的重要性,他説,"漢語文化"是定中結構的定語部分,其内部切分是第二層次的并列結構。"漢語文化"不是"漢語的文化",而是"漢語和文化",既有對外的"漢語教學",又有對外的"文化教學",兩者是不可偏廢的。

　　從對外漢語教學的實踐理論出發,李老師很重視上好留學生傳統文化課。李老師認爲,中華傳統文化的研討、座談是一回事,上好留學生的文化課又是一回事。一般來説有兩種方法:

　　一是結合漢語漢字講好中華傳統文化的故事。李老師曾舉出的先秦早期儒學與孔孟儒學中的"仁"有重大區別,就是用這個方法。有云:一個漢字就是一臺電腦,一個詞就是一部文化史。漢字、漢語詞的内涵太豐富了。有人初來乍到,見漢字"一"至"四"的甲骨文寫法是一横筆至四横筆,以爲漢字好寫好認,莫不是那民間笑話説的,要是遇到個"萬"字,要寫上一天也寫不完哩!順便説及的是,甲骨文中的"萬"字,本是毒蟲蝎子,作數字用是借字,卜辭中已計數到"三萬",寫作"萬三"合體字,即在毒蝎子的尾巴上加三短横指事一下。這裏要説"中國"這個詞。最早見於前五世紀左右編訂問世的《詩經》中。《詩・大雅・民勞》:"惠此中國,以綏四方。"毛《傳》:"中國,京師也。""中國"裏的"中"字,實爲《詩經》"中"字倒置的語法現象,如《國風・周南・葛覃》"中谷"(谷中)、《兔置》"中逵"(岔路口道中)、"中林"(林中)等等。如此看來,《大雅》裏的"中國"即"國中","國"即國都,首都,京師。《左傳・隱公元年》:"先王之制,大都不過參(三)國之一。"大的封地不超過國都的三分之一。可見,《大雅》裏的"中國"的範圍很小,就是周天子所居國都範圍裏的一塊地盤,最多擴大到國都周圍一些地方,即周天子的王城京畿地區稱爲"中國"。有意思的是《大雅・民勞》"中國"句的前兩句是"小康"句:"民亦勞止,汔可小康。惠此中國,以綏四方。"止:句末語助詞。汔:通乞。綏:安撫。四句連起來,意思是平民百姓好辛勞,一心祈求奔小康,國都治策施恩惠,天下四方得安撫。也是"小康"一詞的最早出處。這裏既講了"中國"文化,也連及"小康"文化。後來隨着歷史的演進,"中國"一詞的意義所指的範圍逐漸擴大,直至今天的九百六十萬平方千米的中華人民共和國。

　　二是從思想史文化史入手直接講授中國傳統文化。例如,著名的"横渠四句"座右銘的講解,已超出語言文字的範圍之外,更需要漢語專業以外的老師來承擔。"横渠"是北宋哲學家張載(1020—1077)

的號。這"四句"是："爲天地立心，爲生民立命，爲往聖繼絕學，爲萬世開太平。"語句的本身還是好懂的，不難譯成現代漢語："爲天地自然和人類社會確立主心骨，爲普通百姓伸張正義而在所不辭，爲前賢聖明繼往開來，爲開創世代永久的和平幸福生活而隨時準備獻身。"難的是這四句的思想内涵、哲學意蘊。

張載是宋代四大哲學流派"濂（周敦頤）、洛（二程）、關（張載）、閩（朱熹）"中"關學"的領軍人物。宋代佛教、道教盛行，儒學一度被遮蔽而黯淡無光，人的一生到底如何選擇生活道路，入世爲國家做事建立功業，還是遁世入山林捐棄自我，兩者形成尖鋭對立，知識分子找不到出路，被卷進時代苦悶的漩渦。社會的演進亟待思想界、學術界能有人出來回答人生長途中的價值評判問題，即人生觀、世界觀、核心價值觀問題。

張載早年潛心《周易》研究，王夫之《正蒙注》説張載之學"無非《易》也"。《易》理深邃，精深博大，哲思緻密，開心啓智。更重要的是，張載習《易》學，形成了張載哲學氣本體論的邏輯起點"先識造化"。這是張載哲學的自然哲學基礎，是宋代理學中的氣本體論中的氣本論、物本論（張載），而非道德仁本論、理本論（二程）。張載由《易》學走向儒學的人生應用之學，自然別有一番不同尋常的洞見。《宋史》本傳説他"以《易》爲宗，以《中庸》爲體，以孔孟爲法"，以《周易》之理爲宗師因緣，極高明而中庸，師法繼承并大力弘揚孔孟儒學，這三大學術淵源説，無一不是四句名理之所在。

張載的氣本論是物本論，萬物都有它的存在方式即空間和時間。張載説"太虛無形，氣之本體"，這是將氣物一元的氣本體也是物本體與它的存在方式空間等同起來。上句講氣物存在的空間，下句講氣物自身。一般説，物是物，空間是空間，兩者應該區分，但在宇宙之初（可推至約 140 億年以前的大爆炸時期）的氣物與初始宇宙空間之間存在太多的同一性，不能不説，這一玄之又玄的哲學構境有它的合理性。哲學史上人們往往欣賞二程理本論的哲學玄思之美，低估張載物本論的哲學真值之真。應當説，這是有失公正的，哲學的本質含義就是求真。人們不禁要問，張載的"物本體太虛擬空間一體論"之於

"四句"有何聯結？我們説，張載氣本體論哲學是"四句"的基礎，兩者雖然直接的聯結不呈顯性，但在超越性上看，"四句"有超越時代的價值，世世代代爲世人所追捧、所奉行，這與張載哲學原理的恒久性是完全一致的。也正是在超越性、恒久性這兩個本質特點上，我們纔清楚地看到"四句"的傳統繼承意義和現實價值。習近平總書記指出："自古以來，我國知識分子就有'爲天地立心，爲生民立命，爲往聖繼絶學，爲萬世開太平'的志向和傳統。一切有理想、有抱負的哲學社會科學工作者都應該……擔負起歷史賦予的光榮使命。"當代知識分子應該有自覺的歷史擔當，"擔負起歷史賦予的光榮使命"，這就是"橫渠四句"留給我們的歷史启示和現實價值。

需要説及的是，留學生部、主事國際中文教育的單位，總是漢語教師多，哲學系、歷史系、中文系文學專業等出身的教師少。特別是從 2011 年起，中國成爲繼美國和英國之後的第三大留學生輸入國，從思想史、文化史的角度直接講傳統文化會感到"人手不夠"，但這不應成爲從思想史、文化史講文化的障礙。有挑戰就一定有機遇。我國從 2004 年開始在海外設立孔子學院，進一步提升了教育國際化的程度，傳播中華傳統文化的任務也更爲繁重。2010 年國務院頒發的《國家中長期教育改革和發展規劃綱要（2010—2020）》明確提出了"教育國際化"概念，教育對外開放無論是"引進來"（例如教來華留學生）還是"走出去"（例如教孔子學院的學生），都急需講授文化課的教師。大批原本給本國學生上文化課的教師適應新的時代要求，面向"教育國際化"主戰場，主動應對，自覺擔當，把握新理念，培養新思維，學習新本領，鑄造教學新模式。一個大學中是不乏傳統文化國際化課程的教學人才的，上述"人手不夠"的困局是可以加以統籌解決的①。

從普通語言學理論到它的實踐理論對外漢語教學論，李老師總是以南大理論語言學根基方光燾的學説爲出發點，也是實踐理論的邏輯起點。李老師著《漢語語言學和對外漢語教學論·名理篇》就有

---

① 參見李開《對外漢語教學的重心在漢語文化教育》，載《國際中文教育七十年紀念文集》。

"方光燾對現代理論語言學的引進和創新"專論,書中探討"方光燾的理論和第二漢語教學"的關係,以尋求方光燾語言學説與第二漢語教學的直接關聯,方先生的理論成了普通語言學走向它的實踐理論對外漢語教學論的有力中介和支撐。2018年李老師在德國波恩大學召開的以古代漢語教學爲主的國際中文教學會議論文中説:"德國古代漢語語法學家、漢學家甲柏連孜(1840—1893)對漢語詞性功能的理解是正確的。什麼是功能? 理論語言學家方光燾曾説:'功能是指一語言要素與另一語言要素排他地相結合的能力而言。'"[1]這裏既是將方先生的理論與西方漢學家進行對比研究,也是重申方先生理論在國際中文教育中的地位和解釋力度。

可以説,李老師對方先生的研究是比較全面的,發表過多篇研究方先生的論文。李老師曾撰有《論語言學的一代宗師方光燾》,全面介紹方先生的學術成就。李老師將方先生的學術成就概括爲五個方面[2]。

方先生是向中國學術界介紹索緒爾理論語言學的第一人。他曾説:"1928年索緒爾《一般語言學教程》日文版刊行。讀了以後,對研究語言體系又有很大的興趣,決定終身研究語言科學。"方先生攻讀和研治語言學四十多年,他究竟有哪些學術貢獻?

其一,在20世紀30年代末40年代初的文法革新討論中,方先生提出了漢語語法研究的若干頂層設計,涉及漢語文法體系和研究方法問題。針對學術界有人提出以"句子的意義做骨架"來建立文法體系的錯誤構想,方先生明確提出漢語語法"廣義形態"説,這樣既可以克服漢語單語(孤立語)形態不豐富給語法研究帶來的困難,又可在漢語語法研究中堅持現代理論語言學的原則。方先生的"廣義形態"是建立在結構主義語法思想基礎上的,它是指詞與詞相結合形成的關係,例如"流水""紅花"這兩個詞組中,"流"和"紅"是狀詞(修飾語)。方先生説:"憑形態而建立範疇,集範疇而構成體系。"意即憑廣

---

① 參見李開《語言學和文史語言研究集稿(續集)》,鳳凰出版社2021年版,第280頁。

② 這五個方面的貢獻,參見李開撰《方光燾先生》,載《南京大學文學院百年史稿》,南京大學出版社2014年版。

義形態而建立諸多語法範疇，如詞類、句子成分等；集語法範疇構成漢語語法體系。方先生的這兩句經典名言，始終是現代漢語語法研究的北辰南斗。今天，打開任何一本漢語語法書，可以看到體系，看到語法範疇，看到範疇的解釋離不開"詞與詞之間的關係"。即使今天普遍使用"語義語法"這個新概念，"語義"難道是詞義、句子意義嗎？不是！語義是指詞與詞相結合的各種關係。吕叔湘先生《漢語語法分析問題》(1979)在談到詞類的劃分時説："漢語没有嚴格意義的形態變化，就不能不主要依靠句法功能（廣義的，包括與特定的詞的接觸）。"很顯然，吕先生講的"廣義的句法功能"是包括方先生的"廣義形態"在内的。事實上，方先生本人對"形態與功能"也有詳細説明，認爲"功能是形態的一種屬性"(1962)。吕先生還强調，"意義不能作爲語法分析主要的依據"，"更不能作爲唯一依據"，祇能作爲一個"重要的參考項"，作爲"參考項"，歸根結底是爲了尋找那"廣義的句法功能"。至於 20 世紀 80 年代方先生的大弟子胡裕樹先生提出的關於漢語研究"三個平面"（語法、語義、語用）的理論，雖然術語變了，作爲研究方法仍到處滲透着關及"意義和關係"的"廣義形態"。可知方先生提出的語法思想是正確的，經得起歷史檢驗的。

其二，60 年代早期，提出了語言研究中的"方法論、方法學、方法"三層次，并以此研究法本體爲基準，對哥本哈根學派、喬姆斯基語法學派、格里森語法學派、前蘇聯語法學派展開述評，指陳其得失利弊，氣勢磅礴，恢宏無涯，讓人一見即知是名家大手筆，不可等閑視之。針對前蘇聯語言學家兹維金采夫《論語言的研究方法》(1962)一文中一些宏大叙事的大蓋帽觀點，特別是否定哥本哈根語符學派的觀點，方先生却在彼時"學習蘇聯"的背景下别有訾議。認爲就一般而言觀點決定方法，世界觀、認識論、方法論決定方法是對的，但循此而言，也可以説"有各種不同的世界觀，就有不同的方法論"，并非所有的方法都是憑觀點決定的，除了觀點，還有決定方法的其他因素，"事實上這裏的關係很複雜，并不對當，觀點不對的，方法却對了"，例如，美國的布龍菲爾德觀點是行爲主義的，但研究方法上有新的創見，并行之有效。可見"觀點決定方法"不能一概而論，研究對象就是決定研方法的重要因素。方説："受對象決定的方法是方法學問題,和方法論有所區別。"方法學不能提高到認識論高度,衹是受方法論指導。方先生"方法論"三層次的説法是正確的,猶如今天學術界的"哲學、針對門類科學的科學哲學、對象研究中的問題意識和方法"三級區分。方先生據他的"方法論"三層次大刀闊斧地展開學術批判,除了布龍菲爾德語法分析方法可取以外,還有:"巴爾札克觀點不進步,創作方法却是進步的;哥本哈根學派的語符學對語言的性質、變化發展、語言和人類其他活動的關係無解釋力度,但作爲理解分析語言的一種手段和方法是行之有效的;喬姆斯基轉換生成語法體系是元理論,屬方法論,正確與否要另行具體評述,但喬氏提出要用假設演繹法取得一般語法理論中的分析程式,'即從少數事例列出假設,再經受經驗的檢驗',例同葉爾姆斯列夫的做法,可取。"如此等等,給人以理念澄明、到達底綫、一一廓清、不傍權威、實事求是、令人信服之感。此舉非具深厚理論素養者不能爲,非具學術遠見卓識者不敢爲,在"批判資産階級唯心主義"成風的語境下非忘我、無私無畏、秉持學術良心和良知者不肯爲。能爲、敢爲、肯爲者,唯南京大學方光燾先生!

其三,結合漢語實際,闡釋索緒爾現代理論語言學要義。20世紀50年代,方先生着手翻譯《普通語言學教程》第二版。60年代初方先生給學生講論索緒爾,以自己翻譯的索緒爾《普通語言學教程》爲教材選講,真可謂"元元本本,殫見洽聞"。索緒爾學説的邏輯起點,也是它的理論柱石,是語言和言語的區分。有的人搞了一輩子語言學,還覺得不可理解,初學者更是弄不清區分到底在哪兒,外行人以爲衹是"二字顛倒,説來可笑"。事實上,當我們研究任何對象時,都要研究其總體、總和,將其系統化、形式化,否則就無法研究。例如你要研究地球,總不能一個土石方一個土石方地搞,要研究它的質的總和、總體構成、運動狀況、來龍去脉發展史等。索緒爾(1857—1913)語言言語的區分可追溯到德國著名的理論語言學奠基人洪堡特(1767—1835),洪堡特把語言分成兩種,一是屬於全人類的語言,它是"世界觀",二是每個人都有的一種特殊的語言。索緒爾之後,現代存在主義哲學家海德格爾(1889—1976)也將語言區分成兩種,一種是"語言

説話"，一種是"人之説話"，前者是"最切近於人之本質的"，是人的
"居留之所"，"指導心靈運動的世界觀表達"，可和索緒爾的語言對
接，後者是人的日常言語表達，可和索緒爾的言語對接。可見從洪堡
特一路走來，語言和言語的區分有其天然的合理性和科學的必然性。
方先生將其引進漢語研究，其意義在於走出了最關鍵的一步，將傳統
的語文學研究引向現代語言學。方先生對語言、言語的區分理解得
深入透徹，索緒爾學説受法國社會學家涂爾幹的影響，強調語言的社
會集體心理特點，方先生則強調語言的社會性，以糾正索緒爾"集體
心理語言學"之偏頗。爲了使別人弄明白語言、言語的區分，方又設
置了一些新的參照系：一是"使用語言"，那是遵循語言內部規律去使
用語言的一種活動或過程，此活動或過程沒有階級性，被使用的語言
沒有階級性，例如漢語誰都在使用着。二是將索緒爾純屬個人的"言
語活動"改造成社會性的"言語活動"。參考葉爾姆斯列夫對索緒爾
的修改，方先生把社會性的"言語活動"中的語言看作是"純形式"的
關係中的"模式"，把社會性的"言語活動"中的言語看作"純關係"的
"用法"，方先生肯定地説："語言模式和言語用法是一般和個別的辯
證統一的關係。""模式"是純形式的構成，"用法"是純關係的構成，爲
此，語言模式沒有階級性，言語用法也沒有階級性，後者是方先生與
高名凱先生間的最大分歧點。

　　其四，提出了漢語研究中的一些重大理論問題。方先生總結《馬
氏文通》問世後六十年（1898—1959）的漢語語法研究，指出在語言學
理論中有四個常用概念：語法、語法史、語法理論、語法學史；六十年
經歷了四個時期：模仿移植、生根成長、探索革新、批判建設。四大概
念提示漢語語法研究應當如何切入；四個時期總結以往成敗得失，告
誡研究路數何處尋覓。

　　其五，和北京大學高名凱（1911—1965）先生共同發動和領導了
語言和言語大討論（1958.5—1963.4），成爲引領我國 80、90 年代，乃
至更長時期內語言學學術發展的潮流。如果撇開當時主流話語的影
響不談，方先生在索緒爾語言符號系統內考察它的經驗形上性，是方先
生心儀的葉爾姆斯列夫的邏輯主義的做法。高先生則在批評索緒爾

存有某些不足的基礎上,論定言語應由言語活動或叫言語行爲加言語作品構成,是發展索緒爾,從索緒爾的現代理論語言學走向語用學的學術創新之路。在大討論中,雙方都沒有使用"語用"這個術語,但高先生定義言語時,很明顯用了"語用"概念,高先生講的"言語行爲"是語用,"言語作品"當然是"語言的使用""語言使用過程"的結果和產物,文本、預設、情景指示,無不是"言語作品"的構成要素,它們都是語用。可以說,大討論中方先生與高先生的分歧,是恪守索緒爾現代語言學傳統理論與語用學、"語用學轉向"之間的分歧。其實,爭論雙方有許多共同點,如一致認同索緒爾現代理論語言學系統,認同索緒爾語言言語區分的基本點,方先生這一邊,也能用傳統理論視角體會和贊同"語用"觀念。在最複雜的"言語作品"的意義問題上,雙方都有很高的水準。大討論爲五十多年來我國語言科學事業的發展摸索出了理論導向。不說別的,僅看學科名"理論語言學和應用語言學",前半截是方先生和高先生共同關注的課題,且方先生更爲關注,後半截更多爲高先生所關注,并作出了相應的理論創新。以此來看對外漢語教學理論和實踐,它既屬於前半截理論語言學,也屬於後半截應用語言學,是我國理論語言學前輩學者共同創建的有漢語特色的理論的發展。

李老師於 20 世紀 60 年代考入南京大學,浸潤南大鍾靈毓秀、恢弘典雅,成就孜孜以求、誠樸敦行的學術品格。每念及在李老師課堂深受教澤、如沐春風的過往,即仰慕不已、心生感佩。謹以此文紀念李老師誕辰八十周年,祝願李老師與天地齊壽,與日月同庚。

## 參考文獻

李開:《漢語語言學和對外漢語教學論》,中國社會科學出版社 2002 年版。

李開:《理論語言學哲理研究》,南京大學出版社 2010 年版。

李開:《方光燾先生》,載《南京大學文學院百年史稿》,南京大學出版社 2014 年版。

李開:《方光燾理論語言學思想方法底層是形上學——紀念方光燾先生誕辰 120 周年》,載《漢語史與漢藏語研究》第五輯,張玉來主編,中國社會科學出版社

2019 年版。

　　李開:《對外漢語教學的重心在漢語文化教育》,載《國際中文教育七十年紀念文集》,北京語言大學出版社 2021 年版。

　　沈家煊:《認知與漢語語法研究》,商務印書館 2006 年版。

# 博采衆長，卓然自立

## ——評李開先生《漢語語言研究史》

宮　辰

（南京大學海外教育學院）

**摘　要**：自從王力《中國語言學史》出版以來，關於中國語言學發展歷史的著作不斷問世，李開教授的《漢語語言研究史》出版於 1993 年，是中國語言學史類著作中的佼佼者，該書博采諸家之所長，卓然自立於學術之林。本文從著作題名、分期特點、在語言學史學史上的價值對該書進行了評述，認爲題名爲《漢語語言研究史》更能體現出中國語言學史的學科特點；著作當中在每一歷史分期專門以標題形式指出該時期語言研究的特點所在，這一做法極具特色；該書在史料占有上豐富全面，在語言學史發展歷程的研究上體現出作者的別裁識斷，對語言學思想史的研究做了初步探索。

**關鍵詞**：《漢語語言研究史》；中國語言學史；語言學思想史

中國的語言研究有着兩千多年的悠久歷史，但是直到 20 世紀中葉纔開始出現從現代語言學角度對漢語研究歷史進行全面總結的著作[①]。最早的此類作品當是日本中國語學研究會 1957 年出版的《中國語學研究史》，該書也較早地移譯到了中國，改名爲《漢語研究小史》（王立達編譯，商務印書館 1959 年版）。中國學者則有岑麒祥的《語言學史概要》（科學出版社 1958 年版），將中國語言學史分爲古

---

[①] 1937 年商務印書館編輯的《中國文化史叢書》中收有胡樸安《中國文字學史》《中國訓詁學史》及張世禄《中國音韻學史》，三書合而觀之約略相當於一部中國語言學史，然而從題名上看仍不脱傳統"小學"名稱及部門的窠臼，雖然其中用舊瓶已經裝了不少新酒，特別是張世禄的著作。

代語言學史和普通語言學史兩段分別置於世界語言學史發展演進的大背景下予以概述。此後則有王力《中國語言學史》，此書雖然出版於 1981 年，實則是作者 1962 年在北京大學講課時所用講義，且其中的前三章（《馬氏文通》問世之前的中國語言學）1963 年曾連載於《中國語文》雜志。這是第一部立足於現代語言學理論體系和學科部門劃分，系統總結中國語言學發展歷史的通史性著作，從學科建立的角度來説具有劃時代的意義。王著之後誕生了一批關於漢語研究歷史的通史性著作，其中以“語言學史”爲名的即有何九盈《中國古代語言學史》（1985）、濮之珍《中國語言學史》（1987）、何九盈《中國現代語言學史》（1995）、趙振鐸《中國語言學史》（2000）、鄧文彬《中國古代語言學史》（2002）、申小龍《中國古代語言學史》（2013）等等。本師李開先生的《漢語語言研究史》於 1993 年由江蘇教育出版社出版，據《後記》可知該書是自 1981 年開始講授中國語言學史課程後十餘年教學與科研經驗的集中總結，可謂“構架嚴整，條理粲然，尋源竟委，創獲卓卓”（魯萌一《序》①）。現即從著作題名、分期特點、在語言學史學史上的價值等方面對本書創獲略加評價。

一

本書題名没有采用較爲通行的《中國語言學史》，而是名爲《漢語語言研究史》，一則由於王力在《中國語言學史・前言》裏説：“本書所叙述的是中國語言學簡史。其中‘語言學’一詞是采用了最廣泛的意義。嚴格地説，應該稱爲漢語言研究簡史。”二則由於這一書名“可明其學術史性質，‘語言’二字涵蓋語音、語義等”（《後記》）。竊以爲由於對多重定語層次劃分的不同，“中國語言學史”是一個歧義結構，既可以指“中國的語言學之史”，也可以指“中國語言之學之史”。根據前一層含義，學科研究内容當爲中國範圍内古往今來所有的語言研究的歷史總結，無論是漢族人的語言研究還是藏族、蒙古族、滿族等少數民族的語言研究，也無論是針對漢語還是針對藏語、蒙古語、滿

---

① 後文凡引自《漢語語言研究史》之處，祇括注章節或者頁碼。

語等各種語言的研究。而根據後一層含義，則是針對中國範圍內所有語言進行研究的歷史予以總結，不管這些研究是中國人還是日本人、歐洲人、美國人等其他國家和地區的人做的。然而實際上目前題爲"中國語言學史"的著作考察範圍基本集中於漢族學者針對漢語的研究，趙振鐸在其所著《中國語言學史·導言》部分直陳"照理説，中國語言學應該包括中國境内各民族對語言的研究。……現在談中國語言學史一般都没有涉及他們，而主要是講漢語研究的歷史"（趙振鐸 2000:1）。這實際上造成了名實不符。有鑒於此，何九盈的《中國現代語言學史》立有"非漢語語言文字學"一章，而申小龍《中國古代語言學史》則有"少數民族語文傳統"一章，庶幾名實相符。術語名稱的轉換，使用與實際研究内容更爲相符的術語名稱，這也是學科體系科學化的一種體現。20 世紀前半期往往使用"國語""國文"這樣的名稱代指在中國最爲通行的官方語言——漢語，特別是官話，例如楊樹達《高等國文法》、胡以魯《國語學草創》。也有稱之爲"中國語""中國文"者，與日本學者稱漢語爲"中國語"或有關係，例如王力《中國文法學初探》《中國語法理論》。徑以漢語代表中國的語言，這種現象隨着多民族國家的建設發展以及黨和政府對各民族語言文化的尊重與重視而逐漸减少。趙元任著有 *A Grammar of Spoken Chinese*，自己所題中文書名爲《中國話的文法》，學者丁邦新翻譯爲漢語出版於香港，仍用趙先生自題書名，而内地出版的吕叔湘先生譯本則改名爲《漢語口語語法》，書名的變化即體現了學科體系的科學化。李師的著作題爲《漢語語言研究史》，較之"中國語言學史"更能如實反映研究内容，因而更具有科學性。祇是從命名角度來説，若研究内容祇有中國古今學者對漢語的研究，似也略有不足，還應該將域外漢學家針對漢語進行的研究納入考察範圍①。從這個角度來看，目前倒是最早的那本日本學者編寫的《漢語研究小史》（《中國語學研究史》）對域外漢學家的漢語研究情況介紹得最爲全面。

---

① 當然書中對瑞典學者高本漢的漢語語音研究成果專門花了一節的篇幅予以介紹，但總體來説對於海外學者的漢語研究成果介紹得還是不够充分的。

二

對學術史進行回顧，不可避免要談到學術史的分期。王力《中國語言學史》將中國兩千多年的語言研究歷史大體分爲四個時期，第一期是以訓詁爲主的時期，主要爲先秦兩漢；第二期是以韻書爲主的時期，從漢末反切的興起一直講到明代；第三期是文字、聲韻、訓詁全面發展的時期，指的是清代的語言研究；第四期從《馬氏文通》的問世講到高名凱的《漢語語法論》。何九盈《中國古代語言學史》和《中國現代語言學史》當合而觀之，對整個中國語言學史分爲七期：先秦、兩漢、魏晉南北朝、隋唐宋、元明、清、現代①。濮之珍《中國語言學史》的分期則爲先秦、秦漢魏晉、南北朝至明代、清代、五四運動後五期，分期基本依據王力而將先秦與秦漢分開，同時將魏晉附於兩漢。趙振鐸《中國語言學史》分爲先秦、兩漢、魏晉南北朝到隋唐五代、宋元明、清代到"五四"以前、"五四"到八十年代六期，特點是宋代和元明合爲一期，與何著不同。李師的著作在分期上相當於何氏兩本語言學史合在一起，也分爲七期。縱觀各家，區别之處主要就在於宋代的歸屬上——是與隋唐合爲一期，還是與元明并於一處。在 2007 年的一篇論文裏，李師對中國語言學史的研究法進行了回顧總結，其中談到各家對古代語言學史分期的分歧，認爲："宋代'屬下'與'屬上'相比較，以'屬下'較爲合理。"（李開等，2007）這一觀點可以説是代表了作者最新的看法。語言學史在性質上屬於學術史，語言學的發展歷史從整體上來説不能脱離於其時社會的知識、思想與信仰的世界②，也即語言學史的發展階段與其分期方法當參照一般的思想史或哲學史分期。各種思想史或者哲學史著作中，對中國古代思想或哲學發展階段進行分期時，都是隋唐與宋元（或宋元明）分立，隋唐可以屬於上一個階段（所謂承兩漢經學之餘緒），但宋代開創的理學從來都被認爲是儒學内部的一大革命而開始一個新的歷史時期。還需要指出的

---

① 何著認爲整個現代時期可以分爲清末至北洋軍閥時期、20 年代末或 30 年代初至 1949 年兩個階段，但實際上全書衹按專題分章，并未分成兩個階段來談，詳見何九盈（1995：11）。
② 此處借用葛兆光教授的説法，見葛兆光（1998：導論）。

是,中國古代語言研究的目的往往是爲了解讀經書,語言學(即所謂小學)是附屬於經學而存在的,在語言學史的分期上也很有必要參考經學史的分期。我們知道,清代乾嘉學派興起之後,推尊漢代儒學,認爲宋明理學之弊在於學問空疏,斥之爲"宋學",而將乾嘉之學上承漢儒,標榜爲"漢學"。從經學發展的歷史來看,宋元明在語言學史上劃爲一期也是有根有據的。再有就是絕不可忽視經濟史、科技史對思想史、學術史發展的巨大作用,即從中國古代書籍發展歷史角度來看,唐宋之際也是一重大轉折。唐代及唐代之前的書籍以寫本爲主,有賴敦煌文獻的發現,我們尚有幸能見到唐代一些韻書與字書的寫本。唐代雖有雕版印刷技術,但所印内容多爲佛經或其他民間私刻雜書。五代始有官方雕版刊刻儒家經典,至宋代則官私大量雕版印行各類書籍,書籍的發行、流行與普及速度與範圍遠超前代,這對包括語言文字之學在内的各種學問的研究無疑產生了極大的推動作用。

如果從語言學史内部演進情況來看,亦可以看出相較於唐代,宋代語言學有着巨大發展。即以李師著作揭櫫内容觀之,在文字學方面,"唐代没有像樣的成果……至於《説文》的研究,却受到方法上的限制而幾乎陷入絕境"(第 86 頁)。宋代則有徐鉉校定《説文解字》,又有徐鍇所著《説文解字繫傳》。若非有大徐的校定,《説文解字》一書存亡難卜,至少難窺原貌,而段玉裁著《説文解字注》則多處受到小徐著作的啓發(第 125 頁)。另外宋代文字之學還有鄭樵《通志略·六書略》以及王聖美的"右文説",都是對文字學有所研究的一家之言。再看語音學方面的研究,隋代有陸法言的《切韻》,形成"音韻學史的第一大高峰"(第 86 頁),唐代則以此爲基礎,有加字的《唐韻》、長孫訥言的箋注本《切韻》以及王仁昫的《刊謬補缺切韻》等,此外并無發明。宋代有官方整理刊刻的《廣韻》,《切韻》大體賴是以存。繼之則有《集韻》的編輯刊行,《集韻》修改了切語,改類隔切爲音和切,"使切語更接近宋代中期的實際語音,這是它較《廣韻》的進步之處"(第 96 頁)。《集韻》在韻目次序以及同用獨用方面也與《廣韻》有所不同,其後金人韓道昭的《改并五音集韻》徑據《集韻》的這些調整進行"改并"，將 206 韻合爲 160 部，開了後來平水韻合并舊韻的先河。等韻學是漢語音韻學中的一個重要分支，據有關資料分析，其初步形成當在唐代（楊軍 2007：8—18），但在形成之初，大約主要流行於佛寺之内僧侶之間，這種情況在《韻鏡》一書傳入日本時也未有太大變化。而有賴宋代雕版印刷技術的提高與推廣以及一般知識分子對語音之學的關注，《韻鏡》一書得以刊行，鄭樵又在其所編著《通志略》中收入《七音略》，後來又有《切韻指掌圖》《四聲等子》等一批模仿、改造之作，斯學得以大興。對上古音的研究以清代爲極盛，而把它作爲專門學科來進行研究，始自宋代吳棫。吳棫的《韻補》初步將古韻分爲九部，并且懂得"以聲寓義"的道理，對明清古音學有極大的啓發，是語言學史上的重要成就（第 115 頁）。綜上觀之，宋代語言學研究成果遠在唐代之上，且啓發後來研究之處夥矣，當與元明合爲一期。

又李師著作在每一歷史分期，專門以標題形式指出該時期語言研究的特點所在，著者高屋建瓴，讀者一目瞭然。全書七章（七個歷史時期）的標題分別爲：1. 先秦：中國古代語言學萌芽時期；2. 兩漢：中國古代語言學以訓詁爲主的奠基時期；3. 魏晉南北朝：中國古代語言學以語音研究爲主綫發展的準備時期；4. 隋唐宋：中國古代語言學以語音研究爲主綫發展的成熟時期；5. 元明：中國古代語言學以語音研究爲主綫發展的創新時期；6. 清代：中國古代語言學的全面興盛和高峰時期；7.《馬氏文通》至建國前：近現代語言學的引進和興起時期。每一分期的描述均爲點睛之筆。私意以爲，依據徐通鏘先生觀點，印歐語研究以詞爲基本結構單位，而漢語體現音義關聯的基本結構單位則是"字"，它的特點是"1 個字·1 個音節·1 個概念"的一一對應，就是一個音節可以包装一個概念。字的特點是形、音、義三位一體，換句話說，就是最小的書寫單位（方塊漢字）、最小的聽覺單位（音節）、最小的結構單位（字）三位一體（徐通鏘 2004）。字的形音義三者是辯證統一的整體。那麼在現代語言學特別是語法學觀念引入之前，中國古代語言研究的發展就是圍繞着形音義三者在不同時期有所側重而又不斷向前演進的過程。先秦兩漢時期的語言研究重在文字的形與義，加之以經籍解說爲目的，這個時期尤其重視字義。漢末以後,由於佛教文化的傳入,特別是佛經翻譯的需要和聲明之學的引介,學者們開始留意到梵漢語音差異,進而開始重視漢字的語音研究,故而此後很長一段時期的語言研究重心都在字音方面。到了清代,中國古代語言研究進入了全面總結提高的階段,學者認識到對於漢字來說形音義三者缺一不可,而其中尤以音義關係最爲重要,即王念孫在《廣雅疏證序》裏所闡明的:"訓詁之旨,本於聲音。……就古音以求古義,引申觸類,不限形體。"

## 三

對語言學研究歷史的考索屬於史學研究,對於研究者來說首要的要求就是廣泛地占有史料,而且能夠細心地甄別史料。同時由於語言學史是專科歷史的研究,要求研究者既有普通語言學理論基礎,又要有語言學各分支學科、各研究領域的理論知識,同時還要對傳統小學(文字、音韻、訓詁)的研究方法與研究成果有深入的把握。也即作爲語言史學家,要"既具有王充和許慎所說的'通人'之'通',又具有當今常語所說的'專家'之'專'(魯萌一《序》)"。《漢語語言研究史》研究所及的從古至今的語言學研究資料達數百種之多,即以自宋至清的古音學回顧爲例,考察了宋吳棫《韻補》、明楊慎《轉注古音略》、焦竑《焦氏筆乘》、陳第《毛詩古音考》、清顧炎武《音學五書》、江永《古韻標準》、段玉裁《六書音均表》、戴震《聲類表》、孔廣森《詩聲類》、王念孫《詩經群經楚辭韻譜》及其他、江有誥《詩經韻讀》及其他等十幾種著作。對這些著作進行通盤研究,則一部古音學史呼之欲出,其後李師即有《漢語古音學研究》(以總結清代古音學研究成果爲主的論文集)和《漢語古音學史》(全面總結自宋代至當代中外學者對漢語古音學的研究成果,與顧濤教授合著)。

若一部史書僅有各種史料的堆砌,則不免於"兔園冊"之譏。正如章學誠在《文史通義·答客問上》所說:"史之大原本乎《春秋》。《春秋》之義昭乎筆削。筆削之義,不僅事具始末,文成規矩已也。以夫子'義則竊取'之旨觀之,固將綱紀天人,推明大道。所以通古今之變而成一家之言者,必有詳人之所略,異人之所同,重人之所輕,而忽人之所謹,繩墨之所不可得而拘,類例之所不可得而泥,而後微茫杪忽之際有以獨斷於一心。及其書之成也,自然可以參天地而質鬼神,契前修而俟後聖,此家學之所以可貴也。"(《文史通義》第 136 頁)史書的編寫所最爲推重者當爲"史識",也即能有別裁識斷的能力。《漢語語言研究史》在"唐宋的辭書"一節討論到了宋賈昌朝的《群經音辨》,認爲《音辨》的基本點在於越出文字形體以讀音區分意義,即所謂"四聲別義",并且按四聲別義所區別出來的詞性、用法等方面將《音辨》所有語言材料分爲 15 類。既有語言研究的史料,又有對史料的條分縷析,在此基礎上,作者指出"從宋代起,逐漸進入近代音時期,《音辨》正是在語音史的轉折時期把上古音時期孳生,中古音時期發達轉衰的'讀破'及時記載下來"。"《音辨》記錄的恰恰就是漢語形態學的系統信息","《音辨》對漢語形態變化的較系統的記錄,使我們在千餘年以後仍可以從中窺見周秦及漢代至唐宋語詞形態變化——詞類的變化通過聲調變化等來實現,同時,語法性質不變而詞義變化也可通過聲調變化等來實現"(第 135—137 頁)。通過作者的分析,方可看出該史料在語言學史(乃至語言史)研究上的重要價值,此即所謂別裁識斷。同時期語言史研究專家於《群經音辨》一書寓目者甚少,亦未能充分挖掘出該書的價值,此乃所謂詳人所略,重人所輕。

別裁識斷的能力源於史學理論知識,研究社會史要有科學的社會史觀,研究語言學史要有科學的語言學理論,否則即使爬梳整理獲取大量的語言學史史料,亦不過是沒有串起來的一屋子散錢。錢穆在《國史大綱》裏說:"我民族國家已往全部之活動,是爲歷史。其經記載流傳以迄於今者,祇可謂是歷史的材料,而非吾儕今日所需歷史的知識。材料纍積而愈多,知識則與時以俱新。歷史知識,隨時變遷,應與當身現代種種問題,有親切之聯絡。歷史智識,貴能鑒古而知今。"(《國史大綱》第 4 頁)由此可見關於歷史的科學理論的重要性以及隨時需要關注理論發展的必要性。李師的導師周鍾靈先生早年就讀於國立中央大學研究院,專攻哲學與美學,對西方哲學歷史尤爲精通,曾研究康德哲學,又著有《韓非子的邏輯》一書,後由哲學、邏輯學研究轉入語言研究,思維縝密而尤重邏輯。李師得周先生親炙,於語言學理論與邏輯學均有深入研究,在編著《漢語語言研究史》之前先後著有《現代語言學及其方法論意義》(1985)、《美國的語言分析哲學及其科學邏輯初識》(1989)、《論現代理論語言學的科學方法意義》(1990)、《布龍菲爾德〈語言論〉導引》(1991)等關於理論語言學的著論。以科學的語言學理論爲指導查考古代語言學研究成果,於其價值能得到更深入的發掘,即以前揭關於《群經音辨》的討論觀之,作者贊同王力所説"中古這種用聲調變化來表示形態的方法是很盛行的",而且認爲利用《音辨》的資料可以勾勒出漢語形態變化的時代分期及其内容特徵,背後的理論依托當出自方光燾先生的"廣義的形態"理論。現代語言學是一門開放性的學科,它充分地對其他學科的理論體系和分析方法進行了吸收,在社會科學領域一直走在時代前沿,因此其理論發展日新月異,不斷推陳出新。而隨着語言理論的發展,學者對古代語言研究的演進歷程則會有不同的看法,就是對同一種史料也常常會發掘出新的意義與價值;而對古代語言研究史上重要史料的不斷回顧與反思,也反過來推動語言理論的發展,使歷史資料不斷體現出對現實及將來的種種價值,因此語言學史研究也在不斷發展,語言學史類著作也會推陳出新。作爲一部誕生於 20 世紀 90 年代的語言學史著作,《漢語語言研究史》展現的是那個時代語言學史研究的成果,李師對於語言學理論發展前沿極爲關注,不斷立足於新的語言理論反思中國傳統語言研究的價值與意義。例如本書關於《切韻》語音性質的看法,認爲"《切韻》音系是折衷古今,綜合南北,是個綜合性的音系"(第 95 頁),這也是當時多數學者所持有的看法。而在 2005 年,李師則依據異質語言學理論提出"《切韻》音系是異質性的,有内部系統的,合乎當時多種實際語言的,即異質的、系統的、實踐的三大特點"。由此觀之,在適當的時機,作者必將對《漢語語言研究史》進行全面的修訂。

真正現代意義上的語言學誕生於 20 世紀初,在此之前,中西方的語言研究都經歷過古典時期和語文學時期。中國古代哲人很早就開始了關於語言問題的思考,先秦時期的古典作品中記録了很多當時人們關於語言問題的看法,其中尤以諸子百家的觀點多樣而深刻,記録了很多關於語言哲學層面的思考,涉及指稱與對象、語言與世界、思維與存在的一般關係(姚小平2011),可以謂之先秦諸家的語言觀。各種語言學史著作中對這些語言思想也都有介紹評説,如王力《中國語言學史》對荀子、墨子的語言思想都進行了討論;何九盈《中國古代語言學史》分"語言與社會存在""語言與政治倫理""語言與邏輯思維"三個專題對諸子的語言思想加以分説,并設有專門一節評述先秦時代的名物釋義專著《爾雅》。《漢語語言研究史》則指出先秦時期的"名""實"之争是推動語言研究的直接原因,在分析儒、道、墨、名各家語言思想時緊扣諸子對於名、實關係的不同看法以及種種看法從春秋到戰國的演進綫索。對於《爾雅》一書,認爲其基本性質是解釋詞義的"名書","是對先秦名辯中的類邏輯的具體應用"(第1頁)。到了漢代以後,産生了許慎《説文解字》、揚雄《方言》、劉熙《釋名》等對文字、方言、詞義進行考察的著作,從語言學發展史角度來看,這些考察語言本體的作品更像真正意義上的語言學著作,而先秦學者關於語言的思考可以稱之爲廣義上的語言理論。對於漢代的這些著作,李師除了闡述其在語言本體研究上的意義與價值,更對它們對於先秦語言思想的繼承與發展予以介紹,注重挖掘隱藏於作品之中的語言思想意義。例如對於《説文解字》,李師指出"在文字的産生和發展問題上,許慎已在先秦諸子豐富的辯證思想的基礎上,進而用樸素的唯物觀點和辯證觀點作出解釋"(第23頁)。"關於文字體系的架構,許慎既把單個的字産生看成'象'外物而生,便把整個文字體系看作'象'宇宙。《説文》一萬零五百一十六字(含重文)被置於'始一終亥'的構架上,體現了許慎視文字體系相似於宇宙體系的思想"(第25頁)。魯國堯教授曾撰文慨嘆至今未有《中國語言學思想史》著作(魯國堯2018),李師《漢語語言研究史》實際上已開始對古代的語言學思想有所探討,而待出版的《上古漢語時期的語言哲學》則對先秦兩漢時期的群經諸子的語言哲學進行了全面而深入的探討,這部著作可以謂之《中國語言學思想史·上古編》。

以上不揣譾陋,對李師《漢語語言研究史》一書從題名特色、分期特點、史學史價值等方面進行述評。該書博采衆家,體大思精,卓然自立於學林，評論也僅及數點，不免挂一而漏萬。由於成書於 90 年代初期，彼時排版輸入不像今天便捷，書中難免一些魯魚亥豕之處。又再版時如能編制人名及著作索引，庶幾有利於學者。

## 參考文獻

葛兆光：《中國思想史·第一卷》，復旦大學出版社 1998 年版。

何九盈：《中國現代語言學史》，廣東教育出版社 1995 年版。

李開：《試論歷史語言學研究中的異質語言理論問題》，《語言科學》2005 年第 4 期。

李開等：《中國語言學史的幾種研究法》，《南京師範大學文學院學報》2007 年第 1 期。

魯國堯：《關於“中國語言學思想史”的斷想》，《語言戰略研究》2018 年第 3 期。

錢穆：《國史大綱》（修訂本），商務印書館 1991 年版。

徐通鏘：《説“字”——語言基本結構單位的鑒別與語言理論建設》，載徐通鏘《漢語研究方法論初探》，商務印書館 2004 年版。

楊軍：《韻鏡校箋》，浙江大學出版社 2007 年版。

姚小平：《先秦語言思想三題》，《語言研究》2011 年第 1 期。

趙振鐸：《中國語言學史》，河北教育出版社 2000 年版。

[清]章學誠：《文史通義》，古籍出版社 1956 年版。

# 求經之路:由小學通往經學史學

顧　濤

（清華大學歷史系）

2002 年 9 月,我在"中國語言學史"的研究生課上與業師李開先生相識,我購買了先生的名著《戴震評傳》。次年 4 月 30 日,先生贈送我《戴震評傳》修訂後重印本①,2005 年 10 月 31 日,又送我《戴震評傳》的簽字鈐印本。三册書如今一留舊宅,一置舍下,一在辦公室書架,隨時可資翻覽。我隨先生的求經之路即從此開啓,至今已二十年。

## 一、"金鐃"之困

回想二十年前,我踩着《詩經》"所謂伊人"的雪橇,在經史子集的浩瀚文獻中摸爬,於落英繽紛中擷得幾朵小花②。雄心壯志是樹立了的,那就是要登上經學研究的"珠峰",祇是苦於無路敢於勇往,此山望着彼山高,輾轉反側,邁不開腿。當年的心境,正如孫行者被困在小雷音寺黄眉老佛的"金鐃"之下:

> 行者合在金鐃裏,黑洞洞的,燥得滿身流汗,左拱右撞,不能得出。急得他使鐵棒亂打,莫想得動分毫。他心裏沒了算計,將身往外一挣,却要挣破那金鐃;遂撚着一個訣,就長有千百丈高,那金鐃也隨他身長,全無一絲瑕縫光明。却又撚訣把身子往下

---

① 李開《戴震評傳》,南京大學出版社 1992 年初版,2001 年第 2 次印刷。

② 參見顧濤本科畢業論文《"伊"字源流及相關問題考辨》,高小方指導,2000 年 5 月通過答辯,收入《南京大學文學院本科學生論文選集(1999—2007)》,南京大學出版社 2008 年版。

　　一小，小如芥菜子兒，那鏡也就隨身小了，更没絲絲孔竅。他又把鐵棒吹口仙氣，叫"變！"即變做幡竿一樣，撑住金鐃。他却把腦後毫毛，選長的拔下兩根，叫"變！"即變做梅花頭五瓣鑽兒，挨着棒下，鑽有千百下，祇鑽得蒼蒼響喨，再不鑽動一些。……行者道："……這裏面不通光亮，滿身爆燥，却不悶殺我也？"衆神真個掀鐃，就如長就的一般，莫想揭得分毫。金頭揭諦道："大聖，這鐃鈸不知是件甚麼寶貝，連上帶下，合成一塊。小神力薄，不能掀動。"行者道："我在裏面，不知使了多少神通，也不得動。"①

那種"黑洞洞的""全無一絲瑕縫光明"的感覺，至今依稀如在眼前。本科時也曾廣博地選了些課，使了不少神通，朝各個方向都"挣"了"挣"，要想揭開那金鐃的一綫縫隙，但"全無一絲瑕縫光明""莫想揭得分毫"，真個是"不通光亮，滿身爆燥"，越使力地挣扎，越感覺經學離我漸去而漸遠，目標越發恍惚與迷離。正在我困於"金鐃"、周身渴望之際，李先生的《戴震評傳》恰如玉帝所差那二十八宿星辰中的亢金龍，用了他的"角尖兒"伸進了鈸合縫口處，於是"金箍棒變作一把鋼鑽兒，將他那角尖鑽了一個孔竅，把身子變得似個芥菜子兒，拱在那鑽眼裏"②，方纔讓行者脱了困。

　　《戴震評傳》突顯出"約占戴震學術百分之五六十的古音學、文字學、訓詁學、詞源學、校勘學"，"統之以語言解釋哲學"③這一條路，用戴震自己的話説叫"以字通詞，以詞通道"八字訣，具體表述爲：

　　　　"經之至者道也，所以明道者其詞也，所以成詞者字也。由字以通其詞，由詞以通其道，必有漸。"(《與是仲明論學書》)這一治學方法，也是戴震自幼而然的讀書方法，故由來已久，但完整地作出這一表述尚屬首次，其核心内容是治經必自語言文字之學起，段玉裁説："此則先生説經導本肇始於小學，而其敏且專可

---

① 吳承恩《西游記》第六十五回，人民文學出版社 1980 年版，第 739—740 頁。
② 吳承恩《西游記》第六十五回，第 740—741 頁。
③ 李開《戴震評傳·後記》，第 442 頁。

知矣。"……乾隆四十二年(1777)正月在給段玉裁的信中再次作了概括："僕自十七歲時，有志聞道，謂非求之六經、孔孟不得，非從事於字義、制度、名物，無由以通其語言。宋儒譏訓詁之學，輕語言文字，是猶渡江河而棄舟楫，欲登高而無階梯也。爲之三十餘年，灼然知古今治亂之源在是。"①

我得了這樣一葉"舟楫"、一架"階梯"，於是便全身心地撲進"字義、制度、名物"的"角尖兒"，借着戴學"説經薄本肇始於小學"的孔竅，竟一股腦兒地脱出了那個不通光亮的"金鐃"，由此若無旁人地奔向那地上本没有路的崇山峻嶺中。先生説，戴震"每一字必求透徹地弄懂字義，他似乎生來就喜歡那藴藏着無窮知識奧秘的方塊字"，"它無疑是一種進入古代文獻經典的經學入門的硬功夫"②，我於"金鐃"脱困的那一刻，這種"硬功夫"便不知不覺地着了身。回顧四周，孑然一身，荆棘塞途的困擾還是其次的，空無一人的清冷纔是二十年來最揮之不去的陰霾。前面是叢林還是曠野，是沙漠還是丘壑，隻身前行的信念來自先生和先生二十年來贈予我的十一部專著和二千卷大書。

先生最早送我的一本書是《漢語語言研究史》③，時在 2002 年 11 月 13 日，我剛步入先生的課堂兩個月。此書給我以當頭棒喝："所謂經學，實際上就是以小學爲基礎，對經典中的語詞的古音古義真正弄清楚，然後再涉及經義。"先生舉顧炎武之説"故愚以爲讀九經自考文始，考文自知音始，以至諸子百家之書，亦莫不然"，接之以戴震之法，貫之以錢大昕之説"訓詁者，義理之所由出，非别有義理出於訓詁之外者也"，借助李約瑟的譬喻，先生給出了清代考證學在學科分類上的意義：

> 清儒的研究對象是文獻，同時期國外自然科學家研究的對象是天體運動、血液循環等，但他們都用了科學歸納法的實證科

---

① 李開《戴震評傳》第二章，第 38—39 頁。
② 李開《戴震評傳》第一章，第 14—15 頁。
③ 李開《漢語語言研究史》，江蘇教育出版社 1993 年版。

學方法，就其實證科學精神，東西方是可以等量齊觀的，清儒學
術成果比起牛頓、開普勒、哈維來是絲毫也不遜色的。①

"舍小學也就無所謂經學"的告誡，"實證科學方法"的理論提升，讓我
心比天高的經學之夢落脚在了小學。此年 11 月 26 日，先生又送我
《惠棟評傳》，全書所彌漫着"經子小學合同共證""經史小學爲同一"②
的邏輯主綫，成爲伴隨我一路飛奔的燈塔與星辰。

在隨先生攻讀學位期間，2005 年 8 月 11 日，先生送我《二十世紀
中國的語言學》③，9 月 9 日，送我《文史研習和理論學語》④。2007 年
5 月 20 日，我已確定留母校任教，先生送我《漢語古音學研究》⑤。
2008 年 9 月 8 日，先生從韓國外國語大學訪問回寧，送我《哲學和語
言文化哲學問津》⑥，此書下編收入先生六十周歲時獲得博士學位的
論文《清代嘉道經學及其哲學邏輯》(2003 年獲南京大學哲學博士學
位)。當我在論文中赫然發現那句"舍小學也就無經學"，便深知此乃
先生畢生追求的學術信念，"小學家也就是經學家，經學家一般也就
是小學家"⑦，雖借用了四川大學謝謙先生的話，但先生的執信有過
之者。

2009 年，我決定北赴清華大學工作，先生寄贈我《清經解　清經
解續編》一整套二千餘卷⑧。先生曾經説過："戴震'一元單途"以詞通
道"，以求"十分之見"'的治學方法，哺育着越來越多的學人。……用
類似於這一方法來研究古文獻的，則成果甚多，粗綫條地說，光阮元
《清經解》和王先謙《清經解續編》所收入的作者共一百五十七家，書
三百八十九種，二千二百二十七卷，未收入和續出者還有很多。"⑨《清

---

① 李開《漢語語言研究史》，第 216—218 頁。

② 李開《惠棟評傳》，南京大學出版社 1997 年版，第 110、433 頁。

③ 盛林、宫辰、李開《二十世紀中國的語言學》，黨建讀物出版社 2005 年版。

④ 李開《文史研習和理論學語》，江蘇教育出版社 2005 年版。

⑤ 李開《漢語古音學研究》，上海人民出版社 2008 年版。

⑥ 李開《哲學和語言文化哲學問津》，韓國首爾出版社 2008 年版。

⑦ 李開《清代嘉道經學及其哲學邏輯》，收入《哲學和語言文化哲學問津》，第 404 頁。

⑧ 阮元、王先謙編《清經解　清經解續編》(全 13 册)，鳳凰出版社 2005 年影印本。

⑨ 李開《戴震評傳》，第 163 頁。

經解》和《續清經解》的合編是我在博士論文寫作期間翻熟了的，當時通用上海書店 1988 年的影印本，市面上已購買不到，我每天頂着晨曦到圖書館的工具書室摘抄，至黄昏時分迎着落霞閉館而出。在我步入清華這所中西合璧的校園之際，這二千餘卷書竟與我如影隨形了。先生之意在讓我不可輕棄了數年來已邁出的這一條路，隨時見書便當俯首，在紛雜的史學條條大路中，可以不變應萬變，認準自己脚下的這條路。

2011 年 7 月 15 日，我回南京，先生送我《漢語語學義理舉實》①。2016 年 1 月 29 日，我回南京，先生送我《語言學和文史語言研究集稿》②。2021 年 12 月 29 日，因疫情阻隔，我兩年未回南京，先生寄贈我《語言學和文史語言研究集稿（續集）》③。2022 年是我與先生相識的第二十個年頭，此年春節，再困清華，圓明園外、人文樓內，兩點一綫，日復一日，將先生的著作列成一排，新酒伴着陳釀，逐册温習一過。借此回望與沉思自己走過的、如今越走越遠的這條"由小學通往經學史學"的求經之路；也借此展望與期許，若是我已經度過了當年小雷音寺的一難，那是不是離靈山藏着真經的大雷音寺路程不遠矣？

## 二、 師説"戴一段"

李先生的思想，扎根於戴震之學，由戴學綿延到清代學術、古音學史、古文字學、經義邏輯、語言哲學。如果説戴學乃乾嘉學術拾級登頂的先導，那麽"戴門後學"便是清代考證學攀上巔峰的標志。梁啓超説"戴門後學，名家甚衆，而最能廣大其業者，莫如金壇段玉裁，高郵王念孫及念孫子引之，故世稱戴、段、二王"④，李先生則認爲段注的"全面研核比起王念孫等人的專注專疏，更顯得體大思精"⑤。兩百年前，戴震及其後學將"小學通往經學史學"走出了一條康莊大道，先

① 李開《漢語語學義理舉實》，上海人民出版社 2010 年版。
② 李開《語言學和文史語言研究集稿》，南京大學出版社 2015 年版。
③ 李開《語言學和文史語言研究集稿（續集）》，鳳凰出版社 2021 年版。
④ 梁啓超《清代學術概論》，上海古籍出版社 1998 年版，第 43 頁。
⑤ 李開《段玉裁的學術成就及其現代轉換》（2010），收入《語言學和文史語言研究集稿》，第 133 頁。

生則爲我指出了大踏步而去的"戴一段"身後留下的巨人的斑斑足印。

戴震的思想成熟於旅居北京之後的 1755 年,此年戴氏三十二歲,先生云:"作爲他的樸學方法論的理論建樹,旅京期間的兩篇著名論文《與姚孝廉姬傳書》(1755)和《與方希原書》(1755),成爲戴震思想發展中的界石。"①在給姚鼐(字姬傳)的信中,戴震提出了所謂的"十分之見"說:

> "以詞通道",考證名物,寓約於博,都不過是求得"十分之見"的方法和手段,如不循此途徑,"若夫依於傳聞以擬其是,擇於衆說以裁其優,出於空言以定其論,據以孤證以信其通。雖溯流可以知源,不目睹淵泉所導,循根可以達杪,不手披枝肆所歧,皆未至十分之見也"。戴震認爲,非"十分之見"的種種議論,衹能"徒增一惑",成爲"識者之辯之"的對象。……戴震提出的"十分之見",其實是他個人早年治學的甘苦閱歷的結晶。就在給姚鼐的信中,他表達了個人的治學體會:昔以爲直者,今見其曲;昔以爲平者,今見其坳。真所謂"看似尋常最奇崛,成如容易却艱辛",完全道出了筆耕不止的一代學人反復實踐,殫思竭慮,一步步向真理逼近的過程。②

"溯流"以"知源","循根"以"達杪",發掘出"傳聞"層層、"衆說"紛紛背後的"十分之見",由此"反復實踐,殫思竭慮",將發掘所得推證到極致,這是學術起步於"小學"考證的意義與價值。而經學所牽涉的問題之紛雜,領域之博綜,觀點之歧出,文獻之層積,爲"小學"考證提供了豐厚的資源,成爲絶佳的用武之地。先生說"考據,本質上是個知識論方法,是個以書本知識爲主要領域而進行的實事求是的研究方法",包含着恩格斯所說的"多年冷靜鑽研的科學工作"的特質,也

---

① 李開《戴震評傳》,第 91 頁。
② 李開《戴震評傳》,第 43—44 頁。

顯示出"以自然科學成就詮釋群經,在古代學術史上再闢一治學門徑"的威力①,正是這一巨大磁場產生的引力,將我深深吸附住了。

這一巨大的磁場出現在戴震所處的時代,是考證學從晚明萌生,逐漸趨於鼎盛的乾嘉前期。從顧炎武、閻若璩、梅文鼎、江永、惠棟,直至被錢大昕嘆爲"天下奇才"的戴震橫空出世,表層的發展綫路是對古文獻發掘的趨於精微,先生則抽繹出這一路徑底層的律動脉絡,即西方實證主義的治學精神與中國經學中的漢學傳統的共振。先生說:

> 第一次西學東漸時期的古代語文學和語言學,最重要的西學烙印是變傳統的小學爲系統的實證科學,戴震是這一學術變革的集大成者。從根本上說,中國人傳統的思想方法從來就是務實的,《周易》六十四卦,都是據實事實情實體實物而成象,清江藩《漢學師承記》卷二稱:"易者,象也,聖人觀象而繫辭,君子觀象而玩辭,六十四卦皆實象,安得虛哉!""實事求是"一說,早已見於《漢書·河間獻王劉德傳》:"河間獻王德以孝景前二年立,修學好古,實事求是。"顏師古注:"務得事實,每求真是也。"……以務實之傳統,嫁接西儒之實證,是不會有太大的障礙,甚至可以說是順理成章的事。但是,漢學傳統的務實,在於"所察""所務"、立志、言語,總的說還是宏觀的把握,而缺乏微觀的邏輯條理。實證加邏輯條理,正是晚明萌生,乾嘉大盛的清代樸學,或稱新漢學的學術精神。②

在清代的考證學中,處處滲透着"實證加邏輯條理",先生從其所擅長的古音學、語源學、天文學等領域對此做了初步的例釋,突顯出學術何爲"實事求是"的新漢學內在學理。在先生的心目中,"除了西學新穎獨特的學術形態會引起素昧歐羅巴、英吉利的華夏學者的好奇和

---

① 李開《戴震評傳》,第40—41頁。
② 李開《第一次西學東漸與乾嘉學派》(1999),收入《文史研習和理論學語》,第418頁。

興趣外,更重要的是西學中的求實、邏輯條理與國學傳統中的務實、重名(名書、名學、正名等)一經碰撞而謀合諧和,很快爲我傳統文化吸收創新"①。清代考證學在表面回向古典的纖縷肌膚之下,是中西學術精神的血脉融會。

體現這一邏輯理性的巓峰性成果,無疑當數段注《説文》。先生説:

> 戴震的學生段玉裁著《説文解字注》,創通許書條例,這本身也與邏輯思想有關,以大量書證文獻材料證許書本義并進而闡發引申義,已在實證和理性思維兩大端左右逢源。……至於段氏以他的古韻分部六類十七部範疇許書,使許書九千餘字在其古音學體系中各得其所,其龐大的邏輯系統與系統中各要素的關係皆有内在聯繫,這本身就是邏輯條理的體現和實際作用。其邏輯力量和邏輯理性在漢語漢字系統中的獨特體現,恐怕彼時是舉世無雙的。段氏的成就,再一次説明,西學與漢學固有的名言邏輯思想碰撞結合後,會産生巨大的力量。②

從《説文》段注中看出中西方學術"化合"的精神氣質,在段玉裁樸實的字書注釋中,把握住他"左右逢源"的學術氣場,從中透射出西方學術的理性時代精神,這是先生獨具慧眼的卓識所在。我在讀研究生的若干年内,將段注視作第一資糧書,段注成爲我金陵求學十年用力最巨的書,正是先生的思致注入了我的血液,并起了潛能激發的效用。

段注《説文》的思想之源,正是來自其師戴震。1775 年,戴氏將漢人揚雄的《方言》分抄於宋人李燾《許氏説文五音韻譜》的上方,此手抄本爲段氏所借觀,并一直藏於段處,次年即 1776 年,段玉裁開始編纂長編性質的《説文解字讀》。先生説:

① 李開《第一次西學東漸與乾嘉學派》,收入《文史研習和理論學語》,第 420 頁。
② 李開《第一次西學東漸與乾嘉學派》(1999),收入《文史研習和理論學語》,第 421—422 頁。

　　戴震的原意在深究《方言》，段玉裁借以研究《説文》，百慮而一致，殊途而同歸，客觀上都是發展清代的語言科學。段玉裁還回顧分寫本對他著《説文注》的啓迪説："今四十餘年，於《説文》討論成書，於《方言》亦窺闖奥，何莫非先生之覺後覺哉？"段玉裁的話，未必是謙虚之詞，戴震的文本嫁接所形成的體例和方法，作爲清代早期研究《方言》和《説文》的草創，對段氏《説文注》體例和方法的形成確實是有啓發的。清代語言學著作的體例均有其共性的一面，可統稱之爲治小學的樸學方法和條例，這主要是指立以字頭，繼以詮釋，傅以古今文獻實證，綜合運用文字、音韻、訓詁、校勘等歷史科學的基本方法。所有這些，戴震的分寫本草創其事，已初露端倪，到段玉裁《説文注》則形成文字學樸學方法體系。①

　　"戴一段"的這一方法論，是治"小學"的精神所在，"問題的提出和重大的理論建樹則歸功於戴震"，"具體完成多半由段、王最後實施的"②，在具體實操中是偏向於文字音韻，還是版本校勘，更或是名物度數，又將因人、因事、因研究之對象而異。而綿延近四十年、將畢生心血冶爲一爐的《説文》段注，則將"小學"的各條路徑、各項體例、各種方法展露無疑。段氏在乃師的理論旗幟下、在《説文解字》的宏闊天地中"左右逢源"，而後學傾注於段注、沉醉於段注，同樣可收"左右逢源"之功效。

　　在這個意義上，先生將段玉裁之學定義爲一種"語言哲學"，認爲"段玉裁窮畢生之精力，解釋漢語言文字，揭示音理，揭示語義類別，正是從事語言哲學的本體研究"，由此"可借以認知該民族的文化、思想、民族精神"③。借用馮友蘭説"西方哲學對中國哲學的永久性貢獻，是邏輯分析方法"，那麼：

---

① 李開《戴震評傳》，第 90—91 頁。
② 李開《戴震評傳》，第 338—339 頁。
③ 李開《段玉裁的學術成就及其現代轉換》，收入《語言學和文史語言研究集稿》，第 138 頁。

　　　　段玉裁研究,連同戴震—段玉裁研究,段玉裁—王念孫研究,是永遠言説不完的課題。這個"言説",也正如馮友蘭所説的,不是"照着講",而是"接着講"。隨着當代學術的發展,像戴段、段王這樣的傳統研究課題,將會催生出新的研究思路和研究手段,也必將會有新的研究成果,成爲當代精神文明建設中的一角,我們期待着和呼喊着。①

先生在 70 歲後,竟連撰《段玉裁〈戴東原先生年譜〉叙録》、《段玉裁〈戴東原集覆校札記〉叙録》、《段玉裁〈汲古閣説文訂〉叙録》、《段玉裁〈戴東原先生年譜〉要綜》五篇文章,稱"戴首倡的學術理路,謂之 18 世紀中國語言哲學可也"②。先生之目的顯然不在"照着講",是要在回溯中"接着講",爲"戴—段"之間的聯結、"戴—段"之間的學脉再奔走、再呼喊,是爲着能讓我們一代在熔鑄中"催生出新的研究思路和研究手段"。先生情深於戴,而學歸於段。

　　"戴—段"之間的聯結,由小學通往經學。先生説"段玉裁'師事戴震,講求古義,尤精小學',小學、經學無不精審無比,全書名《經韻樓集》,經與韻并蒂,經學與小學重脈,有是也!"③此處的"經學","并非指對經文作原子主義的割裂成字詞而一一注釋之,從而'碎義逃難'或由'識小'達於片言隻語的瑣義"④,而是由實證的經驗事實歸納和邏輯理性彰顯,一反明儒架空立言的經義研探方法論,是一途轍,也是一法門。在先生看來,"清代四大學,義理、考據、詞章、經濟,無不以考據爲其本。小學爲據爲清代主流學術經學的基本方法,一定程度上説是'小學即經學'"⑤。小學與經學之間最直接的橋梁就是

① 李開《段玉裁的學術成就及其現代轉換》,收入《語言學和文史語言研究集稿》,第 137、139 頁。
② 四文均收入《語言學和文史語言研究集稿(續集)》,引文見第 154 頁。
③ 李開《徐復先生經學思想初探》(2019),收入《語言學和文史語言研究集稿(續集)》,第 293—294 頁。
④ 李開《戴震評傳》,第 339 頁。
⑤ 李開《新時代的經學:"軸心時代"文化史的考問》(2009),收入《漢語語學義理舉實》,第 263 頁。

"實學"，這是對宋明以來理學空疏的一種反動，一種新生。在實學的矩矱中，禮學獲得了可以大顯身手的舞臺。先生說：

> 禮學全是實學。"三禮"本身一係於實事、實物、實情……自
> 古道"議禮之家紛如聚訟"。從孔門諸子起已有爭議，繼後鄭玄
> 注"三禮"，許慎有《五經異義》與之鼎足。即使同取鄭玄注，也往
> 往立說各異，例如晋皇侃撰《禮記義疏》，北周熊安生撰《周禮義
> 疏》及《禮記義疏》，雖同出鄭學，也成爲對壘。宋代一度習禮成
> 風，王安石以《周禮》取士。《儀禮》有宋李如圭《集釋》《釋官》，宋
> 張淳《儀禮識誤》，均爲求實之作，皆爲《四庫全書》收存。……到
> 朱熹提倡以訓詁、文獻考核等實學手段治三禮，著《儀禮經傳通
> 解》未全。江永繼承朱熹，著《禮書綱目》八十五卷，終朱熹未竟
> 之緒。戴震禮學稟承江永，《七經小記》"學禮篇"與《禮書綱目》
> 一樣，有志於再作全面的綜合研究，實在是通觀"四禮"的"禮學
> 篇"，惜未成書。[①]

文字、音韻、訓詁、版本、目録、校勘、名物、度數、算術、輿地、典章、制度……均輻輳於禮學，而可稱之爲廣義的"小學"，開掘與作業的標準，均指向章太炎評戴學的終極——"分析條理，皆心密嚴瑮，上溯古義，而斷以己之律令"，所謂"己之律令"，即"皖學的學術路數、學德和語言表達，概言之可謂思想方法、學風和修辭"[②]。而"戴震一輩子都在時斷時續地進行禮學研究，他說：'爲學須先讀《禮》，讀《禮》要知得聖人禮意。'"[③]段玉裁秉承了乃師的教誨，一頭扎入"小學"之甕終其身，完成《詩經小學》三十卷、《古文尚書撰異》三十二卷、《春秋左氏古經》十二卷、《周禮漢讀考》六卷、《儀禮漢讀考》一卷（未成），晚年將其成果盡淬於《説文》注釋中。我博士論文的選題，正是瞄準了段氏《儀

---

① 李開《戴震評傳》，第102—103頁。

② 李開《戴震評傳》，第162頁。

③ 李開《戴震評傳》，第104頁。

禮漢讀考》的未竟之業①。不過,伴隨着我的論文寫作,浸入"段注"之瓮中有年,庶幾悟得《儀禮漢讀考》的精氣已然包孕在段注的肉身中,晚年的段玉裁已不屑於《漢讀考》之小學矩矱,而直奔向《説文注》的邏輯建構中,一如乃師戴震晚歲之於《孟子字義疏證》。先生謂"戴、段之心於此相印、相通矣"②,多年瓶頸,一朝於此貫通!

## 三、 金陵禮學

清代乾嘉之學經由民國年間"章太炎—黃侃"推波,在南京的高等學府綿延傳承至今。1928 年 2 月,黃侃抵達南京,受聘中央大學(其時稱第四中山大學,今南京大學前身)中文系教授,授小學、經術。章黃之學在古都金陵的傳承由此開啓。業師李先生正是"文革"後從南大中文系畢業的第一代研究生,1981 年留系工作,深刻濡染了這一學術品格。

1998 年,在我入學南京大學中文系兩年、正式搬入鼓樓校區之際,先生在《南京大學學報》發表《論章黃之學的學術精神》,倡論"戴—段"與"章—黃"理念迫近、學脉相承,當時對我的觸動非同尋常。先生論章太炎(1869—1936)之學曰:

> 在治學途轍上,當由語言文字而及經史,章説:"年十四五,循俗爲場屋之文,非所好也。喜爲高論,謂《史》《漢》易及,揣摩入八比,終不似。年十六,當應縣試,病未往,任意流覽《史》《漢》,既卒業,知不明訓詁,不能治《史》《漢》。乃取《説文解字》段注讀之。""少時治經,謹守樸學,所疏通證明者,在文字器數之間。"這又和戴震學術的發軔如出一轍。③

---

① 參見顧濤《重編新〈經典釋文〉可行性論證》,收入《耕讀經史》,鳳凰出版社 2021 年版,第 6 頁。

② 李開《段玉裁〈戴東原先生年譜〉叙錄》,收入《語言學和文史語言研究集稿(續集)》,第 164 頁。

③ 李開《論章黃之學的學術精神》,收入《文史研習和理論學語》,第 438 頁。

章太炎之學典範地詮釋了小學、經史相貫相通，先生所引章説出自1933 年 4 月 18 日章氏晚年的追憶，由其弟子諸祖耿（1899—1989）旁記成文《記本師章公自述治學之功夫及志向》。文中所述章氏“少時治經，謹守樸學”的例證除取段注讀之外，尚有“讀《經義述聞》，始知運用《爾雅》《説文》以説經”，“復讀學海堂、南菁書院兩《經解》皆遍”，又用樸學之法治史，“涉《通典》四五周，學漸實”①。對其治學之法，章氏自己曾作出一個理論的概況，其云：“‘經義’所包甚廣，史學亦包括在内，可以説‘經義’即是學問全部。”“史即經，經即史，没有什麽區別。現在我們假如單單講經，好像没有用處；單單講史，亦容易心粗氣浮。所以，我的意思，非把兩者合而爲一不可。研究經的方法，先求訓詁文義，進一步再探求他事實上的是非得失。”②章氏小學、經史一貫的觀點，是從“戴—段”催生出的治學新途，經義出史，訓詁爲先，注重實學，對我的影響可謂至深至巨，遠遠超過後來梁啓超等的“新史學”對我的第二輪衝擊。

章太炎對南京學脈的影響，又主要借助了其弟子黄侃（1886—1935）於人生最後幾年裏在南京大學的學術傳播。先生有云：

> 章氏的上述主張，完全爲黄侃所接受，且在黄氏的實踐中發揚光大。……例如他説：“語言文字之學，爲各種學問之預備，舍此則一無所通。”“凡學問文章，皆宜以章句爲始基（黄以周語）。研究章句，即爲研究小學。”“學問文章宜由章句訓詁起。”黄以周爲同治九年（1870）舉人，曾主講南菁書院十五年，傳承戴震之學，與孫詒讓同爲“白衣宗”。關於小學，特別是訓詁學，黄侃説：“小學之於群籍，由經史以至詞曲，皆不能離之。而或以治小學僅爲讀周秦兩漢之書，誤矣。”……黄侃説：“訓詁、文詞、典制、大義等不可妄爲輕重，此經學之大要也。”又説：“治經貴由傳注入門，而終能抛棄傳注。”“學問貴能深思，得其條貫，果能如此，雖

---

① 章太炎《記本師章公自述治學之功夫及志向》，收入《章太炎國學講演録》，中華書局2013 年版，第 33—34 頁。

② 章太炎《“經義”“治事”》，收入《章太炎國學講演録》，第 39—40 頁。

篤守一經,亦能自立。至於見聞廣博,而又條理秩然,此尤爲可貴者也。"這無疑是要研治者善於反思,尋覓條例,從宏觀方面把握經史義理,不要滿足於餖飣的功夫。……在以小學通經一説方面,較之章氏,則黃侃頗能揚太炎先生之長,重視經書條理的紬繹,重視義理的歸納和把握,重視結論的周浹肌髓和深刻剔透。①

黃侃生前著述甚少,1983 年由其侄子黃焯整理出版的《文字聲韻訓詁筆記》是體現黃侃"小學"之於"經史以至詞曲"均不能離之的典型方法論總結。黃侃對"戴—段"的學術意義同樣至爲推崇,其稱"今之小學,乃戴學也",又説"段玉裁以經證字、以字證經,爲百世不易之法"②。黃侃所總結的"訓詁、文詞、典制、大義"則全面走向廣義的"小學"觀,所重在方法論上的"剖解精密""反復推求""輾轉旁通",而非"滿足於餖飣的功夫",也即是先生所説的"從宏觀方面把握經史義理""重視結論的周浹肌髓和深刻剔透"。先生又引黃侃弟子殷孟倫所記筆記并闡發之曰:

> 人稱古代三大絶學:古代天文學、聲律學、音韻學。小學居其一絶。真正的有識之士,往往專癖好絶,從小學入門而漸登學術殿堂,搞小學的人當然徑由此入,不專搞小學的人也往往由小學而及於經史子集。黃侃説:"小學爲物,既稱爲一切學術基礎,則凡研究一切學術者,皆不能離乎小學。《輶軒語》有:'由小學而經學,其經學可信;由經學而史學,其史學可信;由史學而子學,其子學可信。'誠哉是言。然則小學效用,所以造成繕性之學,而爲群籍升堂入室之階也。"小學是古代學術的基礎。③

---

① 李開《論章黃之學的學術精神》,收入《文史研習和理論學語》,第 439 頁。
② 黃侃述、黃焯編《文字聲韻訓詁筆記》,上海古籍出版社 1983 年版,第 57、23 頁。
③ 李開《〈中國典籍精華叢書〉第八卷〈語文名著〉前言》(2000),收入《文史研習和理論學語》,第 296 頁。

此段中所引黃侃之語，先生未標出處，顯然非出自黃侃之文集，經查檢可知出自殷孟倫筆下①。殷氏應自黃氏口授直接記錄而得，這一條路是"章一黃"所沿襲的標準治學道路，即從小學漸入經史子集。其中所引《輶軒語》乃張之洞所作，這段話後來附入《書目答問補正》書後，故廣爲傳頌，是對乾嘉樸學內在治學路徑的精要提煉。如今，我們固然可從《文心雕龍札記》(1962)、《文選黃氏學》(1977)等一睹黃氏用小學之法綿延入集部的成果，更可以從後人整理的《黃侃日記》中尋覓其當年積學路徑之寬廣、思想火花之繽紛。我至清華後，曾花費一段時日全力以赴條理《禹貢》諸山川地理，正是受黃侃《六祝齋日記》所編《禹貢地名噴隱表》73 則札記的啓發，而黃氏則自謂受了戴震校《水經注》的影響。

黃侃在南京學統的傳承者，當以洪誠（1910—1980）、徐復（1912—2006）二先生最爲貼近。先生回憶説：

> 1979 年 9 月在全國高校訓詁學師資培訓班上，洪誠先生主講訓詁學，徐復先生講解了章炳麟經學史名篇《清儒》。洪先生是從訓詁學走向"三禮"學的，徐先生從訓詁學走向經學。訓詁學與禮學，與經學，從來都是密不可分的。②

徐復晚年評介洪誠"迨事蘄春黃君，而學以大進。文字音訓，素所研習，九經三史，靡不淹該，其説典制名物，如數家珍"③，又自謂"1929年，余就學金陵大學，從蘄春黃季剛先生問業。……先生歷年所開課程，經史文學無不擅長，而尤精粹於小學，以古音學著稱於世。嘗謂小學各書，爲讀一切經史子集之鈐鍵"④。可見二先生均黃侃（字季剛）的嫡傳，此後徐復在南京師範大學（前身爲金陵大學）任教，洪誠

---

① 殷孟倫《黃侃先生在古漢語研究方面的貢獻》(1981)，收入《子雲鄉人類稿》，齊魯書社 1985 年版，第 240 頁。

② 李開《徐復先生經學思想初探》，《語言學和文史語言研究集稿（續集）》，第 285 頁。

③ 徐復爲洪誠《訓詁學》所作序，江蘇古籍出版社 1984 年版。

④ 徐復《師門憶語》(1981)，收入《徐復語言文字學論稿》，江蘇教育出版社 1995 年版，第 301 頁。

在南京大學任教。我自入學後讀洪先生書較徐先生者爲多，故而受洪先生"從訓詁學走向'三禮'學"的路轍影響更重。我之探索"伊"字的詞義演變，關注名書性質的《爾雅》，留意京都大學的新城新藏，乃至最近由《周官》進入《通典》，與洪先生《雒誦廬論文集》中所收的《略論量詞"個"的語源及其在唐以前的發展情況》(1963)、《略論中國古代語言學與名學的關係》(1981)、《關於新城新藏〈東洋天文學研究〉中幾個問題的討論》(1973)、《周官數，釋〈通典〉》(1976)數文有着密切的關係。洪先生説："當年立志搞禮學，還是季剛先生指點的。先生對我説，三禮與小學以及社會史、文化史都有密切關係，現在還有很多問題没有研究，以你的年歲，還來得及。老師的幾句話，往往可以影響一個人的一生啊。"①黄侃對洪誠的指點，上接"戴一段"，成爲我在 2004 年確定博士論文選題的直接動因，在提出這一選題後李先生亦欣然同意。我的博士論文 2007 年完成，以"小學"之法綜合分析、推究《儀禮》諸漢本，是洪先生去世二十七年後，南大第一篇以《儀禮》爲研究對象的博士論文。當我將論文的改定本發送給尚在韓國訪學的李先生，先生手寫了長篇的導師評語快遞給我，對我勉勵有加，更是對金陵學脉不絶如縷的首肯。

　　先生説："以章太炎、黄侃、洪誠、徐復先生等爲代表的現代經學的造詣、貢獻、理據、邏輯起點和指向始終存在於英哲波普爾的第三世界，即語言世界之内。"又説："在語言世界裏，小學、經學同宗同源同在。"②這是先生最近對南京學脉之理論意義的精準概括。在這一傳承中，當然還有胡小石、汪辟疆，還有段熙仲、錢玄，也包括與先生差不多同時代的許惟賢(1935—)和薛正興(1942—2010)。段熙仲《禮經十論》(1962)、錢玄《三禮通論》(1996)均是我在博士論文寫作過程中第一手的參考資料。許、薛二先生之風儀，我在南大讀書期間均曾一睹，惜乎未能深識，今同樣借先生之評論以見其學。薛正興校點清代文學批判家劉熙載的《文集》，在其名作《藝概》之外收録小學三書：

① 轉引自陸宗達爲洪誠《訓詁學》所作序。
② 李開《徐復先生經學思想初探》，收入《語言學和文史語言研究集稿(續集)》，第 286、295 頁。

　　薛本收録劉著《四音定切》《説文雙聲》《説文叠韻》小學三書，竟占版面 404 頁，幾占全書 806 頁之半，當今語學荒落，如無識見，豈肯以一半篇幅盈載劉氏小學三書！古人多以詩文爲藝，經史小學爲術。《隋志》列經史子集四部，乾嘉三分爲義理、考據、詞章，小學字書羽翼經子，釋讀史集，爲國學途轍。負才者罕至，孤學者奮迹。焚膏繼晷，借小學真詮，考經治史；恒兀兀以窮年，雕龍雕蟲，似不可一日無識小之功。劉氏偉岸，學問大家，小學有半，宜矣也！①

薛正興是洪誠所指導的碩士，與李先生同在 1981 年畢業，此後至江蘇古籍出版社工作。先生對其眼光的揭櫫，顯然是對黄侃—洪誠學術主張的彰顯。許惟賢更是洪誠的貼身助理，也是《洪誠文集》的整理者，費數十年從事段注的點校，同樣在 2007 年出版了全本段注的點校排印本②。這是段注至今唯一一本整理本，先生曾撰書評稱"緊緊扣住書證核對這一中心環節，下扎扎實實的硬功夫，在硬功夫的基礎上對段注全書標點之，校理之，補綴之，并寫成附注附後"，"整理本猶以點金術使段氏寶山裏的黄金更純，使段氏璧更成完璧"③。這種"硬功夫"是先生對戴學"説經溥本肇始於小學"的方法歸納，經"黄—洪"的傳承，如今再現於許先生之身，再現於點校本段注之中。2007年，於我是具有紀念意義的一年。

　　"章—黄"與"戴—段"之間，承續者固然是主幹，然異變亦相隨而至。曾在清華大學中文、歷史兩系擔任教授的楊樹達，曾不客氣地批評黄侃之學：

　　　　清儒學問本分兩派：皖派江、戴，主實事求是；吴派惠氏，言

---

①　李開《推薦薛正興教授校點〈劉熙載文集〉評獎書》(2001)，收入《文史研習和理論學語》，第 469 頁。

②　段玉裁《説文解字注》，許惟賢整理，鳳凰出版社 2007 年版。

③　李開《學術寶山裏的點金術——讀許惟賢著整理本〈説文〉段注》，收入《語言學和文史語言研究集稿》，第 140 頁。

信而好古。皖派有解放精神,故能發展;吳派主墨守,則反之。戴弟子有王、段、孔三家,各有創見。惠弟子爲江聲、余蕭客輩,抱殘守缺而已。俞蔭甫私淑高郵,太炎師蔭甫,實承皖派之流而益光大之。季剛受學太炎,應主實事求是,乃其治學力主保守,逆轉爲東吳惠氏之信而好古。讀《詩》必守毛、鄭,治《左氏春秋》必守杜征南,治小學必守許氏;於高郵之經學,不論今古文家法惟是之從者,則力詬之,此俗所謂開倒車。①

楊先生指出"章"與"黃"之間已有裂痕與斷層,黃侃之學在"信而好古""抱殘守缺"的一面已顯露出端倪。章太炎著《訄書》《文始》《新方言》《齊物論釋》,在邏輯體系的構建上直逼戴、段,而黃侃則囿於"五十之前不著書"的自設牢籠,終其身衹在札記、日記中留下其思考的一地碎錢與幾串半成品。李先生在《惠棟評傳》的煞尾時,亦曾與黃侃作出比較,而援章太炎之説爲之圍護:

> 惠棟恪守語言文字以解經,這本身就有不尋常的啓蒙意義和革命精神。章炳麟曾説:"元和惠氏出,獨以漢儒爲歸,雖迂滯不可通者,猶順之不改。非惠氏之憨,不如是不足以斷倚魁(按:怪異邪僻)之説也。"并認爲黃侃可與惠棟倫類比擬之:"自清末訖今幾四十歲,學者好爲傀異,又過於明清間,故季剛所守,視惠氏彌篤焉,猶取注疏,所謂猶愈於野者也。"意即無論惠棟還是黃侃,恪守小學,追求真理,都是爲糾正時弊,剿破陋儒俗見之説,有很大的啓蒙意義和革命性。②

章太炎之説見於爲《黃侃論學雜著》十九種所作序言(1936)。章氏將惠棟定性爲對於學術空疏"倚魁"的矯枉過正之功,同樣,黃侃之恪守之矯枉,亦在剿破清末公羊學者的"好爲傀異"。先生引之,固然認同

---

① 楊樹達《積微翁回憶録》,上海古籍出版社 1986 年版,第 105—106 頁。
② 李開《惠棟評傳》第十一章,第 458 頁。

惠、黄在逆境中力挽狂瀾的學術意義，也認同他們在小學上所下的
"硬功夫"；但與先生所宣導的將"小學"作爲邏輯與條例而"接着講"
的創新理念，毫無疑問是有着顯著的區隔的。如果説楊樹達所揭之
弊，在黄侃那裏還衹是顯現了端倪，那麼在金陵的學脉傳承中，墨守、
固執的氣息無疑是漸趨張大起來，由此"戴學"的氣韻也便近乎乾涸。
這恐怕正是先生立志回到戴震，撰寫《戴震評傳》(1992)、《戴震語文
學研究》(1998)的初心所在，也是先生兩度送我《戴震評傳》的期許
所在。

### 四、"銖分""抱小"

恪守小學者，其知識結構絶難與《戴震評傳》的作者身份相符。
李先生説，"拙著是把戴震學術及其哲學思想當作一個方法學的邏輯
系統來處理的，生平事迹，學術成就，諸如《七經小記》之經學、古代天
文數學研究、經濟倫理、方志學、校《水經注》等，都不過是這一全書骨
架的附翼"①。也就是説，借由評論戴震，《戴震評傳》描畫出了一代乾
嘉巨擘完整的學術道路：

> 從乾隆十年(1745)起，二十三歲的戴震著《六書論》三卷，公
> 開亮出研究語言文字學的旗幟，繼後一發而不可收，他的語言文
> 字學著作遍布中國傳統的語言解釋學、文字學、音韻學、訓詁學
> 各個領域，而最終目的又是"以詞通道"，從而形成我國十八世紀
> 獲得空前發展的語言解釋哲學。這種學説以對語言文字的解釋
> 爲契機，逐步達到洞察人類的心智，最終達到新理學的道德哲
> 學。……由於漢語言文字本身有無窮盡的奥妙，需要加以解釋，
> 從語言文字的解釋到哲學的解釋，尤其是到達哲學的新的創發，
> 需要走過漫長的過程。乾嘉學派諸學人大都没有走完這一歷
> 程，衹有一代學人兼哲人戴震走完了這一全過程。大多數學者

---

① 李開《戴震評傳・後記》，第442頁。

還祇停留在對漢語言文字本身的開發上。①

戴震以其終身的學術成就完成了"以字通詞，以詞通道"八字訣的全過程，由小學走向哲學，即新理學，而其他的乾嘉學人尤其是惠棟一派，"大都沒有走完這一歷程"，而是停駐在"小學"的圈地之内。何以如此？實因戴震學宗朱熹，"不反宋儒，因而本質上仍是廣大朱熹學術精神的"②。故而先生仍將戴震之孟子學命名爲新理學的道德哲學，這一揭櫫可謂精闢。

反觀朱熹論爲學之方曰：

> 爲學須先立得個大腔當了，却旋去裏面修治壁落教綿密。今人多是未曾知得個大規模，先去修治得一間半房，所以不濟事。
> 道不能安坐等其自至，祇待別人理會來，放自家口裏。
> 大抵爲學雖有聰明之資，必須做遲鈍工夫，始得。
> 爲學勿責無人爲自家剖析出來，須是自家去裏面講究做工夫，要自見得。
> 學問須嚴密理會，銖分毫析。
> 因論爲學，曰：愈細密，愈廣大；愈謹確，愈高明。③

朱熹教人爲學，一在學問的氣象要廣大，一在治學的體段要細密，二者結合無間方得大成。若學問的鋪面"祇停留在對漢語言文字本身"，也就坐了朱熹所謂"修治得一間半房"的病灶，未立"大腔當"，不得"大規模"，其失在進入上乘，達不到預流。但學問的"裏面"若是大段的空落，自家的工夫下得不足，那便失了根基，徒存花架，那個"大腔當"更是要倒塌下來。兩相比較，朱熹更着力的是教人"必須做遲鈍工夫"，學問要"銖分毫析"。所謂"銖分"，即"錙銖分寸"，也就是

---

① 李開《戴震評傳》，第 280—281 頁。
② 李開《戴震評傳》，第 32 頁。
③ 黎靖德編《朱子語類》卷八《學二》，中華書局 2020 年版，第 161、167、177 頁。

"物"之細密精微處，宋人治學所講究的正是從體段之幽微處剖解開來，細嚼其中酸甜苦辣，而非囫圇大段地吞咽。堪當程朱間橋梁的楊時（1053—1135）便說過："孔子懼而作《春秋》，以明先王之法。網條大小，罔不畢舉；善善惡惡，因實稱情。而輕重長短，各中權度，無錙銖分毫之差，振幽顯微，而亂臣賊子知懼焉。"（《楊時集》）又曰："天下之物，理一而分殊。知其理一，所以爲仁；知其分殊，所以爲義。權其分之輕重，無銖分之差，則精矣。"①所謂"畢舉""權度""顯微"，就是"銖分"之義。朱熹顯然上接龜山先生而一貫至二程，將"無銖分之差"作爲理學之標杆，要的是"綿密"，是"嚴密"，是"細密"，而非止步於大豁落處的"鑿空"。

朱與戴，"銖分毫析"是其共同的目標，差異在楊、朱的方法是"理一而分殊"，清以來顧、戴則逐漸走向"以字通詞"，走向"小學"，因此小學祇是理學"銖分"的化身，祇是一種"遲鈍工夫"的再登場。即使如王陽明，不是也說過："前在寺中所云静坐事，非欲坐禪入定；蓋因吾輩平日爲事物紛拏，未知爲己，欲以此補小學收放心一段工夫耳。"②明儒崇王者不一而足，大都已失了這"小學收放心一段工夫"，從而流於架空立言，流於束書不觀，流於"待別人理會來，放自家口裏"，清儒之崛起，其發力處正在於此。由此也便不難理解，戴震之晚年一定會要走向《孟子字義疏證》，因爲他心中有宋人理學高標的這個"大腔當"在；李先生在進了 21 世紀，卸下了一攤行政職務，終究要去完成他的哲學博士學位論文，因爲裝入他心中的是"學人兼哲人戴震"的學術全過程。

先生的博士論文，首先是要剖解龔自珍（1792—1841）。身處嘉、道年間的龔氏之學，極爲駁雜無頭緒，學出段玉裁，師從公羊劉逢禄，又以史學顯貴，晚年却著成《抱小》篇，故而歷來毀譽參半，難覓其條理。梁啓超混糅之曰："定庵，段茂堂外孫也，其小學多得自段氏，而

---

① 楊時《楊時集》卷十五《策問八》、卷二十《書五》，中華書局 2018 年版，第 432、536 頁。
② 王陽明《與辰中諸生》，吳光等編校《王陽明全集》卷四，上海古籍出版社 1992 年版，第 144 頁。按：李先生曾引用過王陽明此句，參見李開《劉冠才著〈北朝通語語音研究〉序》，收入《語言學和文史語言研究集稿（續集）》，第 390 頁。

經義則挹自莊、劉；又好治史，憙章實齋之學，言六經皆史；又學佛，欲排禪宗，衍教下三家，其思想蓋甚複雜。"[1]先生以其兼通小學、哲學的人生經歷，對龔自珍之學作出如下的脉絡尋踪：

> 龔以小學訓詁爲工具（這本身就是古代名言邏輯在内），進而闡説微言大義，這是他們的經言邏輯和治經方法，龔文集中涉及經學的文章無不具備此特點。古文家"抱小"而至於文字訓詁，忽略世務之大，龔所不取；理學家抹煞文字之"小"而務玄幽之言，以至漢學家門户之見蔽塞，世務之"大"，亦爲龔鄙棄。……如何進於大道，龔的辦法是"抱小"，"我姑整齊是，姑抱是以俟來者"。龔言上古小學、大學兼有之優，與中古僅大學之弊；言至苦至勞，以六書九數之術，條禮家曲節碎文通大道；治小學"四必"；小學家"七至"；"抱小"以通大道。以上五條，中心是説小學可通大道，小學爲通道的一個邏輯思維節目。"抱小"固可言文字音韻之理，也可言天道具體之理，前者爲傳注，後者爲諸子。故龔自珍的深層次的邏輯哲理和學位之道方面，經"抱小"架起經學與諸子的橋梁。[2]

"抱小"正是龔自珍貫通一切學術的方法論工具，這裏的"小學"固然是從段玉裁《説文》之學而來，然更重要的是爲龔氏建立了"一個邏輯思維節目"，也就是《抱小》篇所説的要旨在訓練學者"淳古之至""樸拙之至""退讓之至""思慮之至""完密之至""無所苟之至""精微之至"的學術氣質和行動方式。而龔氏之志趣則絶非要止步於此，他是要面對所處的那個激變的時代，而從學理上提出資治的方略。先生指出最能代表龔氏思想的是《古史鉤沈論四》，也就是别名《賓賓》的那一篇，文中提出了龔的核心理念："禮樂三而遷，文質再而復，百工

---

① 梁啓超《論中國學術思想變遷之大勢》，《飲冰室合集》文集之七，中華書局1989年版，第1冊，第96頁。
② 李開《清代嘉道經學及其哲學邏輯》，收入《哲學與語言文化哲學問津》，第382—383頁。

之官，不待易世而修明，微夫儲而抱之者乎，則弊何以救？廢何以修？窮何以革？《易》曰‘窮則變，變則通，通則久’，恃前古之禮樂道藝在也。”①先生引龔之言，而釋之曰“三代、六代、四代，尤其是百代之‘書體載籍’，相對於樂、禮之典，皆爲賓賓，後代之説多諸子，於經之元典爲賓賓”，因此，若“祇是抱住元典老脚本，則面對‘弊、廢、窮’一籌莫展”②。龔自珍在“戴—段”與“莊—劉”間找到了一個出口，那就是走向“尊史”，龔當然是受了章學誠“六經皆史”的啓迪，然其宗旨可謂與章迥異。龔之所不廢者乃在其學之本根“抱小”，其欲彰顯者則是由“‘抱小’以通大道”，從而使行將遁入經義黑洞的“戴—段”考證，煥發出通往史學、通往經濟的光亮來。

“抱小”不等於“抱住元典老脚本”，先生的啓示讓我在《儀禮》經義考證的漫長隧道中看到了光，果斷地走向《漢唐禮制因革譜》的新課題。寫作《因革譜》的十年，是我通往史學的十年。先生説：“戴震重史實考訂，更是歷史學的基本功。”③又説：“禮制是古代文化的積澱，歷史是禮制的演繹和逸出。”④我在南大受炙於先生的七年，是由小學通往經學的七年；我在清華修譜而同樣沐浴在先生關懷下的十年，是由經學通往史學的十年。在這十年中，學出清華的前輩們，以他們精湛的學識，與我從先生那裏所獲的啓示兩相印證，而更堅定了我的學術道路。其中楊聯陞（1914—1990）便是對我影響最深的清華人之一。

楊聯陞 1962 年在法蘭西學院演講時，就曾指出訓詁爲史學的研究導夫先路：

> 要研究中國史的人必須具有起碼的訓詁學素養。夠不上這
> 種要求的研究者，祇能算是玩票性質，而不會成爲一個全健的漢

---

① 龔自珍《古史鈎沈論四》，收入《龔自珍全集》第一輯，上海古籍出版社 1975 年版，第 28 頁。
② 李開《清代嘉道經學及其哲學邏輯》，收入《哲學與語言文化哲學問津》，第 384 頁。
③ 李開《戴震評傳》，第 256—257 頁。
④ 李開《中國哲學史的再開拓：語言哲學》（2007），收入《哲學和語言文化哲學問津》，第 330 頁。

學家。畢竟中國史的主要資料仍舊是典籍，雖然考古材料與口
耳相傳的掌故也很重要。訓詁學的一大法寶——典籍考證學能
够使研究工作者在使用文獻的時候，保持高度的謹慎。一旦有
了一份典籍，其他訓詁學的技巧就能够幫助研究者正確地去瞭
解它的意思。我得承認這些東西并不就構成漢學的全部，但它
們確實是漢學的基礎。①

此文 1969 年在哈佛燕京學社以英文發表，1983 年收入《國史探微》在
臺灣出版中文版，而我之見到楊文，已遲到 2015 年中信出版社再版
此書的簡體字版。此年，石立善主編《古典學集刊》創刊，我便以借由
考證《尚書·洪範》"作福作威"以推論周初彝倫之文應之，也便代表
了我以訓詁之法研史取得的第一篇代表作。

2016 年，中華書局再版了楊聯陞 1985 年在香港的三次講座《原
報》《原保》《原包》，書前引言提出了"訓詁治史"的研究路徑：

> 我一向以爲中文一字多義(西文亦多如此)有其妙用。語文
> 與思想，關係甚密，有人説：不會德文則不能瞭解康得哲學。同
> 樣也可説，不會古漢語，很難了徹中國古代思想。……因此，我
> 想重復已經説過的意思，用"訓詁治史"一詞，西文 philology 指
> 語文即訓詁。②

楊先生指出這一路徑的典範其一是沈兼士的《"鬼"字原始意義
之試探》(1935)，其二是傅斯年的《性命古訓辨證》(1940)。照這個標
準，典範之三便應是楊先生自己的《原報》三篇和《中國語文札記》等。

楊先生所舉的沈兼士(1887—1947)，乃是章太炎的弟子，生前任
教於北大，其學問扎根於清代小學而推擴之。沈氏有云，"文字意義
之溯源，恰如考古學家之探檢遺迹遺物然，重要之目的物，往往深藏

---

① 楊聯陞《從經濟角度看帝制中國的公共工程》(1969)，陳國棟譯，收入《國史探微：宏觀
視野下的微觀考察》，中信出版社 2015 年版，第 146—147 頁。
② 楊聯陞《中國文化中"報""保""包"之意義》，中華書局 2016 年版，第 10 頁。

於地層之下，非實行科學的發掘，不易覓得；故探檢字義之原，亦須於古文獻及古文字中披沙揀金，細心搜討"①。職是之故，沈先生講究積學的硬功夫"余於大學教授文字學，每詔諸生以入門之法，在於熟讀段茂堂《説文注》"，因爲"其書粗視之，似汗漫無歸宿，讀者倘能以其散見於全書中發凡啓例之論，最而録之，參互以求，綱領亦自易得"②。初學文史若於《説文》段注沉潛既久且深，其後背負青天而大翼之力則厚。沈先生之沉迷段注，却又極力反對膠着於段、終身陷於"補苴掇拾之學"而難以自拔，其恰恰主張厚積於小學者應當出入經學，通往史學，他説：

> 其實拿經來統制一切學問，是利，也就是弊，我認爲這就是一切學問不能獨立自由發展的一個重要原因。……清代學術是以樸學始，以樸學終，終清之世，其學不出乎兩部《經解》。而法人之《百科全書》已於乾隆十一年(1746)就出版了。③

沈先生下大力氣寫出了《"鬼"字原始意義之試探》《與丁聲樹論〈釋名〉滿字之義類書》《希、殺、祭古語同原考》《"不""坏""芣苢""栝樓"諸詞義類説》《"盧"之字族與義類》等範文，爲走出樸學、進入史學指了一條路。陳寅恪見之，"歡喜敬佩之至"，稱"依照今日訓詁學之標準，凡解釋一字即是作一部文化史"④，這一認識與路徑經由 1933 年入清華求學的楊聯陞，而傳播到了大洋彼岸，由此與西學之 philology 交相呼應。

英文的 philology 一詞，楊聯陞對應爲中文的"訓詁"，當代史學家劉家和則徑目之爲"小學"，劉先生説：

---

① 沈兼士《"鬼"字原始意義之試探》，收入《沈兼士學術論文集》，中華書局 1986 年版，第186 頁。
② 沈兼士《説文段注摘例序》(1925)，收入《沈兼士學術論文集》，第 326 頁。
③ 沈兼士《近三十年來中國史學之趨勢》(1947)，收入《沈兼士學術論文集》，第 372 頁。
④ 沈兼士《"鬼"字原始意義之試探》附"陳寅恪先生來函"，收入《沈兼士學術論文集》，第202 頁。

　　離開小學（即文字音韻訓詁之學），就難以真正讀懂經書，也就難以真正研究經學。離開史學，就無法知曉經書形成之歷史背景與所指涉之內容，小自名物度數，大至義理精微，一路都是攔路虎，自然也就難以真正研究經學。所以研治經學的真功夫，恐怕還要一邊下在小學（philology）一邊下在史學上。如果沒有這兩方面的功夫，我們的經學可能就是建立在沙灘上。①

研治經學的真功夫，"一邊下在小學一邊下在史學上"，與業師李先生"經史小學爲同一"的觀點庶幾密合。據劉家和回憶，他的小學工夫是在 1947 至 1949 年就讀江南大學時期打下的：

　　我小學的功夫，就是這時打的基礎。中國傳統學問，你光學語文不行，沒有小學功夫，文字、音韻、訓詁功夫不行。我過去講"兩把刀"，"兩把刀"都從那時開始。什麼"刀"呢？邏輯一把刀，很抽象，很概況，應該有這把刀。另外，小學基本功，這是硬功夫，是一把刀，小學實際上跟外語有相通之處。②

劉先生的"兩把刀"，也就是業師所説的"實證加邏輯條理"，他們對"硬功夫"的宣導，更是如出一轍。劉先生説"我對清代學術、小學幾乎到着迷的程度"，又説"文字、音韻、訓詁這些，對我學外文也有很大幫助。把中國的東西學會，再搞外國的，不要以爲這是'兩張皮'，它的深處是相通的，高處是相通的"③。相通在何處，劉先生舉例説：

　　我讀外國書的時候，看這些大家的作品，都是從這個文字、訓詁入手。你看海德格爾的《形而上學導論》，不是從字源學講

---

① 劉家和《走向新的經學研究》（2006），收入《愚庵續論》，商務印書館 2021 年版，第 199、200、202 頁。
② 劉家和《麗澤憶往——劉家和口述史》，全根先、蔣重躍訪問整理，商務印書館 2021 年版，第 81 頁。
③ 劉家和《麗澤憶往——劉家和口述史》，第 88、90 頁。

起嗎？維柯的《新科學》也是這樣。還有德國的尼布林（Barthold G. Niebuhr），西方近代羅馬史奠基人，他們就是這麼做的。我作爲一個東方學者、中國學者，我研究世界史那麼多年，現在回到中國學術傳統，其實西方學者的治學方法與中國學術傳統有共通之處。①

劉先生從世界史的研究折回中國史，走出的"這條路，就是實踐張之洞所説的'由小學而經學，由經學而史學'"。同樣，業師李先生在出版《戴震評傳》的前一年，即出版了研究美國結構主義語言學家布龍菲爾德（Leonard Bloomfield）的專著②。在我沉迷於段注和《儀禮》的博士生涯那幾年，先生開設研究生課程"西方理論語言學"，逐一講解了拉斯克（Rasmus Kristian Rask）、葆樸（Franz Bopp）、洪堡特（Wilhelm von Humboldt）、索緒爾（Ferdinand de Saussure）、梅耶（Antoine Meillet）、葉斯柏森（Jens Otto Harry Jespersen）、葉爾姆斯列夫（Louis Hjelmslev）、房德里耶斯（Joseph Vendryes）、雅柯布森（Roman Jakobson）、薩丕爾（Edward Sapir）、布龍菲爾德、喬姆斯基（Noam Chomsky）……課堂上的先生沉迷於理論，在範疇與思辨間盡情地穿梭，"有新見就興奮，似乎每個腦細胞都被調動起來了"③，我則借了這個天賜良機，逐字、逐句、逐章將先生的課程整理成書稿，一面也便回溯先生每一句話的出典，在這些西方語言學的"巨星"間徜徉。對我而言，這一年可謂馬不停蹄、爭分奪秒，如今看來正是在馬不停蹄中也便擺脱了一味沉迷小學"就會萎靡下來"④的危險，當我見到劉家和的往事回憶，更於他説的中西方在"深處相通""高處相通"默契於心。

西方的 philology 隨着沈衛榮的入職清華，鈎沉與宣揚的力度漸大，中國學術界關注者也漸多，沈先生在比較了各種譯名之後，堅持

① 劉家和《麗澤憶往——劉家和口述史》，第237—238頁。
② 參見李開《現代結構主義的一顆明星——布龍菲爾德〈語言論〉導引》，江蘇教育出版社1991年版。
③ 李開《理論語言學哲理研究·跋》，南京大學出版社2010年版，第220頁。
④ 劉家和《麗澤憶往——劉家和口述史》，第145頁。

用"語文學"來對譯之。最近沈先生又將西方學界已有的一些思考和自己的辨析編出了一個單行本,名爲《何謂語文學》①,總體呈現爲"對語言和文本的研究"兩個面向,一面包含語言及其流變的研究,一面包含文本及其歷史的研究,綜合起來呈現出巨大的複雜性。在沈先生著作的行文中,可以不時地看出他之所謂"語文學",與楊聯陞的"訓詁"、劉家和的"小學"在内核上的高度重合。那是因爲在沈先生的身上,同樣濡染着金陵的學脉,他説:

> 打從 20 世紀 80 年代在南京大學歷史系元史研究室寫作題爲《元代烏思藏十三萬户研究》的碩士論文開始,我認真閱讀的都是中外蒙元史學者們所撰寫的考據式文章,所以酷愛傅海博(Herbert Franke)式的東方文本語文學之學術風格,醉心於西方語文學研究著作的扎實和精緻。②

沈先生早我十七年進入南大的大熔爐,受了七年的錘煉,雖然所治學科與我相異,其後又留學德國波恩大學,然"本性"難移,"我衹是一位熱愛學問、文獻和文獻研究的語文學家(a philologist who loves learning, literature and study of literature),平生最大的野心不過是要厘定、讀懂和解釋傳到我手中的文本(establishing, understanding and interpreting the texts that have come down to me)。爲了讀懂各種各樣的古藏文文本,我已經做了二三十年的努力和準備,然而駑鈍如我,眼下每天要面對的難題和挑戰,依然是如何能够正確地理解和解釋我正在研究的每一個藏文文本"③。這與楊聯陞雖早已被哈佛的學風所包圍,但早年在清華受陳寅恪之教的底層却仍不時地迸發出來,又是何等的相似。

沈衛榮對陳寅恪,同樣曾有如下一段評論:

---

① 沈衛榮、姚霜編《何謂語文學:現代人文科學的方法和實踐》,上海古籍出版社 2021年版。
② 沈衛榮《回歸語文學·結語》,上海古籍出版社 2019 年版,第 334 頁。
③ 沈衛榮《回歸語文學·結語》,第 329 頁。

陳寅恪先生大概可以算是精通兩種學問的大師，既有深刻、獨到的思想，又精通小學。所以作爲一位能讀懂無數種外來文字且深得考據學精義的小學家（語文學家），陳先生得到了當下廣大學人們的推崇。①

沈先生説他同意龔鵬程的看法，在"理學"與"樸學"兩種不同的學術方法之間，陳寅恪應當算作"樸學家"，對此我當然認同。因爲，陳寅恪不僅部分地展露出了他精通多種外來語言文字的一面，而且還有"他幼年對於《説文》與高郵王氏父子訓詁之學，曾用過一番苦工""《皇清經解》及《續皇清經解》，成了他經常看讀的書"②那不爲人知的另一面，由此足證龔之歸類無誤。但問題尚有更爲複雜的一面，作爲宋代"理學"宗師的朱熹，不是同樣高唱"學問須嚴密理會，銖分毫析"，同樣"提倡以訓詁、文獻考核等實學手段治三禮，著《儀禮經傳通解》"嗎？那麼，將"理學"和"樸學"，即"經史義理"和"小學"，也就是沈先生所説的"理論"和"語文學"對峙起來，恐非朱熹爲學的初衷，也非戴震治學的訴求，更多的恐怕是後來的學人難企其道而刻意設置的人爲的邊界與壁壘。

## 五、"一藏之經"

當我從小雷音寺的"金鐃"之下脱困後，跟隨業師的點撥與滋養，以金壇段氏爲鐵粉，經了黄侃、洪誠二先生的撑持，又偶遇楊聯陞、劉家和二先生的聲氣相合，當"回歸語文學"的呼聲出現在我眼簾之際，我知道我已在不知不覺間來到了那真的雷音古刹，這一條"求經之路"的千難萬險已在身後。阿儺、伽葉傳與大唐"在藏總經，共三十五部，各部中檢出五千零四十八卷"，號爲"一藏之數"③。唐僧師徒得了這"一藏真經"，又吃了一難，方纔携回東土大唐，藏入雁塔寺内。

真經來到東土的那一刻，便是"傳經之路"開啓的那一刻。唐僧

---

① 沈衛榮《回歸語文學·結語》，第 331 頁。
② 俞大維《談陳寅恪先生》，收入《談陳寅恪》，臺北傳記文學出版社 1970 年版，第 2、6 頁。
③ 吳承恩《西游記》第九十八回，第 1103—1105 頁。

是多麽地渴望將那十萬八千里之艱難、一十四遍寒暑的困苦,伴隨着"一藏之經"爲東土的芸芸衆生廣爲傳播。然而,當掃净了佛地,搭起了高臺,唐僧試圖爲太宗登臺誦經之時,八大金剛却在雲端忍不住現身高叫道:"誦經的,放下經卷,跟我回西去也。"於是"行者三人,連白馬,平地而起;長老亦將經卷丟下,也從臺上起於九霄,相隨騰空而去"①。《西游記》止於此,吳承恩已無力再開啓這條"傳經之路"。

這條"傳經之路"難道會比西去求經的路平坦、安穩些嗎? 朱熹説過,"待别人理會來,放自家口裏",那是終究成不了自己的道的。劉家和也説:"我們不走這個艱苦的道路,就不會出最尖端、最核心的成果,很難有自己突出的成績。我們在晶片上的問題、在發動機方面的問題,實際上我們没有在最艱苦、最核心的地方下功夫,恐怕我們原創性不够。"②當你一旦起了接着前人的功力,站在他肩膀上的念想的時候,觀音菩薩就一定會差遣八大金剛現身於雲端。

"求經之路"是一條艱苦的道路,"傳經之路"衹能是一條更艱苦的道路。業師早在二十年前就已給出了答案。他説:

> 有一次,陳瘦竹教授在全系教師大會上説:"大學老師,什麽事最重要? 教學最重要。書教得好是真本領。至於科研,給他紙,給他筆,給他時間,給他出版機會,誰不會寫文章?"③

先生寫下這一段話,是在 2004 年 7 月 15 日,下標於"守住靈魂、守住學業"之兩守廬。

完稿於 2022 年 4 月 4 日

---

① 吳承恩《西游記》第一百回,第 1121 頁。
② 劉家和《麗澤憶往——劉家和口述史》,第 198 頁。
③ 李開《文史研習和理論學語·自序》。

# 雅各布森的《浪漫的泛斯拉夫主義——新斯拉夫研究》:依據捷克文移譯和述評

李葆嘉

（南京師範大學文學院）

　　**摘　要:**"結構主義""結構語言學"等術語,是雅各布森在《浪漫的泛斯拉夫主義——新斯拉夫研究》(1929)中提出的。所謂"結構主義",雅各布森的闡述是:(1)當代科學討論的每一組現象都不是作爲一個機械堆積物,而是作爲一個結構整體、一個系統來討論,其基本任務是揭示其內在的法則—發展規律。(2)不是出於其外部的動機,而是基於其發展的內部假設,不是就其機械理解的起源,而是針對其功能這一當今科學興趣的中心。從其關鍵術語"系統"與"功能"可見,雅各布森主張的即功能—結構主義。現據捷克語文本移譯成中文并加以述評。重點闡述了博杜恩創立的現代語言學理論對"布拉格語言學派論綱"的顯著影響。

　　**關鍵詞:**雅各布森;結構主義;功能—結構主義;移譯;述評

## 一、引言

　　作爲布拉格學派的代表人物之一,俄羅斯語言學家雅各布森(Роман Осипович Якобсон / Roman Osipovich Jacobson,1896—1982)在《浪漫的泛斯拉夫主義——新斯拉夫研究》("Romantické všeslovanství—nová slavistika", *Čin*, 1929,1(1):10—12)中首先將 20 世紀早期多樣化表現形式的科學的指導思想概括爲"結構主義",該文由此成爲結構主義學術史上的重要文獻。

　　雅各布森的原作爲捷克文,在英、法、俄、德學界一直未有全譯。

浙江大學周啟超教授特約美國著名斯拉夫文論專家彼得·斯坦納 (Peter Steiner)將捷克文譯成俄文，再據俄文本移譯成中文，題名《浪漫主義的泛斯拉夫主義——新斯拉夫學》刊於《中國比較文學》(2017年第3期，第5—7頁)。該譯文對中國學界瞭解這一歷史事件大有裨益，但有些內容與我們基於捷克文原作的理解不一(本文對這些未加述評)。現據捷克文移譯中文，捷克文本見於金德里奇·托曼(Jindrich Toman)編輯的《吸引讀者的羅曼·雅各布森》(*Angažovaná čítanka Romana Jakobsona*, Praze：Univerzita Karlova，2017：44—46)。該文前所附捷克文導讀一并譯出。

## 二、 導讀移譯

Jedním z milníků, které koncem dvacátých let z Jakobsonova pohledu vyznačily koncepční změny ve slavistice, byl první sjezd slovanských filologů v Praze v roce 1929. Pražský lingvistický kroužek zde vystoupil se svými slavnými Tezemi; dostává se zde do oběhu také pojem "strukturalismus", podle Jakobsona sotva "přiléhavější označení". Pro nás je důležitá typicky jakobsonovská figura, totiž že věda, včetně lingvistiky a slavistiky, může nyní být opatřena atributem.

avantgardní. Výraz, který byl doposud omezen na umění, se nyní stává atributem pokroku vůbec. Důležitý je i závěr —na příštírm sjezdu za pět let budou výsledky nového bádání také "východištěm pro organizaci různých kolektivních vědeckých prací". Je to snad jen souběhem okolností, že se tak objevuje asociace s pětiletými plány, které byly ovšem jinde zcela vážně recipovány. Článek je opět příkladem Jakobsonovy snahy překročit akademickou půdu. Časopis Čin byl široce pojatým periodikem, zaštiťovaným československou legionářskou obcí.

從20世紀20年代末雅各布森的觀點來看，1929年在布拉格召開的第一屆斯拉夫語言學家大會是標志着"斯拉夫研究"這一概念變化的里程碑之一。布拉格語言學圈在會上發表了著名的論綱；"結構主義"一詞也由此開始流行，按照雅各布森的説法，幾乎没有比它"更合適的名稱"。像雅各布森這樣的典型人物所提看法，對我們很重要，也就是説，包括語言學和斯拉夫研究在内的科學，現在可以被賦予前沿性。該術語以前僅局限於藝術領域，而現在正用來描述一般性進步的特質。該文的結論也很重要——在五年後的下一次大會上，新的研究結果也將成爲"組織各種集合性科學工作的起點"。儘管與五年計劃有關衹是巧合，但在某些方面確有成效。這篇文章是雅各布森再次努力超越學界的一個例子。《功勳》雜志是一份影響廣泛的學術期刊，由捷克斯洛伐克軍團聯盟贊助。

## 三、 正文移譯

Nepředpojatému pozorovateli prvního sjezdu slovanských filologů, který se právě konal v Praze, bil mimoděk do očí tento charakteristický rys: nadobro je pochována romantika všeslovanství. Tyto zvučné fráze hrály značnou kulturní úlohu za raných let obrození slovanských národů, pak poněkud vybledly, trochu se otřely, přece však dlouho zůstaly ideovou přítěží četných epigonů. Na sjezdu slovanských filologů bylo jasně pociťováno, že nový život osvobozených slovanských národů vyvolal složitý souhrn nových problémů. Vzájemný poměr jejich států, národů, kultur, zkrátka otázky slovanské vzájemnosti vyžadují si důrazně důkladného propracování. Měl pravdu jeden z předních činitelů sjezdu, když konstatoval, že romantické slovanství opouští definitivně jeviště a že je rovněž opouštějí jeho vyznavači, kteří si rétorickými hesly uzavírali oči před skutečností. Pro hejslovanskou rétoriku nezůstávalo místa už ani v pozdravných a banketových řečech, ledaže zaznívala jako zábavný anachronismus v pozdravu nějakého zástupce slavistiky z Kalifornie.

剛剛在布拉格舉行的第一届斯拉夫語言學家大會中，没有偏見的觀察者不經意地被這個特徵所吸引：浪漫的泛斯拉夫主義已被永遠埋葬。在斯拉夫民族復興的早期，這些引發共鳴的口號在其文化生活中發揮了重要作用，儘管後來有所消退，一點點暗淡下去，但是長期以來仍然是衆多追隨者的思想包袱。在這次斯拉夫語言學家大會上，人們清楚地感覺到，擺脱束縛後的斯拉夫民族的新生活引發了一系列複雜的新問題。他們的國家之間、民族之間、文化之間的相互關係，簡而言之，斯拉夫人相互作用的問題需要着重而徹底的詳細闡述。大會主持人之一説得很正確，浪漫的斯拉夫主義肯定會退出舞臺，并且它也正在離開其追隨者，這些追隨者用花言巧語的口號蒙上眼睛，對現實視而不見。在大會開幕辭和宴會祝辭中沒有給全盛期的浮誇之辭留下餘地，除了從加利福尼亞來的一位斯拉夫研究代表，其致辭聽起來好像是引人發笑的時代錯亂。

Ta avantgardní věda, která v posledních desetiletích minulého století vytlačila romantické snění o Slovanstvu, tato pozitivistická slavistika vykonala za půlstoletí obdivuhodnou práci kritickou i kladnou, sebrala a roztřídila ohromný materiál, s nímž nyní pracujeme. A smíme tedy formulovati druhé poučení ze sjezdu takto: období slavistiky právě charakterizované je uzavřeno; bude se ovšem ještě konati záslužná prácc o podrobnostech, ale patos nové vědecké výstavby, tvůrčí iniciativa, je již mimo tento rámec.

在上個世紀最後十年，取代斯拉夫特質的浪漫夢想的前沿科學，在半個世紀裏做了令人欽佩的批判性和積極性工作，他們搜集和整理的大量材料，我們現在正在處理。因此，我們可以將這次大會的第二個受益確切表述如下：僅以此爲特徵的斯拉夫研究時期已經結束，雖然在細節上值得稱道的研究仍然會有，但是新科學建設的激情，一個創造性的倡議已經超出舊有框架。

Kdybychom chtěli stručně charakterizovati vůdčí myšlenku dnešní vědy v jejích nejrozmanitějších projevech, neměli bychom přiléhavějšího označení než "strukturalismus". Každý souhrn jevů, který probírá současná věda, se projednává nikoli jako mechanický shluk, nýbrž jako strukturální celek, jako systém, a základním úkolem je odhaliti jeho vnitřní zákony—statické i vývojové. Nikoli ze vnější popud, nýbrž vnitřní předpoklady vývoje, nikoliv geneze v jejím mechanickém pojetí, nýbrž funkce je střediskem dnešních vědeckých zájmů. A ovšem není proto náhodou, že v sjezdových debatách se tak často mluvilo o strukturální lingvistice, o imanentní literární vědě, a stejně není nahodilým odstavec o strukturální jazykovědě v rezoluci sjezdového pléna.

如果我們想要對極其多樣化表現形式的當今科學的指導思想作出簡要描述，那麼沒有比"結構主義"更合適的標籤了。當代科學討論的每一組現象都不是作爲一個機械堆積物來討論，而是作爲一個結構整體、一個系統來討論，其基本任務是揭示其内在的法則—發展規律。不是出於其外部的動機，而是基於其發展的内部假設，不是就其機械理解的起源，而是針對其功能這一當今科學興趣的中心。正因爲如此，結構語言學作爲内在的人文科學，在這次代表大會的辯論中經常涉及，這并非巧合；同樣，在大會決議中出現的關於結構語言學的那段闡述，也絶非偶然。

Pražský lingvistický kroužek, který rozvinul před sjezdem souhrn problémů strukturální lingvistiky, sjednocuje řadu mladých českých i německých badatelů z Československa a také řadu mladých ruských lingvistů. Práce Kroužku není prací izolované skupiny, je těsně spjata se současnými snahami západní a ruské lingvistiky. Jistě nemůže býti tato práce posuzována bez zřetele na současný mezinárodní lingvistický život, na skvělé metodologické výkony francouzské lingvistiky, na plodnou krizi německé vědy, na pokusy o syntézu mezi školami Poláka Baudouina de Courtenay a Rusa Fortunatova. Problémy strukturální lingvistiky jsou takřka ve vzduchu, je charakteristické například, že tohoto termínu bylo zároveň a nezávisle užito v práci Kroužku i v práci polského badatele Doroszewského. Přední zástupci polské lingvistiky（zakladatel slovanské jazykové geografie Nitsch, Doroszewski a jiní）vůbec vystupovali na sjezdu po boku Pražského kroužku jako rozhodní pionýři strukturální lingvistiky. Tyto problémy si našly rovněž velkého porozumění u pátravého žáka velkého hledatele Fortunatova, vůdce srbské jazykové školy Beli će. Zásadních námitek proti tezím zastávaným Kroužkem na sjezdu nebylo a zvláště rezoluce o úkolech strukturální slovanské lingvistiky byl přijata jednomyslně. Kdyby byla bývala předložena k tajnému hlasování, byla by však jistě vyvolala dost hlasů proti sobě. Takový byl aspoň dojem z kuloárních rozmluv. Ale co jsou hlasy proti, nejde—li s nimi ruku v ruce snaha o jejich odůvodnění? Jsou to hlasy těch, kteří chápou, že uznání základů strukturální lingvistiky vyvolává nutnost důkladných přeměn i v oboru synchronie, i v dějinách jazykových, i v popisu spisovných jazyků, i v jazykové geografii, ale jichž temperamentu taková důkladná přestavba nevyhovuje. Je to tedy odpor spíše psychologický než logický.

在大會之前，布拉格語言學圈聯合了在捷克斯洛伐克的一些年輕的捷克研究者和德國研究者，還有一些年輕的俄羅斯語言學家，制訂了關於結構語言學問題的論綱。本語言學圈的工作并非一個孤立群體的工作，它與西方語言學和俄羅斯語言學的當前努力密切相關。當然，對這項工作的評判，不能不考慮到當前國際語言學的現狀，如法國語言學的卓越方法論成就、德國語言科學富有成效的轉折，以及在波蘭博杜恩・德・庫爾特内學派和俄羅斯福爾圖納托夫學派之間的綜合性探索。結構語言學的問題幾乎已經在流行，例如，其特徵是，該術語在布拉格語言學圈和波蘭學者多羅舍夫斯基的工作中同時且各自獨立使用。作爲結構語言學的重要先驅，波蘭語言學的主要代表（斯拉夫語言地理學的創始人尼奇、多羅舍夫斯基等）與布拉格語言學圈的成員一起出現在大會上。關於這方面的問題，在塞爾維亞語言學界的領袖貝利奇（Beliće，通常爲 Belić——譯注）——他是偉大探索者福爾圖納托夫培養的富有探索精神的弟子——那裏也得到深刻理解。布拉格語言學圈秉持的觀點，在大會上沒有根本的反對意見,尤其是一致通過了關於斯拉夫結構語言學任務的論綱。然而,如果這個論綱以無記名投票方式付諸表決,那麼肯定會有許多反對票。至少,從會場外走廊裏的交談中獲得的印象如此。但是,如果這些反對者不與他們所辯護的説法努力齊頭并進,那麼這些反對意見又算什麼呢? 這些聲音反映了他們瞭解,對結構語言學基礎知識的認可,必須通過共時領域,還有語言史領域、文學語言描述領域和語言地理學領域的徹底變革,但其性格又不能適應如此徹底的改造。所以這種抵制是心理上的,而不是邏輯上的。

Pro menší propracovanost metodologie literární vědy ve srovnání s lingvistikou hrozí jí nebezpečí trvalejší krize, a přechodná doba v literární vědě slibuje záplavu beznadějných pokusů o eklektické řešení; ale slovanská literární věda prožívá celkem evoluci souběžnou s vývojem slovanské lingvistiky.

與語言學相比,文藝科學的方法論并不那麼複雜,但它面臨更持久的危機,并且文藝科學的轉變時期預示着大量折衷方案的無望嘗試;但是,斯拉夫文藝科學在總體上會經歷與斯拉夫語言學發展的平行演變。

Do druhého sjezdu slavistů , který má býti svolán za pět let do Varšavy, shromáždí se, jak lze předpokládat, hojně konkrétní látky zpracované ve světle nových zásadních hledisek, látky, která, doufejme, bude netoliko základem k diskusi, ale také východiš těm pro organizaci různých kolektivních vědeckých prací.

第二屆斯拉夫代表大會,五年後將在華沙召開,期望將根據新的基本方面,彙集大量成熟的具體内容。希望這些内容不僅是討論的基礎,而且是組織各種集合性科學工作的起點。

## 四、 四點述評

### (一) 斯拉夫研究的三個階段

雅各布森在該文中把斯拉夫學或斯拉夫研究分爲三個階段:第

一階段是在斯拉夫民族復興的早期19世紀的浪漫主義；第二階段是19世紀最後十年到20世紀20年代的"前衛科學"（搜集和整理的大量材料）；第三階段，也就是雅各布森命名的"結構主義"新科學建設。

斯拉夫學是關於斯拉夫諸民族的語言、文學、民俗、歷史、物質與精神文化學科的總和。其中的斯拉夫語言學，研究斯拉夫語的起源、歷史、現狀、方言分區和文學語言的歷史及功能。斯拉夫學形成於16—17世紀，當時出現了研究捷克語、波蘭語、斯洛文尼亞語、克羅地亞語、教會斯拉夫語的學者及其著作。19世紀上半葉，在德國浪漫主義和民族文學思潮影響下，斯拉夫民族意識高漲，斯拉夫語言學研究的語文學傳統，除了研究古代寫本和古代語言狀況，還關注正在形成中的民族文學語言的詞彙和語法。19世紀下半葉，斯拉夫語言學研究進入比較語法傳統時期。斯洛文尼亞學者密克洛施奇（Franc Miklošič，1810—1891）在維也納大學建立了斯拉夫學教研室，德國學者施萊歇爾（August Schleicher，1821—1868）在布拉格大學主持與斯拉夫學相關的教研室，他們培養了一批斯拉夫語言學家。

更重要的是，早在19世紀70—80年代，波—俄語言學家博杜恩（Бодуэн де Куртенэ，1845—1929，施萊歇爾的學生）和克魯舍夫斯基（Николай Вячеславович Крушевский，1851—1887）師生已經提出運用系統—靜態描寫方法的斯拉夫語言學。20世紀20—40年代，布拉格語言學派繼承了他們的思想，其中發揮巨大作用的是雅各布森、特魯別茨科伊（Николай Сергеевич Трубецкой，1890—1938）、馬泰修斯（Vilém Mathesius，1882—1945）、卡爾采夫斯基（Сергей Иосифович Карцевский，1884—1955）和哈夫拉奈克（Bohuslav Havránek，1893—1978）等。

**（二）布拉格學派的主要觀點**

雅各布森認為，對布拉格語言學派的工作加以評判，必須考慮法國語言學的卓越方法論成就（可能指布雷亞爾的心智語義學、梅耶的社會語言學等）、德國語言學富有成效的轉折（可能指20世紀20—30年代的語義場理論等），以及在博杜恩學派和福爾圖納托夫學派（即莫斯科語言學派。雅各布森原為莫斯科語言學派的主要成員）之間的綜合探索。該文中并未提及日内瓦學派的索緒爾（Ferdinand de Saussure，1857—1913）。

1928 年，雅各布森、馬泰修斯、特魯別茨柯依和卡爾采夫斯基出席第一屆語言學家國際會議（荷蘭海牙），他們提交了幾篇主要由雅各布森和特魯別茨柯依起草的音位學論文，公開聲明不贊成日内瓦學派將共時與歷時割裂開來的做法。他們提出的語音功能研究方法，既適用於共時，也適用於歷時研究。這些觀點引起與會者的關注，稱他們爲"布拉格音位學派"。

1929 年 10 月 6 日至 13 日，布拉格語言學圈提交給第一屆斯拉夫語言學家大會的一組論文，如《將語言視爲系統概念引起的方法論問題及其對斯拉夫語的重要性》（"Problemes de Methode Decoulant de la Conception de la Langue Comme Systeme et Importance de La-dite Conception Pour les Langues Slaves"）等 9 篇——即通常稱爲的"布拉格語言學派論綱"——發表於《布拉格語言學圈論著》（*Travaux du Cercle Linguistique de Prague*）1929 年創刊號上。其主要觀點包括：（1）將語言視爲功能系統的概念。語言是人類活動的產物，語言與人類活動都具有目的性。當我們將語言作爲表達或交際工具來分析時，説話人的意圖是對之顯而易見的最自然解釋。因此，在語言分析中必須考慮功能的觀點。語言是一種適合於某種目的性的表達方式系統。如果不考慮語言系統，也就無法理解任何語言事實。（2）不應像日内瓦學派那樣在共時方法和歷時方法之間設置不可逾越的障礙。在共時語言學中，要從功能角度考慮語言系統的要素。如果不考慮經受歷時變化影響的系統，我們也就不能判斷語言所經歷的變化。而從系統的角度來看，假設語言變化祇是隨機性和異質性引發的損害是不合邏輯的。歷時研究不僅不應排斥系統和功能的概念，共時描述亦無法徹底排除演變。（3）比較研究不祇限於語言的承傳問題，還可用來發現語言系統的結構和演變規律。將之應用於親緣上沒有關係或關係疏遠、結構上大相徑庭的語言之間會產生有價值的資料，將之應用於同一語族的語言之間，例如彼此之間存在相似性但在歷史發展過程中也產生了顯著區別的斯拉夫語族各語言之間也將富有成效。(4) 必須區分作爲物理事實的語音和作爲概念或功能系統的成分。物理事實與語言現實祇有間接聯繫,而語音祇有在系統中執行某種區別意義功能時,纔能成爲語言系統的成分。(5) 語言研究應考慮語言功能的多樣性。要區別語言表達的理性因素和感情因素,以及語言的交際功能和詩學功能。

### (三) 博杜恩的理論遺産

以往有些學者在介紹布拉格學派的理論時,往往突出索緒爾的影響。實際上,布拉格學派的這些觀點(語言的系統和功能研究、共時和歷時分析相結合、非親屬語言的結構比較、音位學理論等)在博杜恩(或喀山學派)的論著中都可以見到。

1. 關於語言的系統研究

19 世紀 70 年代,博杜恩就觀察到語言組成部分之間的關聯性和依存性,即語言的系統性。他在《1876—1877 學年詳細教學大綱》(*Подробная программа лекций в 1876—77 учебном году*,1877)中寫道:

> Физиологически тожественные звуки разных языков имеют различное значение, сообразно со всею звуковою системой, сообразно с отношениями к другим звукам. (Бодуэн 1963. Т. I:90)
>
> 在不同語言中,生理特徵上完全相同的音素,由於受制於整個語音系統,以及與其他音素之間的關係,從而具有不同的價値。

克魯舍夫斯基發揚了博杜恩的思想。在其博士論文《語言科學概論》("Очерк науки о языке",1883)中,不但闡述了"詞是事物的符號""語言是一種符號系統",而且主張這個系統既可在同時共存狀態(靜態)中分析,又可在連續狀態(動態)中分析,同時提出語言符號系統的"類比聯想"(ассоциация по сходству)和"鄰接聯想"(ассоциация по смежности)。

1888 年,博杜恩在《尼古拉·克魯舍夫斯基的生平和科學著作》(*Николай Крушевский*, *его жизнь и научные труды*)中肯定了他在這方面的貢獻。

Одной из таких заслуг Крушевского является последовательное применение им учения об ассоциациях, или соединения представлений; подобные попытки, насколько я знаю, до Крушевского совсем не делались, во всяком случае настолько широкие. (Бодуэн 1963. Т. Ⅰ:184)

克魯舍夫斯基的貢獻之一是他對聯想學説或觀念組合學説一以貫之的應用。據我所知,在克魯舍夫斯基之前根本沒有進行過這樣的嘗試,至少沒有如此廣泛的嘗試。

"Если в результате закона ассоциации (соединения представлений) по сходству слова должны укладываться в нашем уме в системы или гнезда (семьи слов), то благодаря закону ассоциации по смежности те же самые слова должны строиться в ряды" (§ 36, стр. 65). (Бодуэн 1963. Т. Ⅰ: 184)

"因此,如果依據類比聯想(表徵聯繫)法則,這些詞語會在我們心智中形成系統或詞的聚合(詞族),那麼由於鄰接聯想法則的作用,這些相同的詞語就會構建成序列。"(§ 36, стр. 65)

"рассматривая звуки в их историческом развитии, мы можем констатировать пере интеграцию звуковой системы" (стр. 48—49), следовательно, что "одна звуковая система образуется путем переинтеграции другой" (стр. 53). (Бодуэн 1963. Т. Ⅰ:186)

"研究語音歷史發展時,我們可以提出語音系統的重新整合。"(стр. 48—49),因此,"一個語音系統是通過另一個語音系統的重新整合形成的"。(стр. 53)

在喀山學派看來,語言的系統性主要表現爲類比聯想和鄰接聯想,克魯舍夫斯基提出的兩類聯想主要基於詞語,而博杜恩看到這兩種聯想在語言系統中具有更大價值。

Подобное же различение влияния ассоциации по сходству и ассоциации по смежности прилагается не только к словам, но и, с одной стороны, к частям слов, или к морфемам, с другой стороны, к предложениям и их соединениям; оно даже применяется к единицам чисто антропофоническим, к фонемам, или звукам, и их соединениям. В каждой из этих частей мы находим как системы, или гнезда—благодаря ассоциации по сходству, так и ряды— благодаря ассоциации по смежности. (Бодуэн 1963. Т. I: 185)

類比聯想和鄰接聯想發生影響的這種類似區分,不僅適用於詞語,而且也一方面適用於詞語的各部分或詞素,另一方面適用於句子以及它們的組合。這一區分甚至適用於純粹生理的語音單位,即音位或音素以及它們的組合。在這些部分的各單位中,我們發現了系統或聚合——通過類比關聯,序列的形成也是如此——借助於鄰接聯想。

1889 年,博杜恩在《語言科學的任務》(*О задачах языкознания*)中寫道:

Как и все другие ряды явлений, языковые явления также кажутел на первый взгляд хаосом, беспорядком, путаницей. Человеческий разум обладает врожденной способностью освещать этот предполагаемый хаос и находить в нем благоустройство, порядок, систематичность, причинные связи. Языкознание представляет собой направленную деятельность человеческого разума, упорядочивающего языковые явления. (Бодуэн 1963. Т. I: 206)

與所有其他一系列現象一樣,語言現象第一眼看上去也似乎是混沌的、無序的、亂成一團的。而人類心智有一種天生能力來闡明這些看似混亂的現象，并從中發現可改進之處、有序性、系統和因果關係。語言學是人類心智的定向活動，人類心智可以有序地表達語言現象。

1904 年，博杜恩在《語言科學》（*Языкознание*）中提出，語法應分爲語音學、語義學、形態學、詞彙學、詞源學五個部分，因此這兩類聯想也分別在相應部分發揮作用。

Всемасиологии п этимологии мы имеем дело единственно с ассоциациями представлений по сходству, тогда как в трах остальных частях грамматики играют роль оба рода ассоциаций, как по сходству, так и по смежности. (Бодуэн 1963. Т. II: 100)

　　在所有的語義學和詞源學研究中，我們祇通過類比方法來處理表徵的聯想，而在語法的其餘部分中，通過類比和鄰接方法的兩種聯想都發揮作用。

在語言單位劃分方面，博杜恩也考慮到兩種聯想的功用。他認爲，主要根據鄰接聯想劃分語言、句子和詞語等，而類比聯想承擔輔助作用。在探討形態同化時，博杜恩認爲，類比聯想推進了鄰接聯想。

　2. 關於語言的功能研究

　　除了語言的系統性，博杜恩強調語言的本質是言語活動和功能。維諾格拉多夫（В. В. Виноградов，1895—1969）在《博杜恩·德·庫爾特內》（*И. А. Бодуэн де Куртенэ*，1963）中指出：

" Истинное научное, историческое, генетическое направление" в области языкознания дает право причислить лингвистику к наукам индуктивным. "Языковедение, как наука индуктивная, (1) обобщает явления языка и (2) отыскивает силы, действующие в языке, и законы, по которым совершается его развитие, его жизнь." Для Бодуэна де Куртенэ сущность языка заключалась в речевой деятельности, в речевом функционировании. (Бодуэн 1963. Т. I: 9)

　　語言學領域的"真正的科學、歷史、承傳趨勢",賦予將語言學歸屬於歸納科學的權利。"語言學作爲一門歸納科學,(1) 概括語言現象;(2) 探索在語言中發生作用的力量,以及語言發展及其存在的法則。"對博杜恩·德·庫爾特内而言,語言的本質特徵就是言語活動和言語功能。

語言的本質在於其社會交際功能,語言的要素祇能反映基本的社會交際功能。博杜恩在《關於語言學和語言的若干原則性看法》中寫道:

　　Почва, на которой происходит действие всех этих сил в языке, представляет две стороны: (1) чисто физическую сторону языка, его построениеиз звуков и созвучий, обусловленное органическим устройством народа и подверженное беспрестанному влиянию силы косности (vis incrtiae); (2) чутье языка народом. Чутье языка народом не выдумка, не субъективный обман, а категория (функция) действительная, положительная, которую можно определить по ее свойствам и действиям, подтвердить объективно, доказать фактами. (Бодуэн1963. Т. I: 59-60)

　　所有這些力量在語言中運作的"土壤"表現爲兩個方面:(1) 語言的純物理方面,其聲音與音節協和的構造,受人們的有機結構的制約,并受到慣性力(惰性力)的持續影響;(2)人們對語言的敏感性。人們的語感不是臆構的,不是主觀欺騙,而是真實的、積極的範疇(功能),可以由其性質和行爲決定,通過事實客觀地印證和證明。

　　Слово представляет наблюдению прежде всего две стороны, звуковую форму и функцию, которые, как тело и дух в природе, не являются никогда отдельно, и даже в действительности невозможно разделить их без обоюдного уничтожения ... Форма и содержание, звук и мысль так неразрывно связаны друг с другом, что ни одна из этих двух частей не может подвергнуться псрсмене, не вызвав соответственной пере. (Бодуэн 1963. Т. I: 75)

詞語首先呈現兩個方面,即聲音形式和功能,就像自然界中的身體和精神一樣永遠不會分開,乃至實際上也不可能將它們分開而不彼此破壞……形式與内容、聲音與思想如此密不可分,這兩部分的任一變化都不能不引起相應的轉變。


3. 關於共時和歷時分析

1871 年,博杜恩在《關於語言學和語言的若干原則性看法》(*Некоторые общие замечания о языковедении и языке*)中首次提出語音的静態(статика)和動態(динамика)研究。此後,在《適用於一般印歐語,尤其是斯拉夫語的普通語言學教學大綱》(*Программа чтений по общему курсу языковедения в применении к ириоевропейским языкам вообще, а к славянским в особенности*, 1876)中重申語音的静態和動態研究,在《1876—1877 學年詳細教學大綱》中對形態和句法也作了同樣區分。在《1877—1878 學年詳細教學大綱》(*Подробная программа лекций в 1877—78 учебном году*, 1879)中又提出與静態和動態對應的兩種規律。在《基於語言現象觀察和研究得出的一般性結論》(*Некоторые из общих положений, к которым довели бодуэна его наблюдения и исследования явлений языка*, 1897)中闡述了二者的關係。


Нет неподвижности в языке. ... В языке, как и вообще в природе, все живет, все движется, все изменяется. Спокойствие, остановка, застой-явление кажущееся; это частвый случай движения при условии минимальных изменений. Статика языка есть только чэствый случай его динамики или скорее кинематики.

（Бодуэн 1963 Т.Ⅰ: 349）

　　語言中没有不變化的。……猶如自然界一樣，語言中的一切充滿生機，一切在運動，一切在變化。平静、静止、停滞──祇是表面現象，這是一種細微變化的常見運動情況。語言的静態祇是其動態或其運動速度的常見情況。

很顯然，博杜恩提出了語言的静態和動態研究，但是并没有主張祇研究静態語言學。而索緒爾吸收這一理論，却把二者割裂開來，并排斥動態語言學研究。（詳李葆嘉 2001 等）

4. 關於非親屬語言的結構比較

博杜恩在《斯拉夫語言比較語法》（*Сравнительная грамматика славянских языков*，1902）中提出：

Сравнительное обозрение и сопоставление языковых явлений может быть трех родов: I. Языковые процессы можно рассматривать независимо от родства язынов, чтобы определить степень сходства или различин в строе двух языков. ... II. Затем возможно сравнительное обозрение двух или нескольких даже разнородных по своему первона чальному историческому источнику языковых областей, в которых вследствие их территориальной близости замечаются сходные языковые явления. ... III. Наконец, имеется сравнительное рассмотрение таких языковых областей, для которых предполагается один общий исторический источник, т. е. языковых областей, которые можно считать видоизменениями одного некогда общего им всем состояния, впоследствии распавшегося именно на эти сравниваемые видоизменения. Это и есть так называемая "Сравнительная грамматика" в строгом смысле этого слова. （Бодуэн 1963 Т.II: 30-32）

　　語言現象的比較觀察和對比，可以分爲三種：1. 首先，可以就語言過程而非語言親屬關係展開研究，以便確定兩種語言結構的相似或差異程度。……2. 其次，可以對存在兩種或更多種語言的區域進行比較研究，即使它們的初始歷史來源不同，在該語言區域中，由於它們領地的毗鄰性，可能觀察到相似的語言現象。……3. 最後，可以對假定具有共同歷史來源的語言區域進行比較考察，換而言之，這一語言區域內的語言已經發生了變化，但所有語言都曾擁有共同的狀態，後來纔分化爲這些可比較的變體。以上纔是完整意義上的所謂"比較語法"。

除了第三種是親屬語言的比較（譜系語言學），第一種是非親屬語言的結構比較，也就是語言結構類型學研究；第二種是不同來源而長期處於共同地區的語言的對比，也就是語言接觸關係研究（博杜恩也稱之爲"語言聯盟"）。

5. 關於音位學理論

喀山學派最早提出現代意義上的"音位"概念，并對語音學和音系學的區別做了探討。在博杜恩著作中出現過兩種音位理論：形態—詞源音位理論和心理學音位理論。前一種音位理論在 1881 年（*Некоторые отделы "сравнительной грамматики" славянских языков*）已經明確表述，後一種音位理論在 1888 年（*Николай Крушевский, его жизнь и научные труды*）提出。音位的形態設想（音位是詞素中的可變成分）成爲莫斯科音位學派的理論基礎，而音位的心理解釋（音位是語音的心理等價物）則由彼得堡學派和布拉格學派所接受。（陳重業 1981）

博杜恩在《斯拉夫語言比較語法中的若干章節》（*Некоторые отделы "сравнительной грамматики" славянских языков*，1881）中提到：

Н. В. Крушевский, слушавший мои лекции и принимавший участие в заведенных мною упражнениях с 1878 г. по настоящее время, возымел мысль формулировать все это еще точнее и установить особые термины для различных родов чередований. Он же предложил термины "коррелятив", "корреспондент" (вм. употребляемого мною раньше "рефлекса" для "Отражения") и "фонема" (термин, заимствованный у de Saussure'a, который, однако ж, употребляет его в другом значении). (Бодуэн 1963 Т. I: 125-126)

克魯舍夫斯基聽過我的課,并參加我從 1878 年開始到現在的研究,他有了更準確地表述這一切并爲各類語音交替建立特定術語的想法。他還提出了術語"相關""相通"(代替我以前就"映射關係"曾用的"映射")和"音位"(從索緒爾那裏借來的術語,但索緒爾表達的是其他含義)。

1864 年,法國航海商人和業餘語音學家德斯根内茨(A. Dufriche-Desgenettes, 1804—1878)加入巴黎語言學會,此後發表過幾篇論文,建議用法語 phonème 來翻譯德語的 Sprachlaut(語音),以代替法語的 son de langage(語音)。1873 年 5 月 24 日,法蘭西學院教授阿維(Louis Havet, 1849—1925)在巴黎語言學會上曾代讀德斯根内茨的第一篇論义《論鼻輔音的性質》("Sur la nature des consonnesnasnases")。這篇論文并未刊行,但是可能由阿維撰寫的匿名報告("Société de Linguistique: Séance du 24 mai 1873", *Revue critique d'histoire et de littérature* 7, 1873, 1er semestre, p. 368)對其進行總結,并提請學界注意 phonème 這一術語。此後,索緒爾在《論印歐語元音的原始系統》(*Mémoire sur le système primitif des voyelles dans les langues indo-européennes*, 1879)中采用了該術語(表示音類);克魯舍夫斯基也借用了此術語(表示音位)。(參見信德麟 1990)

1881 年,博杜恩采納了克魯舍夫斯基的建議,使用這一術語代替他曾用的術語"映射";1888 年,賦予"音位"以心理等價物的新義。1899 年在《音位》(*Фонема*)中進一步闡明:

Фонема... психически живая фонетическая единица.

Пока мы имеем дело с преходящим говорением и слушанием, нам достаточно термина звук, обозначающего простейшую фонационную, или произносительную, единицу, вызывающую единое акустическо фонетическое впечатление. Но если мы встанем на почву действительного языка, существующего в своей непрерывности только психически, только как мир представлений, нам уже не будет достаточно понятиязвука, и мы будем искать другого термина, могущего обозначать психический эквивалент звука. Именно таким термином и является термин фонема. (Бодуэн 1963 Т. I: 351)

音位……心理上存在的語音單位。如果我們祇要處理暫態的説和聽,術語"音素"對我們來説已經足够,可以表示最簡單的發聲或語音,即作爲引發統一的聽覺語音印象的單位。但是,如果我們基於一種實際語言,這種語言僅在心理上存在連續性、僅作爲觀念世界存在,那麽音素的概念對我們將不再足够,我們將尋找另一個能够表示音素的心理等價物的術語。這個術語正是"音位"。

總之,博杜恩在《斯拉夫語言比較語法中的若干章節》(1881)中區分了音素(звук,語音的生理發音特徵)和音位(фонема,語音的抽象結果),在《尼古拉·克魯舍夫斯基的生平和科學著作》(1888)中提出音位是語音的心理等價物,在《語音交替理論初探》(*Опыт теории фонетических альтернаций*, 1895)中又劃分了生理語音學(антрпофоника)和心理語音學(психофонетика)。

博杜恩是喀山語言學派(1874—1883)、彼得堡語言學派(1900—1918)和華沙語言學派(1919—1929)的創始人。在喀山大學,培養了克魯舍夫斯基、博戈羅季茨基(Василий Алексéевич Богородицкий, 1857—1941)、布利希(Сергей Константинович Булич, 1859—1921)、亞歷山大羅夫(Александр Иванович Александров, 1861—1918)、拉德洛夫(Василий Васильевич Рáдлов, 1837—1918)、弗拉基米羅夫

（Пётр Владимирович Владимиров，1854—1902）等一批語言學家；在彼得堡大學，培養了謝爾巴（Лев Владимирович Щерба，1880—1944）、波利萬諾夫（Евгений Дмитриевич Поливанов，1891—1938）、雅庫賓斯基（Лев Петрóвич Якубинский，1892—1945）、伯恩斯坦（Сергéй Игнáтьевич Бернштéйн，1892—1970）、拉林（Борис Александрович Ларин，1893—1964）、根科（Анатóлий Нéсторович Гéнко，1896—1941）等一批語言學家。在華沙大學，培養了多羅舍夫斯基（Witold Doroszewski，1899—1976）、烏拉申（Henryk Ułaszyn，1874—1956）等一批語言學家。1922 到 1923 年，博杜恩先後應邀到布拉格大學和哥本哈根大學講學。通過雅各布森和特魯別茨柯依，布拉格語言學派吸收或借鑒了博杜恩的語言學理論。

### （四）結構語言學的其他先驅

雅各布森提及，在當時，對結構語言學研究，除了布拉格語言學圈的學者，還有波蘭語言學界的主要代表，如斯拉夫語言地理學的創始人尼奇、多羅舍夫斯基等是結構語言學的重要先驅，以及塞爾維亞語言學界的領袖貝利奇。

卡其米日·尼奇（Kazimierz Ignacy Nitsch，1874—1958）是斯拉夫語言學家、波蘭語言史學家、方言學家。1911 年成爲雅蓋隆大學副教授。1913 年發起了一場關於波蘭文學語言起源的討論。1917 年成爲揚·卡齊米日（Jan Kazimierz）大學的波蘭語教授。1920 年任雅蓋隆大學斯拉夫語文學教授，創建斯拉夫研究所。1928 年擔任波蘭語語言學會主席。著有《波蘭人的口語》（*Mowa ludu polskiego*，1911）、《波蘭語的方言》（*Dialekty języka polskiego*，1915）、《波蘭喀爾巴阡山麓省的語言地圖集》（*Atlas językowy polskiego Podkarpacia*，1934，與 Mieczysław Małecki 合作）等。

維陶德·多羅舍夫斯基在華沙大學成爲博杜恩的學生。1930 年起任華沙大學教授，1947 年起任波蘭科學院成員。其理論認爲，語言學的主題是"説話的人"（homo loquens），而不是發生在語言中的關係。1933 年，多羅舍夫斯基在法國《普通和病理心理學雜志》發表《論社會學與語言學的關係：德克海姆與索緒爾》（*Quelques remarques sur les rapports de la sociologie et de la linguistie*：*Durkheim et F. de Saussure*），證明索緒爾對德克海姆（Emile Durkheim，1858—1917）與塔爾德（Gabriel Tarde，1843—1904）的社會學論爭很感興趣，在其語言理論形成中有所反映。

亞歷山大·貝利奇（A. Belić/ Александар Белић，1876—1960）是塞爾維亞語言學家和斯拉夫學者。早年在貝爾格萊德大學、奧德薩大學和莫斯科大學（成爲福爾圖納托夫的學生）學習斯拉夫語，1900 年獲萊比錫大學博士學位。1908 年在布拉格大學擔任捷克語言和文學教授。後任貝爾格萊德大學教授和校長。他是塞爾維亞科學院成員和主席。其研究涉及比較斯拉夫研究、普通語言學、塞爾維亞—克羅地亞方言和句法。著有《塞爾維亞東部和南部的方言》（*Dijalekti istočne i južne Srbije*，1905）、《口音研究》（*Akcentske studije*，1914）、《塞爾維亞—克羅地亞文學語言的拼寫》（*Pravopis srpsko-hrvatskog književnog jezika*，1923）、《關於斯拉夫語言的二元性》（*O dvojini u slovenskim jezicima*，1932）等。

## 五、 餘論

儘管一提到"結構主義"人們就想到索緒爾，然而，索緒爾并沒有給其語言學貼上特別的標籤，祇是沿用已有術語"普通語言學"（linguistique générale）。19 世紀初，德國語言學家伐特（Johann Severin Vater，1771—1826）出版的《試論普通語法學》（*Versuch einer allgemeinen Sprachlehre*，1801）影響了洪堡特（Wilhelm von Humboldt，1767—1835）。1810—1811 年，洪堡特撰有《普通語言學基礎論綱》（*Thesen zur Grundlegung einer allgemeinen Sprachwissenschaft*）。1876 年，作爲洪堡特的追隨者，博杜恩已經撰寫《適用於一般印歐語，尤其是斯拉夫語的普通語言學教學大綱》，在喀山講授普通語言學（общему языковедения）課程——這比索緒爾早了 30 年。

至於"結構主義""結構語言學"等術語，是雅各布森在該文中首先提出來的。所謂"結構主義"，雅各布森的闡述是：（1）當代科學討論的每一組現象都不是作爲一個機械堆積物來討論，而是作爲一個結構整體、一個系統來討論,其基本任務是揭示其内在的法則—發展規律。(2)不是出於其外部的動機,而是基於其發展的内部假設,不是就其機械理解的起源,而是針對其功能這一當今科學興趣的中心。其中的關鍵術語,一個是"系統"(systém),一個是"功能"(funkce)。換而言之,雅各布森主張的即功能—結構主義。

**附注:**本文中的捷克語引文譯後,曾想請捷克語專家審校,但未能如願。俄語引文譯後,承蒙黑龍江大學俄語學院句雲生博士審閱,謹致謝忱!據所提建議,做了幾處微調。但有些建議未吸收,因考慮到依據語境理解文意、沿用當時術語習慣譯法(如"類比聯想",不譯"相似性聯想")和漢語表達的流暢度,仍保持原譯。不當之處,敬祈方家賜教。

## 參考文獻

陳重業:《博杜恩・德・庫爾德内》,《國外語言學》1981 年第 2 期。

李葆嘉:《論索緒爾静態語言學理論的三個直接來源》,"紀念方光燾先生百年誕辰學術討會"(南京大學)論文;又收入李葆嘉著《理論語言學:人文與科學的雙重精神》,江蘇古籍出版社 2001 年版。

李葆嘉、邱雪玫:《現代語言學理論形成的群體模式考察》,《外語教學與研究》2013 年第 3 期。

李葆嘉、葉蓓蕾:《索緒爾〈教程〉與博杜恩理論的比對》,《南開語言學刊》2018 年第 2 期。

羅曼・雅各布森著,周啓超譯:《浪漫主義的泛斯拉夫主義——新斯拉夫學》,《中國比較文學》2017 年第 3 期。

尼・伊・托爾斯泰(Никита Ильич Толстой)撰,蔣澈譯:《斯拉夫學發展鳥瞰》(蘇聯《語言學百科詞典》中的"斯拉夫學"詞條譯文),https://zhuanlan.zhi-hu.com/p/24838659,編輯於 2017 - 01 - 12。

信德麟:《論音位交替》,《外語學刊》1990 年第 5 期。

Aleksandar Belić, Kazimierz Nitsch, Witold Doroszewski [OL],From Wikipedia.

Бодуэн де Куртенэ. 1871. Некоторые общие замечания о языковедении и языке. Избранные труды по общему языкознанию. Москва: Издательство

Академни Наук СССР, 1963. Т. I: 47 - 77.

Бодуэн де Куртенэ. 1876. Программа чтений по общему курсу языковедения в применении к ариоевропейским языкам вообще, а к славяиским в особенности. 同上,Т. I: 78 - 87。

Бодуэн де Куртенэ. 1877. Подробная программа лекций в 1876—77 учебном году. 同上,1963. Т. I: 88 - 107。

Бодуэн де Куртенэ. 1879. Подробная программа лекций в 1877—78 учебном году. 同上,1963. Т. I: 108 - 117。

Бодуэн де Куртенэ. 1881. Некоторые отделы э сравнительной грамматики славянских языков. 同上,1963. Т. I: 118 - 126。

Бодуэн де Куртенэ. 1888. Николай Крушевский, его жизнь и научные труды . 同上,1963. Т. I: 146 - 202。

Бодуэн де Куртенэ. 1889. О задачах языкознания. 同上,1963. Т. I: 203 - 221。

Бодуэн де Куртенэ. 1895. Опыт теории фонетических альтернаций. 同上, 1963. Т. I: 265 - 347。

Бодуэн де Куртенэ. 1897. Некоторые из общих положений, к которым довели болуэна его наблюдения и исследования явлений языка. 同上,1963. Т. I: 348 - 350。

Бодуэн де Куртенэ. 1899. Фонема. 同上,1963. Т. I: 351 - 352。

Бодуэн де Куртенэ. 1902. Сравнительная грамматика славянских языков. 同上,1963. Т. II: 30 - 32。

Бодуэн де Куртенэ. 1904. Языкознание. 同上,1963. Т. II: 96 - 117。

Doroszewski, W. 1933. Quelques remarques sur les rapports de la sociologie et de la linguistique: Durkheim et F. de Saussure. Journal de Psychologie Normale et Pathologique, 30 (1): 82 - 91.

Jakobson R. 1929. Romantické všeslovanství—nová slavistika. *Čin* 1 (1): 10 - 12. In: Jindrich Toman (ed.), Angažovaná čítanka Romana Jakobsona, Praze: Univerzita Karlova, 2017, 44 - 46.

Jakobson R. et al. 1929. Thèses présentées au Premier Congrès des philologues slaves. Travaux du Cercle Linguistique de Prague. I: 5 - 29.

Виноградов,В. В. И. А. Бодуэн де Куртенэ. Избранные труды по общему языкозназнанию. Москва: Издательство Академни Наук СССР, 1963. Т. I: 9.

# 從社會語言學視角考察菊澤季生的"相位論"

汪麗影

（南京航空航天大學）

**摘　要**：日本語言學家菊澤季生在社會語言學并未作爲一門單獨學科蓬勃發展起來之時，於 1933 年出版了《論日語的相位》一書，提出從社會屬性的差異和文體差異這兩個角度對日語中多變的相位進行考察，開啓了日本的社會語言學研究的先河。菊澤從相位論研究日本宮中女官用語，指出其在詞彙方面的特徵有四點：用詞禮貌、鄭重；選用優雅、有品位的詞語；采用委婉表達；避免使用生硬的漢語詞彙。從當今社會語言學研究視角重新審視日本宮中女官用語，就能發現其兼具"女性用語"和"宮中女官"職業用語的特點，菊澤關於女官用語的研究是對日語中的一部分女性用語的歷時考察，對於研究、探索現代日本女性用語也具有積極的借鑒意義。

**關鍵詞**：社會語言學；菊澤季生；相位論；日本宮中女官用語

　　日本的傳統語言學研究在辭典的編纂、語音的變異等方面均取得了一定成果，但在理論語言學方面，日本一直側重於對英美語言學理論的吸收與消化，并未取得獨創性的研究成果。另一方面，日本有關社會語言學的相關研究則毫不遜色於西方。雖然作爲一門學科的"社會語言學"在 20 世紀 60 年代纔在美國誕生，但日本的社會語言學研究自 20 世紀 50 年代初期就已經自發展開。更令人矚目的是，

---

\*　基金項目：中央高校基本科研業務費專項資金資助，No. NR2022030，項目名稱：日本社會語言學研究。

早在 1933 年,日本語言學家菊澤季生就出版了《論日語的相位》一書,提出從社會屬性的差異和文體差異這兩個角度對日語中多變的相位進行考察,這一觀點在當時的語言學研究領域可謂開了社會語言學研究的先河。

說話者的身份不同以及場合的差異要求人們使用不同的語言形式,這一點或許是世界上所有語言具有的共同特徵,但不同語言之間存在着程度的差異。日語的特殊之處就在於這種差別十分明顯,在社會語言學尚未興起的時代,菊澤就注意到這一點并且借用自然科學的術語把其單獨列爲一個研究對象,這一點具有前瞻性。他在1933 年出版的《論日語的相位》(《國語位相論》)可謂日本的社會語言學開山之作,他在書中提出并詳細闡述了相位論,大膽嘗試把自然科學的概念——相位(phase)借用至日語研究中,用來指稱不同社會集團間的語言差異。他的研究成果對於日本社會語言學的研究具有指導意義,爲日本的社會語言學研究提供了理論依據。本文將從社會語言學視角考察相位論及該書中占較大比例的"宮中女官用語",以探究菊澤的相位論所具備的社會語言學要素。

## 一、 菊澤季生及其"相位論"

菊澤季生(1900-1985)是日本的國語學家,他 1920 年進入東北帝國大學工學部應用化學專業學習,1923 年畢業後,同年進入東北帝國大學法文學部學習,在法文學部深造期間,他在師從山田孝雄這位國語大家學習的同時,還修了憲法等學科。特殊的學術背景開闊了菊澤的學術視野,他敢於無視學科間的森嚴壁壘,自由無礙地往來於日語的語法、語音、詞彙、和歌等不同的研究領域。他不斷在《國語研究》上發表論文,積極提倡必須在日語研究中導入"相位論",還進行了代詞論、音韻論、羅馬字拼寫等方面的研究。

1933 年,菊澤在《國語研究》第一卷第一號上發表了題爲《國語的科學研究》的論文,同年他把該論文擴充、整理,在明治書院出版社以《論日語的相位》之名出版發行。菊澤在該書中把自然科學的概念——相位(phase)引入日語研究,用來指稱不同社會集團間的語言差異。相位是指做正弦變化的物理量,事物在某一時刻(或某一位置)的狀態可以用一個數位來確定,這個數值便叫作相位。

菊澤(1933:6—7)在書中用了一個形象的比喻來説明相位這一概念,"水呈現出固體狀態時被稱爲冰,化成氣體就被稱作水蒸氣或是熱氣,但是從物理化學①學科觀點來看,兩者其實是完全同質的物質,祇不過相位(phase)不同而已"。他進一步論述説:"如果把'相位'這個術語用於國語學研究,就會發現當社會處於不同相位時,語言都會呈現出不同的相位,因此國語學者有必要研究處於不同相位的國語。作爲綜合的國語學研究的一環,我們必須認識到這種由於相位的差異所引起的特殊的語言事實,并且窮究相位的差異所引起的變化狀況,尋找隱藏其間的規則,筆者認爲可以將這種研究命名爲相位論(用英語表述就是 Phaseology)。"

菊澤指出相位的研究對象大致可分爲三類:

a. 根據社會、心理的差異可劃分出——階級方言(或稱特殊語)

b. 根據地域差異可劃分出——(地域)方言

c. 根據生理發育情況可劃分出——兒童語

菊澤指出第一類是由社會差異、心理差異引起的階級方言(或稱特殊語)。他認爲日語中没有嚴格意義上的、表現階級差異的階級方言,但在特殊的言語社區、社會團體中,基於與一般社會不同的心理狀態而產生出了特殊用語,具體如神社的禁忌語、僧侶用語、商人用語、盜賊用語、宮中女官用語、戰場用語、風月場所用語等。

第二類是方言,主要指由地域差異引起的語言差異,有關這方面的研究被稱爲方言學或是語言地理學;第三類是兒童語,根據兒童不同的生長階段還可細分爲嬰兒語、幼兒語和少年語,菊澤指出第三類的研究一直以來由心理學家進行,國語學家對此抱着一種"事不關己"的態度,這主要是因爲語言學家尚未意識到語言學中這一研究領域的存在。

---

① 此處的"物理化學"不是指物理和化學,而是指用物理學的方法研究化學的科學,是一個專有名詞。

十分巧合的是,菊澤的這一分類與現代社會語言學的概念非常吻合。英國的語言學家赫德森(Hudson,1980)提出了一套概念系統來描寫語言的變異性特點,其中的核心概念是“變體”(variety)。“變體”是指“一組具有相同社會分布的語言形式”,這裏所謂的“社會分布”是指一群接受和使用某一些語言形式的人(徐大明 1997:77—78)。根據社會語言學研究,“語言的變異,有的跟地域有關,有的跟説話人的社會身份有關(包括年齡、性別、社會地位等等),有的跟使用語言的場合相關。我們可以把第一種語言變體稱爲地域變體,第二種稱爲社會變體,第三種稱爲功能變體。在現實中,這三種變體往往又互有聯繫”。(徐大明 1997:79)

從上述社會語言學視角來考察菊澤所列舉的三類語言現象,就能發現第二類是屬於語言的地域變體,也就是傳統語言學所説的方言,而第一、三類屬於語言的社會變體。

在《論日語的相位》一書中,菊澤主要是對第一類語言現象進行了分析,對不同身份、階級的人們的用語情況進行了考察與歸納,其中對“宮中女官用語”的考察充分展示了“相位論”的解釋力。

## 二、 菊澤對宮中女官用語的研究

對於宮中女官用語,菊澤在《論日語的相位》出版之前就曾經進行過較爲系統的研究,1929 年他在《國語教育》第十四卷三號上發表了一篇名爲《關於婦女的語言特色》的論文,其中很大篇幅主要用來討論宮中女官用語,因此《論日語的相位》一書的女官用語部分大都沿用了該文的主要論點。菊澤(1933:39)認爲:“雖然我們能從青樓用語中感受到特有的語言之美,但這畢竟衹是一種卑微的美,至於真正的優雅之美則需到宮中女官用語中尋覓。”

從本質上來看,宮中女官用語是 14 世紀左右由在日本皇宮內工作的女官們開始使用的一種隱語,該用語不同於普通市井婦女的常用語,獨具特色。有關日本的宮中女官用語的最早記載見於 1420 年出版的《海人藻芥》,根據該書記載,可知宮中女官用語起源於禁忌頗多的皇宮內院,後來逐漸傳播到將軍家的女官之間,接着又傳到大名的夫人之間，最終普及到普通人家的婦女。在明治、大正時期（19、20世紀），這類用語被作爲女子書信的必用詞語收錄於《女子書信大全》等書之中。時至今日，不僅女性會在某些場合下使用一部分宮中女官用語，就連男性也必須根據場合的需要使用個別詞語，這是因爲古代的某些女官用語已經作爲日語詞彙的一部分而固定下來。

女官用語主要是一些涉及食物、衣物、日常用具等的詞語，其特徵就是高雅而有品位，從當今的語言學觀點來看，可以説它就是當時宮中女官間的職業用語或是隱語。

據考察，在 15 世紀中期，宮中女官用語的數量大約爲一百個，到了 18 世紀的江戶時代就已經增至四五百個。菊澤（1933：41）指出，雖然宮中女官用語數量豐富，但與很多相位語一樣，在音聲、語法方面與日常日語并無很大差異，其特殊性集中體現在詞彙方面。他把宮中女官用語在詞彙方面的特徵歸納爲四點：（1）用詞禮貌、鄭重；（2）選用優雅、有品位的詞語；（3）采用委婉表達；（4）避免使用生硬的漢語詞彙。以下筆者將基於社會語言學視角進行詳析。

### （一）用詞禮貌、鄭重

女官用語有一個顯著的特徵，就是在很多詞語前面加上表示敬意的接頭詞"お"（用日語漢字標寫的話，就是"御"），如"顔"→"お顔""手紙"→"お手紙"等。這種用語傾向至今仍是日本女性用語的主要特徵之一，爲了表示禮貌、鄭重，當今女性甚至有過多地使用表示敬意的接頭詞"お"的傾向，被人們指責有濫用之嫌。

添加敬語接頭詞的方法雖然簡便易行，但由於多加了一個假名，導致多出一個音節，於是在個別場合下，人們便省略掉單詞的詞尾部分，這樣形成的詞語在古時雖然有不少，但至今仍被使用的僅有寥寥幾個，如："こわめし"→"おこわ""でんがく"→"おでん"等。

除了在詞頭添加表示敬意的接頭詞"お"之外，女官用語還出現了另一種更爲鄭重的形式。女官們把兩個表示敬意的接頭詞"お""み"（日語漢字均寫作"御"）叠綴在某些單詞前面，製造了一批更爲禮貌的用語，其中至今仍被使用的有"おみ足"等少數詞語。關於這種形式的産生，筆者認爲原因如下：添加接頭詞"お"這個用法普及之後令其敬意程度相對減弱,已不能充分體現出女官們獨特的鄭重文雅的語言風格,迫於使用需要,她們便創造出了敬意更高的新形式。

在現代日語中,加在單詞詞頭的"お"常被稱作"美化語"或"禮貌語",因爲它能增加句子整體的鄭重禮貌之感。一般而言這種用法在女性中較爲普及,但是在正式場合下發言或是接待重要客人等的時候,男士爲了給對方留下彬彬有禮的好印象,也會恰如其分地使用這類"禮貌語"。

### (二) 選用優雅、有品位的詞語

雖然在詞頭添加表示敬意的接頭詞"お"能令語氣顯得鄭重,但它并不適用於所有詞語,因爲有些用語(如"廁所"等詞)即便添加了敬語接頭詞也不會產生優雅之感。爲了能令語氣優雅,女官們用某些詞語來替換日常用語,這些詞彙或是捕捉住了事物特徵,或是選用了與原詞有一定關聯的詞語,或是重新活用了沉寂已久的古代用語。有意識選用優雅、有品位的詞語,這是女官用語的另一個特徵。

這一點在漢語中也有相近的例子。例如漢語中的"吃飯""進餐"和"用膳"三個詞語雖然意思相同,但説話者如果根據對方的身份以及不同場合選用,就能給人留下知書達理的印象。宮中女官悉心斟酌了某些名詞、動詞、形容詞等的詞語用法,選用或是新創造出了高雅的表達方式。這些原本在皇宮後院的飽讀詩書的女官之間通用的詞語,逐漸向大臣的女眷甚至民間傳播,至今仍有一些詞語保留在現代日語中。如"豆腐"一詞的女官用語爲"お壁",是女官們根據其外形特徵與白墻相似而創造出來的,雖然現代日語口語中并不太用"お壁"一詞,但它依舊在某些場合下被人們使用;至於動詞的例子,女官用語中把"吃"説作"召し上がる",在現代日語中,這個詞作爲"吃、喝"的尊敬語被廣泛使用。

### (三) 采用委婉表達

菊澤認爲女官用語的第三個特徵就是表達委婉,采用的主要方法就是省略或是隱藏掉詞語的一部分內容,特別是後一方法較爲普

遍。最通用的做法就是：選擇詞語的第一或是前兩個假名，然後加上"文字"這個後綴，組成具有隱語性質的女官用語。例如現代日語中表示"飢餓"的形容詞"ひもじい"，就是一個從女官用語轉來的典型詞例。先是取形容詞"ひだるい"的詞頭"ひ"加上"文字"，形成了"ひもじ"這一名詞性質的女官用語，該詞加上形容詞後綴"い"就成了形容詞"ひもじい"。在現代日語中，它已經完全取代了原語"ひだるい"，原語已退出了標準語的大舞臺，衹留存於西部方言之中。

這一類帶"文字"的詞語被稱爲"文字詞"，由於它是女官用語中特徵顯著的一類詞語，包含的詞語也較多，因此有時人們就會根據這一特徵，把女官用語稱作"文字詞"。較爲常見的"文字詞"有：かみ→かもじ；そなた→そもじ等。這類詞語的隱語特徵尤爲明顯，是基於女官的職業特徵而產生的用於內部人員之間工作交流的詞語。

**（四）避免使用生硬的漢語詞彙**

日語文字是在受到中國漢字影響的基礎上形成的，日語的詞彙由漢語詞、和語詞（獨具日本特色或是自古流傳的詞語）、外來詞、混合詞這四類詞語組成。例如，日語中表示"太陽"之意可以有兩種説法，一種是受漢語讀音影響的漢語詞"太陽"，另一種就是和語詞"日"。像這樣漢語詞與和語詞一一對應的詞語在日語中有很多，其他還有如："書物本""寂寞"和"寂しさ"等。女官們飽讀詩書，漢語方面的造詣也較深，但她們在日常生活與工作中試圖避免使用生硬的漢語詞彙，也就是説傾向於使用和語詞。女官用語中的漢語詞數量非常有限，而且她們新造的詞語中也很少會有漢語詞。

這是因爲漢語詞的發音受到漢語語音影響，有很多拗音、促音等聽起來急促或是粗重的音聲，這導致漢字在古代就被稱爲"男文字"，是男性的專用語，容易給人生硬之感；而日語固有的和語詞中就沒有這類發音，因此聽起來悅耳、柔和，更能體現女性之"柔美"。而日語中的和語詞很多都用平假名書寫，因爲平假名是基於中國漢字的草書創造而來，綫條柔和，因此平假名也被稱爲"女文字"，最初主要在女性之間流通。女官們爲了使自己的用語文雅、柔和,會儘量避免使用漢語詞彙,在不得已使用漢語詞彙的場合,也會僅讀漢字字形的一部分或是把這些漢語詞彙轉譯成和語詞,可謂煞費苦心。

女官創造的和語詞在現代日語中幾乎難覓踪影,僅有個別詞語作爲字謎游戲或是學者文人筆下的雅語而留存下來,依舊活躍在現代日語中的更是寥寥可數,較爲典型的有"日和<ruby>日和<rt>ひより</rt></ruby>"一詞,它與漢語詞彙"<ruby>天気<rt>てんき</rt></ruby>"相對應,是用來表示天氣的女官用語,這個詞的派生能力較強,派生出了諸如"<ruby>秋日和<rt>あきびより</rt></ruby>(晴朗秋日)""<ruby>狐日和<rt>きつねびより</rt></ruby>(忽晴忽雨的天氣)""<ruby>小春日和<rt>こはるびより</rt></ruby>(十月小陽春)""<ruby>冬日和<rt>ふゆびより</rt></ruby>(冬日晴天)"等詞語,至今仍是日語中常用的詞語。

## 三、 從社會語言學視角考察菊澤季生對日本宮中女官用語的研究

語言是社會生活的反映,語言的形成受各種因素的制約。日本的宮中女官用語主要涉及日常生活中的吃穿用度等方面,菊澤總結出該用語具有禮貌、文雅、委婉、柔和這四個特點。我們基於當今社會語言學觀點對於宮中女官用語進行分析的話,就會發現"宮中女官用語"的出現及廣泛使用一方面基於她們的女性身份,另一方面基於工作的需要,因此可以從"宮中女官用語"中析出兩個變數,即"女性用語"和"因宮中工作需要而采用的行業秘密語"。菊澤概括的第四個特點符合"女性用語"特點,其餘三個特點則符合"宮中工作"這個職業特點。

社會語言學認爲男女語言差別表現在語音、詞法、詞彙、語法等各個方面……其中在詞法和詞彙方面的男女差別的例子更多(徐大明 1997:85)。徐大明還以湖南江永地區出現的"女書"爲例,指出男女的語言差別還可以體現在文字方面。"女書"是一種祇在上述地域的女人中流傳的文字,被女性用於祭祀、讀唱娛樂以及婦女之間書信往來的文字。非常巧合的是,日本宮中女官用語的第四個特徵是"避免使用生硬的漢語詞彙",她們喜歡使用的平假名在日語中就曾被稱爲"女文字"。

萊考夫(Lakoff)也曾指出,西方社會中,女子也多用那些表達

委婉、"企盼認可"、"避免衝突"的反意問句,這與西方文化對於女性社會角色的認定相吻合(Lakoff 1973)。可見不論東方還是西方,女性多用相對柔和的表達。社會語言學認爲,"男人表現出社會上人與人之間的一種'權勢'(power)關係。男人統治,女人屈從。因此有人把女性語體叫作'無勢力的語言'(powerless language)"(徐大明 1997:87)。

宮中女官用語的另外三個特點是:(1) 用詞禮貌、鄭重;(2) 選用優雅、有品位的詞彙;(3) 采用委婉表達,這是由宮中女官這個工作性質決定的,完全符合行業秘密語的特徵。

行業秘密語是某些行業集團或社會團體爲謀求自身的某種利益或滿足某種特殊的需要而創造出來的秘密語。"秘密語又稱隱語。這是一種典型而又特殊的社會方言,是共同語小範圍的變異,是人爲複雜化了的語言變體。它在語音和語法系統上基本上承襲共同語,詞彙則偏離了共同語的詞彙系統。幾乎所有的隱語在詞彙上都體現出自己的特色。"(郭熙 2004:155—156)"在語法方面,秘密語可以說是完全采用了民族共同語的語法系統。從詞類看,秘密語與民族共同語所不同的主要集中在名詞上,少數是動詞和形容詞。作爲構成語法結構所必備的功能詞 ——虛詞幾乎找不到。"(郭熙 2004:158)

仔細對照就會發現,宮中女官用語完全具備行業秘密語的特色。不論是在很多詞語前面加上表示敬意的接頭詞"お",或是用某些詞語來替換日常用語,抑或是省略或是隱藏掉詞語的一部分内容,總之通過這些方法造出的新詞語的變化範圍沒有超出詞彙範圍。而且這些詞語的詞性大都是名詞,而動詞(如表示"吃"的尊敬語"召し上がる")和形容詞(表示"飢餓"的形容詞"ひもじい")祇有極個別的幾例。

可見宮中女官用語主要體現在詞彙與共同語的不同,其中又以名詞占絶大多數。最重要的一點是,雖然大多數宮中女官用語隨着時代的變遷逐步消失,僅有個別詞語作爲字謎游戲或是學者文人筆下的雅語而留存下來,但是也有一些詞語或構詞方式已經作爲日常生活的常用詞語進入了共同語的詞彙體系。這一點也與郭熙所指出的現象相符:"總之,秘密語源於共同語,依賴於共同語。秘密語也會進入到一般的交際領域。現代漢語詞彙中的不少通用詞都是來自秘密語,例如'綁票''出血''煞風景'等等。社會語言學對秘密語的關注,在於秘密語對社會文化的反映。"(郭熙 2004:159)

## 總　結

世界範圍的社會語言學興起於 20 世紀 60 年代,但是菊澤在 30 年代就獨具慧眼地意識到在實際的語言活動中,詞語的使用呈現出各種各樣的形態,并將其命名爲相位,進行了積極有效的探索,其研究成果具有前瞻性。

菊澤并非羅列或匯總女官用語的第一人,但他從社會語言學視角觀察、分析了日本的宮中女官用語,他的貢獻在不僅僅羅列語言現象,還力圖從語言使用者的心理、所處的社會背景等社會語言學角度進行詮釋。在考察女官用語時,他對女官用語的特徵進行了較爲全面的歸納,指出該用語具有禮貌、文雅、委婉、柔和等四個特點。從當今的社會語言學視角來分析的話,就會發現宮中女官用語同時兼具"女性用語"和"宮中職業用語"兩種特色。

日本古代的女官用語中不少語言特色被繼承下來,集中體現在現代女性的用語習慣中,還有個別特徵已經成爲日語標準語的一部分,因此對於這些特殊的女性用語進行梳理、歸納具有詞源學的意義。菊澤關於女官用語的研究可被視爲對日語中的一部分女性用語進行的歷時考察,對於我們研究、探索現代日本女性用語也具有積極的借鑒意義。

## 參考文獻

郭熙:《中國社會語言學(增訂本)》,浙江大學出版社 2004 年版。

[日]菊澤季生:《論日語的相位》,日本明治書院出版社 1933 年版。

Lakoff,R. 1973. Language and woman's place. Language in Society 2(1):45-79.

徐大明、陶紅印、謝天蔚：《當代社會語言學》，中國社會科學出版社 1997年版。

　　［日］佐藤喜代治：《菊澤季生與相位論》，載《國語論究　第 9 集　現代的相位研究》，日本明治書院出版社 2002 年版。

# 關於預設的一些思考

盛　林

（南京大學海外教育學院）

　　**摘　要**：本文通過對預設的全面考察，嘗試給預設下了一個比較全面的定義，并對相關的預設概念一一做了甄别。本文認爲"預設是話語没有宣稱而暗含的、根據此話語的語言結構可以推斷出的、使話語成立（合適）的先決條件"；邏輯預設、語義預設、語用預設不是三種類型的預設，而是預設研究的三種視角、三個階段；絕對預設和相對預設的區分在於是否可以依靠句子本身的語言結構來確定，是否需要依賴其他的語境來確定。

　　**關鍵詞**：預設；定義；各種預設

　　中國語言學界自從 20 世紀 80 年代前後引進預設（Presupposition）這一概念之後，關於預設的研究吸引了漢語學界和外語學界相當一部分學者的注意力，這方面的研究也在逐漸展開。雖然這些年來關於預設的研究成果中不乏新意和創見，但總的來説還是以引進國外理論爲主，與漢語實際結合不緊，漢語和其他語言的異同更少涉及；而且對於國外理論的引進也多是點到爲止，對基本概念的界定和廓清缺乏精準度。姜望琪（2003：106）在談到預設的研究現狀時説："我們基本上清楚預設是一種什麼現象，大概有哪些表現。人們不太滿意的是，它不像其它意義，如衍推，或含義，那樣整齊劃一，那樣容易歸納特點。但我們感覺這恰恰是預設的特點：肯定句的預設像衍推，否定句的預設像含義；有的由詞語的特性決定，有的受句型結構的影響；既有常規意義的性質，又有非常規意義的性質；有的部分屬於語義學,有的部分屬於語用學。"姜望琪的説法也許代表了語言學界很大一部分人對預設的認識,但是這裏面有些認識是錯誤的,如關於預設特點的認識,認爲不同句型中的預設是不一樣的,"肯定句的預設像衍推,否定句的預設像含義",這從邏輯上就是説不通的,同一種語義現象豈會因句型變化而變化? 這祇能説明人們對於預設這種語義現象認識不清,概念模糊。筆者關注預設現象多年,深感中國語言學界關於預設及其相關概念的使用和理解都相當混亂,特撰此文,意欲對預設及其相關概念進行厘清。

## 一、 預設的定義及主要特點

預設(Presupposition)是語義學、語用學共同關注的重要課題。自 1892 年德國哲學家弗雷格(Frege)在《意義和指稱》(*On Sense and Reference*)一書中首次指出預設的存在,一百多年來,羅素(B. Russell)、斯特勞森(P. F. Strawson)、塞勒斯(Sellars)等著名學者都曾在預設這一課題上做出了自己重要的貢獻。

Presupposition 這一語義學概念被引進到中國時,早期曾被譯作"前提"(利奇 1987 中譯本;何自然 1988)、"先設"(徐烈炯 1995),現在一般都譯作"預設"。雖然譯名基本統一了,但是對於預設的内涵認識卻并不一致,甚至有人知道一些具體例子中的預設是什麽,但預設的定義是什麽卻不甚了了。

很少有人對預設這個語義學概念下定義、做界定——就筆者翻閲的大量有關預設的論著而言,一般是避而不談,即便談也是語焉不詳。通常的做法是:一上來先舉一些例子分析具體句子中的預設,然後説明預設的特點(如能通過否定測試法)、預設誘發語、預設的投射等,其間或許會涉及一些基本概念、術語,但卻缺乏對這些基本概念、術語的界定和説明。

之所以會出現這樣的情況,當然是有它的客觀原因的,原因就是給"預設"下定義太難了。對此,石安石(1994:180)轉用利奇和萊昂斯的話進行了論述:直到最近,它還被某些語言學家稱爲"難以捉摸的概念","對'預設'這個術語難下定義是出了名的"(G. Leech 1981:

277,311),"幾乎不可能在共同的術語系統和概念的框架之内把一種關於預設的觀點與另一種加以比較"(J. Lyons 1979:606)。名家都覺得如此之難,可見給"預設"下定義是一件費力不討好的事。

可是,名不正則言不順,名不正則言不深。不對"預設"概念本身做個界定,關於"預設"的研究就不能全面而深入地展開。因此,筆者還是想硬着頭皮啃啃硬骨頭,試着對"預設"概念做個界定。

筆者認爲,給"預設"下定義應該從以下三個方面着眼:

### (一) 預設是話語没有宣稱而暗含的意思

預設是話語暗含的意思,不是話語要宣稱的部分,不是話語的信息焦點所在。吕叔湘先生在《語文常談》中説:"語言的表達意義,一部分顯示,一部分暗示,有點兒像打仗,占據一點,控制一片。"那麼,預設就是話語意義中"暗示"的那一部分,是被"控制"的那一片。如:

(1)老李的女兒是學生幹部。

句(1)含有預設(2):

(2)老李有女兒。

句(2)是句(1)暗含的意思,而不是句(1)要宣稱的意思,句(1)要宣稱的意思是"……是學生幹部"。

正因爲預設是話語暗含的意思而不是話語宣稱的意思,所以預設纔能通過否定測試,也就是説肯定句含有的預設在其相應的否定句中依然存在,如句(1)的否定形式"老李的女兒不是學生幹部"依然含有句(2)這個預設。預設的這個性質用公式表示則是:

$$A \rightarrow B$$
$$-A \rightarrow B$$

(本文中→表示"以……爲預設",一表示"否定")

如果我們把前面的例句代入到這個公式中,就是:

老李的女兒是學生幹部→老李有女兒
老李的女兒不是學生幹部→老李有女兒

因此,對於預設來說,肯定句含有的預設在其相應的否定句中依然存在。在這一點上,蘊含(entailment)是與預設不同的,蘊含不能通過否定測試,也就是肯定句原有的蘊含在相應的否定句中不一定繼續存在,即:

A $\rightarrowtail$ C
(?)−A $\rightarrowtail$ C
($\rightarrowtail$表示"以⋯⋯爲蘊含",? 表示"後面説法不一定成立")

具體到句(1),它有蘊含"老李的女兒是學生",但句(1)的否定形式"老李的女兒不是學生幹部"就不一定有蘊含"老李的女兒是學生",因爲"不是學生幹部"可能是學生而不是幹部,也可能根本就不是學生。代入上面的公式就是:

老李的女兒是學生幹部 $\rightarrowtail$ 老李的女兒是學生
(?)老李的女兒不是學生幹部 $\rightarrowtail$ 老李的女兒是學生

據上可知,預設可以通過否定測試法,而蘊含不能通過否定測試法,所以否定測試法成了區分預設和蘊含的試金石。之所以否定測試法能區分預設和蘊含,這是由預設和蘊含兩者所具備的不同性質決定的:前者不是句子的信息焦點,而後者則是句子信息焦點的有機組成部分。否定句主要是對句中的信息焦點進行否定。預設不是句子的信息焦點,否定不會影響到它,所以它能通過否定測試。蘊含是句子焦點的一部分,蘊含的句義常常和原句句義之間存在着上下位關係[①],對句子的否定有可能正好落在蘊含上,所以蘊含不能通過否定測試。

因此,不是話語的信息焦點而是話語暗含的語義,這是預設的重要特點。否定測試法一直以來都是鑒別預設的重要方法,提到預設就不能忽視它的這一特點,給預設下定義更不能忽視這一特點。

**(二) 預設是話語成立(合適)的先決條件,是說話人想像中的已知信息**

預設是當前話語成立的先決條件,是前提(所以 presupposition 早期也曾被譯作"前提"),是陳說當前話語的必要準備;如果預設不成立,當前話語就無從談起。即如果"老李有女兒"這一條件不成立,那"老李的女兒是學生幹部"就無從談起。即:

B 假→A 無真假

(→表示"推斷出")

預設是說話人認定在說話之前必定存在的事實,它是討論當前話語真假的前提;但是當前話語的真假不會影響到預設的真假。因此伯頓·羅伯茨(Noel Burton-Roberts)說:"當說話人斷言 P 時,他承認 P 爲真,同時承認 P 有可能爲假(這是斷言 P 的價值所在)。但是,當說話人預設 P 時,他雖然也承認 P 爲真,却不再承認 P 有可能爲假。"(姜望琪 2003:107)。

因爲預設是話語成立的先決條件,是說話人設定的在話語之前就已存在的事實,是已知信息,所以在語流中,預設出現在含有預設的句子之前是合適的,是常見語序;出現在含有預設的句子之後是不合適的,是非常見語序。如:

(3) 老李有女兒,老李的女兒是學生幹部。

(4) ? 老李的女兒是學生幹部,老李有女兒。

---

[①] 句義的上下位關係不同於詞語的上下位關係,具體可參見石安石(1994:182—183)。

句(3)的表達很自然,先説"老李有女兒",然後以此爲前提、在此基礎上談論"老李的女兒"的情況,前一句爲後一句中預設的出現作了鋪墊。句(4)的表達則很不自然,因爲在前一句子中已經知道了"老李有女兒",後面再來重複一遍,就是冗餘,顯得多此一舉,很彆扭,祇能在一些特定語境中出現——通常用於口語,用於對前面話語的後續補充或對聽話人錯誤認知的糾正。

**(三) 預設必須以語言結構爲依托,是言内之意**

預設不是無中生有、主觀臆造的,它是有據可依的,它的依據就是它所在話語的語言結構,我們可以根據話語的語言結構推導出預設。

石安石(1994:181)認爲"廣義蘊含包括預設在内,預設祇是一種特殊的蘊含",它給蘊含下的定義是:"蘊含是一種基本的語義組合關係。在没有本話語外的知識參加的情況下,如有甲就必然有乙,就説甲蘊含乙,或甲以乙爲蘊含。"(石安石 1994:167)雖然筆者認爲能不能把預設納入蘊含旗下、作爲特殊的蘊含這個問題還值得討論,但無庸置疑的是預設和蘊含都有同樣的性質——"在没有本話語外的知識參加的情況下,如有甲就必然有乙"。所以説,預設是話語本身產生的,是一種言内之意,而不是言外之意。

當然,所謂"話語的語言結構"可以是各種不同層次的語言結構、各種不同的語言形式,如詞語、短語結構、句型句式等,這些都可以導致預設的產生。如:

(5) 他昨天<u>又</u>徹夜未歸→他以前曾徹夜未歸

(6) 他最近<u>開始</u>學日語了→他以前没學日語

(7) <u>讀研究生之後</u>,她就没要家裏一分錢→她讀了研究生

(8) <u>海外的親友</u>給了他很多外國郵票→他有親友在海外

(9) 你<u>什麽時候</u>弄丢身份證的? →你弄丢了身份證

(10) <u>要不是</u>下雨,我不會遲到的→下雨了

例(5)(6)中是依據句中的詞語"又""開始"推導出預設的;例(7)

(8)中是依據複雜的狀語和定語推導出預設的;例(9)(10)中是根據特殊疑問句和非真實條件句推導出預設的。

無論是詞彙、短語結構,還是句型句式,總之,我們強調預設必須以句中的某一語言結構爲依托,不能憑空產生。

徐盛桓(1993)提到,預設分爲廣義、狹義兩種,廣義的預設是指"交際雙方預先設定的先知信息",狹義的預設"是由言語片斷而且惟一的也衹由言語片斷來確定的"。本文所説的預設衹限於徐所言的狹義預設,而且我們并不認同廣義預設的存在。認同廣義預設的代表人物有王宗炎、何自然等。

王宗炎(1988)認爲預設是"説話和寫作時假定對方已知曉的信息",如:

A: Are you going to the party tonight?
B: Yes, and I'll take Christina with me.

王宗炎認爲"這個對話有如下幾個預設:A 和 B 都知道晚會的地點、晚會開始的時間、晚會的性質,以及誰是 Christina"。

何自然(1988)對"前提"(即預設)的認識與王宗炎類似,認爲"同一話語可能因語境不同而暗示不同的前提",如話語"天下雨啦!"就可能有"久旱無雨""連續陰雨天""討論旅行計畫""殘冬將盡"等不同的前提。

由上可知,王宗炎、何自然所謂的預設是一種擴大化的預設,實際上就是交際雙方共同的已知信息,是日常意義上的會話"前提",隨語境變化而變化,主觀性很强。這種被泛化的預設不適合作爲語義學、語用學的專業術語"預設"(Presupposition)。作爲專業術語的"預設"應該有一定的客觀性,有一定的依托性,有一定的確定性,也就是説必須以一定的語言結構爲依據,這樣纔便於我們判斷特定的話語有哪些預設、沒有哪些預設,也便於對預設現象展開全面深入的研究。

綜上所述,我們給語義學、語用學的專業術語"預設"(Presupposition)下的完整定義是：

預設是話語沒有宣稱而暗含的、根據本話語的語言結構可以推斷出的、使話語成立（合適）的先決條件。

## 二、 邏輯預設、語義預設、語用預設

### （一）不是三種類型的預設，而是預設研究的三種視角、三個階段

邏輯預設、語義預設、語用預設是人們常用的概念，有的人把這三個概念所指的預設看成是互不相容的三種不同類型的預設。筆者認爲這其實是一種錯誤的理解。準確地講，這三個概念代表的是研究預設的三種不同的視角和三個不同的研究階段：邏輯預設是指從邏輯學的角度來研究預設，這是預設研究的起始階段；語義預設是指從語義學的角度來研究預設，是預設研究的拓展階段；語用預設是指從語用學角度來研究預設，是預設研究的深入階段。

這三個不同的研究階段分別有自己不同的側重點和研究課題。邏輯學研究預設側重於命題，主要研究命題的真值條件及命題之間的關係。語義學研究預設側重於話語的語義結構，主要研究預設誘發語、預設與焦點的關係等。語用學研究預設側重於語境，研究具體語境中交際雙方與話語的關係、説話者的意圖、話語中的新舊信息等。

邏輯預設、語義預設、語用預設之間不是互不相容的，而是存在着包含與被包含的關係，也有的在一定條件下可以互相轉換。

### （二）邏輯預設和語義預設

應該説，邏輯預設是最典型的預設，但它的範圍也最窄，僅限於命題。弗雷格（Frege）等邏輯學家從邏輯學的角度揭示了預設的本質特徵。這階段的預設研究是最嚴謹、最理性、最富邏輯性、最整齊劃一的，可惜的是涵蓋面太窄了。

語義預設是對邏輯預設的拓展，它包含了邏輯預設，但又不限於邏輯預設，把疑問句、祈使句、感嘆句等非命題形式中的預設都囊括進來了，着重研究話語的語言結構與預設之間的關係。語義預設在拓展了研究範圍的同時，也部分地喪失了邏輯預設的嚴謹性和邏輯

性。如我們知道否定測試法是鑒別預設和蘊含的不二法寶,但是否定測試法卻無法用於疑問句、祈使句、感嘆句等非命題形式,這就給研究者提出了一個問題:語義預設中如何鑒別預設? 難道人們祇能根據從邏輯預設中獲得的語感來進行主觀判斷嗎? 我們需要客觀的標準和形式化的手段,這是保證研究的科學品位的必要條件。

### (三) 語義預設和語用預設

前面已經說過,語義預設和語用預設是從不同學科的視角來研究預設,它們各有自己不同的側重點和研究課題,但筆者認爲這兩者最大的區別在於研究預設時是否考慮了語境,是否在具體語境中考察預設。

語義預設是在脫離語境的情況下,考察孤立的句子中的語言結構能否誘發預設;語用預設則是在具體的語境中考察某一句子實際具有的預設。語義預設研究的是脫離語境的預設,是語言的預設,是可能存在的預設,是預設的潛在可能性;語用預設研究的是語境中的預設,是言語的預設,是實際存在的預設,是預設的現實性。

語義預設可以變爲語用預設,這個變化的過程就是語境加入的過程。語境在這個變化過程中作用重大,它可以:

1. 確定語義預設的真假。

(11) 法國的國王是個禿頭→法國有國王

脫離語境來分析例(11),因爲話語以"法國的國王"爲話題,知道它有存在預設"法國有國王",這是一個語義預設。這個預設是真還是假,要看在什麼語境中說例(11),如果是在君主時代說,那預設是真的,如果是在現代說,那預設是假的。

2. 確定語義預設在特定語境中是否依然存在。

(12) 張三的妻子會不幸福→張三有妻子

以上關於例(12)的預設分析,是脱離語境的分析,分析出來的預設是語義預設,這個預設在語境中是否依然存在,要看例(12)進入一個什麼樣的上下文語境。如:

(13) 張三的妻子會不幸福,如果張三吸毒的話。

(14) 張三的妻子會不幸福,如果張三結婚的話。

在例(13)中原有的語義預設依然存在,而在例(14)中原有的語義預設不再存在,因爲前一句子的預設與後一分句的語義相矛盾,被取消了。這實際上就是較小的語言單位中的預設能否投射到較大的語言單位的問題。語境在預設的投射上起了很重要的作用。

3. 確定多選語義預設中的被選項。

(15)我女兒也喜歡跳舞→我女兒還喜歡某事

或:→還有其他人喜歡跳舞

例(15)中有預設誘發語——副詞"也",上面列出的兩個預設都是可能由副詞"也"誘發的預設。"也"表示"情況相同"的意思,這個句子中的"情況"就是謂語動詞"喜歡","相同"可以指向賓語,也可以指向主語。所以,例(15)中由"也"可能誘發兩個不同的語義預設(如前所示),也就是存在兩種預設的可能性。但是進入具體的語境後,語境可以從這兩種預設中選擇一種作爲實際的預設,如:

(16) 我女兒喜歡唱歌,我女兒也喜歡跳舞(→我女兒還喜歡某事)。

(17) 他喜歡跳舞,我女兒也喜歡跳舞(→還有其他人喜歡跳舞)。

從上面的例句中我們可以看到語義預設具有多種可能性,而語用預設具有唯一性——即在特定的語境中語用預設通常祇具有一種可能性。當然,我們説的是一種可能性,而不是衹有一個預設,在特定語境下并不妨礙某一話語有多個預設項。如例(16)(17)中都還有另一個預設"我有女兒"〔當然,例(15)中也含有這一存在預設〕。

### 三、 絕對預設和相對預設

徐盛桓(1993)認爲"絕對預設是每個句子必須有的,預設的内容確定,通常成爲'存在性預設';相對預設是有些句子不一定有,預設内容可能有某些游移性,通常成爲'事態性預設'"。

筆者不能同意徐的意見,筆者覺得這種解釋没能揭示絕對預設和相對預設這兩種預設的本質特徵,二者之間的區别絕不是"存在性預設"和"事態性預設"的區别;而且"每個句子必須有的""有些句子不一定有"這種説法也讓人非常費解。筆者覺得這兩個概念的本質區别在於是否要依賴語境纔能確定,本文對這兩個概念的界定是:

絕對預設:依據句子本身語言結構就能確定預設内容,不需依靠其它語境,是自足的,不具有游移性。

相對預設:依據句子本身語言結構不能確定預設内容,需要依靠其它語境,不是自足的,具有游移性。

以例(15)來説,其中的存在預設"我有女兒"衹需依據句中的短語"我女兒"即可確定,無需借助本句以外的其它語境,這是絕對預設;而副詞"也"誘發的預設有兩種可能性,即可能預設"我女兒還喜歡某事"或"還有某人喜歡跳舞",到底是其中的哪一種情况,必須依靠本句以外的其他語境纔能決定,在没有其它語境的情况下,"也"所誘發的預設具有一定的游移性和不確定性,這是相對預設。

例(15)的絕對預設是個存在預設,但是絕對預設并不限於存在預設,有的事實預設(事態性預設)也是絕對預設,如:

　　(18) 我討厭他不懂裝懂→他不懂裝懂

　　(19) 小李知道小王不喜歡他→小王不喜歡他

　　(20) 我再説一遍→我之前已經説過


　　例(18)(19)(20)中的預設"他不懂裝懂""小王不喜歡他""我之前已經説過"都是事實預設(事態性預設),因爲他們根據句子的本身的語言結構就可以確定,不需要借助於其他的語境。

　　相對預設常常和下面兩種類型的預設有關:

　　1. 由副詞"也""又""都"等誘發的預設。語境會影響這些副詞的語義指向。

　　前面例(15)"也"誘發的相對預設就是這類,再如:


　　(21) 小李又搬家了→小李以前曾搬家

　　　　 或:→其他人曾搬家


　　2. 否定句中的預設

　　否定句中否定詞後的語言單位都是否定範圍,當否定範圍中不止一個語言單位時,其中必有一個是否定焦點(或否定指向),剩下的都將參與構成預設,都有可能形成預設;最後到底哪一個形成語用預設,取決於語境。否定焦點和預設的確定都需要借助於語境。如:


　　(22) 他不是星期天坐飛機去上海。


　　在不同的上下文所提示的不同語境中,這個句子會有不同的否定焦點和預設,如下所示(句中加點的語言單位爲否定焦點):


　　(22a) 他不是星期天坐飛機去上海(→他某天坐飛機去上海),是星期六。

　　(否定焦點:星期天)

（22b）他不是星期天<u>坐飛機</u>去上海（→他星期天去上海），是坐火車。

（否定焦點：坐飛機）

（22c）他不是星期天坐飛機<u>去上海</u>（→他星期天坐飛機去某地），是去北京。

（否定焦點：去上海）

仔細分析下去，我們還可以對例（22）的否定焦點及預設產生情況做出更多種的分析。注意，我們這兒所説的語境，既包括上下文，也包括強調重音（調核）。如例（22）中通過不同的強調重音來凸顯不同的否定焦點，也就產生不同的預設。例（21）中選擇不同預設的時候，"又"的讀音也有區別。

當然，相對預設并不祇限於副詞誘發的預設和否定句中的預設這兩種，出現在這兩種情況下的預設也不一定都是相對預設。要注意的是，相對預設因爲對語境的高度依賴，具有游移性，在確定時比絕對預設要難一些，必須結合語境來分析。

根據上面的分析可知，絕對預設和相對預設的區別不是"存在性預設"和"事態性預設"的區別，絕對預設和相對預設的區別在於是否依靠句子本身的語言結構就能確定，是否要依賴於其他語境纔能確定，是否自足，是否具有游移性。

以上就是本人關於預設的定義、特點的認識以及對於預設分類產生的下位概念的梳理，希望能够抛磚引玉。

## 參考文獻

G. Leech. 1981. Semantics, The Study of Meaning. Penguin Books.

J. Lyons. 1979. Semantics 2. Cambridge University Press.

何自然：《語用學概論》，湖南教育出版社 1988 年版。

姜望琪：《當代語用學》，北京大學出版社 2003 年版。

傑佛瑞・利奇著，李瑞華等譯：《語義學》，上海外語教育出版社 1987 年版。

李福印：《語義學教程》，上海外語教育出版社 1999 年版。

石安石:《語義研究》,語文出版社 1994 年版。

索振羽:《語用學教程》,北京大學出版社 2000 年版。

王宗炎:《英漢應用語言學詞典》,湖南教育出版社 1988 年版。

徐烈炯:《語義學》(修訂本),語文出版社 1995 年版。

徐盛桓:《"預設"新論》,《外語學刊》1993 年第 1 期。

# 第二語言複雜度研究概述

曹賢文[1]　劉婧瑤[2]

(1. 南京大學海外教育學院;2. 香港城市大學語言學及翻譯系)

**摘　要**:語言複雜度是國際語言學界一個備受矚目的研究課題,近年來二語複雜度研究日益受到重視。本文首先從二語複雜度作爲因變數的研究、二語複雜度作爲引數的研究和二語複雜度本身的方法論研究等方面梳理了二語複雜度的主要研究内容,然後從絕對複雜度和相對複雜度等方面分析了二語複雜度的概念和成分,最後從操作層面評述了二語複雜度的測量方法。

**關鍵詞**:語言複雜度;CAF 多維體;語言形式特徵;二語表現

語言複雜度是國際語言學界一個備受矚目的研究課題,近年來二語複雜度研究也日益受到重視。從歷史上看,二語複雜度研究至少可以追溯到 20 世紀 70 年代,當時研究者們希望能采用一套客觀、量化方法對第二語言進行有效測量(Larsen-Freeman 1978),於是把目光轉向母語習得研究中開發的語言複雜度和準確度測量方法(Hunt 1965;Brown 1973)。語言複雜度方法最初引入二語習得研究時,主要用於評量二語表現,反映二語發展水準。後來,又有學者把語言複雜度視爲影響二語習得機制的因素,關注它對習得過程中認知處理的影響。在進行實證研究的同時,學者們也在不斷探索二語複雜度的理論和方法研究,努力建立一個界定明確、操作性强的方法論體系。

---

\* 　謹以此文恭祝李老師八十華誕,祝李老師吉祥如意,松鶴長春!

## 一、 第二語言複雜度研究的主要内容

根據 Bulté & Housen(2012)、Housen et al.(2019)等總結性分析,已有二語複雜度研究大致分爲三個方面。

1. 二語複雜度作爲因變數的研究

二語複雜度領域最先開展的是複雜度作爲因變數的研究。自誕生起,二語習得研究長期面臨着一個重要問題:如何以客觀、可量化的方式來評量學習者的二語表現。20 世紀 70 年代,受到母語習得研究的啓發,研究者們先後引入複雜度、準確度、流利度等各種概念和方法,對二語表現進行評量研究。通過深入討論,研究者們逐步認識到二語表現不是由某個單一維度構成的,而需綜合多個維度進行評量。20 世紀 90 年代,Skehan(1996,1998)首先提出,將複雜度(complexity)、準確度(accuracy)和流利度(fluency)結合在一起構成 CAF 三維體,作爲評量二語表現的模型。此後,引發了許多後續研究,從多種角度探索諸如不同任務類型、構思條件、教學方法、學習環境及學習者個體差異等因素對包括複雜度在内的二語表現的影響。

這類研究主要從實用角度出發,將複雜度(通常與準確度和流利度一起)作爲因變數,應用於語言表現的各種評量中,分析其他引數或主要變數對包括複雜度在内的二語表現的影響。近年來,漢語二語習得界在這方面開展了富有成效的研究,涌現了一批研究成果。例如,探討不同水準漢語學習者在語言複雜度等維度上的表現(陳默 2015;陳默、李侑璟 2016;吳繼峰 2016),分析漢語二語者與母語者語言表現特徵上的異同(曹賢文、鄧素娟 2012),研究任務類型(劉瑜 2017)、文體類型(吳繼峰 2019;師文、陳靜 2019;亓海峰、廖建玲 2019)、認同(陳默 2020)等變數對語言複雜度等特徵的影響等等。

2. 二語複雜度作爲引數的研究

另一些研究則將語言複雜度視作學習者二語發展中的引數,關注它對習得過程中的認知機制和教學中其他變數的影響。例如,基於動態系統理論或基於使用理論的二語發展研究,將語言複雜度作爲一個重要的引數,通過繪製包括複雜度在内的學習者語言發展圖,

來捕捉二語發展過程的非綫性特徵，揭示學習者語言非綫性動態發展規律，取得了許多研究成果（例如，Larsen-Freeman & Cameron 2008；Verspoor et al. 2011；周琳 2020；等等）。與此同時，也有一些研究關注目標語結構的複雜度對教學效率和效果的影響（Doughty & Williams 1998）。

另外，還有不少研究將語言複雜度作爲引數，探討與其他形式特徵、功能特徵及表達品質之間的關係，尤其是探索複雜度在內的語言特徵對表達品質的預測作用。近年來，哪些語言特徵可以有效預測表達品質的問題，也引起了漢語二語研究者的重視，例如，靳洪剛（2007）根據漢語特點提出采用話題鏈作爲測量指標；吳繼峰等人的系列研究考察了語言區別性特徵與寫作品質之間的關係（吳繼峰 2018a，2018b），語言區別特徵與口語評分之間的關係（吳繼峰、趙曉娜 2020），語言特徵與功能充分性及寫作評分之間的關係（吳繼峰、周蔚、盧達威 2019），等等。

（3）二語複雜度本身的方法論研究

隨着語言複雜度在二語習得研究中日益增多，由於研究者們關於複雜度的概念存在不同角度的理解，引起的一些困惑需要加以澄清。Michel（2017）指出，複雜度是 CAF 三維體中最具爭議的維度，造成困難的原因在於複雜度被用於二語習得的不同方面。既指二語發展的複雜度，即"語言結構在二語習得中出現和掌握的順序"（Pallotti 2015）；也指認知複雜度，即學習者在處理和學習某個語言專案時感知的主觀難度；還指客觀複雜度，即二語成分在形式或功能上的內在複雜度。近年來，學界越來越關注對語言複雜度概念及其結構的研究，逐漸認識到二語複雜度是一個多維概念。除了概念的界定以外，關於語言複雜度的方法論研究也持續開展，如複雜度的構成、CAF 三維體、複雜度內部結構及其測量方法和測量指標等。經過多年努力，這些研究取得了顯著成果。

## 二、 第二語言複雜度的構念和成分

Pallotti（2015）認爲，在已有二語習得研究中複雜度至少被賦予了三種不同意義:(1) 結構複雜度,用於描述文本及語言系統中語言形式的客觀特徵,包括構成成分的數量及各成分之間的關係;(2) 認知複雜度,與語言處理所需耗費的認知資源有關,對更複雜語言現象的處理需要消耗更多認知資源;(3) 發展複雜度,與語言結構在二語習得過程中出現和被掌握的先後順序有關。這種"一詞多義"帶來了許多問題,因爲"複雜度"的三種含義顯然是三種不同的構念。

　　Housen et al. (2019)指出,造成二語複雜度一詞多義的問題核心是未能區分絕對複雜度與相對複雜度。所謂絕對複雜度是指語言結構固有的(inherent)、客觀的複雜度,是語言系統或語言産出樣本的固有屬性。它與語言内部形式有關,依據的是語言組成成分的數量和種類以及它們之間的相互關係(Pallotti 2015)。其中語言系統的複雜度,又叫整體複雜度,既可指目的語言系統的整體複雜情況,亦可指學習者二語系統的"廣度",即學習者掌握了多少,掌握到什麼程度等等。語言結構的具體複雜度,也叫局部複雜度,是更加微觀和穩定的因素,包括功能複雜度和形式複雜度,下面還可以再分爲詞彙複雜度、形態複雜度、句法複雜度和語音複雜度等。

　　爲了描述"二語複雜度"構念,Bulté & Housen(2012)提出了一份詳細的構成圖,作爲二語複雜度的描述分析框架,參見圖1。

　　相對複雜度,也叫認知複雜度或難度,是與學習者相關的、相對於學習者的一種認知處理難度。心理語言學認爲,學習者在學習、處理和内化不同二語知識時,所消耗的認知資源是不同的。從學習者角度出發,可以分析哪些因素影響語言特徵的認知處理,對習得造成影響。Housen & Simoens(2016)針對相對複雜度的概念和分類進行了詳細分析。該文指出,認知複雜度與絕對複雜度的差異在於語言結構的複雜度可能會引起認知複雜度,但兩者并不重合,其他因素也會導致認知複雜度。認知複雜度與特定學習環境、特定學習者和特定語言特徵所造成的困難都有關係,其核心是處理和内化語言特徵過程中的心理資源配置和認知機制。這與 DeKeyser(2003:331)的觀點頗爲相似,他將主觀難度描述爲語言特徵固有的複雜度與學習者處理這種特徵的能力之比。因此,與學習者相關的認知複雜度,是

二語複雜度

相對複雜度　　　　絕對複雜度

主觀決定因素　　客觀決定因素

語言複雜度　　話語互動複雜度　　命題複雜度

系統複雜度　　結構複雜度

形式複雜度　　功能複雜度

| 詞彙複雜度 | 形態複雜度 | 句法複雜度 | 語音複雜度 |
|---|---|---|---|
| 搭配 | 屈折 | 句子 | 音段 |
| 詞位 | 派生 | 子句 | 超音段 |
| | | 短語 | |

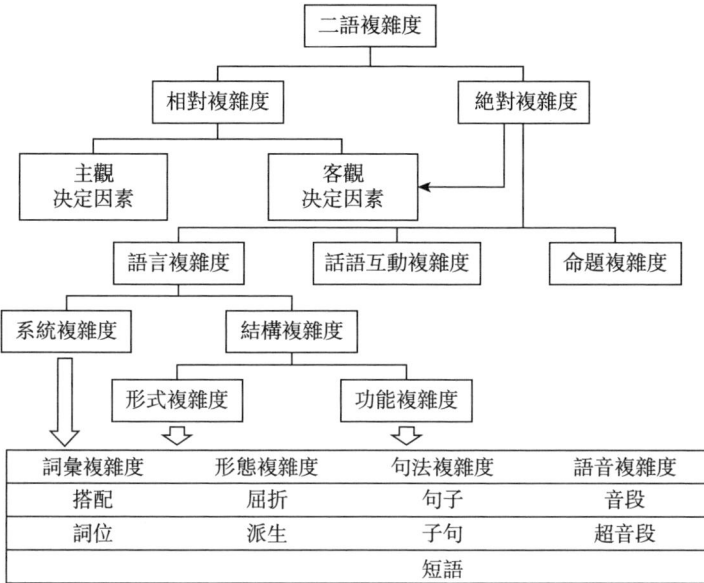

**圖1　二語複雜度構成圖（Bulté & Housen 2012：23）**

語言特徵與學習者個體特徵相結合的產物,學習者認知能力的個體差異,如語言學能、工作記憶及內隱學習能力也是形成認知複雜度的核心因素。學習者的其他因素,包括已有知識,尤其是第一語言或另一種已學語言的知識,二語水準,以及某些社會情感和人格因素,如動機、性格和焦慮等,在構成二語難度方面也發揮着一定的作用,參見圖2。

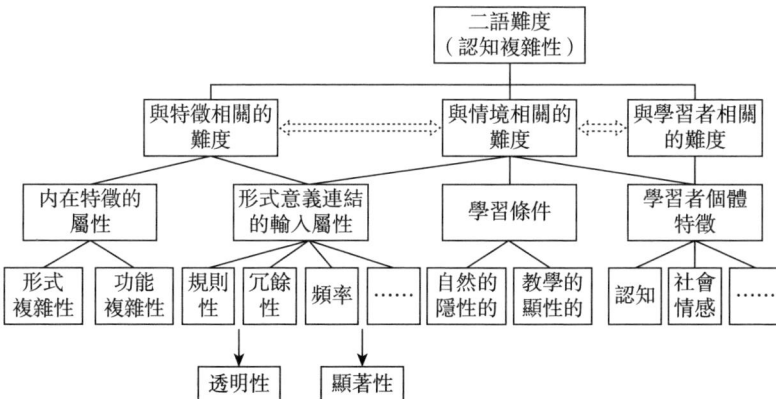

二語難度（認知複雜性）

與特徵相關的難度　　與情境相關的難度　　與學習者相關的難度

內在特徵的屬性　　形式意義連結的輸入屬性　　學習條件　　學習者個體特徵

形式複雜性　　功能複雜性　　規則性　　冗餘性　　頻率　　……　　自然的隱性的　　教學的顯性的　　認知　　社會情感　　……

透明性　　顯著性

**圖2　二語難度構成圖（Housen & Simoens 2016：164）**

由於評量某種語言的整體複雜度或比較不同語言的整體複雜度幾乎是難以完成的任務，"雖然是一項非常雄心勃勃的工作，但實際上可能是無法實現的"（Kortmann & Szmrecsanyi 2012），現有複雜度測量研究主要圍繞語言的局部複雜度展開，特別是從詞彙、形態、句法、語音等方面測量和比較結構複雜度。其中，句法複雜度是二語複雜度研究中最集中的部分。

## 三、 第二語言複雜度的測量方法

理論構建和方法操作是科學分析的一體兩面，"常常爲了完成服務於某一對象的操作功能，就必須運用包括數理語言學、信息理論和控制論在內的現代應用語言學去確定一個系統，或研究配備一套程序并建立使用規範……系統有了定量的基礎，便能從組成部分的行爲推導出系統的行爲，從組成部分的關係推導出系統的特性"（李開 1991）。因此，如何對二語複雜度進行科學的測量操作十分重要。

根據前文對二語複雜度的分類，測量方法也可以分爲兩類：絕對複雜度測量與相對複雜度測量。絕對複雜度測量方法從客觀角度測量語言成分的數量及成分之間的關係；相對複雜度測量方法與語言使用者或學習者相關，測量處理語言特徵時需付出的認知代價或困難。從測量的標準來看，既有由專家和教師主觀評分的主觀評量法，也有采用客觀量具的客觀測量法。二語準確度研究主要采用客觀測量法，通常采用長度（length）、頻率（frequency）、比率（ratio）、指數（index）等指標形式。從測量對象來看，有一般測量法和具體特徵測量法，前者分析的是語言結構的綜合複雜度，後者針對的是某一具體特徵的複雜度。早期的研究多測量一般複雜度，近年對二語複雜度的分析日益細緻化，針對具體特徵的測量方法日益增多。

Wolfe-Quintero et al.（1998）曾將二語表現的測量指標總結爲三種類型：（1）頻率指標，例如形符的出現頻次；（2）比率指標，將一個特定單位的數量除以另一個單位的總數，例如"類符形符比"（Type and Token Ratio, TTR）；（3）指數指標，即通過更複雜的公式對指標進行計算,例如測量詞彙變化度的 Uber 指數。具體測量時,選擇什麼類型的指標主要依據調查中的二語資料和需要(Michel 2017)。頻率指標適合對長度相等的二語樣本進行比較,如果樣本長度不同,通常應采用比率或指數指標。之所以計算指數,是由於某些比率受樣本長度的非綫性影響,例如"類符形符比"是詞彙變化度的經典測量方法,但該方法并不適合較長文本的分析,由於語料越長,重複出現的詞語就越多,類符和形符的比值相應就越小,因而無法穩定地反映被試的詞彙變化度。爲了克服這一缺點,一些學者提出采用複雜公式計算的指數指標,如 Uber 指數。

在二語複雜度分析中,研究最多、最受關注的是句法複雜度。Norris & Ortega(2009)總結了四種常見的句法複雜度測量方式:(1) 基於長度的測量方式,如平均 T 單位長度;(2) 基於從屬結構的測量方式,如平均 T 單位分句數;(3) 基於并列結構的測量方式,與從屬結構相比,低水準的二語學習者往往更傾向於使用并列結構;(4) 其他針對具體特徵的測量方式,如精細化指數(Elaboration Index)、句法能産性指數(Index of Productive Syntax)等。Norris & Ortega(2009)盤點了十六項實證研究中測量二語句法複雜度的方法,統計結果顯示,僅有六項研究的句法複雜度指標超過了兩種。該分析結果表明,當時研究者們對於句法複雜度的理解還較爲單一。

Bulté & Housen(2012)對四十項實證研究中測量二語複雜度的方法進行了元分析,這些測量方法涉及三個方面:(1) 句法複雜度,包括總體層面、句子層面、小句層面、短語層面等;(2) 形態複雜度,包括屈折和派生兩種形態;(3) 詞彙複雜度,包括詞彙多樣性、詞彙密度和詞彙高級性。這四十項研究總共采用了四十種測量指標,其中"平均 T 單位子句數""平均 c 單位子句數""類符形符比"三種指標使用最頻繁,分別在 12 項、9 項、9 項研究中使用。根據統計結果,Bulté & Housen 認爲:首先,大多數研究采用了一般性測量法,測量的是總體複雜度,如平均 T 單位長度、平均 T 單位子句數、平均 c 單位子句數、平均 AS 單位子句數等,很少采用細微性(finer-grained)測量法測量特定語言特徵。其次，大多數二語複雜度研究祇采用了少數測量指標，原因可能是缺少可用於複雜度測量的自動計算工具。再次，祇有少數測量指標得到較廣泛使用，如"平均 T 單位子句數""平均 c 單位子句數""類符形符比"，大多數測量指標僅在少數研究中使用，其中19 種測量指標祇在一項研究中使用。最後，一些研究雖然看上去采用了不同測量方法，但實際上是在反復測量同一指標，造成了測量冗餘。

筆者觀察近年的研究，Bulté & Housen(2012)提到的上述問題，目前有了較大改變。特別是一些電腦自動分析量具的研發，大大增加了測量指標的數量，并減輕了計算的人力成本。例如，目前廣泛使用的 Coh-Metrix(Graesser et al. 2011)提供了包括句法複雜度在内的 11 類共 108 項指標，可對書面文本的衛接性和難易度進行自動分析。TextEvaluator 可從句法複雜度、詞彙具體度、詞彙陌生度等 8 個維度對文本難度進行自動分析(Sheehan et al. 2014)。Kyle(2016)設計的句法複雜度自動分析工具(TAASSC)除了納入 Lu(2010)的14 項指標以外，還包含數百項細微性的從句和短語複雜度指標，且具備良好的效度(Kyle & Crossley 2018)。這些分析工具融合了計算語言學和語料庫語言學技術，將多種語言特徵分析指標組合在自動分析軟體中，大大提升了複雜度測量的廣度、深度和效率。

## 參考文獻

曹賢文、鄧素娟:《漢語母語和二語書面表現的對比分析——以小學高年級中國學生和大學高年級越南學生的同題漢語作文爲例》,《華文教學與研究》2012年第 2 期。

陳默:《漢語作爲第二語言自然口語産出的複雜度、準確度和流利度研究》,《語言教學與研究》2015 年第 3 期。

陳默:《認同對漢語二語學習者口語複雜度、準確度和流利度的影響》,《語言教學與研究》2020 年第 1 期。

陳默、李侑璟:《韓語母語者漢語口語複雜度研究》,《語言文字應用》2016 年第 4 期。

靳洪剛:《從中文寫作過程看 CFL 語言結構成熟度的發展》,《(美國)中文教師學會學報》2007 年第 1 期。

李開:《論現代應用語言學的理論建構》,《南京社會科學》1991 年第 4 期。

劉瑜:《任務類型對漢語二語口語產出中詞彙複雜度的影響》,《世界漢語教學》2017 年第 2 期。

亓海峰、廖建玲:《基於記叙文和議論文的漢語二語寫作發展研究》,《世界漢語教學》2019 年第 4 期。

師文、陳静:《漢語二語寫作語言特徵的體裁差異研究》,《漢語學習》2019 年第 6 期。

吳繼峰:《英語母語者漢語書面語句法複雜度研究》,《語言教學與研究》2016 年第 4 期。

吳繼峰:《語言區別性特徵對英語母語者漢語二語寫作品質評估的影響》,《語言教學與研究》2018 年第 2 期。

吳繼峰:《韓語母語者漢語書面語句法複雜度測量指標及與寫作品質關係研究》,《語言科學》2018 年第 5 期。

吳繼峰:《韓國學生不同文體寫作中的語言特徵對比研究》,《語言教學與研究》2019 年第 5 期。

吳繼峰、周蔚、盧達威:《韓語母語者漢語二語寫作品質評估研究——以語言特徵和内容品質爲測量維度》,《世界漢語教學》2019 年第 1 期。

吳繼峰、趙曉娜:《初中級漢語水準二語者口語產出品質評估研究》,《語言文字應用》2020 年第 1 期。

周琳:《漢語二語學習者詞彙語義系統動態發展研究》,《世界漢語教學》2020 年第 1 期。

Brown, Roger. 1973. A First Language: The Early Stages. Cambridge: Harvard University Press.

Bulté, Bram & Alex Housen. 2012. Defining and operationalising L2 complexity. In: Housen A, Kuiken F & Vedder I (eds). Dimensions of L2 Performance and Proficiency: Complexity, Accuracy and Fluency in SLA. Amsterdam: Benjamins.

DeKeyser, Robert. 2003. Implicit and explicit learning . In C. Doughty & M. Long (eds). The Handbook of Second Language Acquisition . Oxford: Blackwell .

Doughty, Catherine & Jessica Williams (eds). 1998. Focus on Form in Class-room Language Acquisition. Cambridge: Cambridge University Press.

Graesser, Arthur, Danielle McNamara&Jonna Kulikowich. 2011. Coh—metrix: Providing multilevel analyses of text characteristics. Educational Researcher, 40: 223–234.

Housen, Alex &. Hannelore Simoens. 2016. Introduction: Cognitive perspectives on difficulty and complexity in L2 acquisition. Studies in Second Language Acquisition, 38:163–175.

Housen, Alex, Bastien De Clercq, Folkert Kuiken &. Ineke Vedder. 2019. Multiple approaches to complexity in second language research. Second Language Research, 35(1): 3–21.

Hunt, Kellogg W. 1965. Grammatical Structures Written at Three Grade Levels (NCTE Research Report No. 3). Urbana, IL: The National Council of Teachers of English.

Kortmann, Bernd &. Benedikt Szmrecsanyi (eds). 2012. Linguistic Complexity: Second Language Acquisition, Indigenization, Contact. Berlin: de Gruyter.

Kyle, Kristophe. 2016. Measuring Syntactic Development in L2 Writing: Fine Grained Indices of Syntactic Complexity and Usage-based Indices of Syntactic Sophistication. (Unpublished doctoral dissertation) Georgia State University, Atlanta, GA .

Kyle, Kristopher &. Scott A. Crossley. 2018. Measuring syntactic complexity in L2 writing using fine-grained clausal and phrasal indices. Modern Language Journal, 102: 333–349.

Larsen-Freeman, Diane. 1978. An ESL index of development. TESOL Quarterly, 12(4): 439–448.

Larsen-Freeman, Diane &. Lynne Cameron. 2008. Complex Systems and Applied Linguistics. Oxford: Oxford University Press.

Lu, Xiaofei. 2010. Automatic analysis of syntactic complexity in second language writing. International Journal of Corpus Linguistics, 15:474–496.

Michel, Marije. 2017. Complexity, accuracy, and fluency in L2 production. In Shawn Loewen &. Masatoshi Sato (eds). The Routledge Handbook of Instructed Second Language Acquisition. London: Routledge.

Norris, John M. &. Lourdes Ortega. 2009. Towards an organic approach to investigating CAF in instructed SLA: The case of complexity. Applied Linguistics, 30(4): 555 - 578.

Pallotti, Gabriele. 2015. A simple view of linguistic complexity. Second Language Research, 31: 117 - 134.

Skehan, Peter. 1996. A framework for the implementation of task-based instruction. Applied Linguistics, 17:38 - 62.

Skehan, Peter. 1998. A Cognitive Approach to Language Learning. OUP.

Sheehan, Kathleen, Irene Kostin, Diane Napolitano & Michael Flor. 2014. The Text Evaluator tool: Helping teachers and test developers select texts for use in instruction and assessment. Elementary School Journal, 115: 184 - 209.

Verspoor, Marjolijn, K. de Bot & Wander Lowie (eds). 2011. A Dynamic Approach to Second Language Development: Methods and Techniques. Amsterdam: John Benjamins.

Wolfe-Quintero, Kate, Shunji Inagaki & Hae-Young Kim. 1998. Second Language Development in Writing: Measures of Fluency, Accuracy, & Complexity. Honolulu: University of Hawaii Press.

# 古韻通轉是某韻部字的個案行爲，
# 非韻部普遍行爲論

## ——論陳新雄教授"古韻三十二部之對轉<br>與旁轉"的上古音價值

馮 蒸

(首都師範大學中國詩歌研究中心/首都師範大學文學院)

**摘 要:**陳新雄教授的名著《古音學發微》(1983)第五章和《古音研究》(1999)第二章之"古韻三十二部之對轉與旁轉"，據我所知，是目前所有的上古音研究著作中都沒有專門系統論及的内容，該部分長達 60 餘頁，可謂洋洋大觀，例證詳明，令人嘆爲觀止。本文簡述了陳先生該部分的學術價值，并對古韻通轉的性質、特點和意義談了筆者的四點看法。特別提出了"古韻通轉是某韻部字的個案行爲，非韻部普遍行爲"的觀點，請同行指正。

**關鍵詞:**陳新雄；古韻三十二部；對轉；旁轉；旁對轉

　　陳新雄教授在其名著《古音學發微》(1983)第五章第一節"古韻總論"部分共討論了六個問題，其第五個問題是"古韻三十二部之對轉與旁轉"。據我所知，這是目前所有的上古音研究著作中都沒有專門系統論及的内容，該部分長達 68 頁之多(第 1022—1089 頁)，可謂洋洋大觀，例證詳明，令人嘆爲觀止。但是該部分對所列出的對轉與旁轉尚無清晰擬音，對一般讀者來説閱讀理解未免困難。

　　其後，陳先生在後來出版的《古音研究》(1999)第二章"古韻研究"第十五節"古韻總論"的第 435—473 頁仍然保留了這部分内容，

---

\*　國家社科基金重大項目"北京方言形成的歷史音韻層次研究"(17ZAD312)。

但是有兩點改動：一、做了進一步的分類，分爲（一）對轉；（二）旁轉（下分三小類：1. 陰聲諸部之旁轉；2. 入聲諸部之旁轉；3. 陽聲諸部之旁轉）；（三）旁對轉。二、該部分開頭列有古韻三十二部主要元音與韻尾相配表，這樣讓讀者理解起來就清楚多了。

特別需要指出的是，葉鍵得先生的《古音與通假字》（2015）一文把陳先生的這部分對轉與旁轉均用音標一一列出，令人一目瞭然。筆者此文在葉先生總結的基礎上進一步細化，計得旁轉 28 種，對轉 99 種。并對這些對轉與旁轉做了進一步的統計與分析。強調該部分在上古音研究中的重要價值。下面先列出陳先生的古韻 32 部表及其擬音（陳新雄 1999），見表 1：

**表 1　陳新雄古韻 32 部表**

| 韻尾元音 | ə | ɐ | a |
|---|---|---|---|
| —0 | ə 之 | ɐ 支 | a 魚 |
| —k | ək 職 | ɐk 錫 | ak 鐸 |
| —ŋ | əŋ 蒸 | ɐŋ 耕 | aŋ 陽 |
| —u | əu 幽 | ɐu 宵 | au 侯 |
| —uk | əuk 覺 | ɐuk 藥 | auk 屋 |
| —uŋ | əuŋ 冬 | 0 | auŋ 東 |
| —i | əi 微 | ɐi 脂 | ai 歌 |
| —t | ət 没 | ɐt 質 | at 月 |
| —n | ən 諄 | ɐn 真 | an 元 |
| —p | əp 緝 | ɐp 怗 | ap 盍 |
| —m | əm 侵 | ɐm 添 | am 談 |

陳伯元先生古音三十二部之對轉（28 種）（葉鍵得 2015）

第一類

1. 歌月對轉　ai-at

2. 歌元對轉　ai-an

3. 月元對轉　at-an

第二類

4. 脂質對轉　ɐi-ɐt

5. 脂真對轉　ɐi-ɐn

6. 質真對轉　ɐt-ɐn

第三類

  7. 微没對轉　　əi-ət

  8. 微諄對轉　　nə-iə

  9. 没諄對轉　　nə-tə

第四類

  10. 支錫對轉　　ɐ-ɐk

  11. 支耕對轉　　ŋɐ-ɐ

  12. 錫耕對轉　　ɐk-ɐŋ

第五類

  13. 魚鐸對轉　　a-ak

  14. 魚陽對轉　　a-aŋ

  15. 鐸陽對轉　　ak-aŋ

第六類

  16. 侯屋對轉　　au-auk

  17. 侯東對轉　　au-auŋ

  18. 屋東對轉　　auk-auŋ

第七類

  19. 宵藥對轉　　ɐu-ɐuk

第八類

  20. 幽覺對轉　　əu-uə

  21. 幽冬對轉　　əu-əuŋ

  22. 覺冬對轉　　əuk-uə

第九類

  23. 之職對轉　　ə-ɐk

  24. 之蒸對轉　　ə-əŋ

  25. 職蒸對轉　　ək-əŋ

第十類

  26. 緝侵對轉　　əp-əm

第十一類

  27. 帖添對轉　　ɐp-ɐm

第十二類

  28. 盍談對轉　　ap-am

以上對轉有 28 種,學界多予以肯定。此外,陳先生還列有旁轉
99 種,其範圍之廣,類型之多,爲前人所未及。99 種旁轉名稱如下:

陳伯元先生古音三十二部之旁轉(99 種)(葉鍵得 2015)

甲陰聲諸部之旁轉

  1. 歌脂旁轉　　ai-ɐi

  2. 歌微旁轉　　ai-iə

  3. 歌支旁轉　　ai-ɐ

  4. 歌魚旁轉　　ai-a

  5. 歌侯旁轉　　ai-au

  6. 歌之旁轉　　iə-ə

  7. 脂微旁轉　　ɐi-iə

  8. 脂支旁轉　　ɐi-ɐ

  9. 脂之旁轉　　ɐi-ə

  10. 微支旁轉　　ə-iɐ

  11. 微之旁轉　　əiə-ə

  12. 支魚旁轉　　ɐ-a

  13. 支之旁轉　　ɐ-ə

  14. 魚侯旁轉　　a-au

  15. 魚宵旁轉　　ua-ɐu

  16. 魚幽旁轉　　a-uə

  17. 魚之旁轉　　a-ə

18. 侯宵旁轉　　au-ɐu

19. 侯幽旁轉　　au-əu

20. 侯之旁轉　　au-ə

21. 宵幽旁轉　　ɐu-əu

22. 宵之旁轉　　ɐu-ə

23. 幽之旁轉　　əu-ə

乙入聲諸部之旁轉

24. 月質旁轉　　at-ɐt

25. 月沒旁轉　　at-ət

26. 月錫旁轉　　at-ɐk

27. 月鐸旁轉　　at-ak

28. 月職旁轉　　at-ək

29. 月緝旁轉　　at-əp

30. 月帖旁轉　　at-ɐp

31. 月盍旁轉　　at-ap

32. 質沒旁轉　　ɐt-ət

33. 質錫旁轉　　ɐt-ɐk

34. 質職旁轉　　ɐt-ək

35. 質緝旁轉　　ɐt-əp

36. 質帖旁轉　　ɐt-ɐp

37. 沒職旁轉　　ət-ək

38. 沒緝旁轉　　ət-əp

39. 沒盍旁轉　　ət-ap

40. 錫鐸旁轉　　ɐk-ak

41. 錫屋旁轉　　ɐk-auk

42. 錫藥旁轉　　ɐk-ɐuk

43. 錫職旁轉　　ɐk-ək

44. 錫帖旁轉　　ɐk-ɐp

45. 鐸屋旁轉　　ak-auk

46. 鐸藥旁轉　　ak-ɐuk

47. 鐸職旁轉　　ak-ək

48. 鐸緝旁轉　　ak-əp

49. 鐸盍旁轉　　ak-ap

50. 屋藥旁轉　　auk-ɐuk

51. 屋覺旁轉　　auk-əuk

52. 屋職旁轉　　auk-ək

53. 屋帖旁轉　　auk-ɐp

54. 藥覺旁轉　　ɐuk-əuk

55. 藥職旁轉　　ɐuk-ək

56. 藥緝旁轉　　ɐuk-əp

57. 藥盍旁轉　　ɐuk-ap

58. 覺職旁轉　　əuk-ək

59. 覺緝旁轉　　əuk-əp

60. 職緝旁轉　　ək-əp

61. 職帖旁轉　　ək-ɐp

62. 職盍旁轉　　ək-ap

63. 緝帖旁轉　　əp-ɐp

64. 緝盍旁轉　　əp-ap

65. 帖盍旁轉　　ɐp-ap

丙陽聲諸部之旁轉

66. 元真旁轉　　an-ɐn

67. 元諄旁轉　　an-ən

68. 元耕旁轉　　an-ɐŋ

69. 元陽旁轉　　an-aŋ

70. 真諄旁轉　　ɐn-ən

71. 真耕旁轉　　ɐn-ɐŋ

72. 真陽旁轉　　ɐn-aŋ

73. 真冬旁轉　　ɐn-əuŋ

| | | | |
|---|---|---|---|
| 74. 真侵旁轉 | ɐn-əm | 87. 陽冬旁轉 | aŋ-əuŋ |
| 75. 真添旁轉 | ɐn-ɐm | 88. 陽蒸旁轉 | aŋ-əŋ |
| 76. 諄耕旁轉 | ən-ɐŋ | 89. 陽談旁轉 | aŋ-am |
| 77. 諄陽旁轉 | ən-aŋ | 90. 東冬旁轉 | auŋ-əuŋ |
| 78. 諄蒸旁轉 | ən-əŋ | 91. 東蒸旁轉 | auŋ-əŋ |
| 79. 諄侵旁轉 | ən-əm | 92. 東侵旁轉 | auŋ-əm |
| 80. 耕陽旁轉 | ɐŋ-aŋ | 93. 東談旁轉 | auŋ-am |
| 81. 耕東旁轉 | ɐŋ-auŋ | 94. 冬蒸旁轉 | əuŋ-əŋ |
| 82. 耕冬旁轉 | ɐŋ-əuŋ | 95. 冬侵旁轉 | əuŋ-əm |
| 83. 耕蒸旁轉 | ɐŋ-əŋ | 96. 蒸侵旁轉 | əŋ-əm |
| 84. 耕侵旁轉 | ɐŋ-əm | 97. 侵添旁轉 | əm-ɐm |
| 85. 耕添旁轉 | ɐŋ-ɐm | 98. 侵談旁轉 | əm-am |
| 86. 陽東旁轉 | aŋ-auŋ | 99. 添談旁轉 | ɐm-am |

由於有了擬音和分類，各類通轉的内涵一目瞭然，提供了研究者進一步思考的空間。總體來説筆者認爲陳先生此部分内容的貢獻有四：

一、首次詳細地列出了古音通轉的類型與數量，這是現在國内外所有的上古音著作所沒有的，可説是一個創舉。

二、每類通轉均舉出豐富例證，做到了信而有徵，例證主要取自先秦兩漢的諧聲、用韻、重文、或體、通假、漢儒音訓等等。雖然每類通轉的例證數量不等，但能夠彙聚如此衆多的音轉材料，其功力之深、之巨，實爲罕見。

三、此份材料除了對上古音研究本身有重要價值外，對考釋古文字、訓詁學均有重要價值。現在古文字學者和訓詁學研究者在引用古韻通轉材料以證成其觀點時，通常都會引用陳先生的這份材料以及陸志韋先生的《古音説略》所列的表來證成其説（參單周堯 2017），其重要性可見一斑。

四、爲編撰大型的《漢語音韻學辭典》提供了大量可靠的素材。

陳先生的上古音體系是三元音説，作爲一家之言，頗有參考價值。但從語言普遍性的角度看，缺乏全世界所有語言均具有的 a、i、u

三個基本元音（所謂元音三角形）中的 i 和 u，似乎這個擬音體系還可以再考慮。另外，爲了便於與大陸通行的王力先生六元音説的上古音三十部體系相溝通，筆者建議陳先生的擬音表可以仿照王力先生在《同源字典》中列出的上古音體系，即把各類韻部分爲甲、乙、丙三類，見表 2，這樣稱謂和考察起來似更方便，系統性也更強。至於元音的數量和各部主要元音的具體構擬也可供參考。兹不贅述。

### 表 2　王力上古三十韻部分部表

|  |  | 陰聲韻 | 入聲韻 | 陽聲韻 |
|---|---|---|---|---|
| 甲類 | 第一類 | 之 [ə] 部 | 職 [ək] 部 | 蒸 [əŋ] 部 |
|  | 第二類 | 幽 [u] 部 | 覺 [uk] 部 | 冬 [uŋ] 部 |
|  | 第三類 | 宵 [o] 部 | 藥 [ok] 部 |  |
|  | 第四類 | 侯 [ɔ] 部 | 屋 [ɔk] 部 | 東 [ɔŋ] 部 |
|  | 第五類 | 魚 [a] 部 | 鐸 [ak] 部 | 陽 [aŋ] 部 |
|  | 第六類 | 支 [e] 部 | 錫 [ek] 部 | 耕 [eŋ] 部 |
| 乙類 | 第七類 | 歌 [ai] 部 | 月 [at] 部 | 元 [an] 部 |
|  | 第八類 | 脂 [ei] 部 | 質 [et] 部 | 真 [en] 部 |
|  | 第九類 | 微 [əi] 部 | 物 [ət] 部 | 文 [ən] 部 |
| 丙類 | 第十類 |  | 緝 [əp] 部 | 侵 [əm] 部 |
|  | 第十一類 |  | 葉 [ap] 部 | 談 [am] 部 |

關於古韻通轉，筆者還想談如下四點看法：

### 一、古韻通轉是某韻部字的個案行爲，非韻部普遍行爲

所謂古音通轉都是指古韻某部中某個字或某幾個字所發生的音變，轉讀爲他部的音，并不是指該古韻部的所有字與他部的所有字均可發生此類音變。所以我認爲應該是一種個案行爲，不是普遍行爲。這種個案可能是發生通轉的該字具有一字兩讀。因爲如果是韻部普遍行爲，則韻部之間的界限將不復存在。我們很難設想甲韻部中的字可以整部變到乙韻部，目前的古韻通轉例證也多是個別字的變轉，多數字并沒有發生此種變化，這裏恕不贅舉。

## 二、 古音通轉不一定是一對一，可以是一對多或多對一

這個問題從陳先生上文的對轉、旁轉表已可看出。當某一韻部與多個韻部發生通轉關係時，如根據目前學者們的考察，上古幽部便有此種情況，即幽部可以與脂部（何琳儀 1996）、侵部、微部、文部通轉（龍宇純 1998），例證頗多，不贅舉。此種情況章太炎已注意到，章炳麟不同意孔廣森陰陽對轉説的一部祇能配一部的對轉理論，他在《國故論衡・成均圖》裏説：“（孔氏）所表，以審對轉則優，以審旁轉則窒。辰陽鱗次，脂魚櫛比，由不知有軸音，故使經界華離（錯亂）首尾橫決，其失一也。緝盍二部雖與侵談有別，然交廣人呼之，同是撮唇，不得以入聲相格。孔氏以緝盍爲陰聲，其失二也。對轉之理，有二陰聲同對一陽聲者，有三陽聲同對一陰聲者；復有假道旁轉以得對轉者……非若人之處室，妃匹相當而已……拘守一理，遂令部曲混淆，其失三也。”如何解釋這種情況？ 如果拘於一部一主元音説，可能解釋起來比較困難，是不是有一部多主元音的可能？ 這是值得我們思考的問題。

## 三、 古韻“陽蒸旁轉”説質疑

陳先生此表的 88 號旁轉是所謂“陽蒸旁轉”，例證是《離騷》的用韻，李存智（2010：262）同。按《離騷》第 32 章“民生各有所樂兮，余獨好脩以爲常，雖體解吾猶未變兮，豈余心之可懲”，學界通常認爲此處之“常、懲”爲韻是上古“陽蒸旁轉”説的唯一例證。黄靈庚（2018）説：“以上四句常、懲爲韻。常，陽部；懲，蒸部。出韻。戴震《屈原賦注》：‘懲，讀如長，蓋方音。’江有誥《楚辭韻讀》：‘常、懲謂陽、蒸合韻。’聞一多《楚辭校補》：‘常、懲元音近，韻尾同，例可通叶。’其説皆不可信。孔廣森《詩聲類》：‘若《離騷》，“余獨好脩以爲常”“豈余心之可懲”，則本“恒”字，漢人避諱改爲常耳。慎勿又據爲陽可通蒸也。’梁章鉅《文選旁證》：‘常，當作恒，與懲爲韻。此避漢諱改。’其説得之旨。《郭店楚墓竹簡》凡恒常義皆作恒。《老子》（甲本）‘知足之爲足，此恒足矣’；‘是故聖人能輔萬物之自然，而弗能爲，道恒亡爲也’；‘道恒亡名，樸雖微，天地不敢臣’。恒，長沙馬王堆漢墓帛書甲、乙二本《老

子》亦同,其爲漢初本,在文帝前,今諸通行本《老子》皆改作'常'。又,《郭店楚墓竹簡·五行篇》:'□而不傳,義恒□□。'《魯穆公問子思篇》:'子思曰:"恒稱其君之亞(惡)者,可謂忠臣矣。"'《成之聞之篇》:'古之用民者,求之於已爲恒。'《尊德義篇》:'因恒則固。'又:'凡動民必順民心,民心有恒。'皆用'恒'不用'常',蓋楚語也。"按:據此可知,古韻"陽蒸旁轉"説實不能成立,所引《離騷》"常、懲爲韻"之"常"乃是避諱改字,本字爲"恒",此爲蒸部獨押,非陽蒸合韻。此例説明,對於比較罕見的通轉類型,必須仔細甄別,不可輕易相信。

### 四、 關於古韻通轉進入音韻學辭典詞條的問題

筆者曾經有編撰《音韻學辭典》的經歷,檢索大陸出版的多本音韻學辭書或含有音韻學詞目的辭書,可見所收關於古韻通轉的條目,衹有寥寥十幾條,多是概括性的條目,并沒有具體的古韻通轉條目,這不能不説是個缺憾。下面是筆者從大陸十部通行音韻學辭書所做的統計。十種音韻學辭典分别爲:①《中國大百科全書·語言文字卷》(後文簡稱爲《大百科全書》)②《中國語言學大辭典·音韻學卷》(後簡稱《中國語言學大辭典》)③《音韻學辭典》④《語言文字辭典·音韻學卷》(後簡稱《語言文字辭典》)⑤《中國語言文字學大辭典》⑥《語言學名詞》(2011)⑦《簡明古漢語知識辭典》⑧《王力語言學詞典》⑨《古代漢語教學辭典》⑩《語言學辭典》(增訂版)。

本文選取的辭典數目雖衹占據目前市面上音韻學辭書總數的四分之一,但具有一定的代表性。目前音韻學辭典中對通、旁、對轉類相關詞條的解釋,存在着名稱不一(同實異名)、内涵不一(同名異實)、解釋不一(闡述不全面,不準確)的問題,直接導致辭典的科學性與實用性皆不足。故筆者通過比較通、旁、對轉類音韻學術語詞條的收録和解釋情況,應可以在一定程度上管窺出辭典編纂的問題與不足,以期能對今後音韻學辭典的編纂研究有所裨益。下面的表是統計所選取的十種辭典中,有關通、旁、對轉類的詞目,共有 18 條,分別爲:通轉、王力古音通轉説、古韻通轉説、正聲、變聲、交紐轉、隔越轉;旁轉、近旁轉、次旁轉、近轉;對轉、陰陽對轉、陽入對轉、陰入對轉、正

對轉、次對轉、旁對轉。另有 6 條 "同名異實" 或 "同實異名" 的詞目，分別爲正轉、音轉、古韻通轉、變音、轉音、正音。在《音韻學辭典》中還有 "轉而不出其類" 與 "轉紐" 兩條詞目也一并列出附在最後，見表 3（表中所列的數字爲該題目的釋義字數）。

現將收録情況總結如下：

### 表 3 通、旁、對轉類詞目收録情況

| 序號 | | 1 | 2 | 3 | 4 | 5 | 6 | 7 | 8 | 9 | 10 | |
|---|---|---|---|---|---|---|---|---|---|---|---|---|
| 序號 | 詞目 共24條 | 中國大百科全書·語言文字卷 | 中國語言學大辭典 | 音韻學辭典 | 語言文字辭典 | 中國言文字學辭典 | 語言學名詞 | 簡明古漢語知識辭典 | 王力語言學詞典 | 古代漢語教學辭典 | 語言學辭典 | 十本辭典共計收録次數 |
| 通旁對轉類 | | | | | | | | | | | | |
| 1 | 通轉 | 345 | 500 | 567 | 500 | 172 | 67 | × | 523 | × | 18 | 8 |
| 2 | 王力古音通轉説 | × | 542 | × | 535 | × | × | × | × | × | × | 2 |
| 3 | 古韻通轉説 | × | 334 | × | 329 | 370 | × | × | × | × | × | 3 |
| 4 | 正聲 | × | 47 | 143 | 47 | × | × | × | 53 | × | 485 | 5 |
| 5 | 變聲 | × | 35 | 342 | 35 | × | × | × | 237 | × | × | 4 |
| 6 | 交紐轉 | × | 56 | 207 | 56 | × | × | × | 134 | × | × | 4 |
| 7 | 隔越轉 | × | 193 | 294 | 193 | × | × | × | 217 | × | × | 4 |
| 8 | 旁轉 | 1083 | 396 | 597 | 386 | 397 | 28 | 156 | 396 | 137 | 140 | 10 |
| 9 | 近旁轉 | × | 118 | 159 | 118 | × | 24 | × | 162 | × | × | 5 |
| 10 | 次旁轉 | × | 132 | 179 | 132 | × | 22 | × | 99 | × | × | 5 |
| 11 | 近轉 | × | 192 | × | 192 | × | × | × | 194 | × | × | 3 |
| 12 | 對轉 | × | 178 | 234 | 5 | 5 | 46 | 140 | 312 | 249 | 113 | 9 |
| 13 | 陰陽對轉 | 1886 | 3 | 960 | 417 | 1382 | 55 | × | 669 | × | 94 | 8 |
| 14 | 陽入對轉 | × | 17 | 38 | 17 | 80 | 21 | × | 165 | × | × | 6 |

| 序號 | | 1 | 2 | 3 | 4 | 5 | 6 | 7 | 8 | 9 | 10 | |
|---|---|---|---|---|---|---|---|---|---|---|---|---|
| 序號 | 詞目<br>共24條 | 中國大百科全書·語言文字卷 | 中國語言學大辭典 | 音韻學辭典 | 語言文字辭典 | 中國語言文字學大辭典 | 語言學名詞 | 簡明古漢語知識辭典 | 王力語言學詞典 | 古代漢語教學辭典 | 語言學辭典 | 十本辭典共計收錄次數 |
| 15 | 陰入對轉 | × | 17 | 34 | 17 | 80 | 21 | × | 161 | × | × | 6 |
| 16 | 正對轉 | × | 168 | 206 | 168 | × | 33 | × | 160 | × | × | 5 |
| 17 | 次對轉 | × | 174 | 102 | 174 | × | 35 | × | 198 | × | × | 5 |
| 18 | 旁對轉 | × | 148 | 75 | 174 | 162 | × | × | 145 | 89 | × | 6 |
| 各辭典收錄18條詞目總數 | | 3 | 18 | 15 | 18 | 8 | 10 | 2 | 16 | 3 | 5 | × |
| 同名異實與同實異名類 | | | | | | | | | | | | |
| 19 | 正轉 | × | × | 446 | × | 268 | × | × | 109 | × | × | 3 |
| 20 | 音轉 | × | × | 78 | × | × | × | × | × | 375 | × | 2 |
| 21 | 古韻通轉 | × | × | × | × | × | × | × | 152 | × | × | 1 |
| 22 | 變音 | × | × | 30 | × | 425 | × | × | 151 | × | × | 3 |
| 23 | 轉音 | × | × | 29 | × | 425 | × | × | 405 | × | × | 3 |
| 24 | 正音 | × | × | 349 | × | 376 | × | × | 96 | × | × | 3 |
| 各辭典收錄19—24詞目總數 | | 0 | 0 | 5 | 0 | 4 | 0 | 0 | 5 | 1 | 0 | × |
| 各辭典收錄24條詞目總數 | | 3 | 18 | 20 | 18 | 12 | 10 | 2 | 21 | 4 | 5 | × |
| 其他 | | | | | | | | | | | | |
| 25 | 轉而不出其類 | × | × | 48 | × | × | × | × | × | × | × | 1 |
| 26 | 轉紐 | × | × | 174 | × | × | × | × | × | × | × | 1 |

筆者認爲,根據當前音韻學的發展趨勢,有必要把陳先生所列的對轉、旁轉諸類型經仔細考察後全部或多數進入音韻學辭典,這對推動音韻學的普及與深入研究,無疑大有裨益。

## 參考文獻

陳新雄:《古音學發微》,文史哲出版社 1983 年版。

陳新雄:《古音研究》,五南圖書出版公司 1999 年版。

馮蒸:《上古漢語的宵談對轉與古代印度語中的-am＞-o/-u 型音變——附論上古漢語的宵陽對轉和宵元對轉以及宵葉對轉》,載《馮蒸音韻論集》,學苑出版社 2006 年版,第 183—197 頁。

何琳儀:《幽脂通轉舉例》,載《古漢語研究》第 1 輯,中華書局 1996 年版。

李存智:《上博楚簡通假字音韻研究》,萬卷樓圖書股份有限公司 2010 年版。

龍宇純:《上古音芻議》,載《"中央研究院歷史語言研究所"集刊》第六十九本第二分,1998 年。

龍宇純:《中上古漢語音韻學論文集》,五四書店有限公司 2002 年版。

陸志韋:《古音説略》,見《陸志韋語言學著作集(一)》,中華書局 1985 年版。

單周堯:《高本漢〈先秦文獻假借字例·緒論〉評〈説文〉諧聲字初探》,載《勉齋論學雜著》,上海古籍出版社 2017 年版,第 256—291 頁。

王力:《先秦古韻擬測問題》,載《北京大學學報》1964 年第 5 期。

王力:《同源字典》,商務印書館 1982 年版。

王力:《漢語語音史》,中國社會科學出版社 1985 年版。

葉鍵得:《古音與通假字》,載《陳新雄教授八秩誕辰紀念論文集》,萬卷樓圖書股份有限公司 2015 年版,第 237—256 頁。

# 日僧文雄《磨光韻鏡》及相關文獻文本撮要

李無未

（廈門大學中文系）

**摘　要**：本文的目的在於，通過梳理《磨光韻鏡》及其相關文獻《韻鏡索引》與《翻切門法》文本，使關心文雄“漢吳華”三音理論內涵的讀者對其基本原理有一個初步的認識，爲進一步深入發掘其學術價值奠定一個良好的基礎。當然，解讀文雄《磨光韻鏡》及其相關文獻《韻鏡索引》與《翻切門法》文本，理解其所建立的《韻鏡》“漢吳華”三音理論模式，需要再行結合文雄《正字磨光韻鏡》《磨光韻鏡字字庫》《磨光韻鏡餘論》等文獻纔能有所創獲，纔能真正理解其深刻學術內涵，限於篇幅，本文未能就此全面展開。

**關鍵詞**：日僧雄文；《磨光韻鏡》；《韻鏡》；《翻切門法》

## 一、　文雄《磨光韻鏡》：《韻鏡》學史新探與時代標志

談到《韻鏡》學史分期，三澤諄治郎（1956：14—19）認爲，應該分爲注釋時代、探究時代、新研究時代，這是很有代表性的看法。大體上說，信範以來的五百年間很少有學者對《韻鏡》本圖進行深入研究和評判，始終以張麟之“序例”的注釋爲中心，這是注釋時代的特點。自從日本名僧文雄（1700—1763）《磨光韻鏡》發表以後，《韻鏡》研究進入到了一個新的時代，此即探究時代。這個時代，以《磨光韻鏡》爲代表，以調整《韻鏡》結構形式爲基礎，建立了“漢吳華”三音原理，形成了一整套新的學術理論，對後世學者研究《韻鏡》基本理論影響至大。

　　明治末期,西方語言學理論傳入,許多學者將《韻鏡》研究納入到了西方語言學理論視野中去,進行新的理論思考,構成了接近現代科學的歷史比較語言學視野下的《韻鏡》學,這以大矢透、大島正健、滿田新造爲代表,被稱之爲新研究時代。即便如此,文雄在新的時代没有過時,其理論與新時代理論"融通求變",讓人們驚嘆其科學預見性,因此,也仍然發揮着至關重要的"理論建構"作用。文雄《磨光韻鏡》所建立的《韻鏡》理論模式"焕然如新","舊雨新知"不斷,深刻地影響了日本《韻鏡》研究的歷史步伐,比如大矢透《韻鏡考》論第一轉"開合"問題,其討論就以文雄認識爲起點(1924:74)而提出有力證據。《磨光韻鏡》也極大地推動了相關漢語音韻學理論研究歷史進程,凸顯了東亞學者研究漢語音韻學理論的區域特色,至於這個理論特色是如何形成的,就需要通過研究《韻鏡》學術史,并洞悉《磨光韻鏡》及相關文獻真諦,纔能有所感悟,纔能有所發現,并對相關理論問題有所認識,這是需要一個深刻思考過的。需要補充的是,三澤諄治郎所説的新研究時代,祇是表明文雄《磨光韻鏡》的研究達到了一定的新高度,但此後學者的研究如何定位? 比如太田全齋《漢吳音圖》"漢字音層次"分類,受到文雄的啓發和影響是明顯的,其"層次分類"架構在理論上獨樹一幟,後世學者受其裨益者甚多,儘管在當時的研究實踐上遇到了重重困難,受到後來滿田新造等學者的非議,它是不是還可以作爲一個時期的標志? 高本漢歷史比較語言學指導下的漢語音韻學研究成果《中國音韻學研究》引入到了東亞,也應該看作是一個更爲嶄新的歷史起點,最起碼它拓展了《韻鏡》研究新的學術空間,建立了新的研究《韻鏡》模式。在這個學術大潮中,文雄《磨光韻鏡》"漢字音史"的學術地位愈加凸顯。隨着日本漢字音歷史層次及漢語語音史研究的逐漸展開,文雄《磨光韻鏡》被賦予了歷史比較語言學及結構主義語言學新色彩,因而,再一次引起人們的關注。

　　我們在這裏就《磨光韻鏡》及與之相關的《韻鏡索引》《翻切伐柯篇》文本基本內容及觀點作一"撮要"介紹,以期爲學術界研究文雄《磨光韻鏡》提供一點資料綫索。

## 二、 文雄《磨光韻鏡》版本、體例及内容

《磨光韻鏡》版本。目前所見文雄《磨光韻鏡》,爲日本國立國會圖書館龜田文庫藏本,由勉誠社 1981 年 6 月影印出版。但據林史典所考,《磨光韻鏡》有三種版本:1744 年初刻本,有太宰春臺序,還有其同門法慧而作"題磨光韻鏡後"跋字樣。下卷附有"無相上人撰述續刻書目"。國立國會圖書館龜田文庫藏本依據此本。1787 年再刻本,有太宰春臺序、法慧跋,這與初刻本相同,在《續刻書目》中增加了《韻鏡指要録》《翻切伐柯篇》《正字磨光韻鏡》《磨光韻鏡字字庫》《磨光韻鏡餘論》等書籍,可見其與時俱進之態勢。依據《韻學楷梯》等書可知,三浦道齋校訂本(1857)是經過了三浦道齋校訂而成的。

《磨光韻鏡》體例及内容。《磨光韻鏡》卷上,包括本圖。依次是太宰純《磨光韻鏡序》、法慧《題磨光韻鏡後》、文雄《磨光韻鏡緒言》、《磨光韻鏡》本圖。《磨光韻鏡》卷下,包括《韻鏡索引》及《翻切門法》。依次是文雄《韻鏡索引》、文雄《翻切門法》、《無相上人撰述續刻書目》。

### (一) 太宰純(春臺)《磨光韻鏡序》

其内容主要爲:1. 太宰純講自然之音韻,從"自然正"到"侏離",構成古今音不同的變化過程,其變化的關鍵時期是兩晋。2. 太宰純講《韻鏡》用悉曇家法施諸中國字音,這種方法很"精微",其"可以正音韻,可以辨華夷韻學之書"。3. 太宰純講日本近世學者,研究《韻鏡》者有一些,但釋宥朔《開奩》之後就很少了。這些學者最大的問題是"皆不學華音,徒以方俗訛音言之"。由此,他認爲理解《韻鏡》,"學華音"變得極其重要了:"故欲治《韻鏡》者,先須學華音,學華音而習之,然後四聲可明也,七音可辨也,内外開合,凡百呼法悉可分別也,夫然後可以講韻學也。"這就與傳統的《韻鏡》中古音觀念相差很大。4. 太宰純認爲,文雄與衆不同,他"好華音又好韻學",有所發明,所以著《磨光韻鏡》聞名於世。

### (二) 法慧《題磨光韻鏡後》

其内容主要爲:1. 法慧講"聲明之學,西域丕備,相傳梵帝天主草

創"。2. 法慧認爲,聲明之學在魏晋之時傳入,齊梁時代"阜行"。3. 法慧説《韻鏡》傳入日本,文雄將其"昭昭載光明,斯文時之臻也與?抑亦上人之力也?"其"無闠音韻以得文字,文字遂達於無文字之"。清代官話語音介入《韻鏡》體系中,法慧的評價基本屬實。

### (三) 文雄《磨光韻鏡緒言》

其内容主要爲:1. 文雄認爲,《韻鏡》傳入日本 200 多年,大多數人難以認識其真面目,他批評道:"昔者宗仲蠹魚之餘,出乎臆裁焉。爾來諸家增損者不下數十,本要弗知開閉之有因,愈訂愈誤。""考之顧《篇》、孫《韻》之翻切則率不律,雖《篇》《韻》有原,無等第之可見。校之韓《韻》劉《圖》,則如視諸掌乎? 遂校成一本,於是可謂《韻鏡》復原矣!"無未按:這是説,文雄考校《韻鏡》文獻謬誤的目標很明顯,復原《韻鏡》原貌,是他的基本宗旨之一。

2. 文雄説具體考校《韻鏡》方式。文雄曰:"原本文字取於《篇》《韻》而無遺漏,今盡備矣。《廣韻》素闕如者,《集韻》以補焉,因印(空字)也。如第一轉夆字、蠚字。"考訂反切也是其中内容之一。文雄曰:"翻切者,等第之黄鐘也。原本靡備翻切,諸家所以濫吹也。今附翻切爲字礎,依《廣韻》或類隔,更檢《玉篇》、毛《韻》、《韻會》、《集韻》以從音和,加圍於翻切者是也,如豐,敷弓切。"無未按:文雄考訂反切的原則是類隔與音和并舉,帶有明顯的宋元等韻觀念。

3. 文雄處理《韻鏡》唇音輕重方式。文雄曰:"唇音收等輕之與重錯雜叵辨,紫之奪朱也。今以屬非敷奉微知徹澄娘照穿床審禪者,更字爲白,其餘仍黑白黑以辨輕重也。"

4. 文雄用假名將《韻鏡》漢字標注上日語漢音、吳音、華音。文雄曰:"每字將國字譯三音,漢爲右,吳爲左,華爲前,三音流俗有訛,今律去焉,律之在乎横呼,如風豐馮甏見者,母習槀楚之咻訏莊嶽之音。"

5. 文雄對《韻鏡》有聲與無聲音之處理方式。文雄曰:"原本圍文相半,有聲之與無聲混同。今形於有形,聲於有聲,無形無聲,一删焉,尚分有無也。"

6. 文雄按照《切韻》規範《韻鏡》之字。文雄曰:"《切韻》規矩之字,《韻鏡》或存或亡,以拼音也。今揭出注同音者,如撲音撲。"無未按:文雄時代,《切韻》原書早就亡佚,他們所認定的規範字,根據的是《唐韻》或《廣韻》諸種韻書。

7. 文雄依據《韻法直橫圖》糾正《韻鏡》開合口文字標注。文雄曰:"有開有合,贋本謬誤不一而足,如第一轉,一本誤作開。今徵於梅李圖,更爲合。第四轉通本作開合,蓋效嚬於劉鑒之過也。今更爲開位者,撰收次轉第七亦准之。"按,梅李圖應該指的是梅膺祚《韻法直圖》。李軍(2015)説,《韻法直圖》的藍本是孫貞《切韻捷要》,和李世澤《韻法橫圖》收於《字彙》之中。劉鑒之圖,指的是《切韻指南》韻圖。以我們今天學者的眼光來看,這個開合口標注文字糾謬的依據有些蹊蹺,《韻法直橫圖》"開合口"呼是屬於明清官話的開合口呼,怎麼能作爲反映中古音的《韻鏡》開合口呼文字糾謬的依據呢? 從《磨光韻鏡》"呼"的標注實際來看,已經不是中古音的《韻鏡》開合口兩呼,而是明清官話的開口、齊齒、合口、撮口四呼。所以,這裏的開合口標注文字糾謬,嚴格説來是"開合齊撮口呼標注文字糾謬"。由此,就與後面所説的依據《韻法直圖》與《韻法橫圖》校訂與標注《韻鏡》"華音"相一致。文雄曰:"華音呼法密緻,毫厘剖析,《直》《橫》圖備焉。今旁注衆呼徹第者,尤旁局音者,上頭原書大分開合耳!"就是這個意思。

8. 文雄將《韻鏡》入聲借音列入"圍"中。文雄曰:"入聲借音,如谷響爾。今考於衆説,備之圍中。"無未按:入聲借音是説有的字讀音已經不是原來的入聲字讀音形式,而是"入聲消變"的讀音形式,這就需要用相應的"消變之後"讀音字來標注。

9. 文雄補缺《韻鏡》原本韻母字,參訂、規範正俗字問題。關於補缺,文雄曰:"韻母字原本或弗備,今盡補缺焉,所以解初學之惑矣。"關於參訂文字字音,文雄曰:"參訂文字,凡四千二百七十有九,以括盡天下字音取之。《廣韻》者,三千八百四十三;《集韻》四百三十一;《玉篇》三;《韻會》一;《集成》一。"關於規範正俗字,文雄曰:"《字樣》一從《重修廣韻》,欲令知古人書俗字,亦有據然也。至夾注纖書字,則不必然矣。"

## 三、 文雄《磨光韻鏡》本圖及相關圖表編制特點

### (一)《四十三轉輕重字母定局》圖功能及意義

文雄在正式推出《磨光韻鏡》本圖之前，先列上了一個《四十三轉輕重字母定局》圖。（見圖1）

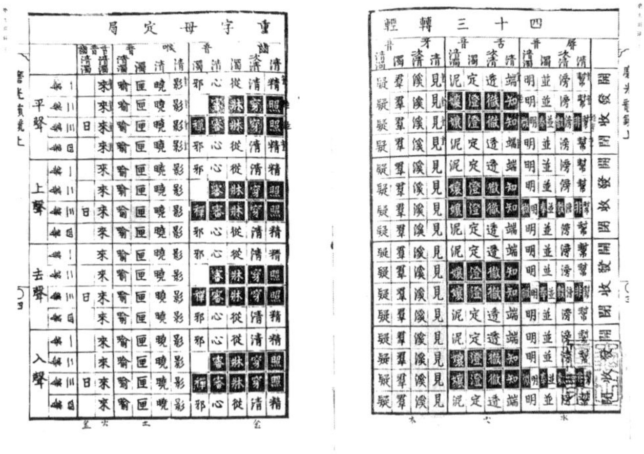

**圖1**

這個圖的特點是：1.《韻鏡》第一橫行，仍舊以發音部位七音作二級分類，比如唇音、舌音、牙音、齒音、喉音等。以二級分類爲基礎，再行分類時，用清濁發音方法分類，這和以往《韻鏡》沒有什麼兩樣。讀者可以從清濁發音方法指出其準確的字母爲何。2.《韻鏡》以開發收閉與一、二、三、四等對應，同時也就與平上去入四聲取得了大類同等地位。需要説明的是，開發收閉使用於所有的聲調，沒有平上去入四聲之分，"開發收閉"的加入，使得"呼法"理論更爲精確而有可操作性。3.《韻鏡》四等格子，用三十六字母占據。每一個格子由一個字母占據。每一個字母占據的位置，所負載的信息是非常豐富的，"鐵帽子"不少，比如右上第一個幫母，它的"鐵帽子"是什麼呢？唇音、全清、開口、一等、平聲，由此，它有了一個固定的位置。位置決定了它所具有的功能。值得注意的是，在唇音平聲三等收音四個格子裏，安排了兩組字母，分別是幫滂並明、非敷奉微。在其他聲調，比如上去

入同樣是三等"收"的位置都做了這樣的安排。表明屬於三等合口的輕唇、重唇音的聲母是有區別的。還有用黑體白字表示發收知組二等、三等,照組二等、三等的區別。這一點,考慮到了"三音"的聲母變化特性,與《切韻》音系聲母"輕重唇不分"有所區別。

文雄爲何要給《韻鏡》編制這樣的一個《四十三轉輕重字母定局》圖? 它的意義何在? 我們的理解是:編制《韻鏡》字母定局圖,是爲了發揮《韻鏡》聲母格局在整個"三音"音系結構中的"定位"作用,以之爲樞紐,則可以構建柔性動態"音變"解釋性框架。其意義在於與時俱進,突破反切舊門法束縛,以《韻鏡》"漢吳華"三音"漢字音史"爲理念,將漢字"漢吳華"三音理論的焦點聚集在了《韻鏡》聲母結構形式"聯結"功能認識上,用以彰顯其《韻鏡》聲母理論模式與以往有所不同,"漢吳華"三音"律之在乎橫呼"的"呼法",是其創新標志之一。字母以"輕重"與"呼法"定局,就意味着文雄《韻鏡》"參訂文字""括盡天下字音"的理想實現有了可能性。它成爲理解《磨光韻鏡》本圖的最爲重要的引領與導入的"序曲"形式。

### (二)文雄《磨光韻鏡》本圖編制形式及特點

《磨光韻鏡》本圖即是他所編制的《韻鏡》四十三轉圖。(見圖2)

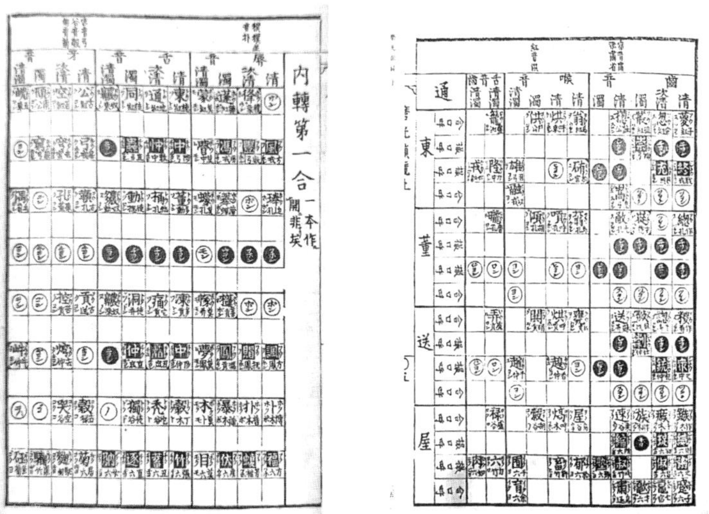

圖2

　　我們看到,《磨光韻鏡》本圖的編制特點是:1.《韻鏡》每一個漢字用片假名標記漢吳華三音,使得一個平面的漢字静止的"中古音"格子,具有了"漢字音史"的動態立體性功能,力圖"括盡天下字音"。2.發揮《韻鏡》"參訂文字"的"校正"作用。比如在"内轉第一合"圖的標目之下,用雙行小字注釋:"一本作開,非矣!"在"内轉第十一合"圖的標目之下,用雙行小字注釋:"一本作開,非矣! 七音,凡合口呼也;又齒音第二等字,華音呼或不與今同。《洪武正韻》屬模韻,爲撮口呼也。"在"屋燭韻"對應位置,又寫上了一段"《直圖》以術韻爲借韻"的話。這説明,《洪武正韻》與《韻法直圖》也成爲其校正文字的重要參考文獻。與之類似的還有"外轉第二十九開"轉圖,其題目下雙行小字注説:"《橫圖》咸齊齒呼,《直圖》第二等唇音齒音與舌清濁音,并舌向上呼,其餘咸齊齒呼。"很顯然,《韻法橫圖》也成了他校正的文獻依據。3. 在《韻鏡》"内轉第十一合"圖對入聲韻字没有用片假名標記漢吳華三音,而且在正圖上方畫出的横行没有作出説明。是不是"入聲韻尾"消失或變化,帶給文雄新的韻母意識的衝擊,由此在處理方式上比較特殊? 4.《韻鏡》增字補音。在"内轉第一合"正圖上方畫出了横行,給再行解釋"正圖"內容提供了一個游刃迴旋的空間。比如"增字補音",在牙音清、次清,東韻三等撮口呼及屋韻合口呼一等、撮口呼三等對應位置上,增補了"宮音弓、穀音穀、匊音菊"三個例證。5.在《韻鏡》"内轉第一合"正圖内没有像《四十三轉輕重字母定局》圖那樣寫上"開發收閉"對應一、二、三、四等字樣,而是每一個等次格子增加了"合口呼、撮口呼"的"呼法定位",以示區別。是不是"合口轉圖"就祇有"合口呼、撮口呼"兩類的"呼法定位"呢? 不是。在"内轉第十二合"轉圖同樣的位置,標注了"唇音合口,餘撮口"的"呼法"。有的"合口轉圖"没有這種標記,比如"内轉第七合"。在"外轉第三十四合""外轉第三十六合"轉圖同樣的位置,標注了"混呼"的"呼法"。在"外轉第四十合"轉圖同樣的位置,標注了"閉口""有齒卷舌而閉"的"呼法"。涉及"開口轉圖",他的"呼法定位"標記也與其他學者處理不同。比如"外轉第十三開"轉圖,已經注明了"去聲寄此",同樣的等次位置,以"齊齒""開口"標記。"内轉第十七開"轉圖,同樣的等次位置,有"開口、齊齒、齊齒呼旋閉口"的標記,"齊齒""齊齒呼"名稱并不統一,而"齊齒呼旋閉口"則是有了兩個動作連續性的表述,也很特別。"齊齒呼旋閉口"的標記在"内轉第十九開"轉圖同樣的等次位置上表現得淋漓盡致,全部都用了"齊齒呼旋閉口"字樣表示。在"外轉第二十一開",其題目下雙行小字注説"齊齒卷舌呼",而同樣的各個韻目内的等次位置不再標記。"外轉第二十三開",其同樣的各個韻目内的等次位置標記也很特別,有"開口、齊齒、牙音齊齒餘開口、牙音齊齒餘音開口、齦齊齒餘開口"説法。在"内轉第三十一開",其同樣的各個韻目内的等次位置標記也很特別,有"開口、混呼"的説法。不在等次位置標記的,比如"内轉第九開",其題目下雙行小字注説"齊齒呼",每一個等次格子没有任何説明,表明無論幾等字都是齊齒呼。涉及"開合口轉圖",他的"呼法定位"標記也與其他學者處理不同。也有不同意"開合"的説法,認定應該是"開",比如"内轉第四開",其題目下雙行小字注説:"諸本作開合,不正。"

據林史典"解説"(勉誠社 1981:1—23),通行的《磨光韻鏡》本圖主要是 1744 年《太宰春臺序》、法慧《跋》的初刻本與 1787 年"皇都二條通,書肆,山本長兵衛"的再刻本。他把 1744 年初刻本與 1787 年再刻本,以及 1744 年初刻本與三浦道齋校訂本進行了對比,可以發現一些變化。比如《韻鏡》第十八轉,喉音清(影母)入聲三等和四等位置把イユ音給去掉了。第三十七轉,唇音清、平聲三等"不"字吳音(左)フ作ノ;唇音濁、平聲四等"澺"字漢音(右)ヒウ作ヒク。而1744 年初刻本與三浦道齋校訂本對比的結果,也是令人驚異,即對《韻鏡》本圖大幅改訂,增加了一些内容。誤刻和不統一之處不少,有許多地方和太田全齋《漢吳音圖》一致。太田全齋《漢吳音圖》有文化十二年版(1815),這個版本與三浦道齋校訂本時間相近,三浦道齋以《漢吳音圖》校訂《磨光韻鏡》的可能性比較大。林史典將初刻本《磨光韻鏡》與《漢吳音圖》進行了對比,發現了這個問題。

林史典《磨光韻鏡》"解説"認爲,《磨光韻鏡》本圖是文雄自己親自校訂的,有一些解釋放在《磨光韻鏡》"轉圖"正圖上方的横行裏,本稱之爲增字補音,其解釋創見不少。林史典認爲,對於這些創見,文雄自己有一些歸納與總結，這可見於《磨光韻鏡餘論》中。例如：其一，除了把《廣韻》《集韻》作爲基本資料外，還以《五音集韻》(1212)爲《韻鏡》"填充字"韻書依據；其二，《韻鏡》"填充反切"，以《廣韻》爲主，但《玉篇》《增修互注禮部韻略》《古今韻會》《五音集韻》也成了重要的來源；其三，《韻鏡》唇音、舌音、齒音分輕重，"轉圖"正圖上方的橫行，也有所説明；其四，在理論上設置了"有聲無形"之音，用假名符號表示，其中值得注意的是查檢諸説的入聲"借記之音"；其五，在《韻鏡》"轉圖"正圖上方橫行給各框格裏的字加注漢吳華之音；其六，《韻鏡》使用文字之反切，沒有在《韻鏡》"轉圖"正圖框格裏出現，而在"轉圖"正圖上方橫行"頭注"加上同音字；其七，改訂《韻鏡》"轉圖"正圖"開合"，但因爲《韻鏡》"轉圖"正圖沒有合適的位置，就祇好在《韻鏡》"次轉之圖"移動加以表示；其八，爲了初學者，補充《韻鏡》韻目文字。

## 四、 文雄《韻鏡索引》内容及基本觀點

文雄《韻鏡索引》主要内容及《韻鏡》研究基本觀點是：

1.《韻鏡》"音韻之譜"性質。文雄曰："《韻鏡》者，音韻之譜也。夫音韻之有譜也，猶方圓之有規矩，有規矩而後方圓正，有譜而後音韻調，其焉不由之？"

2.《韻鏡》產生的背景。唐宋之前不講韻學，文雄曰："六經有韻語而無韻書，學者何由講爲？"但唐宋之時不同，"韻書大成簡而詳者，《韻鏡》爲之魁，學者必由此學之，則庶乎不差矣！梁有沈約做韻譜云。雄按，約惟知四聲，未知有七音之在，豈爲音韻之規矩乎？唐興翻經大德星列，旁傳音韻之學，玄奘、義净、善無畏、不空，其人也，其學之也，印度之毗伽羅也。施之悉曇，則底彦多、蘇漫多七例八轉，男女聲之秘蘊備矣！是我大雄氏之聲明冒地索多之職，而此由也"。

3.《韻鏡》乃是"唐晚之制"。文雄曰："翻經之間，施之華字，則其秘流爲韻策。《韻鏡》者，蓋唐晚之制乎？未詳其人。鄭樵曰'梵僧欲以其教傳之天下，故爲此書'，華僧從而定之，以三十六爲之母。張麟之曰華僧，蓋神珙也。梅膺祚亦曰，釋神珙繼以等韻。雄按，神珙惟論五音，未知七音，豈《韻鏡》出於珙手者乎？予有別論之。"

4.《韻鏡》"四十三紙""圓鏡"内涵及等韻圖學術史地位。文雄曰:"《韻鏡》也,經緯音韻輕重等第清濁次序,三十六母總括衆音,一呼音韻,調訛音謬聲,一簸揚卷,惟四十三紙目下瞭然。宛如懸一大圓鏡,妍媸自見,豈謂待反切而後見者乎? 實千載未發之論,特以《韻鏡》名,豈《切韻指掌》《切韻指南》《直横二圖》之略而粗者之所能及邪? 雖然人或未曉,其賾乎廖廖,未見其説。鄭樵稍發其端,《七音略》其書也。麟之以降,徒以爲《切韻》書,胡敢知其本? 故此書終不震於支那,可惜哉!"

5. 對日本《韻鏡》研究的批評及《磨光韻鏡》得名之由。文雄曰:"本邦晚近諸家競爲疏要,偕張氏之奴隷也耳流弊,遂至反切名諱,謬妄不可言之也。孰知《韻鏡》明明者也? 於乎明鏡被塵翳者,殆乎千載。雄之此舉,欲一除塵,以磨光題云。"

6.《韻鏡》正音作用。文雄認爲,天下文字有30000多個,其中一字多音的情況很多,就造成了"字音倍增"的狀況。他把同音字合并,發現還是有4279個字音。但"《韻鏡》所棋置者是也。然中邊諸國鄉音不一,故字音訛外者居多,欲正之歸一律而述作《韻鏡》也"。核查《韻鏡》成爲必須要做的工作。他舉例道:"鳳字收内轉第一唇音去聲濁三等奉母。伏去聲諷濁音也,和音呼當類風諷而知其類奉俸者,訛矣! 又屬奉母者,和之漢音,例清音呼吳音,濁呼也。入聲三等伏字,呼正既知伏音正則,亦知鳳字吳音清呼者訛也。平聲馮字,亦同豐平聲次清,屬敷母吳音,誤呼似音逢漢音如音峰者,亦非矣! 共不知風豐一類之横呼也。"如此,他認爲:"知本字音正而後反切可得論,一音不正,則反切皆誤,可不慎呼?"

7. 關於中國韻學是否創建於"江左"問題。文雄説:"上古作文字必有字音,字音繁雜,必可類攝,所以立韻也。其韻雖不可知,時施之章句,故六經間有韻語,漢魏晋宋齊梁之間詩賦,皆押韻,豈創乎江左? 檢其韻,則三百篇、《楚辭》,自古韻攝韻可多。漢魏以降,韻漸密,尚應通攝廣間,又有字音不類,今竊疑字音呼法有大異。今後世韻學備,韻書全之世,尚四方中國之音不齊,況數千載之上與今豈得全齊與? 未聞其世有韻書,其傳久失矣! 孰能得盡知於古? 雖然,韻已有之，四聲不可無，特怪沈約始唱四聲，而自曰昔日千歲未悟。顧上古以來，韻語皆四聲區分，縱使分韻不一，百七東與支不混，先自先，蕭自蕭，三側聲，亦自有分平上去入，豈有無名？其世雖應有四聲別分韻，限呼法不明，四聲混淆，殆如和音之類。"

8. 批判《字彙》"協韻"說。文雄曰："豈得以後世立韻畫古？施設別音，以爲協韻邪？恐誣也已！其所謂協韻者，亦不畫一，紛紜異説，孰爲準繩？（小字：《字彙》協韻與吳才老説自不同）。"

9. 梳理韻書初創者諸説。文雄曰："或曰蕭梁已前無有韻書，沈休文造韻譜。又云，類譜類韻，其書湮滅，舉世以唐宋詩賦之用韻一百七爲沈韻云。雄按，明人不深講韻學，卒然以爲韻書創於唐，不稽之甚矣！《史記正義》云，魏秘書孫炎作反切。《文鏡秘府論》云，宋末已來，始有四聲之目，沈氏乃著其譜論云，起自周顒。又曰，齊僕射陽休之當世文匠也，乃以音有楚夏，韻有訛切，辭人代用，今古不同，遂辨其尤相涉者五十六韻，科以四聲，名曰《韻略》，作之，士咸取則焉，後生晚學所賴多。《康熙字典》云，韻書之最古者，莫如魏李登《聲類》，晋呂静仿其法作《韻集》，齊周顒始著《四聲切韻》，由此觀之，曹魏已有韻書，齊有《四聲韻略》，休文《韻》奚疑？《五音集韻》云，隋開皇初，陸法言與劉臻、顔之推、魏淵、盧思道、李若、蕭該、辛德源、薛道衡八人，俱作《切韻》五卷，豈謂唐人創作韻書？至其庚青爲一韻，先山相混，則約之時詩賦之韻，皆爾自爲詩，同於世者也。又或前作詩，晚作韻亦不可知也。《秘府論》云，魏定州刺史甄思伯以爲沈氏《四聲譜》不依古典，妄自穿鑿，乃取沈君少時文咏犯聲處以詰難之。"

10. 認爲韻書起於秦王俊後，簡述韻書史。文雄曰："爾後韻書起秦王俊《韻纂》，夏侯該《韻略》，周思言《音韻》，李季節《音譜》，陸法言《切韻》，武元（玄）之《韻詮》，顔真卿《韻海》，陸慈、李舟《切韻》。諸書所載，不遑枚舉。又唐有睢陽寧公、南陽釋處忠作《元和韻譜》；天寶十年孫愐作《唐韻》；宋太宗雍熙中丘雍作《禮部韻略》；仁宗崇韻學，詔丁公度、李公淑等修韻書，許叔重等凡數十家總爲《集韻》。此時也，韻學已大成。"

11. 關於張麟之解《韻鏡》及《韻鏡》"不爲元明清人所用"問題。

文雄曰："當時,張麟之學《韻鏡》,初若不解,予竊怪張氏之世韻學已備矣!《韻鏡》也,不難解書,麟之獨苦何哉?其制序例而傳也,雅無所發揮,故後人之用之也幾希,惜此書淪没,不爲元明清人所用。張氏同時之司馬光作《切韻指掌》,校《韻鏡》則略而粗,雖然,諸家據之夥矣!《古今韻會》云,按聲音之學,其傳久失,韻書起於江左,訛舛相承,千有餘年,莫之適正。近司馬文公作《切韻》,始依《七音韻》,以牙、舌、唇、齒、喉、半舌、半齒定七音之聲,以《禮記·月令》四時定角、徵、宮、商、羽、半商徵、半徵商之次,又以三十六字母定每音清濁之等,然後天下學士始知聲音之正。"

12. 從中國韻書韻圖分韻看《韻鏡》韻目設置。文雄曰:"我本邦率無學《切韻指掌》者,舉世鼓舞,《韻鏡》之尚矣,然未能知其爲用也。宋人崇《禮部韻略》,因申明撰《禮韻》續降,又有諸家《禮韻》補遺,江南毛晃《增修禮韻》,毛氏《增韻》是也。江北平水劉淵新刊稱《平水韻增》,元昭武黃直翁撰《古今韻會》,金人韓道昭著《五音集韻》,明太祖洪武八年詔諸儒撰書成云《洪武正韻》。大抵分平上去入,爲二百六韻,稱之古韻,而《唐韻》據之合之爲一百七韻。平水劉淵之所制云,或稱之'沈約韻',唐宋以來詩家所用之韻是也。又爲百六十韻,韓道昭所立也。更爲七十六韻,《洪武正韻》所定也。若復曲論之,則不止二百六,《古今韻會》所引用《七音韻鏡》,分韻尤多,率類《字彙》《横直》二圖而更爲多。《直圖》韻頭四十四門,各有四聲,總計一百四十八韻也。今《韻鏡》分布二百六韻,然支紙寘三韻,第四轉與第五轉不同,凡六韻,脂旨至亦六韻,如此,分別總計二百九十九韻也。更正《横直》二圖呼法,則有一韻中不同者分以爲二,爲二而成衆多韻,如此而後,音韻得正,徒不能以沈約韻畫一,古今者也,學者不可不知。"

13. 日本傳習"漢吳華"三音,其中"中華正音"稱華音或唐音。文雄曰:"凡字音呼,華夷諸邦不同,本邦古今傳習之音,漢吳二音也。漢音爲儒家所用,吳音爲佛家所用。竊按:二音昔日雖應華人所傳,而四聲正,五音分於今,輾轉成訛,四聲淆亂,七音乖舛,清濁交誤,輕重不分。鑒之《韻鏡》,則不協正律,訛轉自見,渾然國音也,故二音共稱和音。近世傳習中華正音，當稱華音，俗稱謂唐音。"關於文雄"華音"（唐音），湯澤質幸（1987，2014）、岡島昭浩（1992）、沼本克明（1997）、張升餘（1998）、陳輝（2015）、謝育新（2016）等學者有過考訂，可以參見。

14. 關於學華音與學《韻鏡》。文雄曰："其音也，呼法嚴，如七音，四聲輕重、清濁、開口、合口、齊齒、撮口等之條理分明也。正之《韻鏡》，則如合符節，故學音韻者，必不可不由華音學。學華音者，必不可不由《韻鏡》。"（第69頁）

15. 區辨《韻鏡》"漢吳華"三音。文雄曰："或曰在中華素有吳音漢音，豈得稱和音邪？謂中華吳音者，雖不正音，可不同和音。四聲不分者，但有吳音，屬疑母字，迺雅音；屬喻母者，說見《韻會》音例。""其漢音者，雅音也。《字彙》卷末云，讀韻須漢音，若任卿語便，至差錯。然《字彙》中字音不可以和之漢音讀者居多，且如一字，堅溪切，音奇。按，堅溪切音與雞同，奇屬支韻，《韻會》爲居宜切。奇與雞，和音不同。""梅膺祚之所謂漢音與和之漢音不同，審矣！加㕻《直圖》京巾金三韻似出一音云云微有別耳！以和音何辨？況齊齒、開口、撮口、閉口、卷舌、咬舌等之呼法，不學華音則孰能辯之？豈翅字？《字彙》《韻會》亦同。如冬韻鐘字，諸容切，與終同。衝字，昌容切，與充同。蹱字，癡凶切，音與充同。恭字，居容切，音與弓同，之類尤多。以和音不可解也。"

16. 論"和音""華音"四聲。文雄曰："教道四聲，本邦古來用茶椀天目四字，和之讀書及平話字音不辯四聲，但從連聲，宜如天字，本平聲。天目之天作去聲呼，謂俾類天目之天聲，知去聲也。雄按，天目可也，茶椀不可也。謂椀字呼則平聲，茶字呼則上聲，故知和稱平聲者，華音上聲；華音平聲，和音以爲上聲，是其概也。又如茶字，呼短促者華音例，爲入聲也。華之所謂四聲者，沈約所唱'天子聖哲'，如本音正呼四聲，字字皆同，必無彼連聲變聲。平上去入即四聲。《字彙》《直圖》云，調音貴得其平，故初發聲爲平聲，外上爲上，過去爲去，四聲盡則入矣！《元和韻譜》云，平聲者哀而安，上聲者厲而舉，去聲者清而遠，入聲者直而促。《康熙字典》云，平聲平道莫低昂，上聲高呼猛烈强,去聲分明哀遠道,入聲短促急收藏。按:以上説一無似和之所指揮者,和音之魯莽可知也。今更用和習之語音示華音之四聲,曰顔淵,曰孔子,曰園林江河,共配華之四聲也。又如屬紙旨止支脂之實至志微尾未魚語御虞模麌姥遇暮佳歌戈哿果箇過麻馬禡韻之和音者,呼如華音入聲,如屬緝洽合葉韻之和音翻然似華音平上去入,故以文字通志,則終日與華人交目之,則平側清濁全耳之,則侏僑躱舌,豈翅四聲?如《南山》葛伯,清濁不守,華音之讀法,總無有變音。"(第7—8頁)

17.《韻鏡》三十六字母與宮商角徵羽相配形式。文雄曰:"唇舌牙齒喉配之宮商角徵羽,衆説不同。《韻學集成》云,《玉篇》三十六母《五音撮要》圖,以影曉匣喻四母屬宮音,《韻會》以四母屬羽音,《玉篇》以幫滂並明非敷奉微八母屬羽音,《韻會》此八母屬宮音。今依《韻會》圖局於下,然此按《玉篇》影曉二字正屬宮音,匣喻二字當依《韻會》屬羽音。《玉篇》敷奉二字屬羽音,幫滂並明四字當依《韻會》屬宮音,非敷二字亦屬宮音恐差,以舌拄齒較之,非敷二字當屬徵音爲是(小字,又《字彙》《直圖》分配不同)。"

爲此,文雄在《韻鏡》中以《〈韻學集成〉七音三十六字母反切定局》(《韻會》同之)、《〈玉篇指南〉三十六字母圖》(《韻鏡》《切韻指掌》《切韻指南》同之)、《〈韻學集成〉異説》(今新圖以示焉)、《〈字彙〉〈直圖〉分配圖》加以表現。(第9—10頁)

18. 文雄引徵不同説法,以杭州音律之《韻鏡》:"《文獻通考續鈔》云,喉唇音宮羽異説,今人罔知。《韻統全書》云,且宮音有與羽音相通者。雄按:七音之別微密輒難是非,且以杭州音律之,迺《韻鏡》近乎是呼法,《直横》二圖,委曲焉。邦(合口)滂(開口)並(齊齒)明(齊齒)觸唇尤重,非(合口)敷(合口)奉(撮口)微(合口)觸唇之輕,是輕重之分也。不能和音辯輕重,故解《韻鏡》者,數家未至,辯輕重宜矣!世人謾以爲文字有輕重者,不亦誤乎?殊不知輕重依音論之也。端(合口)透(開口)定(齊齒)泥(齊齒),搖舌而發於舌頭,音知(咬齒)徹(齊齒)澄(齊齒)娘(似齊齒呼),蹙舌而發於舌上面;音見(齊齒)溪(齊齒)群(撮口)疑(齊齒),縮舌出於牙音也《説文》云,牙牡齒也,象上下相錯形)。精(齊齒)清(齊齒)從(撮口)心(閉口)邪(齊齒),拄舌下齒頭呼,觸上齒頭出音也。於中心邪二字,動舌稍微故爲細齒頭音。照(齊齒)穿(撮口)床(似齊齒呼)審(閉口)禪(齊齒),正自齒中間生音也。於中審禪論音徹細類於心邪,故分爲細正齒音也。舌上音四母(知徹澄娘)呼類照穿床審禪,故韻書合之於斯爲次商音,雖然本不無別也。故《廣韻》《禮韻》《集韻》皆備,反切不同,是和音,所以知照有別也。況呼娘次商之,與疑宮素叵齊混,以爲一音者,恐粗矣!影(齊齒)曉(齊齒)匣(齊齒卷舌而閉)喻(撮口)屬喉音,影喻一雙音相通,曉匣一雙音相通,故張麟之注云,影喻二獨立,曉匣雙飛二獨立者,雖有兩邊獨立,本自一雙也。故曰二獨立,曰立曰飛,更無意義異。獨立雙飛,蓋借熟語耳!韻學者流,數家注解至於此,各左支右吾之辯窮矣!皆未解。喉音清濁混然,不類餘音者也,胡得辯獨立雙飛邪?"陳輝(2015)推論道,在文雄看來,在所有唐音中,祇有杭州音纔稱得上是漢語的正音,而非中國人所説的官話或官音。(第236頁)但研究了《三音正訛》(坤卷)所反映的漢語官話音系之後,得出了另外一種觀點。《三音正訛》(坤卷)漢語官話音系聲母系統19個聲母,韻母47個,與杭州音還有些差別。他引用本居宣長《漢字三音考》的話:"今之音,諸州各稍有異,然無大別,其中以南京、杭州之音爲正。"(京都藤井文政堂1785年版,日本早稻田大學藏本,第33頁)即認定文雄所説的官話音,應該是受南京音(或曰江寧府音)影響的音,特別是内中的入聲韻。(第243頁)

19. 文雄論清濁音及中原雅音。文雄曰:"雄竊按,曉匣二母清濁二音素不同,混之以爲一者,中原雅音也。洪爲音烘,何爲音訶,行爲音亨之類是也。具載《韻學集成》,素不正音,予以爲俗音,學者以雅音之稱,同相混者非矣!雖然,俗間以匣母所屬字犯曉母音者頗多,所以立曉匣雙飛也。又復字,《字彙》《直橫圖》列次曉匣影喻而間有曉匣用上同之,影喻。用上同之者,亦相同也。《五音集韻》《切韻指南》亦以曉匣影喻次焉。今《韻鏡》以影曉匣喻次者,爲俾清濁序與餘音齊也。來(開口)先舌後齒音,日(齊齒)先齒後舌也。若如和音入聲,有音有韻,則易知也。華音入聲雖似韻不明,自有韻也。日入質切,人入聲,依齒音,呼而卷舌,以入所謂後舌者也。三十六母不啻字母論之所屬,數千字皆各爾。若夫韻學者流,來分音韻爲二音,日分音韻爲二音,而論舌齒先後者非也。如和音,支脂歌麻何辯爲? 又字母幫或作邦音同,孃或作娘,牀或作床,共同字也。於乎! 三十六母韻學要領者也,宜審華音呼法,而四聲正,七音清濁,明熟讀暗頌之學者,必忽忽諸(吕維祺曰:唐舍利及温首座創爲三十六字母)助紐七十二字,諸韻書有弗同者,但要認音不構字,繽偏作娉篇,頻蠙作平便,民綿作民眠,芬番作芬翻,墳煩作汾煩,文楠或曰無文之類,不煩贅。"

20.《韻鏡》唇舌牙齒喉之字宜屬各音。文雄曰:"今唇舌二字弗屬各音,共屬齒音可疑。古人制字,蓋有所基,舌屬床澄音相通,如何母? 故亦可通舌音也。唇撮唇呼,故爲唇與? 又疑古音與今異與? 又宫商角徵羽爲五音,《玉篇指南》云,宫舌居中,俗音公,正音與弓同。匊,平聲呼,弗與公同,説見《直圖》。舌觸腭而後居中,喉音也。商,口開張,屬正齒音。角,舌縮却屬牙音。徵,舌拄齒屬舌音。羽,撮口,聚似唇音。《玉篇指南》之説及配屬以華音呼吸則吻合,然羽字屬喉音者,蓋爲宫羽本相通,有參宫參羽之説也。宫字屬牙音可疑。檢《直圖》,則牙音配宫,迺知呼宫字音難一定。"

21.《韻鏡》五音各有清濁。文雄曰:"凡音自口出清朗者爲全清,渾濁者爲全濁,清濁中間音觸鼻出者爲清濁音。《韻會》曰,次濁音;《切韻指南》曰,半清半濁;《切韻指掌》曰,不清不濁者是也。清與次濁中間,音觸腭而出,微混然者,爲次清音,唇舌牙皆然。齒音有二清二濁,而無清濁音,前者爲第一,若濁後者爲第二,第一清、次清及濁帶真之音者也,第二清及濁帶山聲私扇孫音者也。喉音有兩清,准他韻書則第二清當做次清;又或作喉音清濁不類餘音,故曉匣往來影喻相通,故有二清者乎? 來日二母,共清濁音。按,屬日母字華音,皆似濁音,其實半濁,故當屬鼻呼與? 不得如全濁。《韻鏡易解》改作濁圖,説者未知華音之弊也。《康熙字典》心審爲清濁,來爲全清者,非矣! 不可據,疑有鄉音與? 或問如並定澄群從邪床禪,全濁音自分明,如奉匣似不類濁音,謂辯華音之清濁也與? 和音素不類,如奉匣音混,然濁亦爲之濁音與?夫清音復別,其所屬字亦准知漢吳二音者,以清與濁當概論,如次清與次濁者略之可矣!漢音者,清、次清及濁三音,皆以清音呼,清濁音中,除喻來二母之外,皆以濁音呼,屬喻母來母之字,雖可屬濁音,如今以清音呼,是變例也(喻來素半濁音,今從俗,俗呼云清)。又吳音者,濁音十母(並奉定澄群從床邪禪匣)及清濁音疑母,共以濁音呼,其餘二十五母,皆以清呼也。其中泥娘明微喻來日者,素半濁也。今從俗呼云清也。疑母雖可屬清音,今以濁音呼,是變例也。從上字母及所屬字清與濁,嚴呼可守之是學二音大較也。若或清以爲濁,濁以爲清者,訛音也耳!當檢反切之上字改之。"

22.《韻鏡》聲母輕重問題。文雄曰:"字音有輕重,惟唇音爾!(第14頁)和之韻學者,以舌上四母及正齒五母合之,唇輕四母,以爲輕,其餘二十三母爲重矣!未詳所據,雖然,較舌上於舌頭則用舌差輕,正齒則齒之用輕於齒頭,所以立輕重也。牙喉及半舌齒各無可分音,咸用各音重,故共爲重也,是就用其音而論輕重也。或曰:牙喉及半舌齒不輕不重音者,何之謂乎?又《玉篇指南》曰輕清重濁。鄭樵《七音韻鑒》曰,重中重、輕中輕者,弗與今同。"

23. 與《韻鏡》音相關之反切。文雄曰:"經史及字音注字音,有直音,有反切,有四聲。《詩經·關雎》輾音展,樂音洛;《論語·爲政》共音拱;《字彙》一音奇及《海篇直音》所注之類,直音也。《論語》別,比列反;《詩經》參,初金反。差,初宜反。《字彙》一,益悉切之類,反切也。《論語》弟好皆去聲;鮮,上聲。《字彙》一因入聲,是四聲也。凡經史音釋難字,又字有多音涉多義則注焉。如其本音,則不待注,偶遇餘音則注焉。如參,初金反;樂音洛。華音讀書之法,如有不審字音者,則不可讀也,所以有音注也。和讀之法,別設和訓而讀之,如鮮字,則依少也之訓讀之故不至論,上聲於平聲,謾以爲鮮上聲,注少也之訓,殊不知華音讀法,先不知鮮上聲或平聲,則不能讀。字字僉音讀,罔有訓讀也。"

24.《韻鏡》反切加助紐字切音問題。文雄曰:"《事物紀原》云,切字本出於西域,漢人訓字止曰讀如某字,未用反切,然古語已有二聲合爲一字,如不可爲叵,如是爲爾,而已爲耳,之乎爲諸之類,似西國二合音,蓋切字之原也。其作反切也,曹魏以降而成矣!反切之法,加助紐以呼吸,且如初金反,初瞋,燀參也。初(上切)金(下韻)兩字如呼不正,則歸納不得正,若《切韻》字音不審,則更須反切之。初,楚居反,楚瞋燀初,若有覺歸納音未穩,則須正之。《韻鏡》初(平)楚(上)傗(去)同等音相類可知也。加助紐以反切者稱之唐人反,又稱之三折一律。謂呼初字調弄音,則自具瞋燀音初,瞋燀當短促呼之,初瞋爲一折,瞋燀爲第二折。從燀帶金韻呼之時執初上音以繼金下韻,故爲參音,是爲第三折音韻,總歸一律也。切字上音迫韻字下韻而爲一音,故曰切也。迫切爲義,又直切斷初金音韻,亦爲參音。雖然,如不加助紐,則或不得正音,故三十六字母,各有自然助紐音,加助紐以三折,則其音翩翻變歸正,故曰反也。反翻音義同,四千有餘,反切僉相同,反音如有未穩,更照之《韻鏡》以鑒其正也。人或以爲三折一律也者,按《韻鏡》迺用三切也,迂之甚矣!本邦人讀書當難字旁注國字,以故如直音反切四聲,總爲長物,其謬讀不鮮,如國字一誤,則一盲導,衆盲之謬妄數百歲終無省悟,夫可不慎乎?華人注反切,殆似本邦注國字,雖然,其法精微,上一字定音,下一字定韻,音有七音,輕重清、次清、濁、次濁不同。如初金反,初字屬齒音,列次清行從,《韻鏡》十一轉魚韻齒音有齒頭、正齒。一四等,屬齒頭音,二三等屬正齒音,初字屬第二等正齒穿母,韻書曰次商次清音者是也。上字如斯,則預知歸納者如斯也,韻內有四聲不同。二百六韻差別,金字屬平聲侵韻,故亦預知歸納字平聲侵韻也。古人制反切精密如斯,國字豈可盡此精密邪?"(第16頁)文雄對反切的精密性尤爲肯定,認爲假名的標記精密性還是無法與反切相提并論,這個看法十分獨特。

25.《韻鏡》音和與類隔之例。文雄對反切反映語音時代性特徵還有另一種認識,文雄曰:"反切者,古人創制以音注於文字,諸韻書所載是也。天下文字數萬,反切悉備,然諸家之制,有異同,是以往往有衆反切合歸一音。其制素有音和,有類隔,所以立衆例也。有衆例以議古人異同,未道新作反切也。近世誤爲反切名諱而偶歸空圍,則效有往來寄韻等例，牽強以求字，徒是兒戲耳！曷知古人依方音而反切成異？是以後人立變例也，未聞華人反切名諱，況反切書目乎？雖本邦古來未有此之陋，第近世之流弊也已。倘名欲必美，則須撰其字義，奚以論反切爲？矧本邦之俗呼名諱用和訓，男女共爾！故字音與訓音七音所屬，不同軌生剋何之？是何之非，亦復以爲人有局賦五性也，未見聖經可據，恐是後世杜撰也。今時道俗多拘於反切，而其名陋固，或二名不成義者，亦不鮮，遂爲大方君子之所笑。"

26.《韻鏡》內外轉。文雄曰："內外轉者，《切韻指掌》云，內轉者，取唇舌牙喉四音，更無第二等字，唯齒音方具足。外轉者，五音四等都具足。舊圖以通止遇果宕曾流深八字，括內轉六十七韻；江蟹臻山效假梗咸八字，括外轉一百三十九韻。《音韻日月燈》云，二等別母（幫滂並明知徹澄娘見溪群疑影曉匣喻稱之別母）無字，唯照（照穿床審禪稱之總母）二（二等）有字，以字少拘於照之內，是曰內轉也。二等各母俱有字多出於照之外，是曰外轉也。雄按：轉，《廣韻》云，陟兖切，旋也。音旋於口內，是曰內轉，通止等八字所屬之韻是也。音旋於口外，是曰外轉，江蟹等八字所屬之韻是也。《指掌》及《日月燈》說未穩，蓋爲圖已後之論也已。"

27.《韻鏡》開合。文雄曰："開合者，呼法也。《日月燈》云，開轉所屬字，張口呼之，其聲單而朗，故爲之開也。合轉所屬字合口呼之，其聲胼而渾，故爲之合也。雄按：華音呼法至嚴，後世不翅論之，唐人亦論呼法，《玉篇指南》辯十四聲，所謂呼法也。明人論呼法，《字彙》《直橫》二圖備矣！若夫欲學華音者，當由《直橫》二圖呼法也。"

28.《韻鏡》四等。文雄曰："每聲有四等，曰開發收閉也。《日月燈》云，有開發收閉之異，故分爲上下四等，所謂見一、見二、見三、見四之類是也。又云，邵堯天先生之作《經世》也，以日月星辰象平上去入，以水火土石象開發收閉，而以陰陽剛柔相乘因之。又云，第一等字屬開，第二等字屬發，三屬收，四屬閉。上二等，其聲粗而洪；下二等，其聲細而斂。雄按：韻書立四等，其爲有開發收閉不同也。若不然，則四等庸詎乎別焉？水火之動也，開發之象；土石之靜也，收閉之象也。況復開及收閉字屬各等，獨發字屬三等可疑耳！或執人誤開發收閉配七音之説，却排屬四等者，無它，未知有吕氏之明辯也。已自不知非則其焉得議他？"（第 18 頁）

29. 關於《韻鏡》上聲讀如去聲字問題。文雄曰："《韻鏡》之書，宋張麟之作序例而附焉，素不足羽翼《韻鏡》，今一删之。於中'上聲去音字例'曰：古人制韻，間取去聲字，參入上聲，如一董韻有動字，三十二皓韻有道字之類。又曰：逐韻上聲濁位并當呼爲去聲。雄按：張氏依鄉音蓋誤矣！動道檢韻書，本有上去二音，非以去聲字屬上聲也，上聲濁字去聲呼者，恐不正音。《切韻指南序》曰，如時忍切腎字，時掌切上字，同是濁音，皆當呼如去聲。《詳校篇海》云，濁音上聲，皆當讀如去聲者，謂如去聲當以濁音呼也。不直爲去聲呼也。若麟之之説果是，則橫呼韻十六聲，實十五聲耳！諸韻書未曰上聲無濁音，是知上聲濁去呼者鄉音而不正。《説文長箋》云，上聲濁音字，北人讀作去聲，南人甚清瞭無難讀。《日月燈》云，《正韻》上去二音各有清濁，有上聲類去者，世有上讀如去之説，亦非也。本邦人學華音上聲濁字，未有難讀者，無它，平常以無上聲濁字清音呼之癖也，豈效尤呼？"文雄不贊同張説，還是從《韻鏡》中古音特性出發，維護舊的語音體系構架。

30. 《韻鏡》傳入日本後的基本情況。"《韻鏡》流傳於本邦也已尚矣！享禄戊子清宣賢始梓刻焉，未聞有注疏。寬永丁卯，自等庵作《開奩》，爾來注解數十家，大率屋下架屋，勤論反切之諸例，勤解張氏序例，要以新作反切爲主，遂至論吉凶禍福甚矣！《韻鏡》之衰，未有一人解《韻鏡》也者，音韻之譜者於乎《韻鏡》之流傳也尚矣，《韻鏡》之流傳也亦尚矣。"文雄自負如此，下定決心，改變研究"《韻鏡》之衰"的現狀。

## 五、《翻切門法》主要内容及觀點

《翻切門法》的主要内容及觀點是：

1. 韻圖音和與類隔"就正"門法。文雄説："古人制反切，音釋文字，今正之韻圖，則或音和或類隔，其法不一。按古法者爲二，曰雙聲,曰叠韻也。蓋古時未制韻圖,故論翻切,亦自簡耳!後世韻學漸密,論翻切亦自分而區矣。《玉篇指南》立四目,《切韻指掌》立十一例,《切韻指南》有二十門。李嘉紹《橫圖》云以四例改等韻十三門。本邦作十二例,爲六對,互有異同,故其名同而事異者亦有之。今竊折衷諸家而爲八門,八門約之爲二,曰音和曰類隔也。音和之屬,更分五,曰雙聲、曰叠韻、曰廣通、曰偏狹、曰憑切也。五者雖不同,共不差切母,是以爲音和之屬也。類隔之屬,一曰往還也。又更有寄聲與寄韻,而涉音和類隔也。古人之制翻切也,或依鄉音,或以疏密而爲異,所以諸韻書所載一字之翻切,有異同也。而今正之韻圖,則不同軌,是以後人立諸例也,未有始立諸例而制翻切也。如新制翻切,則須以音和爲法,曷煩用餘例爲?若夫本邦翻切名諱,而據類隔往來等例,覓字則齒莽不可言也!曰:然則古人何據類隔乎?謂或仍其鄉音而自弗覺類隔也,且如我和音,則雖輕重爲類隔,歸音如一,故弗覺其非古人鄉音蓋類此。若正之杭州音,則輕重判然,歸音不協,所以爲類隔也。如編字,《廣韻》方典切,則方分蓄銑韻無此音,《韻會》更爲補典切,則補賓邊悀爲之正音,故以方典切稱類隔,以補典切稱音和也。如和音,則歸音無二,故制翻切者自誤,古人之翻切有類隔者,亦如此夫!"

2. 文雄論韻圖之雙聲叠韻。文雄曰:"昔日論字音,有雙聲叠韻之目,雖未必論翻切,亦自翻切之軌也。《南史·謝莊傳》云,王玄謨問莊,何者爲雙聲,何者爲叠韻?答曰:玄護爲雙聲,磁碻爲叠韻。蓋六朝論詩病以立此目,沈約亦用爲九弄之目,迺翻切之法也。神珙又有雙聲叠韻法一紙。雄按:彼之所謂雙聲叠韻,未作韻圖之時也。正之韻圖,則間有可稱音和者,蓋昔日依雙叠九弄之法,而制翻切,迺是音和也。叠韻之外,莫別有諸門,後世制韻圖以議古人所制翻切,於是諸門云云。繇是觀之,則昔日之雙叠與今之雙叠自有差,今所謂音和類隔以下之八門者,後世所以議古人之翻切者也。學者必母以爲古人制翻切之法也。"文雄列《折衷諸家立八門》表(見圖3、圖4)表示這種關係:

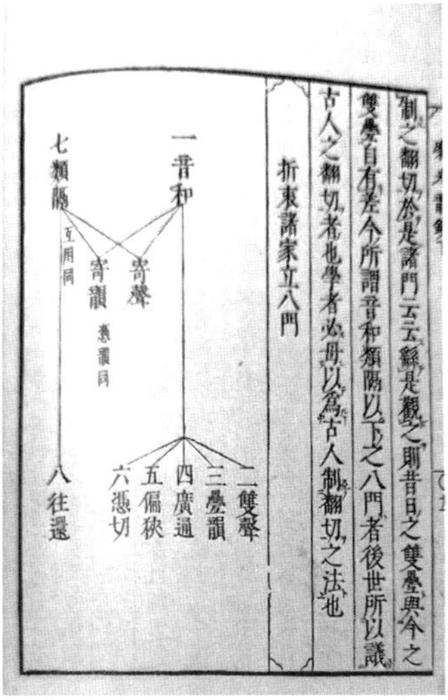

圖3

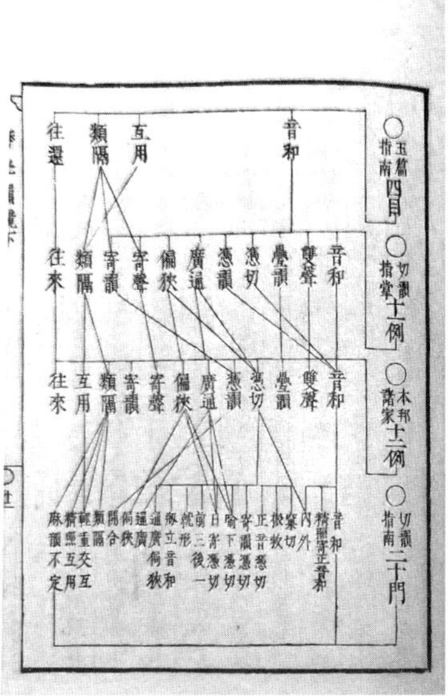

圖4

3. 文雄論第一音和。文雄曰："音和有二四同與三同也。四同音和者，《切韻指掌》云，取同音同母同韻同等四者皆同，謂之音和。又云，音和遞用聲，如《玉篇》魚鞬切言，《廣韻》德紅切東；《禮部韻略》丑衆切蠹；《五音集韻》徒亘切澄；《切韻指掌》徒紅切同；《切韻指南》古洪切公是也。凡四同音和者，翻切之正法也。故諸韻書字書所載翻切四同音和者十八九，其餘變例，僅僅爾！四同者，且如德紅切東，德（切）東（歸），同是舌清音，謂之同音，是撿於往來之切，與歸不同音者也。又切與歸，同是端母謂之同母，是撿於類隔、往來之切歸不同母者也。又紅（韻）與東（歸），同是東韻謂之同韻，是撿於寄韻之不同韻者也。又德（切）紅（韻）東（歸），同是第一等，謂之同等，是撿於憑切之不同等者也，故曰四同音和，音謂反音，和謂調和也。又遞用聲者，遞，更迭也；切與歸迭音迭母，韻與歸迭韻，切韻歸迭等是謂之遞用聲也。又三同音和者，闕上四同中第四同等，餘皆同。如《玉篇總目》五鞬切言，《廣韻》古懷切乖；《禮部韻》私冬切鬆；《指掌》丁增切登；《指南》古行切庚是也。謂五（切）一等，鞬（韻）言（並）三等；又私（切）四等，冬（韻）鬆（歸）並一等之類不同等也。雖然，不如類隔憑切等，故

215

稱三同音和,亦稱異位音和。《指掌》所謂憑切憑韻,《指南》精照寄正與内外之分共音和之攝也。"

4. 文雄論第二雙聲。文雄曰:"《指掌》云,同歸一母,則爲雙聲者母,謂字母也。雙,偶也,謂二物相并也。聲者,四聲也。聲聲豎雙謂之雙聲也。如《玉篇》零曆切曆,章灼切灼;《廣韻》芳肧切肧;《指掌》和會切是也。《指掌》云,如和會二字爲切,同歸一母,衹是會字更無切也。故曰雙聲,如章灼切灼字,良略切略字之類是也。"

5. 文雄論第三叠韻。文雄曰:"《指掌》云,同出一韻,則爲叠韻者,叠謂重叠,韻謂二百六韻也。《切韻》兩字,如一韻同等相對則切音與歸音重叠,故直以切字爲歸音,謂之叠韻。如《玉篇指南》掌兩切掌;《指掌》章良切掌;《五音集韻》切結切切(出霽韻,切字注)是也。《韻鏡易解》九弄和解,以雙聲者稱叠韻,以叠韻者稱雙聲者,非也。要未解雙聲叠韻之名義,遂俾雙聲叠字義相混,魯莽不足論也。雄按,雙聲叠韻二門,韻書用此翻切,幾希矣! 素作翻切爲俾字音分明也。如雙聲下字,叠韻上字,迺所音釋之字也耳,用同字釋之,則何以分之? 故古韻書用此翻切僅僅爾,後世韻書靡用此翻切,《切韻指南》所以不立此門也。"

6. 文雄論第四廣通。文雄曰:"《指掌》云,所謂廣通者,第三等字通及第四等也。又云,旨脂真諄蕭仙祭清青六韻廣通義,正齒第三,爲其韻脣牙喉下推尋四,謂逐韻單行爲三四,自三而外及四,廣通於外,故以名焉。如《廣韻》巨支切衹,《指掌》餘支切頤;《指南》呼世切歔是也。按,餘支切頤之類,諸家以爲憑切,雖然《指掌》所謂憑切與今不同,故如餘支切,於《指掌》爲廣通,於今爲憑切也。廣通,《指南》謂之通廣。"

7. 文雄論第五偏狹。文雄曰:"《指掌》云,偏狹者,第四等字少,第三等字多也。又云,鍾陽虞魚蒸麻尤侵鹽八韻偏狹收,影喻齒頭四爲韻,却於三上好推求,謂可歸四而之三,則自外四縮内三,偏狹之義也。《指南》謂之偏狹切在單行,一二四等韻,逢諸母第四等而歸第三者,謂之偏狹,准廣通,立此門也。然《玉篇》《廣韻》中未見如斯翻切,如《玉篇》所惟切衰,《韻鏡》通本收第三等,則今之偏狹也。雖然,收三者,素誤,正之。《五音集韻》《切韻指南》當收二等,是爲憑切也。《指掌》居悚切拱,《指南》去陽切羌之類,九其書則謂之偏狹、侷狹,今稱之憑切也。又本邦韻學者流者有以廣通更爲偏狹,以偏狹更爲廣通者,不稽之甚矣!無它,未解廣通者,自內而廣於外,偏狹者,自外而狹於內之稱謂者也。"

8. 文雄論第六憑切。文雄曰:"憑,依也。切,指翻切之上字言。《指南》立日寄憑切,喻下憑切之名者是也。然《指南》立名,各有所局,本邦古來通三十六母,而立憑切,今從之憑切,有多類《切韻》所謂窠切振救正音憑切。寄韻憑切,喻下憑切;日日,寄憑切,前三後一,就形創立音和、通廣、侷狹及內外門之一份,皆統爲今之憑切門。如《廣韻》息有切瀉,《指南》詳邐切似,爲正憑切也。《指南》謂之振救。又如《廣韻》子舵切伾,才捶切惢,異位而憑切者,謂之傍憑切。更有寄韻,憑切分韻憑切。按:分韻,本同於寄韻,但《指南》爲局齒音和者,未盡也。共正憑切之類也。寄韻通諸門可有之也。又本邦諸家憑切,涉廣通、偏狹者,以爲廣通爲偏狹。今僉攝此門,斥其濫也。又《指掌》所謂憑切者,與今異;《指掌》云,同韻而分兩切者,謂之憑切。乘人切神,承真切辰,言神辰,祇如一音,然其切字乘屬床母,承屬禪母,是以憑切字而爲二切也。其立憑切字而爲二切也,其立憑切如此,雖然其體也。迺音和,故今不取以上五門者,音和之屬也。謂雙聲叠韻,實共四同音和也。廣通、偏狹、憑切,共闕同等之一耳!與三同音和相類,未制韻圖之以前五門,總可稱音和也。"

9. 文雄論第七類隔。文雄曰:"《切韻指掌》云,傍求則名類隔。又云類隔切字,取唇重唇輕、舌頭舌上、齒頭正齒三音中清濁同者,謂之類隔。按:清濁同者,是類也。一類而輕重不同,謂之隔也。又傍求者,《指掌圖》輕重傍布左右也。與《韻鏡》重複,上下者不同,故切與歸清濁一音,而分在兩處,謂之傍求也。如《玉篇》丁角切啄;《廣韻》方典切編,《指掌》補微切非;《指南》都江切椿是也。《指掌》云,丁呂切貯,字緣用丁字爲切,丁字歸端字母,是舌頭字用呂字爲韻,呂字亦是舌齒字,所以切貯字。貯字雖歸知字母,緣知字與端字俱是舌中純清之字。詩云類隔傍求韻者是也。又云,或切在幫字母下,而韻不可歸者,即於非字母求之,或切在非字母下,而韻不可歸者,即於幫字母求之,他皆仿此。蓋幫滂並明非敷奉微,皆脣音;端透定泥知徹澄娘,皆舌音;精清從心邪照穿床審禪,皆齒音;但分清濁輕重耳!按:有切輕而歸重,如方典切編;有切重而歸輕,補微切非也。是異輕重清濁,依上字常法,故曰隔;方與編、補與非,各清濁同類,所以爲類隔也。"

文雄曰:"然如和音,則音相協和不異音和,蓋方音也。若夫華音則不協,故知用此翻切者不正也,是以後世《玉篇》《廣韻》類隔反更爲音和反,各附篇末焉。古人制此翻切,蓋依鄉音而誤矣耳,亦稱之互用。《玉篇指南》云,又有互用切,如明字《韻略》中作眉兵切,則是音和;《廣韻》中作武兵切,則是互用,蓋武字合歸微字母下也。雄按:類隔之異稱也,韻學者流互用者,以局脣音第三等爲異於類隔者非也。《玉篇》第三終,類隔更音和切中腹(《說文》不見,《玉篇》阜部、《集韻》職韻、《類篇》阜部見),《篇海》、《字彙》還有陵字,符逼切,更皮逼切,則知互用與類隔不二矣,《指南》立精照互用者亦此意也。與其輕重交互麻韻不定類隔,僉今之類隔也耳!"(第16—17頁)

10. 文雄論第八往還。說的是聲母混切現象。文雄曰:"《玉篇指南》云,其他類隔、往還等切。本邦古來稱之往來未詳,所據往還者,謂字母相通也,其品居多,如《廣韻》奴亥切疓,《韻鏡》收日母,則泥日往還也。疓音不與乃同,故《集韻》爲如亥切,是憑切也。歸日母爲正。如鐃字,《廣韻》作女交切,收娘母。《指掌》爲日交切,則泥日往還也。《指掌》歌日日下爲韻音和,故莫疑二來娘處取一四定歸泥。如尤字,《韻會》疑求切,《廣韻》羽求切,兩切元一音,疑喻往還也。《韻會》曾牙字注云,按吳音牙字角,次濁音,《雅音》牙字羽,次濁音,故《蒙古韻略》凡疑母字皆入喻母者,蓋方音也。又如食字,《玉篇》是力切,《廣韻》乘力切,是床禪往還也。准床禪,則從邪亦可相通。如唝字,《廣韻》《集韻》爲呼孔切,《禮部韻》作胡孔切,則曉匣往還,亦是雙飛也。囿字,《廣韻》于六切,收喻母。《指掌》特收影母,是影喻往還之義乎?其餘舊解載往還數目,未經見者,今闕。如往還,雖有數目,都是類隔之屬也而已。元非正法。《集韻》及《指南》所以不立此門也(非敷亦往還矣)。”

無未按:文雄有意區别“類隔”“往還”等韻門法術語内涵,力圖講清楚二者的區别,但實際上,他的研究還很難做到對其内涵科學定性。有的“往還”現象,可以歸屬於“類隔”之屬,這指的是同一種文獻框架中的中古音近代音“音變”共存現象,比如《廣韻》内部,“類隔”是相對而言的,“音和”也是相對的。有的則就是聲母混切現象,不同時代或者不同類文獻的聲母混切現象。比如《廣韻》和《韻會》,以及《中原雅音》和《蒙古韻略》的疑喻聲母混切,“音變”已經發生,用“方音”去定性,則有嫌牽强附會。這裏,文雄提到了《中原雅音》文獻,是十分難得的一條文獻,很有價值。

11. 文雄論韻圖寄聲。文雄説:“《指掌》云,字則點窠以足之,謂之寄聲。窠,《説文》曰,空也。今謂指圍言也。一本作點宷,宷,審正字也。謂點檢,宷,察也。凡翻切,按韻圖,或有遇無其《切韻》字者,則點宷之安填,是謂之點足(去聲)者可矣。舊解諸家作寄聲、點宷圖者,成何意義? 可笑也。”

12. 文雄論韻圖寄韻。文雄説:“《指掌》云,韻闕則引鄰以寓之,謂之寄韻者,本邦所謂憑韻也。有同用憑韻、一韻頭憑韻,且如《玉篇》時至切侍,至與志同用之韻也。更如冬與鍾、先與仙同用之類,僉稱同用,憑韻古韻二百六、《平水韻》一百七,所以有同用也。又如,《廣韻》兩逼切域,雖開合異,同屬職韻,局各韻而憑韻者,稱之一韻頭,憑韻也,共今謂之寄韻也。然舊解誤寄韻爲他韻傍出之例者,孟浪也。其如居隱切巹,則音與謹同,倘屬軫韻,則姜螼切自别音,勿混矣。初謹切齓,屬隱韻,其屬軫韻者誤矣。魚容切豣,元屬冬韻,其屬東韻者非矣。未見他韻傍出者,何以别立寄韻乎?《指掌》所謂憑韻者,與今大不同。《指掌》云,同音而分兩韻者,謂之憑韻。巨宜切其,巨沂切祈,言其祈,祇同一音,雖然其屬之韻祈屬微韻,是以爲兩翻切,因其所用之韻字,宜、沂各别也。謂之分兩韻也。如其翻切,實音和也。凡《指掌》所立之憑切、憑韻,共别途而與本邦韻學者流所論者名同體異也,勿混矣。《指掌》所謂憑韻之韻者,實翻切之下字,稱之韻者是也。本邦所謂憑韻之韻者,指二百六韻而言耳! 寄韻及寄聲之二通涉上諸門者也。謂有寄聲音和、寄聲類隔，又容有寄韻類隔、寄韻音和，故不立別門也。《指南》所以不別立也應知。"

最後，以《無相上人撰述續刻書目》爲題目，介紹了文雄之《翻切伐柯》《華音正訛》《漢音正訛》《吳音正訛》《廣韻字府》《韻鏡律正》《九弄辯書》諸書。

## 六、結語

解讀文雄《磨光韻鏡》及其相關文獻《韻鏡索引》與《翻切門法》文本，理解其所建立的《韻鏡》"漢吳華"三音理論模式并不是一件簡單的事，而是需要再行結合文雄《正字磨光韻鏡》《磨光韻鏡字字庫》《磨光韻鏡餘論》等文獻纔能有所創獲，纔能真正理解其深刻學術內涵，而本文限於篇幅沒有做到這一點。儘管如此，我們還是希望"啓其辭，達其意"，進而"綴文者情動而辭發，觀文者披文以入情"（《文心雕龍·知音》）。本文的目的在於通過梳理《磨光韻鏡》及其相關文獻《韻鏡索引》與《翻切門法》文本，使關心文雄"漢吳華"三音理論內涵的讀者對其基本原理有一個初步的認識，爲進一步深入發掘其學術價值奠定一個良好的基礎。"倡者啓其緒，和者衍其波"，如此，則會達到"有一二人好學，則數輩皆思力追先哲"的理想境地而已！

**附言：**與李開先生相識於 1987 年暑期"北京古漢語高級講習班"上，先生時任全國百餘名古漢語學員之班長。先生當時已經功成名就，却仍虔敬待人，潛心學術，爲我等後生樹立了爲人爲學之典範。今日思來，人生青年之時有一"仰止"之偶像，兼而良師益友，何其所幸哉！謹以此文賀先生壽！

### 參考文獻

三澤諄治郎：《韻鏡入門》，三澤ゆう出版發行 1956 年版。

大矢透：《韻鏡考》，明名堂 1924 年版。

文雄：《磨光韻鏡》、《韻鏡索引》、《翻切門法》，皇都書肆 1744 年版，勉誠社 1981 年版。

林史典解説:《磨光韻鏡》、《韻鏡索引》、《翻切門法》,勉誠社 1981 年版。

李軍:《切韻捷要研究》,中華書局 2015 年版。

太田全齋:《漢吴音圖》,早稻田大學圖書館藏本 1815 年版。

陳輝:《從泰西、海東文獻看明清官話之嬗變——以語音爲中心》,中國社會科學出版社 2015 年版。

謝育新:《日本近世唐音:與十八世紀杭州話和南京官話對比研究》,中國傳媒大學出版社 2016 年版。

李無未:《日本漢語音韻學史》,商務印書館 2011 年版。

湯澤質幸:《唐音研究》,勉誠社 1987 年版。

湯澤質幸:《近世儒學韻學與唐音——訓讀中的唐音直讀軌迹》,勉誠社 2014 年版。

岡島昭浩:《近世唐音的清濁》,《訓點語與訓點資料》第 88 期,1992 年版。

沼本克明:《日本漢字音的歷史研究》,汲古書院 1997 年版。

張升餘:《日本唐音與明清官話音研究》,世界圖書出版公司 1998 年版。

# 高麗朝鮮時代科舉韻書與中國韻書的關係

張民權

（南昌大學人文學院）

**摘　要：**高麗人編寫自己的科舉韻書是從金末開始的，本文在闡述其歷史淵源時，從宋金時代歷史出發，着重强調金朝政權及其科舉制度的建立，以及金朝《禮部韻略》的編撰，然後闡釋高麗朝鮮科舉韻書《韻略》《三韻通考》《排字禮部韻略》與《新刊韻略》的關係，爲求直觀，附録了很多韻書照片。

**關鍵詞：**高麗科舉；科舉韻書；《新刊韻略》；《韻略》；《三韻通考》。

中國科舉制度淵源流長，至少從隋唐開始，比較完善的科舉考試制度已經建立。唐朝進士科目有詩賦考試一科，并以此取士，此風流傳不衰，經宋金元一直不改。不僅如此，海外如日本、高麗和越南等地也受此風影響，科舉取士，實行詩賦考試等。

詩賦是韻文，必須按照韻書押韻。不用過多的懷疑，盛唐及五代，詩賦考試依據的是陸法言《切韻》及唐人增修本，其詩賦取韻之範圍，就是人們心目中的《切韻》193 部或 195 部，當時可能還没有編纂像宋代《禮部韻略》之類的簡本韻書，也就不會有後來宋金時期官家規定的韻部"同用""獨用"之功令①。與此同時，相鄰的日本、高麗和越南等國科舉考試，其科場韻書也可能是如此。

---

\*　本文爲國家社科基金冷門絶學專項《元代〈禮部韻略〉系韻書文獻整理與研究》階段性成果(項目編號 19WYB033)。

①　至少没有發現這樣的文獻記載，雖然唐詩中有些合韻現象，但不是官方"功令"。

據文獻資料，日本實行科舉制度較早，大致在神龜五年戊辰（唐開元十六年，728）始行進士考試，至公元十世紀承平年間（931至938）後衰微結束，前後230餘年。越南實行科舉取士制度，始於李朝仁宗太寧元年（1075，北宋熙寧年間），十九世紀後，法國殖民者禁止阮朝官方文書漢文的使用，在全國範圍內停止漢文教育，1919年，科舉制度廢除①。高麗實行科舉制度是在中國的唐五代時期，高麗王朝之初的光宗王昭時期（949—975），此時爲中國唐朝之末的五代時期。光宗九年（958），光宗采納五代周人雙冀建議，正式實行科舉考試。其初使用的韻書應爲中國《切韻》系韻書。

女真族政權建立金朝，實行科舉考試，其時高麗使用的韻書可能是金朝的《禮部韻略》。雖然舉行科舉較早，但其編撰科場使用的"官韻"書却要到金世宗大定年間。

其時高麗王朝與宋朝關係一般，而與金朝較好，爲藩屬國，每年都要遣使朝賀，所以會采用金朝《禮部韻略》，當然，此前一定是《切韻》類韻書。金朝入主中原，北宋王室貴族不得已南渡躲避，開始了南宋王朝的延續。雖然宋朝仍實行科舉取士，繼續沿用先朝編寫的《禮部韻略》，但高麗人科舉取士并沒有使用，至少從目前掌握的材料看，沒有使用宋人編寫的《禮部韻略》。

宋人《禮部韻略》始編於北宋真宗景德二年（1005），主修者有陳彭年、晁迥、丘雍、戚綸，其正式頒行使用是景德四年（1007）②。景德年間編寫的《韻略》沒有流傳下來，近年（2012）在江西撫州南城發現了北宋英宗治平年間《禮部韻略》，以及日本真福寺本藏北宋哲宗時期的《禮部韻略》，彌足珍貴，它們都是官修韻書的翻刻或補修本。此外還有南宋時期諸多私家注釋修訂本，如無名氏《附釋文互注禮部韻略》和毛晃《增修互注禮部韻略》等等，但20世紀80年至清朝以前的

① 以上內容參見劉海峰《中國對日、韓、越三國科舉的影響》（載《學術月刊》第38卷，2006年12月）、崔曉《從日本漢詩看古代日本貢舉制度》（《世界歷史》2012年第1期）以及黄軼球《越南漢詩的淵源、發展與成就》（《學術研究》1962年第4期）等。

② ［宋］張淏《雲谷雜紀》卷二："本朝真宗時陳彭年與晁迥、戚綸，條貢舉事，取《字林》《韻集》《韻略》《字統》及《三蒼》《爾雅》爲《禮部韻》。凡科場儀範悉案爲格。"又王應麟《玉海》卷四十五《景德新定韻略》條："景德四年十一月戊寅，詔頒行《新定韻略》，送胄監鏤板。"

人們都是把它們看成宋代《禮部韻略》。

那麼，金朝爲什麼不采用宋人《禮部韻略》呢？

這要從金朝歷史及科舉制度説起。

## 一、 金朝建立及其科舉制度實行

女真族建國是從太祖完顏阿骨打開始的。女真族初歸附契丹遼，故又叫“女直”，避遼興宗耶律宗真諱。北宋末政和年間，阿骨打統一女真各部落，建國“大金”政權，公元 1115 年建元“收國”。隨後雄心勃勃，先後滅遼亡宋。金人鐵蹄淪陷宋之汴京是在北宋末欽宗趙桓靖康元年（1126，金太宗天會四年），之後宋室南渡，開始偏安一隅的南宋王朝。通過簽訂系列屈辱條約，稱金朝爲“伯”（比父親還大），自稱宋朝爲“侄”，換取相對喘息苟安的南宋政權存在。據《金史·太宗本紀》，天會四年春正月，金攻宋，渡河破滑州，汴京危在旦夕，宋太上皇帝徽宗出奔。之後宋金議和，“宋以康王構、少宰張邦昌爲質。辛巳宋上誓書地圖，稱侄大宋皇帝，伯大金皇帝”。天會八年（1130），南宋（趙構）向大金皇帝上降表稱臣，從此，南宋成爲金朝的屬國。此爲當時宋金政治關係。

靖康之前，高麗與北宋關係甚好，據歷史文獻記載，宋建國之初，太祖趙匡胤建隆三年（962）、乾德元年（963）、乾德三年（965），高麗國王昭多次遣使來貢方物①。以後太宗真宗朝科舉取士，宋朝又多次接受高麗國“賓貢”進士。如《宋史·外國列傳·高麗》載太宗淳化三年（992）高麗國遣使賓貢事，略曰：

> 三年，上親試諸道貢舉人，詔賜高麗賓貢進士王彬、崔罕等及第，既授以官，遣還本國，至是，（陳）靖等使回，治上表謝曰：“學生王彬、崔罕等入朝習業，蒙恩并賜及第，授將仕郎、守祕書省校書郎，仍放歸本國。竊以當道荐修貢奉，多歷歲年，蓋以上國天高，遐荒海隔，不獲躬趨金闕，面叩玉墀，唯深拱極之誠，莫

---

① 參見李燾《續資治通鑑長編》卷三、卷四、卷五等部分。

展來庭之禮。"

按《宋史》卷五《太宗本紀》,宋太宗淳化三年,高麗賓貢進士達四十人。其曰:"戊戌,親試禮部舉人。辛丑,親試諸科舉人。戊午,以高麗賓貢進士四十人并爲祕書省祕書郎,遣還。"此條記載可以與上段内容互相印證。

王應麟《玉海》卷一百十六《選舉》"咸平賓貢"條,亦有記載北宋間高麗賓貢事。曰:

> 太平興國五年(980),高麗康戩舉進士,初肄業國學。咸平元年(998)二月戊申,賜高麗賓貢進士金成績及第,附春榜。景祐元年(1034),高麗賓貢進士康撫民召試舍人院,四月三日賜同出身。

以上皆可見高麗與北宋王朝的關係。而自南宋開始,高麗與宋關係疏遠,主要是在南宋向金稱臣以後。

宋金邊界綫大致以淮水爲界。淮水以北的廣大地區皆爲金之占領地,黃河以東及黃河以北的山東山西以及黃河以南的河南北部等,皆爲淪陷區,而南宋主要壓縮在淮水以南的長江兩岸的狹小地區。

討論高麗與宋金之間的關係變化,是非常有必要的。

金人聰明之處在於,北宋滅亡後,立即實行科舉取士,以籠絡占領地契丹和漢族士民。天會五年(1127)八月,太宗詔曰:"河北河東郡縣職員多闕,宜開貢舉取士以安新民。其南北進士,各以所業試之。"此所謂"南北選"。《熙宗本紀》天眷元年(1138),"詔以經義詞賦兩科取士"。

何謂"南北選"?《金史》卷五十一《選舉志》載曰:

> (天會)五年,以河北、河東初降,職員多闕,以遼、宋之制不同,詔南北各因其素所習之業取士,號爲南北選。熙宗天眷元年(1138)五月,詔南北選各以經義詞賦兩科取士。海陵庶人天德二年(1150),始增殿試之制,而更定試期。三年,并南北選爲一,

罷經義策試兩科，專以詞賦取士。

　　注意上述歷史記載，金人科舉一開始就有詩賦考試，不過是"北人"。所謂"北人"，應該是亡遼之契丹士族（其中也有女真族——熟女真）包括漢族人，而原屬北宋管轄而今受金統治下的漢族人則爲"南人"，因爲"南人"在北宋科舉裏是詩賦和經義兼考，對經義比較熟悉。當然，這是大致而言，而沒有絕對的"南北"地域界限。海陵王雖然"并南北選爲一，罷經義策試兩科，專以詞賦取士"，但其實後來并沒有如此而爲，這些可以從《金史》記載的人物傳記中看出來。而詩賦是韻文，需要以某種韻書爲用韻標準，當時金朝剛剛建立，不可能編寫像宋人那樣的《禮部韻略》，何況宋朝爲臣屬國，出於民族"尊嚴"所在，金人絕不會采用之①。道理很簡單，宋金對峙，作爲戰勝國的金朝，絕不會采用戰敗國宋朝的《禮部韻略》。因此，金朝之初科舉詩賦考試科目等雖仿照唐遼宋等，但"官韻書"還應該是《切韻》《唐韻》之類的韻書，并在韻部的同用獨用上，參考了宋人《廣韻》和《禮部韻略》。

　　關於金朝科舉制度，《金史·選舉志》記載頗爲詳核。曰：

　　　　遼起唐季，頗用唐進士法取人。然仕於其國者，考其致身之所自，進士纔十之二三耳。金承遼後，凡事欲軼遼世，故進士科目兼采唐宋之法而增損之。其及第出身，視前代特重，而法亦密焉。若夫以策論進士取其國人，而用女直文字以爲程文，斯蓋就其所長以收其用。

又説：

　　　　金設科皆因遼宋制，有詞賦、經義、策試、律科、經童之制。海陵天德三年(1151)，罷策試科，世宗大定十一年(1171)，創設

---

① 有些學者斷言，金人《禮部韻略》參取的是宋人《景德韻略》，這是對當時宋金歷史關係不瞭解，故出這番"懸測"言論，殊不可取。詳見文内分析。

女直進士科,初但試策,後增試論,所謂策論進士也。明昌初,又設制舉宏詞科,以待非常之士。故金取士之目有七焉。其試詞賦、經義、策論中選者,謂之進士。律科、經童中選者,曰舉人。……凡詞賦進士,試賦、詩、策論各一道。經義進士,試所治一經義、策論各一道。其設也,始於太宗天會元年(1123)十一月,時以急欲得漢士以撫輯新附。

以上兩段文字大致可見金朝設科取士的政策。考試科目應該與唐遼宋大致相仿,祇是進士科目分爲詞賦進士、策論進士、經義進士等,而策論進士是爲了照顧女真民族人而設。《金史‧選舉志》曰:"策論進士,選女直人之科也。始大定四年(1164),世宗命頒行女直大小字所譯經書,每謀克選二人習之。尋欲興女直字學校。"雖然進士有三種,但還是以詞賦進士爲多,如《金史‧哀宗本紀》記載哀宗正大元年(1224),"甲辰,賜策論進士斝术論長河以下十餘人及第,經義進士張介以下五人及第。戊申,賜詞賦進士王鶚以下五十人及第"。從三者比例中可以看出,詞賦進士占絕大多數。

## 二、 金朝《禮部韻略》編寫及其修訂過程

金朝之前,科舉取士有唐、遼和宋朝,遼科舉文獻闕失,難以考察,從唐宋科舉取士看,都是以詩賦考試爲主。雖然金朝科舉制度有自己的一些特性,但其中一條主綫很清楚,就是歷史的沿革性。故《金史‧選舉志》言,遼科舉因唐制,而金因遼宋制,所以推論金初科場詩賦使用的是《切韻》系韻書。凡科舉詩賦考試,主考官都會將韻書置於考場,以備士人臨時翻閱。金朝也是如此,參見下引金人許古《新刊韻略序》。

起初,金人之所以使用《切韻》系韻書,究其原因,其時金初建國時間很短,從金太祖阿骨打(在位八年)建國之後,經金太宗完顏晟(十二年)、熙宗完顏亶(十四年)到海陵王完顏亮(十二年)三朝,總共不到五十年,歷史積纍太短,缺少一定數量的學者文人及相應的文化基礎,可以想象,朝廷的文化大臣都是亡遼大臣,而北宋的文臣官員

絕大數都隨着宋室南渡跑到南方去了。所以短時間内，金朝不可能編寫出象宋代《禮部韻略》那樣的韻書，由於兩國特殊政治關係，而金朝在文化上又不願"屈尊"依傍宋朝，故祇能使用唐五代以來的先朝唐韻書。

依據現在一些文獻，金人後來確實編寫了自己的《禮部韻略》，其編撰時間大概在金世宗大定中，這點，我們在《王文郁〈新刊韻略〉源流及其歷史嬗變》等論文中曾做過初步的研究①。我們認爲，金朝《禮部韻略》今雖不存，20 世紀初（1908 年後）在西夏故地黑水城出土的《韻略》殘卷即爲金代早期《禮部韻略》。可惜殘卷僅存數葉，難見全貌，韻部祇存平聲支（部分）、脂、之（殘缺）、皆（略有殘缺）、灰、咍、真（部分）等 8 個，計有 110 組小韻，270 多個韻字。此乃天之未喪斯文也。然而，根據《韻略》殘卷韻目次序"十灰""十一真"，以及韻目下標注的韻部同用和韻内同用韻的標寫，它屬於所謂"平水韻"106 韻模式無疑，王文郁《新刊韻略》韻部次序即如此。因爲"真"不避諱，所以可以斷定此非契丹遼國之《禮部韻略》。可惜殘卷太少，更多的金人避諱信息及其所體現的韻書時代特徵等，難以詳細考究。

但此書在韻字收録及編排形式上與後來《新刊韻略》或有不同，此殘卷以現存韻字推考，原書大致 6000 餘字，其韻字收録参照了《廣韻》《集韻》乃至宋《禮部韻略》等，如皆韻末"濮"字："埋淪淲丨。烏懷切。"《廣韻》及《新刊韻略》均無此字，僅見於懷小韻户乖切，"濮，北方水名也"。《集韻》皆韻崴小韻烏乖切下見此字："淲濮，水不平皃。"又如殘卷灰韻後三字，殘卷爲兩個小韻，挼（乃回切）和鞋（蘇回切）鞼（鞍帶），而《廣韻》《新刊韻略》却爲一個小韻：挼（索回切。擊也）鞋（毽毽，鳳舞，出《楚詞》）鞼（鞍之邊帶也）。可見，金之初期《禮部韻略》與《新刊韻略》不同，不是按照現存《廣韻》編寫的。又如殘卷灰韻"縗"字，注曰："正。本作衰也。苴丨總丨。"（豎綫丨代表韻字"縗"）而《廣韻》《新刊韻略》注釋却爲："縗，喪衣，長六寸博四寸。亦作衰。"

---

① 文載北京師範大學《勵耘語言學刊》2021 年第 1 輯。并參閱拙文《中國韻書〈新刊韻略〉在高麗朝鮮時代的傳播》，《民俗典籍文字研究》2020 年第 26 輯。

《新刊韻略》也没有"苴丨(繰)總丨(繰)"兩個詞藻。如果有興趣對照的話,可以發現殘卷《韻略》與《廣韻》和《新刊韻略》有很多不同之處。因此,可以斷定,殘卷爲金朝早期韻略無疑。

有些學者從現存《新刊韻略》反切注釋等與《廣韻》類似出發,就推論金朝《禮部韻略》采用了"早被宋人廢棄的景德《韻略》"。曰:"《平水韻》是北宋景德《韻略》的改并與增補。"①先是甯繼福(忌浮)先生有這種看法,其觀點很具有代表性,具體研究詳見於其著作《古今韻會舉要及相關韻書》之《禮部韻略考》中,其後青年學者如張渭毅和李子君等一大批研究者,在一些論著中也同意之,并堅持這種看法。如李子君曰:"據甯忌浮先生考證,金朝詩賦科考的《韻略》,是以《景德韻略》爲藍本,稍加修訂而成,修訂的最主要内容是將 206 韻并爲 106 韻。金朝《韻略》原刊本早佚,刊行於正大六年(1229)的王文郁《新刊韻略》是它的代表,此即後世所稱的'平水韻'。"②這祇是引述性言論。再看李子君論文《〈新刊韻略〉〈廣韻〉考異》中的研究結論:

> 綜合考量兩書異同,筆者認爲,《新刊韻略》與《廣韻》有直接的傳承關係,它在減縮删并景德《韻略》基礎上,還參考了宋代《集韻》《禮部韻略》和同時代的《五音集韻》等韻書,并適當吸收了一些金代實際語音。③

其實,這種看法頗有歧誤,因爲從黑水城殘卷《韻略》的編撰看,金初《韻略》韻字音義注釋等與《廣韻》并不完全一致。《新刊韻略》是後來禮部韻的私人修訂本,其性質猶如宋無名氏《附釋文互注禮部韻略》一樣,現在我們看到了北宋官修《禮部韻略》原本,即日本真福寺本和江西撫州南城本《禮部韻略》,與《附釋文互注禮部韻略》相比,多

---

① 甯先生《古今韻會舉要及相關韻書》第二章《禮部韻略考》云:"大金國的《韻略》,顯然是拿早被宋人廢棄了的景德《韻略》作藍本,稍加修訂而成。修訂的最主要内容是將 206 韻并爲 106 部。"中華書局 1997 年版,第 131 頁。後一句話見於甯忌浮《〈平水韻〉考辨》,《中國語言學報》1995 年第 7 期。

② 見李子君《〈禮部韻略〉系韻書源流考》,《華夏文化論壇》2012 年第 7 輯,第 131 頁。

③ 該文見《華夏文化論壇》2014 年第 12 輯,第 188 頁。

有差異。我們不能以後來的《新刊韻略》編排而説明先前的《禮部韻略》就是如此①。這些學者忽略了金代《禮部韻略》的編寫，實際上是個不斷發展和完善的過程。或鑒於先前禮部韻不足，後來金朝禮部纔改爲以《廣韻》韻字編排爲基準。

下面是黑水城殘卷《韻略》部分韻部殘葉。圖片雖然有些模糊，但韻字注釋等基本上可以看清楚。（見圖1）有興趣的讀者可以與《廣韻》比較。

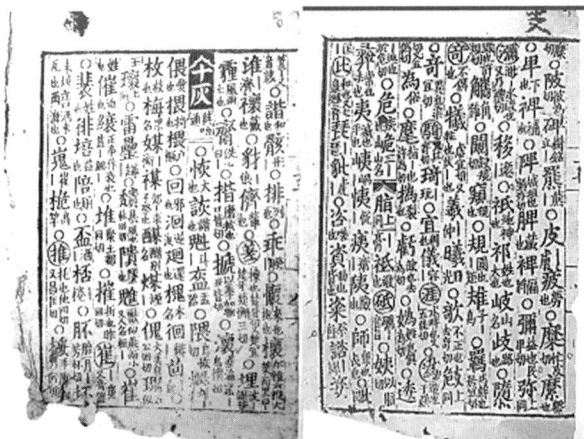

圖1 黑水城出土的《韻略》殘卷支韻和十灰韻部分。其韻目下標注的同用韻以及韻内之同用韻的魚尾標記，以及竪綫丨代替韻字的做法，與後來的《新刊韻略》一致。注意支韻小韻排列以及韻字注釋特點——省略訓釋甚至反切注音，如〇皮（丨膚）〇卑（下也）……

請觀察下面附録的黑水城《韻略》殘卷支韻部分編排，其小韻排列，是按照小韻聲類特點排列的，從圖上可以看出殘卷前半部分是唇音字系列：〇陂〇皮〇糜〇卑〇陴〇彌；後半部分是牙喉音系列：〇移〇祈〇隓〇闚〇規〇羈……，與宋朝《禮部韻略》的編排特點相同（但韻字收録多寡有異）。而後面脂韻的小韻編排又與《廣韻》相同，編排體例不一。這可能是金朝初編《禮部韻略》特點，所以，金朝《禮

---

① 李子君在上段文字中説《新刊韻略》參考了"同時代的《五音集韻》"，考韓道昭《五音集韻》編成於金泰和八年（1208），而王文郁依據的金朝《禮部韻略》在此間已修訂完畢，所言《新刊韻略》參考了《五音集韻》，這種説法值得商榷。

部韻略》有一個前後修訂的過程。

此外，關於金朝《禮部韻略》的性質，他們還有一個錯誤的認識：宋景德《韻略》與《廣韻》同時編撰，而景德《韻略》是《廣韻》的"略本"，故由此推論金人《禮部韻略》就是宋景德《韻略》的翻刻或曰改編本，因爲《新刊韻略》編排與《廣韻》相同。景德《韻略》與《廣韻》的詳略關係，雖然清代戴震等人有所論述，但戴震的看法沒有經過論證。例如李新魁先生在解釋宋《禮部韻略》時，就用戴震的話申説之。其曰：

> 《禮部韻略》，宋代初年，與審定《切韻》改撰《廣韻》的差不多同時，爲適應科舉應試的需要。主持科舉考試的禮部就頒行了比《廣韻》較爲簡略的《韻略》，這部《韻略》，由於撰於宋景德年間，一般稱之爲《景德韻略》。它事實上是《廣韻》的略本。戴震《聲韻考》説："是時無《禮部韻略》之稱，其書名《韻略》，與所校定《切韻》(案即《廣韻》)同日頒行，獨用、同用例不殊。明年，《切韻》改賜新名《廣韻》，而《廣韻》《韻略》爲景德、祥符間詳略二書。"可知《景德韻略》與《廣韻》是同時産生的。到了景祐四年(公元 1037 年)，即在《集韻》成書當年，宋仁宗命《集韻》的編纂者丁度等人"刊定窄韻十三處"，對《景德韻略》再加刊定，改名爲《禮部韻略》。[1]

上面言論是是非非。但後面一句話是對的，即景祐年間，丁度等人在景德《韻略》基礎上再加刊定，改名爲《禮部韻略》。李新魁先生在《漢語音韻學》中也有這個觀點。曰："這個《景德韻略》事實上是《廣韻》的略本，所以稱爲'韻略'。"[2]

景德《韻略》與《廣韻》爲詳略兩種韻書，它是"金朝《禮部韻略》取自宋景德《韻略》"的推論前提。實際上，這些看法都是錯誤的。筆者在早年發表的《〈禮部韻略〉與〈集韻〉關係之辨證》(《漢語史研究集

---

[1] 李新魁編著《實用詩詞曲格律辭典》，花城出版社 1999 年版，第 73 頁。

[2] 李新魁《漢語音韻學》，中山大學出版社 2019 年版，第 38 頁。

刊》2008 年第 11 輯），做了詳細的辯證。後來我們繼續研究，發表《金代〈禮部韻略〉及相關韻書研究》一文，載《中國語言學報》2014 年第 16 期。我們認爲：第一，所謂《景德韻略》和後來丁度編撰的《景祐韻略》，都是同一種韻書，《景祐韻略》是在《景德韻略》基礎上的修訂，其修訂的主要内容就是删定"窄韻十三處"。《廣韻》是《切韻》的修訂本。《禮部韻略》與《廣韻》没有編撰上的關係，其編撰是從科場實際使用出發，主要表現在小韻按照聲類相從的原則編排，在小韻反切上兼顧聲韻結構洪細開合的特點①，有利於科場考生臨時檢閲，這是吸收了等韻學的研究成果，體現了宋人的音韻學思想和學術創新之觀念。如果説，《廣韻》是繼承傳統，而《禮部韻略》則是宋人創新。同時《集韻》的修撰也是在《禮部韻略》基礎上編寫的，其小韻順序編排及其反切基本上與《禮部韻略》一致，但其中有些小韻順序編排仍有差異，包括反切等。是先有《禮部韻略》而後纔有《集韻》，而不是所謂的"《禮部韻略》是《集韻》未定稿的簡縮"，或者是"《禮部韻略》是從《集韻》未定稿簡縮并稍作修訂而成的"②。第二，金人《禮部韻略》的編撰與宋人《禮部韻略》没有關係，至多是少數韻字的斟酌采納上相似。

所以，黑水城殘卷《韻略》的發現，有着非常重要的意義。它讓我們看到了金朝早年《禮部韻略》的編寫風貌，如此，學術界關於金朝《禮部韻略》乃至宋朝《景德韻略》的種種似是而非觀念的迷霧，將一一澄清，其中一些錯誤觀點，將不攻自破。關於宋金《禮部韻略》關係及其性質的認識，儘管學術界有很多學者附和之，但本人堅信真理不是以人數多寡乃至"詾詾滿庭"者所決定的，真理需要依賴文獻語言事實和深入細緻的研究推理，事實勝於雄辯，有時候，真理往往在少數人手裏。因爲這些學者没有看見或者是没有認真研究過黑水城殘卷《韻略》，故有許多懸測之言。

---

① 讀者有條件和興趣可以參閲日本真福寺本北宋《禮部韻略》或無名氏《附釋文互注禮部韻略》等，其韻字編排即如此，限於篇幅，本文不舉例，請諒解。

② 甯忌浮先生和李子君、張渭毅等都有類似觀點，可參閲張渭毅的文章《再論〈集韻與〈禮部韻略〉之關係》，《南陽師範學院學報》2010 年第 11 期。李子君《論〈禮部韻略〉與〈集韻〉的差異》，《吉林大學學報》2012 年第 3 期。

除黑水城本殘卷外,金人《禮部韻略》的編寫,王文郁《新刊韻略》和張天錫《草書韻會》等均可説明之。《新刊韻略》是金朝《禮部韻略》修訂增補本,在韻書中,金人避諱字都做了相應的處理,可以説明它的時代性;《草書韻會》是根據金《禮部韻略》韻字摘録的,其韻字基本上可以與《新刊韻略》對應,一些避諱字的缺失也可從中得到反映。

《新刊韻略》許古序也透露了金人《禮部韻略》的一些信息,其曰:

> 科舉之設久矣。詩賦取人,自隋唐始。厥初公於心,至陳書於庭,聽舉子檢閲之。及世變風移,公於法,以防其弊,糊名考校,取一日之長,而韻得入場屋。比年以來,主文者避嫌疑,略選舉之體,或點畫之錯,輒爲黜退。錯則誤也,誤而黜之,與選者亦不光矣。
>
> 近平水書籍王文郁携"新韻"見頤庵老人,曰:"稔聞先《禮部韻》,或譏其嚴且簡;今私韻歲久,又無善本。文郁纍年留意,隨方見學士大夫,精加校讎,又少添注語,既詳且當。不遠數百里,敬求韻引。"僕嘗披覽,貴於舊本遠矣。

這裏説明了幾個重要問題。第一,王文郁《新刊韻略》是"先《禮部韻》"的修訂本,所謂"精加校讎,又少添注語,既詳且當""貴於舊本遠矣"。這種修訂本如同宋無名氏《附釋文互注禮部韻略》一樣,基本韻字及其音義注釋保留,但增補了一些訓釋和詞藻。而先《禮部韻》是"其嚴且簡"。"嚴"是指押韻之嚴,不許出韻,"簡"是指韻書編排注釋簡略,甚至連反切注音都省略了(參見上圖)。這些,我們可以從黑水城《韻略》看出來。第二,自唐宋以來,官方《禮部韻略》是"陳書於庭,聽舉子檢閲之",金代科舉《禮部韻略》也是如此,所謂"韻得入場屋"。

許古序作於金哀宗正大六年(1229),其時金朝還没有滅亡。由此可以推論,王文郁《新刊韻略》其時還没有使用於金代科舉,其使用時間是在蒙古帝國征服金朝以後。所以,從編撰成書時間上看,《新刊韻略》主要是根據金後期《禮部韻略》修訂的。

按許古(1157—1230)字道真,河間人,明昌五年(1194)詞賦進士。宣宗朝自左拾遺拜監察御史,以直言極諫,爲當朝權臣所嫉恨,兩度削秩。《金史》本傳記載甚詳,曰其所言"皆切中時病,有古諍臣之風焉"。哀宗立,召爲補闕,遷右司諫致仕。正大七年(1230)卒,年七十四。許古"平生好爲詩及書,然不爲士大夫所重,時論但稱其直云"。詳見《金史》本傳記載(卷109)。

下面,我們討論高麗時代《禮部韻略》問題。

### 三、 高麗人編撰科場韻書《禮部韻略》的歷史背景

上文討論,金人入主中原後,宋室南渡,南宋王朝對金稱臣,爲突出大金國的強盛地位,金人編撰了用於科場取士的《禮部韻略》。金之前,高麗國對遼稱臣,遼滅,對金稱臣,成爲金之藩屬國。《金史》載高麗自金太宗天會四年(1126)起,每年都要遣使來賀。《金史·太宗本紀》天會四年六月,"丙申朔,高麗國王王楷奉表稱藩"。此時正是北宋王室剛剛覆亡之際。又五年"高麗夏遣使來賀"。因此,無論是從地緣政治(朝鮮半島與中國東北相鄰),還是從當時宋金對峙強弱關係看,高麗國都與金朝關係很近。

正是從此時起,高麗王朝與金朝關係密切,而與宋朝關係疏遠。所以一旦金人編寫了科場韻書,高麗人就會采用之。

那麼,高麗人在什麼時候編寫了科場韻書呢?那一定是在金朝衰弱或行將滅亡的時候,對高麗失去管束力。現在我們知道,高麗人也編撰了禮部韻書《韻略》和《三韻通考》。它們的編撰應該是在金末衰弱之後編寫的。這個時間點可能就是在金末衛紹王(1209年即位)時期,此時正是蒙古成吉思汗大舉進攻金國時期。從衛紹王即位至金哀宗天興三年(1235)金朝滅亡(此年哀宗死末帝即位),三十餘年中金朝與蒙古一直處於交戰中。而高麗與金朝的關係也隨之中斷,戰火紛飛,道路艱險,不可能有使節往來。於是乎高麗人編寫了自己的科場韻書,這本韻書的名字就叫作《韻略》。此時爲高麗高宗王皞(1213—1259)執政時期。

隨着金國滅亡(1235),高麗與金國的關係也成爲歷史,這時候,

應該着眼未來的高麗與蒙古的關係了。1259 年,高麗高宗薨,世子王禃繼位,是爲元宗,在位十五年(1260—1274)。此時正是忽必烈踐政時期,蒙古人滅金以後,接着便進攻高麗,於是乎蒙古人與高麗人的戰爭頻仍。爲了改善高麗與蒙古的關係,元宗與忽必烈采取和親政策,迎娶忽必烈女兒爲世子忠烈王做妻子,成爲兒女親家,幷對元朝稱臣,暫時緩和了高麗與蒙古的關係。元宗文化方面的一大建樹,就是在科舉考試上,編撰了新的考場韻書《三韻通考》,一直使用到高麗末。李氏朝鮮建立後一段時間内還在使用,直到世祖李琢時代(1455—1468)編輯了《排字禮部韻略》爲止。

那麽,爲什麽要編撰《三韻通考》呢? 也完全是高麗與蒙古元朝的關係導致,因爲高麗《韻略》從編撰形式上看,與金朝《禮部韻略》沒有本質上的不同,而《三韻通考》就不一樣了,其編撰方式是平上去三聲連貫,上下一致。參見圖 2。

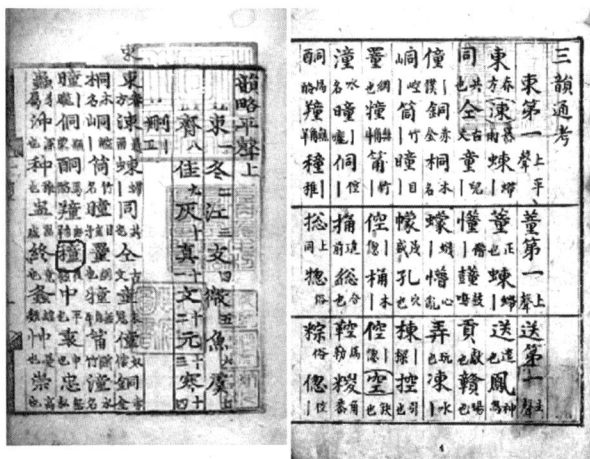

圖 2　高麗科舉韻書《韻略》和《三韻通考》

其實,《三韻通考》的底本還是《韻略》,其韻部劃分都是 106 部,韻字收入以《韻略》爲基礎,略略增收了一些,最大不同是編排形式不一樣,采用平上去三聲上下三欄對應,此或是有意無意地進行韻書編排的革新,以躲避蒙古人的嫌疑,因爲蒙古人後來也編寫了《禮部韻略》[①]。或詰之曰:爲什麼不直接采用我們大元帝國的科舉韻書?

李氏王朝建立後,作爲官韻的《三韻通考》雖然使用了一段時間,但隨着《排字禮部韻略》的編撰問世,《三韻通考》便退出了科場。因此朝鮮王朝從世祖開始的 1460 年開科取士至 1894 年全面廢除科舉制度爲止,科場韻書都是《排字禮部韻略》,前後使用了四百餘年。

以上爲高麗科舉韻書《韻略》和《三韻通考》産生的時代及其歷史背景。

## 四、《新刊韻略》與高麗朝鮮諸韻書的關係

然而,考察這些韻書的編撰,它們與中國韻書《新刊韻略》有着密切的關係,可以説,其底本就是金人《禮部韻略》的修訂本,這個修訂本比金初《禮部韻略》增收了一些韻字,并對原有的避諱字和新登基的金主避諱字做了適當調整,而這些修訂内容反映在《新刊韻略》中。因此,我們習慣上將王文郁《新刊韻略》視爲金《禮部韻略》,因爲金《禮部韻略》不存,姑且而爲之,就像歷史上人們將宋無名氏《附釋文互注禮部韻略》視爲宋代《禮部韻略》一樣。

忽略一些細小枝節,如編排形式和韻字增損等因素,仔細考察這些韻書的韻字編排及其小韻次序等,都有一個内在的一致性,他們與《新刊韻略》是一致的。高麗時代韻書《韻略》和《三韻通考》在韻字收錄和釋義上與金《禮部韻略》一致,參見上圖。《韻略》版本很多,日本和韓國均有數種版本收藏,日本藏有兩種年代較早的版本,一是殘卷本,一是嘉靖本,殘卷本後數葉稍有破損,但因爲排字印刷,每行字數相同,缺損之字仍可補足計算出來。韓國圖書館藏有九行本、七行本等多種。這些韻書其文字内容基本一致,除個别釋義不同外,韻字收錄和排序基本相同。與《新刊韻略》比較,《韻略》缺略字很多,有近百

---

① 元朝《禮部韻略》不存,其增修本有無名氏《文場備用排字禮部韻略》,元統間刊刻,日本和中國臺灣均有藏本,北京圖書館有殘卷本。另外,元陰時夫《韻府群玉》和嚴毅《詩學集成押韻淵海》等,其韻字收錄也是以元《禮部韻略》爲基礎。可參閱本人研究論文《嚴毅〈押韻淵海〉與元代〈禮部韻略〉研究》,《經學文獻研究集刊》2021 年第 26 輯。

字。這些缺字或有意無意之所爲，其中以省略同一個韻部内又音重複出現的韻字較多。《韻略》增字不多，比照之下，殘卷本爲15字左右，嘉靖本有25個左右。例如蒸韻增"崩"字，咍韻增"䍐"字，梗韻增"憬""暻"等，各本相同。統計《韻略》全書韻字，殘卷本爲9220字，嘉靖本9235字，《新刊韻略》9311字。

《三韻通考》版本亦較多，後出版本多有增字現象，其原始底本韻字也是9220個左右，如奎章閣本9227個。後來一些版本韻字有所增加，如央圖本增加665個。關於《三韻通考》源流及其版本等，本人做過一系列研究，日後將會陸續發表①。

參照上述圖片，玆將高麗韻書《韻略》文字訓釋羅列如下。僅列《韻略》一東部分，括號内爲注釋文字。

> 東(春方)，涷(暴雨)，蝀(蝃丨)。同(共也)，仝(古文)，童(兒丨)，僮(丨僕)，銅(赤金)，桐(木名)，峒(崆丨)，筒(竹丨)，瞳(目丨)，罿(網也)，犝(無角牛)，箽(竹斷)，潼(水名)，曈(丨曨)，侗(顓蒙)，酮(馬酪)，羬(無角羊)，穜(丨稑)。中(平也)，衷(中也)，忠(無私)。蟲(昆丨)，沖(淵丨)，种(稚也)，盅(器虚)。終(竟也)，螽(蝗類)，忡(憂也)。崇(高也)，崈(上同)。……(日本藏明刻本)

對照比較《三韻通考》，其注釋文字差異甚小，圖片文字清晰，在此省列，讀者可以比較。通過比較，可以説明本文前面的觀點，《三韻通考》是根據《韻略》編寫的。兩種韻書的不足也是共同的，即没有小韻與反切注音，似乎不符合"韻書"的要求，蓋編者是從詩賦押韻出發，祇需考慮某個韻字所在韻部就行，至於反切音釋似乎不是很重要。

下面討論《排字禮部韻略》。

---

① 發表的論文如《朝鮮漢字韻書〈三韻通考〉産生之歷史背景》，《華夏文化論壇》2021年第25輯。即將發表的論文如《〈三韻通考〉與高麗韻書〈韻略〉源流關係考》，《華夏文化論壇》2022年第27輯。

　　朝鮮時代韻書《排字禮部韻略》與《新刊韻略》版式完全一致,包括韻字注釋及其收錄詞藻等(參見圖3)。兩書皆爲五卷。看得出,前一種韻書是後一種韻書的直接覆刻本,除了極少數韻字不同外,其差別幾乎可以忽略不計。這些韻字差別可能是朝鮮人刊刻時校勘所致或有所添加。朝鮮《排字禮部韻略》書後一般附錄具有檢索性質的韻字一卷,曰《新刊排字禮部玉篇》,《玉篇》者,字書也。此書將《排字禮部韻略》全部韻字按偏旁部首編排,部首凡364個,統轄所有韻字,另有"篇部下無字"70個。每個韻字一般標注直音,偶然標注反切,并注明其四聲和韻部所在。《玉篇》韻字範圍比《排字禮部韻略》略大一些,與《韻略》所收韻字比較一致,如梗韻增加的"憬""暻"等字即見於其中。其編撰可能是早年配合《韻略》所作,而《排字禮部韻略》覆刻時將它附錄於後。

　　《禮部玉篇》的編排性質與清朝人編寫的《佩文詩韻》檢索書的編排性質相同,如嘉慶間姚文登的《初學檢韻》之類。但這種爲官韻書編排索引的著作形式,直到近三百年後纔有清代人的著作,於此可見朝鮮人的學術發明矣。

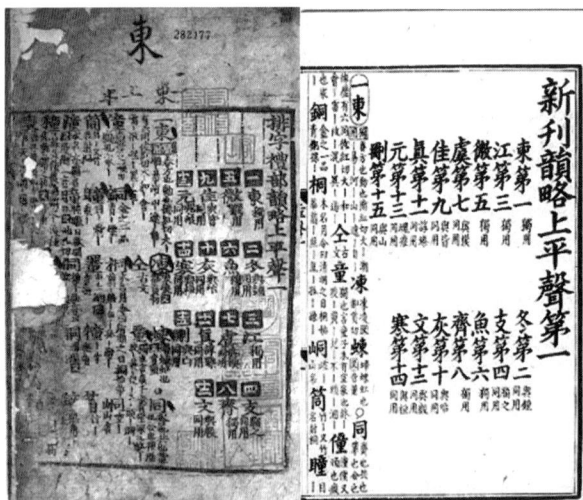

圖3　朝鮮韻書《排字禮部韻略》(嘉靖箕城本),北京大學圖書館藏本;王文郁《新刊韻略》,北京圖書館藏本。

朝鮮韻書《排字禮部韻略》大致編撰於明代前期，也就是在明代宗景泰年間至英宗天順年間（1450—1464）。後來刊本甚多，流傳下來的版本也很多，在韓國各地圖書館保留的不同年代的版本主要有三類：

1. 甲種本（明天順甲申本）。卷内平聲末留有原書牌記："大德庚子良月梅溪書院刊行。"五卷，卷首載明英宗天順甲申年（1464）金孟和黄從兄序言。

2. 乙種本（明嘉靖箕城本）①。刻本五卷，前後無序跋，韓國國會圖書館等有藏本。

3. 丙種本（萬曆仙巖書院本）。前有萬曆四十三年（1615）孫起陽序，後有丁敏道、朴𤥒同年後跋後識。韻書部分僅有四卷，上聲去聲混編爲一卷，韓國延世大學等藏本甚多。現代影印本有韓國著名學者俞昌均先生序刻本。

另外還有在清康熙間翻刻的上述三類版本。

中國收藏的版本也很多，臺灣"故宮博物院"及遼寧省圖書館收藏有明天順甲申本。北京師範大學藏有天順甲申本（覆刻木），北京大學藏有嘉靖本等系列。

這些韻書皆爲《新刊韻略》的翻刻本，祇是將原韻書中的"新添""重添"的避諱字做了調整。天順本最爲珍貴，因爲其卷一卷二之末保留了元刻牌記："大德庚子良月梅溪書院刊行。"由此我們知道《新刊韻略》還有一個大德四年（1300）梅溪書院刊本，"排字"編排，這個本子國内失傳，其版式保存在朝鮮韻書《排字禮部韻略》中。這些可以從下列韻書對比中看出來。比如上世紀末敦煌莫高窟出土的韻書殘葉《排字韻》，通過與朝鮮甲申本版式比較，即是屬於這種刊本②。（見圖 4）

---

① 據報載，2015 年 10 月，韓國以《儒教雕版印刷木刻板》向聯合國教科文組織申請文化遺產中，有漢語韻書《排字禮部韻略》，刊刻年代爲天順四年（1460），其刊刻版式與箕城相同，是現存韻書中較早的版本，可惜未能刻印，具體内容不詳，故權且以筆者所見韻本言之。

② 以上内容參見拙文《朝鮮刊本〈排字禮部韻略〉述要》，《民俗典籍文字研究》2015 年第 16 輯。《中國韻書〈新刊韻略〉在高麗朝鮮時代的傳播》，《勵耘語言學刊》2021 年第 30 輯。

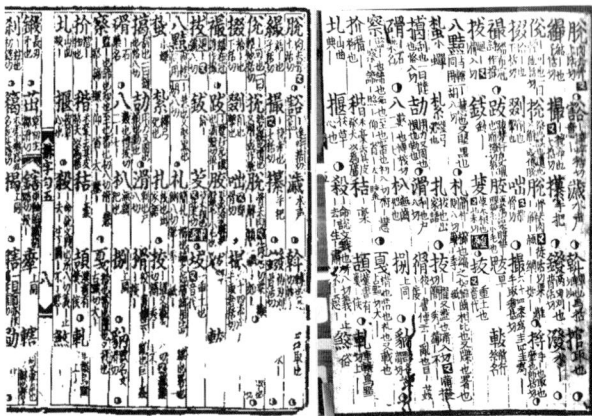

**圖 4** 上圖左爲敦煌《排字勻(韻)》入聲第八葉,右圖爲朝鮮《排字禮部韻略》甲申本相應入聲部分(北師大本)。兩相對照,朝鮮韻本在版式和韻字編排上與敦煌殘卷本完全一致。有些錯誤或俗寫也相同,如㵧(水聲)和坺(又音代),按"代"爲"伐"之誤(朝鮮本坺誤作拔)。由此可以推論兩點:一是敦煌《排字韻》就是大德四年的梅溪書院《新刊韻略》,二是朝鮮韻書《排字禮部韻略》之底本就是梅溪書院本《新刊韻略》。

也許讀者會問,朝鮮時代還有高麗韻書《韻略》和《三韻通考》,爲什麼朝鮮人捨棄而不用呢?

答曰:元滅明立,高麗又歸附於明朝。其後高麗王朝被李氏推翻,建立朝鮮王朝,朝鮮王朝亦對朱明王朝稱臣。明朝雖然也實行科舉制度,但沒有詩賦考試一科,所以沒有編寫《禮部韻略》,雖然編寫了《洪武正韻》,但不是用來科舉考試的。儘管明朝沒有詩賦考試,但民間對近體詩的寫作熱情不減,近體詩使用的是平水韻 106 部,也就是金元《禮部韻略》的分韻部分。前面說過,《韻略》和《三韻通考》都是高麗王朝的官韻書,朝鮮人當然不願意使用,但等了很久,明朝人沒有編寫官韻書,祇好自己編撰。

鑒於前朝韻書的缺點,朝鮮人直接選用了金末王文郁的《新刊韻略》,況且元朝人也使用它改編成《禮部韻略》[①]。此韻書既有小韻反切,又有韻字訓釋和詞藻,而且選用的是"排字形式"的大德間梅溪書院本,故名曰《排字禮部韻略》。

---

① 參閱拙文《嚴毅押韻淵海與元代禮部韻略研究》,《經學文獻研究集刊》2021 年第 26 輯。

英宗天順本卷首有朝鮮人金孟序言一篇，序作於天順甲申年，曰《聖朝頒降排字禮部韻略序》。其序略曰：

> 吾東方科舉尚矣，其在高麗，獨雙冀倡浮華之文，識者譏之。然文章經世之器，詞氣發越之士，皆由此出，故至於今不替。恭惟我太祖以聖文神武而開國，太宗專事文雅，表裏墳典，猶且神勞棘闈，諱留成均，壁圖紗籠，尚新於時。領議政府事翼成公黃喜懼夫，以九二見龍之才，應九五飛龍之德，際會風雲，捷巍科，典文衡，餘四十年，期間以學士掌選，無慮數十，深知是篇，約而博，簡而要，尤切於科場，欲刊廣布，未就而卒。今其孫黃從兄義止，來倅清道郡，牛刀治眼，請善刻緇流，出家傳一本，始手不半年而斷工。其繼祖父之志，以輔我聖朝設科舉士，右文興化之意，大矣哉！

序中提到的黃喜（1363—1452），字懼夫，號厖村，諡翼成，享年九十，由高麗入朝鮮，是朝鮮王朝著名宰相，爲相三十年，輔佐太祖、太宗、世宗、文宗四朝，於經史無所不通。太宗朝知貢舉事，所謂典文衡數十年。其重要貢獻就是認定《新刊韻略》的學術價值和文化價值，敦促其孫黃從兄刻寫成書。書後有黃從兄跋文一篇，追述祖父醞釀刻書過程，曰："國朝頒降《禮部韻略》，非特切於科舉，上自王宮，下至庶人，大而簡檄期會，小而名物錢財，莫不頼以用事。"

按天順甲申本（見圖 5）還不是最早的版本，在其之前有刻於天順四年庚辰本，是爲世祖李琛六年（1460），比現在見到的甲申本還早四年。但此版本今佚，僅見於 2015 年 10 月韓國發布的《儒教雕版印刷木刻板》介紹中，韓國以此向聯合國教科文組織申報文化遺產成功。

又按先是世宗二十八年丙寅（1446）頒布《訓民正音》，但遭到多數人的反對，也難用於科舉考試，同時也違背了自高麗以來"至誠事大，一遵華制"的事大慕華的傳統。故黃喜等極力敦促刊刻《排字禮部韻略》也是有來由的。所以，朝鮮世祖即位（1455）之後的科

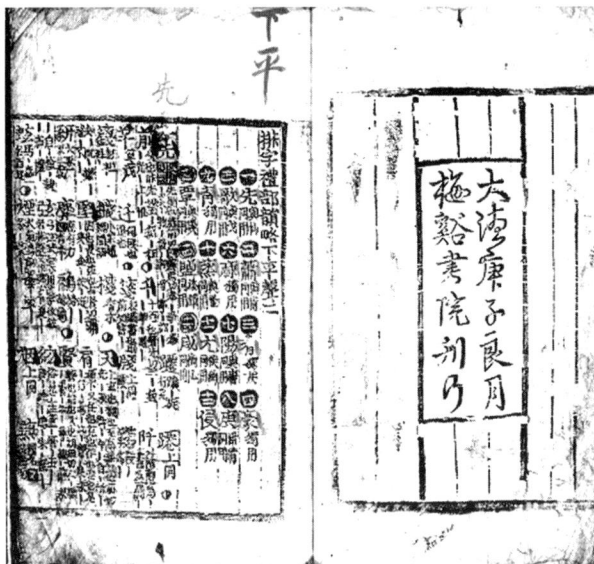

圖5　朝鮮韻書《排字禮部韻略》天順甲申本，遼寧圖書館藏。

舉，即采用了《排字禮部韻略》，一直使用到朝鮮王朝結束（1894）。

## 五、　結語：《三韻通考》之流變

以上我們以金朝建立以及金朝科舉制度與科舉韻書編撰爲鋪墊，對高麗朝鮮科舉韻書與中國韻書之關係做了梳理，并着重從高麗與金朝、朝鮮與明朝的政治關係等方面，進行了歷史事實的深入發掘，通過這些史實的研究，我們從中可以看到中國文化對周邊國家的影響和歷史傳播。

高麗朝編寫的科舉韻書爲《韻略》和《三韻通考》，李氏朝鮮王朝建立，編輯了《排字禮部韻略》以及相應的《禮部玉篇》。這些韻書與中國韻書《新刊韻略》有着直接的關係。值得一提的是，《三韻通考》之後，朝鮮人以此韻書爲基礎又編寫了很多相關韻書，如《增補三韻通考》《華東正音通釋韻》之類。因爲《三韻通考》雖然是漢字韻書，但朝鮮人視之爲自己民族的韻書作品，它在編排形式上與中國韻書迥然有別，故以之爲基礎，產生了大量的增補類韻書。這些韻書或增加韻字，或增加音義注釋，其中最有價值的是音釋，參照朝鮮《訓民正音》而注釋"華音"和"俗音",是我們研究近代漢語語音的寶貴資料。此類韻書中《奎章全韻》(原名《正音通釋》)爲朝鮮正祖年間官方編修,纂作於正祖十三年壬子(乾隆五十七年,1792),主修者李德懋。該書編撰上最大特點是將《三韻通考》平上去相承的三欄版式,改版爲平上去入四欄編排,不僅如此,還在韻末增加一些古韻通轉"叶讀"音,故全書收錄韻字 13345 字,成爲《三韻通考》增補類韻書的集大成者。而這些韻書也就成爲實實在在的"漢字"類朝鮮韻書,儘管如此,他們還是屬於中國韻書《新刊韻略》的源流與嬗變,在韻書史的研究上具有重要的歷史價值。這些韻書的研究成果,我們將另文發表。

兹將《新刊韻略》對高麗朝鮮的影響及源流關係列表如下。

1. 高麗《韻略》;

2. 高麗《三韻通考》;

3. 朝鮮《排字禮部韻略》;

4. 朝鮮《三韻通考》增補系列——《增補三韻通考》《華東正音通釋韻考》《三韻聲匯》《三韻補遺》《奎章全韻》。

上述高麗朝鮮《禮部韻略》系韻書之源流關係,可用下圖表示:

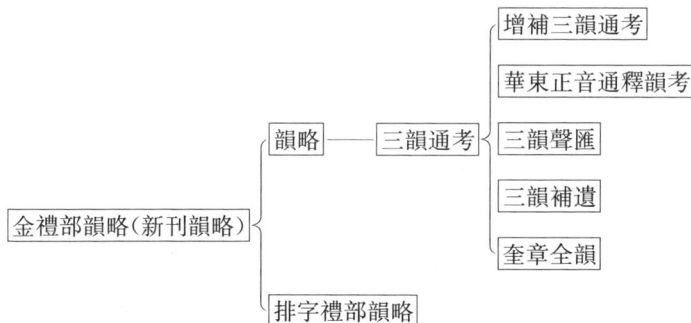

## 參考文獻

張民權:《金代〈禮部韻略〉及相關韻書研究》,《中國語言學報》2014 年第 16 期。

張民權:《朝鮮刊本〈排字禮部韻略〉述要》,《民俗典籍文字研究》2015 年第

16 輯。

張民權:《中國韻書〈新刊韻略〉在高麗朝鮮時代的傳播》,《民俗典籍文字研究》2020 年第 26 輯。

張民權:《王文郁〈新刊韻略〉源流及其歷史嬗變》,《勵耘語言學刊》2021 年第 1 輯。

張民權:《朝鮮漢字韻書〈三韻通考〉產生之歷史背景》,《華夏文化論壇》2021 年第 25 輯。

# 《中原音韻》史實研究辨證

張玉來

(南京大學文學院/漢語史研究所)

**摘　要:**元人周德清編纂的《中原音韻》是我國文化史上的一部光輝著作,是曲學、音韻學等研究領域不可或缺的經典文獻。學術界關於《中原音韻》的研究已經有七百多年的歷史,取得了豐碩的成果,特別是近百年來的研究成就,堪稱突飛猛進。這些成就包括了史實考證、文獻校勘、戲劇理論、語音系統、理論與方法研究等五個維度。限於篇幅,本文則主要概述學術界關於《中原音韻》史實方面的考證成就和不足,梳理已有成果的主要結論,剖析現存分歧庠生的可能原因,盡力指出問題的癥結,以期推進《中原音韻》研究的深入發展。

**關鍵詞:**《中原音韻》;音韻;學術史

　　元代周德清(1324/1341)編纂的《中原音韻》(以下簡稱《中原》),包括《中原音韻》和《正語作詞起例》兩部分。《中原音韻》即韻譜部分,以下簡稱《韻譜》;《正語作詞起例》部分是解說韻譜使用和創作曲詞法則的,以下簡稱《起例》。《中原》是我國文化史上的一部光輝著作,是曲學、音韻學等研究領域不可或缺的經典文獻。《中原》在語言學領域的影響,堪與《切韻》《廣韻》相輝映,它代表了晚唐以來近千年的漢語共同語的音韻格局。特別要提及的是,《中原》的文化影響還有《切韻》所不及的方面,那就是它深刻影響了元代以來傳統曲學的理論和實踐,并因此走進了藝術創作的領域,與社會大眾文化相關聯,遂成爲文學藝術文獻的重要組成部分。

　　從《中原》問世以來,它就爲歷代學者所重視,特別是 20 世紀西方語言學傳入我國後,它成了研究近代漢語語音史的核心文獻,以它爲基礎建立起的北音學迅速成爲漢語音韻學中的顯學。迄今爲止,學術界關於《中原》的研究,主要涉及五個維度:一是有關史實研究、二是文獻源流及校訂、三是戲劇創作與理論研究、四是音系研究、五是研究方法的研究。經過不懈努力,學界在這五個維度上,都取得了豐碩成果,揭示了《中原》在有關學科裏的學術意義,提升了它在文化建設中的價值。限於篇幅,本文重點概述學界有關《中原》史實考訂方面的研究,其餘的維度容另文概述。

本文所説的《中原》史實的考訂,包括了作者生平、交游、成書過程、著作權歸屬等方面。現有研究成果大致廓清了《中原》史實的基本方面,尚存的一些未明確的問題,需要進一步揭示。今論述如下。

## 一、 周德清生平

記載《中原》作者周德清生平事迹的古代文獻相對較少。當初給《中原》作序的幾位很少提及周德清的生平和家世,大多是表彰他的學識和成就。比如歐陽玄稱:"(周德清)通聲音之學,工樂章之詞,嘗自製聲韻若干部,樂府若干篇,皆審音以達詞,成章以協律,所謂'詞律兼優'者。"①瑣非復初《序》説:"吾友高安挺齋周德清,以出類拔萃通濟之才,爲移宮換羽製作之具……所作樂府、回文,集句、連環、簡梅、雪花諸體,皆作今人之所不能作者……長篇、短章悉可爲人作詞之定格。"這些都是表彰性的。與周德清同時代的鍾嗣成(1279?—1360?)所編《録鬼簿》是專爲北曲作者立傳的,但却没收周德清。

祇有元末明初的賈仲明(1310—1369)在《録鬼簿續編》中纔第一次詳細記録了周德清的事迹:

> 周德清,江右人,號挺齋,宋周美成之後。工樂府,善音律。病世之作樂府,有逢雙不對、襯字尤多、文律俱謬者;有韻脚用平上去不一而唱者;有句中用入聲,拗而不能歌者;有歌其字,音非

---

① 本文所引《中原》原文具依張玉來、耿軍《中原音韻校本》,中華書局 2013 年版。

其字者,令人無所守。乃自著《中州音韻》一帙,以爲正語之本、變雅之端。

《録鬼簿續編》的記載主要也是表彰周德清的成就,其生平仍語焉不詳。另外,其他文獻如《瑞州府志》(正德)、《高安縣志》(康熙)以及明清時期多種曲論、雜著等所載,也大多不得其詳,今不贅。

甯繼福於1978年到周德清故鄉(今江西高安縣)調查周德清的生平事迹,意外發現了《暇堂周氏宗譜》①。他據此考定周德清的生卒年是1277至1365年,推定《中原》是1341年於江西吉安初刊。詳細論説見於冀伏(1979)及甯繼福《中原音韻表稿》(1985)。劉能先、劉裕黑(1991)發表了《有關周德清幾個史實的研究》一文,該文考訂了周德清的家族源流、生平年表、墓地及文物等問題,十分詳細。張玉來、耿軍(2013)也根據《暇堂周氏宗譜》和周德清有關曲作排定了他的生平表和主要生活軌迹。鄔文龍(2014:26—36)根據《暇堂周氏宗譜》和實地考察,更進一步闡發了周氏家族的譜系演變及其交游、學養等。冀伏(1979)、周維培(1990)《論中原音韻》及(1992)《周德清評傳》也有論及,但主要評價了周德清在曲學和音韻學上的成就。綜合各家論述,今擇要闡述於下。

1. 周德清的族系

周伯琦《暇堂周氏宗譜》"序":"高安暇堂挺齋先生諱德清者,余宗叔也,著《中原音韻》傳世,余竊仿之,編注《六書證訛》。嘗企慕於衷,欲求一晤而不可得。因訪其家,細譚宗源。始知其出輔成公之一脉。輔成公幼子曰敦頤公。敦頤公子二:曰壽公,曰燾公,世居道州。遭宋季之亂,子孫各以宦徙他郡。余之祖壽公派分鄱陽;燾之孫京公派分高安,即今廷齋叔之四世祖,始遷暇堂者……爰即族世未遠者,略第其昭穆名氏,匯爲一編,屬余爲序。"②

---

① [元]鍾嗣成、[元]賈仲明《録鬼簿正續編》,浦漢明新校,巴蜀書社1996年版,第179頁。
② 現傳《暇堂周氏宗譜》爲1946年周氏族人所修,見王星琦《元明散曲史論》,南京師範大學出版社2016年版,第250頁。《暇堂周氏宗譜·序》文引自冀伏(1979),標點有改動,下同。

從周伯琦這段話裏,我們可以大致知道周德清的上世族源了。根據《暇堂周氏宗譜》,周德清一支自四世祖周京由湖南營道遷至江西高安。周德清一支的世系如下:

周從遠→周智強→周輔成(道州營道人,今屬湖南)→周敦頤(輔成幼子)→燾(敦頤幼子)→勤(燾子)→京(勤子,始遷江西高安)→安(京子)→季和(安幼子)→德清(和三子)→以謙(德清子)→周用良→周興楫→周維揚、周維勝、周維童。因周維揚、周維勝、周維童等皆未育子嗣,周德清一支遂絕。

2. 周德清生平

《暇堂周氏宗譜》這段記載基本説清了周德清的身世:"德清,和公三子,行七,字日湛,號挺齋,宋端宗景炎丁丑十一月生。著有《中原音韻》行世……元至正乙巳卒。享年八十有九。"再參考其他材料就可以排定周德清的主要生平如下:

1277 年生於高安暇堂(今江西省高安市楊圩鎮老屋周家)。時宋端宗景炎丁丑十一月。

1308—1311 年在家鄉,生子周以謙。

1311 年開始創作和漫游。

1324 年《中原》初成,但可能僅是一部承襲別人著作的初稿。

1324 年秋後不久曾回家鄉,去吉安一代訪友,并住了一段時間。

1341 年《中原》在江西吉安刊行,刊行人可能是羅宗信。

1342 年回到家鄉,開始編修《暇堂周氏宗譜》。周德清是該譜首修者。族人周伯琦作序。

1365 年去世,享年 89 歲。

3. 周德清的生活狀況

根據周德清傳世的有關曲作,還可以知道一些周德清的生活細節。張玉來、耿軍(2013)推論周德清長期在江南從事戲劇活動,可能在杭州居住過一段時間;周德清沒有到過大都,他的生活範圍除了老家江西,主要是在杭州一帶;周德清長期從事北曲創作并研究曲作理論;周德清周流於樂場,其生活并不寒酸,祇是有點落魄,離自己的理想尚有距離;等等。

又有人根據周德清的曲作内容，討論他的學養和詞曲創作的才情。鄔文龍(2014:56—74)對此有較詳細的論述，比如他從周德清的曲作用典中，可以看出周德清精研過《史記》《漢書》《後漢書》《三國志》等史書、服膺《莊子》《列子》、推崇關鄭白馬四大曲作家等。

關於周德清的著述，除了《中原音韻》外，他還編寫了《暇堂周氏宗譜》，經歷代遞修，傳播至今，大有益於後人。其曲作，瑣非復初在《中原音韻·序》裏就提及了樂府、回文、集句、連環、簡梅、雪花等六種文體，并有長篇、短章之别，聽起來數量不少。周德清自己寫的《中原音韻·後序》裏提及《折桂令》1種，《正語作詞起例》裏有《滿庭芳》4首散曲。

楊朝英(1351)編《朝野新聲太平樂府》收有周德清25隻散曲和3個套曲。還有人把這些曲作匯集起來的，如胡煒(2014)編《周德清散曲作品選讀》。隋樹森(1964)《全元散曲》收有他的小令31首，套數3套，殘句6首，這是目前收集最全的文獻了。

4. 需要辨明的三個問題

關於周德清的生平有三個問題經常引起爭議，我們這裏特別予以辨清。

一是周德清不是宋代文學家周美成的後裔，而是宋代理學家周敦頤的後代。歐陽玄爲《中原》作《序》稱："高安周德清，通聲音之學，工樂章之詞……予謂孫吴時有周公瑾者，善音律，故時人有"曲有誤，周郎顧"之語。宋季有周清真者，善樂府，故時人有"美成絶妙詞"之稱。今德清兼二者之能，而皆本於家學如此。予故表諸其端云。"周美成，即宋代文學家周邦彦。歐陽玄可能因爲并不瞭解周德清的家世，誤將周德清與周公瑾、周邦彦相關聯。但是，歐陽玄僅是因姓氏相同而作此比附，并没有肯定周德清的直系祖先是誰。後來《録鬼簿續編》等可能誤解歐陽玄説法，以致謬種流傳不止，後世不少論著承此誤説，如隋樹森(1964)的《全元散曲》、徐征(1998)等的《全元曲》。

根據《暇堂周氏宗譜》，周德清實是周敦頤六世孫。《暇堂周氏宗譜》是周德清首修的，他自然不會拿自己的出身開玩笑。

周敦頤和周美成都是宋代著名文化人，前者以理學後者以文學名世。但是,此周却非彼周。周敦頤(1017—1073),又名周元皓,號濂溪,道州營道(今湖南省道縣)人,世稱濂溪先生。周邦彥(1056?—1121?),字美成,號清真居士,杭州錢塘(今浙江杭州)人,"婉約派"詞人。目前可查的史料中,不能證明二周族源相同。

二是周德清很可能沒有到過大都(今北京)。有的學者提及周德清曾經在北京生活過或者到過北京,比如甯繼福(1985)曾説周德清到大都參加過泰定甲子年大都的曲界辯論會,這一認識無事實依據,歷史上也沒有任何文獻記載過泰定甲子年大都有過一場曲界辯論會。這一説法的依據估計是周德清《自序》裏所提及的"天下都會之所"這類的説法。"天下都會之所"可不一定就是"大都"。周德清參加過大都辯論的説法有不少人承謬,如李國强、傅伯言主編《贛文化通志》説:"泰定年間(1324—1328),在大都有一場關於'正語作詞'的論爭,在這場論爭中,德清不僅批判了吸呼之間動引《廣韻》爲證的人爲'泥古非今''不達時變',鮮明地提出了'欲作樂府,必正言語;欲正言語,必宗中原之音'的主張。"①

三是周德清沒有去過西域。吳梅先生曾説:"挺齋曾至西域,訪友人瑣非復初。"②這是錯誤理解了周德清《中原》之《後序》裏的一段話:"泰定甲子秋,余既作《中原音韻》并《起例》以遺青原蕭存存。未幾,訪西域友人瑣非復初,讀書是邦。""訪西域友人瑣非復初,讀書是邦"這句話,根據《後序》文意,周德清訪問的是西域的瑣非復初,不是去西域,其相會的地點是在青原(今吉安地區)。瑣非復初祖籍西域,是漢化的西域人。周德清《後序》説到他與瑣非復初相會時:"舉首四顧,螺山之色,鷺渚之波,爲之改容。"這裏提及的"螺山""鷺渚"皆爲青原之名勝。"是邦"當指吉安,非西域。

關於周德清生平的研究,大致輪廓已具,剩下的就是對其生活、創作以及編述的細節進行研究,但是因爲缺乏相應的歷史文獻,恐怕推進不易。

---

① 李國强、傅伯言主編《贛文化通志》,江西教育出版社 2004 年版,第 535 頁。
② 吳梅《中國戲曲概論》,吉林出版集團股份有限公司 2016 年版,第 279 頁。

## 二、 周德清的交游

一個人除了家族關係之外，總是少不了一些互相交游的人。互相交游的人構成了一個人的重要社會關係和生活環境。環境深刻影響一個人的生活方式和思想意識。學術界長期以來對周德清的交游情況研究不夠，成果不多。根據周德清《中原》之《後序》所説"嘗游江海，歌臺舞榭，觀其稱豪傑者，非富即貴耳……"來看，周氏的交游圈子不算小。這些與之交游的人物無疑是研究周德清生平和學術活動的重要材料。

張玉來、耿軍(2013)根據有關文獻梳理了與周德清交游的幾個主要人物，都與《中原音韻》的成書有關。鄢文龍(2014:98—136)也根據有關文獻考證了幾個與周德清有關的人物。另外《録鬼簿》《録鬼簿續編》、陳垣(1924)《元西域人華化考》、孫楷第(1981)、王德毅等(1987)《元人傳記資料索引》及其他有關史料也論及這些與周德清交游的人物，但是有的詳略失當，有的語焉不詳。我們綜合這些文獻，將這些人物分爲六類：一是族人，主要是周伯琦；二是給《中原》作序的人，如歐陽玄、虞集、羅宗信、瑣非復初等；三是曲界的朋友，如蕭存存、張伯元等；四是戲劇界的表演者，如歌者、小玉帶；五是周德清可能與之存在齟齬的曲界人士，如貫雲石、楊朝英等；六是周德清服膺的前輩人士，如無名人、燕南芝庵，也可能有卓從之等。周德清身後論及周德清事迹的人物這裏不論。

與周德清交游的人物中，有的無考，如張漢英、羅宗信等人；有的生平事迹語焉不詳，如瑣非復初；有的存在爭議，比如燕南芝庵。下面將有記載的人物簡述如下。

1. 周伯琦

族人周伯琦曾爲周德清首編的《暇堂周氏宗譜》作序，已見前文。

周伯琦，《元史》卷 187 有其傳、《新元史》卷 211 也有其傳。《江西省志人物志》編纂委員會編《江西省志人物志》綜合有關資料，描述十分詳實①：

---

① 《江西省志人物志》編纂委員會編《江西省志人物志》，方志出版社 2007 年版，第 157 頁。

周伯琦(1298—1369),字伯温,號玉雪坡真逸,鄱陽縣人。生於官宦之家。其父周應極,曾任翰林待制、集賢待制及池州路同知。伯琦幼時隨父在京,就讀於國學,爲上舍生。泰定二年(1325)蔭授南海縣主簿,三次遷轉後,任翰林修撰。至正元年(1341),升宣文閣授經郎,爲皇親國戚及大臣子弟講學。擢監書博士,升崇文監丞,再出任廣東肅政廉訪司僉事。順帝每稱其爲"伯温"而不直呼其名,以示眷顧。至正八年,伯琦入爲翰林待制,預修後妃、功臣列傳,歷崇文少監,升翰林直學士。至正十二年(1352)升兵部侍郎。不久又與貢師泰同任監察御史。二人同爲南方名士,頗負聲望,一時號稱得人。至正十三年,任崇文太監,兼經筵官,次年任江東肅政廉訪使。其時,元末農民起義爆發,攻占寧國,伯琦與幕僚倉皇逃至杭州,組織軍隊。朝廷命其爲兵部尚書,尚未到任,改爲浙西肅政廉訪使。至正十七年,江浙行省左丞相達識帖睦爾命伯琦以行省參知政事之職赴平江(治今蘇州)招降張士誠。伯琦被元廷任命爲同知太常禮儀院事,但被張氏羈留平江十年。至正二十七年,平江爲明軍攻陷,伯琦回家鄉,不久病逝。

伯琦温文儒雅,博學多才,工於文章,尤擅長書法,篆、隸、草皆爲上品,名盛一時。順帝曾命他篆刻"宣文閣寶"印章,并題寫"宣文閣"扁額,後又命他書"至正通寶"幣文。其所摹王羲之《蘭亭序》及智永《千字文》在當時享有盛名。著有《六書正訛》《說文字原》二書,今存其文集《近光集》三卷、《扈從詩》一卷。

周伯琦序《暇堂周氏宗譜》署至正二年,即1342年。這個時間對推定《中原》刊行的時間很重要。

### 2. 蕭存存

蕭存存的傳世材料不多。陳良運主編的《中國歷代賦學曲學論著選》在《中原音韻序》條目下對"蕭存存"有所引證:"蕭存存,青原人。青原爲吉安別稱,以其境內有青原山而得名。今僅知蕭存存爲作者友人,《中原音韻》墨本最初是送給蕭的,已見於本文(同時抄有數十部),餘無考。江西省文物考古隊陳江曾撰文考蕭存存爲歌妓,本名蕭敬夫,出身青原蕭氏望族。父蕭如愚。兄蕭立夫,元仁宗延祐二年(1315)進士,授南豐府判官,卒於赴任途中。敬夫曾隨兄赴京,學習北曲唱。兄歿,淪爲歌妓,改藝名'存存'。從此序的語氣看,蕭與周的確不像一般身份地位相當的朋友,陳文的推測不無可能,故錄之以備一説。又陳文至今尚未公之於世,特賜爲注者先睹爲快,特於此致謝。"①這段文字所引陳江的考證難説是確證,但可以供我們參考。

3. 瑣非復初

據瑣非復初《中原》之《序》、周德清《中原》之《後序》以及《元人傳記資料索引》、陳垣《元西域人華化考》等材料,我們大致可以得知瑣非(Suoqui),字復初,號拙齋,西域人,其出身勳業相門,精通音律和曲作,是周德清的朋友。瑣非復初《中原》之《序》:"余勳業相門,貂蟬滿座,列伶女之國色,歌名公之俊詞,備嘗見聞矣。如大德天壽賀詞《普天樂》云:音亮語熟,渾厚宮樣,黃鐘大呂之音也,迹之江南,無一二焉。"目前還没有發現更多的文獻。

周德清《中原》之《後序》:

> 復初舉杯,謳者歌樂府《四塊玉》,至"彩扇歌,青樓飲",宗信止其音而謂余曰:"'彩'字對'青'字,而歌'青'字爲'晴'。吾揣其音,此字合用平聲,必欲揚其音,而'青'字乃抑之,非也。疇昔嘗聞蕭存存言,君所著《中原音韻》迺正語作詞之法,以別陰、陽字義,其斯之謂歟?細詳其調,非歌者之責也。"予因大笑,越其席,捋其鬚而言曰:"信哉!吉之多士,而君又士之俊者也!嘗游江海,歌臺舞榭,觀其稱豪傑者,非富即貴耳,然能正其語之差,顧其曲之誤,而以才動之之者,鮮矣哉!"語未迄,復初前驅紅袖

① 陳良運主編《中國歷代賦學曲學論著選》,百花洲文藝出版社 2002 年版,第 507—508 頁。

而白同調歌曰："'買笑金,纏頭錦',則是矣。"乃復嘆曰:"予作樂府三十年,未有如今日之遇宗信知某曲之非,復初知某曲之是也。"

周德清《後序》所記的是與羅宗信、瑣非復初歡宴的景象,席間所唱曲牌《四塊玉》裏的前兩句中的第二句的首字應是"陽平"字才好。因此"彩扇歌,青樓飲"與"買笑金,纏頭錦"比,"纏"字比"青"字好。故,周德清說"未有如今日之遇宗信知某曲之非,復初知某曲之是也"。此二人真知音也。

周德清《起例》之"定格"收了"買笑金,纏頭錦"這一曲。

南呂·四塊玉

買笑金,纏頭錦,得遇知音可人心。怕逢狂客天生沁,紐死鶴,劈碎琴,不害磣。

評曰:"'纏'字屬陽,妙! 對偶、音調俱好,詞也可宗。務頭在第二句及尾。"

"定格"所引《南呂·四塊玉》是元代曲作家曾瑞所作《嘲俗子》,見隋樹森《全元散曲》(1964:474)。綜合隋樹森(1964:471)、周振甫(1999:146)等文獻,曾瑞生平大致是:

曾瑞,字瑞卿,號褐夫,大興人,因喜歡江浙人才之多,錢塘景物之盛,隨家焉。神采卓異,衣冠整肅,類於仙人,悠游市井。大約1331年前後,已逾七旬,江淮之達者,歲時饋送不絕,遂得以徜徉卒歲。臨終之日,詣門吊者以千數。善丹青,工畫山水,學范寬,能隱語。著雜劇《才子佳人誤元宵》,惜已失傳。有散曲集《詩酒餘音》,已佚。隋樹森《全元散曲》輯有小令九十五首,套數十七套。朱權《太和正音譜》評其所撰爲"傑作",且云:"其詞勢非筆舌可能擬,真詞林之英傑。"其生平事迹見《錄鬼簿》卷下、《圖繪寶鑒》卷五、孫楷第《元曲家考略》。

"彩扇歌,青樓飲"一曲是馬致遠的《四塊玉·海神廟》語:

四塊玉・海神廟①

彩扇歌，青樓飲，自是知音惜知音。桂英你怨王魁甚？但見一個傅粉郎，早救了買笑金，知他是誰負心。

馬致遠雖是元曲四大名家之一，其作品有瑕疵，也免不了被周德清他們批評。

4. 無名人士

周德清在《起例》裏兩次提到一個"無名"人士。

《起例》第 20 條："余嘗於天下都會之所，聞人間通濟之言：'世之泥古非今、不達時變者衆……'"

《起例》第 23 條："泰定甲子秋，復聞前章餘論：'……惟我聖朝興自北方，五十餘年，言語之間，必以中原之音爲正。鼓舞歌頌，治世之音，始自太保劉公、牧庵姚公、疏齋盧公輩，自成一家。今之所編，得非其意乎？彼之沈約不忍弱者，私意也。且一方之語，雖渠之南朝亦不可行，況四海乎？予生當混一之盛時，恥爲亡國搬演之呼吸，以中原爲則，而又取四海同音而編之，實天下之公論也。'"

"聞人間通濟之言"一語中的說"通濟之言"的人是無名人士。"復聞前章餘論"裏的"餘論"者也是這個無名人士。這個無名人士告訴周德清的主要意思有三點：《廣韻》是"觚舌"之音，不可從；現實的江南之音，如閩浙，不是四海所同音，不可從；他是元朝的人，恥爲江南之"亡國搬演之呼吸"（即音律），要編一部"以中原爲則"而又是"四海同音"的書。

這個"無名人士"可能是周德清虛擬的，借他來表達自己的思想，把自己不方便說的話，讓這個無名人士來說。這個人物無論是他交往的實在的人還是虛擬的人，對周德清編成《中原》來說，都起了十分重要的作用。上述三點看法，正是周德清編撰《中原》時所要考慮的基本原則。

根據周氏所說，這個人物出現的時間是泰定甲子秋（1324），即他

---

① 本文所引北曲作品，除了特別說明的皆引自隋樹森（1964）《全元散曲》。

編撰《中原》的這段時間。相識的地點是"天下都會之所",周德清既無去大都的記載,那麼在杭州的可能性最大。

5. 青原曾玄隱

《起例》第 3 條:"余與清原曾玄隱言:'世之有呼"屈原"之"屈"爲"屈伸"之"屈",字同,音非也。因注其韻。'玄隱曰:'嘗聞前輩有一對句,可正之:"投水屈原終是屈,殺人曾子又何曾?"明矣。'"

曾玄隱也可能是青原人(按,"青原",即今吉安之地名,因青原山而名,此處或誤寫作"清原"),與周氏討論的是"屈"字的讀音。兩人討論的時間、地點不詳。《青原志略·卷十二》之《青原蕭存存、曾玄隱》條載[①]:

> 汪舟次楫既抄高安周挺齋一序,言遺青原蕭存存,復抄其凡例云"青原蕭存存,博學,工於文詞。泰定甲子(1324),存存托友張漢英以其説問予《中原音韻》。存存欲鋟梓以啓後學,值其早逝"云云。又言,德清與青原曾玄隱言:"世有呼屈原之屈爲屈伸之屈,字同音非也,因注其韻。"玄隱曰:"常聞前輩有一對句云:'投水屈原才是屈,殺人曾子又何曾?'明矣。"吳下言風韻事,每爲江右絶倒。今有青原蕭存存、曾玄隱,而挺齋亦出瑞州,吳儂尚敢齒乎?吾師三十年前所著《通雅》曾言,挺齋《音韻》有學士虞集序,今所假永新本不見也。若考得曾玄隱,即知蕭存存本末矣。《郡志》載元進士蕭居仁,今言存存早逝,恐未必是。要之序内言螺山、鷺渚,吉之多士,則確然此青原山何疑?施偉長曰:"蕭存存,名敬夫。"

此段文字也僅論及蕭存存、曾玄隱皆爲青原人,其他事迹仍不詳。

6. 亳州友人孫德卿

《起例》第 18 條:"亳州友人孫德卿長於隱語,謂:'《中原音韻》三

---

① [清]笑峰大然(方以智?):《青原志略》,華夏出版社 2012 年版,第 340 頁。

聲,乃四海所同者,不獨正語作詞。夫曹娥義社,天下一家,雖有謎韻,學者反被其誤,半是南方之音,不能施於四方,非一家之義。今之所編,四海同音,何所往而不可也? 詩禪得之,字字皆可爲法。'……"

這個亳州友人孫德卿是看到過《中原》的人,并表示了對《中原》的贊賞。他們見面的時間應該是《中原》成書或有了初稿之後,地點很可能是在杭州,周德清編寫《中原》時徵求過他的意見。重要的是,孫德卿提到了一個問題:"雖有謎韻,學者反被其誤,半是南方之音,不能施於四方,非一家之義。"這段文字涉的"隱語""謎韻",應該是一種文體,其押韻體系似乎不是通語,而含有方言。

考宋人周密《齊東野語》"隱語"條:

> 古之所謂廋詞,即今之隱語,而俗所謂謎。《玉篇》"謎"字釋云:"隱也。"人皆知其始於"黃絹幼婦",而不知自漢伍舉、曼倩時已有之矣。至《鮑照集》,則有"井"字謎。自此雜說所載,間有可喜。今擇其佳者著數篇於此,以資酒邊雅談云。用字謎云:"一月復一月,兩月共半邊。上有可耕之田,下有長流之川。六口共一室,兩口不團圓。"又云:"重山復重山,重山向下懸。明月復明月,明月兩相連。"

《録鬼簿》多次提及"隱語":"(曾瑞卿)善丹青,能隱語,小曲有《詩酒餘音》行世。""(趙良弼)樂章小曲、隱語、傳奇,無不究竟。""(陳無妄)公於樂府、隱語,無不用心。""(吳本世)好爲詞章、隱語、樂府。""(李顯卿)酷嗜隱語,遂通詞章"等。賈仲明《挽朱凱詞》:"梨園樂府永升平,沉默敦篤念信誠,《包羅天地》《曹娥鏡》。詩禪隱語精,振江淮,獨步杭城。王彥中,弓身侍;陳元贊,拱手聽;包賢持,拜先生。"

由以上材料可知,"隱語"與"謎韻"一致,是一種文體游戲,是押韻的。

7. 虞集

虞集是元代著名學者和政治人物,史料極多。《元史》181 卷:"虞集,字伯生,宋丞相允文五世孫也……(大德初)除國子助教,即以師道自任，諸生時其退，每挾策趨門下卒業，他館生多相率詣集請益。……集學雖博洽，而究極本原，研精探微，心解神契……”

今不贅。

8. 歐陽玄

與虞集一樣，歐陽玄也是元代著名學者和政治人物，史料極多。《元史》182 卷：“歐陽玄，字原功，其先家廬陵，與文忠公修同所自出……元統元年，改僉太常禮儀院事，拜翰林直學士，編修四朝實録，俄兼國子祭酒，召赴中都議事，升侍講學士，復兼國子祭酒……玄性度雍容，含弘縝密，處己儉約，爲政廉平，歷官四十餘年，在朝之日，殆四之三。三任成均，而兩爲祭酒，六入翰林，而三拜承旨。”

今不贅。

爲周德清作序的虞集、歐陽玄未必認識周德清，從他們的序中看不出與周德清有交往的友好情誼。他們的序好像是應刻書者羅宗信或其他人的要求寫的。歐陽玄《序》説：“青原好事君子，有繡梓以廣其傳，且徵予序。”顯見，請歐陽玄寫序的不是周德清本人。虞集《序》：“余昔在朝，以文字爲職，樂律之事，每與聞之。嘗恨世之儒者，薄其事而不究心，俗工執其藝而不知理，由是文、律二者不能兼美。每朝會大合樂，樂署必以其譜來翰苑請樂章，唯吳興趙公承旨時，以屬官所撰不協，自撰以進，并言其故，爲延祐天子嘉賞焉。及餘備員，亦稍爲隱括，終爲樂工所哂，不能如吳興時也。當是時，苟得德清之爲人，引之禁林，相與討論斯事，豈無一日起余之助乎？惜哉！余還山中，眊且廢矣；德清留滯江南，又無有賞其音者！”從虞集序中也看不出周虞有交往。

周德清作爲一介布衣，雖然不見重於當時的曲界，但是，他的江西鄉黨給了他很高的賛賞。給《中原》作序的虞集（1270—1348）和歐陽玄（1271—1357）都是當時的社會聞人，而且身居要職。虞集《序》稱：“（周德清）工樂府，善音律，自著《中州音韻》一帙，分若干部，以爲正語之本，變雅之端。”虞集《序》又稱：“（周德清）又自製樂府若干調，隨時體制，不失法度。屬律必嚴，比字必切；審律必當，擇字必精。是以合於宮商，合於節奏，而無宿昔聲律之弊矣。”歐陽玄《序》稱：“（周德清)通聲音之學,工樂章之詞,嘗自製聲韻若干部,樂府若干篇,皆審音以達詞,成章以協律,所謂'詞律兼優'者。"

9. 楊朝英

據隋樹森(1964:1292)、徐征(1988:8268)、門巋(2014)等所集史料,楊朝英(1265?—1351?),字英甫,號淡齋,青城人。曾官郡守、郎中,後來歸隱,與貫雲石、阿里西瑛等交好唱和。編有《陽春白雪》《朝野新聲太平樂府》兩種散曲專集,保存了元代散曲的大量資料。明人朱權《太和正音譜》評其詞"如碧海珊瑚"。生平事迹見《錄鬼簿》。

青城作爲地名,分布多處。從巴西鄧子晉爲其《朝野新聲太平樂府》(以下簡稱《太平樂府》)作序的情況看,楊氏爲四川青城人的可能性大。孫楷第《元曲家考略》據元人張元翰《西岩集》之《楊英甫郎中澹齋》詩"老天未相容,正坐才具累。前年作郡守,今年署郎位"和元人周巽《性情集》之《上歐陽玄詩序》中"奉贊歐陽承旨圭齋於書臺楊青城宅"等句,推測楊氏是"青城人而家於龍興(今南昌)者"①。那麼,楊氏是住在江西南昌的青城人。元代名家楊維楨(1296—1370)在《周月湖今樂府序》裏説:"士大夫以今樂府鳴者,奇巧莫如關漢卿、庾吉甫、楊澹齋、盧疏齋。"②楊維楨將楊朝英與關漢卿、盧摯等名家并列,説明他見重於時。

楊朝英對《中原》的編纂起了極大的刺激作用。他編纂的《陽春白雪》引起了蕭存存和周德清的注意,周德清對其所選的一些作品極度不滿。因此之故,周德清纔想編纂一部著作予以糾正曲作的時弊。周德清抨擊的《陽春白雪》裏的作品主要涉及楊朝英本人的、阿里西瑛的和貫雲石的。今先將這些受到抨擊的楊朝英的作品舉例如下:

雙調·水仙子之一

壽陽宮額得魁名,南浦西湖分外清。橫斜疏影窗間印,惹詩人説到今,萬花中先綻瓊英。自古詩人愛,騎驢踏雪尋,凍在

---

① 孫楷第《元曲家考略》,上海古籍出版社1981年版,第151頁。

② [元]楊維楨《周月湖今樂府序》,見《東維子集》卷十一,《四部叢刊》本,1984年版。

前村。

雙調·得勝令之一

　　花影下重檐,沉烟嫋綉簾。人去青鸞杳,春嬌酒病厭。眉尖,常鎖傷春怨。忺忺,忺得來不待忺。


在周德清看來,楊朝英的這幾首曲寫得慘不忍睹,醜陋極了。

10. 貫雲石

　　爲《陽春白雪》作序的貫雲石(1286—1324),《元史》有傳,維吾爾人,字酸齋,曾任翰林侍讀學士等官,是當世名家。辭官後,住錢塘(杭州)①。鄧子晋 1351 年爲楊朝英《太平樂府》作序時稱:"昔酸齋貫公與澹齋游,曰:'我酸則子澹。'遂以號之。常相評今日詞手……"②據此,楊朝英可能也是到過杭州的曲作家,并與貫雲石交好。

11. 鍾嗣成

　　鍾嗣成以編纂《録鬼簿》聞名於世。鍾嗣成生平主要載於《録鬼簿續編》。中國戲曲志編輯委員編《中國戲曲志·浙江卷》綜合多種資料,所記如下③:

　　　　鍾嗣成:元代戲曲理論家、雜劇作家。字繼先,號醜齋。杭州人。祖籍大梁(今開封)。生卒年不詳,約元至治初在世。以明經纍試於有司,以貌醜而見黜。曾爲江浙行省掾史。後杜門家居,專力劇曲,與戲曲作家施惠、朱凱、周文質、邾經等過從甚密。《録鬼簿續編》稱其"德業輝光,文行温潤,人莫能及""樂府小曲,大篇長詩,傳之於世,每不遺稿"。所著《録鬼簿》二卷,載元代雜劇、散曲作家一百五十二人,作品名目四百餘種,爲研究元雜劇及散曲作家作品最重要之史料。所編雜劇今知有《章臺

---

① 柯紹忞《新元史》,吉林人民出版社 1995 年版,第 2637 頁。
② [元]鄧子晋《朝野新聲太平樂府·序》,見《朝野新聲太平樂府》,中華書局 1958 年版,第 3 頁。
③ 中國戲曲志編輯委員編《中國戲曲志·浙江卷》,中國 ISBN 中心出版社 2000 年版,第 747 頁。

柳》《錢神論》《蟠桃會》《斬陳餘》《詐游雲夢》《孝諫鄭莊公》《馮驩
燒券》七種,俱佚。所作散曲今存小令五十九首,散套一套,皆膾
炙人口,散見於《太平樂府》《樂府群玉》《雍熙樂府》《北詞廣正
譜》諸書。此外尚擅於編制隱語,另有文集若干,惜未傳。

鍾嗣成有不少作品傳世,如《凌波仙·吊陳以仁》就是名篇:

### 凌波仙·吊陳以仁
#### 鍾嗣成

錢塘人物盡飄零,賴的斯人尚老成。爲朝元恐負虛皇命。
鳳簫寒,鶴夢驚,駕天風直上蓬瀛。芝堂靜,蕙帳清,照虛梁落月
空明。

鍾嗣成是元曲作家中的"豪放派",推崇語言與題材的"本色",其
主張與周德清顯然不同。他與周德清有沒有交往,因缺乏文獻記載,
没法考據。鍾嗣成《録鬼簿》是牛者、死者皆録,相知與不相知俱存,
但是,却没有周德清的事迹。考周德清在《起例》之《定格》中選了鍾
嗣成的《駡玉郎感皇恩采茶歌·得書》,説明周德清是知道鍾嗣成的。
下節會論及鍾嗣成《録鬼簿》爲何不收周德清和楊朝英事,此處不贅。

### 駡玉郎感皇恩采茶歌·得書
#### 鍾嗣成

長江有盡思無盡,空目斷楚天雲。人來得紙真實信,親手
開,在意讀,從頭認。

纖錦回文,帶草連真。意誠實,心想念,話殷勤。佳期未准,
愁黛長顰。怨青春,捱白晝,怕黄昏。

叙寒温,問緣因,斷腸人憶斷腸人。錦字香粘新淚粉,彩箋
紅漬舊啼痕。

評曰:音律、對偶、平仄俱好,妙在"長"字屬陽,"紙"字上聲
起音,務頭在上,及《感皇恩》起句至"斷腸"句上。

周德清給了這首曲極高的評價。

12. 阿里西瑛。

阿里西瑛,又名木八刺,字西瑛,西域人。生卒年不詳。久居吳城(今江蘇省蘇州市)東北隅。名其居所曰"懶雲窩"。阿里西瑛與楊朝英交好,并相互唱和曲作。周德清抨擊阿里西瑛的作品是《雙調·殿前歡·懶雲窩》。

雙調·殿前歡·懶雲窩
阿里西瑛

懶雲窩,客至待如何?懶雲窩裏和衣臥,儘自婆娑。想人生待則麼,貴比我高些個,富比我惚些個。呵呵笑我,我笑呵呵。

13. 歌者與小玉帶

周德清有小令《贈歌者韓壽香》和套數《贈小玉帶》。這兩曲都是寫給演唱者的,説明周德清應該流連於勾欄,與演唱者厮熟。

中呂·陽春曲·贈歌者韓壽香
周德清

半池暖綠鴛鴦睡,滿徑殘紅燕子飛,一林老翠杜鵑啼。春事已,何日是歸期?

詞曲中,歌者爲誰,不詳。據南朝宋時劉義慶《世説新語·惑溺》記載,晋賈充的女兒賈午與韓壽私通,并把皇帝御賜其父的外國異香贈韓壽,後稱該香爲"韓壽香",借指異香,也指男女定情之物。

套數·贈小玉帶
周德清

不辨珉玒,紛紛貫耳。自睹瓊瑶,常常挂齒。匡皋相逢,荆山在此。這樂名,是誰賜?樣稱纖腰,光摇嫩指。

【紫花兒】却是紅如鶴頂,赤若雞冠,白似羊脂。是望月犀牛獨自,是穿花鸞鳳雄雌。是兔兒靈芝,是螭虎是瓴毛是鷺鷥。是海青拿天鵝不是? 我則是想像因而,你敢那就裏知之。

【調笑令】細思,好稱瘦腰肢,圍上偏宜舞《柘枝》。性溫和雅稱芳名字,料應來一般胸次。色光澤瑩如美艷姿,都無那半點瑕疵。

【小沙門】別是個玲瓏樣子,另生成剔透心兒,爲風流盡教拈斷髭。不負我,贈新詩、新詞。

【聖藥王】重玩視,巧意思,羽毛枝幹細如絲。溫潤資,雕琢時,那其間應是辨妍媸。必定是明師!

【尾】挂金魚自古文章士,未敢望當來衣紫。有福後必還咱,上心來記着你。


陶宗儀《南村輟耕録》之《先輩風致》云[1]:

> 龍麟洲先生過福建,憲府設宴,命官奴小玉帶佐觴。酒半,憲使舉杯請曰:"今日之歡,皆玉帶爲也,願先生酬之以詩,先生其毋辭。"時先生負海内重名,雅畏清議,又不能違憲使之請,遂書一絶句云:"菡萏池邊風滿衣,木犀庭下雨霏霏。老夫記得坡仙語,病體難禁玉帶圍。"於是舉席稱嘆,盡歡而散。蓋前輩既不肯拂人意,又不欲失所守,而且用事清切,一時風致可想見,信非野儒俗士所能及也。


龍仁夫,字觀復,永新人,宋元之際學者、詩人,人稱麟州先生。不知此小玉帶與周德清所贈小玉帶有無關聯否?

14. 燕南芝庵

《陽春白雪》卷首所載《唱論》署名"燕南芝庵"。白寧(2014)《燕南芝庵〈唱論〉研究》推測其成書在1276至1296年之間。但是,燕南芝庵何許人也? 劉再生(1989)在《中國古代音樂史簡述》主張燕南是

---

① ［元］陶宗儀《南村輟耕録》卷二十二,上海古籍出版社2012年版,第248頁。

地名,芝庵是名號。燕南應位於今河北一帶。修海林(2000)在《中國古代音樂史料集》裏則推測燕南芝庵就是燕公楠。李國强、傅伯言(2004:536)主編的《贛文化通志》內《中原音韻》條與修海林的看法同。

燕公楠,元代確有其人,柯劭忞等編《新元史》第188卷有其傳,其他文獻也有記載。黃天驥《讀元曲明詞隨筆》綜合有關材料,介紹了他的生平①:

> 燕公楠(1241—1302),字國材,號芝庵,南康(今江西南康)人。十歲能屬文。元世祖平定江南,以功遷同知吉州路,受到賞識,賜名賽因囊加帶,命僉江淮行尚書省事。令民墾荒廢田,勸導有方,纍官至湖廣行省右丞。精通音律,有戲曲聲律論著《唱論》。亦工詞。著有《五峰集》。

高宗華編著《永修歷代詩詞選》有更全面的介紹②:

> 燕公楠(1241—1302),字國材,號五峰,南康建昌(今江西省永修縣)燕坊人。幼有俊才。十歲能文。南宋末曾任贛州通判。元至元十三年(1276)世祖平江南帥臣叛,公楠授同知贛州事;以平廣南功升同知吉州路總管事。二十二年(1285)因召對策稱旨,賜名"賽因囊加帶"(蒙名)命參與朝政,不授,改江浙行中書省事,後調江淮尚書省。後任大司農,領八道勸農營田司事。拜江淮行中書省參知政事。嗣後封爲平章政事,固辭。改江浙行中書省參知政事。三十年(1293)再任大司農。元貞元年(1295)進河南行省右丞。成宗時拜浙江行省右丞,遷湖廣行省右丞。大德五年(1301)召回京都,卒。帝聞,甚傷悼之。賻贈有加。朝命大臣護喪南歸。所經之地皆命地方官奠。葬今德安縣烏石山

---

① 黃天驥《讀元曲明詞隨筆》,見《黃天驥文集》第3卷,廣東人民出版社2018年版,第137頁。

② 高宗華編著《永修歷代詩詞選》,百花洲文藝出版社2017年版,第182頁。

祖塋，墓及碑早毀。墓前翁仲、石馬後被縣博物館運至義峰山存放。其詞不多見，所著《五峰集》亦不傳。

《永修歷代詩詞選》還收錄了燕公楠的《摸魚兒》兩曲。今錄如下：

摸魚兒

燕公楠

繡使雪樓先生歌摸魚詞華余初度，次韻敬謝盛心，荒唐愧甚。

又浮生，平頭六十，登樓悵望荆楚。出山寸（小？）草成何事，閑却竹烟松雨。空自許。早搖落江潭、一似琅琊樹。蒼蒼天路。漫伏櫪心長，衝圖翅短，歲晏欲誰與。

梅花賦，飛墮高寒玉宇。剛腸還寧馨語（鐵腸還解情語？）。英雄操與君侯耳，過眼群兒誰數？霜鬢縷，祇夢聽、枝頭翡翠催歸去。清觴飛羽。且細酌盰泉，酣歌郢雪，風致美無度。

不管燕公楠是不是燕南芝庵，其史料留觀於此，可能有益進一步的考證。

15. 張伯元

張伯元生平不詳。周德清套曲《南呂·一枝花·遺張伯元》就是寫給他的。曲如下：

南呂·一枝花·遺張伯元

正伯牙志未諧，遇鍾子心能解。使高山群虎嘯，要流水老龍哀。洒落襟懷，一笑乾坤大，高談雲霧開。幾行北雁吞聲，一片西山失色。

【梁州】無人我驚心句險，有江山空日烟埋。相逢盡是他鄉客。我淹吳楚，君顯江淮。雄游海宇，挺出人材。箕裘事業合該，簪纓苗裔傳來。大胸襟進履圯橋，壯游玩乘槎大海，老風波走馬章臺。千載，後代，子孫更風流煞！萬一見此豪邁。玉有潤難明借月色，出落吾儕。

【隔尾】向管中窺豹那知外？坐井底觀天又出來。運斧般門志何大！出削個好歹，但成個架格，未敢望將如棟梁采。

從周德清的套曲裏，可以看出，張伯元與其感情極好，從描述的語句看，這首套曲應寫成於年輕時代，裏面有不少互相鼓勵的豪言壯語。

### 三、《中原音韻》的成書過程及初刊時間

周德清爲什麼要編纂《中原》？編纂《中原》的過程如何？《中原》何時正式出版問世？這些問題學術界雖有討論，但大部分或語焉不詳或分析錯誤。甯繼福（1979，1985）、張玉來、耿軍（2013）對這些問題有過考訂。今綜合論述如下：

周德清在《中原》之《自序》裏闡述了編纂《中原》的目的。泰定甲子年（1324），對周德清來說，是不平凡的一年。這一年，老家江西青原的朋友蕭存存看到了楊朝英（1324?）編選的《樂府新編陽春白雪》（後人簡稱《陽春白雪》），對其十分不滿，就托張漢英詢問周德清（其時周當在杭州一帶）的看法及有關創作的問題。周德清爲了回答這些問題，當是認真閱讀了《陽春白雪》，幷與同行也進行了討論，針對裏面的作品進行了分析，特別對楊朝英、貫雲石等人的作品提出了嚴厲的抨擊，並由此提出了自己關於北曲創作的看法。他作《中原》就是要表達自己關於曲作的想法，幷給蕭存存參考。爲了不引起"爭端"，所以祇當給蕭存存個人的回答，沒有公之於世。不久，他或因爲曲作觀點與人相左，或其他原因，回到了江西，幷到青原去拜訪瑣非復初等友人。這期間，羅宗信等人纔有了要幫周德清刊行該書的計劃。

根據周德清《中原》之《自序》，青原劇作家蕭存存對當時的北曲創作有很多不滿和疑問，他的問題有兩個方面：

一是"今之樂府有遵音調作者""有增襯字作者"。即有的人按照

曲牌的固有音調作曲,有的却是亂加襯字,不顧曲牌的音調。到底何者爲是何者爲非?

二是蕭存存針對楊朝英編選的《陽春白雪》裏的作品提出了以下問題:

1.《德勝令》"花影壓重檐,沉烟嫋綉簾,人去青鸞杳,春嬌酒病懨。眉尖,常瑣傷春怨。忺忺,忺得來不待忺"。"綉"唱爲"羞",與"怨"字同押。

這首《得勝令》是楊朝英《雙調‧得勝令》之一。蕭存存認爲,按律,此曲第二句中"綉"字位置當爲平聲字,但此曲用了去聲字"綉",要是按律唱,"綉"就唱成"羞"字了,這樣就嚴重失律。另外,這曲中的先天韻"怨"字(-n)與廉纖韻的"檐""懨""尖""忺"字(-m)同押,極不合押韻規則。

2.《殿前歡‧白雲窩》二段,俱八句,"白"字不能歌者。這一段是指楊朝英的《雙調‧殿前歡‧和阿里西瑛韻》不合曲牌要求,而且"白"字没法唱。

阿里西瑛《雙調‧殿前歡‧懶雲窩》已見前。

楊朝英《雙調‧殿前歡‧和阿里西瑛韻》共五首,今舉兩首如下:

### 雙調‧殿前歡‧和阿里西瑛韻
#### 楊朝英

白雲窩,樵童斟酒牧童歌,醉時林下和衣卧。半世磨陀,富和貧争甚麽。自有閑功課,共野叟閑吟和。呵呵笑我,我笑呵呵。

白雲窩,天邊烏兔似飛梭,安貧守己寓中坐。儘自磨陀,教頑童做過活,到大來無災禍。園中瓜果,門外田禾。

按曲牌,《雙調‧殿前歡》應該九句,阿里西瑛《懶雲窩》即是九句,楊朝英第一首九句,第二首則是八句,少了第六句。故不合曲牌。另外,《雙調‧殿前歡》要求第一句是"仄平平",阿里西瑛"懶雲窩"正是,而"白雲窩"則是"平平平"了,因爲"白"按北曲作陽平讀。

3. 有板行逢雙不對,襯字尤多,文律俱謬,而指時賢作者。

這一段是説印刷成書(暗指《陽春白雪》)所收的作品,有的雙句應該對偶而不對,不該有的襯字而尤多,致使文采格律都錯了,還説是當下的時賢所作。這段話很有針對性,就是指貫雲石的《正宮·塞鴻秋·代人作》。

正宮·塞鴻秋·代人作

貫雲石

戰西風幾點賓鴻至,感起我南朝千古傷心事。展花箋欲寫幾句知心事,空教我停霜毫半晌無才思。往常得興時,一雪無瑕疵。今日個病厭厭剛寫下兩個相思字。

按曲牌要求,本曲共七句,前六句要對仗,五六句要求尤嚴,須平仄相反,但是貫雲石這首無一相合,自然不合規則。另,第七句本七字,現在成了"今日個病厭厭剛寫下兩個相思字"十四字。

4. 有韻脚用平上去,不一一,云"也唱得"者。

按北曲要求,曲的末句十分重要。周德清《起例》之《末句》説:

> 詩頭曲尾是也。如得好句,其句意盡,可爲末句。前輩已有"某調末句是平煞、某調末句是上煞、某調末句是去煞"。照依後項用之。夫平仄者,平者平聲,仄者上、去聲也。後云"上"者,必要上;"去"者,必要去;"上去"者,必要"上去";"去上"者,必要"去上";"仄仄"者,"上去""去上"皆可。"上上""去去",皆得迴避,尤妙;若是古句且熟,亦無害。

蕭存存和周德清都没有具體指斥哪首曲,應該泛指凡是與此要求不同的,就屬於"有韻脚用平上去,不一一,云'也唱得'者"。

5. 有句中用入聲,不能歌者。

北曲入聲字派入平上去三聲,不能再將入聲當作原來的入聲使用,應按其派入的聲調使用,否則就會犯錯誤,上舉"白雲窩"就是錯用的例子。

6. 有歌其字,音非其字者。

散曲的曲詞是配樂歌唱的,樂譜要求字音要符合旋律,平仄有要求,尤其是陰平、陽平要有區別,像前舉"青"字、"綉"字就不和音律,所謂"扭折嗓子"者。

周德清認真研究了蕭存存關於楊朝英《陽春白雪》的問題,并結合具體問題,逐一作了回答,包括以下幾個方面:

1. 彼之能遵音調,而有協音俊語可與前輩頡頏,而謂"成文章曰樂府"也;不遵而增襯字,名樂府者,自名之也。

從這一回答中可以看出周德清主張曲詞(樂府)必須合音律,不遵守音律就不能稱之爲樂府。他是堅定的"音律派"或"形式派。"

2.《德勝令》"綉"字、"怨"字,《殿前歡》八句,"白"字者,若以"綉"字是"珠"字誤刊,則"烟"字唱作去聲,爲"沉宴嫋珠簾",皆非也。

周德清在這裏説,楊朝英《德勝令》裏這些字的用法都不對,即使説"綉"本應是"珠"字,是弄錯了,那就要改"烟"爲"宴"纔合律,可是"沉宴"不成詞,因此還是不行。像是《殿前歡》祇有八句以及"白"字等的用法更是不對。

3. "呵呵""忄欠忄欠"者,何等語句? 未聞有如此平仄、如此開合韻脚《德勝令》。

周德清指責阿里西瑛、楊朝英的"呵呵笑我,我笑呵呵"以及楊朝英的"忄欠忄欠,忄欠得來不待忄欠"句子裏的"呵呵""忄欠忄欠",實在不像文學語言——"何等語句?"粗俗! 并指出楊朝英《得勝令》中先天韻與廉纖韻合押是開(-n)合(-m)混押、將"綉"字胡亂安排平仄。

4. 亦未聞有八句《殿前歡》,此自己字之開合、平仄。

周德清説《殿前歡》都是九句,未聞八句的格式,這都是楊朝英自己規定的《殿前歡》的開合、平仄格式。

5. 句之對偶、短長,俱不知,而又妄編他人之語,奚足以知其妍媸歟?

周德清指責《陽春白雪》的編者不懂曲作的對偶、短長,却敢於編選曲選,譏諷其不辨好壞。

6. 以板行謬語而指時賢作者,皆自爲之詞,將正其己之是,影其己之非,務取媚於市井之徒,不求知於高明之士,能不受其惑者幾人哉!使真時賢所作,亦不足爲法。

周德清高度懷疑《陽春白雪》裏所選編的那些時賢名家的作品,不一定是時賢名家的,說不定是編者胡亂編寫的,却冒充時賢之名。這樣胡亂編選恰恰暴露了編選者自己的醜陋,這不過是取媚市井的下作之行爲,高明的人不會受其蠱惑。退一萬步説,即使《陽春白雪》裏選的真是時賢名家的作品,但有些作品也不足以爲創作之楷模!

7. 取之者之罪,非公器也。

周德清認爲《陽春白雪》裏的不好的作品入選,是編選者的錯誤,因爲他不懂得好壞,不能怪廣大的曲作界人士。

8. 韻脚用三聲,何者爲是?不思前輩某字、某韻必用某聲,却云"也唱得",乃文過之詞,非作者之言也。平而仄,仄而平,上、去而去、上,去、上而上、去者,諺云"鈕折嗓子"是也,其如歌姬之喉咽何?

周德清批評有的人在韻脚上選押韻的字不辯聲調,隨意取字,讓唱者没法演唱。

9. 入聲於句中不能歌者,不知入聲作平聲也。

周德清認爲,像楊朝英誤將"白"字認作仄聲,以至於"於句中不能歌者",是他不知入聲作平聲也。

10. 歌其字,音非其字者,合用陰而陽,陽而陰也。

周德清認爲,有人"歌其字,音非其字者",是没有搞清楚陰平、陽平之别,比如誤把"青"字唱成"晴",是因爲平分陰陽没搞清楚,陰平、陽平是兩個不同的調。

周德清認爲以上這些錯誤做法和認識"皆用盡自己心,徒快一時意,不能傳久"。

周德清除了回答了以上十個方面的内容,其告訴蕭存存和世人的核心内容有三:

1. 作曲必正言語。欲正言語,必宗中原之音。

2. 樂府在當時已經是盛而備了,前輩作家達到了頂峰,後人作樂府是很難的事了,真是"後學莫及"!

3. 作樂府的最難點是很多人不懂"平分陰陽、入派三聲"的道理。但這是作樂府的關鍵問題,"乃作詞之膏肓,用字之骨髓,皆不傳之妙,獨予知之……"

周德清作了這些理解和回答以後,非常想做一篇批評文章,以訂砭曲作之弊,但是害怕圈内人士爲此而起争端,遂寝此想。但是爲了表示對張漢英爲蕭存存所請之重視,"遂分平聲陰、陽及撮其三聲同音,兼以入聲派入三聲,如'鞞'字次本聲後,葺成一帙,分爲十九,名之曰《中原音韻》,并《起例》以遺之,可與識者道"。

由上面的分析可以看出,周德清創作《中原音韻》是非常有針對性的,主要是對以楊朝英爲代表的不合曲律的曲作的批判,也是對當世創作中某些流弊的針砭。

楊朝英、貫雲石生平已見前節。作爲曲作名家,楊朝英編選一部曲作選集,本無可厚非。但因楊朝英編選的疏漏及其創作的不足,比如遺漏有關的好作品,漠視有成就的作家,也可能有門户之見等,引起了蕭存存和周德清的不滿。蕭存存跟周德清所批評的楊朝英的作品俱見於今之傳世《陽春白雪》中,這些作品的確有不合於北曲的音律規範之處,但蕭、周的批評也不無嚴屬,態度不無刻薄,語言不無尖酸。

楊維楨《周月湖今樂府序》説:"往往泥於文采者失音節,諧音節者虧文采,兼之者實難也。"①這是很客觀的態度。周德清對楊朝英的批評體現了周氏音律至上的曲作思想。

盧冀野(1937)《元明散曲選》之《導言》説:"一是豪放,曲中所謂'丹丘體'者是。像元代的張養浩、鍾嗣成、汪元亨、睢景臣,明代的馮惟敏、康海、王九思皆是屬於此派的。二是清麗,近於曲中所謂東吴體,如元代的喬吉、徐再思。明代的陳鐸、金鑾等皆是。"根據盧冀野的分法,周德清無疑屬於"清麗"派,而楊朝英、鍾嗣成、貫雲石輩自然就是"豪放派"。藝術追求不同,自然會有理論主張和創作實踐的不同。

---

① [元]楊維楨《周月湖今樂府序》,見《東維子集》卷十一,《四部叢刊》本,1984 年版。

　　周德清跟楊朝英在杭州時有沒有當面交鋒，不得而知。但是，周德清自己說"恐起爭端"，看來他們至少沒有當面爭執。又，因爲周德清對楊朝英之刻薄批評，語言尖酸，當時應該有人知道這種事。同時代的鍾嗣成編《録鬼簿》時，周氏、楊氏俱不收録。《録鬼簿》是死活者皆録，相知者和知名者亦録，鍾嗣成既已收録貫雲石，當不會不知楊朝英之名。他不録這兩個人，説明鍾嗣成也是"恐起爭端"，乾脆誰都不收。否則，無法對《録鬼簿》不收兩人作出合理的解釋。

　　周德清不久回到了江西，其《中原》之《後序》説："泰定甲子秋，余既作《中原音韻》并《起例》以遺青原蕭存存。未幾，訪西域友人瑣非復初，讀書是邦，同志羅宗信見餉……"

　　這裏用了"未幾"一詞，應該是 1324 年之後的不長的時間，否則無法理解"未幾"的含義。回到江西的周德清到了"多士之邦"的吉安，"訪西域友人瑣非復初"，并"讀書是邦"。看來周德清應該在吉安住了一段時間。同是吉安名士的羅宗信曾招飲周氏和瑣非復初，瑣非復初和羅宗信對席間歌舞的評論，令周德清認識到他們是真正的知曲之人。席間，羅宗信和瑣非復初又問及他給蕭存存的《中原音韻》的情況，周德清就答應"明當盡携《音韻》的本并諸《起例》以歸知音"。

　　拿到周德清《中原音韻》"的本"并諸《起例》的羅宗信説（羅宗信《中原》之《序》）："余因覘其著作，悉能心會，但無其筆力耳。乃正人語，作詞法，其可秘乎？毋使如《陽春》《白雪》，徒稱寡和，而有不傳之嘆也。矧吾吉素稱文郡，非無賞音。自有樂府以來，歌咏者如山立焉，未有如德清之所述也。予非過言。争壽諸梓以廣其傳，與知音者共之，未必無補於將來。"瑣非復初也説（瑣非復初《中原》之《序》）"德清不欲矜名於世"，是"青原友人羅宗信能以具眼識之，求鋟諸梓"的。

　　羅宗信拿到稿子後，是否接着就刊行了該書，即何時第一次刊行了《中原》，是個有爭議問題。冀伏（1979：98—99）、甯繼福（1985：6）據幾個事件的時間點，推定爲 1341 年。其依據是爲《中原》作序的虞集 1333 年謝病歸鄉，1348 年病逝，其序應在 1348 年之前寫成。歐陽玄 1341 年初南歸，1343 年回京，其序作應在 1343 年之前。周伯琦

《暇堂周氏宗譜‧序》作於至正二年(1342)，其《序》稱："高安暇堂挺齋先生諱德清者……嘗企慕於衷，欲求一晤而不可得。因訪其家，細譚宗源。始知其出輔成公之一脉。"這說明周德清已經返回高安，《中原》也已經問世，否則周伯琦不會見到周德清，也不會看到《中原》。從歐陽玄作序到周伯琦見書，恰當的時間衹有1341年了。

這個推斷可信。

我們還可以提供另一證據，加強推斷的可信性：鐵琴銅劍樓藏本《中原》之序文字體不類他文，尤其是歐陽玄之序文刊印字體全是古隸，與全書迥異。合理的推測應該是，周德清或羅宗信或瑣非復初已請虞集寫好了序文，羅宗信已經主持刊刻，這時恰巧歐陽玄南歸江西。歐陽玄爲當朝大卿，故請其爲序。歐陽玄之序内容空洞，應景成分居多，看來并不瞭解周德清，并拿周德清比附周公瑾和周美成，當是倉促爲之序。

但是，這個刊刻的時間與周德清《中原》之《後序》提到的時間有矛盾。上面已說到，周氏於1324年秋天之後，"未幾"即到吉安，并把"《中原音韻》并諸《起例》"交給羅宗信。如果按"未幾"爲半年或一年或二年理解(如三年以上，恐難稱"未幾")，那周氏來吉安的時間應在1326年之前，到1341年有長達十五六年的時間。按一般情況，刻一本像周氏這樣規模不大的書，時間好像長了點。

周氏在吉安前後居住了多長時間，是否又到別處周游，雖不可知，但是從虞集《中原‧序》稱"余還山中，眊且廢矣；德清留滯江南，又無有賞其音者"的語意看，在虞集70歲(即1341年。古人年七十稱"眊")的時候，周德清還留滯江南。這句話語義順承，説自己，也説周德清。周伯琦1342年説到"嘗企慕於衷，欲求一晤而不可得"，衹好到周德清的家裏找他。這說明周氏先前仍在外出，要不然周伯奇隨時都可以到周氏家拜訪，而不必等到周氏回到老家編好《宗譜》纔來。這說明1341年已經60多歲的周德清纔正式回歸故鄉，并主持編寫了《暇堂周氏宗譜》。

無論周德清是在何處周游，看來這十五六年間，周德清對《韻譜》及《起例》做過較大的修改并抹平了早期原稿的不足。張玉來(2011：

50—59)及張玉來、耿軍(2013)推證過周德清從抄襲《中州樂府音韻類編》(以下簡稱《類編》)到改造編訂成《中原》的過程,此不贅述,見下節。

綜上,泰定甲子(1324)《中原》的書稿肯定沒有刊刻,有如此多的時間節點的對照,1341年初刻的可能性最大。因此,現見定本《中原》不是1324年的書稿,而是1341年修訂後的刊本。1324年編成的《中原》,類似《類編》,《韻譜》部分也許就是《類編》的模樣,《起例》可能是周德清自己編寫的。現見定本《中原》是1341年纔最後定稿出版的,我們傳統上認爲《中原》1324年成書的説法,是不妥當的,應改爲1341年纔符合實際。

## 四、《中原音韻》的著作權問題

歷代有關文獻著録及學術著作大都標注《中原》是元代江西高安人周德清所著。但從明末開始,就有人懷疑《中原》前有所承,周德清不過是加工改編者而已。

明末程明善刊行的《嘯餘譜》"凡例"裏説,宋太祖時就有人編有《中州韻》,該書不是爲詞曲家所設,詞曲不能按照《中州韻》押韻。他還明確地説:"《中原音韻》一以正《中州韻》之僞,一以辨陰陽之失。世多不解……有意於樂府者,不可不知。"在程明善看來,《中原音韻》就是修正了的《中州韻》。清人朴隱子在《詩詞通韻》"例説"裏則直指《中原》是從《中原雅音》中摘出的。清人戈載在《詞林正韻·發凡》裏就直接説《嘯餘譜》中不著撰人姓名的《中州音韻》就是程明善説的宋代《中州韻》,《中原》就是根據這個《中州音韻》改編的(戈載所指有誤,《嘯餘譜》裏的《中州音韻》是明人王文璧的作品)。

20世紀40年代,陸志韋(1946)就曾懷疑《中原》原有所本。他認爲元人卓從之的《中州樂府音韻類編》(以下簡稱《類編》)與《中原》同出一源,不是《中原》的修改本,兩書當有共同的依據,南宋時有《中州韻》"未必全然胡説"。佐佐木猛(1981)通過比較卓書和周書編排情況,就發現卓書很可能在周書前。遠藤光曉(1995)根據卓從之《類編》的小韻及韻字序取自《廣韻》的常用字,《韻譜》并非歸納自元曲用韻,説明卓書是根據《廣韻》的,有其本源,而《中原》僅是修改了《類編》的一些體例,足證卓書在周書之前。耿振生(2005)在陸志韋(1946)的基礎上更推進一步,他分析了有關《中原》的史實,推論出《韻譜》部分係據前人作品抄録而成。

張玉來(2011)及張玉來、耿軍(2013)在已有的研究基礎上,根據周德清在《自序》和《起例》的有關述説,核比《起例》與《韻譜》的齟齬之處,再細緻比較《中原》與《類編》之間的差異細節,進一步明確《中原》承襲《類編》的真相。

張玉來等首先提出了三個疑問:一是根據元曲的韻脚不能歸納出有音節組織的小韻,没有小韻,就不能分韻,也不能組織成韻書格局;二是周德清的《韻譜》與《起例》有多處矛盾,不能自洽,不像是對着《韻譜》寫的《起例》;三是周德清糾纏"墨本""的本"的差異,不能自圓其説,讓人生疑。然後,根據有關證據再進一步推論兩者之間的關係,其主要依據有:(一)周德清自白;(二)《韻譜》不能自歸納韻脚而成;(三)"的本""墨本"與定本之間有諸多矛盾;(四)《中原》"的本"(墨本)或源自《類編》等事例等等。

張玉來等通過分析這些事例,得出現見《中原》定本是根據卓從之《類編》修改的,周德清自己所説的"墨本""的本"《中原》都抄襲自《類編》,并非現見的定本《中原》。周德清在 1324 年抄襲了《類編》後,發現不妥,通過十幾年的修改,改變了《類編》韻字的組織方式,體現了周德清個人的審音意識,最終成了現見定本《中原》。現見《中原》的小韻和韻字形式是周德清重新組織的,已不再是"墨本""的本"的形式。周德清在《中原》中没有注明參考過別人的成果,隱没了別人的勞動。無論出於什麽動機,在這一點上,周德清是應該受到批評的。

王雅斐(2014)更進一步系統分析比較了《中原》與《類編》之間的關聯。她發現兩書的差異有十多個方面:(1) 個別韻目字不同;(2) 部分入聲字的歸屬不同;(3)《中原》刪除《類編》的"收";(4) 兩書注釋不同;(5)《中原》增加小韻;(6)《中原》合并《類編》的小韻;(7)《中原》分離《類編》的小韻;(8)《中原》轉移《類編》的小韻;(9) 收字不同；(10) 韻字次序不同；(11) 字音處理不同等。這些不同，在在顯示是周德清修改卓從之，而不是相反。比如"調整小韻次序"項，《類編》的各小韻不論韻字多寡，一般是混排的，沒有嚴密的體例。《中原》則將獨字小韻置後，并成爲周德清改編《類編》的一個原則。又比如支思韻去聲，《類編》最後的四個小韻的次序是 5 翅、6 厠、7 志至志、8 二貳鉺，《中原》則改爲 5 志至志、6 二貳餌、7 翅、8 厠，獨字小韻"翅""厠"被《中原》置於末尾。再如，入聲作上聲裹，《類編》是"塞""澀瑟"的次序，《中原》則將兩字的"澀瑟"置前，獨字的"塞"置後。其他各韻大致如此。

甯繼福（1985）懷疑《類編》是《中原》"墨本"的厘定本，也就是《類編》抄改了《中原》。葉寶奎（2001）還推定卓從之改編《中原》的時間在至正十一年，較《中原》晚二十七年（1351）云云。他們的這種認識恐怕不可靠。張玉來、耿軍（2013）對此有過分析，其基本看法有二：

一是《類編》跟周德清在《起例》中所説的"墨本"體制相同，但是"墨本"不似抄錯了《中原》。現見《類編》體例是平分陰、陽、陰陽，入派三聲，注有本聲、外來（用"收"表示）等。而據周德清自己説，"墨本"是根據"的本"抄錯的，而"的本"就是現見定本《中原》。這樣看起來，《類編》好像確實跟"抄錯"了的"墨本"一致，當然用《類編》抄襲了"墨本"解釋最方便。但是，問題在於，現在看到的《類編》裏的"陰陽"類是非常有語音規則的一類字，即一個聲母後面陰、陽有對立的纔歸入陰陽類。以支思韻爲例。"平聲陰"有三個小韻：支……○髭……○差……，這三個小韻聲母不同。"平聲陽"有一個小韻：○兒而洏，沒有對立。"平聲陰陽"有六個小韻：雌……○慈……、施……○時……、斯……○詞……，而這六個小韻分三組，每一組都是同一個聲母後面有陰、陽對立。這樣的語音分類非常整齊，不能用任何抄寫"錯誤"來解釋。

二是《類編》的語音分類和韻字組織總體看起來比現見《中原》要粗糙，無論小韻的劃分還是韻字的收集，《類編》的規整性較差。如果《類編》真的厘定於"墨本"，"墨本"一定比《類編》還要粗疏，卓從之不應該把一個好的體系厘定成一個壞的體系。根據周德清的解釋,"墨本"僅僅是把"的本"的陰陽類弄錯了,其他應該跟"的本"差別不大,事實上兩者已經差到不像是同一本書。

關於《中原》著作權問題,還有不少問題需要推進,比如《起例》第 26 條除了 335 個曲牌外,就成段地抄襲了燕南芝庵《唱論》裏的一段話:

> 大凡聲音,各應於律呂,分於六宮十一調,共計十七宮調:
> 仙呂調清新綿邈
> 南呂宮感嘆傷悲
> 中呂宮高下閃賺
> 黃鍾宮富貴纏綿
> 正宮惆悵雄壯
> 道宮飄逸清幽
> 大石風流醞藉
> 小石旖旎嫵媚
> 高平條物滉漾
> 般涉拾掇坑塹
> 歇指急并虛歇
> 商角悲傷宛轉
> 雙調健捷激裊
> 商調悽愴怨慕
> 角調嗚咽悠揚
> 宮調典雅沉重
> 越調陶寫冷笑
> 有子母調,有字多聲少,有聲多字少,所謂一串驪珠也。

以上文字,見於燕南芝庵《唱論》,并略有不同。不同有二:其一是"有子母調"後,《唱論》有"有姑舅兄弟"一句;其二是十七宮調後皆原有"唱"字,如"仙呂調唱,清新綿邈",周德清皆删之。

周德清在《起例》第 27 條《作詞十法》裏還多次引用《唱論》的説法,如:

凡作樂府,古人云:"有文章者謂之樂府。"如無文飾者謂之俚歌,不可與樂府共論也。又云:"作樂府,切忌有傷於音律。"

拘肆語

不必要上紙,但祇要好聽,俗語、謔語、市語皆可。前輩云:"街市小令唱尖新茜意""成文章曰樂府"是也。樂府、小令兩途,樂府語可入小令,小令語不可入樂府。

引用這些文字的時候,周德清祇用了"古人""前輩"的稱呼,并没有指明其真實姓名。《唱論》首見於楊朝英(1324)編的《陽春白雪》,顯然它的成書時間應在《中原》之前。因爲《陽春白雪》刊行以後,周德清纔開始編纂《中原》。周德清讀到《陽春白雪》也就應該讀到《唱論》。無論如何,從周德清的引用情況看,稱不上嚴謹,由此推論,他抄襲《類編》符合其引用習慣。《中原》到底還有多少成分來自不同的論著,需要進一步分析。

## 參考文獻

陳良運主編:《中國歷代賦學曲學論著選》,百花洲文藝出版社 2002 年版。

白寧:《燕南芝庵〈唱論〉研究》,人民音樂出版社 2014 年版

高宗華編著:《永修歷代詩詞選》,百花洲文藝出版社 2017 年版。

胡焯:《周德清散曲作品選讀》,江西高校出版社 2014 年版。

黃天驥:《讀元曲明詞隨筆》,見《黃天驥文集》第 3 卷,廣東人民出版社 2018 年版。

冀伏:《周德清生卒年與〈中原音韻〉初刻時間及版本》,《吉林大學學報》1979 第 2 期。

《江西省志人物志》編纂委員會編:《江西省志人物志》,方志出版社 2007 年版。

柯紹忞:《新元史》,吉林人民出版社 1995 年版。

李國强、傅伯言主編:《贛文化通志》,江西教育出版社 2004 年版。

劉能先、劉裕黑:《有關周德清幾個史實的研究》,載《中原音韻新論》,北京大學出版社 1991 年版。

劉再生:《中國古代音樂史簡述》,人民音樂出版社 1989 年版。

盧冀野:《元明散曲選》,商務印書館 1937 年版。

甯繼福:《中原音韻表稿》,吉林文史出版社 1985 年版。

門巋:《門巋文集·曲家論考》,華夏文藝出版社 2014 年版。

宋濂等:《元史》,中華書局 1976 年版。

隋樹森編:《全元散曲》,中華書局 1964 年版。

孫楷第:《元曲家考略》,上海古籍出版社 1981 年版。

[元]陶宗儀:《南村輟耕錄》,上海古籍出版社 2012 年版。

王雅斐:《〈中原音韻〉與〈中州樂府音韻類編〉比較研究》,碩士學位論文,南京大學 2014 年。

王星琦:《元明散曲史論》,南京師範大學出版社 2016 年版。

吳梅:《中國戲曲概論》,吉林出版集團有限公司 2016 年版。

[清]笑峰大然:《青原志略》,華夏出版社 2012 年版。

修海林:《中國古代音樂史料集》,世界圖書出版公司 2000 年版。

徐征、張月中、張聖潔、奚海主編:《全元曲》,河北教育出版社 1998 年版。

鄔文龍:《周德清評傳》,中國社會科學出版社 2014 年版。

楊朝英:《陽春白雪集》,隋樹森校訂本,中華書局 1957 年版。

楊朝英:《朝野新聲太平樂府》,隋樹森校訂本,中華書局 1957 年版。

[元]楊維楨:《周月湖今樂府序》,見《東維子集》卷十一,《四部叢刊》本,上海書店出版社 1984 年影印版。

張禄:《詞林摘艷》,《續修四庫全書》本,上海古籍出版社 1995 年版。

張玉來:《中原音韻的著作權問題》,《浙江大學學報》2011 年第 5 期。

中國戲曲志編輯委員編:《中國戲曲志》,中國 ISBN 中心出版社 2000 年版。

[元]鍾嗣成、[元]賈仲明:《録鬼簿正續編》,浦漢明新校本,巴蜀書社 1996 年版。

周德清:《中原音韻》,張玉來、耿軍校本,中華書局 2013 年版。

周振甫主編:《唐詩宋詞元曲全集·全元散曲》,黃山書社 1999 年版。

朱權:《太和正音譜》,《中國古典曲論著集成》本,中國戲劇出版社 1959 年版。

　　**附記:**在好幾位好朋友的鼓勵和幫助下,在南京大學中文系和研究生院的支持下,1997 至 1998 兩年間,我以訪問學者的身份在南京大學在職申請博士學位。在職申請博士學位跟在讀博士生申請博士學位的要求是一樣的,除了免除入學考試外,應修的課程成績(含外語、政治等類課程),論文的提交、審查和答辯都完全一樣。當然提出申請時,學校會按上級要求審查在職者的資格,不合資格的話,申請就不被接受。就這樣,我很幸運地聆聽了魯國堯老師的"音韻學"、李開老師的"漢語語言研究史"、張異賓老師的"馬克思主義與當代西方社會思潮"等課程,并獲得了不錯的成績,都符合申請學位的要求。魯國堯老師作為我申請學位的論文的指導老師,盡心盡力,耳提面命,勞心不少,我提交的論文也因此順利通過答辯。論文答辯通過後,經系、校兩級學位委員會嚴格審查,也順利通過,并決定授予博士學位,然後報國務院學位委員會審查備案。中間雖然也發生過波折,但最終我於 1998 年 12 月獲得了博士學位。學校負責學位申請的老師看我兩年來還算努力,也吃了不少苦頭,為了表示支持我繼續奮鬥,就將南京大學 1998 年度博士學位證書編號的第 1 號給了我。這讓我激動不已!

　　我由衷地感謝鮑明煒、魯國堯、李開、柳士鎮四位老師,感謝出席答辯的吳新雷、吳金華等先生!感謝評閱過我的論文的邵榮芬、楊耐思、宵繼福等先生。作為當時答辯秘書的儲泰松兄,不辭勞苦,替我承擔了太多的勞務!每一及此,心裏就充滿了溫暖和感謝!當時在讀的、訪問的、博士後工作站工作的以及留校工作不久的好多位朋友都給予了我不同的幫助。今天回憶起來,那時大家都充滿了正能量!很懷念那段共同走過的忙碌而充實的日子!

　　白雲蒼狗,時移世易,申請學位一事,轉頭就已二十多年了。這二十多年裏發生了太多讓人始料不及的變化,令人感慨萬千!難以言說!2010 年當我再回南京大學工作時,已是物非人非!面目全非!面對著的是困難而尷尬的局面,曾經火紅的學科跌入了谷底,不能言狀!短短的十來年,一個學科竟會敗落如此,不可思議!再後的日子裏,攪擾學科發展的風浪就沒怎麼消停。在這些風風雨雨的日子裏，伸出溫暖雙手的是李開老師，他總想在身後爲我們撐起一把傘！李老師以無比開闊而暖人的心胸鼓勵着我們，支持我們的每一項決策，積極參加學科舉行的各種活動。經過不懈努力，我們終於慢慢爬過了陡坡，并繼續往上攀登。

李老師今年八十高壽了，他老人家身體康健，家庭幸福美滿，還頻出佳作，令人由衷地高興！寫一篇文章爲李老師祝壽是十分愜意而幸福的事！謝謝李老師的教誨和人生路上的相陪！也感謝李老師爲南京大學語言學學科作出的貢獻！

祝李老師松柏長青，壽比南山！

# 江有誥《音學十書》韻字校改辨析

喬秋穎

（江蘇師範大學文學院）

　　**摘　要**：江有誥在古韻研究中重視校勘。其《音學十書》各韻讀對文本的校勘多達一百四十餘處，主要有：校正字形和用字，調整語序，指出衍文、脫文，糾正句讀。這些校勘可能影響到韻字、韻式的確定、韻字的歸部以及是否合韻的判斷。本文主要討論江氏對涉及押韻的字形和用字的校勘，包括對歷來因避諱改字的恢復。江氏的校勘有的是繼承前人的説法，往往能擇善而從；有的是自己有所發明。多數校改有理有據，也能得到字形、文義的證明，説法可取；少數校改證據不足，過分强調押韻，不可盡信。

　　**關鍵詞**：《音學十書》；校勘；用字；古韻

　　歸納古韻最重要的依據是韻文，文本的準確性可影響到韻式的判斷和韻脚字的確定，從而可能影響到韻部的歸納。因此，江有誥在《音學十書》的《古韻總論》及各韻讀中非常重視文本的校勘。據筆者統計，江氏各韻讀中對文本的校勘有 149 條：《詩經韻讀》41 條，《群經韻讀》15 條，《楚辭韻讀》17 條，《先秦韻讀》76 條。其中，有的是繼承前代學者的校勘成果，有的是江有誥自己的看法。主要有以下幾種類型：校正字形和用字，調整語序，指出衍文、脫文，糾正句讀。這些校勘大部分與古韻的歸納或韻字的歸屬相關，祇有少數與古韻研究

---

＊　本文在寫作過程中，得到了香港中文大學沈培教授、江蘇師範大學孫啓燦博士的幫助，特在此致謝。

沒有直接關聯。本文主要考察江有誥在字形和用字方面的校勘，其餘校勘待另文討論。

對字形和用字的校勘共有 77 例，占江氏校勘例一半以上。具體可分以下三種情況。

## 一、 校改形近而訛的韻字

江氏校勘中，有些是他認爲字形有訛誤而作的校正。如：

（1）緡改作緍

> 《詩經韻讀·召南·何彼襛矣》：維絲伊緍（《說文》從昏，坊本從昬，誤）。（第 30 頁）①

依《廣韻》，緍，呼昆切；緡，武巾切。前者爲曉母魂韻，上古在文部；後者爲明母真韻，上古在真部。《集韻·真韻》："緍，或作緡。"後"緡"行而"緍"廢，故文獻多作"緡"。《說文·糸部》："緡，釣魚繳也。從糸，昏聲。"江氏認爲坊本的"緡"有誤，應依《說文》改爲"緍"。

《何彼襛矣》第三章全部詩句爲：

> 其釣維何？ 維絲伊緍。齊侯之子，平王之孫。

緍、孫爲韻腳字。從《詩經》各種流傳的版本來看，"緍"字多作"緡"②；從古韻部分析，若從昏聲，字當在真部，而"孫"在文部，此章爲真文合韻；若依江氏注，則緍、孫同屬文部，就不算合韻。

江氏改"緡"字爲"緍"，古文字形的演變可支持其說法。《字源》所收"緍"的字形爲：

（戰國）緍（《說文》）（漢隸）（《字源》下冊第 1148 頁）

---

① 本文所用江有誥《音學十書》的版本爲中華書局出版的"音韻學叢書"本，1993 年版。括號中未作說明的頁碼，均指《音學十書》中的頁碼。

② 參《四庫全書》電子版經部。

早期的寫法作緍，如戰國時期的三種字形及《説文》小篆皆從糸昏聲；漢隸變爲昏聲。昏、昏字形相近，極亦相混①。昏聲在文部，昏聲在真部，文真爲鄰部。

顧炎武《詩本音》、江永《古韻標準》、孔廣森《詩聲類》均作"緍"，未改爲"緍"②。在三位學者的古韻系統中，真文未分立，無論從昏聲還是從昏聲均屬同一韻部，對歸部并無影響。

段玉裁《六書音均表·詩經韻分十七部表》第十三部《何彼襛矣》的韻脚字爲"緍孫"，指出"緍"爲古本音，并在其《十七部諧聲表》第十三部"昏"聲下特別注明"不從民"③。段氏在《答江晉三論韻》中回應江有誥來書關於真諄是否當分時，注："或者《何彼襛矣》之緍孫，緍當在真乎？緍從昏聲，昏從氏省，凡作昏者誤也。"④江有誥與段説同。

據四庫全書電子版檢索《詩經》各版本看，雖作"維絲伊緍"者爲多，但亦有末字作"緍"的，如《文苑英華》卷一百二十四《獨璽綸賦》引作"維絲伊緍"，宋末段昌武《毛詩集解》亦作"維絲伊緍"；明代何楷《詩經世本古義》雖作"維絲伊緍"，但於注中指出"呼昆翻，《説文》作緍"。

以上從字形發展、古代文獻及韻部的歸納看，段玉裁、江有誥將從昏得聲的"緍"字改爲從昏得聲的"緍"是有依據的，同時也明確了《何彼襛矣》第三章押文部，不需合韻。王力《詩經韻讀》繼承了段江的結論，以緍、孫押文部⑤。

2. 慘改作懆

《陳風·月出》：月出照兮，佼人僚兮。舒夭紹兮，勞心慘（慘當從《五經文字》作懆）兮（宵部）。（第48頁）

《大雅·抑》：昊天孔昭，我生靡樂。視爾夢夢，我心慘慘（慘

① 《字源》（中）第604頁："氏"或"氐"訛變爲"民"，昏古音與民接近，故又從民得聲。
② 分別見［清］顧炎武《音學五書》，中華書局1982年版，第63頁。［清］江永《古韻標準》，中華書局1983年版，第24頁。［清］孔廣森《詩聲類》，中華書局1983年版，第6頁。
③ ［清］段玉裁《六書音均表》，中華書局1983年版，第52、25頁。
④ ［清］江有誥《音學十書》，中華書局1993年版，第4頁。
⑤ 王力《詩經韻讀》，上海古籍出版社1980年版，第159頁。

當作懆）。誨爾諄諄，聽我藐藐。匪用爲教，覆用爲虐。借曰未知，亦聿既耄（宵部）。（第 80 頁）

以上兩例，江有誥均改"慘"爲"懆"。可能是繼承了顧炎武和段玉裁等的説法。

顧炎武《詩本音》卷四《月出》"勞心慘兮"注：《五經文字》作"懆"。卷九《大雅·抑》"我心慘慘"注"當作懆"。另外，顧氏於卷六《小雅·正月》"憂心慘慘，念國之爲虐"，注："按此慘字若作懆，則與上下俱協。説見《月出》。"①

段玉裁《詩經韻分十七部表》指出"慘"本音在第七部，歸第二部古合韻。於第二部列《月出》"照燎紹慘"爲韻字，於《抑》十一章韻字"昭樂懆藐教虐耄"下注："吳棫曰：開元中修《五經文字》'我心慘慘'爲懆。"②而在《説文注》中認爲：

> 懆、慘音義皆殊，而寫者多亂之。《月出》《正月》《抑》皆作懆，入韻，且《毛傳》正爲許説所本。而陸氏三者皆云七感反，其憒亂有如此者。（《説文解字注》第 512 頁）

這就不是合韻問題而認爲是用字的混亂了。

王念孫《古韻譜》宵部作"懆"，《月出》"照燎紹懆"韻，《正月》"沼樂炤懆虐"韻，《抑》"昭樂懆藐教虐耄"韻③。

孔廣森《詩聲類》宵部將"慘"列入"兼入感韻一字"，并舉《月出》《正月》《抑》詩句爲例。指出：

> "勞心慘兮"《詩本音》云"《五經文字》作懆"，妄也。考《五經文字》，惟云"懆，千到反，見《詩》"，未嘗著其何篇，彼仍指《白華》之"念子懆懆"耳……則此三經讀雖當如懆而字實作慘矣。參枲

---

① 《音學五書》，第 102、168、127 頁。
② 《六書音均表》，第 39、38 頁。
③ 〔清〕王念孫《高郵王氏遺書》，江蘇古籍出版社 2000 年版，第 104 頁。

偏旁本多互借。《夏小正》"摻泥而就家",摻即操字。《墨子》"静
夜聞鼓聲而謟",謟即譟字……蓋宵豪爲侵覃之陰聲,於此得見
其端倪。(《詩聲類》第 38 頁)

朱駿聲《説文通訓定聲》臨部"懆"爲"懆"的假借字,懆懆雙聲。
《詩·月出》"勞心懆兮",本字爲懆。小部"懆"下《詩·月出》叶"照燎
懆",《抑》叶"昭樂懆教虐耄"。朱氏認識到從杲的字常誤作從參,杲
字下注:俗作噪,偏旁多誤作參;剿,或誤作剹,《漢書·西域傳》"剹,
絶也";燥,又誤作懆。又於"摻"字下引《廣雅·釋言》"摻,操也",指
爲或謂魏避武帝諱,改從參[1]。

以上各家的處理及論述,顧炎武、王念孫認爲"懆"是"懆"字之
訛;段氏從音韻的角度説是合韻,從文字的角度説"懆"是"懆"的誤
字;朱駿聲一説是雙聲假借,又認爲從杲與參爲聲的用字往往有訛
混;孔廣森不改字,認爲二字是侵部宵部的陰陽對轉關係。

王力《月出》"勞心懆兮"和《抑》"視爾夢夢,我心懆懆"注:"懆"今
本作"懆",從《五經文字》改[2]。與江有誥同,改"懆"爲"懆"字。

考察懆、懆的古字形,先看其聲符參(㣇㣆)、杲的古字形[3],見
下表:

表 1

| | | | | |
|---|---|---|---|---|
| 參 | 蒦參父乙盉 | 盍方彝 | 中山王鼎 | 睡虎地簡[1] / 睡虎地簡[2] |
| | 武威.簡泰射二 | 武威醫簡八二甲 | 衡方碑 | 曹全碑 |
| 杲 | 叔杲父簠 | 包山楚簡 | | |

注:1.《睡虎地秦簡》一七·一三八。2.《睡虎地秦簡》二三·六。

---

① [清]朱駿聲《説文通訓定聲》,中華書局 1984 年版,第 101—102、320、320、102 頁。
② 《詩經韻讀》,第 236、369 頁。
③ 文中所引用古字形及出處根據《漢語大字典》《字源》《隸韻》《隸辨》及漢典網的資料。

表2

| 操 | 操 鮮於璜碑 | 操 校官碑 | 操《隸辨》 |
|---|---|---|---|
| 燥 | 燥 漢郙閣頌 | 燥 西晉徐美人墓志 | |
| 藻 | 藻 苑鎮碑 | | |
| 慘 | 慘 正直殘碑 | 慘《隸韻》漢馬江碑 | |

"操、燥、藻"的字形中,聲符"喿"的寫法與"慘"的聲符"參"已混同。因此,字形的關係可證明江有誥的校改是有道理的。

至於《小雅·正月》十一章"憂心慘慘,念國之爲虐",江有誥"慘"不入韻,未改字:

> 魚在于沼,亦匪克樂。潛雖伏矣,亦孔之炤。憂心慘慘,念國之爲虐。(宵部)(第60頁)

從詞義看,此例與《抑》篇"我心慘慘"相同,可見江氏改字考慮更多的是押韻,我們認爲這個標準是片面的。

3. 固改爲同

> 《楚辭韻讀·九辨》①之六:恐時世之不固(當作同。東部)。(第148頁)

《九辯》之六原文:

> 願自往而徑游兮,路壅絶而不通。
> 欲循道而平驅兮,又未知其所從。
> 然中路而迷惑兮,自壓桉而學誦。
> 性愚陋以褊淺兮,信未達乎從容。
> 竊美申包胥之氣盛兮,恐時世之不固。
> 何時俗之工巧兮?滅規矩而改鑿!

---

① 《楚辭·九辨》,江有誥《音學十書》、段玉裁《六書音均表》作"九辨"。

獨耿介而不隨兮,原慕先聖之遺教。

王逸、洪興祖均未改字,也没有論及"固"字是否押韻[①]。朱熹將
"固"改爲"同",與上文"通從誦容"韻[②]。段玉裁未列《九辯》的該韻
段,《詩經韻分十七部表》"鼗"在二部,"固"在五部。二部古本音:

> 鼗(鼗),鼗聲在此部,《詩·唐·揚之水》一見,宋玉《九辨》
> 與固教樂高韻,今入鐸。(《六書音均表》第 38—39 頁)

以魚(鐸)宵合韻。王念孫《古韻譜》宵部列《九辯》韻字"固鼗教樂
高",亦視爲魚宵合韻[③]。

江有誥或許是吸收了朱熹的説法,"固""同"字形相似,有相混而
訛的可能。《廿一部諧聲表》"鼗"字的聲符舉在宵部入聲,《入聲表》
"鼗"在宵部第四表。"固"爲魚部字,宵魚不同部,江氏亦未作合韻看
待,故改"固"爲"同",與上文"通從誦容"押東部,而不與下文"鼗
教"韻。

王力作無韻[④]。王泗原《楚辭校釋》"固讀如箇,固鼗爲韻",并以
朱熹"固當作同,叶通從誦容韻"爲非[⑤]。此説不改字,以"固"韻下句
"鼗"字,"固讀如箇,鼗讀如錯"。但"箇"爲歌部,"錯"爲鐸部,不在
一部。

江有誥將"固"改爲"同"字,改變了《九辯》之六的韻式。顧炎武
"固"作如字,無韻,該句屬下一韻段;段玉裁、王念孫以"固"與"鼗
教樂高"魚宵合韻,亦將"固"字所在句屬下一韻段。而江有誥與朱
熹説同,改字,并將"固"所在句屬上一韻段,"鼗"所在句爲下一
韻段。

---

① [宋]洪興祖《楚辭補注》,中華書局 1983 年版,第 34 頁。
② [宋]朱熹撰,黄靈庚點校《楚辭集注》,上海古籍出版社 2015 年版,第 157 頁。
③ 《高郵王氏遺書》,第 104 頁。
④ 王力《楚辭韻讀》,上海古籍出版社 1980 年版,第 68 頁。
⑤ 王泗原《楚辭校釋》,中華書局 2014 年版,第 271 頁。

4. 改詔作訟

《管子·四稱》：倨敖不恭，不友善士（去聲，之部）。讒賊與鬥，不彌人爭，唯趣人訟（平聲，訛作詔，誤）。湛湎於酒，行義不從（東部）。（第 78 頁）

江有誥認爲原作"詔"是訛字，應改爲"訟"。對"訟"和"詔"字是否誤字，《管子校注》有詳細的闡釋：

劉績云：詔，一本作訟。王念孫云：趣讀爲促；詔當爲訟，字之誤也。（訟、詔草書相似。）"不彌人爭，唯趣人訟"，意正相承。且訟與從爲韻……若作詔，則失其韻矣。尹注非。劉師培云：《元龜》"詔"作"訟"，與《補注》所引或本合，足爲王校之證。翔鳳按：隸書口厶相亂，如船作舩。訟寫爲詔，非誤字。（《管子校注》第 623 頁）

可證江有誥此處改字有據可依。另外，從古字形看，金文"詔"可作 ，"訟"可作 [1]，構件寫法相近，有相混的可能。

## 二、 還原避諱之前的用字

江氏《古韻總論》："漢人往往避諱改古書，如《詩》'下民有莊'與下'逞'韻，《天問》'能流厥莊'與上'亡'韻。'莊'改爲'嚴'，避明帝諱也。"除"莊"字改爲"嚴"字外，江氏提到的還有"邦"改爲"國"、"啓"改爲"開"等。這些因避諱而形成的不押韻現象，在還原用字後皆可押韻。對此，江氏通過文中加注來說明。如：

1. 莊改爲嚴

《詩經·商頌·殷武》：下民有嚴（當作莊，説見總論）。（第

---

① "詔"和"訟"分別見《殷周金文集成》11380 和 4215。

92 頁）

《楚辭韻讀·天問》：何壯武厲，能流厥嚴（當作莊）。（第
138 頁）

《殷武》四章全部詩句：

> 天命降監，下民有嚴。
> 不僭不濫，下敢怠遑。
> 命於下國，封建厥福。

後兩句"國、福"江氏歸爲之部入聲；他把前四句看作交韻，"監
濫"爲談部，"嚴"改作"莊"，與"遑"押陽部。此類校正對確定韻式和
韻字歸部都有影響。

朱熹此章也作交韻，監與濫叶，嚴叶五剛反，與遑叶[1]。《楚辭集
注·天問》：嚴叶五郎反，《詩經·殷武篇》有此例[2]。兩處均未改字。

顧炎武《詩本音》"監、嚴、濫"平去通韻；"國、福"一韻。"遑"字不
入韻。江永《古韻標準》以《殷武》四章前三句爲韻，遑不入韻，"下文
不敢怠遑，乃閑句耳"[3]。段玉裁《詩經韻分十七部表》第八部"監嚴濫
遑"韻，"遑"爲古合韻：

> 本音在第十部，《詩·殷武》合韻監嚴濫字，又桑柔以瞻韻
> 相，《天問》以嚴韻亡鄉長，《急就章》以談韻陽桑讓莊，皆第八部
> 第十部合韻也。（《六書音均表》第 47 頁）

第十部古合韻有"嚴，本音在第八部，《天問》合韻亡鄉長字"；《群經韻
分十七部表》收《天問》的"亡嚴鄉長"，"嚴"字標爲合韻[4]。孔廣森綏

---

① ［宋］朱熹撰，趙長征點校《詩集傳》，中華書局 2017 年版，第 376 頁。
② 《楚辭集注》，第 89 頁。
③ 《音學五書》，第 191 頁。《古韻標準》，第 47 頁。
④ 《六書音均表》，第 50、64 頁。

部"監"下收《殷武》"監嚴濫"爲韻，"嚴"字下注："《殷武》見監字下，嚴韻。"①

可見，多數學者與江有誥對《殷武》四章用韻的處理并不相同，他們或認爲前三句韻，"遑"不入韻，或認爲是前四句合韻，祇有朱熹和江有誥認爲是交韻。《天問》相關詩句也多作合韻；朱熹用叶音，不作合韻。

江有誥改"嚴"作"莊"是有依據的。《漢書·叙傳上》"貴老嚴之術""若夫嚴子者"，顔師古注："嚴，莊周也②。"《四庫全書·漢書考證》③中有：

> 蓋其人本姓莊，史因避明帝諱改爲嚴，猶莊忌、莊助稱嚴忌、嚴助也。（《漢書卷六十四上考證·嚴助傳》）
>
> 顧炎武曰，鄧伯羔謂安自姓嚴，然《藝文志》曰《莊安》一篇，是安亦姓莊也，《志》之稱《莊安》，班氏所未及改也。《史記》之稱嚴安，後人所追改也。（《漢書卷六十四下考證·嚴安傳》）

再看《康熙字典》卷四對"嚴"字的解釋：

> 按《詩·商頌》"下民有嚴"，朱子叶刻剛反，與下遑叶。古嚴與莊本同音，故漢避明帝諱，改嚴爲莊，似不必別增叶音也。（丑集上第44頁）

説因避諱改字爲是，以莊與嚴本同音則非。有學者已指出這個錯誤：

> 嚴古音如昂，《詩·商頌·殷武》與遑叶。亡嚴爲韻。或者以爲嚴古音莊，誤。此既不明古音，又不知諱法。諱莊爲嚴是由義，非由音，如諱邦爲國，諱徹爲通之例。（《楚辭校釋》第123頁）

---

① 《詩聲類》，第19頁。

② ［漢］班固《漢書》第12冊卷一百上，中華書局1962年版，第4205頁。

③ 見《四庫全書》電子版史部正史類。

注者認識到"嚴古音莊"之誤,但承朱熹嚴叶音昂之説,仍是不科學的。

《楚辭》正文未見"莊"字,王逸注《哀時命》題目下"嚴夫子之所作也。夫子名忌",洪興祖補注"本姓莊,號曰夫子,避漢明帝諱曰嚴"①;《楚辭集注·哀時命》作"梁孝王客莊忌之所作也"②。《楚辭校釋》在《哀時命》作者嚴忌下説明"本姓莊……東漢避明帝諱,莊字皆改爲嚴"③。這些材料或可旁證《天問》"何壯武厲,能流厥嚴"中的"嚴"本作"莊"的可能性。

《詩經》各本無"莊"字入韻之例,但韻脚字之外有用"莊"的,《魯頌·閟宫》"周公之孫,莊公之子",未避諱改字。《漢書》固然有改莊爲嚴的,未改爲嚴的也有多處,如《漢書·藝文志》列有"《莊助》四篇""《莊子》五十二篇""《莊安》一篇""莊夫子賦二十四篇"④。可見,避諱之説雖有可能,但古代文獻中并未完全貫徹這種避諱,因此不能確定《詩經》《楚辭》的兩例一定是避諱改字。王力先生不認爲《殷武》"嚴"是因避諱而由"莊"字改來,《天問》的"嚴"雖於脚注提及"江有誥認爲'嚴'當作'莊'",但王先生兩處均作談陽合韻⑤⑥;而陸志韋先生也認爲不是避諱改字,於《詩韻譜·殷武》四章作"監嚴濫遄"韻,并在脚注補充説明:或謂《詩》本作"莊"(叶"遄"),漢避明帝諱,改"嚴",不足取。此《詩》"遄"字古收-m⑦。從韻尾的音值上顯示遄與談部的字押韻。

2. 國改爲邦

《先秦韻讀·老子·修觀》:修之邦(博工反。原作修之國,今從《韓非·解老》篇所引),其德乃豐(東部)。(第166頁)

---

① 《楚辭補注》,第259頁。
② 《楚辭集注》,第201頁。
③ 《楚辭校釋》,第369頁。
④ 《漢書·藝文志》第6册卷三十,第1727、1730、1739、1747頁。
⑤ 《詩經韻讀》,第416頁。
⑥ 《楚辭韻讀》,第33頁。
⑦ 陸志韋《陸志韋語言學著作集(二)》,中華書局1999年版,第188頁。

顧炎武《唐韻正》四江：邦，引《老子》"修之邦，其德乃豐"[①]。江永《古韻標準》平聲第一部：邦，引《老子》"修之於邦，其德乃豐"；入聲第六部：國，案《老子》"修之於邦，其德乃豐"，別本邦作國，或是漢人避諱所改。《易林》"后稷農功，富利我國"，國亦是邦字。今人韻書引此協國古紅切，誤甚[②]。孔廣森東部指出：

> 案《說文解字》："邦，從邑，豐聲。"《釋名》曰："邦，封也，封有功於是也。"邦音同封，明矣。《老子》"修之於國，其德乃豐"，《韓非·解老》引作"修之邦"，故與豐合韻。今本承漢避高帝諱而改耳。毛氏《古今通韻》乃謂國有工音，疏謬至此。（《詩聲類》第12頁）

朱謙之《老子校釋》第五十四章"修之身其德乃普"注中臚列了清代學者的主要觀點，如：

> 嚴可均曰："脩之於國，《韓非子》作於邦，與豐叶韻。今沿漢避諱改也。"焦竑曰："邦，一作國，漢人避高帝諱改之，於韻不叶，今從《韓非》本。"洪頤烜曰："'脩之於國，其德乃豐'，案'國'當爲'邦'。上下文身、真、家、餘、鄉、長、下、普皆爲韻，此以邦、豐爲韻。《韓非子·解老篇》'修之邦，其德乃豐'，又云'以邦觀邦'，字尚未改。"（《老子校釋》第215頁）

朱注按語：傅、范"國"作"邦"，傅"普"作"溥"。范曰："'邦'字，《韓非》與古本同。"在"音韻"部分，除了列出顧炎武、江永、孔廣森、江有誥對押韻的處理外，還引了李賡芸的說法：

> 《老子德經》"修之於身，其德乃真"，此八句四易韻。"國"本

---

① 《音學五書》，第230頁。

② 《古韻標準》，第14、79頁。

"邦"字,與"豐"協。又《管子·牧民篇》:"毋曰不同生,遠者不聽;毋曰不同鄉,遠者不行;毋曰不同國,遠者不從。"國亦邦字,與從協也。漢人避高祖諱,改爲國,後人不知更正,沿之至今。(《老子校釋》第218頁)

以及鄧廷楨的説法:

> 國,一本作邦,按作邦者是也。邦之爲言封也。《書·序》云"邦康叔,邦諸侯",邦康叔者,封康叔也。《論語》云"且在邦域之中矣",邦域者,封域也。古音東冬鍾江同部,邦音薄工切,正與本句豐字爲韻。(《老子校釋》第218頁)

李、鄧二人都認爲"國"本作"邦"。

表3是《老子》各版本及相關著作中"修之於國"或"修之於邦"的情況:

表3

| 版本 | 國/邦 |
| --- | --- |
| 帛書本《老子》 | 國 |
| 《文子》《淮南子》、嚴本、想爾本、河上本 | 國 |
| 《韓非子》 | 邦 |
| 郭店楚簡《老子》乙本 | 邦 |

從上下文押韻規律及各種文獻看,《老子》五十四章"國"本作"邦"是成立的。

《先秦韻讀·管子·侈靡》"邦"與"通"爲韻:

> 百姓無寶,以利爲首(幽部)。一上一下,唯利所處(魚部)。利然後能通,通然後成國(當作邦。東部)。利静而不化,觀期所出從而移之(歌部)。(第170頁)

《群經韻讀·易上經》坎卦彖傳：

> 天險，不可升也；地險，山川邱陵也（蒸部）。王公設險以守
> 其國，險之時用大矣哉（國虞翻作邦，則與升陵爲韻）。（第
> 104 頁）

"升陵"押蒸部，"國"字不入韻。又説古有作"邦"的版本，與"升陵"蒸
東合韻。江氏對此處的認識并不確定。顧炎武、段玉裁、王念孫則祇
取"升陵"爲韻[①]。

3. 滿改爲盈

> 《先秦韻讀·文子·精誠》：困倉不盈（今本作滿，避漢諱改
> 之）。（第 201 頁）
> 《吕氏春秋·審時》：後時者，莖葉帶芒而末衡（亢倉子作小
> 莖），穗閔而青零，多粃而不盈（原作滿，誤。耕部）。（第 227 頁）

文獻避漢惠帝劉盈諱，以同義詞"滿"代之。江氏將以上兩處
"滿"改回了"盈"字。《精誠》此段原文爲：

> 故田者不强，困倉不盈。官御不勵，誠心不精。將相不强，
> 功烈不成。王侯懈怠，後世無名。（《文子疏義》第 104 頁）

因避諱而改的"困倉不滿"不入韻，與此段押韻規律不合。"盈"則可
與"精成名"押耕部。《審時》不僅將"滿"改爲"盈"，又將陽部字"衡"
注作"莖"，"莖零盈"押耕部。

江氏改"滿"爲"盈"得到後代學者的認同。如：

> 先時者，莖葉帶芒以短衡，穗巨而芳奪，利米而不香。後時

---

① 分别見《音學五書》，第 201 頁。《六書音均表》，第 62 頁。《高郵王氏遺書》，第 84 頁。

者,莖叶帶芒而未衡,穗閱而青零,多秕而不滿。(《吕氏春秋集釋》第 697 頁)

許維遹注釋中有案語:"江有誥《先秦韻讀》改滿爲盈,是也。盈與零屬耕韻,殆避漢諱改耳。"[1]陳奇猷《吕氏春秋校釋》引許維遹的説法,稱"許説是"[2]。"衡"字江氏引《亢倉子》作"莖",但上文有"短衡",似不必求"末衡"句入韻而改爲莖。

雖有"盈"因避諱而改爲"滿"之説,但需注意的是,《國風·召南》三章"維鵲有巢,維鳩盈之。之子于歸,百兩成之",《詩經韻讀》并未改字,而是以盈、成韻耕部。《先秦韻讀·老子·益謙》"窪則盈,敝則新"中也用盈,江氏作真耕通韻[3]。這兩例再次證明,江有誥校勘的第一目的就是使押韻和諧,如果不牽涉押韻,就不一定改字。

## 三、 校改其他用字

江有誥有些校勘根據前代文獻改用意義相近的字入韻或其他能够入韻的字。如:

1. 葽改爲幽

《豳風·七月》:四月秀葽,五月鳴蜩(幽宵通韻)。(蜩從周聲,古屬幽部,《夏小正》作四月秀幽,則與蜩同部。)(第 50 頁)

朱熹《詩集傳》:葽,於遥反。與蜩韻[4]。顧炎武《詩本音》:葽,四宵;蜩,三蕭。顧氏古韻十部宵幽未分,葽蜩屬同部押韻[5]。江永六部(宵)"葽"字下説明蜩與葽爲韻的理由爲"周蜩雕彫儵朝之類者,皆相近而借諧"[6]。段玉裁《詩經韻分十七部表》二部葽蜩韻,蜩爲古合韻,

① 許維遹《吕氏春秋集釋》,中華書局 2009 年版,第 697 頁。
② 陳奇猷《吕氏春秋校釋》,學林出版社 1984 年版,第 1781 頁。
③ 《音學十書》,第 28、164 頁。
④ 《詩集傳》,第 143 頁。
⑤ 《音學五書》,第 106 頁。
⑥ 《古韻標準》,第 32 頁。十一部相當於江有誥的幽部。

本音在第三部,《七月》四章合韻蔞字①。《説文注》:"'四月秀蔞'……
《小正》'四月秀幽'。幽蔞一語之轉。必是一物。"②王念孫"蔞蜩"在
幽部,依據的也是《夏小正》的"秀幽"③。孔廣森陰聲幽部指出:

> 蜩,《七月》"四月秀蔞,五月鳴蜩",從周之字聲當以稠爲正,
> 此蜩與蔞同用者,蔞當借讀爲幽。《夏小正》作"四月秀幽",即可
> 證也。《唐韻》猶多近古,故凡要傍之字并在四宵,唯蔞字兼見三
> 蕭。(《詩聲類》第 34 頁。)

意即要聲之字在宵部,但蔞字屬幽部,與蜩爲同部。

"蔞"是草名,今稱遠志,"幽"與此義不類,字形亦不相近,不能僅
從押韻考慮而依《夏小正》改作"秀幽"。所以江氏此例改字雖有所
本,但不能令人信服。實際上,江氏注中也持通韻和改字兩説,且首
選通韻之説。

2. 翛翛改爲消消

> 《豳風·鴟鴞》:予尾翛翛(《注疏》作消消)。予室翹翹,風雨漂
> 摇,予維音嘵嘵(幽宵通韻)。(翛從攸聲,古屬幽部,從《注疏》則
> 在本部。)(第 50 頁)

朱熹《詩集傳》作"翛,素凋反"④。《詩經世本古義》"予尾翛翛"
注:"叶蕭韻,思邈翻。孔氏載經文及《毛傳》皆作消消,云定本作
修修。"⑤

顧炎武《詩本音》卷四:翛,三蕭⑥。與上下文的四宵爲韻。顧氏

---

① 《六書音均表》,第 38—39 頁。
② [清]段玉裁《説文解字注》,上海古籍出版社 1981 年版,第 36 頁。
③ 《高郵王氏遺書》,第 102 頁。
④ 《詩集傳》,第 147 頁。
⑤ 見《四庫全書》電子版經部。
⑥ 《音學五書》,第 107 頁。

宵幽一部，不需改字爲韻。江永六部（宵）：翛與消道同音，入六部①。段玉裁《詩經韻分十七部表》二部"譙消翹搖曉"韻，注：《鴟鴞》三章消作翛，誤。在古合韻"譙"字下說明"《鴟鴞》以韻消翹搖曉字"，"翛"改作"消"②。孔廣森以從攸從焦的字入幽部，并在"翛"字下解釋：《鴟鴞》"予羽譙譙，予尾翛翛"，從攸之字聲當以翛爲正③。王念孫宵部以"譙翛翹搖曉"韻，字作"翛"④。

此例"翛翛"爲疊音詞，字形的作用在記音，翛翛、修修、脩脩爲幽部；消消爲宵部。上述學者未改字或改爲"修修""脩脩"的，或其古韻系統宵幽未分立，或視作宵幽合韻。而江氏改爲"消消"，入宵部，不作合韻處理，依據的是《毛詩正義》。

孔穎達《毛詩正義》"（毛以爲）'予尾消消而敝'"，"《傳》'譙譙殺，消消敝'"，但又有"《正義》曰：定本消消作翛翛也"。阮元《校勘記》：《正義》云"予尾消消而敝"乃《正義》所易之字……非其本作消消也，以定本脩脩推之，正義本當作翛翛矣⑤。

所以，改"翛翛"爲"消消"恐無必要，江有誥首先認定是幽宵通韻，而據《注疏》一作"消消"以便韻字都在宵部，祇是一説而已。

3. 陸改爲阿

《群經韻讀·易下經·漸》：上九，鴻漸于陸（折中謂當作阿），其羽可用爲儀（音俄。歌部）。吉。（第 111 頁）

比較漸卦其餘各爻：

初六　鴻漸于干（音肩），小子厲有言（元部）。無咎。
六二　鴻漸于磐（音梗），飲食衎衎（音愆，元部）。吉。

---

① 《古韻標準》，第 32 頁。
② 《六書音均表》，第 38—39 頁。
③ 《詩聲類》，第 34 頁。
④ 《高郵王氏遺書》，第 104 頁。
⑤ ［清］阮元《十三經注疏》，中華書局 1980 年版，第 395、397 頁。

九三　鴻漸于陸,夫征不復,婦孕不育(幽部)。凶利禦寇。

六四　鴻漸于木,或得其桷(音穀,侯部)。無咎。

九五　鴻漸于陵,婦三歲不孕(平聲下同),終莫之勝(蒸部)。吉。(第111頁)

以上各爻辭均以"鴻漸于～"爲首句,下句與之爲韻。初六"干、言"押元部;六二"磐、衍"押元部;九三"陸、復、育"押幽部;六四"木、桷"押侯部;九五"陵、孕、勝"押蒸部。"陸"字已於九三中出現過,與"復育"韻。按此爻辭體例,上九亦當押韻,但前句"鴻漸于陸"顯然不能與下句"儀"字相押。江氏改"陸"爲"阿",可與"儀"押歌部。

求之於古字形,陸和阿并不相近。"陸"字金文和篆文字形:

陸朱公𨧱鐘(春秋)(《殷周金文集成》102)陸(吉大 6 戰國)陸(《説文》)

"阿"的金文、篆文字形:

阿阿武戈(戰國)(《殷周金文集成》10253)阿平阿左戈(戰國)①阿(《説文》)

但二字均從𨸏,有傳抄而訛的可能;亦或"阿"受前文"陸"字的影響而誤寫。

顧炎武《易音》於初六、六二、九三、六四、九五,均列出韻句,并指出韻字和所屬的韻。唯未列上九爻辭,以爲不入韻。顧氏於九五爻辭下注:

上九爻辭"鴻漸于陸",先儒并讀如字,范諤昌改爲逵,《朱子本義》從之,謂合韻,非也。古人讀儀爲俄,不與逵爲韻。虞翻以

---

① 董蓮池《新金文編》,作家出版社 2011 年版,第 2010 頁。

九三爲陸,朱震曰:上所往進也,所反亦進也。漸至九五極矣,是以上反而之三。當以陸爲正。隋盧思道《孤鴻賦》序云:《大易》稱鴻漸于陸,羽儀盛也;宋《文彦博集》有《鴻漸于陸賦》,云:陸者,地鎮之峻極;鴻者,羽族之珍奇。(《音學五書》第 196—197 頁)

顧氏駁范諤昌改陸爲逵之説,逵、儀古不同部;認爲朱熹的合韻亦不可取;用前人文獻證明"陸"字不誤。

江永《古韻標準》平聲第七部"儀"字旁證有"顧説是也",但認爲:

> (顧氏)引虞翻朱震説以九三爲陸則非,漸五爻皆有韻,則上九亦當有韻,陸蓋阿字之誤,《爾雅》"大阜曰陵,大陵曰阿",九五既爲陵,則上九宜爲阿,儀與阿則合韻矣。(《古韻標準》第 33 頁)

江永亦不從改陸爲逵之説,也不贊同顧炎武上九無韻,而以陸爲阿之誤字,當改,與儀韻。

段玉裁《群經韻分十七部表》第十七部列《周易》漸上九"陸、儀"爲韻①。《詩經韻分十七部表》十七部"古合韻"作説明:

> 陸,本音在第三部,《易》漸上九合韻儀,字讀如羅。宋人改陸爲逵以韻儀,不知今韻逵在脂,儀在支,古韻逵音仇,儀音莪也。(《六書音均表》第 59 頁)

段氏也不贊同改陸爲逵以韻儀之説,他把"陸、儀"看作合韻,指出陸本爲三部字,此處讀如羅,三部與十七部合韻。

江有誥對以上學者的觀點有選擇地繼承。他不認可顧氏上九無韻,也未吸收段氏陸讀如羅、陸儀合韻的牽强之説,而是繼承了江永陸當爲阿的觀點,改陸爲阿,於義、於韻均無不合。這樣,上九一爻與

---

① 《六書音均表》,第 67 頁。

其他五爻體例相同，也是韻句。衹是這種説法尚需更早的文獻證明。

從現有的文獻看，早就有作"鴻漸于陸"之例，隋盧思道賦可證隋之前已作"陸"；唐代陸羽之名也是用"陸"之證：

> 既長，以《易》自筮，得《蹇》之《漸》，曰："鴻漸于陸，其羽可用爲儀。"乃以陸爲氏，名而字之。(《新唐書》第 18 册第 5611 頁)

目前尚未發現"鴻漸于阿"版本，無法證明原本確實爲"阿"，但"阿"字於義可通，且江氏改字更是爲押韻考慮。《詩經·小雅·菁菁者莪》四句一韻，"阿"與"儀"韻，或可爲旁證：

> 菁菁者莪，在彼中阿。
> 既見君子，樂且有儀。
> 菁菁者莪，在彼中沚。
> 既見君子，我心則喜。
> 菁菁者莪，在彼中陵。
> 既見君子，錫我百朋。

因此我們認爲，改"陸"爲"阿"至少可作一説。

4. 迎改作迓

> 《楚辭韻讀·離騷經》：百神翳其備降兮，九疑繽其并迎(當作迓，音寤)。皇剡剡其揚靈兮，告余以吉故(魚部)。(第 133 頁)

江永《古韻標準》平聲第八部：迎，案《離騷》"九疑繽其并迎"與故韻，當是迓字之誤①。段玉裁《群經韻分十七部表》第五部"迎故"韻，"迎"標爲古合韻。《詩經韻分十七部表》第五部古合韻：迎，本音在第

---

① 《古韻標準》，第 38 頁。

十部,《離騷》合韻故字,讀如魚①。

實際上,此例并不需要改字。迎迓語義相同,語音上屬魚陽對轉。王力以迎故爲陽魚通韻②。

江有誥對陰陽對轉沒有自覺認識,故對魚陽的關係不能正確理解,而采取了改字的方式以求押韻。

由上可見,江有誥重視通過校訂文本中韻脚字的字形或改變用字,解決歸納韻部時遇到的問題。他最看重的就是押韻。所作校勘,與其他學者有異有同。有的是擇前人之説而從之,有的是自己的創見,爲王力等學者所采信;但有的祇考慮押韻而忽視了句式、文義、文獻等方面的考證,今人使用時需作辨正。

## 參考文獻

[漢]班固:《漢書》,中華書局 1962 年版。

[清]段玉裁:《六書音均表》,中華書局 1983 年版。

[清]段玉裁:《説文解字注》,上海古籍出版社 1981 年版。

[清]顧藹吉:《隸辨》,中華書局 1986 年版。

[清]顧炎武:《音學五書》,中華書局 1982 年版。

[宋]洪興祖:《楚辭補注》,中華書局 1983 年版。

[清]江永:《古韻標準》,中華書局 1983 年版。

[清]孔廣森:《詩聲類》,中華書局 1983 年版。

[宋]劉球:《隸韻》,中華書局 1989 年版。

[宋]歐陽修等:《新唐書》,中華書局 1975 年版。

[清]阮元:《十三經注疏》(附校勘記),中華書局 1980 年版。

[清]王念孫:《高郵王氏遺書》,江蘇古籍出版社 2000 年版。

[清]張玉書等:《康熙字典》,中華書局 1958 年版。

[清]朱駿聲:《説文通訓定聲》,中華書局 1984 年版。

[宋]朱熹撰,趙長征點校:《詩集傳》,中華書局 2017 年版。

[宋]朱熹撰,黃靈庚點校:《楚辭集注》,上海古籍出版社 2015 年版。

---

① 《六書音均表》,第 61、45 頁。
② 《楚辭韻讀》,第 9 頁。

《四庫全書》，上海人民出版社電子版。

陳奇猷：《呂氏春秋校釋》，學林出版社 1984 年版。

董蓮池：《新金文編》，作家出版社 2011 年版。

黎翔鳳：《管子校注》，中華書局 2004 年版。

李學勤：《字源》，天津古籍出版社、遼寧人民出版社 2012 年版。

陸志韋：《陸志韋語言學著作集（二）》，中華書局 1999 年版。

王力：《詩經韻讀》，上海古籍出版社 1980 年版。

王力：《楚辭韻讀》，上海古籍出版社 1980 年版。

王利器：《文子疏義》，中華書局 2000 年版。

王泗原：《楚辭校釋》，中華書局 2014 年版。

徐中舒主編：《漢語大字典》，四川出版集團等 1990 年版。

許維遹：《呂氏春秋集釋》，中華書局 2009 年版。

中國社會科學院考古研究所：《殷周金文集成》，中華書局 2007 年版。

朱謙之：《老子校釋》，中華書局 1984 年版。

漢典網：https://www.zdic.net/。

　　本文爲慶祝導師李開教授八十華誕而作。2000—2003 年我在南京大學師從李開先生攻讀博士學位，從老師那兒學到了爲學和做人的理念。老師不僅是我學業上的導師、學術上的楷模，更是我做人的榜樣。那時，老師的一句"學生比天大"讓同學們非常感動，我一直將這句話銘記於心。

# 試論元代蒙語對漢語的影響

宋洪民

（濟南大學文學院）

　　**摘　要:**元代漢語受到了蒙古語很大的影響,形成了很有特色的
"蒙式漢語"。這在元代漢語的語音、詞彙、語法各方面都有不同程度
的體現。而語音上的影響集中體現於《蒙古字韻》一書中。諸如《蒙
古字韻總括變化之圖》確實是蒙、漢合璧的韻圖,其中以蒙古語爲基
礎制定的音節拼合規則對漢語的拼寫有着較强的制約作用。

　　**關鍵詞:**語言接觸;蒙式漢語;《蒙古字韻》

## 〇、蒙、漢語言接觸概說

　　元代是蒙古族建立的統一封建王朝,當時蒙古族的人和語言都
具有超乎尋常的地位,對漢族的人和語言形成了很大的影響。其實
這是中國歷史上一次"語言接觸"的充分實踐,從而也形成了很有特
色的"蒙式漢語"。這在元代漢語的語音、詞彙、語法各方面都有不同
程度的體現。

## 一、蒙、漢語言接觸在語法上的表現

　　在語言的各組成部分中,語法是比較頑固的,不易受到外來因素
的根本性的影響。一般外來因素的影響主要是在其內部自身因素的
感召下起作用。如元代的一些助詞很有特色。李崇興、祖生利、丁勇
《元代漢語語法研究》對此有較深入的研究,他們認爲:"元代直譯體
文獻裏多見'(教)Ｖ者'的說法,是對應蒙古語動詞祈使式的結果。

元代非直譯體的漢語文獻,如直講體文獻和會話書,句末也頻繁使用祈使助詞'者',則與蒙式漢語的影響有很大關係。"(第187頁)書中舉到了古本《老乞大》的例子:布帳子疾忙打起者,鋪陳整頓者,房子裏搬入去者,鞍子彎頭,自己睡臥房子裏放者,上頭著披氈蓋者。那的之後,鑼鍋安了者,疾忙茶飯做者。

他們書中對内因、外因都進行了認真探討。與此相似,馮赫《元刊雜劇與蒙式漢語文獻方位詞"上"特殊功能研究》(2010)一文也深有見地的指出:"在元刊雜劇與蒙式漢語語料裏","方位詞'上'的特殊功能差異明顯。宋金時期的南戲和諸宮調裏'上'的特殊功能與元刊雜劇近似,因此可以認爲與元刊雜劇所體現的漢語更爲一致,表明元刊雜劇更接近當時的本土漢語。元刊雜劇裏蒙'上'的特殊功能在漢語自身語法化方面能够得到解釋,主要反映了漢語自身的變化。蒙式漢語語料裏'上'具有後置詞的功能,儘管這類語料裏方位詞特殊功能的獲得也有漢語方位詞本來的功能特點、詞彙意義的依據,但顯然又是受到了蒙語的影響。蒙式漢語之所以采用漢語方位詞表示某種語法、語義關係,其中具有漢語方位詞原有的語義、功能特點和蒙語影響的雙重因素。"

## 二、 蒙、漢語言接觸在詞彙上的表現

較之語法,詞彙則較易受到影響,即語言中最容易的就是吸收一些外來詞語。因爲這對接受方的語言没有根本性的影響。在元代,漢語中涌進了一大批蒙古語詞,方齡貴《元明戲曲中的蒙古語》專門對這種現象進行了細緻研究。更有甚者,一些蒙古語詞居然在某些方言中一直使用到今天,如山西方言中有蒙古語詞殘留。我們可以依據《蒙古譯語》《元曲釋詞》及方齡貴《元明戲曲中的蒙古語》對方言中難以索解的詞進行考證。必要時還可以將普通話與方言對照,在普、方、古這一時間與空間的廣闊背景參照下進行運作,這樣纔有歷史感、縱深感。

當然,真正操作起來總會遇到這樣那樣的複雜問題。如山西方言存在不同的歷史層次,從春秋戰國時期的戎狄,到後來的匈奴、鮮

卑、突厥、女真、蒙古及滿清,各個歷史時期都可能有少數民族語言的元素滲透到山西方言中,現在要分別厘清不同時期滲透進來的元素,即要對今天以共時狀態呈現在我們面前的山西方言加以分解,然後將各組成部分按年成分別歸入不同的輩份。這是非常理想的做法,但又談何容易!

在操作中尤其要注意的是不要推衍過度,邵循正先生對此有過批評(邵循正 1982)。所以這種工作一定要慎重,寧缺毋濫,嚴防"草木皆兵"、信口雌黃。爲了易於操作,我們選定了幾個參考項,列表如下:

| | | 忽泡 | 道拉 |
|---|---|---|---|
| 中古蒙語 | 《蒙古譯語》 | 忽泥 | 叫:倒答 |
| 漢語歷史文獻 | 元明戲曲用詞 | | |
| | 其他文獻 | | |
| 山西方言詞語 | 今存 | 忽泡:羊肉泡饃 | 道拉:聊天 |
| | 用漢語不可解 | | |
| | 或有俗語源 | 胡泡 | 説道,嘮叨 |
| 其他民族如匈奴語中無此表達 | | | |
| 現代蒙語參證 | | qoni 羊 | doloγa bolčirai ban dogačigu 暢談 |

由例子可以看出,有俗語源的更易於在漢語中扎根,因爲它給人的感覺是有理據的,可以接受的,關鍵是其貌似可以分析的表現使得漢人更樂於接受它。

## 三、 蒙、漢語言接觸在語音上的表現

### (一) 蒙、漢合璧——《蒙古字韻》總括變化之圖

元代"語言接觸"在語音上的影響集中體現於《蒙古字韻》一書中。《蒙古字韻》是元代一部既重要、又很有特色的韻書,它本質上是一部漢語韻書,但却用"蒙古字"(即八思巴字)來拼寫漢語音節(給漢字注音)。如同當時社會生活的其他方面一樣,元代漢語也深深

**圖1**

打上了蒙古民族文化的烙印，這在《蒙古字韻》中有很明確的表現。如書前的《蒙古字韻總括變化之圖》就是一幅典型的漢、蒙合璧的聲韻拼合圖。（見圖1）

上方六個字母爲漢語音節韻尾所用，下方的則是蒙古語音節末尾所用的輔音，由此形成閉音節。

照那斯圖《釋蒙古字韻總括變化之圖》一文（載社科院老幹部工作局編《中國社會科學院老年科研基金成果彙編（論文、研究報告）》第一卷（1999—2000）上册，第361—370頁）對該圖進行了詳細的研究并糾正了該圖中的一些失誤（特別是筆劃上的書寫錯誤），同時指出該圖右側殘損了2字，分別是n和w。照那先生所說的上方六個字母爲漢語音節韻尾所用、下方的則是蒙古語音節末尾所用的輔音，這是對該圖最準確的解釋，是成功破譯該圖的金鑰匙。

**（二）立體審讀——平面圖背後的立體拼合機制**

如上文所說，《蒙古字韻總括變化之圖》是展示韻尾的，但一般說來，一個音節的構成除了韻尾或說音節尾的輔音，還要有音節首的輔音和音節中的元音。祇有這些都羅列出來，纔能完整展示音節的拼合情況。那《蒙古字韻》爲什麼不做這一工作呢？

我們認爲，《蒙古字韻》的編者是一圖代三表，是以一種最經濟的方式來展示音節的組合情況，即表面上僅展示韻尾，但實際上已經將大家共識默認的音節首的輔音和音節中的元音納入了其拼寫體系中。之所以說音節首的輔音和音節中的元音是大家共識默認的，就是因爲這些已經由八思巴字字母總表所限定。看圖2中的表格：

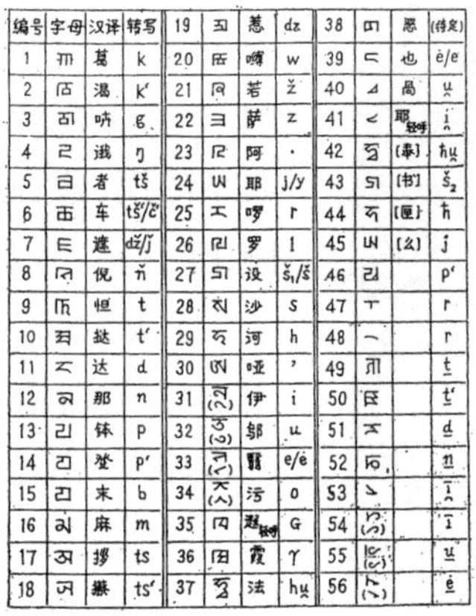

八思巴字字母总表

| 编号 | 字母 | 汉译 | 转写 | 19 | | 慈 | dz | 38 | | 恶 | (待定) |
|---|---|---|---|---|---|---|---|---|---|---|---|
| 1 | | 葛 | k | 20 | | 嚩 | w | 39 | | 也 | ė/e |
| 2 | | 渴 | k' | 21 | | 若 | ž | 40 | | 局 | u̯ |
| 3 | | 吭 | g | 22 | | 萨 | z | 41 | | 耶轻呼 | i̯ |
| 4 | | 誐 | ŋ | 23 | | 阿 | · | 42 | | (奉) | ħu̯ |
| 5 | | 者 | tš | 24 | | 耶 | j/y | 43 | | (书) | $\check{s}_2$ |
| 6 | | 车 | tš'/č' | 25 | | 啰 | r | 44 | | (匣) | ħ |
| 7 | | 遮 | dž/ǰ | 26 | | 罗 | l | 45 | | (幺) | j |
| 8 | | 倪 | ň | 27 | | 设 | $\check{s}_1$/š | 46 | | | p' |
| 9 | | 怛 | t | 28 | | 沙 | s | 47 | | | r |
| 10 | | 挞 | t' | 29 | | 诃 | h | 48 | | | r |
| 11 | | 达 | d | 30 | | 哑 | ' | 49 | | | ṯ |
| 12 | | 那 | n | 31 | | 伊 | i | 50 | | | ṯ' |
| 13 | | 钵 | p | 32 | | 邬 | u | 51 | | | ḏ |
| 14 | | 癹 | p' | 33 | | 翳 | e/ė | 52 | | | ṉ |
| 15 | | 末 | b | 34 | | 污 | o | 53 | | | Ī̯ |
| 16 | | 麻 | m | 35 | | 迦轻呼 | G | 54 | | | Ī |
| 17 | | 拶 | ts | 36 | | 霞 | γ | 55 | | | ṵ̄ |
| 18 | | 攃 | ts' | 37 | | 法 | hu̯ | 56 | | | ė̱ |

说 明

1——41号字母属原字母表；42——56号字母为后增字母。38号字母仅见于文献中的字母表，未见实际用例。

**圖 2**

說明：1—41 號字母屬原字母表；42—56 號字母爲後增字母。38 號字母僅見於文獻中的字母表，未見實際用例。

42—45 號字母分别同 37、27、29、24 號字母相對立，僅用於漢語。

46—56 號字母用於轉寫梵文、藏文。

原字母表中 31、32、33、34、39 號字母爲元音字母，40、41 號爲半元音字母。

如照那斯圖先生和楊耐思先生所説，八思巴字首先是用來拼蒙古語的，首先可説是一種蒙古文，所以其輔音和元音的數量及特點在很大程度上是以蒙古語爲重要參照的，同時也受到八思巴字所從出的藏文的文字體系方面的制約。我們認爲，這更突出表現在八思巴字的元音系統上。看下表：

| |
|---|
| 藏文<br>i　　u<br>e　o<br>[a]<br>輔音 j、w |
| 八思巴字<br>i　　u<br>e(ė) o<br>[a]<br>i̯、u̯(半元音，衹作介音) |

| 蒙古文 | | 元代漢語 | |
|---|---|---|---|
| i | u(ü) | i(ï) | u |
| e | o(ö) | e(ε) ↔ | o |
| a | | a | A |

説明：[a]表示 a 在該文字系統中用零形式來表示，()中的音素是與相應音素相近或有某種關聯而附寄於此的。

注：這幾種語言文字資料來源爲《中國大百科全書·語言文字卷》，江荻《藏語語音史研究》，照那斯圖《論八思巴字》《蒙古文和八思巴字元音字母的字素分析》，照那斯圖、楊耐思《八思巴字研究》，喻世長《〈蒙古秘史〉中圓唇元音的漢字標記法》；楊耐思《中原音韻音系》。

這樣，一個常見音節的三部分就齊全了。我們再將三表合一看一下整體情形：

八思巴字音節拼合示意圖

A、聲母

（音節首輔音）

八思巴字字母总表

| 编号 | 字母 | 汉译 | 辅写 | 19 | 찌 | 惹 | dʐ | 38 | 叩 | 思 | (待定) |
|---|---|---|---|---|---|---|---|---|---|---|---|
| 1 | ꡀ | 基 | k | 20 | 仄 | 嚓 | w | 39 | 曰 | 业 | θ/ð |
| 2 | ꡁ | 溪 | kʻ | 21 | 闩 | 若 | ʐ | 40 | ﬧ | 尚 | δ |
| 3 | ꡂ | 呀 | g | 22 | 目 | 萨 | z | 41 | ꡙ | 期 | ʂ |
| 4 | ꡄ | 涟 | ŋ | 23 | ꡆ | 阿 | · | 42 | ꡙ | (事) | hʐ |
| 5 | ꡅ | 者 | tʂ | 24 | ꡌ | 那 | ɟ/y | 43 | 习 | (书) | šʐ |
| 6 | ꡆ | 车 | tʂ/tʃ | 25 | ꡁ | 罗 | r | 44 | 刃 | (匣) | ǰ |
| 7 | ꡇ | 達 | dʐ/dʒ | 26 | 刃 | 罗 | l | 45 | ꡁ | (幺) | ħ |
| 8 | ꡜ | 倪 | ñ | 27 | ꡂ | 沢 | š,ʃ | 46 | 己 | | Pʻ |
| 9 | ꡏ | 恒 | t | 28 | ꡄ | 沙 | s | 47 | ꡙ | | r |
| 10 | ꡛ | 越 | tʻ | 29 | 주 | 河 | h | 48 | — | | r |
| 11 | ꡔ | 达 | d | 30 | ꡙ | 哑 | ʔ | 49 | ﬧ | | tʻ |
| 12 | ꡄ | 那 | n | 31 | ꡅ | 伊 | i | 50 | ꡅ | | tʻ |
| 13 | ꡄ | 休 | P | 32 | ꡉ | 郎 | u | 51 | ﬦ | | d |
| 14 | ꡋ | 怸 | Pʻ | 33 | ꡤ | 聶 | e/é | 52 | ꡙ | | ʒ |
| 15 | ꡒ | 来 | b | 34 | ꡥ | 訝 | o | 53 | ꡗ | | ʒ |
| 16 | ꡖ | 麻 | m | 35 | 冈 | 额 | G | 54 | ꡊ | | ʒ |
| 17 | 邪 | 拶 | ts | 36 | ꡀ | 茂 | γ | 55 | 层 | | ʒ |
| 18 | ꡙ | 攃 | tsʻ | 37 | ꡙ | 法 | hγ | 56 | 层 | | |

说　　明

1——41号字母属原字母表；42——56号字母为后增字母。
38号字母仅见于文献中的字母表，未见实际用例。

B、元音

| 藏文 |
| :---: |
| i　　　　u |
| e　　　　o |
| ［a］ |
| 輔音 j、w |

| 八思巴字 |
| :---: |
| i　　　　u |
| e(ė) o |
| ［a］ |
| i̯≈、u̯≈（半元音，衹作介音） |

| 蒙古文 | 元代漢語 |
| :---: | :---: |
| i　　　u(ü) | i(ï)　　　　　　u |
| e　　　o(ö) | e(ε)　↔　　o |
| a | a　　A |

C、韻尾

（音節尾輔音）

## （三）音節分析——八思巴字蒙語音節的切分

照那斯圖先生《八思巴字蒙古語文獻的語音系統》一文（《民族語文》2007 年第 2 期，第 44—51 頁）對八思巴字蒙古語文獻語音系統中的輔音、元音進行了翔盡的分析。爲了更加有助於問題的解決，我們將現存八思巴字蒙古語文獻（材料據照那斯圖《八思巴字和蒙古語文獻 II 文獻彙集》，日本東京外國語大學亞非語言文化研究所 1991 年版。另據呼格吉勒圖、薩如拉編著《八思巴字蒙古語文獻彙編》）進行了更爲系統的研究,將其中出現的音節進行分析研究。我們所用材料清單：

材料 1：《安西王忙哥剌鼠年令旨》(1276)

材料 2：《薛禪皇帝牛年聖旨》(1277—1289)(1)

材料 3：《薛禪皇帝龍年聖旨》(1280)

材料 4：《阿難答秦王馬年令旨》(1282)

材料 5：《薛禪皇帝牛年聖旨》(1277—1289)(2)

材料 6：《薛禪皇帝牛年聖旨》(1277—1289)(3)

材料 7：《完者篤皇帝馬年聖旨》(1294)

材料 8：《完者篤皇帝狗年聖旨》(1298)

材料 9：《完者篤皇帝牛年聖旨》(1301)

材料 10：《小薛大王兔年令旨》(1303)

材料 11：《海山懷甯王蛇年令旨》(1305)

材料 12：《曲律皇帝雞年聖旨》(1309)

材料 13：《普顏篤皇帝鼠年聖旨》(1312)

材料 14：《普顏篤皇帝牛年聖旨》(1313)

材料 15：《普顏篤皇帝虎年聖旨》(1314)(1)

材料 16：《普顏篤皇帝虎年聖旨》(1314)(2)

材料 17：《普顏篤皇帝虎年聖旨》(1314)(3)

材料 18：《普顏篤皇帝虎年聖旨》(1314)(4)

材料 19：《普顏篤皇帝南華寺聖旨》(1312—1317?)(1)

材料 20：《普顏篤皇帝南華寺聖旨》(1312—1317?)(2)

材料 21：《普顏篤皇帝馬年聖旨》(1318)

材料 22：《答吉皇太后猴年懿旨》(1320)

材料 23：《答吉皇太后雞年懿旨》(1321)

材料 24：《帝師公哥羅雞年法旨》(1321)

材料 25：《格堅皇帝豬年聖旨》(1323)

材料 26：《也孫鐵木兒皇帝鼠年聖旨》(1324)(1)

材料 27：《也孫鐵木兒皇帝鼠年聖旨》(1324)(2)

材料 28：《也孫鐵木兒皇帝龍年聖旨》(1328)

材料 29:《妥歡帖睦爾皇帝猪年聖旨》(1335)

材料 30:《妥歡帖睦爾皇帝鼠年聖旨》(1336)

材料 31:《妥歡帖睦爾皇帝馬年聖旨》(1342)

材料 32:《妥歡帖睦爾皇帝羊年聖旨》(1343)

材料 33:《居庸關石刻》(1342—1345)

材料 34:《妥歡帖睦爾皇帝雞年聖旨》(1345)

材料 35:《妥歡帖睦爾皇帝兔年聖旨》(1351)

材料 36:《妥歡帖睦爾皇帝虎年聖旨》(1362)

材料 37:《妥歡帖睦爾皇帝猴年聖旨》(1368)


材料示例:

材料 2:《薛禪皇帝牛年聖旨》(1277—1289)(1)

§01 薛禪皇帝牛年(1277-1289)圣旨(1)（八思巴文）

来自北京大学图书馆

注:八思巴字轉寫方面漢語與蒙古語有所不同,如蒙語界將 ꡠ 寫作 ė,ꡢ 作 e,如照那斯圖(1991)、呼格吉勒圖等(2004),而漢語界則遵照那斯圖、楊耐思《蒙古字韻校本》八思巴字拼寫漢語的習慣,將 e 改爲 ė,即 ꡠ 寫作 e,ꡢ 作 ė。再如 j 漢語界轉寫爲 dž,蒙語界則轉寫爲 j。我們使用何種語言的材料,在轉寫時就遵從該語言的轉寫習慣,不強求一致,特此説明(另,轉寫時前 a 和後 ɑ 我們不作嚴格區分)。

(01) ꡏꡡꡃꡢ     ꡊꡠꡃꡘꡞꡗꡞꡋ     ꡁꡟꡦꡅꡦꡟꡊꡟꡘ

mo$_3$ŋ-g     dė$_3$ ŋ-ri$_1$-yi$_1$ n     k'u$_2$- č'eu$_2$-du$_2$ r

moŋga     dėŋri-yin     k'üč'ü-dür

長生天                      氣力裏

(02) 〔蒙文字〕

yě₃-ke su₂ ǰ-li₁- yi₁n ·i₁-h·en- du₂ r

yěke su jǎli- yin ihēn- dür

大 福蔭 護助 裏

(03) 〔蒙文字〕

q·n jr-li₁q m-nu₂

qan jarliq manu

皇帝 聖旨

(04) 〔蒙文字〕

č'e-ri₁-·u₂-du₂n no₁-yd-d č'e-ri₁g h-r-n

č'eri·üd-ün noyad-da č'erig haran-a

管軍的官人每根底 軍人每根底

(05) 〔蒙文字〕

b-l-q-du₂n d-ru₂-qs-d no₁-yd-d yo₃ r-

balaqad-un daruqas-da noyad-da yor-

城子達魯花赤官人每根底

(06) 〔蒙文字〕

č'i₁- qu₂n y-bu₂-qu₂n ě₂l-č'i₁-ne d·u₂l-q-qu₂ě₃

č'iqun yabuqun ělč'in-e dūlqaqě

往來的使臣每根底 宣諭的

(07) 〔蒙文字〕

jr-li₁q

jarliq

聖旨

(08) 〔蒙文字〕

ji₁ŋ-gi₃s q-nu₂b q·-nu₂ b jr-li₁q- du₂r do₁-yi₁d ě₂r-k'e-·u₂d

jiŋgis qan-u ba qan-u ba jarliq- dur doyid ěrk'e- üd

成吉思 皇帝 （窩闊台）皇帝 聖旨 裏 和尚每 也里可溫每

sAn Xhi MuM（詞尾 M 當是 d） dx md a li b

sě₃n-šhi₁-ŋu₂ŋ ⟨d⟩ dš-md '-li₁-b

sěnšhiŋuŋ⟨d⟩ dašmad aliba

先生每（指道士） 答失蠻每 不揀什麼

(09) 〔蒙文字〕

'-l-b qu₂b-č'i₁-ri₁ 'eu₂- lu₂ 'eu₂- jen ě₃ŋ-ri₁-yi₁ jl-b-ri₁-ju₂

alba qubč'iri ülü ü jen děŋri-yi jalbari ju

差發 休交當者 拜天

〔蒙文字〕

h₁i₁-ru₂-·er 'eo₁-gu₂n -t'u₂-qyi₁

hirü-er ögün at'uqyi

祝壽者

(10) g. ek'-deg-sed　'-ju$_2$-·u$_2$ê$_3$　ê$_2$-du$_2$-·e　ber　beo$_1$-·e-su$_2$
u-ri$_1$-d-nu$_2$

gēk'degsed　ɑ ju·uề　ềdü·e　ber　bö·esü　uridan-u
麼道 有來　如今呵

(11) jr-li$_1$-qu$_2$ n　yo$_1$-su$_2$-· r　'-li$_1$-b 'l-b　qu$_2$b-č'i$_1$-ri$_1$　'eu$_2$- lu$_2$　'eu$_2$-
jen

jarliq-un　yosu·ar　aliba　alba　qubč'iri　ülü　ü jen
依着在聖旨裏　不揀什麼差發休當

dAM Ri Ki　jl b Ri
dê$_3$ ŋ-ri$_1$-yi$_1$　jl-b-ri$_1$-

dêŋri-yi　jalbari-
拜天

(12) ju$_2$　h$_1$ i$_1$-ru$_2$-·er　'eo$_1$-gu$_2$n　'-t'u$_2$-qyi$_1$　g.en
ju　hirü·er　ögün　at'uqai　gēn
祝　壽　者麼道

t'y　'ven　h$_1$ vu$_2$- dur bu$_2$-k'u$_2$n　ši$_1$-bi$_1$-zhi$_1$-du$_2$ r
'-qu$_2$ n　·n -sh$_1$ i$_1$ ŋ-

t'ay　'ven　fu- dur　bük'ün　ši-bi-zhi-dur　aqun
an -shiŋ-
太原府　裏　石壁寺　有的　安僧

(13) leu$_2$-d　b- ri$_1$- ju$_2$　y-bu$_2$-·yi$_1$
leu-da　bari ju　yabu·ai
錄 根底　執把

(14) jr-li$_1$-q　'eo$_3$ g-beê$_3$　ê$_2$-de-nu$_2$　seu$_2$- mes- du$_2$ r　ge-
yi$_1$ d- du$_2$ r

jarliq　ögbeề　êden-ü　sümes-dür　geyid-dür
聖旨與了也　這寺院房子裏

'-nu$_2$　ê$_2$ l-č'i$_1$ n　bu$_2$-e b-·u$_2$- t'u$_2$-qyi$_1$　u-l·
anu　êlč'uin　bu ba·ut'uqai　ulā
使臣休 安下者　鋪馬

(15) [ꡁꡦ ꡏꡦ ꡳꡡ ꡏꡦ ꡆꡬꡠ ꡏꡡ ꡠꡞꡢꡠ ꡖꡞꡏꡧꡠ ꡀ ꡦꡢꡌꡦꡏꡡ ꡏꡦ]

ši₁-·u₂-su₂  bu₂  ba-ri₁-  t'u₂-qyi₁  ts'ŋ t'm-q bu₂  'eo₃g- t'

u₂- geė₃

ši·üsü  bu  bari  t'uqai  ts'aŋ t'amqa bu  ögt'ugeė

祇應休要者　稅糧休納者

T jR U sun bT t} giR m|d K

q-jr  u-su₂n  bq t'e  gi₁r - med y-

qa jar  usun  baq t'egirmed ya-

地土園林水碾

(16) [ꡏꡧꡞ ꡟꡩꡞꡏꡦ * ꡳꡢꡡ ꡏꡦ ꡳꡞ ꡏꡦ ꡏꡧꡞ ꡏꡧꡞ ꡏꡦ ꡳꡢꡡ ꡏꡡ]

·u₂d  k'e-ǰ⟨d⟩i₁  '- nu₂ bu₂-li₁ - ju₂  t'-t'- ju₂  bu₂

'b- t'u₂-qyi₁

·ud  k'e ǰ⟨d⟩-i  anu  buli ju  t'at'a ju  bu

abt'uqai

不揀什麼對象他每的　　　　　　　休奪要者麼道

Ed} b s dF Kid

ė₂-de b-s  do₁-yi₁ d

ėde  basa doyid

更這和尚每

(17) [ꡁꡦ ꡏꡡꡞ ꡏꡦ ꡆꡧꡞꡏꡦ ꡠꡧꡢꡡ ꡳꡡꡏꡦ ꡏꡦ ꡏꡡ ꡏꡡꡏꡦ ꡏꡡꡏꡦ ꡏꡦꡳ]

jr-li₁-q  t'u₂  g c- ju₂  yo₁ su₂  'eu₂-ge-·u₂ė₃  'eu₂ė₃-les

jarliqt'u  gē jü  yosu  üge·üė  üėles

聖旨與了也

bu a|uA l|d du g|A a|uA l| du y} su a|u lu

bu₂ 'eu₂ė₃-led-du₂-geė₃  'eu₂ė₃-le-du₂-·e-su₂  'eu₂-lu₂

buüėleddügeė  üėledü·esü  ülü

沒體例的勾當休做做呵

(18) [ꡏꡦ ꡆ ꡡꡢ ꡏꡦ ꡏꡧꡞ]

·u  '-yu₂-qu₂  mu₂ n

·ü  ayuqu  mun

他每不怕那什麼

(19) [ꡁꡦ ꡏꡡꡞ ꡟ ꡳꡧꡞ ꡏꡡ ꡁꡦ ꡏꡧꡞꡠ ꡆꡡꡡ ꡏꡞꡠ ꡏꡧꡞ]

jr-li₁q  m-nu₂  h₁eu₂- k'er  ji₁l  q-bu₂-ru₂n  t'e-

ri₁-·u₂n

jarliq  mAnu  hük'er  jil  qabur-un  t'er-

i·ün

聖旨了也　牛兒年　　　正

S R Kin TF Rin  t bu n

z-r-yi₁n  qo₁-ri₁n  t'-bu₂-n

zara-yin qorin tʻabun-a

月 二十五日

(20) ᠪᠢᡪᡫᠨᡬ

ty- du₂-d

taydu-da

大都

(21) ᠪᡪᡟ ᠪᡪᡴᡰ ᠪᡪᡟᠨᡬ

bu₂-gu₂ė₃-du₂r

bügüė-dür

有時分

(22) ᠪᡪᡟ ᠪᡪᠨ ᠪᡪᡴᡰ

bi₁-čʻi₁-beė₃

bičʻibeė

寫來

我們據此并結合照那老師的研究結論制定了下表,先看輔音在音節首和音節末的出現情況:

| | 雙唇音 | | | | | | 舌尖音 | | |
|---|---|---|---|---|---|---|---|---|---|
| | b | pʻ | p | m | f | w | d | tʻ | t |
| 音節首 | √ | √僅借詞 | √僅借詞 | √ | √僅借詞 | √ | √ | √ | √ |
| 音節末 | √ | | | √ | | √ | √ | | |

| | 舌尖音 | | | | | | | | 舌面前音 |
|---|---|---|---|---|---|---|---|---|---|
| | n | l | r | dz | tsʻ | ts | z | s | dž/ǰ |
| 音節首 | √ | √ | √ | √僅借詞 | √僅借詞 | √僅借詞 | √ | √ | √ |
| 音節末 | √ | √ | √ | | | | | √ | |

| | 舌面前音 | | | | | 舌根音 | | | |
|---|---|---|---|---|---|---|---|---|---|
| | tšʻ/čʻ | tš | š | ž | y | g | kʻ | k | ŋ |
| 音節首 | √ | √僅借詞 | √ | √僅借詞 | √ | √ | √ | √ | |
| 音節末 | | | √ | | √ | √ | | √ | √ |

| | 小舌音 | | 喉音 | 零輔音音位 | | | | | |
|---|---|---|---|---|---|---|---|---|---|
| | qʻ | ɣ | h | · | | | | | |
| 音節首 | √ | √僅借詞 | √ | √ | | | | | |
| 音節末 | √ | | | | | | | | |

如照那先生所説，這與《蒙古字韻總括變化之圖》的情況比較吻合。

嘎日迪（2006）《中古蒙古語研究》（第 135 頁）根據回鶻式蒙古文、八思巴字和漢字、阿拉伯字標音的蒙古語文獻，指出中古蒙古語中大概有 n、b、h、q(γ)、k、g、m、l、s、š、t、d、č、j、y、r、w、f、ng 等 19 個輔音。n、b、q(γ)、g、m、l、s、d、r、ng 等 10 個輔音，在音節末構成閉音節，č 輔音在極個別詞彙中音節末構成閉音節，其他輔音則不能。如下表：

| | n | b | h | q(γ) | k | g | m | l | s | š |
|---|---|---|---|---|---|---|---|---|---|---|
| 音節首 | √ | √ | √ | √ | √ | √ | √ | √ | √ | √ |
| 音節末 | √ | √ | | √ | | √ | √ | √ | √ | |
| | t | d | č | ǰ | y | r | w | f | ng | |
| 音節首 | √ | √ | √ | √ | √ | √ | √ | √ | √ | |
| 音節末 | | √ | | | | √ | | | √ | |

嘎日迪（2006）同時指出，在八思巴字文獻中的 q 輔音所構成的閉音節，是 γ 輔音的變體。在《秘史》等漢字標音的文獻中 b、γ、g、d 等閉音輔音，有 p、q、k、t 的變體（《中古蒙古語研究》第 135 頁）。

綜上述，《蒙古字韻總括變化之圖》確實是蒙、漢合璧的韻圖，其中以蒙古語爲基礎制定的音節拼合規則對漢語的拼寫有着較强的制約作用。這個問題我們在本文的第五部分有關張系字的研究中會繼續討論。

**（四）規則探求——正字法的普遍存在及八思巴字正法字的獨特性**

因爲八思巴字首先應該説是一種蒙古文，它首先是用來拼寫蒙古語的，形成了蒙古民族的一種新的民族文字，而後纔用來拼寫元帝國境内的各個民族的語言（照那斯圖、楊耐思 1984）；所以八思巴字與藏語文、與蒙古文的關係更密切，其相互適應性更强，而與以後其功能擴大到譯寫一切語言時所涉及的漢語及他民族語言在拼寫時可能會産生一些齟齬。照那斯圖先生認爲，八思巴字與蒙古文在表達語音的方式上具有一些相同之處，即它們的基本元音字母都由字素組合而成；出現於詞首的元音都帶一個特殊符號——字冠；以零形式表示各自的一個不同元音等（照那斯圖 1999）。另外，八思巴字的行款是自左至右直行書寫，這是與回鶻式蒙古文相同的。

回鶻式蒙古文、現行蒙文和藏文還有梵文都特別講究正字法，因爲這些文字都存在字母因在詞中所處位置的不同而有不同寫法的情形（如字母的詞首、詞中、詞尾形式），或者因相對位置的變化影響其拼接的其他音素（如基字、上加字、下加字、前加字、後加字）。八思巴字同樣如此。

我們據八思巴字進行研究後認爲，它向蒙古文趨近的另一表徵是在拼寫形式上，作爲音素符號的字母真正實現了綫性排列，應該説這是文字體系由輔音文字向真正的音素文字過渡時邁出的具有決定性意義的一步，這是對其所從出的藏文體系的一定程度的揚棄。因爲源於梵文的藏文屬於輔音文字體系，在書寫形式上，輔音字母爲主，元音衹不過是附加在輔音上的一些處於從屬地位的附加符號而已。正緣於此，所以這些元音符號在音節拼寫時的位置是固定不變的（i、e、o 在輔音字母上，u 在下），而不會顧及這一音素在真實發音中的先後次序。而八思巴字在此則真正遵循了音素文字拼寫中的基本原則——語音學原則，而且音素字母是與發音的自然順序相一致的綫性排列，從而使得藏文中處於附屬地位的元音符號在八思巴字體系中獲得了與輔音字母同等的地位，即可以堂而皇之地作爲一個獨立的個體出現在音節中，而且可以自然而然地對音入座，天然和諧。另外，八思巴字所從出的藏文與蒙古文的對應（間接地）還有一種先天的優勢，即它們所反映出的元音系統在構型上是非常接近的，而與元代漢語相較則有一些距離。爲了獲得一個更爲全面的認識，我們來看一下這幾種相關的文字或語言所反映出的元音情況（按元音舌點陣圖的一般格式排列，爲方便起見用轉寫形式）：

| 藏文 | | 八思巴字 | | 蒙古文 | | 元代漢語 | | |
|---|---|---|---|---|---|---|---|---|
| i | u | i | u | i | u(ü) | i(ɿ) | | u |
| e | o | e(ė) | o | e | o(ö) | e(ɛ) | ə | o |
| [a] | | [a] | | a | | a | | ɑ |
| 輔音 j、w | | i、u(半元音，衹作介音) | | | | | | |

說明：［a］表示 a 在該文字系統中用零形式來表示，（）中的音素是與相應音素相近或有某種關聯而附寄於此的。

注：這幾種語言文字資料來源爲《中國大百科全書·語言文字卷》，江荻《藏語語音史研究》，照那斯圖《論八思巴字》《蒙古文和八思巴字元音字母的字素分析》，照那斯圖、楊耐思《八思巴字研究》，喻世長《〈蒙古秘史〉中圓唇元音的漢字標記法》，楊耐思《中原音韻音系》。

從以上幾種語文的元音系統我們可以看出八思巴字所表現出的元音系統構型與藏文和蒙古文一致，都是三角構型（蒙古文中表現元音和諧與對立的音與元音系統三角構型説不衝突），可見其根本上是互相適應的，而元音系統爲四角構型的漢語則顯得有些格格不入了，祗好別尋出路。可見創立八思巴字時創立者的眼光就盯在所參照的藏文與要拼寫的蒙古語文上，即關注的都是元音系統三角構型的語言，而沒有注意到漢語這種四角構型的語言，否則，就可以在零形式的前 a 之外再爲後 ɑ 創設一個專門的符號，即使像表示藏文所無的蒙文中的 ö、ü 二音素一樣用雙符號 eo、eu 也可以。正因爲缺少這樣一個符號，使得四角構型的漢語音系中的後 ɑ 在與八思巴字元音體系對應時沒有着落，産生了空位，於是祗好退而求其次。用什麼呢？零形式表示的是前 a，不能再用，那祗能選 o 了。

在這幾種語言文字相互接觸下形成的八思巴字正字法，制約着八思巴字拼寫時所能形成的音節的特點，或説決定着能形成什麼樣的音節。所以，應該説元代真實的漢語語音系統是一個層面，而經過了八思巴字正字法過濾的拼寫形式是另一個層面，這就是呈現在我們面前的以《蒙古字韻》和碑刻等應用文獻爲代表的八思巴字拼寫系統。我們以圖表來展示這裏的討論結果：

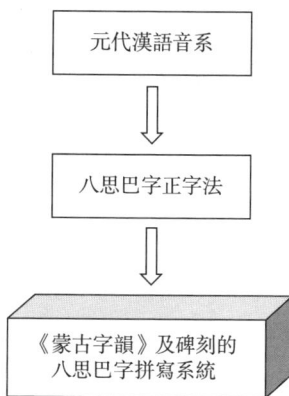

```
元代漢語音系
    ↓
八思巴字正字法
    ↓
《蒙古字韻》及碑刻的
八思巴字拼寫系統
```

### （五）蒙語影響——《蒙古字韻》"張"系字介音的隱而不顯

據照那斯圖先生（2007）研究，八思巴字所反映出的元代蒙古語的複合元音共有如下幾個：ai、ei、ėe、oi、'üe、ue、ua。沒有"iɛ"，也沒有

"ia"。那如何來譯寫這一成分呢？最終的解決辦法就是用一個語音相近的單元音來替代。看回鶻式蒙古文的元音系統：

$$i \qquad\qquad\qquad\qquad u(ü)$$
$$e \qquad\qquad o(ö)$$
$$a$$

從圖上可以看出，e 正好處在"i"與"ɛ"之間，是比較理想的選擇。接下來的問題是看 e 在漢語中有沒有獨立使用，即有無韻母是 e 或 en 的字，如果有，那就會與 iɛ、iɛn 寫作 e、en 相衝突。

下面我們將楊耐思《中原音韻音系》(第 44 頁) 的"中原音韻韻母表"轉錄過來，作爲元代漢語元音系統的代表（爲了便於説明問題，將原韻部次序打亂按語音組合規律重排）：

a  ia  ua     ai  iai  uai     au  iau     an  ian  uan
　家麻　　　皆來　　　蕭豪　　　寒山

aŋ  iaŋ  uaŋ     am  iam
　江陽　　　監咸

o  io  uo  on
　歌戈　桓歡

ɛ  iɛu  iuɛ     auɛ  iɛn  iuɛn     mɛi
車遮　蕭豪　車遮　　　先天　　　廉纖

əu  iəu  ən  iən  uən  iuən  uŋ  iəŋ  uəŋ  em  iem  mei  uei
尤侯　　　真文　　　庚青　　　侵尋

ei  uei
　齊微

i
齊微

ï
支思

u  iu  uŋ  iuŋ
魚模　東鍾

由韻母表我們可以看出，iɛ、iɛn 寫作 e、en 不會引起衝突，這就解決了一個難題。

那到八思巴字創制并推行之後情况會怎樣呢？那我們則需要考察八思巴字的元音系統，爲了更便於説明問題，我們將八思巴字所從出的藏文以及回鶻式蒙古文、八思巴字蒙古語等的元音系統一并拿來作一比較（按元音舌點陣圖的一般格式排列，爲方便起見用轉寫形式）：

| 藏文 | 八思巴字 | 回鶻式蒙古文 | 八思巴字蒙古語 |
|---|---|---|---|
| i　　u | i　　u | i　　u(ü) | i(e2)　　u(ü) |
| e　　o | e(ė)　o | e　　o(ö) | ė(e1)　　o(ö) |
| [a] | [a] | a | a |
| 輔音 j、w | i、u(半元音，祇作介音) | | |

説明：[a]表示 a 在該文字系統中用零形式來表示，()中的音素是與相應音素相近或有某種關聯而附寄於此的。

注：這幾種語言文字資料來源爲《中國大百科全書·語言文字卷》，江荻《藏語語音史研究》，照那斯圖《論八思巴字》《蒙古文和八思巴字元音字母的字素分析》《八思巴字蒙古語文獻的語音系統》，照那斯圖、楊耐思《八思巴字研究》，喻世長《〈蒙古秘史〉中圓唇元音的漢字標記法》，楊耐思《中原音韻音系》，道布《回鶻式蒙古文研究概况》。

從以上幾種語文的元音系統我們可以看出八思巴字所表現出的元音系統構型與藏文和蒙古文一致，都是三角構型（蒙古文中表現元音和諧與對立的音與元音系統三角構型説不衝突），其根本上是互相適應的。可見創立八思巴字時創立者的眼光就盯在所參照的藏文與要拼寫的蒙古語文上，即關注的都是元音系統三角構型的語言，因爲八思巴字首先應該説是一種蒙古文，它首先是用來拼寫蒙古語的，形成了蒙古民族的一種新的民族文字，而後纔用來拼寫元帝國境内的各個民族的語言（照那斯圖、楊耐思 1984），所以八思巴字與藏語文、與蒙古文的關係更密切，其相互適應性更強，而與以後其功能擴大到譯寫一切語言時所涉及的漢語及他民族語言在拼寫時可能會產生一些齟齬。這兒馬上就遇到了困難，在回鶻式蒙古文中偶爾出現幾個漢語詞時，用音近相代的做法如上文所説 iɛ、iɛn 寫作 e、en 是可以的，這是一種未對漢語音系作通盤考慮的鬆散對應，而要用八思巴字譯寫所有整個漢語系統,那就需要對漢語音系作全面系統的審視了。也就是要在兩個系統之間建立一種較爲穩固的聯繫,而且系統内部不能引發衝突。現在的問題是,漢語中舊有的從中古漢語繼承下來的三、四等韻特别是重紐三、四等的對立還不同程度地存在着①,如何讓這種區分在八思巴字的書寫系統中得以實現,是目前最棘手的問題。一個 e 如何表示兩個 iɛ(對重紐的音值暫不作討論)呢? 於是,一個解決問題的路子出現了。那就是從藏文及八思巴文的介音 i、u 中衍生出一個 ė 來②,用來譯寫重紐中的一類(粗略地說)。當這一標準確定下來之後,高頻詞如"先"字大家非常關注,所以記得準,這也就是材料 3 中"先"字出現 10 次却未出現不合《蒙古字韻》拼寫規範的用例的原因,儘管傳統習慣是拼作 sen,而新的規範是拼作 sėn。與此形成鮮明對比的是材料 3 中"店 dėm(23 行)、典(解～庫)dėn(23 行)"等字則都拼的不合規範,出現了對新符號"ė"的誤用,這可以看作是對新符號把握不準且對其所轄字尚不甚清楚所帶來的問題。爲進一步弄清楚 ė、e 的使用情況,下面我們看一下《蒙古字韻》韻母表(據《蒙古字韻校本》轉寫系統整理):

(a) (ia) ua aj iaj uaj aw (iaw) uaw an (ian)
麻　　佳　　　　　蕭　　　　　　寒

uan aŋ haŋ uaŋ am iam
陽　　　　覃

ė　　　　ėw　　　ėn　　ėŋ　uėŋ
麻　　蕭　　　寒　陽　(曉母)

ė　uė　ėw　uėw　ėn　uėn　ėm
麻　　蕭　　　先　　　　覃

(e)　uė　ew　en　ėen　em　ėem
麻　　蕭　先　　　覃

_____

① 重紐的對立《中原音韻》中除齊微唇音外没有反映,但《蒙古字韻》及《韻會》中都明顯存在。

② 該提法受教於照那斯圖先生。

ue ėue

支

ėue

支（曉1）

| o | u̯o | ow | on ėon | oŋ |
|---|---|---|---|---|
| 歌 | | 尤（奉） | 寒 先 | 陽（匣） |

| i ėi | u̯i ij | iw ėiw | in ėin | u̯in iŋ ėiŋ | im ėim |
|---|---|---|---|---|---|
| 支 | （佳）尤 | | 真 | 庚 | 侵 |

| hi | hij | hiw | hin | hiŋ | him |
|---|---|---|---|---|---|
| 支 | （佳） | 尤 | 真 | 庚 | 侵 |

| u ėu | uw | un ėun | uŋ ėuŋ u̯uŋ |
|---|---|---|---|
| 魚 | 尤 | 真 | 東 東庚 庚（影） |

從表上可以看出，靠 e 與 ė 來區分的複合韻母爲數不少，二者的對立隨處可見，可見其重要性。可以説，這種字面上書寫符號的區分是必要的，是必不可少的。這是八思巴字拼寫漢語必須完成的任務。

還有一個與此相關的問題，那就是三陽韻部的張系字。應該是因爲後鼻音韻尾的存在，所以主元音 a 的舌位會受影響而偏後。沈鍾偉（Zhongwei Shen 2008：150—152）認爲此類音節有一齶流音介音，或許可以拼作[tʂjaŋ]。那爲什麼拼寫中沒有把介音呈現出來呢？我們認爲，這是受蒙古語拼寫習慣的制約。

因爲蒙古語的 j、č 等輔音與 a 拼合時中間是不會出現介音的，而是直接相拼。如上文所説，蒙古語中沒有"iɛ"，也沒有"ia"。看例子（選自《牛年聖旨》一）：

(08) ᠊᠊᠊᠊

ji₁ŋ-gi₃s q-nu₂b q·-nu₂ b jr-li₁q - du₂r do₁-yi₁d ė₂r- k'e·.u₂d

jiŋgis qan-u ba qān-u ba jarliq - dur doyid ėrk'e·.üd

成吉思　皇帝　（窩闊台）皇帝　聖旨　裏　和尚每　也里可温每

᠊᠊（詞尾 ᠊ 當是 ᠊）᠊　᠊᠊

sė₃n-šhi₁-ŋu₂ŋ ⟨d⟩　dš - md '-li₁-b

sėnšhiŋuŋ⟨d⟩　dašmad aliba

先生每(指道士)　　　　　答失蠻每　　不揀什麼

(09)

'l-b qu₂ b-č'i₁-ri₁ 'eu₂- lu₂ 'eu₂- jen dè₃ ŋ-ri₁-yi₁ jl-b-ri₁-ju₂

alba qubčiri　　　ülü ü jen　　　　dèŋri-yi　　jalbari ju

差發　休交當者　　　　　　　　　拜天

另外,應該是因爲後鼻音韻尾的存在,所以主元音 a 的舌位會受影響而偏後。所以不適合用 ė。所以這裏的介音祇能是隱而不顯了。

## 參考文獻

阿倫:《回鶻式蒙古文文獻中漢字的蒙文轉寫特點研究》(蒙古文),碩士學位論文,内蒙古師範大學 2007 年。

包力高:《八思巴字與回鶻式蒙古文的語音對應》,第 16 屆人類學與民族學世界大會·八思巴字專題會議論文(昆明)。

陳鑫海:《〈蒙古字韻〉韻母系統研究》,碩士學位論文,北京大學 2008 年。

道布:《回鶻式蒙古文文獻彙編》(蒙古文),民族出版社 1983 年版。

道布:《回鶻式蒙古文研究概况》,原載《中國民族古文字研究》,中國社會科學出版社 1984 年版,又收入《道布文集》,上海辭書出版社 2005 年版。

道布、照那斯圖:《河南登封少林寺出土的回鶻式蒙古文聖旨碑考釋》,《民族語文》1993 年第 5 期、第 6 期,1994 年第 1 期。又收入《道布文集》。

方齡貴:《元明戲曲中的蒙古語》,漢語大詞典出版社 1991 年版。

馮赫:《元刊雜劇與蒙式漢語文獻方位詞“上”特殊功能研究》,《古漢語研究》2010 年第 3 期。

嘎日迪:《中古蒙古語研究》,遼寧民族出版社 2006 年版。

呼格吉勒圖、薩如拉編著:《八思巴字蒙古語文獻彙編》,内蒙古教育出版社 2004 年版。

李崇興、祖生利、丁勇:《元代漢語語法研究》,上海教育出版社 2009 年版。

清格爾泰:《蒙古語語法》,内蒙古人民出版社 1991 年版。

瞿靄堂、勁松:《漢藏語言研究的理論和方法》,中國藏學出版社 2000 年版。

邵循正:《邵循正先生蒙元史論著四篇》,載《元史論叢》第一輯,中華書局 1982 年版。

宋洪民:《八思巴字譯寫漢語元音時以單代雙現象考察》,載《中國音韻學》

（"中國音韻學研究會第十五屆學術討論會" 會議論文集，2008 年 8 月 20 日於南昌），江西人民出版社 2010 年版。

宋洪民等：《蒙古字韻"𖿳𖿱𖿲 ɣiw 後"類曉匣母字性質試析》，《古漢語研究》2015 年第 1 期。

楊耐思：《中原音韻音系》，中國社會科學出版社 1981 年版。

照那斯圖：《八思巴字和蒙古語文獻 I 研究文集》、《八思巴字和蒙古語文獻 II 文獻彙集》，東京外國語大學亞非語言文化研究所 1990 年、1991 年版。

照那斯圖：《蒙古文和八思巴字元音字母的字素分析》，《民族語文》1999 年第 3 期。

照那斯圖：《釋蒙古字韻總括變化之圖》，載社科院老幹部工作局編《中國社會科學院老年科研基金成果彙編（論文、研究報告）》第一卷（1999—2000）上冊，中國社會科學院出版社 2000 年版。

照那斯圖：《也孫鐵木兒皇帝鼠年三月聖旨》，《民族語文》2004 年第 5 期。

照那斯圖：《八思巴字蒙古語文獻的語音系統》，《民族語文》2007 年第 2 期。

照那斯圖、楊耐思：《蒙古字韻校本》，民族出版社 1987 年版。

照那斯圖、楊耐思：《八思巴字研究》，載《中國民族古文字研究》，中國社會科學出版社 1984 年版。

正月：《古蒙古文外來語借詞轉寫體系研究》，中國社科院博士後研究工作報告，2010 年。

沈鍾偉：《蒙古字韻研究》，臺灣"中央研究院語言學研究所"《語言暨語言學》專刊甲種之十六，2008 年。

# 高本漢上古韻部擬音研究

楊建忠

（杭州師範大學文學院）

　　**摘　要:**高本漢上古韻部的構擬,追求"細節",反對音位,主元音承載分等與演變的任務,故其元音豐富。高本漢重在構擬而非分部,其韻部内涵等同於音系學中的韻(rhyme),故 26 部與 35 部無本質區别,都是其定論。

　　**關鍵詞:**高本漢;主元音;26 部;35 部

　　古韻分部,清人在方法上、具體分部上都取得了可觀的成績,正如王國維(1959:394)所説:"古韻之學,自昆山顧氏而婺源江氏,而休寧戴氏,而金壇段氏,而曲阜孔氏,而高郵王氏,而歙縣江氏,作者不過七人,然古韻廿二部之目,遂令後世無可增損。""至古韻之學,謂之前無古人,後無來者,可也。"傳統音韻學在音類的考求上已到極致,它呼唤、孕育着語言研究方法論的變革。

　　由古韻分部向古音構擬的新發展,無疑是由高本漢等西方學者開闢的。鄭張尚芳(2013:12)把上古音的研究分爲兩類,一類是用傳統音韻學的方法繼續考訂韻部、聲紐的分合,一類是運用歷史語言學的方法,構擬音系,研究音變。而"是否使用科學的明確的音標來具體表示作者所擬定的上古音系",是區分兩類研究的明顯標志。高本漢屬後一類。

　　自高本漢始,中國音韻學研究由傳統走向現代。他對中國音韻學研究的影響極大,被稱爲是在中國"開一代學風"之人(高本漢1987:1 聶鴻音"前言")。甚至從 20 世紀 20 年代末到 1949 年,中國音韻學是"高本漢時代"(何九盈 2008:264)。其中古音研究成果有

《中國音韻學研究》；上古音研究成果有系列著作，重要者有《中日漢字分析字典》（1923）、《詩經研究》（1932）、《漢語詞族》（1933）、《漢文典》（1940/1957 修訂）、《中上古漢語音韻綱要》（1954）①。

高本漢的研究，是在清儒基礎上繼續前進。他清醒地認識到并指出清儒未能得出滿意結論的原因是"他們缺乏一套能用以從語音學角度分析漢語聲韻類的拼音字母，這就妨礙了他們得出滿意的結論"（高本漢 2010：23）。所以，他的任務是"要繼續探究這些大儒開創的基業，并用現代西方語言學的方法來鑽研他們所收集的材料，以便構擬出某個階段的古漢語音系"（高本漢 2010：23）。在清儒基礎上，"構擬出某個階段的古漢語音系"，這就是高本漢所要做的。

## 一、 構擬上古音的目的

"構擬"音值是高本漢上古音研究的主要任務。那麼，他構擬上古音的目的是什麼，高本漢認爲，"漢語上古字音的構擬大大有助於理解中國的語言現象"（高本漢 2010：20）。具體而言，共有四方面的重大科學意義：（1）"爲漢字發展史提供了有價值的新證據"；（2）"還詩篇（引按：《詩經》）以它們原來的美"；（3）"大大地充實了作爲普通心理學一個分支的普通演化語言學的内容"；（4）"對於普通歷史學和文化史學來説，中古和上古漢語音韻的構擬也是十分必要的"（高本漢 2010：20—22）。這四個方面，（1）（2）是對漢語的意義，（3）（4）是對普通語言學與史學的意義。可見，高本漢的上古音構擬，是把上古音作爲獨立的語言學分支學科來研究的，不再是爲了讀經、解經，不再是經學的附庸。而且，還把漢語上古音的構擬上升到普通語言學與史學的高度，可見其對漢語上古音構擬的重視程度與視野之高。

---

① 這其中國内流傳的有趙元任據《中日漢字分析字典·緒論》的"諧聲的原則"譯爲《高本漢的諧聲説》，刊於清華研究院《國學論叢》1927 年 1 卷 2 號；張世禄譯《漢語詞族》爲《漢語詞類》，商務印書館 1937 年版。潘悟雲、楊劍橋、陳重業、張洪明編譯《漢文典》（修訂本），上海辭書出版社 1997 年版。該書 2021 年由中華書局重版。由於 2021 年版與 1997 年版幾無區别，故本文所引據 1997 年版。聶鴻音譯《中上古漢語音韻綱要》，齊魯書社 1987 年版。

## 二、上古主元音的構擬

### (一) 構擬途徑

對上古韻部的構擬，首先就涉及上古的元音系統。要想知道上古元音系統，祇有兩個途徑："（一）是上古的韻部，這是拿古詩押韻及諧聲系統來擬定的，（二）是中古的韻母系統，這是拿《切韻》的反切，等韻的等呼，以及近代方言的實際讀法來擬定的。"（李方桂 1980:27）高本漢不需要再考求上古韻部，他祇需要在清儒分部的基礎上構擬就行。至於李先生提到的第二點，高本漢也做到了。高本漢《中國音韻學研究》（1915—1926）完成了對中古音的構擬之後，就開始了上古音的研究。中古音的成功構擬爲其研究上古音奠定了堅實的基礎。高本漢（1997:3）説："中古漢語的構擬完成後，就可以前進一大步，轉到第二階段。""上古語音的正確構擬，極大地依賴於有關它的中古讀音的可靠知識。"

正是沿着以上兩個途徑，高本漢在 1934 年完成了上古漢語音系的構擬（高本漢 1987:1—2）。

與顧炎武一樣，高本漢在構擬上古韻母時，也運用了"離析"中古韻類的方法。他説："當輪到研究上古元音系統時，我們要用以上構擬的中古韻類爲基礎，并把它們分別派入上古韻部。""特別要注意的是，一個中古韻類并不一定是整個屬於某個上古韻部，例如我們將看到，中古韻母 ien［引按：先韻］是從三個不同的上古韻母（＊ian、ien、iən［引按：分別爲高本漢上古第一部、第九部、第四部，即王力元、真、文部］）派生來的，而這三個韻母在中古混而爲一了。"（高本漢 1987:107—108）

### (二) 35 部與 26 部之爭

高本漢的上古音構擬成果，反映在《漢文典》與《中上古漢語音韻綱要》中。《漢文典》1940 年完成，分古韻 26 部，1957 年修訂，修訂時未涉及音系,所以仍是 26 部①。《中上古漢語音韻綱要》1954 年完成,分古韻 35 部,是對"中古、上古音系的構擬做一個總結"。26 部與 35 部在時間軸上的關係如下:

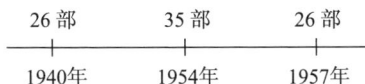

| 26 部 | 35 部 | 26 部 |
|---|---|---|
| 1940年 | 1954年 | 1957年 |

26 部與 35 部,時間交錯。如果從時間上來看,高氏 1957 年仍是 26 部,似應視爲定論,但 35 部又是對"中古、上古音系的構擬做一個總結"。所以,高氏 26 部與 35 部的關係,尚需深入比較。

高本漢明確表示,《漢文典》的目的是"要證實上古漢語的某個諧聲系列中可能有哪些讀音""不是一本字典"②,所以,他把漢字納入一千多個諧聲字族中,按 26 部排列,其實是一部諧聲字譜。

《中上古漢語音韻綱要》是對"中古、上古音系的構擬做一個總結"。爲什麼要"總結"? 高氏申明,是因爲從 1915 年開始考察漢語的早期音系到 1934 年完成上古漢語音系構擬止,他曾有過一次次的改換,甚至有些地方是徹底更換了早期的理論。這樣,對期望通過閱讀他的著作來熟悉漢學的學者來說,是十分不便的,故而,他"選擇了一些我仍然認爲是完美而成定論的證據再次加以表述,并且試圖盡可能用簡單的方式説出來",因此,《中上古漢語音韻綱要》似乎可視爲高氏中古、上古音系研究的定論。

根據《漢文典》《中上古漢語音韻綱要》與王力《漢語語音史》,我們把 26 部與 35 部列成表 1:

---

① 張世禄《漢文典·編譯前言》説,"修訂版主要有兩個改進:一、根據 1940 年以來對古漢語的深入研究,對字典的釋義作了較大修訂,并注明這些釋義在自己的《詩經注釋》和《書經注釋》中的出處;二、注音補充了聲調。"高本漢在《漢文典·修訂版導言》中也説,新版主要在兩個方面作了改動,一是釋義,二是給每個漢字都加上中古聲調。見高本漢《漢文典》(修訂本),潘悟雲、楊劍橋、陳重業、張洪明編譯,上海辭書出版社 1997 年版,第 1—2 頁。

② 高本漢《漢文典·修訂版導言》,潘悟雲、楊劍橋、陳重業、張洪明編譯,上海辭書出版社 1997 年版,第 11、13 頁。

## 表 1　高本漢 26 部與 35 部對照表

| 《漢文典》26 部 | | 《中上古漢語音韻綱要》35 部 | | 王力 |
|---|---|---|---|---|
| 擬音 | 韻部序號 | 韻部序號 | 擬音 | |
| a/a | I | 35 | a/a | 歌 ai |
| ɔ/o | II | 33 | o/ɔ | 魚 a |
| u | III | 34 | u | 侯 ɔ |
| an/an/ăn | IV | 1 | an/an/ăn | 元 an |
| at/at/ăt/ad/ad/ăd | V | 2 | at/at/ăt | 月 at |
| | | 3 | ad/ad/ăd 祭 | |
| ar/ar/ăr | VI | 8 | ar/ar/ăr | 歌 ai |
| en/ěn/ | VII | 9 | en/ěn | 真 en |
| et/ět/ed/ěd | VIII | 10 | et/ět | 質 et |
| | | 11 | ed/ěd 至 | |
| ən/æn | IX | 4 | ən/æn | 文 ən |
| ət/æt/əd/æd | X | 5 | ət/æt | 物 ət |
| | | 6 | əd/æd 隊 | |
| ər/ær | XI | 7 | ər/ær | 微 əi |
| | | | | 脂 ei |
| am/am/ăm | XII | 12 | am/am/ăm | 談 am |
| ap/ap/ăp/ab/ăb | XIII | 13 | ap/ap/ăp | 盍 ap |
| əm/am/um | XIV | 14 | əm/am/ŭm | 侵 əm |
| əp/ap/əb | XV | 15 | əp/ap | 緝 əp |
| aŋ/aŋ/ăŋ | XVI | 16 | aŋ/aŋ/ăŋ | 陽 aŋ |
| ak/ak/ăk/ag/ag/ăg | XII | 18 | ag/ag/ăg | 鐸 ak |
| | | 17 | ak/ak/ăk | |
| eŋ/ěŋ | XVIII | 22 | eŋ/ěŋ | 耕 eŋ |
| eg/ěg/ek/ěk | XIX | 24 | eg/ěg | 支 e |
| | | 23 | ek/ěk | 錫 ek |
| əŋ/æŋ/ŭŋ | XX | 21 | əŋ/æŋ/ŭŋ | 蒸 əŋ |

續表

| 《漢文典》26 部 | | 《中上古漢語音韻綱要》35 部 | | 王力 |
|---|---|---|---|---|
| 擬音 | 韻部序號 | 韻部序號 | 擬音 | |
| ək/æk/ŭk/əg/æg/ŭg | XXI | 20 | əg/æg/ŭg | 之 ə |
| | | 19 | ək/æk/ŭk | 職 ək |
| ɔŋ/ŏŋ | XXII | 29 | ʊŋ/ŏŋ | [冬]uŋ |
| ɔk/ŏk/ɔg/ŏg | XXIII | 28 | ʊg/ŏg | 幽 u |
| | | 27 | ʊk/ŏk | 覺 uk |
| ok/ŏk/ɔk/og/ŏg | XXIV | 26 | og/ŏg | 宵 o |
| | | 25 | ok/ŏk/ɔk | 沃 ok |
| uŋ/ŭŋ | XXV | 32 | uŋ/ŭŋ | 東 ɔŋ |
| uk/ŭk/ug/ŭg | XXVI | 30 | uk/ŭk | 屋 ɔk |
| | | 31 | ug/ŭg | |

從表 1 中可以看出,26 部與 35 部的主要異同是:

(1) 從體系上看,26 部與 35 部都是陰陽入三分格局。如 26 部的 I(歌)①、IV(元)、V(月),與 35 部的 35(歌)、1(元)、2 與 3(月)對應。雖 26 部的 XIX 與 35 部的支錫部對應,但擬音上 XIX 仍是陰入格局。

(2)從韻部分合看,① 35 部把 26 部的 XIX(支錫)、XXI(之職)、XXIII(幽覺)、XXVI(宵沃)陰入分立;② 35 部根據韻尾的清濁,從 26 部的 V(月)、VIII(質)、X(物)、XVII(鐸)、XXVI(屋)獨立出濁音[d]的"祭""至""隊"與濁音[g]的 uk/ŭk、ag/ag/ăg;③"脂""微"在 26 部與 35 部中都合二爲一。

(3) 從擬音看,① 陰聲韻除魚、侯兩部外,其餘全部都帶濁塞音韻尾。與王力相當的歌部分兩部分,一部分無韻尾,一部分帶[r]韻尾。② 35 部與 26 部主元音、韻尾一致,無本質區別。

何九盈(2000:280)也曾説,26 部與 35 部在本質上是一致的,韻尾布局也完全一樣。恰如潘悟雲所説,"從高本漢以後,韻部的內涵

① 爲表述方便,我們後面括注了王力先生韻部名稱。

已經等同於音系學中的韻（rhyme），有相同的主元音與韻尾"①。至此，我們終於明白了高本漢爲什麽没有對 26 部與 35 部進行表態的原因。他主要的目的是構擬音值而非分部，26 部與 35 部本質上一致。

### （三）主元音豐富的原因

據《漢文典》，高本漢的主元音如下：

| | | u | ŭ | |
|---|---|---|---|---|
| | | ɷ | ɷ̆ | |
| e | ĕ | ə o | ŏ | |
| æ | | | ɔ | |
| a | ă | | ɑ | |

主元音多達 14 個，對高氏的元音構擬，潘悟雲（2000：250）從三方面予以評價：最常見的 i 元音衹作介音，没有與 a、u 構成母音三角；後元音數量多於前元音，且後元音按高低等級竟分爲 5 個，在自然語言中少見；較古老的語言往往是元音系統比輔音系統簡單，上古漢語應處古老階段，元音系統不可能像高氏所擬那麽複雜。但是，高本漢之所以有如此多的主元音，是有原因的。

首先，高本漢主張"音值"構擬且要構擬出"細節"。高氏的非"音位"構擬一直受到後來學者的詬病，如白一平（2020：1）仍有批評。高本漢不止一次强調要構擬出"細節"。中古音他要構擬出細節，"我們纔可能構擬出公元 6 世紀的北方漢語，直到最詳密的細節"（高本漢2010：31）；上古音他也要構擬出細節，"我們現在已能構擬出偉大的中國文學産生的時代，即公元前五百年的古漢語讀音，知道其中每一個細節"（高本漢 2010：38）。

其次，高本漢主元音承載了太多的負荷。高本漢用主元音區分一二等，三四等除用介音區分外，也要用主元音來區分。一二等的區分，高氏采用了三種辦法（何九盈 2008：306）：

---

① 潘悟雲《上古音構擬》，《出土文獻》2021 年第 2 期。

　　① a 元音各部（魚陽歌祭元葉談）利用 grave 與 aigu 來區別。
grave 表示洪、深，用於一等，寫作 â，ˆ是表示鈍音的附加符號。aigu
表示細、淺，用於二等，寫作 a。

　　② ə 元音各部（之蒸微文緝侵）一等作 ə，二等作 ɛ；

　　③ ô、o、u 各部（幽冬宵侯東）則以元音長短不同來區分，一等作
o、ô、u，二等作 ŏ、ǫ、ŭ、ˇ、ˆ、·等表示區分特徵。

　　再次，同韻部同等的不同演變也用主元音來區分。高本漢認爲，
古代同一韻部到後代分化爲不同的元音，那原來也一定是元音不同。
如第 25 部（沃部）/ XXIV 部（入聲部分），一等就有 o、ɔ 兩個元音，ɔ 表
示演變爲中古一等鐸韻 a 的字。過半數的三等内部有兩個元音，如
第 20 部之部三等有 ə、ŭ，ə 表示中古屬之韻的字，ŭ 表示中古屬尤韻
的字，所以，他的元音系統自然就豐富了。高本漢的主元音承載了太
多的功能。

　　最後，高本漢反對音位構擬，因爲他認爲音位構擬會抹殺細節。
比如，他在構擬第一部時，説（高本漢 1987：109）："不難認出，整個這
一部的主元音在上古都是這種或那種/a/。"但却給第一部構擬了 a、a
兩個元音，可見，他并不是不知道音位構擬，而是刻意要避開"音位"
構擬，他説："我審慎地避開了全部所謂'音位學'（phonemics）的思考
方法。"他認爲把他從歷時論證中演繹出來的全部細節縮減爲少量基
本的"音位"，無異於水中撈月。而且，高本漢還舉例説明音位描寫的
危害性。如果中古有：

一等 kuan

二等 kwan

u 在 a 前但不在 a 前，而 w 在 a 前而不在 a 前，二者出現環境互補，這
就誘導我們説，u、w 是一個音位的兩個變體，從而把上面的一等、二
等改寫成 kuan：kuan 或 kwan：kwan。但這一來太武斷，二來不能解
釋廣州話一等 kŭn、二等 kwan，因此用音位學的思考方法把中古的這
種對立情形隱藏在統一的一個字母後面，是不明智的。所以，音位學
的語言描寫不但是片面的，而且過於簡單（高本漢 1987：231—233）。

　　綜合以上三點，高氏的主元音自然就多了。

對高氏主元音的構擬,我們不能僅僅祇是批評,還應當看到其合理性。而且,若以元音類型論,則高本漢的 14 個元音可以歸納爲 (1) a 型(a、ă、ɑ);(2) ə 型(ə、æ);(3) e 型(e、ĕ);(4) u 型(u、ŭ、ʊ、ŏ);(5) ɔ 型(ɔ);(6) o 型(o、ŏ)六種類型。其後的上古音研究者中,如董同龢(1968)的六元音類型 ə、o、ɔ、u、a、e 及王力(1985)的 ə、e、a 、ɔ 、o、u 六元音,即與高氏全同。

高本漢上古主元音的構擬,造成了一部多元音,因而被歸入“一部多元音”派。一部多元音,違反了《詩經》押韻原則。《詩經》的押韻原則是“相互押韻的字,都應該有相同的韻腹和韻尾”,這個押韻原則有田野調查的依據。所以,韻部構擬的原則是“相同的韻部構擬成相同的音段組合,不同的韻部構擬成不同的音段組合”(陳保亞 2019:626—627)。高本漢所構擬的上古主元音分長短、鬆緊,其中元音的長短得不到田野調查的支持(陳保亞 2019:627)。儘管如此,高氏仍堅持把同一韻部構擬成不同的主元音,自有其理由,站在高本漢的立場上,完全可以理解。話說回來,上古韻部到底是“一部一元音”還是“一部多元音”,孰是孰非,至今仍有爭論。如施向東(2021:59)漢藏同源詞比較的結果,既支持“一部一元音”,又支持“一部多元音”。是否可以這樣理解,上古漢語兩種情況并存,但適用範圍不同。如押韻遵從“一部一元音”,其他諧聲、假借異文、構詞、形態、句法等遵從“一部多元音”。

高本漢的上古韻部擬音,追求“細節”,反對音位,主元音承載分等與演變的任務,致使其元音豐富。由於他重在構擬音值而非分部,且其 26 部與 35 部在擬音上一致,本質上是一致的,都可視爲定論。

## 參考文獻

白一平:《漢語上古音手册》(1992),龔群虎、陳鵬、翁琳佳譯,上海教育出版社 2020 年版。

陳保亞:《20 世紀中國語言學方法論研究》,商務印書館 2019 年版。

陳新雄:《高本漢之〈詩經韻讀〉及其擬音》,原載《許詩英先生六秩誕辰論文集》,三文印書館 1970 年版。收入陳氏著《鍥不舍齋論學集》,臺灣學生書局 1984

年版。

　　馮蒸:《高本漢、董同龢、王力、李方桂擬測漢語中古和上古元音系統方法管窺:元音類型説——歷史語言學札記之一》,《首都師範大學學報(社會科學版)》2004年第5期。

　　馮蒸:《關於鄭張尚芳、白一平-沙加爾和斯塔羅斯金三家上古音系統中所謂"一部多母音"問題》,《南陽師範學院學報》2017年第4期。

　　高本漢:《漢文典》,潘悟雲、楊劍橋、陳重業、張洪明編譯,上海辭書出版社1997年版。

　　高本漢:《漢語的本質和歷史》(1949),聶鴻飛譯,商務印書館2010年版。

　　高本漢:《中上古漢語音韻綱要》,聶鴻音譯,齊魯書社1987年版。

　　何九盈:《上古元音構擬問題》,載《紀念王力先生百年誕辰學術論文集》,商務印書館2002年版。又收入何氏著《語言叢稿》,商務印書館2006年版。

　　何九盈:《中國現代語言學史(修訂本)》,商務印書館2008年版。

　　李方桂:《上古音研究》,商務印書館1980年版。

　　潘悟雲:《漢語歷史音韻學》,上海教育出版社2000年版。

　　潘悟雲:《上古音構擬》,《出土文獻》2021年第2期。

　　施向東:《漢藏語比較研究》,上海教育出版社2021年版。

　　王國維:《周代金石文韻讀序》,《觀堂集林》第二册,中華書局1959年版。

　　王力:《漢語語音史》,中國社會科學出版社1985年版。

　　鄭張尚芳:《上古音系(第二版)》,上海教育出版社2013年版。

# 問題、理念及方法:斷代詩文韻部研究的初步檢討

汪業全[1]  蘇 霞[2]  程 輝[3]

(1. 廣西民族大學文學院;2. 南寧市西鄉塘區上堯街道;

3. 廣西民族大學文學院研究生)

**摘 要**:斷代詩文韻部研究以歸納通用韻部爲主要目標。提出通用韻部的確定性問題。從通語通用性的本質出發,引入"空間分布"理念。分析"空間分布"理念在斷代詩文韻部研究中的表現與應用情況,初步審視幾種詩文用韻研究方法。解決斷代詩文通用韻部的確定性問題,需要以空間分布爲核心理念,在以往詩文韻部研究方法的基礎上尋求突破。

**關鍵詞**:斷代詩文韻部;通用性;問題;理念;方法

## 一、 問題的提出: 通用韻部的確定性

斷代詩文用韻研究以歸納通用韻部①爲首要目標。顧炎武的"古音表"十部是漢語語音史上首個科學意義上的斷代詩歌韻部系統。這位清代古音學的"開山祖"誓要"舉今日之音,而還之淳古"(《音學五書·序》),用今天的話說,就是要還原出一個"純正"的先秦通用韻部系統。繼清儒古韻分部之後,現代學者對兩漢及魏晉以迄唐五代

---

\* 本文係國家社科基金後期資助項目"基於用韻空間分布綜合評價方法的初唐詩歌韻部研究"(18FYY026)結題成果的部分內容。

① 一般而言,通用韻部就是通語韻部,但嚴格說來,二者是有區別的。一個時期的通語韻部祇有一個,它廣泛地存在於各類語音材料中,祇有研究了各類語音材料後纔能確定通用韻部。通用韻部是通語韻部在一類語音材料中的表現,通語韻部是對各類語音材料所反映的通用韻部綜合歸納的結果。根據某類斷代語音材料歸納得出的韻部可以是通用韻部,但還不能據此作出就是通語韻部的結論。

中古各時期詩文韻部系統展開研究，取得了一批重要成果。例如，于安瀾①（1936/1989）、王力（1936/1980）②、羅常培與周祖謨（1958/2007）③、丁邦新（1975）④、何大安（1981）⑤、王力（1985）⑥、周祖謨（1996）⑦，李榮（1982）⑧、麥耘（1999）⑨、鮑明煒（1986，1990）、耿志堅⑩

---

① 于安瀾《漢魏六朝韻譜》取材丁福保所輯《全漢三國晋南北朝詩》和嚴可均輯校《全上古三代秦漢三國六朝文》中的漢魏六朝韻文，劃分漢、魏晋宋、齊梁陳隋三個時期，分期列出韻譜，討論韻部分合。該著"搜羅之富"，"前所未有"，而方法上可謂"前修未密"。

② 王力《南北朝詩人用韻考》取材張溥《漢魏六朝百三名家集》中的南北朝 49 家詩歌，將南北朝用韻分爲三個時期、六個區域。作者采用陳澧"'繫聯'的歸納法"（實爲用韻疏密關係比較法），歸納出 54 個韻部，具列韻譜。重點討論各時期的用韻特點、韻部分合流變及方音問題。該研究"方法正確"，極具啓發性，是現代斷代詩文用韻研究初期的代表性成果。該文爲《切韻》研究提供了重要參考，對於作者的上古脂微分部有啓示作用。

③ 羅常培、周祖謨《漢魏晋南北朝韻部演變研究》（第一分册）以丁、嚴二氏詩文集中的兩漢韻文爲主要材料，酌取漢代子史書中的韻文及《釋名》的聲訓材料，以先秦韻部爲參照，采用用韻疏密關係比較的方法，根據作家用韻的"一般現象"劃分韻部。西漢、東漢均爲 27 韻部，由西漢到東漢，韻部系統變化不大，祇有少批字發生轉移。該著"方法謹嚴"，"分析詳密，書評一致推許"，成爲斷代詩文韻部研究走向成熟的重要標志。

④ 丁邦新《魏晋音韻研究》取材丁、嚴二氏詩文集。作者對魏晋南北朝韻部研究和上古韻母系統研究作了全面回顧，根據建立的韻譜及合韻譜，"用繫聯韻字的辦法"（實爲用韻疏密關係比較法）歸納得出魏晋 37 個韻部，重點分析各部的內容，擬測韻母的音值。作者分四個階段描述了上古到南北朝韻母演變的情形。最後討論了魏晋時期的方音及上古到中古的分期問題。該著是較早系統擬測中古韻母系統的著作，推動了詩文韻部研究向精細化、音位學方向的發展。

⑤ 何大安《南北朝韻部演變研究》，臺灣大學中文研究所博士論文。內容不詳。

⑥ 王力《漢語語音史》卷上第三章之二"魏晋南北朝的韻部"，主要以陽夏"四謝"（謝靈運、謝惠連、謝莊、謝朓）的詩賦用韻爲根據，歸納出魏晋南北朝 42 個韻部，分析了魏晋南北朝韻部的分合轉移情況，按照"承先啓後"的原則擬測了各韻部的音值。此與《南北朝詩人用韻考》相比，更注重系系的系統性，講究音位學原理的應用。

⑦ 周祖謨《魏晋南北朝韻部之演變》是羅常培、周祖謨（1958/2007）的接續之作。該著將魏晋南北朝分爲兩個時期（魏晋宋含北魏、齊梁陳隋含北齊周），四個階段。着重討論了不同時期韻部的分合演變，以及各時期異部通押、方音及個別韻字讀音的演變。韻部劃分"主要看作家們是分用的多，還是合用的多"，各階段韻系爲三國 33 部，兩晋 39 部，南朝宋 39 部，齊梁陳隋 55 部。該著較之羅常培、周祖謨（1958/2007）在內容與結構安排上更加完備。兩書合璧，首次將先秦至唐代八百年間的語音貫通起來。

⑧ 李榮《隋韻譜》取材丁、嚴二氏詩文集中的隋代詩文，以及趙萬里《漢魏南北朝墓志集釋》中所收隋代墓志等。該文以"羅列事實"、排比韻譜爲事。韻譜以攝爲綱，體例嚴謹。各攝之後列出異攝相押的韻例，文末從韻、四聲、攝、開合口、等五個方面總結了隋代用韻的規律及特點。論文没有歸納韻部。該文對於研究《切韻》有重要參考價值。

⑨ 麥耘以李榮（1982）隋韻譜材料爲研究對象，計算轍/韻離合指數，將隋代詩文分爲 28 轍（部）。作者注意將分轍結果與《切韻》及中古音相關問題聯繫起來分析。

⑩ 鮑明煒《唐代詩文韻部研究》考察了《全唐詩》《全唐文》〔含《唐文拾遺》《唐 （轉下頁）

(1987,1989,1990,1991a,1991b)①、孫捷與尉遲治平（2001）、劉根輝與尉遲治平（1999）、趙蓉與尉遲治平（1999）、陳海波與尉遲治平（1998）②、金恩柱（1999）③，等等。劉冠才（2020）④是這方面的最新成果⑤。這些斷代詩文韻系普遍視爲通語韻系，爲構建漢魏至晚唐五代語音史特別是通語語音史提供了重要結論。

　　但是，有幾個問題一直以來似乎被忽視了：以既往詩文用韻研究方法研究得出的斷代詩文韻部都是通用韻部嗎？如果是通用韻部，確認它的根據是什麼？這些根據是否能夠證明其通用性質？這幾個問題是相互聯繫的，我們將其歸結爲"通用韻部的確定性"。

---

（接上頁）文續拾》《全唐詩外編》及《王梵志詩校輯》中的初唐詩歌韻文。作者按古體與近體分列韻譜，統計獨用、同用次數，分析用韻疏密關係，據以歸納初唐韻系。其初唐古體詩分 22 部，近體詩分 24 部（陽聲韻賅入聲韻）。作者還注意到一些通押可能反映的方音及特殊音變現象。該著將内地斷代詩文韻部研究由南北朝隋推進到唐代。

① 耿志堅唐五代詩人用韻考系列論文是較早系統研究唐五代詩文韻部的成果。該系列論文取材臺灣文史哲出版社排印本《全唐詩》和木鐸出版社排印本《全唐詩外編》，將唐五代分爲初唐、盛唐、大曆、貞元、元和、晚唐、唐末五代七個階段，考察區分近體詩與古體詩（含樂府詩），均列出合韻譜。作者重點分析了各階段"詩人用韻與韻部分合之現象及各部之擬音"，歸納出各階段的用韻特點。論文沒有明確劃分韻部，但可以根據各部擬音得之，比如初唐可分 50 部。

② 尉遲治平科研團隊唐五代系列論文是其"隋唐五代漢語語音史"項目的核心成果。該研究運用電腦信息處理技術建立語料數據庫，編制應用程序繫聯韻脚字，利用幾率統計法歸納韻部。系列論文"略説"各時期分部及跨部通押的結論。盛唐、中唐、晚唐各分 26 部，五代分爲 24 部。作者采用新方法新手段處理用韻大數據，在内地實現了唐五代各時期詩文韻部系統的完整呈現。

③ ［韓］金恩柱《從唐代墓志銘看唐代韻部系統的演變》是在其博士學位論文《唐代墓志銘用韻研究》(1998)基礎上寫成的。該文取材《唐代墓志彙編》(1992)，計算部/韻離合指數，劃分初唐 25 部，盛唐 28 部，中唐 21 部，晚唐 20 部。文章重點討論了梗曾二攝的關係、江攝的地位、元韻系的地位等十一個問題，梳理了唐代韻部演變的情況。金恩柱(1998、1999)係較早采用墓志銘這類出土文獻材料及數理統計方法研究唐代韻部演變的成果。

④ 劉冠才《北朝通語語音研究》的主體部分是北朝詩文韻部研究，該研究分北魏、北齊、北周及隋代四個時期，窮盡性排比北朝詩文材料，着力分析用韻的遠近疏密關係及其流變。作者還附帶論列了魏晉南朝用韻，該著實際上是對魏晉南北朝詩文韻部的整體性研究。作者對用韻疏密關係的分析全面而細密。通篇"用統計數字説話"，注意"將北朝語音特點與《切韻》聯繫起來討論"。該著與作者的《兩漢韻部與聲調研究》（巴蜀書社 2007 年）構成一個研究系列，在新世紀全面推進了漢魏晉南北朝隋用韻研究。

⑤ 近年來，在中古詩文用韻分地域研究方面，汪啓明科研團隊取得了系列成果。近代詩詞曲文用韻研究以魯國堯先生爲主要代表，兩宋通語音與方音研究蔚爲大國。這些不在本著討論之列。

下面試以王力先生《南北朝詩人用韻考》(下稱《用韻考》)的"支"部爲中心，初步回答以往歸納詩文韻部的根據①。

(甲)支佳。

段玉裁根據先秦古韻，把支脂之分爲三部；今依南北朝詩人的用韻看來，脂之爲一類，支則獨自爲一類。脂之二韻……至於支韻，却是很嚴格地與脂之隔離。段玉裁又把支佳合爲一部，認爲與歌戈麻相近；在南北朝的韻文裹，這一點仍與先秦相近似。我們試看任昉《王貴嬪哀策文》以"家娥紗佳"爲韻；《侍釋奠宴》以"多家華"爲韻，就可見南北朝還有歌麻與佳通用的痕迹，同時也可猜想它們的韻值相近。至於支佳同用者，則有：

……(今按，共 5 個韻段)

佳韻的字太少，又有幾個常用的字像"崖涯差"等是同時屬於支韻的，令我們分不清支佳的界限。如果我們把"崖涯差"也認爲佳韻字，那麽，支佳同用的例子就更多了。

支獨用者：

……(今按，共 32 個韻段，其中有一個韻段爲"偶然合韻")

此外，支韻獨用者尚有謝惠連、謝莊、王儉、陶弘景、邱遲、任昉、劉孝綽、劉孝威、劉潜、陳後主、徐陵、沈炯、張正見、王褒、盧思道、李德林諸人。其中偶有雜脂之微灰韻字者，如：

……(今按，共 8 個韻段)

在將近二百篇的詩賦當中，祇有這八篇與上面何遜一篇是出韻的。我們當然可以把它們認爲例外，也許其中有些還是傳寫之訛，或僞品。最可疑的是沈約的《明之君》。……如果我們在別的方面能證明《明之君》非沈約所作，則用韻方面也可以做一個有力的旁證。

此外，傅亮的《征思賦》以"垂"與"暉闈思"爲韻，是支微之相

① 王力先生文中的下劃綫、脚注一律去掉，詩文篇章名換用書名號，韻譜以及與這裏討論的問題關係不大的句子用省略號略去，格式略作調整，其他仍舊。下同。

混；薛道衡《從駕天池》以"陲池螭"與"旗"爲韻，《和許給事》以
"戲騎跂"與"鼻至翠"爲韻，是支之脂相混；隋煬帝《贈張麗華》以
"知"與"時"爲韻，是支之相混。《百三名家集》在隋煬帝此詩後
注云"此或僞筆"；至於傅亮與薛道衡，或因他們的方音如此，或
因偶然合韻，未便武斷，祇好存疑而已。

　　總之，大致看起來南北朝的支韻是獨立的。不過，這裏所謂
支韻，其所包括的字，等於《切韻》裏的支韻的字，而不等於段玉
裁支部的字。除了邱遲《送張徐州》以"積"字與"吹騎戲寄被義"
爲韻之外，更無與昔錫通用的痕迹；又如"皮爲離施儀宜猗縻罹
吹差池馳陂羆"等字，也不歸歌而應該依《切韻》歸支。（第8—
10頁）

　　統計支韻與其他韻相押的次數，如下面簡表所示（表中不含謝惠
連、謝莊……李德林諸人韻例，沈約《明之君》及隋煬帝《贈麗張》用韻
不排除，韻舉平賅上去）：

|  | 支 | 脂 | 之 | 微 | 佳 | 灰 | 麻 | 昔 | 脂之 | 微之 | 之薺 |
|---|---|---|---|---|---|---|---|---|---|---|---|
| 支 | 31 | 3 | 3 | 2 | 5 | 1 | 1 | 1 | 2 | 1 | 1 |

　　支獨用31次，支佳同用5次，支與其他韻的同用皆不過3次，支
獨用次數占其獨用同用總次數的60.78％。作者根據南北朝詩人用
韻，將支獨立爲一類。（1980：8）王力先生歸納支部的依據是用韻
數量。

　　通觀全文，王力先生劃分韻部主要憑借的是用韻數量。這一點
從韻譜及相關討論看得很清楚。值得注意的是，王力先生有時也會
聯繫到作家或作家的籍貫情況進行分析。作者在列出支獨用的不完
全韻譜後補充道："支韻獨用者尚有謝惠連、謝莊、王儉、陶弘景、邱
遲、任昉、劉孝綽、劉孝威、劉潛、陳後主、徐陵、沈炯、張正見、王褒、盧
思道、李德林諸人。"這是用作家替代了用韻，意在補證支獨用的數量
規模。至於説到作家的籍貫，主要目的是論證用韻的方言性質，偶爾
用來輔助韻部劃分。

類似的研究情形見於羅常培與周祖謨（1958/2007）、周祖謨（1996）、丁邦新（1975）、尉遲治平團隊唐五代詩韻系列論文（1998，1999a，1999b，2001）、鮑明煒（1986，1990）等。鮑明煒（1986，1990）在進行相關討論時很少涉及作家的籍貫，作家亦少有涉及（韻譜及其舉例除外）。尉遲治平團隊唐五代詩韻系列論文分析異部通押及方言現象有時用到了用韻數量。目前，斷代詩文用韻研究的主要路數仍是建立韻譜，排比用韻，以用韻接觸關係及其數量爲基本依據劃分韻部，分析若干通語音變、異部通押、方音及其他特殊用韻現象等。

回到上面提出的問題。既然歸納斷代詩文韻部大多憑借用韻數量，那麼，根據用韻數量得出的韻部一定是通用韻部嗎？拿用韻數量可以證明韻部的通用性質嗎？對於使用轍/韻離合指數比較法得出的韻部，也可以提出類似的疑問。這些疑問指向一個關鍵性課題：如果使用既有研究方法得出的斷代詩文韻部不具有通用韻部的確定性，那麼，探尋可以確定地得出斷代詩文通用韻部的研究方法，就成爲當下音韻學研究面臨的一個新課題。

## 二、“空間分布”理念的引入

理念是方法之源。通語通行於各方言區域，具有通用性。這是語言學常識。通語之“通”義爲通用。何謂“通用”？《現代漢語詞典（第6版）》釋爲“（在一定範圍内）普遍使用”（2012：1304），“普遍”指“存在的面很廣泛”（2012：1011）。在這裏，通用與普遍、存在面廣泛同義。故“通用”可以理解爲使用得普遍，存在面廣泛。

“普遍”也好，“廣泛”也罷，主要是作爲空間概念使用的。語言使用是否普遍，其存在面是否廣泛，可以甚至必然從空間分布上得到反映。語言通用與否，跟其空間分布狀況密切相關。普遍使用的語言意味着空間分布廣泛，在一定空間範圍内廣泛分布的語言必有某種通用性。通語就是在一個大範圍（通常是一國）内使用得普遍、使用面廣泛的語言，而方言正好相反。這也是語言學常識。

“普通話”推廣的實績就是對於通語通用性最好的注解。“普通話”取其“普遍共通，普遍通用”之義。新中國成立之初，我國的文盲率超過了80％①。到2000年,全國(港澳臺地區除外,下同)普通話普及率爲53.06％②,2015年,普及率提高到了73％左右③,2020年接近80％④。新的推普規劃提出,"到2025年,全國範圍內普通話普及率達到85％",基礎較薄弱的民族地區普通話普及率"接近或達到80％"⑤。普及率是以人口數量爲統計口徑的,而人口數量是個空間範疇,因此,高普及率意味着普通話的空間分布面之廣。普通話使用很普遍,且越來越普遍,這是人們的直覺,幾乎人人都有切身之感。

語言與空間的關係問題既是一個語言哲學命題,也是一個恒久的語言研究課題。人們對語言與空間關係的認識,最初源自語言差異的空間視角。索緒爾指出:"在語言研究中,最先引人注目的是語言的差異。我們祇要從一個國家到另一個國家,或甚至從一個地區到另一個地區,就可以看到語言間的差別。""所以語言學中最先看到的就是地理上的差異;它確定了對語言的科學研究的最初形式。"(1980:266,267)這是地理語言學的源頭。地理語言學或語言地理學旨在通過地圖的形式展示方言或語言特徵的空間分布。1881年,德國方言學家溫克爾(Wenker)將調查得來的德國方言材料繪成《德國語言地圖》,1902年至1923年,瑞士語言學家席業隆(Gilliéron)編成《法國語言地圖集》。至此,語言地理學在歐洲興起。

---

① 杜占元《在紀念〈中文拼音方案〉頒布60周年座談會上的講話》,教育部網站,http://www.moe.gov.cn/ s78/A19/s227/s6152/201806/t20180604_338258.html,2018-5-10。轉引自楊佳《我國國家通用語普及能力建設70年:回顧與展望》,《雲南師範大學學報(哲學社會科學版)》2019年第5期,第41頁。

② 中國語言文字使用情況調查領導小組辦公室《中國語言文字使用情況調查資料》,語文出版社2006年版。

③ 我國普通話普及率約達73％,教育部網站,http://www.moe.gov.cn/jyb_xwfb/xw_fbh/moe_2069/xwfbh_2017n/xwfb_2017090802/mtbd_2017090802/201709/t20170911_314098.html,2017-9-8。轉引自楊佳《我國國家通用語普及能力建設70年:回顧與展望》,《雲南師範大學學報(哲學社會科學版)》2019年第5期,第44頁。

④ 張日培《新中國語言文字事業的歷程與成就》,《語言戰略研究》2020年第6期,第22頁。

⑤ 2021年12月23日,教育部、國家鄉村振興局和國家語委聯合發出關於印發《國家通用語言文字普及提升工程和推普助力鄉村振興計劃實施方案》(以下簡稱《實施方案》)的通知("教語用〔2021〕4號")。《實施方案》提出"聚焦重點、全面普及、鞏固提高"的新時代推普工作方針,並提出了未來5年需要達到的普及率指標等工作目標。

　　從語言研究的歷史看，意識到語言"空間分布"的意義，并對"語言的差異"進行科學研究的"最初形式"，當推漢代揚雄的《方言》。《方言》全稱《輶軒使者絕代語釋別國方言》。作者不僅使用了一系列方言地理名稱，以明確漢代方言詞的空間歸屬，還創立了"通語"（包括"凡語""通名""通詞""凡通語"）的概念，用來揭示一些詞在較大範圍內使用的通用性。揚雄筆下的"通語"更多的是通語詞即"通名"之義，偶爾還表示通行範圍較廣的方言，不能等同於語言系統意義上的"通語"，但也含有通語的意思。《方言》的突出特點在於描寫方言詞的空間分布。該書的訓釋通例是：被釋方言詞＋通語訓釋詞＋被釋詞的空間分布。被釋詞的空間分布一般是列舉方言詞行用的地域，包括個別通行範圍較廣而被稱之爲"某地通語"的方言區域。其中，標舉通語的約有三十條。例如：

　　　　蟗、噬，逮也。東齊曰蟗，北燕曰噬。逮，通語也。(7/13)[1]
　　　　嫁、逝、徂、適，往也。自家而出謂之嫁，由女而出爲嫁也。逝，秦晋語也。徂，齊語也。適，宋魯語也。往，凡語也。(1/14)
　　　　頷、頤，頷也。南楚謂之頷。秦晋謂之頤。頤，其通語也。(10/35)
　　　　悼、怒、悴、慭，傷也。自關而東汝潁陳楚之間通語也。汝謂之怒，秦謂之悼，宋謂之悴，楚潁之間謂之慭。(1/9)

　　《方言》中的地名涉及自然地理、行政區劃和方位詞。自然地理名稱包括山嶽名〔山（關）、岱、嵩嶽、衡、九嶷〕、水名（江、江淮、江湘、江沔、江沅、沅湘、湘潭等，共 25 個，另有湖、五湖、江湖、大野）。行政區劃名稱可分爲古國名（秦、蜀、晋、魏、趙、韓、周、燕、朝鮮、代、鄭、齊、魯、宋、衛、陳、楚、吳、越、甌、東越、西甌等）、古州名（冀州、幽州、兖州、青州、徐州、揚州、荆州、豫州、梁益、雍涼等）[2]、漢代郡國名（三

---

[1]　斜綫前後的數字分別爲詞條在今本《方言》中的卷次與卷内編號。此據周祖謨校、吳曉鈴編《方言校箋及通檢》，科學出版社 1956 年版。下同。
[2]　劉君慧等(1992：125—129)將古州名作爲自然地理範疇。

輔、梁、平原、沛、東海、丹陽、會稽、桂林)、縣邑名(邠、冀、隴、唐、翟縣、宛、野、郢、坯、陶等)。(劉君慧等 1992:108—138)這些地名的空間範圍有大小層級之別,其空間分布之廣袤,東起東齊海岱,西至秦隴雍凉,北起趙幽燕代,東南至吳越東甌,西南至梁益蜀漢,幾乎囊括了整個漢朝版圖。可見揚雄的"別國方言"調查做得艱苦細緻而卓有成效,通語及方言空間分布的理念植根於心。

《方言》中的地名有的單用,有的連用。同一個地名,有的經常與某個或某幾個地名連用,有的偶爾連用,有的雖然相鄰却絶不連用。例如齊魯、齊宋、荆齊、齊楚、齊趙、燕齊、青齊充冀、齊魯青徐、齊燕海岱、齊楚江淮等,顯示出齊與魯、與宋、與荆楚、與趙燕、與充冀、與青徐、與江淮諸地方言詞錯綜複雜的空間分布關係。揚雄對方言詞彙的描寫不是簡單的羅列。從秦晋、趙魏、齊魯、陳楚、吳越、東齊海岱等地名經常性連用,以及時而出現通語表述的情況來看,作者"隱約地有了方言區劃的思想"(劉君慧等 1992:98)。如果將《方言》中所有地名的分用合用及其頻次加以歸納、統計,建立基於詞彙表達的地名遠近疏密關係的網絡,參證其他材料,就可以勾畫出西漢時期的方言區輪廓①。

魏晋南北朝是社會劇烈動蕩、語言變化很大的時期,方言現象引起了一些學者的關注。郭璞爲《方言》作注,闡釋漢晋之間語音詞彙的流變,也涉及一些詞的空間分布變遷。例如:"娥,㜪,好也。趙魏燕代之間曰姝。"郭注:"昌朱反,又音株。亦四方之通語。"可知漢代用於趙魏燕代之間的"姝"字,到了晋代變成了"四方之通語"。顏之推《顏氏家訓·音辭》是關於南北朝時期語音詞彙問題的專論,對字音多所辨正。《音辭》開篇即云:"夫九州之人,言語不同,生民已來,固常然矣。"(638)②又説:"著述之人,楚、夏各異。"(658)此以楚夏賅南北。顏氏對南北方言做過比較:

---

① 關於漢代方言分區的相關成果,可參看劉君慧等(1992:104—106)。
② 引文後括注的數字爲《顏氏家訓集解》,中華書局 2013 年版中的頁碼。下同。

《顏氏家訓·音辭》：南方水土和柔，其音清舉而切詣，失在浮淺，其辭多鄙俗；北方山川深厚，其音沈濁而鈋鈍，得其質直，其辭多古語。（638—639）

類似説法還見於陸德明的《經典釋文》和陸法言《切韻》①：

《經典釋文·序録》：方言差別，固自不同，河北江南，最爲巨異，或失於浮清，或滯於沈濁。（3）

《切韻·序》：吳楚則時傷輕淺，燕趙則多傷重濁。秦隴則去聲爲入，梁益則平聲似去。（12）

顏氏和"二陸"概括了當時南北方音的一些特徵，指摘其謬失。將"南方"與"北方"、"河北"與"江南"、"吳楚"與"燕趙"、"秦隴"與"梁益"各各對舉，其空間分布的理念與前代學者是一脉相承的。

語言存在於時間與空間之中。這是哲學思維，也是大實話。索緒爾告誡研究者："地理的現象和任何語言的存在都是緊密地聯繫在一起的。"（1980：44）將語言置於它所依存的空間中加以考察，或者説，將空間要素作爲衡量語言或方言通用性大小的一個重要依據并加以刻畫，這是社會語言學的研究思路。空間分布不僅是語言使用的必然結果，同時也是語言存在的基本狀態。古今學者觀察、描寫和分析方言現象時秉持的空間分布理念，也應該成爲觀察、描寫和分析通語現象的重要理念。考察詩文通用韻部，有必要引入"空間分布"理念，從用韻的空間分布狀況入手。

### 三、"空間分布"理念在斷代詩文韻部研究中的表現與應用

二十世紀三四十年代，以王力先生等爲代表，斷代詩文韻部研究扎實起步。用韻空間分布的理念從一開始就有了，并得到了一定程

---

① 下面引文後括注的數字爲《經典釋文》中華書局 1983 年版、《新校互注宋本廣韻（定稿本）》上海人民出版社 2008 年版中的頁碼。

度的應用。到了五十年代,這方面的應用有所推進,不僅空間分布理念表現得更爲明晰,隨着斷代詩文用韻研究趨於成熟,其應用範圍也在不斷擴大。在用韻的方言歸屬及個別字的特殊用韻分析中,作家及其籍貫的應用尤爲普遍。這一時期的代表作當推羅常培、周祖謨(1958/2007)。八十年代以後,在以魯國堯先生爲主要代表的前輩學者的推動下,詩詞曲文用韻研究蓬勃發展,蔚爲大觀。魏晋南北朝隋唐五代的詩文韻部系統被多家以不同方法研究過。鮑明煒(1986,1990)爲唐代詩文韻部研究開了一個好頭,周祖謨(1996)可謂魏晋南北朝詩文韻部研究集大成之作。從空間分布的視角看,相關研究大抵沿用了此前關於作家與籍貫分析的方法與路徑,而研究更加細密、深入。下面以王力(1936/1980)、羅常培與周祖謨(1958/2007)爲例,對"空間分布"理念在現代斷代詩文韻部研究中的表現與應用情況進行初步分析。

王力先生將南北朝詩人按地域分爲"山西系""河北系""山東系""河南系""南陽系""江南系"等六系,他指出,"有些詩人的時代相同,而用韻不同,在許多情形之下我們仍可以認爲方言的差異的"(1980:6)。《用韻考》"特別注意"詩人的籍貫,希望借此窺見"方言的差異"。

通觀全文,《用韻考》以籍貫論方音,較爲顯明的有三處。第一處是關於魚、虞、模在南北朝的分合情況。"第一期的魚虞模通用與第三期的魚不與虞模通用是顯然的"(1980:14),但第二期存在兩個極端,即昭明太子、江淹、沈炯等魚虞模同用,而沈約、何遜、吳均等魚、虞、模三韻獨用,"似乎走到第三期的前頭"。爲了解釋這種極端情況,王力先生首先對比了"二沈"的生年與籍貫。沈約(441—513),沈炯(501—560),二者生年相距 60 年,但同爲吳興武康人。作者推想,導致"二沈"在魚、虞、模分混上的極端差異,可能不是方音的原因,"似乎可説時代形成他們語音的差異"。不過,作者很快否定了這個推論,"因爲我們不該假定武康的方音在一二百年內走循環路徑:先是魚虞模不分,後來是魚虞模三分,再後又是魚虞模不分"(1980:15)。王力先生將其歸因於沈約、何遜諸人的審音比沈炯等人要嚴。(1980:15)第二處在元、魂、痕、寒、桓、刪、山、先、仙的分合上,同屬第一期、同爲陽夏人的謝靈運跟謝惠連與袁淑截然不同，前者九韻同用，後者元魂痕爲一類，寒桓刪爲一類，山先仙爲一類，絶不相混。作者認爲，這同樣不是方音的差異，而是用韻的寬嚴之別。（1980：57—58）第三處上舉"支佳"部分，支獨立爲韻部，傅亮《征思賦》有支微同用例，薛道衡《從駕天池》《和許給事》有支脂之同用例，作者推測，"或因他們的方音如此"（1980：10）①。

以上幾例都是對某些數量偏少的用韻或特殊用韻作定性分析，儘管空間分布理念清晰可見，但都是在既有分部基礎上進行的，相關用韻涉及的籍貫并未實質性地參與韻部劃分②。

關於江、陽（唐）的分合：

江獨用者：

簡文帝《秋晚》：江窗缸。（29）

江陽唐同用者：

孔稚珪《且發青林》：江長央霜忘。徐陵《鴛鴦賦》：雙鴦。庾信《鴛鴦賦》：王梁桑床；《柳霞墓銘》：陽張江；《配帝舞》：藏唐湯香疆康；《昭夏》：長昌陽煌唐香翔方；《王昭君》：陽梁行霜張；《從駕》：楊場張傷狼驪裝行方長昌；《夏日應令》：陽長黃香凉房簧；《送衛王》：降江；《代人傷往》：鴦雙。（30）

覺獨用者：……（48）

覺藥鐸同用者：……（48）

王力先生以詩人爲單位，對比了江獨用（含入聲韻）與江陽（唐）同用的數量："江韻獨用，僅有簡文帝的一個例子，似乎是孤證；但與江相配的入聲覺韻也有獨用的。覺韻獨用者有簡文帝、沈約、陶弘景、王僧孺、王褒、盧思道諸人，例子很多，顯然可信"。（1980：31）江陽同用衹有孔稚珪、徐陵、庾信。

---

① 又云："或因偶然合韻，未便武斷，衹好存疑而已。"（王力 1980：10）

② 從詩文作者的籍貫入手詳考用韻的空間分布情況，似以羅常培《〈切韻〉魚虞的音值及其所據方音考》（1931/2004）爲最早。

作者還從時空結合的維度考察江陽同用。孔稚珪(447—501)，山陰(今浙江紹興)人，歸入南北朝第一期江南系；徐陵(507—583)，郯(今山東郯城)人，庾信(513—581)，新野(今河南新野)人，二人均歸入第三期，分屬山東系、南陽系。"孔稚珪的江陽同用，覺藥也同用，大約是方音使然，因爲南北朝第一二兩期的江陽韻是顯然劃分的。"(1980：31)"徐陵、庾信是南朝的人(庾後仕北朝)，所以他們的青獨立，江歸陽；隋煬帝、盧思道是北朝的人，所以他們的青與庚耕清混；江不歸陽。"(1980：5)"到了第三期，江陽在更大的地域裏實際混合了：徐陵與庾信都屬於這一派，尤其是庾信，他的江與陽唐，覺與藥鐸，都有許多同用的例子，絕對不會是偶然的合韻。"(1980：31)江陽唐同用由第一期的江南(山陰)擴展到第三期的北方(郯、新野)。作者推斷，"江韻之離東鍾而入陽唐，是在頗短的時間內發生的變遷；簡文帝諸人的江韻獨用(同時覺也獨用)，正是已離東鍾而未入陽唐的一個過渡時期"。(1980：31)

前後聯繫起來看，王力先生確定江爲韻部，主要是依據獨用、同用的數量及作家數量。客觀上，用韻區域分布的廣狹對劃分韻部也有一定的輔助作用。這樣的韻例似僅此一例。

王力先生分析用韻是"以個人爲研究的單位"的，故往往冠以作家之名。文中數處對作家數量作了大略的統計。作者指出，南北朝第一期脂微同用，第二期微韻獨立，脂之相混，絕大多數作家脂之同用，微韻獨用，"衹有沈約謝朓幾個人是脂之微三分的"(1980：18—19)。關於庚耕清青，"除何遜徐陵庾信等人外，南北朝大部分的詩人似乎以四韻同用"(1980：34)[1]。

王力先生在歸納南北朝韻部時，回應了主體部分所述涉及"少數人"的用韻情況，共有三處：

五、虞(沈約等少數人的虞與模似有別，餘人皆混用)(59)

---

[1] 青韻字少，但仍有一些韻例青韻字獨用而不出韻，甚至其上聲字獨用仍不出韻，顯示出青韻的獨立性，故定青韻獨立成部。(王力1980：34)

二十二、江（庾信等少數人的江與陽同用）（59）

二十五、青（庾信等少數人庚青有別）（59）

虞與模分用、江陽同用、青韻獨用均涉及"少數人"，含有地域分布範圍不甚廣的意思。而涉及多數詩人的用韻，令人聯想到其地域範圍分布之廣。話説回來，文中但凡説到作家數量，其表義重點仍然是用韻規模。

羅常培、周祖謨《漢魏晉南北朝韻部演變研究》（第一分册）（下稱《演變研究》）指出："我們從許多材料綜合出兩漢音的一個總的部類是非常必要的，有了這樣一個概括性比較大的部類纔能説明兩漢音在大的方面跟周秦音怎麽不同，跟魏晉以下的音又怎麽不同，所以説很必要。"（2007：71）作者對歸納的韻部系統有比較明確的定性。"這個韻表（今按，指兩漢韻部與《詩經》韻部比較表）是根據兩漢許多韻文材料經過分析綜合而概括出來的，它可以代表兩漢四百年間（前206—207）分韻的一個大類，猶如《詩經》韻部可以作爲周秦音的代表一樣。"（2007：15）這裏的"總的部類""概括性比較大的部類""分韻的一個大類"等説法，指的無疑是通用韻部。

如何歸納得到通用韻部？《演變研究》在"序"中交代了處理材料、分别韻部應該遵循的原則。"所有這些材料都是相當紛繁相當複雜……惟有即異以求同，找出其中的共同性，纔能定出當時語音分韻的大類。在研究的過程中，我們一方面注意到材料中所反映的語言事實的普遍性，同時我們也注意到某些材料所反映出來的特殊現象。"（2007：1）在分析歸納時，"韻部的分合是從縱横兩方面來考察的，横的方面，在一個時代內應當根據各家用韻的一般現象來決定，縱的方面要照顧到前後時代的流變"（2007：7）。作者最後總結道："前一章所講是兩漢音分韻的概況，那是從許許多多叢雜紛挐的材料中綜合分析，即異以求同所得出來的結果，代表兩漢音的一般趨勢。"（2007：70）所謂用韻的"普遍性""共同性""一般現象"，隱含着空間分布普遍性的要義。作者強調根據"材料中所反映的語言事實的普遍性"，"即異以求同"，這可以理解爲求用韻空間分布普遍性之同。

不妨看看作者理解的"普遍性"。關於東、冬二部,作者這樣描述分部的根據:"兩漢的韻文裏儘管有一些東冬相押的例子,但是兩部分用的現象十分顯著。例如司馬相如的韻文裏祇見冬部字互相叶韻,而没有東部字,蔡邕作品很多,祇見東部字互相叶韻,而没有冬部字,張衡的作品裏兩部字都有,而且很多,可是東冬合韻的祇有兩個例子。"(2007:33)在漢代蜀方言裏,東、冬合爲一部,"陽聲韻東冬兩部王褒和揚雄的韻文裏通押的比單獨應用的多"。(2007:87)王褒是資中人,揚雄是成都人,成都和資中都屬於漢時的蜀郡。在作者看來,用韻數量之多足以説明用韻的"普遍性"。此類韻例甚多,祇要對比一下兩漢詩文各部的韻譜與合韻譜的韻段數量就清楚了。

《演變研究》多用作家及其用韻來證明韻部分合。爲了説明"魚侯兩部合用是西漢時期普遍的現象",作者舉了賈誼、韋孟、嚴忌、枚乘、孔臧、淮南王劉安、司馬相如、中山王劉勝、東方朔、王褒、嚴遵、揚雄、崔篆諸人,這些作家都有多篇詩文,他們的相關作品"没有不是魚侯兩部同用的"。(2007:21)祇有劉向、劉歆父子存在魚、侯分用的情形,但也有兩部同用的韻例,如《九嘆・遠游》叶"浮霧舉","浮"是幽部字,"霧"是侯部字,"舉"是魚部字。魚侯同用的作家數量遠多於分用。(2007:21—22)作者復舉先於劉向百餘年的同宗劉安、劉勝詩文用韻中魚侯合爲一部的事實(2007:22),爲劉向的魚侯相近再添一證。劉向詩文用韻魚侯音近佐證了作爲西漢"普遍現象"的魚侯同部。

作家數量還用來分析韻部間的通押現象。作者發現,東漢時期,脂、支二部相押較之西漢"特别多起來"了,"這是一種新起的現象","如馮衍、杜篤、傅毅、班固、崔駰、王逸、劉梁、馬融、李尤、桓麟、徐淑、胡廣、王延壽、蔡邕這些作家的作品裏都有脂支通押的例子,祇有張衡不如此"。(2007:59)東漢時期,東冬通押以及陽東通押亦涉及不少作家,顯示其韻讀相近。(2007:60)

關於西漢時期歌、支兩部的關係①:

---

① 原文支部字下加小圓圈,今改爲底綫,其他標點符號及格式等作簡省處理。

到西漢時期歌支兩部相叶更爲普遍。幾乎支部的字都跟歌部字押韻。如：

平聲　枚乘《七發》：枝離溪

　　　司馬相如《子虛賦》：堤螘施鵜加池；崖陂波；雞鵝

　　　中山王劉勝《文木賦》：崖枝雌啼儀知斯

　　　東方朔《七諫·哀命》：知離

　　　劉向《九嘆·湣命》：柴荷

　　　揚雄《蜀都賦》：嵬倚崎施倚峛；蛇；多桅離斯

　　　《甘泉賦》：施沙崖；峨崖

　　　《羽獵賦》：池河崖陂；碕螭螘

　　　《光禄勳箴》：籬岐；差羣

上聲　司馬相如《子虛賦》：靡豸

　　　王襃《洞簫賦》：迤睨

　　　揚雄《解難》：此彼

去聲　司馬相如《子虛賦》：化義帝

　　　揚雄《博士箴》：化易（25—26）

作者列舉了支部字獨用的全部五個韻段，涉及劉歆《遂初賦》、王襃《四子講德論》、劉向《九嘆·湣命》與《高祖頌》、武帝太初中歌謠等五部作品。作者據此得出結論："西漢時期歌支兩部的讀音是很接近的，很像是并爲一部。"（2007：26）這一結論之所以成立，除了該押韻行爲涉及多個作家多部作品，還因爲歌支通押見於平上去，聲調分布全覆蓋。

我們注意到，《演變研究》不管是證韻部相合還是相近，幾乎都是依據用韻數量，有時聯繫作家情況，述及作家籍貫地的很少。與《用韻考》相似，籍貫材料一般衹在方音考察時用到。作者在"序"及"緒論"中指出，在重點關注"材料中所反映的語言事實的普遍性""一般現象"（2007：1，7）的同時，"也注意到某些材料所反映出來的特殊現象"，"就作家的籍貫或特有的押韻現象看方音的問題"（2007：1，7）。據筆者統計，《演變研究》討論兩漢韻部及其通押關係時，提到作家的籍貫或指爲方音的約有 6 處,跟《用韻考》差不多。《演變研究》設立兩章專門考察漢代的方音,分量不可謂不大。其中,第七章"個別方言材料的考察"選取了十來個詩賦作家的作品,包括蜀郡文士司馬相如、王褒、揚雄,關中作家杜篤、馮衍、班固、傅毅、馬融等,中原一帶的張衡、蔡邕,還選取了代表江淮音的《淮南子》,代表涿郡音的《易林》,代表會稽音的《論衡》,代表青徐音的《釋名》,代表關中音的《急就篇》。這些考察無不基於作家的籍貫。

綜上所述,作爲空間範疇的籍貫及作家,在《用韻考》《演變研究》中均有不同程度的應用。籍貫的空間性明顯一些,一般用來證明用韻的方音屬性,作爲韻部劃分直接證據的非常少見。作家信息的應用範圍較廣,列舉作家可以幫助劃分韻部,分析韻部之間的遠近疏密關係,確定方音,等等。

總體上看,作家及其數量在分部中的應用并不多見,也不平衡。羅常培與周祖謨(1958/2007)、周祖謨(1996)相對多一些,其他論著較少,有的幾乎沒有。即使用作家數量輔助韻部劃分,作者也未必從空間分布的角度考量。上文舉馮衍、杜篤、傅毅等 14 個作家脂支通押的韻例,借此顯示東漢脂支相押比西漢"特別多起來"的"新起的現象",作者要表達的是作家數量變多,而不是地域分布廣狹的變化。

泛覽當今斷代詩文韻部研究論著,諸多學者從通用韻部的研究目標出發,提出了用韻的"普遍性""共同性""一般現象"等説法,已經觸及通用韻部空間分布普遍性的本質。然而此類説法往往是相對於"特殊"用韻、方言現象而言的,一般基於用韻數量之多,或表示抽象意義上的"多",其蘊含的空間分布理念很多時候還比較模糊,不是那麼明確。應該説,空間觀念是語言研究者的一種最基本的觀念,通用韻部研究不可能不涉及空間分布理念并有所表現。但是,把"空間分布"理念作爲一種方法論的理論基點明確提出來,并廣泛加以應用的還是很少見,將"空間分布"作爲一個核心概念提出來,且提升到方法層面用之於韻部劃分的更是鳳毛麟角。這種狀況與斷代詩文韻部研究的旨趣是不相適應的。

## 四、 幾種詩文用韻研究方法的初步檢討

目前，用來處理巨量韻文材料、歸納詩文韻部系統的方法，主要有韻脚字繫聯、用韻疏密關係比較和轍/韻離合指數比較諸方法①。歷史文獻考證、歷史比較、審音等方法可以輔助詩文韻部的劃分。這些方法各有短長，但無疑都是有效而自洽的②。儘管如此，它們仍需要接受通用韻部確定性的檢視。下面圍繞方法原理與韻部的通用性是否一致這一基本問題展開討論。

### （一）關於用韻疏密關係比較方法

用韻疏密關係比較法以韻段爲基本單位，以《廣韻》或"平水韻"等爲參照系歸納用韻，比較相關用韻的數量及其在聲母、等呼、聲調或字類的分布特徵，有時還聯繫作家數量或地域分布情況，考察韻與韻之間、韻內不同字類之間的遠近疏密關係，選取接觸頻率最高、語音關係最爲密切的用韻作爲韻部。該方法强調用韻數量對韻部劃分的決定作用。

用韻數量固然可以反映用韻疏密遠近關係，但據此歸納的韻部一定是通用韻部嗎？根據前文對通語"通用性"的闡釋，回答這一問題的關鍵在於：用韻數量對用韻空間分布普遍性大小是否起決定性作用，或者説，用韻數量的多少能否決定用韻空間分布面的大小。

這裏隨機舉幾組數字，通過對比説明用韻數量與用韻空間分布

---

① 學界對詩文韻部研究方法的名稱有不同説法。有的學者將韻脚字繫聯法即傳統的輾轉繫聯韻脚字的方法叫作"韻脚字歸納法"（耿振生 2004：9），而從其舉例（如對李榮《隋韻譜》）和歸部原則的介紹"'以作家的多少和用韻分合的比例與次數'來决定分部"）看，當包含以韻段用韻歸納爲基礎的用韻疏密關係比較方法。韻脚字繫聯與用韻疏密關係比較在方法的原理、操作步驟等方面頗有不同，不宜用一個名稱統指二者。筆者根據方法的核心原理或基本公式，將韻脚字繫聯法之外的另外兩種詩文韻部研究方法稱爲"用韻疏密關係比較法""轍/韻離合指數比較法"。

② 關於詩文用韻研究方法的系統性介紹，可參閱耿振生《20 世紀漢語音韻學方法論》有關章節。關於音韻學中數理統計方法及應用，可參閱朱曉農《北宋中原韻轍考——一項數理統計研究》（1989）、麥耘《隋代押韻材料的數理分析》（1999）、鄭林嘯《音韻學中的統計運用：〈篆隸萬象名義〉聲母考》（2002）與《音韻學中統計法的比較》（2004）、聶娜《音韻學研究中的數學方法總體分析》（2010）等論著。聶娜近年著有《數學與音韻學的會通》一書，大概是内地系統介紹音韻學研究中運用數學方法的首部著作，筆者未見此著。

面的關係。

假定，AB 二韻同用 30 次，AC 二韻同用 20 次，如果根據用韻數量劃分韻部，一定是以同用次數多的 AB 同用爲韻部。然而，前者一定比後者更通用嗎？不妨作兩個假設。假設一：同用 30 次的 AB 出自 15 個作家，同用 20 次的 AC 出自 10 個作家；假設二：同用 30 次的 AB 出自 10 個作家，同用 20 次的 AC 出自 15 個作家（這是完全有可能的）。需要稍加説明，"作家"在這裏成了用韻的一種特殊載體，用韻是作家的產物，作家是用韻的使用者。作家數量可以用來度量用韻空間分布面的大小。對於假設一，AB 的空間分布面大於 AC；對於假設二，結論正好相反，AB 的空間分布面小於 AC。從這兩組數字的對比可以看出，對用韻空間分布面大小起決定作用的不是用韻數量，而是用韻背後的作家數量。

對於上述結論還要進一步追問：假設一是緣於用韻數量與作家數量的"同向"作用，還是衹有作家數量在起作用？假設二是因爲用韻數量對用韻空間分布面大小的影響相對小，以至於 30 次同用對 20 次同用的"順差"猶不能彌補 10 個作家對 15 個作家的"逆差"，還是因爲用韻數量對用韻空間分布面大小不起作用？兩個疑問歸結爲一個問題，即用韻數量本身能不能反映用韻空間分布面的大小？單從上面兩個假設，是不能回答這些問題的。要觀察一個變量是否影響以及如何影響另一個變量，最好將其他影響因素加以控制。上面的兩個假設存在用韻數量與作家數量兩個變量，而未對其中一個加以"控制"，這不便於觀察各變量對於用韻空間分布面大小的影響。

現在令作家數量相等，用韻數量作爲變量。接着上面的假設：假設之三，AB 同用 30 次，AC 同用 20 次，作家數量都是 10；假設之四，AB 同用 30 次，AC 同用 20 次，作家數量都是 1；假設之五，AB 同用 30 次，AC 同用 20 次，作家爲同一人。顯而易見，在同一個作家筆下，無論兩個用韻數量多麼懸殊，其空間分布面大小都可以用"一個作者"來計量。所以，在假設五的情況下，AB 與 AC 的空間分布面相等。假設四，AB、AC 的空間分布面也都是"一個作家"，兩者的空間分布面也相等。假設三，AB、AC 的空間分布面同爲"10 個作家"，還是相等。

如果作家數量同爲 10，將用韻數量換成極端的數字，比如 AB 同用擴大到 1000 次，AC 同用縮小到每個作者祇有 1 次，即 AC 同用 10 次，祇有 AB 同用的 1％，但 AB 與 AC 的空間分布面并不因爲用韻數量懸殊而發生變化。

根據上面的假設可以推斷，一般來說，祇要作家數量不變，用韻數量無論增多還是減少，用韻的空間分布面都保持不變。可見，用韻數量不能拿來度量用韻空間分布面的大小。憑用韻數量確定用韻是否具有普遍性，結論很可能與事實不符。

不過，研究者對用韻數量在歸納普遍性用韻時的缺陷也是有所認識的，并且在必要時將韻文的作家數量納入考察之列。周祖謨先生（1996：33）曾說：“我們單單依靠分用與合用的比例數字來確定部類的分合是不夠的”，“譬如有兩類字，是一部呢，還是兩部呢？主要看作家們是分用的多，還是合用的多，以作家的多少和用韻分合的比例與次數來定”。

應該指出，考察用韻的普遍性狀況，僅靠作家數量是很不夠的。繼續前面的假設，AB 同用 30 次涉及的 10 個作家分布在 8 個縣，AC 同用 20 次涉及的 15 個作家分布在 6 個縣，誰的空間分布面更大呢？從縣域的分布情況看，作家數量多的，却因其覆蓋的縣域數量少，其空間分布面也小；作家數量少的，其空間分布面因所在縣的數量多反而大。當然，如果要將作家因素一并考慮，問題就變得複雜了。但無論情況簡單還是複雜，有一點可以肯定，考察用韻的空間分布，需要將與詩文作者關聯的地域因素考慮進來。事實上，研究者在論列作家數量的時候，大多是連帶着籍貫情況一并分析的，有的論著還對作家的地域分布情況展開了一定程度的量化分析。上舉王力先生對南北朝詩歌用韻地域分布的描述，可謂這方面的先例。

儘管將作家與籍貫的分布情況作爲用韻數量之外的考量因素越來越受到重視，但此類籍貫分析仍然存在一些不足。

首先是籍貫分析的目標設置存在不足。如前所述，相關研究中的地域分布考察多用於確認用韻的方音屬性或佐證韻部劃分，作者的地域分布情況在韻部劃分中的作用遠未得到充分利用。這種狀況是不合理的。既然作家的區域分布可以用來確定用韻的方言屬性，爲何不能拿來確定用韻的通用性質呢？作家的區域分布既然可以用來證明韻部劃分的合理性，爲何不能用來作爲韻部劃分的直接依據呢？

其次是籍貫的具體分析顯得比較薄弱。一是籍貫沒有細分地域層次。一般來說，籍貫的表述都是以大地名冠小地名，有時雖然衹説出一個地名，實際上也是有大小兩個地名的。例如孔欣，會稽山陰人（逯欽立 1983：1134），虞羲，會稽余姚人（逯欽立 1983：1605），虞騫，會稽人（逯欽立 1983：1610）。三人的籍貫在郡一級相同，在縣域上孔欣與虞羲就不同，虞騫未知。如果不細分籍貫的地域層級，對用韻空間分布狀況的描寫就難以做到全面而細緻。二是沒有深入系統地展開關於作家地域分布的定量分析，相關考察多停留於地域分布的羅列與表層分析。在公開發表出版的論著中，筆者迄今未見終篇利用作家的地域分布來劃分韻部的。

總的來看，用韻疏密關係比較法基本上是根據用韻數量來歸納韻部，作家與籍貫數據在斷代詩文韻部研究中發揮的作用有限，據此得出的韻部不具有通用韻部的確定性。

### （二）關於轍/韻離合指數比較法

轍/韻離合指數比較法爲朱曉農（1989）首創。該方法以概率論爲基礎，以"韻次"（相鄰兩個韻脚相押次數，用 $Y$ 表示）、"字次"（每個韻脚與前後相鄰韻脚相押的次數，用 $Z$ 表示）爲統計單位，根據兩個音類無差別接觸的幾率數判斷轍與轍、韻與韻的分合關係。求"離合指數"是該方法的核心步驟。轍離合指數與韻離合指數公式不同，但數學原理一致，都是指實際相押比值與理論相押概率之比。該方法爲劃分韻部、分析韻與韻之間的遠近離合關係提供了客觀而精確的量化依據。

經簡化的轍離合指數公式如下：

$$\frac{Y_{jk}(Z-1)}{Z_j Z_k} \qquad (1-1)$$

上式中,$Y_{jk}$ 指 $J$、$K$ 兩轍互押韻次,$Z$ 指韻譜中的全部字次,$Z_j$ 和 $Z_k$ 分別指兩轍的全部字次。當 (1-1) 式計算結果大於或等於 2 時,可以認爲原先假定的 $J$、$K$ 兩轍當合爲一轍;小於 2 時則被認爲沒有合并。

韻離合指數是兩韻實際相押比值與理論上相押概率之比。兩韻相押的理論概率(P)的計算公式爲:

$$P_{(ab)} = \frac{ZZ_a Z_b}{(Z_a + Z_b)(Z_a + - Z_b - 1)} \qquad (1-2)$$

兩韻實際相押的比例(R)計算公式爲:

$$R_{(ab)} = \frac{Y_{ab}}{Y_{aa} + Y_{bb} + Y_{ab}} \qquad (1-3)$$

兩韻離合指數的計算公式爲:

$$I_{(ab)} = \frac{R_{(ab)}}{P_{(ab)}} \times 100 \qquad (1-4)$$

該比值越大,表示兩韻關係越近;比值越小,表示兩韻關係越遠。一般而言,當比值大於 90 時,可定二韻合并;當比值小於 50 時,可定二韻尚未合并;當比值介於 50 與 90 之間時,就需利用 $t$ 分布假設檢驗來定分合。簡單説來,以 $P$ 爲標準值,以 $R$ 爲真實值,檢驗兩者有没有顯著差異。如果没有顯著差異,兩韻就合并;若有顯著差異,就不合并。至於具體如何檢驗,這裏不詳説了。

從數理邏輯層面看,祇要韻文材料的數量規模達到要求,資料處理與統計得當,其所得結論就具有很强的科學性。但是,從空間分布的角度看,該方法得出的轍/韻分合結論是否具有通用性,就大可懷疑了。首先,"韻次""字次"之類與用韻本質上没有什麽不同,用韻不具備空間屬性,"韻次""字次"等同樣不具備空間屬性。其次,轍/韻離合指數的數理意義在於,如果兩個轍/韻的"差别"是"顯著的",表示二轍/韻當分;如果兩個轍/韻的"差别"是"無意義的",則意味着二轍/韻當合。須知,這裏所謂"顯著的"與"無意義的",表示的其實是相關轍/韻的遠近疏密關係,説到底是數理統計學上的含義。與用韻的空間分布無涉,離合指數的大小并不意味着用韻空間分布的廣狹,兩者没有内在聯繫,故而統計得出的轍/韻分合結論是否爲通用性質,爲什麽是通用性質,仍然是個問題。

### (三) 關於韻脚字繫聯法

韻脚字繫聯法形象地稱爲"絲聯繩引"法或"絲貫繩牽"法。此方法爲清代學者提出[1],之後得到廣泛應用,在現代詩文用韻研究中繼續發揮作用。清人運用該方法,基本解决了古韻分部問題。

韻脚字繫聯法以相同韻脚字爲紐帶,將衆多韻段的韻脚字繫聯成群,實質上是要把韻基相同的韻段各各繫聯起來以分別部類。不同韻段祇要有相同的韻脚字,且滿足押韻材料的某種"同質性"要求,繫聯就能進行下去。至於相同韻脚字繫聯的不同韻段涉及多少作家,多大區域範圍,并不是繫聯的必要條件,亦非繫聯者關心的問題。無論涉及的作家多還是少,區域範圍大或是小,理論上都是可繫聯的。因此,不排除出現這樣的繫聯結果:繫聯得到的某個韻脚字集群涉及爲數較少的作家或者較爲狹小的區域範圍,甚至局限於一兩個作家,這種極端情况也不是没有出現的可能。可見,韻脚字繫聯得到的韻部并不必然具有通用性,亦不能自證其通用性。

用韻疏密關係比較法、轍/韻離合指數比較法和韻脚字繫聯法,既可以用來考察作家數量多、覆蓋範圍廣的斷代詩文韻部,也可用來考察某個區域或特定作家群的詩文韻部,用韻疏密關係比較法與韻脚字繫聯法還可用來考察個體作家詩文的韻部。除了斷代詩文材料,其他類型的韻文材料地域分布及規模有限,無法據以得出"確定性"的通用韻部。這三種方法對研究的取材範圍及規模大小没有表現出明顯的傾向性,説明這些方法并不專爲研究通用韻部而設。惟有將大量單篇獨著的相關研究結論加以綜合排比,纔能看出其中"普

---

[1] 清人張慧言撰、張成孫輯《諧聲譜》卷二《論五首》(民國二十三年葉景葵影印本):"余既以詩韻絲聯繩引,較其部分。"成孫案:"絲連繩引者,意謂如由中而得宫躬降,復由宫而得蟲宗,復由降而得蟲仲等字是也。故今表詩韻,即以名之。"如卷二十三"絲聯繩引表中部第一"、卷二十四"絲聯繩引表僅部第二"等。

遍性"的東西①。這是長期以來研究歸納通用韻部的重要途徑，而這實際上是對空間分布理念不自覺的運用。現在要確定個體作家、特定群體作家或區域作家詩文韻部是否爲通用韻部，通常是拿已知的通用韻部作爲參照，比較異同，相同的定爲通用韻部，不同的作爲方音或其他性質的韻部②。

那麼，能否在"單篇獨著"中歸納出"確定性"的通用韻系呢？使用上述三種方法研究斷代詩文用韻，從材料的空間分布及規模看，應該說具備了得出通用韻部的可能性。但正如上文所論，三種方法不能保證各自得到的韻部都是通用韻部，即使一些韻部實際上是通用韻部，方法本身也不能解釋爲何是通用韻部。這啓示我們，要解決斷代詩文通用韻部的確定性問題，需要以空間分布爲核心理念，在以往詩文韻部研究方法的基礎上尋求突破。

### 參考文獻

［宋］陳彭年等著、余迺永校注：《新校互注宋本廣韻（定稿本）》，上海人民出

---

① 例如，魯國堯先生對兩萬首宋詞用韻進行了窮盡式研究，歸納出宋詞韻 18 部，指出這 18 部"植根於宋代通語"。"宋代通語 18 部"獲學界普遍認可。這 18 部的總結性結論見於魯先生《論宋詞韻及其與金元詞韻的比較》（1991/1994）一文。作者自述云："現存宋詞數量甚巨，其用韻確是紛繁複雜，但筆者分地區研究宋詞用韻以後認爲，雖然有的詞人（特別是閩、贛、吳地區人）或以方音入韻，或有若干特殊用韻現象，但據其大體，可分爲 18 部：陰聲 7 部，陽聲 7 部，入聲 4 部。"作者還自注了"分地區研究宋詞用韻"的情況："已刊者有《宋代辛棄疾等山東詞人用韻考》，《南京大學學報》1997 年第 2 期，第 104—118 頁；《宋代蘇軾等四川詞人用韻考》，《語言學論叢》第 8 輯，第 85—117 頁，商務印書館 1981 年版。待發表者尚有數篇。"（1991/1994：138）其時"待發表者"後來見刊的有：《宋代福建詞人用韻考》，載《語言文字學術論文集》，知識出版社 1989 年版；《宋元江西詞人用韻研究》，《近代漢語研究》，商務印書館 1992 年版；等。宋詞韻 18 部是根據"大多數詞人的大多數作品"歸納出來的，也是從多篇分區域詞人用韻研究的結論中總結出來的，同時在其他諸多宋代詩詞文用韻研究成果中得到了"不同程度證明"（劉曉南 2001：26）。

② 例如，劉曉南先生根據詩文材料研究宋代四川語音，歸納出宋代四川詩文韻部系統，共17 個韻部。該韻系"與宋代通語 18 部相比，出現了一個新的韻部"即"真青部"（2012：82）。除了"真青部"，其他 16 個韻部與宋代通語 18 部對應韻部相同。作者在全面比較了該韻系的格局、用韻中某一組韻字的歸并及韻部內各類韻字在押韻中的接近程度後認爲，"宋代四川詩人用韻的主流是通語音系"，"正是因爲有這個主流，我們把宋代四川詩人的韻部系統歸入通語音系"。（2012：111，112）至於"真青部"，則是"宋代通語西部變體"（2012：88）。

版社 2008 年版。

　　[清]顧炎武:《音學五書》,中華書局 1982 年版。

　　[唐]陸德明:《經典釋文》,中華書局 1983 年版。

　　逯欽立輯校:《先秦漢魏晋南北朝詩》,中華書局 1983 年版。

　　[北齊]顔之推著、王利器集解:《顔氏家訓集解》,中華書局 2013 年版。

　　周祖謨校、吳曉鈴編:《方言校箋及通檢》,科學出版社 1956 年版。

　　鮑明煒:《初唐詩文的韻系》,《音韻學研究》第二輯,中華書局 1986 年版。

　　鮑明煒:《唐代詩文韻部研究》,江蘇古籍出版社 1990 年版。

　　陳海波、尉遲治平:《五代詩韻系略説》,《語言研究》1998 年第 2 期。

　　丁邦新:《魏晋音韻研究》,《"中央研究院歷史語言研究所"專刊》第 65 種,1975 年。

　　[瑞士]費爾迪南·德·索緒爾著,沙·巴厘、阿·薛施藹、阿·里德林格編印,高名凱譯,岑麒祥、葉蜚聲校注:《普通語言學教程》,商務印書館 1980 年版。

　　耿振生:《20 世紀漢語音韻學方法論》,北京大學出版社 2004 年版。

　　耿志堅:《初唐詩人用韻考》,《語文教育研究集刊》1987 年第 6 期。

　　耿志堅:《盛唐詩人用韻考》,《教育學院學報》1989 年第 14 期。

　　耿志堅:《唐代元和前後詩人用韻考》,《彰化師範大學學報》1990 年第 15 期。

　　耿志堅:《晚唐及唐末五代近體詩用韻考》,《彰化師範大學學報》1991 年第 2 期。

　　耿志堅:《中唐詩人用韻考》,《聲韻論叢》第三輯,1991 年。

　　[韓]金恩柱:《唐代墓志銘用韻研究》,博士學位論文,中山大學 1998 年。

　　[韓]金恩柱:《從唐代墓志銘看唐代韻部系統的演變》,《古漢語研究》1999 年第 4 期。

　　李開:《漢語古音學研究》,上海人民出版社 2008 年版。

　　李榮:《隋韻譜》,《音韻存稿》,商務印書館 1982 年版。

　　劉根輝、尉遲治平:《中唐詩韻系略説》,《語言研究》1999 年第 1 期。

　　劉冠才:《北朝通語語音研究》,中華書局 2020 年版。

　　劉君慧、李恕豪等:《揚雄方言研究》,巴蜀書社 1992 年版。

　　劉曉南、張令吾主編:《宋遼金用韻研究》,香港文化教育出版社有限公司 2002 年版。

　　劉曉南:《宋代文士用韻與宋代通語及方言》,《古漢語研究》2001 年第 1 期。

　　劉曉南:《宋代四川語音研究》,北京大學出版社 2012 年版。

魯國堯：《論宋詞韻及其與金元詞韻的比較》，《中國語言學報》1991 年第 4 期。又載《魯國堯自選集》，河南教育出版社 1994 年版。

羅常培、周祖謨：《漢魏晋南北朝韻部演變研究》第一分冊，中華書局 2007 年版。

羅常培：《〈切韻〉魚虞的音值及其所據方音考》，《羅常培語言學論文集》，商務印書館 2004 年版。又載《中央研究院歷史語言研究所集刊》第二本第三分，1931 年。

麥耘：《隋代押韻材料的數理分析》，《語言研究》1999 年第 2 期。

聶娜：《音韻學研究中的數學方法總體分析》，《中國音韻學：中國音韻學研究會南昌國際研討會論文集·2008》，江西人民出版社 2010 年版。

孫捷、尉遲治平：《盛唐詩韻系略説》，《語言研究》2001 年第 3 期。

王力：《南北朝詩人用韻考》，《龍蟲并雕齋文集》第一冊，中華書局 1980 年版。

王力：《漢語語音史》，中國社會科學出版社 1985 年版。

于安瀾：《漢魏六朝韻譜》，河南人民出版社 1989 年版。

張民權：《清代前期古音學研究》上冊，北京廣播學院出版社 2002 年版。

趙蓉、尉遲治平：《晚唐詩韻系略説》，《語言研究》1999 年第 2 期。

鄭林嘯：《音韻學中統計法的比較》，《語言研究》2004 年第 3 期。

鄭林嘯：《〈篆隸萬象名義〉聲系研究》，河北大學出版社 2007 年版。

中國社會科學院語言研究所詞典編輯室編：《現代漢語詞典（第 6 版）》，商務印書館 2012 年版。

周祖謨：《齊梁陳隋時期詩文韻部研究》，《語言研究》1982 年第 1 期。又載《文字音韻訓詁論集》，北京大學出版社 2000 年版。

周祖謨：《魏晋南北朝韻部之演變》，東大圖書出版公司 1996 年版。

周祖謨：《魏晋宋時期詩文韻部研究》，《文字音韻訓詁論集》，北京大學出版社 2000 年版。

朱曉農：《北宋中原韻轍考：一項數理統計研究》，語文出版社 1989 年版。

# "叫喊"義動詞"呼/喚/叫/喊/嚷"之歷時演變①

張美蘭

（香港浸會大學中文系）

　　**摘　要**：漢語表示"呼喊""叫喊"義的核心動詞有"呼""喚""叫""喊""嚷"，在歷時發展過程中，它們構成同義替換關係，即經歷了從"呼"到"喚"再到"叫"的更替，到清代產生從"叫""喊"到"嚷"的并存，并最終形成了今天的格局。本文在總結學界前人研究的基礎上，重點描寫近代漢語時期這幾個動詞詞義演變、語法功能變化以及相互間的替換關係。

　　**關鍵詞**：動詞；呼/喚/叫/喊/嚷；歷時演變

　　表示動作發出的聲音大，投入的力度大，音量高，這類動詞主要有叫、喊、呼、喚、嚷等②。叫喊類動詞是言語類動詞中的一個小類，屬於人類的言語動作，因此[＋人]這一義素屬此類動詞主體信息的共有語義特徵。以[＋口部發出聲音][＋音量高][＋力度大][＋主動][－雙向性]爲主要語義特徵。

---

① 本文爲國家重大招標課題"近代漢語常用詞歷史演變研究"階段性成果，曾與友生周瀅照合作，明清時期的文獻統計數據均爲周瀅照完成。論文在第五屆文獻語言學國際學術論壇暨青年論壇（2019 年）上發表，本次發表稍加修改。

② 表示動作發出的聲音大，投入的力度大，音量高，用[＋力度大]、[＋音量高]這類動詞較多。主要包括喊、吼、呼、喚、嚷。在《現代漢語詞典（第 5 版）》中解釋"呼"：大聲喊。"喊"：大聲叫。"喚"：發出大聲，使對方覺醒、注意或隨聲而來。"喊叫"：大聲叫。"叫喊"：大聲叫，嚷。"叫喚"：大聲叫。"吼"：（猛獸）大聲叫，發怒或情緒激動時大聲喊叫。"號叫"：拖長聲音，大聲叫喊。但"吼"（帶有情緒）、"號"（拖長聲音）是特殊的動詞，不在本文討論之列。而表示動作發出的聲音大，但不一定投入了較大的力度，用[＋/－力度大]、[＋音量高]表示，這類動詞主要有喧嘩、喧嚷、叫嚷。不在本文的討論之列。

漢語表示"呼喊""叫喊"的動詞有"呼""號""唱"①"唤""叫""喊""嚷"等,在不同的時代,這些動詞的語法特徵和詞義變化各不相同。其中"呼""唤""叫""喊""嚷"的語義發展有更替。汪維輝(2000)、王秀玲(2006)對上古和中古該組詞有專題討論,王秀玲(2006)、黎會玲(2009)對近代漢語該組詞有專題研究,但祇涉及"呼""唤""叫""喊",沒有提及"嚷"在該語義場的地位。王倩楠(2019)對"呼、唤、叫、喊"所表"呼喊—召唤—去做—稱呼"四個義項語義演變鏈的發展歷史進行了討論。故本文將在前人研究的基礎上,簡單介紹"呼/唤/叫/喊"它們在上古中古的面貌。追溯表"(大聲)叫喊"義之"叫""唤""喊"的歷時發展,尤其是"嚷"的興起,重點考察其近代漢語以來的興替狀況,并結合現代漢語方言的情況討論它們的分布特點。

## 一、 先秦兩漢時期的"呼""叫""唤"

"呼""唤""叫"三個動詞在上古均已出現。表達"大聲叫喊、呼喊"之義,先秦兩漢時期以"呼""號"爲主,"叫"用得較少。至東漢以前,"呼"是"呼喊"義常用詞。

**(一) 呼("虖""嘑""謼")**

《説文·口部》:"呼,外息也。""呼"的本義表示將氣息呼入的動作,并由此引申出呼叫、呼喊義。"呼"該義項,形體上偶爾也作"虖""嘑""謼",常指"大聲號叫"。如:

(1) 既愆爾止,靡明靡晦,式號式呼,俾晝作夜。(《詩·大雅·蕩》,呼、號同義爲文。)

---

① 按:表"大聲叫喊、呼喊"義,先秦兩漢時期還有"號"。其語義多有拖長聲音的特徵,如《詩·魏風·碩鼠》:"樂郊樂郊,誰之永號?"毛傳:"號,呼也。"《詩·大雅·蕩》:"既愆爾止,靡明靡晦,式號式呼,俾晝作夜。""號"也常用來指"發號施令""大聲哭號""動物長鳴"及"大風發出巨響"等情形。本文從略。"唱"本義爲"領唱、領奏"。《説文解字》:"唱,導也。從口昌聲。"魏晉時期引申出"叫喊、高呼"之義。《世説新語·雅量》:"謝太傅盤桓東山時,與孫興公諸人泛海紅。風起浪涌,孫、王諸人色并遽,便唱使還。"(《漢語大詞典》和《辭源》均取《北史·孫修義傳》爲首例書證,年代較晚)唐宋元明口語作品中有其用例,但不是其主流用法,本文從略。

(2) 順風而呼,聲非加疾也,而聞者彰。(《荀子·勸學》)

(3) 聶政大呼,所殺者數十人。(《戰國策·韓策二》)

(4) 勇士一呼,三軍皆辟,士之誠也。(《新序·雜事四》)

"呼"之"大聲呼喊"義,其語義特徵是:施事是人,發出的聲音音量大,而且一般是單向行爲,不針對某一對象,若有呼喊對象,施事主語并不對受事發出命令或者具有某種期待。[聲音+施事者人發出+音量大+行爲單向+對方]

"呼"除了表示"大聲喊叫"外,還可以表示"召喚對方,使對方隨之而來"之義,這一用法接近於"喚",如:

(5) 有一人在其上,則呼張歙之;一呼而不聞,再呼而不聞,於是三呼邪,則必以惡聲隨之。(《莊子·山木》)

## (二) 叫

《説文·口部》:"叫,嘑(呼)也。從口丩聲。"《廣韻》古弔切,去嘯見。霄部。"叫"字在元明清多俗寫作"呌"。其本義爲"人或動物大聲地發出聲音",後引申出多種義項。古漢語中,"叫"的義項主要有:呼喊、鳴叫;吹奏;召喚、招呼;稱爲、當作;訴說;讓、被(介詞);雇;使、令;允許等。在方言中還有"哨子"(如"叫兒")、"雄性的"(如"叫驢""叫雞")。

叫,呼也。從"叫"產生之初,"呼喊"便是"叫"的主要義項,雖出現早,先秦用例很少。在先秦文獻中常與"號""呼"并用,如:

(6) 或不知叫號,或慘慘劬勞,或棲遲偃仰,或王事鞅掌。(《詩經·北山》)

(7) 或叫於宋大廟,曰:"嘻嘻,出出。"(《左傳·襄公三十年》)

(8) 登此昆吾之墟,綿綿生之瓜。余爲渾良夫,叫天無辜。(《左傳·哀公十七年》)

"叫"又寫作"嘂",如:

(9) 禁嘂呼嘆鳴於國中者。(《周禮·秋官司寇·衛枚氏》)
(10) 大祭祀,夜嘂旦以嘂百官。(《周禮·春官宗伯·巾車》)

漢代,因"呼喊"常在人與人之間發生,有發出者,有時也有傾聽者,"叫"在漢代產生了"呼喚、招呼對方"之義,如:

(11) 言旋邁兮北徂,叫我友兮配耦。(王逸《九思·疾世》)

"叫"的範圍也由"人呼喊"進一步擴大爲"動物鳴叫",如:

(12) 猨蜼晝吟,鼯鼠夜叫。(東漢馬融《長笛賦》)

早期"叫"使用很少,詞義單一。基本上都是"呼叫;鳴叫"的意思,很少作"招呼;召請"義用。(參見汪維輝 2000:174—175)

(三)喚

《説文新附》:"喚,呼也。"《廣韻·換韻》:"喚,呼也。"據汪維輝(2000:176)研究,認爲"喚"大約見於西漢末年,上古很少用。汪維輝(2000:176)列舉了《列女傳》和《易林》的用例。

汪維輝(2000)統計了《左傳》《荀子》《墨子》《莊子》《韓非子》《呂氏春秋》《史記》的所有"呼":"叫"的用例爲 142:5。可見,上古"呼"是該語義場的主導詞。

## 二、 中古時期的 "呼" "叫" "喚"

呼喊義"呼""叫""喚"這組詞在中古漢語中的用法,前修時賢對呼喊義詞"呼""叫""喚"在中古漢語時期的演變、消長情況多有闡述。討論的議題有二:一是關於"喚"的地域特點,汪維輝(2000)認爲"喚"具有南方話色彩,王秀玲(2006)予以討論。二是關於"喚"對"呼"的替代時間問題,王秀玲(2006:290—300)、黎會玲(2009)指出到 6 世紀左右,"呼""叫""喚"在呼喊義上重叠,表示呼喊義和招呼義的動詞以"呼""喚"爲主,"叫"尚未參與這一競争。陳明娥(2004)也有所討論。

### (一)"喚"

汪維輝(2000:173—188)對"呼/喚、叫"在東漢至魏晉這一斷代時期的新舊詞消長進行研究。特别指出至少在南朝的口語裏,"喚"是方言特徵很强的詞①。在南朝口語中,"喚"已經替代了"呼"并逐漸進入文學語言中,成爲常用動詞。陳明娥(2004)對《世説新語》進行了調查,其中"呼":"喚"出現的總頻次分别是 18:20。通過頻率數支持了汪維輝(2000)"喚"已在競争中占據了上風的説法。王秀玲(2006:291)肯定了汪維輝關於"喚"的南方方言詞特點,但對汪文提出南朝口語中"喚"替代"呼"提出了異議。王秀玲指出:"喚"這個詞在南北朝時期還處於從弱勢向强勢的過渡階段。《高僧傳》《雜阿含經》《出三藏記集》《先秦漢魏晉南北朝詩》中的"南朝詩歌"等作品仍然是"呼"的用例明顯高於"喚"。同時"喚"也逐漸滲透到北方口語了。王倩楠(2019)統計了《世説新語》《搜神記》《雜阿含經》《高僧傳》《大智度論》《全梁文》《全後魏文》六部文獻中表呼喊義動詞"呼"與"喚"的使用比例是 76:27,可以支持王秀玲(2006)的觀點。同時指出"喚"大多出現在南方語料中,至於北方口語性的語料,"喚"很少出現的。支持了汪維輝(2000)關於"喚"的南方方言詞特點。

### (二)"呼"

魏晉南北朝時期,表"呼喊"義,"呼"與"喚"并行。王秀玲(2006:291)統計了《先秦漢魏晉南北朝詩》中南朝詩歌部分"呼"和"喚"的使用情况,二者表"呼喊"義的出現次數分别是 13:7。動詞"呼"仍占據該語義場主導詞地位。如:

---

① 按:一直以來,"喚"都是一個南方方言色彩濃厚的動詞。王倩楠(2019)統計表呼喚義在《世説新語》中"呼":"喚"出現的頻次是 4:5。也可以佐證這一地域趨勢。

(13) 江僕射年少，王垂相呼與共棋。（《世説新語·方正第五》）

(14) 乃呼顔回、子夏同往觀之。（《搜神記》卷八）

(15) 既覺，驚呼鄰里共視，皆莫測其由。（《搜神記》卷三）

### (三)"叫"

從六朝起，"叫"開始用於引出説話人所説之話。如：

(16) 時東南風急，因以十艦最著前，中江舉帆，蓋舉火白諸校，使衆兵齊聲大叫曰："降焉！"（《三國志裴注·江表傳》）

(17) 入内示其女，女直叫"絶"，了其意，出則自裁。此女甚高明，重每咨焉。（《世説新語·賢媛第十九》）

(18) 失道，墜枳棘中，紹不能得動。復大叫云："偷兒在此！"紹遑迫自擲出，遂以俱免。（《世説新語·假譎第二十七》）

(19) 或叫於宋大廟，曰："嘻嘻，出出。"（《左傳·襄公三十年》）杜預注："叫，呼也。"

"叫"在整個中古時期，其用例有限，且用法單一，尚無法與"呼、唤"形成競争之勢。《世説新語》中"叫"出現 5 次，且全部都是"喊叫、呼叫"之義。詞義單一，"叫"在魏晋南北朝未有大的發展。

### 三、 唐宋元時期的 "唤""叫""喊""嚷"

這一時期"呼/唤/叫"經歷了第二次替換的歷程，首先經歷了"唤"對"呼"的替換過程，其次，是"叫"對"呼/唤"的替換。唐宋時期是"唤"與"呼"競争的時期，同時是"喊"産生的時期。宋元時期是"叫"與"唤"競争的時期，同時是"嚷"産生的時期。我們主要介紹"喊""嚷"，其他部分學界王秀玲（2006）、黎會玲（2009）曾有研究，此從略。

### (一) 唤

王秀玲（2006：293）指出，隋唐表呼喊義的"唤"已經在口語中取代了"呼"。《敦煌變文》和《祖堂集》中,"喚"已經遠遠超過了"呼"。陳明娥(2004)指出:敦煌變文"喚:呼"的出現頻次之比爲162:55,這說明即使在文學語言中,"呼"也已是強弩之末,無法與日益活躍的新詞"喚"相抗衡了①。相反,"喚"不僅是南方方言中常用詞彙,在北方也在逐步取代"呼",成爲北方方言中的常用動詞。黎會玲(2009)對唐五代幾部主要文獻中"呼""喚""叫"進行統計,就使用頻率而言,"喚"高於"呼"②。宋元時期,呼喊義仍然是"喚"較常用的意義之一。和唐五代相比,這一時期"喚"更常見的是作爲構詞語素出現在文獻中。在《元刊雜劇三十種》中沒有使用"喚",說明有着南方方言色彩的"喚"也較早從北方文獻中消失的。"喚"降格爲構詞語素,出現在雙音節結構中,如"呼喚""使喚""叫喚""拘喚""呼風喚雨"等結構中。

### (二) 呼

"呼"在唐五代以及宋元時期開始衰落,從單音節動詞降級成構詞語素;和"喚""喊"等同樣能夠表示呼喊的動詞相比,"呼"所發出的聲音具備明顯的感情色彩,即由動作發出者基於一定的情感發出的比較大的聲音。如:

---

① 《祖堂集》中"喚"則主要承擔"呼"的"召喚、招呼"之義和"稱呼、叫作"之義。參見蔣紹愚(1993)《白居易詩中與"口"有關的動詞》一文,第94—95頁。

② 黎會玲(2009)指出了呼喊義"呼"和"喚"動詞兩者之間的語義語用區別的三個方面。第一,聲音大小不同。"呼"的動作大多蘊含着比較强烈的情感或者目的,因而音量較大,而"喚"所發出的聲音相對平緩。如:(1) 碧天纔降千年主,嵩嶽連呼萬歲聲。(《敦煌變文集》)(2) 其婦遂用夫言,往至魯市中喚曰:"齊人空車,魯人負父,齊今遭難,魯在何處?"(《敦煌變文集》)第二,組合能力不同。最典型的是"喚"能够帶直接賓語,與其他詞的組合比較自由,而"呼"則不見這種用法。如:(3) 鶬鶊隔門遥喚:"阿你莫漫輒藏!……任你百種思量。"(《敦煌變文集》)"喚"往往是和其它動詞組成雙音節或四音節結構來表示呼喊義,如"叫喚""呼喚""喚呼",四音節結構如"呼天喚地"。很少以單音節動詞形式出現在句中,即便單用,也一般有狀語修飾,如"屈喚""時喚":(4) 應是街坊相屈喚,無論高下總來聽。(《敦煌變文集》)(5) 師又時喚,僧應喏。師云:"點則不到。"(《祖堂集》)或與其他動詞組成動補結構。如:(6) 其〔妻〕兒見兄被他〔賣〕去,隨後連聲喚住,肝腸寸斷,割你身亡。(《祖堂集》)第三,"喚"能與"者"組成"者"字結構,表示人的名稱,這是"呼"不具有的功能。如:(7) 朋(韓朋)母出看,心中驚怕。即問喚者:"是誰使者?"(《敦煌變文·韓朋賦》)

(20) 殿下醉醒呼萬歲，庭前飲散喚嬪妃。(《敦煌變文集·長興四年中興殿應聖節講經文》)

(21) 此日是人慶賀，是處歡呼。(《敦煌變文集·長興四年中興殿應聖節講經文》)

(22) 老母與子別，呼天野草間。(李白《相和歌辭·豫章行》)

語法方面，作呼喊義時，"呼"既可以做及物動詞，也可以做不及物動詞。"呼"常常和另一單音節詞組合成雙音節詞組，如"歡呼""叫呼""呼喚"等，呈現出詞彙化的傾向，這些詞組大部分作爲雙音節詞保留在現代漢語中。元以後，"呼"作爲單音節動詞出現的情況更少，一般在雙音節結構中出現，即便是作爲單音節動詞，"呼"在使用中往往也有副詞修飾，如：

(23) 楚重瞳陣上高呼："無徒殺人可恕，情理難容！相欺負，廝耻辱。他道我看伊不輕！我負你何辜?"(《元刊雜劇三十種·漢高皇濯足氣英布》)

《元刊雜劇三十種》中 18 例用作"呼喊"義的"呼"全部都在雙音節結構中或者前後有修飾語。

"呼"在唐五代以及宋元時期開始衰落，從單音節動詞降級成構詞語素。黎會玲(2009)指出，宋元時期"呼""喚"則進一步衰落，兩者都呈現出詞彙化傾向，"呼"則幾乎以雙音節詞中的語素形式出現。

**(三) 叫(呌)**

王秀玲(2006:294)指出，"叫"到唐代使用頻率有所提高，但義項仍然多表示人或動物的喊叫。從頻率上使用比例無法與"喚"相比較。蔣紹愚(1993:94—95)指出《祖堂集》中"叫"主要承擔"呼"的"喊叫、呼叫"之義。黎會玲(2009)指出，唐五代時期，"叫"延續中古以來的趨勢，尚未得到充分發展。與"呼""喚"相比始終處於弱勢。不僅使用頻率低，語義也較簡單，祇能够表示"呼喊""鳴叫"。由"叫"組成的雙音節或者四音節結構增多:"叫"和其他動詞組成并列詞組,如"叫喚""叫呼""叫問";"叫"受其他動詞、形容詞修飾,組成狀中結構,如"唱叫""怒叫""哭叫""大叫";"叫"組成四字結構,如"號天叫地"等。但該詞從宋後期到元得到充分發展,呼喊義始終是"叫"的主要義項。語義上發展出"稱呼"以及"命令"意義①,語義範圍上與"呼""喚"重合,語法功能上能適應新興句式如"被"字句,補語更加豐富。宋元時期是"呼""喚""叫"三個動詞發生根本變化的時期,"叫"迅速發展,并在元代超越"呼""喚",後兩者迅速衰弱。杜翔(2002)考察了《祖堂集》《朱子語類》《元典章·刑部》三書關於"呼叫"義動詞"呼、喚、叫"的使用情況,指出:一般説來"叫"對"呼/喚"的替換至遲在明代已完成了。

**(四)喊(瞰)**

喊,《方言》卷十三:"喊,聲也。"《廣韻》:呼覽切,上敢曉。又呼瀐切,下斬切。"喊"表達"大聲叫喊"之義約始於唐代,其字形不一,有時也寫作"譀""瞰""啖"等。如:

(24)虎因喜,計之曰:"技止此耳!"因跳踉大䁨,斷其喉,盡其肉,乃去。(柳宗元《三戒》)

(25)有人齊聲瞰叫。(《封氏聞見記》卷五)

(26)驢兒見猴行者來,非常叫瞰。(《大唐三藏取經詩話》上)

在《大唐三藏取經詩話》中,有 3 例用爲"雷聲喊喊",1 例用作"喊動前來"。

(27)叫譀似雷驚振動,怒目得電光耀鶴,或有劈腹開心,或有面皮生剥。(《敦煌變文集·大目乾連冥間救母變文》)

(28)啖(喊)得山崩石烈(裂),東西亂走,南北奔沖,齊入寺中。(《敦煌變文集·廬山遠公話》)

(29)高聲直啖(喊)呼"劉季,公是徐州豐縣人"。(《敦煌變

---

① 據杜翔(2002)考證,在《朱子語類》中"叫"已經具備了"叫呼""召喚""稱爲"三個義項。

文集・捉季布傳文》)

（30）蠻奴遂領軍三萬五千，直到衾虎陣面，一齊簇旗大唊
（喊），色（索）隨駕兵事交戰。（《敦煌變文集・韓擒虎話本》）

據王秀玲統計，在《敦煌變文集》中"喊"及其異形俗字"譀""唊"
"嗽"有 14 例。直至宋元"瞰叫"之"瞰"還有用例。如：

（31）（净白）瞰叫副末底過來。……（末）未做得事，先，自
瞰將來，祇莫管他便了。（《張協狀元》第五齣）

錢南揚注："瞰，唊的別體，這裏解作'瞰得'字用，呼喚奴僕之
聲。"胡竹安《〈永樂大典戲文三種校注〉〈元本琵琶記校注〉斟補》云：
"《廣韻》'瞰'爲陡感切，但《字寶碎金》有'瞰，呼陷反'。與'喊'同音，
是'喊'的俗字。"

（32）（亮）祇是口嘮噪，見人説得不切事情，便喊一聲。（陳
亮《又甲辰答朱元晦書》）

宋元時期雖然"喊"在《五燈會元》《三朝北盟會編》《朱子語類》等
語料中都有使用，但使用數量仍較少。《西廂記諸宮調》中有"吶喊"
"大喊""喊聲""一聲喊"等用法，"喊"後面直接接説話內容的較少，在
《朱子語類》中有 1 例。如：

（33）城上皆喊云："馬軍進！"如是果退圍。（《朱子語類》卷
一百三十二）

**（五）嚷$_{2叫喊}$（攘/穰）**

"嚷"的產生是較晚的事，大約在宋代。《龍龕手鑑・口部》："嚷，
俗，如障反。"可知，"嚷"最初是個俗字，字或寫作"攘""穰"。"嚷"有
"吵鬧"之"嚷$_1$"和"叫喊"之"嚷$_2$"。"嚷$_1$"引申出"嚷$_2$"。"嚷$_1$"從一産

生便含有一定的語義色彩,常用於吵鬧、喧雜、雜亂的語境,因而早期多表喧鬧義,常用在"鬧嚷$_1$""喧嚷$_1$"等複合詞中,如"嚷$_1$嚷$_1$"、"嚷$_1$鬧"、"嚷$_1$亂"。又如:

(34) 收好些,休嚷亂,掉下了時休埋怨!這裏多得一貫文,與你這媒人婆買個燒餅,到家哄你呆老漢。"(《清平山堂話本·快嘴李翠蓮記》)

明末張雲龍《廣社·上聲十》:"嚷,喧吵鬧鬧"。"嚷$_1$"有"吵鬧"義。元明以來描寫嘈雜紛亂的場面常常用"鬧嚷$_1$嚷$_1$""亂嚷$_1$嚷$_1$""嚷$_1$嚷$_1$刮刮""嚷$_1$嚷$_1$鬧鬧""紛紛攘$_1$攘$_1$""喧喧嚷$_1$嚷$_1$"等形式,如:

(35) 祇見鬧嚷嚷的一叢人圍着一個漢子,那漢子氣忿忿的叫天叫地。(《陳御史巧勘金釵鈿》)

(36) 話説陳家莊衆信人等,將猪羊牲醴與行者八戒,喧喧嚷嚷,直抬至靈感廟裏排下,將童男女設在上首。(《西游記》第四十八回)

(37) 走上樓去,祇見閣子内,吹笙簫,動鼓板,掀雲鬧社,子弟們鬧鬧嚷嚷,都在樓上打哄賞燈。(《水滸傳》第六十五回)

(38) 有化作蜜蜂,在花枝上擾擾嚷嚷采的;有化作蜻蜓,在雲霄裏輕輕款款飛的。(《警世通言》卷四十)

由於在雜亂的環境下,常需要大聲喊話,"嚷$_1$"很快在元明時期衍生出"大聲呼喊"義,由喧鬧又引申出喊叫義,字寫作"攘$_2$""穰$_2$"。如:

(39) [内喊介,夫驚介]船被風波,屋漏更遭雨。[旦]娘,遥聞鬧攘,叫人驚懼。[内又喊介,旦驚投井](元施惠《拜月亭》第十六折)①

---

① [元]施惠《拜月亭》,見《古本戲曲叢刊初集》,影長樂鄭氏藏世德堂刊本。

"鬧攘"就是"鬧攘之聲"。"嚷₂"又可以單用,與"叫"上下同文。如:

(40) 那妮子僧房中叫,反教你削了髮的耆卿後院裏攘。(元趙彥輝《南呂·一枝花·嘲僧》曲)

(41) 〔淨扮孫仿上,云〕小人是孫仿,一生則說謊,聽的父親叫,看他胡厮穰。〔元鄭德輝《智勇定齊》(脉)楔子〕

(42) 〔包待制云〕張千,甚麽人喧嚷?〔張千云〕是一個書童扭着一個和尚叫冤屈哩。〔元曾瑞卿《元夜留鞋記》(臧)第三折〕

(43) 〔蔡員外云〕住住住,你兩個休要胡厮嚷,你二位端的那一位高強,讓一個醫了罷。〔元劉唐卿《降桑椹》(脉)第二折,此6例,引自李偉大2013〕

由於其語義色彩(偏"吵嚷"義)含有某種要求希望得到滿足之義和方言特色,宋元時期使用數量不多。

由於在雜亂的環境下,常需要大聲喊話,"嚷"很快在元明時期衍生出"大聲呼喊"義,如:

(44) 兒呀,你可不要嚷那。我曉得周公是財主人家,他下的聘財,比別家必然富盛。(無名氏《桃花女》第二折)

(45) 且住,我孫榮在此嚷了這一回,那東鄰西舍都曉得我的口聲。這漢子酒醒了,回去還好。(南戲《殺狗記》第十二齣)

(46) 也是我一時智短,將他賺到荒村,撞見兩個不識姓名男子,一聲嚷道:"浪蕩乾坤,怎敢行凶撒潑,擅自勒死平民!"(《竇娥冤》第二折)

(47) 休愴,你是少年郎,遠道旅宿有何嚷。(明《雙珠記·僧榻傳音》)

#### 四、 明清時期的"叫""嚷₂""喊"

首先,關於明清時期"呼"和"喚"的用法特點,由於該語義場的主導詞"叫"已經替代了"呼"和"喚",因此,動詞"呼""喚"在明清時期雖然也有使用,但多在雙音節詞中充當構詞語素。明清時期常用的以"呼"作爲構詞語素的雙音節及四音節結構有"招呼""歡呼""呼號""呼喝""呼風喚雨""大呼小叫""上呼下應""喝喝呼呼""呼來喝去""呼么喝六""前呼後擁""呼三喝四""呼兄喚弟""舞蹈山呼"等。《西游記》中表示呼喊義的 50 個句子中,僅僅祇有三個"呼"獨用,不帶任何形容詞或副詞修飾,占 6％。另有 13 個受形容詞"高"修飾,即"高呼"。如:

(48) 那八戒與沙僧,一齊飛跑至莊前,高呼道:"都來看活觀音菩薩! 都來看活觀音菩薩!"(《西游記》第四十九回)

(49) 三藏心慌,從者膽戰。却纔悚懼,又聞得裏面哮吼高呼,叫:"拿將來! 拿將來!"(《西游記》第十三回)

張美蘭(2012)指出,明代"叫"已經占據了絕對優勢,一般説來"叫"對"呼/喚"的替換至遲在明代已完成了。《訓世評話》(1473)文言文與白話文"呼、叫"對譯,説明了"叫"在口語中的地位。如:

(50) 太尉立呼人,使脱衣面縛,令置于傍。(第三十四則)

——太尉就叫伴當,教剥了自家衣裳,又教綁了自的身子,放在兒子傍邊。(第三十四則)

(51) 僧呼弟子曰:"弟子,弟子,豹咬我!"(第四十五則)

——和尚大聲叫:"大小徒弟,老虎入房,咬殺我! 你們快來救一救!"(第四十五則)

而明清時期"喚"表叫喊義大幅度減少,組合能力方面,"喚"依舊用於常式句中,組合能力沒有新的發展。黎會玲(2009)指出,明清時期作呼喊義的"喚"使用時,延續了詞彙化的趨勢,以構詞語素的形式出現在雙音節結構中,如"呼喚""使喚""叫喚""拘喚""呼風喚雨"等。相對而言,"喚"表"稱呼"義用例增多。清代"喚"的使用範圍進一步縮小,單獨成詞的用例也越來越少。

所以,下文將主要討論明清時期"叫""嚷₂""喊"之使用特色。

**(一) 叫**

明清時期"叫"成爲南北通用的常用詞。杜翔(2002)指出,到了《金瓶梅》格局發生了變化,"叫"已經占據了絕對優勢,一般説來"叫"對"呼/唤"的替換,至遲在明代已完成了。明清時期,"叫""喊""嚷"作爲同義詞,有時會出現在同一語境中,如:

(52) 於是竟來争食,飛的走的,亂嚷亂叫,一頭吃一頭罵,祇聽得呼呼嗡嗡之聲,三尺來血一霎時吃盡,還象不足的意,共酣地上。(《初刻拍案驚奇》卷三十七)

(53) 叫的叫,嚷的嚷,無非覓子尋妻;余的余,流的流,辨甚富家貧户。(《型世言》第二十五回)

(54) 我纔要叫喊,原來是那個大錦雞,見了人一飛,飛到亮處來,我纔看真了。若冒冒失失一嚷,倒鬧起人來。(《紅樓夢》第五十一回)

**(二) 嚷₂(攘/穰/讓)**

"嚷₂"最初是個俗字,至明代中後期取得了正字的地位。"嚷"原來寫作"攘""穰",元代如此,明代仍有用例。李偉大(2013)根據各種版本,對該組用字現象進行了調查。如:

(55) 魏兵自辰時困至戌時,山上無水,軍不得食,寨中大亂。攘到半夜時分,山南蜀兵大開寨門,下山降魏。(《三國志通俗演義·司馬懿計取街亭》)

(56) 兩個醉婆娘穰殺我也。〔《風月南牢記》(脉)〕

(57) 你二人穰死我也。〔《風月南牢記》(脉)〕

明代中後期刊刻的小説和戲曲中,用"嚷₂"已經很常見了,明代中後期"嚷₂"取得了正字的地位。如:

（58）正在那裏鬧動，早有童樞密帶來的大將王稟、趙譚，入
洞助戰。聽得三軍鬧嚷，祇說拿得方臘，徑來爭功。（《水滸傳》
第九十九回）

（59）當時衆聖把大聖攢在一處，却不能近身，亂嚷亂鬥，早
驚動玉帝。（《西游記》第七回）

（60）那王姑子便一聲不言語，訕訕的坐了一回，往薛姑子家
嚷去了。（《金瓶梅詞話》第六十八回）

（61）西門慶笑道："怪小淫婦兒！悄悄兒罷，休要嚷的人知
道。我實對你説，如此這般，連今日纔一遭。"（《金瓶梅詞話》第
二十二回）

（62）王大郎嚷道："就夾死也决不屈招。"（《石點頭》第八回）

（63）七官爬起來嚷道："把人耳朵都好揪破了，我偏不説！"
（《梼杌閑評》第十二回）

（64）二人嚷將起來。（《封神演義》第六十二回，以上諸例引
自李偉大 2013）

在以上諸例中，"嚷"已脱離了"鬧""喧"等詞，可以單獨用來表示
"喊叫""吵鬧"之義，説明"嚷"已經成詞，祇是用字還不固定。與"叫"
"喊"從語言行爲發展爲使役行爲的發展脉絡不同，至清代"嚷"仍繼
續停留在語言行爲階段。

比對《紅樓夢》程甲、程乙本，"喊叫"類動詞的異文是"叫"與
"嚷"，如：

（65）那智能百般挣挫不起又不好叫。（程甲本，第十五回）
——那智能兒百般的扎挣不起來又不好嚷。（程乙本，第
十五回）

（66）你倒不依咱們就叫喊起來。（程甲本，第十五回）
——你倒不依咱們就嚷出來。（程乙本，第十五回）

比較兩個文本，程甲本使用了通語層面的"叫"，而程乙本傾向於

北方詞"嚷"。

（67）衹得唤起兩個丫頭來，一同寶釵出怡紅院。（程甲本，
第三十六回）
——衹得叫起兩個丫頭來，同着寶釵出怡紅院。（程乙本，第
三十六回）

比較兩個文本，程甲本使用了通語層面的早期舊詞"唤"，而程乙
本使用了口語詞"叫"。

劉寶霞（2012）比對《紅樓夢》程甲、程乙本，得到有關常用詞的異
文83組，總結出程甲、程乙本出現異文分三種情況：一是程乙本比較
注意吸收明清新近發生發展的詞彙，往往具有時代的特色，而程甲本
則用上古漢語慣用的詞彙；二是程乙本吸納了更多北方詞彙，在程甲
本中對應的是南方詞彙；三是程乙本常使用接近口語的詞彙，而程甲
本則選擇書面語色彩較濃的詞彙。"叫喊"義"唤—叫""叫—嚷"這一
組詞的異文比較正巧反映了這三種現象。

### （三）喊

清代之前，"喊"的語義都較爲單一，口語性強。至清代中晚期
"喊"與"叫"一樣，也逐漸由"呼叫"義衍生出"稱爲"義，或具有使役
功能的"召請、呼喚"之義，且在南方語料中的使用多於北方語
料。如：

（68）至於他那個兒子，雖然肥頭大耳，却甚聰明伶俐，叫他
喊湯升大爺，他聽說話，就喊他爲大爺。（《官場現形記》第
二十二回）
（69）夏逢若道："他若喊了汪太爺來，這就了不成。汪太爺
性如烈火，就要滾湯潑老鼠哩。"（《歧路燈》第五十八回）
（70）王阿二自去外間，拿進一根烟槍與兩盒子鴉片烟，又叫
郭孝婆去喊娘姨來冲茶。（《海上花列傳》第五回）
（71）正值楊家姆來絞手巾、冲茶碗，陸秀林便叫他喊秀寶上

來加茶碗。(《海上花列傳》第一回)

### (四)明清時期"叫喊"義動詞的使用情況及其分布

1. 明代"叫喊"義動詞使用情況

統計了明代《三國演義》等十五種文獻"叫喊"義動詞的使用比例,圖示如下:

| 文獻 | 三國演義 | 三遂平妖傳 | 水滸傳 | 西游記 | 樸通事諺解 | 三言 | | | 二拍 | | 明民歌 | 鼓掌絕塵 | 型世言 | 金瓶梅詞話 | 封神演義 |
| | | | | | | 喻世明言 | 警世通言 | 醒世恒言 | 初刻拍案驚奇 | 二刻拍案驚奇 | | | | | |
| 地域 | 江淮 | 江淮 | 江淮 | 江淮 | 北方 | 南 方 | | | | | 吳語 | 南方 | 南方 | 山東 | 江淮 |
| 叫 | 285 | 77 | 537 | 970 | 6 | 142 | 174 | 257 | 120 | 142 | 25 | 78 | 91 | 282 | 257 |
| 喊 | 227 | 20 | 239 | 103 | 0 | 21 | 22 | 74 | 59 | 62 | 1 | 20 | 10 | 7 | 77 |
| 嚷 | 1 | 0 | 3 | 109 | 0 | 10 | 4 | 25 | 31 | 33 | 1 | 0 | 15 | 38 | 0 |

通過對語料的統計,可知:

(1)"叫"共 2643 例,"喊"共 942 例,"嚷"共 277 例,"叫">"喊">"嚷",三者比例爲:68%∶24%∶7%,"叫"爲表"叫喊"義的主導詞。

(2)"叫"除"大聲呼叫"義外,還有稱呼、呼喚、讓、被及使令義,語義相對豐富。

(3)"喊"的"品嘗"義消失,在這一時期語義相對較爲單純,基本上全部表示"叫喊"義,且不接賓語。

(4)"嚷"自元明時期產生"叫喊"義後,在明代使用增多,但所占比例仍不超過 10%,在個別作品中數量能夠和"喊"比肩,如在《西游記》中,"嚷"與"喊"的數量相當;在具有山東方言特色的《金瓶梅》中,"嚷"有 38 例,"喊"有 7 例,"嚷"的使用數量大大超過了"喊"。

2. 清代"叫喊"義動詞使用情況

統計了清代《醒世姻緣傳》等十六種文獻"叫喊"義動詞的使用比

例,圖示如下:

| 文獻 | 醒世姻緣傳 | 聊齋俚曲集 | 歧路燈 | 儒林外史 | 紅樓夢前80回 | 紅樓夢後40回 | 品花寶鑒 | 官場現形記 | 老殘游記 | 二十年目睹之怪現狀 | 孽海花 | 何典 | 海上花列傳 | 兒女英雄傳 | 小額 | 春阿氏謀夫 |
|---|---|---|---|---|---|---|---|---|---|---|---|---|---|---|---|---|
| 地域 | 山東 | 山東 | 河南 | 江淮 | 北京 | 北京 | 北京 | 江淮 | 江淮 | 江淮 | 江淮 | 吳語 | 吳語 | 北京 | 北京 | 北京 |
| 叫 | 171 | 94 | 101 | 64 | 99 | 52 | 63 | 20 | 29 | 61 | 32 | 5 | 60 | 93 | 7 | 6 |
| 喊 | 25 | 46 | 88 | 46 | 36 | 26 | 17 | 67 | 59 | 17 | 116 | 7 | 95 | 23 | 5 | 43 |
| 嚷 | 51 | 7 | 18 | 10 | 38 | 72 | 32 | 29 | 17 | 34 | 25 | 0 | 46 | 72 | 19 | 74 |

從清代的語料統計中,可以看出:

(1)根據數量統計,"叫"共 957 例,"喊"共 716 例,"嚷"共 544 例,"叫">"喊">"嚷",三者比例爲:43%:32%:25%。與明代"叫"占近 70%的絕對優勢相比,清代三者的總數量趨於均衡。

(2)從整個清代來看,清早期和中期,"叫"仍占據一定的優勢,清代晚期的大部分作品如《官場現形記》《老殘游記》《孽海花》《何典》《海上花列傳》中,"喊"的數量都超過了"叫"。在北方作品中,"嚷"異軍突起,在使用數量上優勢明顯,特別是在清末民初的《小額》《春阿氏謀夫》等北方作品中"嚷"的數量不僅超過了"喊",還超過了"叫"。

(3)從以上分析我們可以推論,清代中前期,隨着"喊""嚷"使用數量的增加,"叫"占絕對優勢的局面已被打破。清代末期南方作品中"喊"具有明顯優勢,北方作品中"嚷"具有明顯優勢。

3. 清代"叫""喊""嚷"的語義發展特點

在清代,"大聲呼喊"義已不是"叫"的主要義項,這一點我們從數量統計上也可以看出來。在明代《三國演義》中共用"叫"296 次,其中 285 例表"叫喊"義,占 96%,《醒世恒言》中共用"叫"705 次,其中 257 例表"叫喊"義,占 36%。而到了清代的《醒世姻緣傳》中,共用"叫"3142 次,表"叫喊"義的僅占 5%,《海上花列傳》中共用"叫"712 詞,表

"叫喊"義的僅占 8%。"叫喊"義動詞中"叫"的衰落與清代"叫"的其他用法特別是使役功能的成熟不無關係。張美蘭(2006)指出,"叫"一開始表示實實在在地"呼叫、喊叫"義,在宋金時代文獻中"叫"多伴隨有"呼喚"的含義,用作單純的使役還很少能見到。元明時期單純的使役用例不多,但與"教"形成了接替之勢,到了清代則大量可見。此外,隨着"叫"的言語行爲的增多和複雜,"叫"逐漸失去了"大聲"的特質,有時等同於"説"。如:

(72) 被他纏不過,説便説郎須記了。切休説與別人知,更不許人前叫。《憶漢月·美人小字》

(73) 這莊叫小不小,叫大不大,也有二三十户人家。(《官場現形記》第一回)

(74) 手上戴了一副絞絲銀鐲子,一對金蓮,叫大不大,叫小不小,穿着印花布的紅鞋。(《官場現形記》第二十二回)

清代"喊""嚷"在南北方各呈現出蓬勃發展之勢。"喊"在南方語料中的發展不僅表現在它使用數量較多,而且語義也更爲豐富。"喊"不僅可以表示"大聲呼喊"義,也衍生出"稱呼""召喚"義及使役行爲。清代"嚷嚷"(rāng rāng)一詞出現并大量使用在北京方言中,表"吵鬧、叫喊"之義。如:

(75) 鄧九公本就嚷嚷了半天吃了,聽了這話,正中下懷,忙説:"很好,咱們也該喝兩盅去了。"(《兒女英雄傳》第二十回)

(76) 善大爺本就一腦門子氣又聽他一排老腔兒,氣更邪啦,説大清早晨的甚麼事情你滿門口兒這們嚷嚷啊。(《小額》)

(77) 又一人勸道:"大姐,您家去罷。三更半夜滿街上嚷嚷什麼? 是了也就是了,就是怎麼説呢?"(《春阿氏謀夫》第六回)

《中華大字典》釋"嚷":"讀如壤,大聲也。北人稱喧鬧爲嚷。"在《兒女英雄傳》中還出現了具有北京話口語特色的詞彙"賣嚷兒",指

"故意高聲説話或吵嚷,讓別人明白自己的用意"。例如:

(78) 張姑娘祇合他母親努嘴兒抬眼皮兒的使眼色,無奈這位老媽媽兒總看不出來,急得個張姑娘没法兒,祇好賣嚷兒了,他便望空説道:"啊,我們到底該叩謝叩謝這位恩深義重的姐姐纔是。"(《兒女英雄傳》第十回)

此外,"叫""喊""嚷"雖然以單音形式爲主,有時也以雙音形式出現,如"喊叫""叫喊""喊嚷""嚷叫""叫嚷"等①,如:

(79) 忽然一聲炮響,山凹裏伏兵大聲喊叫:"大兵到了!"(《儒林外史》第三十九回)

(80) 我想着酸梅是個收斂的東西,才剛捱了打,又不許叫喊,自然急的那熱毒熱血未免不存在心裏,倘或吃下這個去激在心裏,再弄出大病來,可怎麽樣呢。(《紅樓夢》第三十四回)

(81) 正在没出豁處,祇見井上有好些人喊嚷,臨井一看道:"强盗在此了。"(《初刻拍案驚奇》卷三十六)

(82) 有在官鄰嫗高氏,見計氏在大門内嚷叫,隨將計氏拉勸進内。(《醒世姻緣傳》第十三回)

(83) 語揪住他女人拳打脚踢管教了一頓好的(奇)打的爹媽亂叫嚷的聲兒都岔啦。(《小額》)

清代以後的近現代文獻中,"叫""喊""嚷"仍作爲表"叫喊"義的通語詞使用。

4. 小説《西游記》和車王府鼓詞曲本《西游記》中的"叫""喊""嚷"

在小説《西游記》中,表"大聲叫喊"義主要有"叫""喊""嚷",其中

---

① 黎會玲(2009)指出,明清時期由"叫"組成的常用固定短語或者詞比較豐富,以雙音節結構爲主,動賓結構如叫門、叫屈,叫茶,并列結構如叫嚷、叫唤、叫唱、叫喊、哭叫,偏正結構如怪叫。

"叫"有 970 例,"喊"有 103 例①,"嚷"有 109 例。從數量上來看,"叫"使用數量最多。小説《西游記》到清代車王府鼓詞曲本《西游記》(簡稱"車曲")中,有將"叫"改寫爲"嚷"的用例,如下:

(84) 行者就叫:"頭疼,頭疼! 莫念,莫念!"(《西游記》第二十七回)

——行者時間嚷頭疼,連説師父且莫念。(《車曲·西游記》27—252②)

(85) 猪八戒村愚,把長嘴掬一掬,叫道:"讓路! 讓路!"(《西游記》第八十七回)

——口中嚷道:"驚動了! 借光! 借光! 衆位老施主們閃一閃!"(《車曲·西游記》28—133)

(86) 那國王見了,急下龍床,就來扯娘娘玉手,欲訴離情,猛然跌倒在地,衹叫:"手疼! 手疼!"(《西游記》第七十一回)

——國王一見金皇后,斗大明珠落掌中。喜壞了,離座翻身往下跪,伸手來拉愛梓童,哎喲一聲朝後退,兩隻手,一齊亂擺直嚷疼。(《車曲·西游記》28—66)

(87) 衆小妖遠遠看見,齊聲高叫道:"大王,莫惹他!"(《西游記》第七十六回)

——衆小妖一齊亂嚷:"這猴子不知時務,還没到清明呢,他就放起風筝來了!"(《車曲·西游記》28—88)

也有"呼"改寫爲"叫"。如:

(88) 遠遠的立在那山坡上高呼。(《西游記》第七十四回)
——立在山坡高聲叫。(《車曲·西游記》28—75)

---

① 其中"吶喊"16 例,"叫喊"10 例,"喊叫"5 例,"喊嚷"1 例。
② 曲本《西游記》分布在《清車王府藏曲本》第 27 册與第 28 册,故以 27 或 28 標示《清車王府藏曲本》之第 27 册或第 28 册,引文出處以册數加頁數;小説依據的是《西游記》(長春出版社 2006 年版),僅注頁碼。下文同。

偶爾也有"叫"改寫爲"喊"的用例,如:

(89) 噴將出去,念動咒語,叫聲:"變!"(《西游記》第三回)
——口內念咒喊聲:"變!"(《車曲·西游記》27—66)

5. 北京官話《官話指南》及其方言對譯本中的"嚷""叫""喊"

通過《官話指南》六個版本①異文用例比較,可知"喊"具有南方方言色彩,"嚷"具有北方方言色彩,"叫(吗)"南北通用,是個通語詞。

(90)(a) 我的聲音,生來不能大,對人説話,又不敢大聲嚷,所以顯着聲兒小。(1—15)②

(b) 我的聲音,生來不能大,對人説話,又不敢大聲吗,所以見得聲音小。

(c) 我個聲音,本來勿那能大個,并且搭人白話,勿敢響喊,所以聲氣小來野。

(d) 我個聲音,本來勿大,對人白話,又勿敢鬧,所以見得聲音小哉。

(e) 我嘅聲音,生出系咁細,對人講話,又唔敢大聲,所以更覺得細啲。

(f) 我天然唔得大聲,又唔中意大聲話人,故此講出嘅聲都系細的呀。

形容大聲叫唤,(a)用"嚷",(b)用"吗",滬語(c)用"喊",(d)用"鬧",粵語(e)(f)用短語"大聲""大聲話"。

---

① 這六個版本是:(a) 代表北京官話的《官話指南》,楊龍太郎出版,明治十四年(1881)。
(b) 代表南方官話的改訂本《官話指南》,九江印書局活字印出,光緒十九年(1893)。
(c) 代表上海話的《土話指南》,上海土山灣慈母堂出版,1889 年。(d) 上海話《滬語指南》,上海美華書館出版,1908 年。(e) 代表粵語的《粵音指南》,香港別字館印本,宣統二年(1910)。(f) 粵語《訂正粵音指南》,Printed by Wing Fat & Company,1930 年。
② 按:標識"1—15",爲第一卷第 15 課,下同。下文"2—27",爲第二卷第 27 課。

(91) (a) 老太臨聽見了,可就喝呼他説,你別胡説。(2—27)

(b) 老太監聽見了,却就喝呼他説,你莫胡説。

(c) 太監聽見之,責備①伊咾話,儂勿要瞎話。

(d) 老太監聽見之,就喊伊話,儂勿要瞎話。

(e) 老太臨聽見,就喝住佢話,你咪亂講。

(f) 個老太監鬧佢,咪咁論盡嚟講。

表"責備"之義,官話(a)(b)用"喝呼",滬語(c)翻譯用"責備",(d)用方言常用詞"喊",粵語(e)(f)換成行爲動作動詞"喝住""鬧"。

(92) (a) 忽然聽見來了好幾輛車,直叫店門。趕店門開開了,就見趕進六輛鑣車來。(2—29)

(b) 忽然聽見來了好幾乘車,直叫店門。等店門開開了,就見趕進六乘鑣車來。

(c) 忽然聽見有幾部車子來者,喊開門。開門進來,看見六部鑣車。

(d) 忽然聽見來之好幾部車子,直叫店門。等店門開開之,就看見推進六部鑣車來。

(e) 忽然聽見嚟咁好幾駕車,喺外頭拍門。等開咗店門,推曉六駕鏢車入嚟。

(f) 忽然聽見好幾駕車,直到店就拍門。門開之後,見有六駕鑣車。

形容大聲叫喚,官話(a)(b)用"叫(呌)",滬語(c)翻譯用"喊",(d)沿用官話"叫",粵語(e)(f)換成行爲動作動詞"拍門"。

總之,(c)版(d)版是滬語譯文,用"喊",(a)版是北京官話材料用

---

① "嚷"還有表"責備"之義,有"嚷罵""嚷喝"等,宋元話本有用例,如:(1) 謹自伯伯和我嚷,你又走來添些言。(《清平山堂話本·快嘴李翠蓮記》)(2) 翠蓮道:"爹休嚷,娘休嚷,哥哥嫂嫂也休嚷。"(《清平山堂話本·快嘴李翠蓮記》)

"嚷"和"叫",(b)版是南方官話,用通語詞也是元明之主導詞"叫",(e)(f)版是粵語,不用産生較晚的"喊""嚷",而用"大聲""拍門"等詞彙形式表達。

以上用例顯示了從明代到清代,"呼""叫""喊""嚷"中有"喊""嚷"占主流的傾向,同時,"喊""嚷"也帶有各自的地域特點。

### 五、 叫喊義"呼""喚""叫""喊"在方言中的共時分布

王倩楠(2019:30—31)依照《現代漢語方言大詞典》和《漢語方言地圖集·詞彙卷》"124 叫"中對"呼、喚、叫、喊"幾個不同義項在不同方言中的分布進行了歸總。根據王倩楠(2019)歸總的材料,我們僅僅抽取其中表"叫喊"這一義項,發現共時方言中"呼"的使用數量少,分布在閩語、吳語或個別官話區域。在烏魯木齊、廈門、哈爾濱等方言中多數以構詞語素的形式出現。"喚"散見於吳語、客家、湘語、閩語等南方方言中,也見於中原官話、西南官話等個別方言點。在梅縣方言中"喚"僅以文讀音的形式出現。在上海、南京、揚州等方言中"喚"經常以構詞語素的形式出現。而"叫"集中分布在陝西、河北、山東等北方官話區,山西等晉語區,浙江、福建沿海等吳語區、閩語區以及安徽、浙江、江西等交界處的徽語區,如牟平方言、太原方言、績溪方言、杭州方言等,分布範圍相對廣泛。不過,"叫"在湘語、贛語、客家、粵語以及南方官話區等個別方言點祇是零散分布,尤其在長沙、黎川、于都、成都等方言中僅以構詞語素的形式出現。"喊"分布範圍最廣,其集中分布在南方方言區,尤以湘語區、客家方言區、蘇南吳語區最集中。此外北方官話區、西南官話區、粵語、贛語以及平話區都有部分數量分布其中。

"呼"與"喚"在閩語、吳語等南方方言的共時分布特點,與上文所論"呼"與"喚"在上古、中古的興替歷史演變相關。也就是上古、中古中的早期用法特點在南方方言不同地域中都或多或少的存在着,但在官話區多以構詞語素出現。而動詞"呼""喚"的共時分布特點,與上文所述動詞"呼""喚"在明清時期的特點基本一致。明代"叫"成爲主導詞,"喊"在南方語料中的發展,不僅表現在它使用數量較多,而

且語義也更爲豐富。此後，由"叫"組成的常用固定短語或者詞比較豐富，以雙音節結構爲主。"叫""喊"成爲"叫喊"義的通語詞。到清代"喊""嚷"在南北方各呈現出蓬勃發展之勢。這些都説明了歷時發展在共時地域上的分布特點。

## 六、小　結

漢語表示"呼喊""叫喊"義的核心動詞主要有"呼""喚""叫""喊""嚷"。在歷時發展過程中，它們經歷了不同歷史時期的主導詞變化，即上古、中古以"呼"爲主導詞，但中古開始，同義詞"喚"與"呼"形成競爭，"喚"由南方特點的詞向北方滲透，到唐宋"喚"已經占據主導地位。與此同時，動詞"喊"在唐宋用例有所發展，到明清主要在南方作品中多見。而"叫"雖早見於上古，在宋元時期地位逐漸加强，到明清"叫"在該語義場占主導地位，南北通行。元明北方出現了"嚷"，與同義詞"喊"形成一北一南的分布特點。具體表現爲：

（1）東漢以前，"呼"是"呼喊"義的常用詞，"喚"在中古時期得到發展，"叫"使用頻率不高。而"呼""喚"分別在唐五代以及宋元時期開始衰落，從單音節動詞降級成構詞語素；"叫"從宋開始語義迅速發展，成爲"呼喊"義最主要的動詞，同時"叫"之"召喚""稱呼"等義在各自的語義場也占主導地位。

（2）"叫"從先秦兩漢起就表示"人或動物大聲叫喊"，至明代"叫"作爲表"叫喊"義的主導詞，其使用數量達到了頂峰。至清末，由於"叫"其他義項如"召喚，稱爲，使、令，讓、被"等的大量使用，表"叫喊"義方面的使用比例迅速減少。在北方"嚷"的"叫喊"義大量使用，"叫"在該語義場的使用也受到一定限制。

（3）"喊"最初表示"品嘗味道"之義，唐代引申出"大聲叫喊"義，有時寫作"嗽"或"嗻"。至清末，"喊"在大部分南方作品中的使用都超過了"叫"，在南方作品中占據明顯優勢。同時"喊"也由"叫喊"義引申出"稱爲、呼喚、召請"等語義。

（4）"嚷"産生於宋代，至明代使用數量增多，字形穩定爲"嚷"，在清末的北方作品中使用數量超過了"叫"和"喊",在北方作品中占明顯優勢。其疊音形式"嚷嚷"在北方作品中也常見,表"吵鬧、喧嘩"($嚷_1$)之義。

(5)清代以後,"叫""喊""$嚷_2$"仍作爲表"叫喊"義的通語詞使用。與"叫""喊"不同處是,"$嚷_2$"至清末仍没有產生出"稱爲、召請"之義及用作使役等新用法。

"叫喊"義動詞"呼""唤""叫""喊""嚷"之歷時興替演變,圖示如下:

| 概念場 | 成員 | 上古 | 中古 | 唐宋元 | 明清 |
|---|---|---|---|---|---|
| 叫喊 | 主導詞 | 呼 | 呼 | 呼、唤 | 叫 |
| | 其他成員 | 叫 | 唤、叫 | 叫、喊、$嚷_2$ | 呼、唤、喊、$嚷_2$ |

## 參考文獻

陳明娥:《從〈敦煌變文〉和〈世說新語〉中的常用詞看漢語詞彙的深層變化》,第四屆中古漢語國際學術研討會論文(2004年10月,南京)。

杜翔:《支謙譯經動作語義場及其演變研究》,博士學位論文,北京大學2002年。

蔣紹愚:《白居易詩中與"口"有關的動詞》,《語言研究》1993年第1期。

李偉大:《近代漢語三十組常用詞考源》,博士學位論文,廈門大學2013年。

黎會玲:《近代漢語常用詞演變研究 ——以"穿戴""呼喊""捨棄"義動詞爲例》,碩士學位論文,中國人民大學2009年。

劉寶霞:《從〈紅樓夢〉異文看明清常用詞的歷時演變和地域分布》,博士學位論文,清華大學2012年。

汪維輝:《東漢至隋漢語常用詞演變研究》,南京大學出版社2000年版。

王倩楠:《"呼喊"類常用詞的歷時演變與共時分布》,碩士學位論文,天津外國語大學2019年。

王秀玲:《常用詞"呼""唤""叫""喊"的歷時演變與更替》,《漢語史研究集刊》第九輯,巴蜀書社2006年版。

張美蘭:《近代漢語使役動詞及其相關的句法、語義結構》,《清華大學學報》

2006 年第 2 期。

張美蘭:《從〈訓世評話〉文白對照看明初漢語常用動詞的興替變化》,《南京師範大學文學院學報》2012 年第 4 期。

周瀅照:《基於〈西游記〉兩個版本異文的明清常用詞歷時演變研究》,博士學位論文,清華大學 2013 年。

# 《賜于闐國碣鱗黑汗王進奉敕書》年代考

李 文

（北京語言大學漢語學院）

**摘 要:**《宋大詔令集》中所收録的《賜于闐國碣鱗黑汗王進奉敕書》未標注年代,《敕書》中也未見有提示年代的明確信息。本文依據《宋史》等史料中有關黑汗王朝的朝貢記録,從貢品、回賜、貢使名及朝貢日期等方面與《敕書》進行比照,推測該《敕書》頒於宋神宗元豐六年,即 1083 年,使團由碣鱗黑汗王於 1079 或 1080 年派出。

**關鍵詞:**于闐國;碣鱗黑汗王;敕書;年代

《宋大詔令集》第二百四十卷《四裔·諸藩》收録了賜于闐國黑汗[①]王的三封敕書。其中,第二、三兩封《賜于闐國黑汗王進賀登位敕書》,注有宋哲宗“元祐”年號,應在哲宗繼位(1085)後不久。第一封《賜于闐國碣鱗黑汗王進奉敕書》則未注明年代,也未見到有論文提及該《敕書》與哪一次朝貢有關。本文試圖依據史料中黑汗王朝(下文亦常用“喀喇汗王朝”)朝貢記録,推斷該《敕書》的年代。依據的史

---

\* 本文試圖解決的問題來自授課中的一點疑問。波恩大學漢學系 2021—2022 冬季學期漢學專業碩士語言課程有一門古籍研讀課“宋與中亞”,在所選反映喀喇汗王朝與宋朝關係的史料中,《賜于闐國碣鱗黑汗王進奉敕書》內容完整,但無年代標注。作爲唯一明確提及黑汗王稱號的詔書,其年代問題也是值得探究的。本文在寫作過程中,得到了巴黎大學訪問學者、烏茲別克斯坦社會科學院石清照博士(Dilnoza Duturaeva)和南京大學華濤教授的幫助,特此致謝。
① 黑汗,亦作“黑韓”。黑汗王朝,即喀喇汗王朝。突厥語中“喀喇”既有黑色之意,也有偉大、最高的意思。魏良弢(2010:52—53)認爲黑汗/黑韓是 qara xan 的半意半音譯。蔣其祥(2001)則認爲黑汗/黑韓是哈卡尼耶(可汗王朝)的漢語音譯。

料主要爲《宋史》《宋會要輯稿》和《續資治通鑒長編》①。

《賜于闐國䃜鱗黑汗王進奉敕書》全文如下：

> 敕于闐國䃜鱗黑汗王。省所差人進奉馬一匹、金五十斤、玉鞦轡一副、胡錦一十八段事。具悉。卿介居藩服。馳望闕庭。露函奏以致誠。出方奇而底貢。眷惟來享。良紉嚮風。仍傳象譯之言。願睹使華之盛。須期通道。始議遣行。載念恭勤。殊深嘉嘆。所進到物色。今回賜卿錢二百貫文。其馬一匹十貫文。以浙絹充。兼別賜卿國信物。對衣金腰帶銀器衣著等。具如別錄。并交付差來首領尹納祝等。至可領也。所將到蕃書文字。譯得。乞差人般赴本圖。候通路行日。相度遣使。故茲示諭。想宜知悉。夏熱。卿比平安好。遣書不多及。

從《敕書》内容來看，以下幾點可以作爲判斷時間的主要依據與朝貢記録進行比較：1. 貢品：一匹馬、五十斤金、一副玉鞦轡、十八段胡錦。2. 回賜：二百貫文。馬一匹付十貫文，不過用浙絹來代替。3. 別賜：國信物如對衣、金腰帶、銀器、衣著等。4. 進奉人：首領尹納祝。5. 頒詔時間：夏。根據以上信息，便可在喀喇汗王朝朝貢記録中尋找綫索。

## 一、䃜鱗黑汗王之前的于闐國黑汗王朝貢記録

喀喇汗王朝（840—1212）是古突厥語部族建立的第一個伊斯蘭教的國家，位置在"我國的新疆北部和南部與吉爾吉斯、塔吉克斯坦、哈薩克斯坦東南部和烏兹别克斯坦東半部這一廣大地區"（魏良弢2010:4）。960年，伊斯蘭教成爲國教。喀喇汗王朝在東進的過程中，與信仰佛教的于闐國爆發了數十年的戰争，據學者們的研究，喀喇汗

---

① 《宋史》資料主要來自真宗、仁宗、英宗和神宗的《本紀》及《外國傳·于闐》，《宋會要輯稿》資料主要來自《藩夷四·于闐》和《藩夷七·歷代朝貢》。

王朝最終於 1009 年前的兩三年中滅了于闐國①。在此後的歲月中，漢文典籍中向宋朝貢的于闐國，實際已爲黑汗國。在漢文資料中有關黑汗國最早的記錄是宋真宗大中祥符二年(1009)。《宋史·真宗本紀》記載："是歲，于闐、西涼府、西南蕃羅崑州蠻來貢。"(1985：142)《宋史·外國傳·于闐》②記錄更爲詳細，包括使者名以及朝見真宗的場面：

> 大中祥符二年，其國黑韓王遣回鶻羅廝溫等以方物來貢。廝溫跪奏曰："臣萬里來朝，獲見天日，願聖人萬歲，與遠人作主。"上詢以在路幾時，去此幾里。對曰："涉道一年，晝行暮息，不知里數。昔時道路嘗有剽掠，今自瓜、沙抵于闐，道路清謐，行旅如流。願遣使安撫遠俗。"上曰："路遠命使，益以勞費爾國。今降詔書，汝即賷往，亦與命使無異也。"(1985：14107)

《宋會要輯稿·蕃夷七·歷代朝貢》③在注釋中引用其他文獻補出了此次朝貢的具體日期和貢品，也提到了使者出使的重要目的："《玉海》：是年三月己巳，于闐貢良玉及玉鞍勒馬。《山堂考索》：于闐國王黑韓王遣回鶻羅廝溫等以方物來貢。廝溫跪奏曰：'臣萬里來朝，獲見天日，願聖人萬歲，與遠蕃作主。'"(2010：538)《續資治通鑒長編》④(第七十一卷)對這次覲見亦有具體時間記錄，其他內容與《于闐傳》一致。黑韓王希望宋朝皇帝"與遠人作主"，可能有借助宋朝影響力安撫原于闐國佛教徒的意思⑤。

真宗之後有關喀喇汗王國的朝貢記錄在宋仁宗時也有一次。天

---

① 學者們的看法稍有差異，榮新江(2001：92)、孫斌(1991：60)等，明確指出是在 1006 年，李樹輝(2010：94)認爲是在 1005 或 1006 年，華濤(2020：179)推測是在 1007—1008 或此前不久(論文最早發表在 1989《元史及北方民族史研究集刊》第 12—13 期)。

② 下文略作《于闐傳》。

③ 下文略作《蕃夷七》。

④ 下文略作《長編》。

⑤ 石清照分析這一請求，認爲黑汗王朝可能是在控制新征服區——于闐國的過程中遇到了某些麻煩，從而希望從宋朝獲得幫助。(2018：186—187)

聖三年(1025),《仁宗本紀》記載:"是歲,龜兹、甘州、于闐來貢。"
(1985:181)《于闐傳》對此次朝貢有非常詳細的記錄,包括館舍:"天
聖三年十二月,遣使羅面于多、副使金三、監使安多、都監趙多來朝,
貢玉鞍轡、白玉帶、胡錦、獨峰橐駝、乳香、硇砂。詔給還其直,館于都
亭西驛,別賜襲衣、金帶、銀器百兩、衣著二百,羅面于多金帶。"
(1985:14108)《蕃夷七》除交待了具體時間爲"十二月四日",還有對
羅面于多身份的説明,爲"大首領"(2010:548),地位很高。對貢品的
介紹則與《于闐傳》基本一致。《長編》(第一百零三卷)對這次朝貢衹
有一條簡單的記録:"(十二月壬子)于闐和罕王①遣使來貢方物。"

砳鱗黑韓王之前黑汗王朝的朝貢記録衹有以上兩條。《宋史》中
第一次提到黑汗國"砳鱗黑韓王",是在宋仁宗嘉祐八年(1063)八月,
與第一次提到黑韓王已相差 54 年②。《英宗本紀》:"是歲,于闐、西南
蕃來貢。"(1985:255)③《于闐傳》除具體日期,還記録了使者姓名和此
次朝貢"乞封"的目的:"嘉祐八年八月,遣使羅撒温獻方物。十一月,
以其國王爲特進、歸忠保順砳鱗黑韓王。羅撒温言其王乞賜此號
也。"但在《蕃夷七》中并沒有出現有關此次朝貢的任何記録,《長編》
也沒有提到這次朝貢。"砳鱗黑韓王"這一名稱衹在《于闐傳》中出現
了一次。

## 二、砳鱗黑汗王及其在位年代

根據魏良弢先生的研究,東部喀喇汗王朝第五代汗爲馬赫穆德
托格魯爾汗④(1062—1080)(2010:184)。在位時間對應於宋仁宗嘉
祐七年至神宗元豐三年。對於砳鱗二字的含義,《于闐傳》有這樣一
個解釋:"于闐謂金翅鳥爲'砳鱗','黑韓'蓋可汗之訛也。"(1985:
14108)魏良弢(2020:114)認爲"'砳鱗黑韓王'即'托格魯爾喀喇

---

① 和罕王即黑汗王。
② 仁宗崩於三月,英宗繼位未改元,故八月已是英宗朝。
③ 英宗、神宗時期所有朝貢記録均見下表,正文中的引文將不再逐條注明卷號或頁碼。
④ 《喀喇汗王朝史·喀喇汗王朝世系與在位年表》(2010:184)中作"馬赫穆德托黑魯爾
汗",書中其他各處"黑"均作"格",故改"黑"爲"格"。

汗'",因爲"'砆鱗'意爲'金翅鳥','托格魯爾'意爲'鷲',意思相同"。
不過,石清照(2018:181,187)認爲俄羅斯學者 Boris D. Kochnev 對
古錢幣的研究結論更爲可信[①],砆鱗黑汗王的名字并非馬赫穆德
(Mahmud),而是 Yūsuf ibn Sulaymān,頭銜是 Toghril Qara Khan。
她認爲"砆鱗"作爲金翅鳥,也不是佛教和印度教傳説中的神鳥迦樓
羅 Garuda,而是突厥傳説中的神鷹 Toghril,象徵王權和力量。雖然
對砆鱗黑汗王的名字和"砆鱗"的含義存在不同的認識,但其在位時
間則没有疑議。基本可以確定,頒給砆鱗黑汗王的《敕書》就屬於英
宗和神宗兩朝的某一次朝貢。

### 三、 宋英宗、宋神宗兩朝的朝貢記録

在上文提到的史書中,宋英宗、宋神宗兩朝喀喇汗王朝的朝貢共
出現了 15 次。在下表中,三種史料中出現的所有朝貢記録和涉及于
闐國的有關朝貢法令等悉數列出,以便在瞭解每一次朝貢細節的同
時,也瞭解其背景。同時,也便於史料之間的比較。表中《宋會要輯
稿》略作《宋會要》,其中《蕃夷四·于闐》在引文前標注【四】,《蕃夷
七·歷代朝貢》在引文前標注【七】。引文後注明卷號或頁碼。

| 時間 | 史料來源 | 朝貢記録 |
|---|---|---|
| ① 仁宗嘉祐八年(1063) | 《英宗本紀》 | 是歲,于闐、西南蕃來貢。(255) |
| | 《于闐傳》 | 嘉祐八年八月,遣使羅撒温獻方物。十一月,以其國王爲特進、歸忠保順砆鱗黑韓王。羅撒温言其王乞賜此號也,于闐謂金翅鳥爲"砆鱗","黑韓"蓋可汗之訛也。羅撒温等以獻物賜直少不受,及請所獻獨峰橐駝。詔以遠人特別賜錢五千貫,以橐駝還之,而與其已賜之直。其後數以方物來獻。(14108) |
| | 《宋會要》 | 【七】《玉海》:是年八月,于闐入貢。(八月)二十六日,于闐國遣使來貢方物。(561) |
| | 《長編》 | |

---

① 參見 Kochnev, Boris D. *Numizmaticheskaia istoriia Karakhanidskogo kaganata*, 991—1209 *gg*. Moscow:Sofiia, 2006, PP. 203 - 204.

| 時間 | 史料來源 | 朝貢記録 |
|---|---|---|
| ② 英宗治平元年(1064) | 《英宗本紀》 | |
| | 《于闐傳》 | |
| | 《宋會要》 | 【七】英宗治平元年正月十二日,于闐國遣使羅撒温來貢獨峰馳,詔還之,其已給價錢更勿追。(561)<br>【七】三月一日,押伴于闐國進奉所言:"羅撒温等朝辭,特賜錢五千貫文。今如賜見錢,慮以買物爲名,未肯進發。欲望以絹、綾、錦充。"從之,仍詔將所賜匹帛内二分與有進奉人,一分與無進奉人。(562) |
| | 《長編》 | |
| ③ 神宗熙寧四年(1071) | 《神宗本紀》 | (二月)庚午,于闐國來貢。(279) |
| | 《于闐傳》 | 熙寧以來,遠不逾一二歲,近則歲再至。所貢珠玉、珊瑚、翡翠、象牙、乳香、木香、琥珀、花蕊布、硇砂、龍鹽、西錦、玉鞦轡馬、腽肭臍、金星石、水銀、安息雞舌香,有所持無表章,每賜以暈錦旋襴衣、金帶、器幣,宰相則盤毬雲錦夾襴。(14108) |
| | 《宋會要》 | 【七】四年二月十四日,于闐國黑汗王遣大首領翟進奉表,貢珠玉、珊瑚、翡翠、象牙、乳香、木香、琥珀、花蕊布、硇砂、龍鹽、藥物、鐵甲、馬。(563) |
| | 《長編》 | (二月)庚午,于闐貢方物。(卷二百二十) |
| ④ 神宗熙寧五年(1072) | 《神宗本紀》 | |
| | 《于闐傳》 | |
| | 《宋會要》 | 【七】十二月二十六日,于闐國黑韓王遣使奉表,貢玉、胡錦、玉鞦鞍轡馬、乳香、木香、腽肭臍、金星石、花蕊布。(564) |
| | 《長編》 | |
| ⑤ 神宗熙寧六年(1073) | 《神宗本紀》 | |
| | 《于闐傳》 | |
| | 《宋會要》 | |
| | 《長編》 | (十月)戊戌,于闐貢方物。(卷二百四十七) |

續表

| 時間 | 史料來源 | 朝貢記錄 |
|---|---|---|
| ⑥ 神宗熙寧七年(1074) | 《神宗本紀》 | 二月辛未,于闐來貢。(285) |
| | 《于闐傳》 | |
| | 《宋會要》 | 【七】二月三日,于闐國遣使阿丹一難奉表,貢玉、乳香、水銀、安悉香、龍鹽、硇砂、琥珀、金星石。(565) |
| | 《長編》 | (二月)辛未,于闐貢方物。(卷二百五十) |
| ⑦—⑧ 神宗熙寧十年(1077) | 《神宗本紀》 | |
| | 《于闐傳》 | |
| | 《宋會要》 | 【七】十年四月八日,于闐國黑汗王遣使羅阿廝難撒溫奉金表,貢玉、胡錦、鞍轡馬、乳香、木香、翡翠、琥珀、安悉香、龍鹽、雞舌香、胡黃連。(565) |
| | | 【四】熙寧十年十月三日,客省言:"于闐國進奉使羅阿廝難撒溫等有乳香三萬一千餘斤,爲錢四萬四千餘貫,乞減價三千貫賣於官庫。"從之。(135) |
| | 《長編》 | (四月)丁亥,于闐國入貢。(卷二百八十一) |
| | | (冬十月)(庚辰)客省言:"于闐國進奏使人羅阿廝難撒温等有乳香三萬一千餘斤,爲錢四萬四千餘貫,乞減價三千貫,賣於官庫。"從之。(卷二百八十五) |
| ⑨ 神宗元豐元年(1078) | 《神宗本紀》 | (冬十月)癸亥,于闐來貢。(296) |
| | 《于闐傳》 | 地産乳香,來輒群負,私與商賈牟利;不售,則歸諸外府得善價,故其來益多。元豐初,始詔惟齎表及方物馬驢乃聽以詣闕,乳香無用不許貢。(14108—14109) |
| | 《宋會要》 | 【四】元豐元年六月九日,詔提舉茶場司:于闐進奉使人買茶與免稅,於歲額錢內除之。<br>十月二十八日,于闐貢方物。<br>十二月二十五日[1],詔熙河路經略司指揮熙州:自今于闐國入貢,唯齎國王表及方物聽赴闕,毋過五十人,驢馬頭口準此。餘物[2]解發,止令熙州、秦州安泊,差人主管賣買。婉順開諭,除乳香以無用,不許進奉及挾帶上京并諸處貨易外,其餘物并依常進貢博賣。(135) |

| 時間 | 史料來源 | 朝貢記錄 |
|---|---|---|
| | | 【七】六月九日,詔提舉茶場司:"于闐進奉使人買茶,與免税,於歲額錢内除之。"<br>十月二十八日,于闐國貢方物。<br>十二月二十五日,詔熙河路經略司指揮熙州:"自今于闐國入貢,唯賚國王表及方物聽赴闕,毋過五十人,驢馬頭口準此,餘勿解發,止令熙州、秦州安泊,差人主管賣買。婉順開諭,除乳香以無用不許進奉及挾帶上京并諸處貨易外,其餘物并依常進貢博賣。"(567) |
| | 《長編》 | (十月)癸亥,于闐貢方物。(卷二百九十三) |
| ⑩ 神宗元豐二年(1079) | 《神宗本紀》 | |
| | 《于闐傳》 | |
| | 《宋會要》 | 【四】二年十月十三日,熙河路經略司言:"于闐國來貢方物而無國主表章,法不當納,已諭使去。"詔如堅欲奉貢,可聽之。(136) |
| | 《長編》 | (冬十月)熙河路經略司言,于闐國來貢方物,而無國主表章,法不當納,已諭使去。詔如堅欲奉貢,可聽之。(卷三百) |
| ⑪—⑫ 神宗元豐三年(1080) | 《神宗本紀》 | (三年春正月)辛卯,于闐國大首領阿令顛纈温等來貢。(301) |
| | 《于闐傳》 | |
| | 《宋會要》 | 【四】三年正月二十七日,于闐國大首領阿令顛纈温等來貢方物。三月二十六日,詔:"于闐國進奉使所賣乳香,償以見錢。其乳香所過官吏失察,令轉運司劾罪。"(136) |
| | | 【四】十月九日,熙州奏:"于闐國進奉般次至南川寨,稱有乳香、雜物等十萬餘斤。以有違朝旨,未解發。"詔乳香約回。(136) |
| | | 【七】十月九日,熙州奏:"于闐國進奉般次至南川寨,稱有乳香、雜物等十萬餘斤,以有違朝旨,未敢解發。"詔乳香并約回。(569) |
| | 《長編》 | (三月)(己丑)又詔:"于闐國進奉使所賣乳香,償以見錢。其乳香所過,官吏失察,令轉運使劾罪。"(卷三百零三) |
| | | (冬十月)(丁卯)熙州奏,于闐國進奉船次至南川寨,稱有乳香、雜物等十萬餘斤,以有違朝旨,未敢發。詔乳香并約回。(卷三百零九) |

| 時間 | 史料來源 | 朝貢記錄 |
| --- | --- | --- |
| ⑬ 神宗元豐四年（1081） | 《神宗本紀》 | （四年春正月）辛亥，于闐來貢。（303） |
| | 《于闐傳》 | 四年，遣部領阿辛上表稱"于闐僂儸有福力量知文法黑汗王，書與東方日出處大世界田地主漢家阿舅大官家"，大略云路遠傾心相向，前三遣使入貢未回，重複數百言。董氈使導至熙州，譯其辭以聞。詔前三輩使人皆已朝見，錫賚遣發，賜敕書諭之[3]。（14109） |
| | 《宋會要》 | 【四】四年正月，又入貢[4]。（135） |
| | 《長編》 | （春正月）辛亥，于闐貢方物。（卷三百一十一） |
| ⑭ 神宗元豐六年（1083） | 《神宗本紀》 | 五月丙子朔，于闐入貢。（310） |
| | 《于闐傳》 | 神宗嘗問其使去國歲月，所經何國及有無鈔略。對曰："去國四年，道塗居其半，歷黃頭回紇、青唐，惟懼契丹鈔略耳。"因使之圖上諸國距漢境遠近，爲書以授李憲。（14109） |
| | 《宋會要》 | 【四】六年正月十日，中書省奏："鴻臚寺狀：于闐國進奉人安泊驛舍踏逐禮賓院，今來禮賓院有西南蕃進奉人所指占。乞指占都亭西驛中位及東位安泊。"詔："于闐國般次卒未有期到京。及至闕下，西南蕃蠻人當已辭去，叫祗令於禮賓院安下。"（136）<br>五月一日，于闐貢方物，見於延和殿。上問曰："離本國幾何？"曰："四年。""在道幾何時？"曰："二年。""從何國？"曰："道由黃頭回紇、草頭達靼、董氈等國。"又問曰："留董氈幾何時？"曰："一年。""達靼有無酋領部落？"曰："以乏草粟，故經由其地，皆散居也。"又問："道由諸國，有無抄略？"曰："惟懼契丹耳。"又問："所經由去契丹幾何里？"曰："千餘里。"四日，詔于闐國大首領畫到《達靼諸國距漢境遠近圖》，降付李憲。嘗有朝旨委憲遣人假道董氈使達靼故也。十九日，熙河蘭路制置使司言："西賊犯蘭州，破西關，虜略和雇運糧于闐人并橐馳。"詔虜略于闐人畜，令制置司優恤之。（136—137）<br>【七】五月一日，于闐國貢方物。（571） |
| | 《長編》 | 五月丙子朔，御文德殿。<br>于闐貢方物，見於延和殿。上問曰："離本國幾何時？"曰："四年。""在道幾何時？"曰："二年。""經涉何國？"曰："道由黃頭回紇、草頭達靼、董氈等國。"又問："留董氈幾何時？"曰："一年。"問："達靼有無 |

續表

| 時間 | 史料來源 | 朝貢記錄 |
|---|---|---|
|  |  | 頭領、部落?"曰:"以乏草、粟,故經由其地皆散居也。"上顧謂樞密都承旨張誠一曰:"達靼在唐與河西、天德爲鄰,今河西、天德隔在北境。自太祖朝嘗入貢,後道路阻隔,貢奉遂絕。"又問:"嘗與夏國戰者,豈此達靼乎?"曰:"達靼與李氏世讎也。"又問:"道由諸國,有無抄略?"曰:"惟懼契丹耳。"又問:"所經由去契丹幾何里?"曰:"千餘里。"己卯,詔:"于闐大首領畫到《達靼諸國距漢境遠近圖》,降付李憲。"以嘗有朝旨委憲遣人假道董氈使達靼故也。<br>(甲午)熙河蘭會路制置使司言西賊犯蘭州,破西關,殺管勾、左侍禁韋定,并擄略和雇運糧于闐人并橐駝。詔贈定文思使,依永樂例推恩,所擄略于闐人畜,令制置司優恤之。(卷三百三十五) |
| ⑮ 神宗元豐七年(1084) | 《神宗本紀》 |  |
|  | 《于闐傳》 |  |
|  | 《宋會要》 | 【七】十一月十二日,詔以于闐國進馬,賜錢百有二十萬。<br>十二月二日,還于闐國黑汗王所進師子,仍賜銀、絹。六日,特賜進奉人錢百萬。(571) |
|  | 《長編》 |  |

1. 元豐元年"十二月二十五日"已到公曆 1079 年 1 月 30 日。不過表格中元豐元年仍祗標"1078"。2. 此處"物"應爲"勿"。3. 下接"神宗嘗問其使去國歲月"一段,根據《宋會要輯稿》等資料,已移入元豐六年的記錄。4. 此句記於"元豐元年"內,按時間移於此處。

對上表做簡單的統計就會發現,在這 15 次朝貢中,超過 60% 的都能從至少兩種史料中見到記載。綜合來看,朝貢記錄至少含有具體日期,多數還包含使者名、貢品種類,少數還有回賜記錄,極少數包含覲見細節的資料就更珍貴了。對於上表還有兩點需要在此再做一點説明。

1. 關於第 1、第 2 次朝貢的關係。

魏良弢先生(2010:112)認爲這兩次朝貢"應爲同一事,但側重内容不同"。石清照(2018:200)認爲第二次朝貢是同一使團爲了取獨峰駱駝的額外賞賜再來開封,不過駱駝被退回了。結合《宋會要》的記載會發現,《于闐傳》嘉祐八年所記實爲互有關聯的兩件事,時間上有跨度，但合在一起寫了。八月獻方物，十一月接受回賜時對駱駝的價格不滿意，拒絕接受，并要求退還駱駝。這件事等到次年纔解決。正月皇帝下詔歸還駱駝，不過，既沒有收回已支付的錢，還特賜了五千貫。在《宋會要》中分成了兩次朝貢來記錄。事實上，這個五千貫到三月還是以絲綢來充的，因爲擔心使者用現錢購物而不肯按時回國。

2. 第 13 次（1081）《于闐傳》所載"神宗嘗問其使去國歲月"一段，此事應該發生在 1083 年，所以表中移到了 1083 年的記錄中。這種情況跟上面提到的情況相似，《于闐傳》將時間相連的兩次朝貢放在一起叙述，不過，後面一次的朝貢未交代時間，這樣就引起了誤解。好在參照其他文獻還可以將它們分開。

### 四、 朝貢記録與《敕書》内容的比較

將上表與《敕書》内容進行對照，綜合考慮時間、貢使、貢品等各項因素，選出最接近《敕書》的一次朝貢，從而就可以推斷出時間。

#### （一）第 1、2 次朝貢

明確提到"硴鱗黑韓王"的記録是嘉祐八年（1063）八月，此次進貢從秋季一直延續到次年春。朝貢有明確的使者名"羅撒溫"。此外，貢品、回賜也有所涉及，退還獨峰駝是這次朝貢中的重要事件。這些内容都與《敕書》不符。

僅從使者提到"其王乞賜此號"的要求來看，如果《敕書》是此次朝貢所頒發，那麼，《敕書》必接近册文。按照魏良弢先生的看法，"硴鱗黑韓王"的稱號談不上是册封："從多方面的材料推斷，喀喇汗王朝與宋朝絕對不可能是附庸與宗主的關係。這條史料所説的'其王乞賜此號'，祇是宋朝史官及修《宋史》者深受傳統影響的結果——中世紀大國主義的筆法。實際上它祇能是喀喇汗王朝使臣要求宋朝在復文時這樣稱呼他們的國王。"（2010：114）不過，《于闐傳》中明確提到了所賜官名"特進"、封號"歸忠保順"，故還是應該看作册封。如果是册封，敕書内容至少會涉及這一點。以《宋大詔令集》第二百四十卷《甘州外甥回紇可汗王夜落隔可特進懷寧順化可汗王制》爲例，結尾

處點題："噫。山河誓寵。朕罔吝於推恩。金石盟心。爾無忘於報國。終始惟一。永保令名。可特進懷寧順化可汗王。"在四次册立夏國主(元昊、諒祚、秉常、乾順)的册文中,均有"某某持節册命爾爲大夏國主。永爲宋藩輔"的字句①。

下面這則《立夏國主册文》②可以看作是册文的模板,顯然與《敕書》不同。

> 維某年月日。皇帝若曰。古先哲王。奄有區夏。選賢維世。以立諸侯。外則撫鎮畛封。内則屏毗中國。肆朕纂服。通追令猷。敷考貢圖。誕頒顯册。咨爾某。性資沉勇。世載忠良。夙懷來極之誠。深明事大之節。底綏種落。式遏寇虞。奉承前修。嗣守舊約。是用策勳而懋賞。備物以嚴師。緒茂旒旌。苴茅分土。涓辰令吉。長於西陲。今差某官持節。册命爾爲夏國主。於戲。世爲宋藩。惟忠實可以保位。疆以戎索。非信順無以乂民。允懷于兹。罔墜厥緒。欽哉。迪予一人之休命。可不慎歟。

所以,第1、2次朝貢可以排除與《敕書》的關係。

## (二) 第3、6—8、11、13次朝貢

這六次朝貢,都明確記録了使者姓名,但并未見到尹納祝的名字,且朝貢時間也無一是在夏天,因此基本可以肯定與《敕書》無關。

表中有使者姓名記載的,大多會有貢品的記録,有時也會提到回賜,這些也是判斷的主要依據。不過第11次元豐三年的朝貢沒有提到貢品,但值得注意的是,正月進貢,三月就有官員因爲使者進貢乳香而遭彈劾,因爲元豐元年十二月已有規定,"乳香以無用不許進奉"。由此可知,第11次朝貢應該有乳香,而乳香《敕書》未見。

---

① 四册文分別爲《册夏國主文》(仁宗慶曆四年)(1044)、《册夏國主諒祚文》(慶曆八年)(1048)、《立夏國主册》(神宗熙寧二年)(1069)、《册夏國主乾順文》(哲宗元祐二年)(1087),分別收録在《宋大詔令集》第233、234、235和236卷中。

② 見《宋大詔令集》第236卷。文中"於戲"位置應在"皇帝若曰"之後。

第13次元豐四年的朝貢記錄也沒有提到貢品,但有很多獨特的内容。《于闐傳》提到了"于闐國僂儸有福力量知文法黑汗王"的名號,按路途所用時間最短一年來計算,使團應該也是砳鱗黑汗王時派出的。朝貢中使者特別説到前三次所派使者均未回。皇帝下詔明確説明,前三次使團均已朝見,并都已領賞回國,最後還"賜敕書諭之"。這裏提到頒"敕書",不過,這份敕書如果還存在的話,内容至少可以看到對使者未歸問題的答復,但《敕書》中根本没有這一内容。所以,僅從這一點來看,《敕書》也與此次朝貢無關。

## (三)第4、15次朝貢

這兩次朝貢的記載都沒有留下貢使姓名,但都有貢品記錄,這當然也是判斷的主要依據。第15次甚至可以看到回賜品,還有退還貢品獅子的細節。且兩次朝貢都是在冬天。從這些内容來看,也都與《敕書》不符。

## (四)第5、9次朝貢

這兩次朝貢留下的信息最少,沒有任何關於進奉使、貢品和回賜的記錄。但從進貢時間來看,這兩次均在冬十月,與《敕書》不符。第9次元豐元年朝貢結束兩個月之後,就出臺了針對于闐國的進貢條件:需持國王表章和貢品,人數不超過50,乳香不貢等。從這裏至少可以推出,這一次的貢品也包括乳香,而在《敕書》中并未見到乳香,僅從貢品來看,與《敕書》也不合。

## (五)第10、12次朝貢

這兩次朝貢均發生在元豐元年出臺的規定之後,第10次因爲無表章,第12次因爲有乳香,均進貢受阻,時間均在冬十月。所以這兩次也絕對與《敕書》無關。

## (六)第14次朝貢

第14次也沒有關於進奉使、貢品和回賜的任何記載,但有朝貢時間和其他重要信息出現。這次朝貢是在元豐六年(1083)夏五月,《神宗本紀》《長編》的"五月丙子朔"與《宋會要》中兩個"五月一日"完全一致。《敕書》中的"夏熱",終於找到了相對應的季節。

同等重要的是,此次朝貢有神宗於延和殿召見使者的詳細記錄。

對神宗與使者之間的問答做一點分析，也可以從多方面瞭解此次朝貢與《敕書》在内容上的關聯。

從路途用時來看，使者回答離國已 4 年，離開黑汗國的時間應該在 1079—1080 年，與砳鱗黑汗王的在位時間不矛盾。石清照（2018：187）也認爲，此次對話提示一點，使團的派出應該是 1079 年 由 Toghril Qara Khan Yūsuf ibn Sulaymān（r. 1062—1078/1079），或者他的兒子 Toghril Qara Khan Umar ibn Yūsuf（r. 1078—1081）[①]。奧瑪爾的封號也是 Toghril Qara Khan，漢譯也應該是"砳鱗黑汗王"。

使者回答道經董氈國時，皇帝特別問到留董氈國的時間，這與《敕書》中提到的"藩書文字，譯得"可能有某種關聯。在第 13 次朝貢中，《宋會要》特別提到"董氈使導至熙州，譯其辭以聞"，這次很可能也是在董氈國翻譯表章。同時，在正月已討論使者的安置問題，説明事先已獲知使團來朝信息。

關於路途是否安全通暢，使者回答是"惟懼契丹耳"。不過，使者所走的路綫"青唐至秦州一綫"，與契丹尚有千餘里。神宗詳細問起路途是否通暢，并且請使者畫諸國距漢遠近圖，可能與 1081 年開始的宋與西夏的戰争有關。這場戰争一年後以宋的慘敗告終。宋廷無暇西顧，同時道路也更加不安全。這一點可能就是《敕書》中"須期通道，始議遣行""乞差人般赴本圖，候通路行日，相度遣使"的由來。1009 年喀喇汗使者第一次請求宋朝派使者就未獲准。魏良弢先生認爲，"宋朝不像漢唐那樣强盛，而是一個軟弱的朝代，以'路遠''勞資'爲辭，没有派出使團"。（2020：114）到了神宗年間，這一情況并未扭轉。

綜上，《敕書》頒於本次朝貢的可能性最大。

通過對英宗和神宗朝喀喇汗王朝朝貢記録的分析，基本可以推出《敕書》頒於 1083 年夏。這一次的朝貢細節也可以根據《敕書》内

---

[①] 在 *Qarakhanid Roads to China：A History of Sino-Turkic Relations* 一書中，石清照將兩位可汗的在位時間分别修訂爲（1062—1080）和 1080（2022：62，79）。Umar ibn Yūsuf 在位兩個月。

容大致復原：元豐六年五月丙子朔，于闐國碩鱗黑汗王遣首領尹納祝奉表，貢品若干。帝嘉其誠，回賜若干，別賜若干。

## 參考文獻

阿不里克木・亞森、沈淑花：《〈突厥語大詞典〉所見喀喇汗朝的官職稱號》，《西域研究》2003 年第 1 期。

郭聲波點校：《宋會要輯稿・蕃夷道釋》，四川大學出版社 2010 年版。

華濤：《喀喇汗王朝祖先傳說的歷史解讀》，《歷史研究》2005 年第 6 期。

華濤：《喀喇汗王朝王室族屬問題研究》，《西域歷史研究（八至十世紀）》（附錄一），商務印書館 2020 年版。

［法］J. R. 哈密頓著，耿昇、穆根來譯：《五代回鶻史料》，新疆人民出版社 1982 年版。

蔣其祥：《黑汗朝名稱考——兼辨黑汗非喀喇汗譯名》，《西域研究》2001 年第 1 期。

李樹輝：《西天山南北地區歸屬喀喇汗王朝的時間及相關歷史——兼論龜茲石窟的始毀年代》，《社會科學戰綫》2010 年第 6 期。

［宋］李燾：《續資治通鑒長編》，https://ctext.org/wiki. pl？if＝gb&res＝520633&remap＝gb。

榮新江：《敦煌學十八講》，北京大學出版社 2001 年版。

司義祖校點：《宋大詔令集》，中華書局 1962 年版。

孫斌：《大寶于闐國淺探》，《新疆地方志》1991 年第 2 期。

［元］脱脱等：《宋史》，中華書局 1985 年版。

魏良弢：《中國歷史・喀喇汗王朝史 西遼史》，人民出版社 2010 年版。

吳曉萍：《宋代國信所考論》，《南京大學學報》2005 年第 2 期。

余太山：《西域通史》，中州古籍出版社 1996 年版。

Duturaeva, Dilnoza. 2018. Qarakhand Envoys to Song China. *Journal of Asian History*, Vol. 52. No. 2：179 – 208.

Duturaeva, Dilnoza. 2022. From Turkistan to Tibet：The Qarakhanids and the Tsongkha Kingdom. in D. G. Tor and Minoru Inaba. The History and Culture of Iran and Central Asia. Notre Dame：University of Notre Dame Press, pp. 305 – 327.

Duturaeva, Dilnoza. 2022. Qarakhanid Roads to China：A History of Sino-

Turkic Relations，*Handbook of Oriental Studies．Section* 8 *Uralic* & *Central Asian Studies*，Vol. 28.

Diesen Artikel widme ich meinem verehrten Lehrer Professor Li Kai zu seinem achtzigsten Geburtstag.

# 同源詞拾遺

杜恒聯

（山西師範大學文學院）

**摘　要**:同源詞是語音相同或相近,詞義相同、相近或相關的能被典籍文獻證明同出一源的一組詞。研究同源詞能使我們找到詞源義,掌握詞的本義,理解詞的音義關係,捋清詞義的發展脉絡,構建漢語詞義的網絡結構。經過前賢時人的努力,同源詞已經發掘殆盡,文章補充證明 17 組同源詞,發明每一組詞的詞源義,以求正於方家。

**關鍵詞**:同源詞;詞源義;補遺

同源詞是語音相同或相近,詞義相同、相近或相關的能被典籍文獻證明同出一源的一組詞。在書面語中,詞語由文字來表達,所以學者們也稱同源詞爲同源字,如王力的《同源字典》(1982)。據《同源字典》,同源詞的形成有以下一些途徑:一、語音上有細微差別或同音的幾個詞,表示相近或相關的幾個概念,例如:小犬爲狗,小熊、小虎爲豿,小馬爲駒,小羊爲羔。二、一個詞的方言差異,例如:《方言·卷五》:"床,齊魯之間謂之簀,陳楚之間或謂之笫。"三、新詞在舊詞的基礎上產生,新詞以舊詞爲詞源,如:"比"是密比,"篦"是齒子密比的梳子,新詞"篦"以舊詞"比"爲詞源。四、一個詞有了引申義,這個引申義可能發生語音的細微變化,書面語也用另一個字來表達,如,"解"本義是分解,佳買切,上聲,引申指鬆懈,讀古隘切,去聲,書面語用"懈"字表示,"懈"與"解"構成同源詞,"懈"以"解"爲詞源。同源詞的研究歷史久遠,東漢末年劉熙的《釋名》是古代詞源研究的代表作。現當代引進了西方的語言學理論,有了標音工具——音標,音韻學研究更加科學綿密,詞語上古音的音韻地位基本確定,語音的演變脉絡逐漸清晰，都爲同源詞的研究奠定了很好的基礎。新中國成立後，同源詞研究取得了更大的成績，成果不斷出現，如王力《同源字典》，劉鈞傑《同源字典補》(1999)、《同源字典再補》(1999)，黄易青《上古漢語同源詞意義系統研究》(2007)，張希峰《漢語詞族叢考》(1999)、《漢語詞族續考》(2000)、《漢語詞族三考》(2004)，殷寄明《語源學概論》(2000)、《漢語同源詞大典》(2018)，等等。本文補充證明 17 組同源詞，給出了每組詞的詞源義。上古音采用王力《漢語史稿》(1980)中的上古音系統。在文中，我們引用古文字，分析字形，是爲了研究這個字所表達的詞的本義或較早的意義。一組同源詞的各個詞可以用本字來表示，如土地的"土"和"社稷"的"社"構成同源詞(王力 1982:146)，"土"是土地，"社"是土地神，書面語分别用兩個詞的本字"土"和"社"表示；也可以分别用本字和假借字來表示，如喜悦的"悦"和豫樂的"豫"構成同源詞(王力 1982:162)，都表示喜悦，書面語分别用兩個詞的本字"悦"和假借字"豫"("豫"字的本義是大象)來表示；也可以分别用假借字來表示，如爲何的"何"和胡不的"胡"構成同源詞(王力 1982:435)，都表示疑問代詞"什麽"，分别用假借字"何"("何"字的本義是用肩挑)和"胡"("胡"的本義是獸頷下的垂肉)來表示。

(1) 北，悖，非，拂，黻

北，二人相背，後寫作"背"。悖，相背，違背。非，違背，違背"是"(正確)就是"非"(錯誤)。拂，違背。黻，古代禮服上繡的花紋，如兩"己"或兩"弓"相背。這一組詞的詞源義是相背。北，博墨切(本文反切采用《廣韻》)，上古幫母職部。悖，蒲昧切，上古並母物部。非，甫微切，上古幫母微部。拂，敷勿切，上古滂母物部。黻，分勿切，上古幫母物部。五個詞的聲母都是唇音，幫並滂是旁紐；韻部微物對轉，職和微物通轉，主元音都是[ə]。《同源字典》(王力 1982:407)以"非誹"爲同源詞。

北，相背。甲骨文作後2.3.16，像二人相背形。《説文・北部》(許慎 1965:169。以下衹注頁碼)："北，乖也。從二人相背。""相背"義後寫作"背"，唐李益《洛陽河亭奉酬留守群公追送》詩："還似汀洲雁，相

逢又背飛。"引申爲背後，後寫作"背"，《詩·大雅·蕩》："不明爾德，時無背無側。"孔穎達疏："背後無良臣，傍側無賢人也。"與人面相背的即是脊背，後寫作"背"，《孟子·盡心上》："其生色也，睟然見於面，盎於背，施於四體。"古人面南朝陽而居，故與南方相背的即爲北方，《詩·墉風·桑中》："爰采麥矣，沬之北矣。"

悖，相背，《禮記·中庸》："萬物并育而不相害，道并行而不相悖。"引申爲違背，漢桓寬《鹽鐵論·詔聖》："非二尺四寸之律異，所行反古而悖民心也。"

非，違背。《説文·非部》（245）："非，違也。從飛下翄，取其相背。"季旭昇《説文新證》（2010：858—859）引甲骨文 乔戩42.10，金文 乔班簋，注："按：字形實從二人相背形，因而有違義，上加短橫，或爲與'北'形相區別。金文以後形體漸訛，《説文》遂以爲象鳥翅相背，且字形訛變不正。《詩·小雅·斯干》："無非無儀，唯酒食是議。"孔穎達疏："爲行謹慎，無所非法。""非法"即違背義法。《左傳·昭公二十八年》："夫有尤物，足以移人，苟非德義，則必有禍。""非德義"即違背德義。違背正確就是錯誤，故引申爲錯誤，《易·繫辭下》："雜物撰德，辯是與非。"晉陶潛《歸去來兮辭》："實迷途其未遠，覺今是而昨非。"引申爲否定副詞，《易·坤》："非一朝一夕之故。"

拂，違背。《詩·大雅·皇矣》："是伐是肆，是絕是忽，四方以無拂。"毛傳："拂，猶佹也，言無復佹戾文王者。"陸德明釋文："佹，戾也。""佹"也寫作"詭"，違背之義。《漢書·于定國傳》："時陳萬年爲御史大夫，與定國并位八年，論議無所拂。"顏師古注："言不相違戾也。""違戾"即違背之義。

黻，繡衣上兩己或兩弓相背的花紋。《説文·黹部》（161）："黻，黑與青相次文。從黹，犮聲。"徐鍇《説文解字繫傳》（1987：159）："其畫形作兩己相背，取其背惡向善也。"《書·益稷》："藻火粉米，黼黻絺繡。"孔傳："黻，爲兩己相背。"孔穎達疏："黻謂兩己相背，謂刺繡爲己字，兩己字相背也。"《詩·秦風·終南》："君子至止，黻衣繡裳，佩玉將將，壽考不亡。"朱熹《詩集傳》（2011：98）："黻之狀亞，兩己相戾也。""亞"字像兩弓相背。

（2）本，茇，跋

本，樹木的根。茇，草木的根。跋，腳跟。這一組詞的詞源義是根部。本，布忖切，上古幫母文部。茇，北末切，上古幫母月部。跋，蒲撥切，上古並母月部。三個詞聲母都是唇音，幫並旁紐，韻部文月旁對轉。

本，樹根。《説文・木部》（110）：“本，木下曰本。從木，一在其下。”《詩・大雅・蕩》：“枝葉未有害，本實先撥。”《呂氏春秋・辯土》：“是以畝廣以平，則不喪本莖。”高誘注：“本，根也。”

茇，草根。《説文・艸部》（22）：“艸根也。從艸，犮聲。”《方言》卷三：“茇，根也。東齊或曰茇。”《淮南子・地形訓》：“凡浮生不根茇者，生於萍藻。”北魏賈思勰《齊民要術・種瓜》：“（瓜）熟，劚刈取穗，欲令茇長。”

跋，足跟。《篇海類編・身體類・足部》：“跋，足後爲跋。”泛指東西的根部，《小爾雅・廣言二》：“跋，本也。”《禮記・曲禮上》：“燭不見跋。”鄭玄注：“跋，本也。”孔穎達疏：“本，把處也。”指火燭根部可把握處。又指文體的一種，寫在書籍或文章的後面，多用以評介內容或説明寫作經過等。段玉裁《説文解字注》（1983：88）（以下簡稱“段注”）：“跋，題者標其前，跋者系其後也。”宋沈括《夢溪筆談・樂律一》：“後人題跋多盈巨軸矣。”

（3）道，術，述，詠

道，道路，引申爲引道，或寫作“導”。術，都邑中的道路。述，遵循道路而行。詠，引導，誘導。這一組詞的詞源義是道路。道，徒皓切，上古定母幽部。“術”和“述”，食聿切，上古船母物部。詠，辛聿切，上古心母物部。李方桂《上古音研究》（2003）把船母歸入定母。“詠”是心母，和“述術”的定母都是舌尖音，可以通轉，并且三字同聲符。按照王力的《漢語史稿》和李方桂的《上古音研究》，幽組韻部幽覺和微組韻部微物文，主元音都是[ə]，可以通轉。《詩・大雅・行葦》：“敦弓既堅。”毛傳：“敦弓，畫弓也。”朱熹《詩集傳》（2011：257）：“（敦）音雕。……敦、雕通，畫也。”又《周頌・有客》：“敦琢其旅。”孔穎達疏：“敦、雕古今字。”“敦弓”就是“雕弓”，“敦琢”就是“雕琢”，雕，幽部;敦,文部。《書·堯典》:"疇咨若時登庸。"孔安國傳:"疇,誰。"
杜甫《九日寄岑參》:"安得誅雲師,疇能補天漏?""疇"通"誰",疇,幽
部;誰,微部。"媼"是幽部,同聲符的"温"是文部。《同源字典》
(1982:231,460—462)以"道導"爲同源詞,以"術述遹遂隧"爲同源
詞,《同源字典補》(1999:44—45)以"導誘圛迪"爲同源詞。

道,道路。《説文·辵部》(42):"道,所行道也。從辵,從首。一
達謂之道。"《詩·小雅·大東》:"周道如砥,其直如矢。"《史記·陳涉
世家》:"會天大雨,道不通。"引申爲引道,《楚辭·離騷》:"乘騏驥以
馳騁兮,來吾道夫先路。""道夫先路"即引導那前面的路,讀徒到切,
也寫作"導",《國語·周語中》:"敵國賓至,關尹以告,行理以節逆之,
候人爲導。"《孟子·離婁下》:"諫行言聽,膏澤下於民,有故而去,則
使人導之出疆。"

術,都邑中道路。《説文·行部》(44):"術,邑中道也。從行,术
聲。"《墨子·旗幟》:"巷術周道者必爲之門。"三國魏何晏《景福殿
賦》:"房室齊均,堂庭如一,出此入彼,欲反忘術。"泛指道路,晋左思
《咏史》詩之四:"冠蓋蔭四術,朱輪竟長衢。"三國袁術字公路,古人名
字相應,"術"即"路"。

述,遵循道路而行。《説文·辵部》(39):"述,循也。從辵,术
聲。"泛指遵循,《書·五子之歌》:"述大禹之戒以作歌。"孔安國傳:
"述,循也。"《禮記·中庸》:"父作之,子述之。"《漢書·藝文志》:"祖
述堯舜,憲章文武。"顏師古注:"述,修也。言以堯舜爲本始而遵
修之。"

訹,引導,引誘,《説文·言部》(54):"訹,誘也。從言,术聲。"《漢
書·韓安國傳》:"今大王列在諸侯,訹邪臣浮説,犯上禁,橈明法。"顏
師古注:"訹,誘也。"《新唐書·蘇瑰傳》:"支黨遍岐隴間,相煽訹爲
亂。"宋陸游《高僧猷公塔銘》:"予嘗觀古高僧,窮幽闡微,能信踐之,
不爲利訹,不爲勢橈。"

(4)夫,甫,博,鎛,舶,伯

"夫"是成年人,"甫"和"博"都是大,"鎛"是大鐘,"舶"是大船,
"伯"是兄弟中排行老大。這一組詞的詞源義是大。夫,甫無切,上古

幫母魚部。甫,方矩切,上古幫母魚部。博,補各切,上古幫母鐸部。鎛,補各切,上古幫母鐸部。舶,傍陌切,上古並母鐸部。伯,博陌切,上古幫母鐸部。六個詞的聲母都是唇音,幫並旁紐。韻部魚鐸陰入對轉。《同源字典補》(1999:63)以"伯霸灞孟伯擘"爲同源詞。

夫,成年人。《説文·夫部》(216):"夫,丈夫也。從大,一以象簪也。周制以八寸爲尺,十尺爲丈。人長八尺,故曰丈夫。""夫"就是成年男人,相對於未成年人,身軀高大。《詩·秦風·黄鳥》:"維此奄息,百夫之特。"《孟子·萬章下》:"故聞伯夷之風者,頑夫廉,懦夫有立志。"

甫,大。《詩·齊風·甫田》:"無田甫田,維莠驕驕。"孔傳:"甫,大也。"《漢書·禮樂志》:"登成甫田,百鬼迪嘗。"顏師古注:"甫田,大田也。言此粢盛,皆因大田而登成,進於祀所,而爲百神所歆饗也。"

博,大。《左傳·昭公三年》:"仁人之言,其利博哉!"《淮南子·泛論訓》:"豈必褒衣博帶。"

鎛,大鐘。《説文·金部》(297):"鎛,大鐘,淳于之屬,所以應鐘磬也。堵以二,金樂則鼓鎛應之。從金,薄聲。""鎛"是單獨懸挂的大鐘。《儀禮·大射禮》:"笙磬西面,其南笙鐘,其南鎛,皆南陳。"鄭玄注:"鎛,如鐘而大。奏樂以鼓鎛爲節。"

舶,大船。《玉篇·舟部》:"舶,大船。"唐慧琳《一切經音義》卷二十引《埤蒼》:"舶,大船也,長二十丈,載六七百人是也。"《搜神後記·箏笛浦官船》:"盧江箏笛浦,浦有大舶覆在水中,云是曹公舶。"《資治通鑒·梁武帝太清二年》:"俄而景至,信帥衆開桁,始除一舶。"胡三省注:"大舟曰舶。"

伯,兄長。《説文·人部》(162):"伯,長也。從人,白聲。""伯"是兄長,對於小弟們而言,自然身軀長大。《左傳·定公四年》:"文、武、成、康之伯猶多,而不獲是分也,唯不尚年也。"孔穎達疏:"伯是兄弟之長,故舉伯以爲言。"韓愈《過始興江口感懷》詩:"憶作兒童隨伯氏,南來今祇一身存。""伯氏"指韓愈的長兄韓會。引申指父親的哥哥。北齊顏之推《顏氏家訓·風操》:"古人皆呼伯父、叔父,而今世多單呼伯、叔。”

（5）據，怙，丮，撠，攫

據，抓持，引申爲持物而有所憑依。怙，依仗，憑依。“丮”和“撠”，抓持。攫，鳥獸用爪抓取。這一組的詞源義是抓持。據，居御切，上古見母魚部。怙，侯古切，上古匣母魚部。“丮”和“撠”，几劇切，上古見母鐸部。攫，居縛切，上古見母鐸部。五個詞的聲母都是喉牙音，見匣旁紐，韻部魚鐸陰入對轉。

據，抓持。《説文·手部》（251）：“據，杖持也。從手，豦聲。”段注（1988；594）：“謂倚杖而持之也。杖者人所據，則凡所據皆曰杖。據或作据。《揚雄傳》：‘三摹九据。’晋灼曰：‘据今據字也。’按何氏《公羊傳》注據亦皆作据，是叚借拮据字。”“據”的本義是抓持，《老子》第五十五章：“毒蟲不螫，猛獸不據。”《史記·吕太后本紀》：“吕后被，還過軹道，見物如犬，據后掖，忽弗復見。”引申爲據依，《詩·邶風·柏舟》：“亦有兄弟，不可以據。”毛傳：“據，依也。”《戰國策·燕策一》：“馮几據杖，眄視指使，則厮役之人至。”

怙，《説文·心部》（218）：“怙，恃也。從心，古聲。”“恃”與“持”也是同源詞，“持”是抓持，“恃”是有所抓持而爲依靠。《詩·小雅·蓼莪》：“無父何怙！無母何恃！”陸德明釋文：“《韓詩》云：‘怙，賴也。’”《左傳·宣公十五年》：“怙其俊才，而不以茂德，兹益罪也。”柳宗元《封建論》：“大逆未彰，奸利浚財，怙勢作威。”

丮，抓持。《説文·丮部》（63）：“丮，持也。象手有所丮據也。”丮，甲文作⎰乙5477，金文作⎰班簋，象人側面蹲踞有所抓持作爲形，後世用形聲字“撠”代替。

撠，抓持。《集韻·陌韻》：“撠，拘持也。”《前漢記·高后紀》：“高后夢見物如蒼狗，撠后腋。”《史記·孫子吳起列傳》：“夫解雜亂紛糾者不控卷，救鬥者不搏撠，批亢搗虚，形格勢禁，則自爲解耳。”《資治通鑒·周顯王十六年》引此文，胡三省注曰：“撠，如《漢書》‘撠太后掖’之撠，師古曰：‘撠，謂拘持之也。’毛晃曰：‘索持曰搏，拘持曰撠。’”

攫，抓持。《説文·手部》（255）：“攫，抓也。從手，矍聲。”“抓”是

"礼"之誤。段注(1988:605):"《蒼頡篇》曰:'攫,搏也。'《通俗文》曰:'手把曰攫。'《淮南子》曰:'鳥窮則搏,獸窮則攫。'按《衆經音義》卷五、卷十二引《説文》同,而注之曰:'扢,居逆切。'是所據《説文》作'礼',轉寫訛作'扢'耳。'礼'者,持也。"《荀子·哀公》:"鳥窮則喙,獸窮則攫。"《漢書·循吏傳·黃霸》:"吏出,不敢舍郵亭,食於道旁,烏攫其肉。"顏師古注:"攫,搏持也。"

(6) 敲,寇,毆,驅

敲,敲擊。寇,敲擊人施暴。毆,用捶杖敲打。驅,用鞭擊馬前進。這一組詞的詞源義是敲擊。敲,口交切,上古溪母宵部。寇,苦候切,上古溪母侯部。毆,烏后切,上古影母侯部。驅,豈俱切,上古溪母侯部。四個詞聲母都是喉牙音,溪影旁紐,韻部宵侯旁轉。《同源字典》(1982:185)以"叩敂扣攷敲毃"爲同源詞,《同源字典補》(1999:35)以"敲捶撖"爲同源詞。

敲,敲擊。《説文·支部》(69):"敲,橫擿也。從支,高聲。"徐鍇(1987:61)注:"橫擿,從旁橫擊也。"《左傳·定公二年》:"闍乞肉焉,(邾莊公)奪之杖以敲之。"唐賈島《題李凝幽居》詩:"鳥宿池邊樹,僧敲月下門。"

寇,敲人施暴。《説文·支部》(68):"寇,暴也。從支,從完。"容庚《金文編》(1985:212)引金文𡧛𠁁鼎,注:"從人,從支在宀卜,會意。"金文字形像人敲擊人頭施暴。泛指施暴爲害:《詩·大雅·桑柔》:"民之未戾,職盜爲寇。"《吕氏春秋·貴公》:"故曰大匠不斲,大庖不豆,大勇不鬥,大兵不寇。"宋范成大《次韻温伯謀歸》:"二物交寇我,生世真如浮。"

毆,用捶杖敲打:《説文·支部》(66):"毆,捶擊物也。從殳、區聲。"段注(1988:119):"捶擊物者,謂用杖擊中人物也。"《尹文子·大道下》:"吏因毆之幾殪。"《史記·留侯世家》:"(老父)顧謂良曰:'孺子,下取履!'良愕然,欲毆之。"韓愈《順宗實錄二》:"(農夫)遂毆宦者,街吏擒以聞。"

驅,用鞭擊馬前進。《説文·馬部》(201):"驅,馬馳也。從馬,區聲。毆,古文驅從支。"段注(1988:466)把"馬馳"改爲"驅馬":"驅馬也,各本作'馬馳'也,今正。驅馬,自人策馬言之。《革部》曰:'鞭,驅也。'是其義也。""驅"就是用鞭敲擊馬前進。《詩·唐風·山有樞》:"子有車馬,弗馳弗驅。"孔穎達疏:"走馬謂之馳,策馬謂之驅。"南朝梁江淹《別賦》:"驅征馬而不顧,見行塵之時起。"

(7) 張,度,尺,磔

張,張開弓弦。度,張開拇指和中指量物體長度,引申爲長度、制度。尺,張開拇指和中指的距離。磔,張裂人或動物的肢體。這一組的詞源義是張開。張,陟良切,上古端母陽部。度,動詞量度,徒落切,上古定母鐸部;名詞長度,徒故切,上古定母鐸部。尺,昌石切,上古昌母鐸部,李方桂《上古音研究》把昌母歸入透母。磔,陟格切,上古端母鐸部。四個詞的聲母同屬舌音,端透旁紐;韻部陽鐸陽入對轉。

張,張開弓弦。《說文·弓部》(269):"張,施弓弦也。從弓,長聲。"《詩·小雅·吉日》:"既張我弓,既挾我矢。"唐韓愈《元和聖德詩》:"汝張汝弓,汝鼓汝鼓。"泛指張開,《莊子·天運》:"予口張而不能嗋。"成玄英疏:"心懼不定,口開不合。"韓愈《三星行》:"牛奮其角,箕張其口。"

度,《說文·又部》(65):"法制也。從又,庶省聲。"季旭昇《說文新證》(2010:212)引甲骨文字形 ✎ 商·合21289反,注:"甲骨文從又持石,石亦聲。""度"應該是形聲字,從又,石聲。"又"就是手。古人用身體來丈量長度。如"寸",《公羊傳·僖公三十一年》:"膚寸而合。"何休注:"側手爲膚,案指爲寸。"也就是一指的寬度是一寸,四指并在一起的長度爲一膚。再如"仞",《漢書·食貨志上》:"神農之教曰:有石城十仞,湯池百步,帶甲百萬而亡粟,弗能守也。"應劭曰:"仞,五尺六寸也。"師古曰:"此說非也。八尺曰仞,取人申臂之一尋也。"也就是中等成年人伸開雙臂的長度是一仞。據此,度的本義應是張開拇指和中指來丈量物體的長度,拇指和中指的距離就是一尺,先秦的一尺較今天爲短。名詞就是長度,引申爲制度,又因爲連續張開手指直綫丈量長度,所以又引申爲度過、度越。《孟子·梁惠王上》:"度,然後知長短。"這是丈量長度。《漢書·律曆志上》:"度者,分、寸、尺、丈、引也。"這是長度標準。《左傳·昭公三年》:"公室無度。"這是制度、法度。《史記·田儋列傳》:"漢將韓信已平趙燕,用蒯通計,度平原,襲破齊歷下軍,因入臨淄。"這是度過。《漢書·賈誼傳》:"若夫經制不定,是猶度江河亡維楫。"度江越河,後世寫作"渡"。

尺,《大戴禮記·王言》:"布指知寸,布手知尺,舒肘知尋。"一指的寬度是寸,張開手指的距離是尺,展開兩臂的距離是尋。尺蠖也得名於"布手知尺"。《漢語大字典》(2010:3091):"(尺蠖)也作'蚇蠖'。又名'步屈''造橋蟲'。尺蠖蛾的幼蟲。蟲體細長,生長在樹上,顏色像樹皮,行動時身體一屈一伸地前進,像用大拇指和中指量尺寸一樣。種類很多,危害果樹、桑樹和棉花等。《爾雅·釋蟲》:'蠖,蚇蠖。'郝懿行義疏:'其行先屈後申,如人布手知尺之狀,故名尺蠖。'"

磔,張裂肢體。《説文·桀部》(114):"磔,辜也。從桀,石聲。"段注(1988:237):"辛部曰:'辜,辠也。'《掌戮》:'殺王之親辜之。'注:'辜之言枯也,謂磔之。'鄭與許合也。《大宗伯》'以疈辜祭四方百物',大鄭從故書作'罷辜',云:'罷辜,披磔牲以祭。'《爾雅》:'祭風曰磔。'郭云:'今俗當大道中磔狗云以止風。'按凡言磔者,開也,張也,刳其胸腹而張之,令其乾枯不收。字或作'矺',見《史記》。"《漢書·景帝紀》:"改磔曰棄市,勿復磔。"顏師古注:"磔謂張其尸也。"又泛指張開,《晉書·桓溫傳》:"溫眼如紫石棱,須作蝟毛磔。"

(8) 比、輩、排、棑、秠、毗、膍

比,比并,人和人相比并列,引申爲輔助。輩,相比并列的同一類的人或事物。排,并列編排,也指用竹子或木頭并列編排的筏子,後寫作"棑"。秠,輔助,由人相比并引申而來,猶"比"引申爲輔助。毗,比附。膍,牛百葉,如葉片狀相比附。這一組詞共同的詞源義是比并。比,卑履切,上古幫母脂部。輩,補昧切,上古幫母微部。排,步皆切,上古並母微部。棑,薄佳切,上古並母微部。"毗"和"膍",房脂切,上古並母脂部。幾個詞的聲母都是唇音,幫並旁紐。韻部脂微旁轉,脂部和微部極近,清代以前不分。《同源字典》(1982:426—428)以"比妣媲妃配匹"爲同源詞,《同源字典補》(1999:125—126)以"比匕坒陛編辮篇"爲同源詞。

比，比并。甲骨文作⟨⟨京津1266，金文作⟨⟨謀鼎，象兩人相并而立之形，本義是比并、并列。《書·牧誓》："稱爾戈，比爾干。"孔傳："干，楯也。"孔穎達疏："楯則并以扞敵，故言比。"左思《魏都賦》："竦峭雙碣，方駕比輪。"由人相比并引申爲輔助、幫助。《易·比》："比，輔也。"孔穎達疏："比者，人來相輔助也。"《左傳·襄公二十六年》："晋人將與之縣，以比叔向。""以比叔向"即依此來幫助叔向。

輩，相比并列的同類人或事物。《史記·孫子吳起列傳》："孫子見其馬足不甚相遠，馬有上、中、下輩。"晋何劭《游仙詩》："借問蜉蝣輩，寧知龜鶴年。"我輩，即我們這一類人。若輩，即你們這一類人。

排，并列編排。南朝梁沈約《注制旨連珠表》："連珠者，蓋謂辭句連續，互相發明，若珠之結排也。""結排"即珠子比并聯結在一起。白居易《編集拙詩成一十五卷》詩："莫怪氣粗言語大，新排十五卷詩成。"引申指竹子或木頭并列編排的筏子，蘇軾《魚蠻子》："連排入江住，竹瓦三尺廬。"也寫作"桴"。

桴，《玉篇·木部》："桴，桴筏也。"《集韻·皆韻》："桴，桴也。"即用竹木比并聯結而做成的能浮於水的筏子。

棐，解爲輔助，是由人相比并引申的，如同"比"引申爲輔助。《書·洛誥》："公功棐迪篤，罔不若時。"孔傳："公之功輔道我已厚矣，天下無不順而是公之功。"《漢書·叙傳上》："廣觀天罔之紘覆兮，實棐諶而相順。"顏師古注："賦言天道惟誠是輔，惟順是助，故引以爲辭也。"

毗，比附，依附。《詩·大雅·板》："天之方懠，無爲夸毗。"朱熹注："夸，大；毗，附也。小人之於人，不以大言夸之，則以諛言毗之也。"引申爲輔助，猶如"比"引申爲輔助，《書·微子之命》："永綏厥位，毗予一人。"孔傳："長安其位，以輔我一人。"《後漢書·安帝紀》："朕以不明，統理失中，亦未獲忠良以毗闕政。"《三國志·蜀志·諸葛亮傳》："亮毗佐危國，負阻不賓。"

膍，牛百葉，成葉片狀比附。《說文·肉部》(89)："牛百葉也。從肉，毘聲。"王筠《說文句讀》(1983:21)："羊亦有之，在胃之下，而狀如焚夾,故名百葉。《周禮》謂之脾析。"《莊子·庚桑楚》:"臘者之有腸胲,可散而不可散也。"陸德明《釋文》引司馬彪云:"胲,牛百葉也。"牛百葉即牛胃,牛胃部中的第三個間隔瓣胃,瓣胃成葉片狀,功用是吸收水分及發酵產生的酸。

(9) 方,簠,欂

方,方形,與"圓"相對。簠,長方形器。欂,欂櫨,柱上承托棟梁的方形短木,即斗拱。方,府良切,上古幫母陽部。簠,方矩切,上古幫母魚部。欂,補各切,上古幫母鐸部。三個詞幫母雙聲,韻部魚鐸陽入對轉。

方,《周禮·考工記·輿人》:"圜者中規,方者中矩。"

簠,《説文·竹部》:"簠,黍稷圜器也。從竹,從皿,甫聲。"許説不確。段注:"簠盛稻粱,見公食大夫禮經文,云左擁簠粱是也。此云黍稷者,統言則不別也。云圜器,與鄭云方器互異。"《周禮·地官·舍人》:"凡祭祀,共簠、簋,實之陳之。"鄭玄注:"方曰簠,圓曰簋,盛黍稷稻粱器。"鄭玄的説法是正確的,今考古發掘的簠,無一例外都是長方形器,是古祭祀、宴享時用以盛黍稷稻粱的容器,長方形,口外侈,有四短足及二耳。蓋與器形狀相同,合上爲一器,打開則成大小相同的兩個器皿。《新唐書·東夷傳·高麗》:"食用籩、豆、簠、簋、罍、洗。"

欂,清朱駿聲《説文通訓定聲·豫部》:"櫨,單言曰櫨,纍言曰欂櫨……方木,似斗形,在短柱上,拱承屋棟,亦名枅。"《淮南子·本經》:"大構架,興宮室,延樓棧道,雞棲井幹,標抹欂櫨,以相支持。"高誘注:"欂,枅也。"韓愈《進學解》:"欂櫨侏儒,椳闑扂楔。"

(10) 笛和籥

笛和籥都是有孔管樂器,器形相似。笛,徒歷切,上古定母覺部。籥,以灼切,上古以母藥部。定母和以母都是舌音,音近可轉,如余(以母)和途(定母),蕩(定母)和楊(以母)。韻部覺藥旁轉。

笛,《漢語大字典》(2010:3151):"笛,管樂器。起源甚早,古制不詳。漢代的笛有兩種:雅笛五孔,羌笛三孔。據説起於羌中,皆直吹,與今天的簫相似。後世七孔橫吹者,蓋源於古之橫吹。"《説文·竹部》:"七孔笛也。從竹,由聲。羌笛三孔。"晋向秀《思舊賦》:"聽鳴笛之慷慨兮,妙聲絶而復尋。"

籥,《説文·竹部》(95):"籥,樂之竹管,三孔,以和衆聲也。"《詩·邶風·簡兮》:"左手執籥,右手秉翟。"《禮記·文王世子》:"春夏學干戈,秋冬學羽籥,皆於東序。"孔穎達疏:"籥,笛也。籥聲出於中,冬則萬物藏於中,云羽籥,籥舞,象文也。"

(11) 玉和玨

玉,泛指玉石、玉器。玨,特指相合之二玉。玉,魚欲切,上古疑母屋部。玨,古岳切,上古見母屋部。二詞見疑旁紐,屋部疊韻。

玉,《説文·玉部》(10):"玉,石之美有五德:潤澤以温,仁之方也;鰓理自外可以知中,義之方也;其聲舒揚專以遠聞,智之方也;不橈而折,勇之方也;鋭廉而不技,絜之方也。象三玉之連,丨,其貫也。凡玉之屬皆從玉。"《詩·小雅·鶴鳴》:"它山之石,可以攻玉。"

玨,《説文·玉部》(14):"玨,二玉相合爲一玨。凡玨之屬皆從玨。"《左傳·莊公十八年》:"春,虢公、晋侯朝王。王饗醴,命之宥,皆賜玉五瑴、馬三匹,非禮也。"杜預注:"雙玉爲瑴。"陸德明《釋文》:"瑴音角。字又作玨。"宋歐陽修《送楊辟秀才》詩:"其於獲二生,厥價玉一瑴。"

(12) 芻和蘇

芻和蘇都既指割草,又指草、草料。芻,測隅切,上古初母魚部。蘇,素姑切,上古心母魚部。二詞準旁紐,魚部疊韻。

芻,《説文·艸部》(25):"刈艸也。象包束艸之形。"漢袁康《越絶書·外傳記吴王占夢》:"夫越王勾踐雖東僻,亦得繫於天皇之位,無罪,而王恒使其芻莖秩馬,比於奴虜。""芻"解爲割草。《孟子·公孫丑下》:"今有受人之牛馬而爲之牧之者,則必爲之求牧與芻矣;求牧與芻而不得,則反諸其人乎?""芻"解爲飼養牲畜的草。

蘇,《莊子·天運》:"蘇者取而爨之而已。"《史記·淮陰侯列傳》:"樵蘇後爨,師不宿飽。"兩例中"蘇"解爲割草。《列子·周穆王》:"其宫榭若纍塊積蘇焉。""蘇"解爲草。

（13）瑞和璲

瑞和璲都指瑞玉，用作符信。瑞，是僞切，上古禪母歌部。璲，徐醉切，上古邪母微部。邪母，李方桂《上古音研究》擬爲 rj；禪母，李方桂認爲上古歸定母，擬爲 dj。兩個聲母都是舌音，濁音，故可通轉，如盾（食尹切，船母，李方桂把船母和禪母都擬爲 dj）和循（詳遵切，邪母）。韻部歌微旁轉。

瑞，《説文・玉部》（11）：“以玉爲信也。從玉、耑。”段玉裁《説文解字注》改爲“耑聲”，是。《書・舜典》：“（舜）輯五瑞，既月乃日，覲四岳群牧，班瑞於群后。”陸德明釋文：“瑞，信也。”《左傳・哀公十四年》：“司馬請瑞焉，以命其徒攻桓氏。”杜預注：“瑞，符節，以發兵。”

璲：《詩經・小雅・大東》：“鞙鞙佩璲，不以其長。”毛傳：“璲，瑞也。”鄭玄箋：“佩璲者，以瑞玉爲佩。”

（14）象和豫

象和豫都指大象。象，徐兩切，上古邪母陽部。豫，羊洳切，上古以母魚部。李方桂擬以母爲 r，邪母爲 rj，故音近可轉。如羊（以母）和詳（邪母），余（以母）和徐（邪母）。魚陽陰陽對轉。

象，《説文・象部》（198）：“長鼻牙，南越大獸，三年一乳，象耳、牙、四足之形。”《左傳・定公四年》：“王使執燧象以奔吴師。”《史記・孝武本紀》：“縱遠方奇獸蜚禽及白雉諸物，頗以加祠。兕旄牛犀象之屬弗用。”

豫，《説文・象部》（198）：“豫，象之大者。賈侍中説：不害於物。從象，予聲。”

（15）沉，耽，儋（擔），膽

沉是沉没於水；耽是耳垂肩上，也解爲沉溺於歡樂；儋是肩挑物，物下垂。膽囊是人體一個消化器官，呈小囊下垂形。都有下垂、下沉之義。沉，直深切，上古定母侵部。耽，丁含切，上古端母侵部。儋，都甘切，上古端母談部。這幾個詞都是端組聲母，端母和定母是旁紐。韻部分屬侵部和談部，都是閉口韻，是旁轉關係。張希峰《漢語詞族續考》（2000：135）以“耽紞髧耼聃聸頕貼帖”爲同族詞。

沉，《詩・小雅・菁菁者莪》：“泛泛楊舟，載沉載浮。”《莊子・人間世》:"散木也,以爲舟則沉。"兩例中沉解爲沉没。

耽,《説文·耳部》(249):"耳大垂也。從耳,尤聲。"《淮南子·地形》:"夸父耽耳,在其北方。"高誘注:"耽耳,耳垂在肩上。"耽解爲耳大下垂。《詩·衛風·氓》:"于嗟女兮,無與士耽。"毛傳:"耽,樂也。"耽解爲沉溺於歡樂。《後漢書·朱暉傳附朱穆》:"及壯耽學,銳意講誦。"耽解爲沉溺於學問。

儋,《説文·人部》(163):"儋,何也。從人,詹聲。"段注(1988:371):"儋俗作擔。古書或假檐爲之,疑又擔之誤耳。韋昭《齊語》注曰:'背曰負,肩曰儋。任,抱也。何,揭也。'按統言之則以肩以手以背以首皆得云儋也。"《文選·揚雄〈解嘲〉》:"析人之珪,儋人之爵,懷人之符,分人之禄。"《國語·齊語》:"負、任、儋、荷,服牛、輅馬,以周四方。"曹操《苦寒行》:"儋囊行取薪,斧冰持作糜。"

膽,人和動物的膽呈囊形,膽囊下垂。附於肝之短葉間,與肝相連。主要功能爲貯存和排泄膽汁,并參與飲食物的消化。

(16) 犀,兕

犀,犀牛。兕,犀牛一類的動物,或説即雌犀牛。犀,先稽切,上古心母脂部。兕,徐姊切,上古邪母脂部。兩詞聲母旁紐,脂部叠韻。

犀,《説文·牛部》:"犀,南徼外牛,一角在鼻,一角在頂,似豕。從牛,尾聲。"漢王粲《游海賦》:"群犀代角,巨象解齒。"蘇軾《答李端淑書》:"木有癭,石有暈,犀有通,以取妍於人,皆物之病也。"

兕:《説文·凹部》(198):"如野牛而青,象形。與禽、離頭同。兕,古文從儿。"《爾雅·釋獸》:"兕,似牛。"郭璞注:"一角,青色,重千斤。"郝懿行《爾雅義疏》:"《左傳·宣公二年》疏引劉欣期《交州記》云:'兕出九德,有一角,角長三尺餘,形如馬鞭柄。'"《集韻·旨韻》:"兕,一説雌犀也。"《論語·季氏》:"虎兕出於柙。"

(17) 淚和泣

淚是眼淚,泣是流淚而無聲地哭泣。淚,力遂切,中古來母至韻,上古來母物部。泣,去急切,上古溪母緝部,但"泣"的聲母是立,立是來母,故"泣"可能是複聲母 khl。韻部物緝通轉。緝部可轉至韻,如"執"是緝部,"贄"是至韻。

淚，《楚辭·九章·悲回風》："孤子吟而抆淚兮，放子出而不還。"
漢司馬相如《長門賦》："左右悲而垂淚兮，涕流離而從橫。"

泣，《説文·水部》(237)："泣，無聲出涕曰泣。從水，立聲。"涕就
是眼淚。段玉裁(1988:565)注："'哭'下曰:'哀聲也。'其出涕不待
言，其無聲出涕者爲泣。此哭、泣之别也。"引申爲流淚。《易·屯》:
"泣血漣如。"《史記·宋微子世家》:"其後箕子朝周，過故殷虚，感宫
室毁壞，生禾黍，箕子傷之，欲哭則不可，欲泣爲其近婦人，乃作《麥秀
之詩》以歌咏之。"

研究同源詞能使我們找到詞源義，掌握詞的本義，理解詞的音義
關係，捋清詞義的發展脉絡，構建漢語詞義的網絡結構，有很重要的
意義。

## 參考文獻

［東漢］許慎:《説文解字》，中華書局 1963 年版。

董蓮池:《新金文編》，作家出版社 2011 年版。

漢語大字典編輯委員會:《漢語大字典(第二版)》，崇文書局、四川辭書出版
社 2010 年版。

黄易青:《上古漢語同源詞意義系統研究》，商務印書館 2007 年版。

季旭昇:《説文新證》，福建人民出版社 2010 年版。

李方桂:《上古音研究》，商務印書館 2003 年版。

李孝定:《甲骨文字集釋》，"中央研究院歷史語言研究所"1982 年版。

劉鈞傑:《同源字典補》，商務印書館 1999 年版。

劉鈞傑:《同源字典再補》，語文出版社 1999 年版。

劉釗、洪颺、張新俊:《新甲骨文編》，福建人民出版社 2009 年版。

［南唐］徐鍇:《説文解字繫傳》，中華書局 1987 年版。

［南宋］朱熹:《詩集傳》，中華書局 2011 年版。

［清］段玉裁:《説文解字注》，上海古籍出版社 1988 年版。

容庚撰集，張振林、馬國權摹補:《金文編》，中華書局 1985 年版。

王力:《漢語史稿》，中華書局 1980 年版。

王力:《同源字典》，商務印書館 1982 年版。

殷寄明:《語源學概論》，上海教育出版社 2000 年版。

殷寄明:《漢語同源詞大典》,復旦大學出版社 2018 年版。

張希峰:《漢語詞族叢考》,巴蜀書社 1999 年版。

張希峰:《漢語詞族續考》,巴蜀書社 2000 年版。

張希峰:《漢語詞族三考》,北京語言大學出版社 2004 年版。

# 試論戰國早中期楚方言之、脂、支三部的分合

劉鴻雁[1]　朱湘蓉[2]

（1. 寧夏大學人文學院　2. 陝西師範大學文學院）

**摘　要**：古韻分部中，之脂支三部的分合一直存有分歧。從《詩經》《楚辭》的用韻情況來看，之脂支三部的界限非常嚴格，三者之間互不干涉。但傳世的楚文獻及近出的楚地文獻均顯示出楚地語音之脂支三部的密切關係。通過整理郭店楚簡及上博簡的語音材料，結合《淮南子》《馬王堆漢墓帛書》部分篇目語音材料的考察，可發現戰國早中期楚方言中之脂音近。歌部作爲楚簡中一個重要的樞紐韻部，與之脂支均有牽涉，本文分別考察歌部與之脂支的親疏關係，認爲戰國早中期楚方言的韻部排列格局當爲之脂歌支。

**關鍵詞**：楚方言；之脂音近；歌支音近；歌脂音近

　　古韻分部中，之脂支三部的分合一直存有分歧。段玉裁首先將三部分立，此前的顧炎武、江永等人都將三部合爲一部。《詩經》《楚辭》均無之脂、之支合韻的例證。脂支合韻在《詩經》《楚辭》中各出現1例。從《詩經》《楚辭》的用韻情況來看，之脂支三部的界限非常嚴格，三者之間互不干涉。據《先秦韻讀》《群經韻讀》顯示，先秦其他非楚地著作此三部鮮有接觸，僅有4例支脂合韻的例證，即《管子·國蓄》<u>敵詘</u>；《三略·上略》述<u>溢</u>；《素問·至真要大論》維歸<u>知</u>；《靈樞·九針》<u>脉</u>氣①。

　　相較而言，先秦其他一些楚地文獻中之脂支的接觸則較爲密切，如《鶡冠子》《老子》。據黃綺先生統計，《鶡冠子》中之<u>脂</u>合韻有5

---

① 畫綫部分爲支韻字。

例，如《鶡冠子·天則》<u>一德日</u>;《鶡冠子·泰鴻》則<u>極德律</u>。《老子》之支合韻 2 次:第 65 章,之治<u>知</u>;第 80 章,<u>徙</u>之之之①。之質合韻 1 次:第 72 章,來謀恢<u>失</u>②。《鶡冠子》的年代是比較清楚的,據黃懷信先生的考證,《鶡冠子》作者係戰國時楚人,是一名喜以鶡鳥羽毛爲冠飾并以之爲號的隱士。今本《鶡冠子》文字的最終撰寫時代,當在公元前236—前 228 年之間③,其韻文也是研究戰國時期楚音的重要材料。

上古文獻韻文材料的押韻情況較爲複雜,異部相押可能是方音本爲一部,或者是因文義需要,讀音相近的不同韻部的韻字可以相押。因此,在語料中反映出的不同韻部出現頻繁接觸的情況,我們認爲可能存在音近的情況。再根據韻部語音接觸的頻次可以推導楚方言中韻部的親疏關係,進而得出戰國時期部分陰聲韻部排列的基本格局。本文通過考察郭店楚簡與上博簡中的通假、異文及押韻材料來探求戰國時期楚方言的韻部關係,上聯《詩經》,下聯兩漢,作橫向與縱向的比較,審視郭店、上博楚簡語料所反映的語音現象是否在其他文獻中普遍存在。

由前人的研究可知在傳世的楚文獻中確實存在着較多之脂支合韻的現象。郭店、上博楚簡的語音材料同樣反映了楚地語音之脂支三部的密切關係,這種現象絕非巧合。

## 一、 楚簡中之、脂、支部接觸情況

### (一) 之脂部的關係

郭店、上博楚簡中脂部同部字相通假 19 次,之脂相通假 6 次,之脂合韻 1 次,之質合韻 2 次,職脂合韻 1 次;加之字形例證,之脂部接觸共 14 次,如下:

1.《窮達以時》簡 6"寺"(之)、"夷"(脂)相通假。

2.《窮達以時》簡 6"杙"(職)、"桎"(質)相通假。

---

① 畫綫部分爲支韻字。
② 畫綫部分爲質韻字。
③ 黃懷信《〈鶡冠子〉源流諸問題》,《文獻》2001 年第 4 期;又收録於《古文獻與古史考論》,齊魯書社 2003 年版,第 381—396 頁。

3.《武王踐阼》簡 7"而"(之)、"邇"(脂)相通假。

4.《命》簡 5、《舉治王天下》簡 4"而"(之)、"爾"(脂)相通假。

5.《緇衣》簡 16:"長民者衣服不改,從容有常,則民德一。""改"(之)、"一"(質)相押,質爲脂部入聲,之脂合韻。

6.《緇衣》簡 24:"子曰:長者教之以德,齊之以禮,則民有歡心。""德"(職)、"禮"(脂)相押,之脂合韻。

7.《老甲》簡 38:"持而盈之,不不若己;揣而群之,不可長保也;金玉盈室,莫能守也。"之、之、室爲韻,"室"爲質部字,之脂相押。

8.《緇衣》簡 23"息"(之),今本作"疾"(脂),"息""疾"互爲異文。

9.《老乙》簡 13"賽"(職),馬王堆帛書甲本作"濟"(脂),"賽""濟"互爲異文。

10.《性自命出》21 簡"懥"(脂),上博簡作"意"(之),"懥""意"互爲異文。

11. 齊魯地從"才"(之)聲的字楚簡改用"必"(質)來表示,也可體現楚地之脂音近。戰國時代文字異形,不同地區的文字使用者會因爲傳入的形聲字的聲符與本土方音有細微的差別而更換這個形聲字的聲符,從而産生了兩個同形(義)符而不同聲符的形聲字,這也是産生異文的原因之一。"必"與"北"的例證正可以説明這一點。

楚簡中有"閟"無"閉"。《説文·門部》對二字均有説解,"閟,閉門也,從門必聲","閉,闔門也。從門才,所以距門也"。二字意義相同,區別在於"閉"爲會意字,而"閟"是形聲字。

按照《説文》的訓釋,"閉"是會意字。但是在文字演變過程中,文字使用者常會因對字的音義不明而産生誤解。這樣的例證并不少見,如"恥"本來是從心,耳聲的字。後來"耳""恥"二字的讀音變得毫無共同之處,"耳"實際上成了僅有區別作用的記號,"恥"實際上成了半記號半表意字。"恥"寫作從"耳"從"止"始見於東漢碑刻,可能當時"耳""恥"二字的讀音已經有了很大差異,有的人不知道"耳"是聲旁,就把"心"旁改成了讀音與"恥"相近的"止"。"閉"流傳於楚地,即被誤認爲是從門才聲的形聲字了。

在表關門的含義上"閉"常用,"閟"不常用。但郭店楚簡用"閟"

却不用"閟",恰好説明"悶"很可能是流行於楚地的寫法。楚地的文字使用者用聲旁"必"替換了被誤認的聲旁"才",并廣爲傳用。最終，在楚地範圍内，"悶"行而"閟"廢。這種情況郭店楚簡中屢現。如郭店楚簡"聞"又作"䎽"(老丙)，形符"耳"不變，聲符"門"被同屬文部的"昏"替換了。楚地"才""必"讀音相近，方可作爲同音聲符互換。

"才"，從母之部；"必"，幫母質部。僅從這兩組字來看，楚地之部與脂部當是比較接近的。

12. 郭店楚簡"瑟"作兣；在會意字"兣"(之)上又加注與"兣"音近的聲旁"必"(質)，也可體現之脂音近。

《性自命出》簡 24："聽𥏾(琴)兣(瑟)之聲，則如也斯難。""琴""瑟"，上博簡《性情論》作"𨦷""㻎"。"𥏾""𨦷"均爲"琴"的異構形體，"兣""㻎"同是"瑟"的異構形體。

《説文·琴部》："琴，禁也。……象形。[金文]，古文珡，從金。"《説文·琴部》"瑟，庖犧所作弦樂也。從珡，必聲。[古文]，古文瑟。"

從《説文》所記載的古文形體來看，當是先有"瑟"而後有"琴"字。段玉裁已經指出："玩古文琴瑟二字，似先造瑟字，而琴從之。"小篆形體的"瑟"，加注聲符"必"，當是後起之形體。郭店楚簡以及上博簡此二字的字形也可證明這一點。

郭店楚簡"瑟"作兣，從二亓(上博簡中"亓"均作"丌")。"琴"作"𥏾"，金聲。在漢字形聲化的過程中，爲了標示讀音，又在會意字的基礎上加了聲旁"必"。上博簡"瑟"作㻎，已經加注聲符"必"了，當是小篆形聲形體的來源。可以確定的是追加的聲符與這個會意字本來的讀音是相同相近的。類似的例證還有"耴"，後作聖，加注了聲符"壬"，"耴""壬"同屬耕部。"保"作[字]，又作[字](見陳侯午鐓)，加注了聲符"缶"，"保""缶"同屬幽部。由此可推知楚地"兣""必"讀音相近。

"兣"從二"丌"，即"其"的異構。戰國文字中存在大量的繁化現象，重叠形體而音義不變的情況也很常見。如："各"作[字](信陽楚簡 1.01)；"月"作[字](信陽 1.023)。"丌"(其)，群母之部；"必"，幫母質部。質爲脂部入聲，由此例來看，楚地之部與脂部讀音相近。

13. "罷"與"一"

《五行》簡16:"淑人君子,其儀罷也。"此句引自《詩經》,《詩·曹風·鳲鳩》作:"淑人君子,其儀一也。"帛書本作"叔人君子,其宜一也。""罷",帛書本和今本《詩經》都作"一",因此原釋文將"罷"讀爲"一"。

各家對"罷"字形結構的認識一直都存在分歧。

李天虹先生認爲從字形結構來説,"罷"很可能是從能彗聲的字。"'彗'字甲骨文作🐾(金522)。🐾上部所從與甲骨文'彗'形體相同。故可隸定爲罷。"①朱德熙先生曾經指出"從字形上看,分析爲從羽從能聲是不錯的"②。"罷",郭店楚簡中有三個形體,分別爲🐾(語4)、🐾(成)、🐾(太),均讀爲"一"。郭店楚簡中從"羽"的字還有習、羿、翠,字形分別爲🐾、🐾、🐾,字形的上半部分都與"罷"相同,"羽"均爲形旁。

《成之聞之》簡18:"貴而罷讓,則民欲其貴之上也",裘錫圭先生認爲"此處似應讀爲能讓",這主要是從文義的角度考慮的。"罷"讀爲"一",又可讀爲"能"。從字形分析和讀音兩方面來看,"罷"當是從羽能聲的形聲字,是"一"在楚簡中的特殊形體。二字韻近,"一"的楚簡異構形體方可以"能"爲聲旁。"能"屬之部,"一"屬質部,爲脂部的入聲,楚地之脂當音近。

14. "考"與"老"

"老",甲骨文作🐾、🐾,象老人長髮曲背扶杖之形。"老"與"考"本爲一字,後分化爲二,所扶之杖變"匕"者爲"老",金文形體爲🐾(殳季良父壺);扶杖之形變"丁"的則爲"考",金文作🐾(頌鼎)。楚簡帛文字"老"象手杖之形又聲化爲"止"聲,作🐾(老甲35)、🐾(唐23),郭店楚簡亦同。概楚地方音中"匕""止"韻近,方可替換,"匕"屬脂部,

---

① 李天虹《郭店楚簡文字雜釋》,《郭店楚簡國際學術研討會論文集》,湖北人民出版社2000年版。
② 朱德熙《鄂君啓節考釋(八則)》,《朱德熙文集》卷五,商務印書館1999年版,第193頁。

"止"屬之部,此爲楚音之脂不分的又一例證。

之脂二部的字多次相通假、相押都説明楚地之脂音近相混。之脂二韻在先秦諸子作品中未涉合韻,却集中體現在楚簡中,尤其是第11、12、13、14 例楚系文字的特殊字形都有力地説明之脂音近可能是存在於楚地的一般現象。

《淮南子》又名《淮南鴻烈》,西漢時期淮南王劉安及其門客所撰。高誘爲《淮南子》作注指出"其旨近老子淡泊無爲,蹈虚守静,出入經道。言其大也,則燾天載地;説其細也,則淪於無垠;及古今治亂存亡禍福、世間詭異瑰奇之事。其義著,其文富,物事之類無所不載。然其大較,歸之於道"。其内容涉及廣泛,《四庫全書總目》歸於"雜家",屬子部。

顧炎武在《日知録》中指出:"《公羊》多齊言,《淮南》多楚語。"羅常培、周祖謨先生也指出:"再從押韻方面來看,《詩經》中虚詞多半不作韻脚,而《楚辭》則每每虚詞入韻,《淮南子》亦然。由此可以推想《淮南子》所代表的語音可能就是當時江淮一帶的楚音",并將《淮南子》作爲楚地語料使用[①]。蕭旭(2010)以《方言》《説文》《玉篇》《玄應音義》《慧琳音義》《廣韻》《集韻》《龍龕手鑑》以及《楚辭》王逸注、《方言》郭璞注、《史記》三家注等指明爲楚語的爲準,鈎沉《淮南子》中古楚語語料 50 餘條[②]。加之《淮南子》書内的篇目押韻相對集中,而且韻部整齊,是研究西漢時期楚方言語音的寶貴材料。因此本文主要選取《淮南子》韻讀作爲研究對象,以期由此判斷漢代楚方言的韻部特徵。

《淮南子》中之脂合韻共 19 次,職質合韻 4 次,之脂接觸共 24 次。例如:

1.《淮南子·時則訓》:"行冬令,則風災數起,收雷先行,草木蚤死。""起"(之)"死"相押,之脂合韻。

2.《淮南子·主術訓》:"騏驥騄駬,天下之疾馬也,驅之不前,引

---

① 羅常培、周祖謨《漢魏晋南北朝韻部演變研究》,科學出版社 1958 年版,第 77 頁。

② 蕭旭《淮南子古楚語舉證》,《東亞文獻研究》總第 6 輯,2010 年 8 月。

之不<u>止</u>，雖愚者不加體焉。""<u>止</u>"(之)"<u>體</u>"相押，之脂合韻。

3.《淮南子·道應訓》："與人之兄居而殺其弟，與人之父處而殺其<u>子</u>，吾弗爲。""<u>子</u>"(之)"<u>弟</u>"相押，之脂合韻。

4.《淮南子·詮言訓》："處尊位者如尸，守官者如祝<u>宰</u>。""<u>宰</u>"(之)"<u>尸</u>"相押，之脂合韻。

5.《淮南子·說林訓》："蒙塵而眯，固其<u>理</u>也；爲其不出户而<u>眯</u>之也。""<u>理</u>"(之)"<u>眯</u>"相押，之脂合韻。

6.《淮南子·齊俗訓》："所由各<u>異</u>，其於信<u>一</u>也。""<u>異</u>"(職)"<u>一</u>"相押，職質合韻。

7.《淮南子·道應訓》："怒者逆<u>德</u>也，兵者凶<u>器</u>也。""<u>德</u>"(職)"<u>器</u>"相押，職質合韻。

8.《淮南子·氾論訓》："故人有厚<u>德</u>，無問其小<u>節</u>；而有大譽，無疵其小故。""<u>德</u>"(職)"<u>節</u>"相押，職質合韻。

西漢時期，之脂合韻 10 次，職質合韻 1 次，之脂接觸 11 次；東漢時期之脂合韻 11 次，職質合韻 5 次，之脂接觸 16 次[①]。集中於司馬相如、揚雄、王褒、劉向的作品之中，也就是秦漢時楚、蜀兩地作者的作品中。各個韻部之間的親疏關係在不同的方言中表現各異，以上數據表明從戰國時期到秦漢之際，之脂密切接觸集中表現於楚地文獻當不是偶然現象，而是楚方言的韻部特徵之一。李新魁先生指出"南北朝時的韻書歸韻，這數韻（之脂支）互有歧異。夏侯詠的《韻略》，之與脂混而不分，但陽休之李季節、杜臺卿等人的著作，却脂、之有別。這種分韻的差異當與他們自身所操的方言有關。陽、李、杜俱居河北，而夏侯詠則是從北方進入江南定居的。夏侯之混同之、脂，可能是當時南方方言讀音的反映。這與原本《玉篇》所表現的現象是一致的。據周祖謨先生的研究，原本《玉篇》所表現的語音系統是之、脂混用，這可能是流行於當時南方地區共同語讀音的現象。"[②]這一論斷恰好表明楚地之脂音近而混的語音現象延續到南北朝時期依然存

---

① 數據見羅常培、周祖謨《漢魏晉南北朝韻部演變研究》統計。
② 李新魁《上古音"之"部及其發展》，《廣東社會科學》1991 年第 3 期，第 98 頁。

在於南方方言之中。同時也表明動態地考察審視上古時期不同地域的方音特點是可行的。

### （二）之支、脂支部間的關係

《詩經》韻脚字的分類中，之部與支部字偶有相押。支部是個窄韻，入韻的字少，郭店簡、上博簡中支部與脂部接觸 2 次，支部與之部接觸共 3 次。

1.《緇衣》簡 3：“爲上可望而<u>知</u>也，爲下可述而<u>等</u>也。”“知”（支）、“等”（之）相押，之支合韻。

2.《語叢四》簡 26：“一家事，乃有則：三雄一<u>雌</u>，三骹一<u>蕿</u>，一王母保三殿<u>兒</u>。”“雌”（支）、“是”（支）、“兒”（之）相押，之支合韻。

3.《周易》簡 52“<u>圂</u>”（之）、“<u>闋</u>”（支）相通假。

4.《緇衣》簡 2“<u>視</u>”（脂），上博簡作“<u>眡</u>”（支），今本作“<u>示</u>”（脂），“眡”“視”“示”互爲異文。

5.《季庚子問於孔子》簡 19“<u>詣</u>”（脂）、“<u>倪</u>”（支）相通假。

李學勤曾指出：“馬王堆帛書中能推定作者地望的，大都是楚人的著作。”[①]漢墓帛書資料豐富，但同樣不能因爲出土地在楚地，便認定其爲純粹的楚地語料。

帛書中的《老子》有兩種寫本，通常被稱爲甲本和乙本。《老子》乙本卷前，有《經法》《十大經》《稱》和《道原》四篇古佚書，約一萬一千多字。其主要内容是主張效法天地陰陽之道進行統治的人君之術，強調以德法相兼之法來治國。因《經法》是首篇，且内容比較重要，故有以《經法》爲名涵括其他三篇。龍晦認爲《老子》乙本卷前古佚書中有不少楚言、楚諺，其叶韻情況與《淮南子》相同，當屬楚人作品[②]。謝榮娥（2011）通過對《老子》乙本卷前古佚書的研究指出：“我們從其思想體系、詞語風格、用韻之特點等諸方面考察，最終認爲《老子》乙本爲楚人作品。”[③]

---

① 李學勤《新出簡帛與楚文化》，《楚文化新探》，湖北省社會科學院歷史研究所編，湖北人民出版社 1981 年版，第 33 頁。

② 龍晦《馬王堆出土〈老子〉乙本前古佚書探原》，《考古學報》1975 年第 2 期。

③ 謝榮娥《秦漢時期楚方言區文獻的語音研究》，高等教育出版社 2011 年版，第 38 頁。

帛書《五十二病方》是迄今發現的最古漢醫方書,凡 52 種病,含醫方 283 個,共 9911 個字。大西克也指出《五十二病方》字體上保留有楚文字的遺風,書中所記述的疾病爲南方多見的地方病,一些藥物、器具均是江南的特産,并提出《五十二病方》帶有濃厚的楚國色彩①。鍾益研指出《五十二病方》是由楚人輯集的醫書②。劉玉堂、賈海燕(2011)從民俗學的角度研究《五十二病方》,“在長沙馬王堆帛書《五十二病方》中,多次出現有關‘四方’的詞彙,它們絕大多數出現在巫方中”。“它主要是延續了商湯以來流被中原和楚地的巫鬼信仰和淫祀習俗,以及盛行楚地的東皇太一崇拜等,反映出楚人對生存哲學的特別關注。”③這些都可以説明《五十二病方》是較爲典型的楚人作品,可以作爲探討楚音的語料使用。本文僅選取目前語料性質相對明確的材料加以使用,故選用《經法》《十大經》《稱》《道原》《五十二病方》中的通假字來考察楚地語音特點。

帛書五篇通假字中支脂無涉,之支部相通假的共有 6 組。《淮南子》中之支合韻 13 次,職錫合韻 4 次,之支接觸共 17 次。支脂合韻共6 次。從接觸次數來看,支部與之、脂部的距離較遠,支部與之部的關係較近一些。例如:

1.《十·姓争》:“勝(腥)生已定,敵者□生争,不諶不定。”(勝,書母蒸部;腥,心母耕部)

2.《五·諸傷》:“久傷者,薺(齎)杏(核)中人(仁),以職(胑)膏弁,封痏,蟲即出。”(職,章母職部;胑,章母支部)

3.《五·加痂》:“□□死人胕骨,燔而冶之,以識(胑)膏■(三五七)。”(識,書母職部;胑,章母支部)

4.《五·加痂》:“痂方:取三歲織(胑)猪膏,敷之。”(織,章母職部;胑,章母支部)

---

① 大西克也《馬王堆帛書〈五十二病方〉的語法特點》,湖南省博物館編《馬王堆漢墓研究文集》,湖南出版社 1994 年版,第 125—131 頁。

② 鍾益研、淩襄《我國現已發現的最古醫方———帛書〈五十二病方〉》,《文物》1975 年第 9 期。

③ 劉玉堂、賈海燕《馬王堆帛書〈五十二病方〉與楚人“四方”觀念》,《中國文化研究》2011年第 3 期。

5.《經·四度》："聲洫(溢)於實。是胃(謂)滅名。"(洫,曉母職部;溢,餘母錫部)

6.《稱》："華之屬,必有覈(核),覈(核)中必有意。"(覈,匣母錫部;核,匣母職部)

7.《淮南子·天文訓》："天有四時,以制十二月;人亦有四肢,以使十二節。""肢"(支)"時"相押,支之合韻。

8.《淮南子·時則訓》："天子衣赤衣,乘赤駵,服赤玉,建赤旗,食菽與雞。""雞"(支)"旗"相押,支之合韻。

9.《淮南子·繆稱訓》："察於一事,通於一伎者,中人也。""伎"(支)"事"相押,支之合韻。

10.《淮南子·道應訓》："故老子曰:絕聖棄智,民利百倍。""智"(支)"倍"相押,支之合韻。

11.《淮南子·兵略訓》："抗泰山,蕩四海,鬼神移徙,鳥獸驚駭。""海""徙"(支)"駭"相押,支之合韻。

12.《淮南子·主術訓》："夫鳥獸之不可同群者,其類異也;虎鹿之不同游者,力不敵也。""異"(職)"敵"相押,職錫合韻。

13.《淮南子·道應訓》："兵陳戰而勝敵者,此庶民之力也。""力"(職)"敵"相押,職錫合韻。

14.《淮南子·脩務訓》："非其説異也,所以聽者易。""異"(職)"易"相押,職錫合韻。

15.《淮南子·原道訓》："故橘樹之江北,則化而爲枳;鴝鵒不過濟,貉渡汶而死;形性不可易,勢居不可移也。""枳"(支)"濟""死"相押,支脂合韻。

16.《淮南子·氾論訓》："然而不能自知,車裂而死。""知"(支)"死"相押,支脂合韻。

17.《淮南子·人間訓》："軍罷圍解,則父子俱視。""解"(支)"視"相押,支脂合韻。

楚簡中支脂接觸僅比支之接觸少1例。《淮南子》的韻文材料更能體現之脂支三韻部關係的差異性。之支接觸17次,支脂接觸6次,這與先秦兩漢齊語表現出的特徵明顯不同。汪啓明曾列舉先秦時期韻語、異文及經師讀音探討齊語中之脂支三部的關係。從其所列舉材料來看,先秦齊語中支部與脂部共接觸 12 次,之支之間相通的不多,共接觸 5 次。支脂兩部在齊語中關係密切,發音相近,但之支兩部相距較遠①。這種韻部關係與楚簡所反映的韻部格局差異較大,從戰國時期到秦漢之際,表現出明顯的之支部關係密切,而脂部與支部關係疏遠。

## 二、 歌部與之脂支部的關係考

從郭店、上博簡的語音材料來看,歌部作爲一個重要的樞紐韻部,與其他韻部都有或多或少的關聯,通過考察歌部與其他韻部的接觸頻率可以分析楚方言中韻部的分合與親疏關係。

### (一) 歌部與支部

先秦韻語中,歌支合用的情況并不多見。《詩經》中歌支分用明顯,未見合韻用例。《楚辭》中支部獨用 1 次,歌部獨用 53 次,歌支合韻 3 次。值得注意的是歌支合韻在較爲典型的楚地作品中時有出現。群經、諸子及其他先秦韻文中,《老子》《莊子》中均有歌支合韻的韻例。《老子》中歌支合韻 5 次,《莊子》中歌支合韻 2 次,《管子》中歌支合韻 1 次,《韓非子》中歌支合韻 3 次。郭店楚簡、上博簡中歌部同部相通假 38 例,支部同部相通假 7 例,歌支相假 4 例;歌部獨韻 10 次,歌支未見合韻。歌支共接觸 6 次。

1.《語叢四》簡 22“坨”(歌)“阤”(支)相通假。

2.《緇衣》簡 31“陒”,今本作“危”,從“禾”聲(歌)字與“危”(支)互爲異文。

3.《緇衣》簡 37“乓”,上博簡作“氏”,今本作“厥”。“乓”(月)、“厥”(月)、氏(支)互爲異文。

4.《周易》簡 16:“九四:陹(隨)有□獲,貞凶。”(陹,見母支部;隨,邪母歌部)

5.《柬王》簡 16:“三日,大雨,邦蕙(瀝)之。”(蕙,來母月部;瀝,來

① 汪啓明《先秦兩漢齊語研究》,巴蜀書社 1998 年版,第 111—118 頁。

母錫部)

6. 地—

《説文·土部》:"地,⋯⋯重濁陰爲地,萬物所陳列也。從土也聲。"楚帛書和郭店楚簡"地"作(唐15,五49),從"它"聲。另外,《語叢四》簡22"地"作,從"豕"聲;《侯馬盟書》307"地"作,與《語叢四》的字形極爲相似。這説明從"豕"聲的"地"不是訛變而來的,而可能是較爲常用的一個手寫體。"豕""它"當音近,方可以"豕"聲替換"它"聲。"它",透母歌部;"豕",書母支部,由此亦可知歌支音近。但歌支的分野依然清晰,從楚簡中歌部與魚部的接觸來看,歌魚通假1例,支魚未見交涉,也可證明這一點。

秦漢之際,帛書五篇與《淮南子》中歌部同部相通假28例;支部同部相通假7例;歌支相假1例。歌部獨韻90例,支部獨韻11例,歌支合韻共8次,歌支接觸共10次。例如:

7.《五·蠣》:"濡,以鹽傅之,令牛吡(舐)之。"(吡,餘母歌部;舐,船母支部)

8.《淮南子·原道訓》:"一之解,際天地。""解"(支)"地"相押,歌支合韻。

9.《淮南子·俶真訓》:"是故貴有以行令,賤有以忘卑,貧有以樂業,困有以處危。""卑""危"(歌)相押,歌支合韻。

10.《淮南子·主術訓》:"若欲規之,乃是離之;若欲飾之,乃是賊之。""規"(支)"離"相押,歌支合韻。

11.《淮南子·繆稱訓》:"言無常是,行無常宜者,小人也。""是"(支)"宜"相押,歌支合韻。

12.《淮南子·詮言訓》:"獨任其智,失必多矣。""智"(支)"多"相押,歌支合韻。

13.《淮南子·覽冥訓》:"故東風至而酒湛溢,蠶咡絲而商弦絶,或感之也。""溢"(錫)"絶"相押,錫月合韻。

兩漢時期,歌支混用的情況逐漸增多。周祖謨先生指出,西漢時期"幾乎支部的字都跟歌部字押韻"①,直到西漢時期歌支的讀音還是非常接近的。周祖謨先生所舉例證主要見於司馬相如、揚雄、王褒、劉向的作品之中,也就是秦漢時楚、蜀兩地作者的作品中。由戰國楚簡及秦漢時期楚地文獻的用例分析不難看出先秦至漢初,歌支音近混用集中體現於楚人作品之中,兩漢時期,大概這一語音現象的影響範圍不斷擴大,在其他方言區的作品中也逐漸顯現。

### (二) 歌部與脂部

從《詩經》《楚辭》押韻來看,值得注意的是先秦時期歌脂合韻并不常見。《詩經》中歌脂合韻僅 1 次,《楚辭》中無。但郭店楚簡歌脂部的接觸則相對密切,共接觸 8 次。如下:

1.《窮達以時》簡 3"袿"(歌)、"經"(脂)相通假。

2.《緇衣》簡 43"𠈂"(月)、邇(脂)相通假。

3.《六德》簡 30"瑟"(質)、"殺"(月)相通假。

4.《五行》簡 33"殺",帛書本作𣀷,整理者釋讀爲"繼"。"殺"(月)、"繼"(質)互爲異文。

5.《緇衣》簡 17"利民",今本作"萬民","利"(質)、"萬"(元)互爲異文。

6.《緇衣》簡 21"埶",今本作"邇"。"埶"(月)、"邇"(脂)互爲異文。此例恰好與第 43 簡"𠈂""邇"相通假互爲補証。

7.《老甲》簡 22:"天大,地大,道大,王亦大。國中有四大安,王居一安。""大"(月)、"大"、"大"、"大"、"大"、"一"(質)相押,質月合韻。

8.《武王踐阼》簡 10:"位難得而易失,士難得而易外。"失(質)、外(月)相押,質月合韻。

非楚地文獻中歌脂關係疏離,其他非楚地文獻中,歌脂相押僅2 次。

秦漢之際,帛書五篇中歌脂接觸頻繁,歌脂部相通假接觸的共 6

---

① 羅常培、周祖謨《漢魏晋南北朝韻部演變研究》(第一分册),科學出版社 1958 年版,第25 頁。

例,《淮南子》中脂歌合韻 21 次,質月合韻共 31 次,歌脂共接觸 58 次。例如:

9.《經·六分》"糜""迷"相通假。(糜,明母歌部;迷,明母脂部)

10.《經·論》"惠""慧"相通假。(惠,匣母質部;慧,匣母月部)

11.《淮南子·原道訓》:"土處下,不在高,故安而不危;水下流,不爭先,故疾而不遲。""遲"(脂)"危"相押,脂歌合韻。

12.《淮南子·精神訓》:"故生生者未嘗死也,其所生則死矣;化物者未嘗化也,其所化則化矣。""死"(脂)"死""化""化"相押,脂歌合韻。

13.《淮南子·本經訓》:"故周鼎著倕,使銜其指,以明大巧之不可爲也。""指"(脂)"爲"相押,脂歌合韻。

14.《淮南子·要略訓》:"誠明其意,進退左右無所失擊危,乘勢以爲資……""資"(脂)"危"相押,脂歌合韻。

15.《淮南子·時則訓》:"行春令,則螽蝗爲敗,暴風來格,秀草不實。""實"(質)"敗"相押,質月合韻。

西漢時期,歌部與脂部合韻 28 次,月質合韻 9 次,歌部與脂部接觸共 37 次。東漢歌脂合韻 1 次,月質合韻 13 次。

在《詩經》《楚辭》系統中,歌部與脂、微部偶有交涉,關係不密切。但在戰國楚簡中表現出明顯的歌部與脂部關係密切,接觸 8 次。《淮南子》中歌脂接觸 58 次,西漢其他詩文中,歌脂合韻 9 次,歌脂關係逐漸疏離。東漢歌脂僅接觸 1 次。以上數據都説明從先秦到漢代歌脂音近相涉是存在於楚方言中明顯的韻部特徵。戰國楚簡中有別於其他地域的語音特點正是楚方言的韻部特色之一,到了西漢的楚地文獻中這一特點仍有保留。

### (三)歌部與之部

郭店、上博楚簡語音材料中未見之歌直接接觸的例證,但仍可發現歌之接觸的端倪。

《方言》卷二:"予、賴,讎也。南楚之外曰賴,秦晉曰讎。"

丁惟汾先生《方言音釋》:"賴爲厲之同聲假借。《詩·小雅·正月》傳'厲,惡也'。惡厲亦作無賴,《史記·高帝紀》'始大人常以臣無賴'。賴爲咒罵仇人之詞,故即謂賴爲讎。"①但我們由上博簡和郭店楚簡的字形來看,"賴"在這裏僅起標音的作用,在詞義上并無關聯。

《緇衣》簡 19:"《詩》:彼求我則,如不我得,執我戟(仇)戟(仇)。"《緇衣》簡 43:"……君子好戟。"以上二例中"仇"字都用"戟"表示。"戟""賴"同屬來母,由此可知揚雄《方言》所記爲確,同時也可知"賴"僅起到標音的作用。揚雄用"賴"這個標音字指代"來"音,可能説明楚地"來"讀起來類似於"賴"。"來"來母之部,"賴"來母月部,概可知楚地歌之存在某種音近關係。由郭店楚簡和上博簡的字形、文義可知"讎"在楚地讀如"來",仍是表示"配偶"的含義。再觀察秦漢時期簡帛與韻文的使用情況。

秦漢帛書五篇中,之歌部相通假 1 例,《淮南子》中歌之合韻共 3 次,月職合韻共 3 次,之歌接觸共 7 次。

1. 帛書《稱》"裏""賚"相通假。(裏,見母歌部;賚,來母之部)

2.《淮南子·原道訓》:"是故一之理,施四海;一之解,際天地。""地""海"(之)相押,歌之合韻。

3.《淮南子·精神訓》:"當此之時,嚕然得卧,則親戚兄弟歡然而喜,夫修夜之寧,非直一嚕之樂也。""卧""喜"(之)相押,歌之合韻。

4.《淮南子·脩務訓》:"通於物者,不可驚以怪;喻於道者,不可動以奇。""奇""怪"(之)相押,歌之合韻。

5.《淮南子·原道訓》:"約其所守則察,寡其所求則得。""察""得"(職)相押,月職合韻。

6.《淮南子·主術訓》:"故人主誠正,則直士任事,而奸人伏匿矣;人主不正,則邪人得志,忠者隱蔽矣。""蔽""匿"(職)相押,月職合韻。

7.《淮南子·齊俗訓》:"虛者,非無人也,皆守其職也;盛者,非多人也,皆徵於末也。""末""職"(職)相押,月職合韻。

從之部歌部相接觸的韻字來看,主要是之部咍、之等韻的開口呼韻字相押,蓋之部中的開口呼韻字與歌部的讀音有相近之處。從語

---

① 丁惟汾《方言音釋》,齊魯書社 1985 年版,第 43 頁。

音關係的親疏程度來看,歌部與支部的關係更爲密切,與之部的距離較遠。

## 小　結

以上數據顯示之、脂、支部與歌部接觸頻繁,語音關係相近,進一步細分的話可以發現歌支音近,歌脂音近,這意味着從上古楚方言的發音部位來講,歌部很可能處於支和脂部之間,而之部則離脂部最近。戰國早中期楚方言中之脂音近,脂支相距較遠,之支頻繁接觸。按照韻部主元音相近的原則排列韻部,其基本格局當與王力先生的古音三十部排列有異。戰國楚方言中的韻部應該是之、脂、歌、支的排列格局。這也能較好地解釋楚簡中出現的異部相押與通假現象,又能明顯地説明戰國時期楚方言與通語音系的區別。

按照以上構想,戰國時期楚方言之部、魚部與歌部的古音構擬則與現有的三十部的擬音不同。以"之"部爲例,"之"部主要元音的構擬仍有不一致之處。王力先生將之部的主要元音擬爲 ə,幽部擬爲 u;鄭張尚芳、潘悟雲則將之部擬作 ɯ,幽部擬爲 u,較好解釋之幽部之間的合韻與後代的轉化關係[①]。從楚方言中之部與其他韻部的關係來看,或之部與脂部主要元音相同爲 ai,脂部帶有 i 韻尾。歌部與之部主要元音相近,歌部與脂部主要元音相近,韻尾相同,可擬爲 ai;之部與脂部主要元音相同而頻繁接觸。支部的主要元音爲 a,與之部主要元音相近而頻繁接觸,與歌部主要元音相同而相接觸,同時也能解釋支部在戰國時期楚方言中與之部關係較近,與脂部關係較遠的排列格局。

---

① 潘悟雲《漢語歷史音韻學》,上海教育出版社 2000 年版,第 211— 212 頁。

# 南部吳語止攝開口字的層次及演變

孫宜志

（杭州師範大學文學院）

**摘　要:**南部吳語止攝開口字有十個層次。層次Ⅰ:支與歌韻韻母相同。層次Ⅱ:支脂與咍、灰合韻。層次Ⅲ:支與脂之微有別。這一層次爲《切韻》孑遺層次,分布在金衢片。層次Ⅳ:支與脂之微無別。這一層次爲《切韻》孑遺層次的發展層次,也分布在金衢片。層次Ⅴ:《切韻》的主體層次。層次Ⅵ:上山小片《切韻》音系支韻字主要元音受到介音影響高化與脂之微合韻,層次Ⅶ是Ⅵ幫組、知系、見系的讀音在上山小片以及鄰近的遂昌、慶元的部分字的特殊變化。層次Ⅷ是層次Ⅶ的舌尖化。層次Ⅸ是層次Ⅷ的複音化。層次Ⅹ:文讀層次。層次Ⅹ爲異源層次,其餘的爲同源層次。論文構擬了同源層次的演變過程。

**關鍵詞:**南部吳語;止攝開口字;層次;語音演變

南部吳語止攝開口字讀音異常複雜。本文運用歷史層次分析法分析南部吳語止攝開口字讀音,試圖揭示紛繁讀音隱含的發展規律。本文中的"層次"指"同一古音來源的字(一個字或一組字)在方言共時語音系統中有不同語音形式的若干音類"。(王福堂 2003:1)本文語料來自《吳語處衢方言研究》《吳語江山廣豐方言研究》《吳語蘭溪東陽方言調查報告》《吳語婺州方言研究》《浙南甌語》《溫州方言志》以及公開發表的調查材料,文後參考文獻已經注明。聲調不影響我們對問題的討論,統一略去。

我們的思路是:

1. 綜觀整個南部吳語止攝字的讀音,選取層次類型具有代表性的點,深入分析該點的讀音層次。2.建立其餘各點的讀音層次與代表點讀音層次的對應。3.運用歷史比較法合理構擬各個層次的發展關係。

## 一、 南部吳語止攝開口字的層次

通過比較發現,江山方言、開化方言和金華方言支韻開口字的層次較爲豐富,基本上含有各點出現的層次類型。

### 1.1 江山方言

#### 1.1.1 江山方言止攝開口字的讀音情況(見表 1)

表 1　江山方言止攝開口字的讀音情況表

|  | 幫系 | 泥組 | 精組 | 知組 | 莊組 | 章組 | 見系 |
|---|---|---|---|---|---|---|---|
| 支 | iə、ᴇ、i | iə、i | iə、uᴇ、ə | iə、ø、i、ə | ø | iə、i | ᴇ、ø、æ、y、i |
| 脂 | i、ø、ᴇ | i | i、ə | i、ᴇ、ø | ø | ə、ø、 | i、ø |
| 之 |  | i | ə | i、ø | ø | ø、i | i、ø |
| 微 |  |  |  |  |  |  | ᴇ、i、ø |

下面列舉例字,并指明與中古相關韻類的分合關係。

æ:蟻 ŋæ。與果攝一等歌韻的白讀相同。比較:個₁kæ。

ᴇ:碑 pᴇ|皮被 bᴇ|寄 kᴇ|倚₁gᴇ|悲$_{脂韻}$痱$_{微}$ pᴇ|美 mᴇ|饑₁微部,微韻 kᴇ|衣$_{微部,微韻}$ ᴇ。幫組與蟹攝一等灰韻、見系與咍韻相同。比較:杯$_{灰}$ pᴇ|開$_{微部,咍韻}$ kʰᴇ。

iə:避 biə|離 liə|刺₁tɕʰiə|枝梔紙 tɕiə|舐 dziə|匙豉 ɕiə|池 dziə。與蟹攝四等齊韻韻母相同。對比:鼙 biə|弟₁diə。還與魚韻白讀相同,對比:箸 dziə。脂韻、之韻、微韻不讀這一韻母。

i:披 pʰi|皮₂脾 bi,姊 tɕi|四 ɕi,是 dzi,奇 gi|企 tɕʰi|移 i|犧戲 xi。琵枇脂韻 bi。與蟹攝四等齊韻、止攝脂、之、微韻合流。

ə:紫 tsə|雌刺₂tsʰə|知₁,知得;知道 tsə。

y:椅 y。與止攝合口三等韻母相同。對比:嘴季 tɕy|吹 tɕʰy|水₁圍₁y。

ø:篩 ɕø|知₂,知了 tɕø|騎 gø|宜 ŋø,獅蜥衰時₁師史士 ɕø|旗$_{之韻}$ aø|

基$_{之韻}$記$_{1之韻}$ kø｜眉$_{脂}$ mø｜氣$_{1微韻}$ k$^h$ø。

uE：徙 suE。與蟹攝合口一等灰韻相同。比較：催 ts$^h$uE。

從以上可見，支韻 æ、E、ø、y 在見系對立，這幾個韻在見系應該歸為不同層次。支韻 i、ø、ə、iə 在知章組對立，這幾個韻在知章組也應該歸為不同層次。

支韻 iə 與 æ、y 互補，但是我們認為這三個韻為三個不同層次。理由有二：

（1）iə 反映的是支齊合韻，æ 反映的是支與皆佳合韻，y 反映的是支與止攝合口三等合韻，因此不是一個層次。

（2）南部吳語的部分點相當於江山 iə 的支韻見系字與 y、æ 構成有對立。表 2 是遂昌的例子：

### 表 2　遂昌方言支韻字的讀音情況表

|  | 幫 | 泥 | 精 | 知章日 | 莊 | 見 |
|---|---|---|---|---|---|---|
| a |  |  |  |  |  | ＋ |
| ei | ＋ |  |  |  |  | ＋ |
| ie | ＋ | ＋ | ＋ | ＋ |  | ＋ |
| y |  |  |  |  |  | ＋ |
| i | ＋ | ＋ |  | － |  | ＋ |
| iu |  |  |  |  | ＋ |  |
| ɿ |  |  | ＋ | ＋ |  | ＋ |
| ʅʮ |  |  | ＋ | ＋ | ＋ |  |

遂昌方言的 ie 對應於江山的 iə，遂昌方言的 ie 與 y、a 對立，可見江山方言支韻見系無 iə，是因為失落的緣故。江山的 iə 應該獨立成一個層次。

江山幫組 E 與見系 E 是一個層次嗎？幫組 E 與見系 E 都與蟹攝一等相關，可以歸為一個層次。

支韻 iə 與脂之微哪個韻構成同一個層次呢？

iə 祇出現在支韻，不出現在脂之微韻，脂之微韻的 ø、ə、y 都是 i 的發展（見下文），可見支韻 iə—脂之微 i 構成一個層次。

可見,江山方言止攝開口字有如下層次:

層次一:支韻 æ。層次二:支脂微三韻幫組 ε—見系 ε—精組 uε。層次三:支韻幫泥精知章見 iə—脂之微幫泥精知章見 i—支脂之微莊組 ø。層次四:支韻幫泥知章見 i 。層次五:幫知章見 ø。層次六:y。層次七:支脂之精知 ə。

### 1.1.2　江山方言止攝開口字層次的性質

#### 1.1.2.1　江山層次一:æ。

這一層次的特點是支韻與歌韻部分字韻母相同。

這一層次的字,在先秦音系中屬於歌部,今讀韻母與歌韻母相同,可以認爲反映先秦的語音特點。

#### 1.1.2.2　江山層次二:支脂微三韻幫組 ε—見系 ε—精組 uε。

這一層次的特點與《切韻》咍韻和灰韻相同。

這一層次支韻字來自先秦歌部,微韻字來自先秦微部,脂韻字來自先秦脂部。

來自先秦歌部的《切韻》支韻字與來自先秦微部《切韻》爲微韻的字讀音相同,可以認爲與《詩經》時期的歌微通轉有關。先秦時期存在歌微通轉的現象(羅常培、周祖謨 2007:29),南部吳語江山方言的"皮₁寄犄"等先秦歌部字没有像通語那樣轉入支部,而是轉入了微部,并同先秦部分微部字(例如"開")一起形成咍韻和灰韻。

這一層次還包括部分來自先秦脂部《切韻》爲脂韻和齊韻的字。這反映了兩漢時期脂微不分的語音現象。南部吳語轉入微部《切韻》爲支韻的字和微部《切韻》爲微韻的字與同爲來自脂部的《切韻》齊韻字一起變化。(孫宜志 2016)

王力(1985:88)將漢代的微部擬測爲[ *əi]。江山 ε 的讀音也能從語音演變通則的角度得到説明,即 *əi→ε。

#### 1.1.2.3　支韻幫泥精知章見 iə—脂之微幫泥精知章見 i—支脂之微莊組 ø。

這一層次幫泥知章見支韻與脂之微韻保持區别。梅祖麟(2001)、秋谷裕幸(2003)認爲是六朝特點。莊組支脂之合流。從層次形成的過程來看,應該將莊組的 ø 與支韻的 iə 和 i 歸納成一個層

441

次,雖然它們反映的音類分合關係不一樣。

1.1.2.4　江山 y。

與支脂韻合口字的韻母相同。這一層次止攝開口字衹有一個"椅"字,對其性質的討論請見 2.1.8。

1.1.2.5　江山 ə。

這一層次含有支、脂、之三韻字,也是出現在口語中。主要出現在精組聲母後,少數知系字讀 ə 韻母(知₁齒),可以認爲是這幾個字因爲使用頻率高聲母先期合并到精組。

這一層次在其餘點一般爲舌尖音 ɿ。據秋谷裕幸(2001:7)"[ə] 的實際音值爲[ɯ̈ə]"。因此可以認爲有 i→ɿ→ɯ̈ə(ə)的變化。

## 1.2　金華

1.2.1　金華方言止攝開口韻字的今讀情況(見表 3):

### 表 3　金華方言止攝開口韻字的今讀情況表

|  | 幫系 | 泥組 | 精組 | 知組 | 莊組 | 章組 | 見系 |
|---|---|---|---|---|---|---|---|
| 支 | ei、i | i、ie | i、ɿ | y、ɿ | ɿ | y、ɿ | y、i、ɛ、ɑ |
| 脂 | ei、i | i | i、ɿ | y、ɿ | ɿ | y、i、ɿ | i |
| 之 |  | i | ɿ | y、ɿ | ɿ | y、ɿ | i |
| 微 |  |  |  |  |  |  | i |

下面列舉一些字音,并指出音類分合關係:

ei:支與止攝脂韻合流。例如:碑卑婢 pei|被 bei。對比:悲 pei|美 mei。

i:被棉被 pi|譬 pʰi|皮脾 bi|披 pʰi,離璃 li,刺 tsʰi|宜義議 ȵi。支與脂韻、之韻相同。姊 tsi|自 zi|四 si|椅₂ i。

ie:荔 lie。與齊韻韻母相同。衹有這一個字。

ɿ:斯撕紫 tsɿ|雌 tsʰɿ|篩 sɿ|枝₂ 紙知智 tsɿ|氏豉 zɿ。支與之脂韻合流。對比:次 tsʰɿ|時 zɿ|脂指芝 tsɿ。

ɑ:蟻₁ ɑ。支與歌韻的白讀相同,也與皆佳韻相同。對比:哥₁ 個₁ 街 1kɑ|蟹 xɑ。

ɛ:猗 kɛ。支與蟹攝咍韻見系相同。對比:開 kʰɛ。

y：椅₁y，枝₁tɕy。止攝開口韻字與止攝合口三等韻母相同。對比：水 ɕy｜圍₁y。

可見，支韻、脂韻 ei 與 i 在幫組對立，應爲不同的層次；支韻 i 與 ie 在泥組對立，也是不同層次。支韻和脂韻 i 與 ʅ 在精組對立，是不同層次；支韻 y、i、ɛ、ɑ 在見系對立，也是不同層次。

幫組 ei 與幫組 i 雖然音類分合關係相同，但是幫組 ei 比幫組 i 晚。共同語中元代纔出現"以灰切支""以脂切灰"（王力 1985：336）的例子。

那麼，以上音類是如何配對的呢？參考音類分合關係，我們認爲可以配對成如下層次：

層次一：支韻見系 ɑ。層次二：支韻見系 ɛ。層次三：支韻 ie—脂之精組 i。層次四：支韻精組 i。層次五：幫組 i—泥 i—精組 ʅ—知系 ʅ—見系 i。層次六：y。層次七：幫組 ei。

### 1.2.2　金華方言止攝開口韻字今讀層次的性質

金華層次一：見系 ɑ 與江山層次一性質相同；金華層次二：見系 ɛ 與江山層次二相同。

金華層次三、層次四、層次五都可以與《切韻》音系建立聯繫。可見都是《切韻》音系發展而來的層次。層次三：支韻 ie—脂之精組 i 可以看成《切韻》音系演變的孑遺層次。層次四：支韻精組 i 是層次三 ie 的進一步發展，也是層次五精組 ʅ 的孑遺層次。層次五是金華方言《切韻》音系的主體層次。金華的這幾個層次與江山方言的層次如何對應呢？我們認爲從理論上看，因爲都是源自《切韻》層次，金華層次三、層次四、層次五、層次六都可以與江山層次三建立對應關係，如果金華沒有層次三、層次四這些演變的孑遺，我們祇要將金華層次五和江山層次三進行歷史比較。金華層次五是主體層次，因此我們將金華層次五與江山層次三相對應。金華層次三和層次四的存在正好證明了我們運用歷史比較法構擬的演變過程的正確性。爲了稱説方便，我們將金華層次五稱爲《切韻》層次，將層次三、層次四稱爲《切韻》孑遺層次和《切韻》孑遺層次的發展層次。金華層次六 y 與江山層次五相同。

### 1.3 溫州

溫州方言止攝開口三等的今讀情況（見表 4）：

表 4 溫州方言止攝開口三等的今讀情況表

|  | 幫系 | 泥組 | 精組 | 知組 | 莊組 | 章組 | 見系 |
|---|---|---|---|---|---|---|---|
| 支韻 | ei、ai | ei | ei、ʅ | ei、ʅ | ʅ | ei | a、e、ʅ/i |
| 脂 | ei、ai | ei | ʅ | ʅ | ʅ | ʅ | ʅ/i |
| 之 |  | ei | ʅ | ʅ | ʅ | ʅ | ʅ/i |
| 微 |  |  |  |  |  |  | ʅ/i |

下面列舉一些字音，并指出音類分合關係：

ai：卑 pai。支與止攝脂韻合流，對比：悲 pai。

ei：比 pei｜譬披 pʰei｜被棉被皮脾 bei，離璃荔李裏 lei，紙枝支 tsei｜刺 tsʰei。幫組、來母、見系支與脂韻、之韻相同。精組、知章組支韻與脂之韻的讀音不同。

ʅ：姊紫脂知指芝 tsʅ｜雌次 tsʰʅ｜四斯撕篩 sʅ｜智 tsʅ｜氏，自時 zʅ｜。支與之脂韻合流。

a：蟻₁ŋa。支與皆佳韻相同。對比：街 ka｜蟹 xa。

e：埼 ge。支與蟹攝咍韻見系相同。對比：開 kʰe。

i：椅倚 ʾji｜宜義議 ȵi。

可見，溫州方言止攝的層次爲：

層次一：a。層次二：見系 e。層次三：支脂之韻幫組泥組 ei—支韻精組 ei、脂之韻精組 ʅ—支脂之莊組 ʅ、支韻知章組支韻 ei，脂之韻知章組 ʅ，支脂之微見系 ʅ/i。這一層次爲《切韻》音系的主體層次。層次四：見系 y。層次五：幫組 ai、支韻精組和知章組 ʅ。層次五爲文讀。

### 1.4 永康方言止攝開口字的層次

#### 1.4.1 永康方言止攝開口字的層次情況（見表 5）

表 5 永康方言止攝開口字的今讀情況表

|  | 幫系 | 泥組 | 精組 | 知組 | 莊組 | 章組 | 見系 |
|---|---|---|---|---|---|---|---|
| 支韻 | əi、iɑ、i | i、iə | iə、ʅ | iə、i | ʅ | y、i、iə | y、iə、i、iə |

| | 幫系 | 泥組 | 精組 | 知組 | 莊組 | 章組 | 見系 |
|---|---|---|---|---|---|---|---|
| 脂 | i | i | i、ɿ | i、ɿ | əi、ɿ | i文、ɿ | i |
| 之 | | i、iə | iə、ɿ | i、ɿ | ɿ | i文、ɿ、y | i、iə |
| 微 | | | | | | | əi、i |

下面列舉例字,并且指出音類分合關係:

iə:荔鯉李₂ liə|刺₁ tɕʰiə,易 iə,記₁ kiə。支、之合韻,也與齊韻韻母相同,也與祭韻相同。

iɑ:蟻 niɑ。支與蟹攝二等皆韻韻母相同,也與歌韻的先秦層次相同。對比:破 pʰiɑ|拖₁ tʰiɑ。揩 kʰiɑ。

əi:裏 ləi|徛 gəi。與蟹攝開口一等韻母相同。

i:比 pi|皮 bi|眉 mi,姊 tɕi|四 tɕi|自₁ ʑi,離李₁,姓 li,紙 tɕi|是₁ dʑi,置址志 tɕi。支韻全部、脂之的文讀。

ɿ:支、脂、之章組合韻。紫雉資 tsɿ,齒 tsʰɿ|指₁ tsɿ|時₁ 試₁ sɿ。支韻知組和章組不讀ɿ。

y:而耳₂ 爾₂ ly|椅 y。

iɑ、əi 在支韻幫組對立,是不同層次。支韻知組 iə 與 i 對立,是不同層次。支韻精組 iə 與 ɿ 對立,也是不同層次。脂、之、微的層次相對簡單。iə 在之韻有泥組、見系有三個字與 i 對立,分別爲李₂ 鯉記₁。根據南部吳語止攝讀音的整體情況,我們可以將永康方言之韻的 iə 看成是永康方言自身的變化。

精組脂韻 i 的性質與金華相同。

可見,永康方言有如下層次:

層次一:iɑ。層次二:əi。層次三:支韻精組 iə—脂之精組 i—見系 iə。層次四:支韻幫 i、支韻精組 ɿ—支韻莊 ɿ、支韻知章見 i—脂之韻幫知見 i、精莊章 ɿ。層次五:椅 y。層次六:之韻 iə。層次七:日母 y、脂之章組 i。

### 1.4.2　永康方言層次的性質

層次一:iɑ 與江山層次一的性質相同。層次二:əi 與江山層次二相同。層次三、層次四與金華層次三、層次四相同。層次五:椅 y 的性質與江山椅 y 的性質相同。層次六:之韻 iə 比較特殊。永康讀 ei 的止攝字有支之韻和祭齊韻字,不含脂韻字,似乎顯示脂與支之分立。但是南部吳語各點反映的都是支與脂之對立,因此我們將之韻讀 iə 看成是之韻的特殊變化,另立一個層次。層次七:章組 y 和 i 爲文讀層次。

## 1.5 總結

可見,南部吳語止攝開口韻字的讀音有如下層次:

層次Ⅰ:支與歌韻的先秦層次相同。層次Ⅱ:支脂與咍、灰合韻。

以下層次都可以與《切韻》音系建立聯繫,可以籠統地稱爲《切韻》層次。但是分布地域和代表的演變階段不一樣。

層次Ⅲ:《切韻》孑遺層次,支與脂之微有別。這一層次分布在金衢片。層次Ⅳ:《切韻》孑遺層次的發展層次,支與脂之微無別。這一層次也分布在金衢片。層次Ⅴ:《切韻》的主體層次。層次Ⅵ:上山小片《切韻》音系支韻字主要元音受到介音影響高化與脂之微合韻。層次Ⅶ是Ⅵ幫組、知系、見系的讀音在上山小片以及鄰近的遂昌、慶元的部分字的特殊變化。層次Ⅷ是層次Ⅶ的舌尖化。層次Ⅸ是層次Ⅷ的複音化。層次Ⅹ:文讀層次。

## 二、 南部吳語止攝開口字讀音層次的對應及演變

下面以金華、磐安代表婺州片,以龍游、慶元代表麗水片,以玉山、開化代表上山片,以溫州、樂清代表甌江片。

### 2.1 南部吳語止攝字的層次對應

2.1.1 層次Ⅰ:支與歌韻的先秦層次相同。這一層次字數少,限於"批""蟻""騎"這三個字。例如:

武義:披 pʰuɑ|蟻 niɑ。浦江:披 pʰia|蟻 ŋān。湯溪:批₁pʰɤ|蟻 ɑ。金華:蟻 ɑ。

磐安:蟻 ŋɒ。永康:蟻 niɑ。玉山:蟻 ŋai。開化:蟻 ŋɛ|騎 guɛ。江山:蟻 ŋæ。廣豐:蟻 ŋɑ。常山:蟻 ŋɛ|騎 guɛ。溫州:蟻 ŋɑ。慶元:蟻 ŋɑ。雲和:蟻 ŋɑ。蒼南:蟻 ŋæ。

不過,南部吳語并不是每個點歌韻見系字都保留先秦層次,這樣

給我們確認支韻的層次帶來一定的困難。例如遂昌"蟻 ŋa",見系歌韻無讀 a 的字。但是因爲歌韻有其餘聲組的字保留了這一層次,例如遂昌:破₁pʰa。另外,在音值上與周邊方言相近。因此我們認爲也是屬於這一層次。浦江"蟻 ŋān"和"蟻 ŋɒ"是兒化音變。

開化、常山支韻的"騎"讀合口呼,這一讀音與歌韻見系疑母"餓 ŋuɛ"的韻母相同,我們認爲也屬於先秦層次。

麗水、樂清、泰順沒有這一層次。

上古層次的變化:

幫組和見系部分字產生了如下變化

$^{*}$iɑi→ai → æ→ɛ→a →ɑ→uɑ→iɑ→ia(今聲母爲雙唇音和後鼻音)

→uɛ(今聲母爲舌根塞音)

2.1.2　層次Ⅱ:支、脂、微與咍韻合韻。

這一層次在南部吳語中廣泛存在,但是字數多少不一,上麗片較多,其餘片較少。例如:玉山:寄 kɐi|徛 gɐi|艤 kɐi,遲 dɐi。開化:寄 ke|徛 ge|艤 ke。江山:皮被 bɛ|遲 dɛ 寄 kɛ|徛 gɛ|艤 kɛ。常山:寄 ke|徛 ge|艤 ke。遂昌:徛 gei|艤 kei。慶元:徛 gai|艤 kai。麗水:徛 ge。雲和:徛 ga。磐安:徛 gei。浦江:徛 ga。金華:徛 gɛ。永康:徛 gɘi。蒼南:徛 ge。泰順:徛 ge。溫州:徛 ge。樂清:徛 ge。

這一層次有如下變化:

ɐi(玉山)→ai(慶元、溫州)→ɛ(江山)→ɛ(金華)→e(開化)

→ei(磐安、龍游)

2.1.3　層次Ⅲ:《切韻》層次,支與脂之微有別。

這一層次在各片普遍存在。例如:

金華:荔 lie,自 zi|四 si|姊 tsi。永康:荔 liə|刺 tɕʰiə|易 iə,自 zi|四 ɕi|姊 tɕi。磐安:四 ʃi|姊 tʃi。武義:四 ɕi|姊 tɕi。

2.1.4　層次Ⅳ:《切韻》層次的發展層次。支脂之精組合韻,讀 i。

這一層次可以稱爲《切韻》層次的發展層次。這一層次分布於金衢片金華、東陽、磐安、武義等部分點。例如:

金華:刺 tsʰi。東陽:刺 tsʰi。磐安:刺 tʃʰi。武義:刺 tɕʰi。

## 2.1.5 層次Ⅴ:《切韻》主體層次。

### 表6 南部吳語層次Ⅴ《切韻》主體層次代表點字音對應表

| | 玉山 | 開化 | 常山 | 江山 | 麗水 | 慶元 | 遂昌 | 雲和 |
|---|---|---|---|---|---|---|---|---|
| 避 | bie | bie | bie | biə | bi | — | — | bi |
| 離 | lie | lie | lie | liə | li | 籬 lie | | li |
| 刺支 | tɕʰie | — | — | tɕʰiə | tsʰʅ | tɕʰie | tɕʰie | tsʰʅ |
| 池支澄 | — | — | — | dʑiə | dzʅ | — | | dzʅ |
| 紙 | tɕie | tɕie | tɕie | tɕiə | tsʅ | tɕie | tɕie | tsʅ |
| 枝支章 | — | tɕie | tɕie | tɕiə | tsʅ | tɕie | tɕie | tsʅ |
| 是支禪 | — | dʑie/ | dʑi | dʑiə | szʅ | | ʑiiʔ | — |
| 移 | i | — | i | i | ji | ie | ie | i |
| 眉 | mi | mi | mi | mø | mi | mɪŋ① | mi | mɪŋ |
| 梨 | li | li | li | li | li | li | li | li |
| 姊旨 | tɕi | tɕi | tɕi | tɕi | tsʅ | tɕi | tsʅ | tsʅ |
| 四至 | ɕi | ɕi | ɕi | ɕi | sʅ | ɕi | sʅ | sʅ |
| 死 | — | | | | sʅ | | | sʅ |
| 遲 | dʑi | | | | dzʅ | tɕi | dzʅ | dzʅ |
| 事 | ze | sui | — | ʑø | zʅ | sɤ | ɕiu | zʅ |
| 師 | se | zui | | ʑø | sʅ | sɤ | | sʅ |
| 脂 | tɕi | | | | tsʅ | tɕi | tsʅ | tsʅ |
| 器 | kʰi | tɕʰi | tɕʰi | kʰi | tsʰʅ | tɕʰi | tsʰʅ | tsʰʅ |
| 李 | li | li | li | li | li | li | li | li |
| 字 | — | | — | | szʅ | sʅ | — | zʅ |
| 治 | dʑi | — | dʑi | dʑi | dzʅ | tɕi | dzʅ | dzʅ |
| 時 | zi | | zi | — | szʅ | ɕi | zʅ | zʅ |
| 起之 | kʰi | tɕʰi | tɕʰi | kʰi | tsʰʅ | tɕʰi | tsʰʅ | tsʰʅ |
| 醫 | i | i | i | i | ʅ | i | i | i |
| 指 | | | | | | | | tsʅ |

---

① 慶元和雲和"眉毛"的"眉"是小稱音。

| | 磐安 | 浦江 | 金華 | 永康 | 蒼南 | 泰順 | 溫州 | 樂清 |
|---|---|---|---|---|---|---|---|---|
| 避 | bi | bi | bi | — | — | bi | pʰei | pʰi |
| 離 | li | li | li | li | — | li | lei | li |
| 刺支 | tʃʰi | tsʰ1 | — | — | — | tɕʰji | tsʰei | tɕʰi |
| 池支澄 | dʒi | dʒi | dz1 | dʑi | dʑi | tɕji | dzei | dʑi |
| 紙支章 | tʃi | tʃi | ts1 | tɕi | tɕi | tɕji | tsei | tɕi |
| 枝支章 | tʃi | tʃi | ts1 | tɕi | tɕi | tɕji | tsei | tɕi |
| 是支禪 | dʒi | ʒi | z1 | dʑi | — | — | | |
| 移 | i | i | i | — | ɦi | ji | | zi |
| 眉 | mi | mi | mi | mi | mi | mi | mei | mi |
| 梨 | li | li | — | — | li | li | lei | li |
| 姊脂精 | | | | | ts1 | ts1 | ts1 | ts1 |
| 四至心 | — | | | | s1 | s1 | s1 | s1 |
| 死旨心 | s1 | s1 | s1 | s1 | s1 | s1 | s1 | s1 |
| 遲脂澄 | dʒi | dʒi | — | dʑi | dz1 | ts1 | dz1 | dz1 |
| 事志崇 | z1 | z1 | z1 | z1 | z1 | z1 | z1 | z1 |
| 師 | s1 | s1 | s1 | s1 | s1 | s1 | s1 | s1 |
| 脂脂章 | ts1 | ts1 | ts1 | ts1 | ts1 | — | ts1 | ts1 |
| 器 | tɕʰi | tʃʰi | tɕʰi | kʰi | tɕʰi | tɕʰji | tsʰ1 | tsʰi |
| 李 | li | li | li | li | li | li | lei | li |
| 字 | z1 | z1 | z1 | z1 | z1 | z1 | z1 | z1 |
| 治之澄 | dʒi | dʒi | — | dʑi | dz1 | dz1 | dz1 | dz1 |
| 時之,禪 | z1 | z1 | z1 | s1 | z1 | s1 | z1 | z1 |
| 起之 | tɕʰi | tʃʰi | tɕʰi | kʰi | tɕʰi | tɕʰji | tsʰ1 | tɕʰi |
| 醫 | i | i | i | i | i | i | ʔji | i |
| 指脂,章 | ts1 | ts1 | ts1 | ts1 | ts1 | ts1 | ts1 | ts1 |

這一層次上山小片各點較好地保留了支與脂之微的區別。甌江片祇有精組、知章組保留了支與脂之微的區別。麗水小片慶元、遂昌較好保存了支與脂之微的區別，但是麗水和雲和沒有這一層次。金

衢片金華支與脂之微合流，金衢片磐安、浦江、永康章組支韻與之脂保持區別，其餘聲組韻母合流。

這一層次有如下變化：

支韻幫泥精知章見：iə→ie（玉山、開化、常山）→i（永康、磐安、浦江）→ʅ

脂之幫泥精知章見：i→ʅ

莊組：

→ui→ɤ

＊i→ø→e

　　　→ui→i

→ʅ

2.1.6　層次Ⅵ：《切韻》主體層次的發展層次。支韻主要元音高化後與脂之微合韻，支韻精組舌尖化或複元音化。這一層次分布於上山小片以及麗水小片的遂昌和慶元，甌江片也有分布。

表7　南部吳語層次Ⅵ《切韻》主體層次的發展層次字音對應表

| | 玉山 | 開化 | 常山 | 江山 | 廣豐 | 遂昌 | 慶元 | 溫州 | 泰順 |
|---|---|---|---|---|---|---|---|---|---|
| 是 | dʑi | — | dʑi | dʑi | dʑi | — | — | zʅ | sʅ |
| 馳 | dʑi | — | dʑi | dʑi | dʑi | — | tɕi | dzʅ | — |
| 宜 | ȵi | i | i | — | ȵi | ȵi | — | — | — |
| 戲 | xi | — | ɕi | xi | xi | sʅ | ɕi | — | — |
| 移 | i | i | ɕi | i | i | — | — | — | — |
| 易 | i | i | ɕi | i | — | — | — | — | — |
| 刺 | tsʰə | tsʰə | tsʰə | tsʰə | tsʰʅə | — | — | tsʰʅ | — |
| 雌 | tsʰə | tsʰə | tsʰə | tsʰə | tsʰʅə | tsʰʅ | ʔʅ | tsʰʅ | tsʰʅ |
| 自脂 | zə | ! | sə | dzʅp | zʅɤ | — | — | — | — |
| 絲 | sə | sə | — | sə | sʅɤ | sʅɤ | — | — | — |
| 字 | zə | zə | zə | sə | dzʅp | dzʅp | ʔʅɤ | — | — |

這一層次，知章組和見系字發生了ie→i→ʅ的變化，在遂昌逢塞擦音還發生了i→ʅ的變化。精組發生了i→ʅə(ə)的變化。開化、常山

雖然爲單元音 ə,但是,[ə]韻拼[ts]組聲母時實際音值是[ɿə]。

　　2.1.7　層次Ⅶ：支、脂、之、微合韻。

　　這一層次分布於上麗片的上山小片和鄰近的慶元、遂昌。表現爲知章組和見系字圓脣化或複元音化,與莊組合流。

表 8　南部吳語代表點層次Ⅶ支、脂、之、微韻的字音對應表

| | 玉山 | 廣豐 | 江山 | 常山 | 開化 | 遂昌 | 慶元 |
|---|---|---|---|---|---|---|---|
| 知知了,支 | tse | — | tɕø | tsi | tsui | — | — |
| 池支 | — | — | — | — | dzui | — | — |
| 騎支 | — | — | gø | — | — | — | — |
| 宜支 | — | — | ŋø | — | — | — | — |
| 義寘 | — | — | — | — | ŋui | — | — |
| 戲寘 | — | — | — | — | xui | — | — |
| 侍志 | — | se | ɕø | zi | zui | ʑiu | — |
| 遲脂 | — | dze | — | dzi | dzui | — | — |
| 齒 | — | tsʰe | — | 恥 tsʰi | tsʰui | tɕʰiu | tsʰɤ |
| 氣微 | kʰe | kʰe | kʰø | kʰi | kʰui | — | — |

可以認爲這一層次有如下變化：

　　　　　　　　　　　→i

　　　　　　　　→ui→ɤ

　*i→ø→e

　　　　　　→iu

　　常山與來自莊組、知組、章組的今讀 ts 組和 k 組聲母相拼的支韻 i 與來自莊組、知組、章組的今讀 tɕ 組相拼的支韻 i 不是同一個層次。比較：

　　池 dzi：知₂知了tsi，基₂tɕi：基₁kʰi。

　　池,支韻知組澄母,知,支韻知組知母。若爲同一層次,聲母應該同爲 tɕ 組或 ts 組。可見這裏出現了聲母"同一古音來源的字(一個字或一組字)在方言共時語音系統中有不同語音形式的若干音類"的情況,因此這兩個字音的不同是層次的不同。儘管表現爲聲母的不同,而

實際上是韻母處於不同層次而形成的,在常山方言有如下變化:

$*t\int i \rightarrow tsui \rightarrow tsi$

2.1.8 層次Ⅷ:這一層次在各片都有分布,金華最多。下面舉例:

金華:枝$_1$tçy|施 çy|遲$_1$dʑy|痔$_1$ 雉$_1$ 治$_1$ 至$_1$tçy|癡$_1$tçʰy|侍$_1$ʑy|椅$_1$y。

遂昌:椅$_1$y|欺 tçʰy。玉山:騎$_1$gy|椅$_1$y。常山:施$_1$çy|椅 y。樂清:椅 y。

這一層次含有支、脂、之韻字。可見這一層次也是支、脂、之合韻後的一種變化,這與層次ø的音類分合關係相同。讀 y 的字也是來自知組、莊組、章組和見系,其餘聲組不讀 y,可見有ø→y 的變化。

這一層次的共同特點是都與止攝合口三等知章組字韻母相同。

江山等地南部吳語甚至整個吳語支韻個別字讀 y 的現象很早就引起學者注意。秋穀裕幸(2003)、施俊(2014)都認爲是連讀音變。我們認爲這一觀點值得商榷。

連讀音變一般是條件音變。例如普通話中的"起碼"與"騎馬"同音。條件音變遵循"條件同、變化同"的語音演變規則。但是南部吳語中其餘的支韻開口字在相同的語境中并不讀撮口呼。

梅祖麟(2012)認爲吳語止攝開口字讀撮口呼反映了《切韻》重組的區別。重組三等的上古介音爲 $*-rj$,而重組四等的上古介音爲 $*-j$,$-r$ 有圓唇作用,容易使得後面的元音圓唇化。從這些讀 y 的字都是重組三等字而没有重組四等字來看,的確支持梅祖麟(2012)的觀點,一些少數民族語言的中古借詞(丁邦新 2015、鄭偉 2013)也證明了有這種現象。

重組問題是一個還没形成充分共識的問題。

目前學術界一般認爲是介音的不同。然而,如果給重組三等擬個介音 r,根據止攝字南部吳語中的表現,無重組的三等韻是與重組三等變化的,這樣重組三等韻的字和無重組三等韻的字都要擬爲 $*-rj$,這樣會使構擬出的中古音系很複雜。

重紐出現在幫、見三組聲母後,幫組聲母、見組聲母有使得後接介音帶上圓脣的性質的可能。這一點在四等齊韻字上也有體現。就重紐在南部吴語中表現看,從聲母影響韻母的角度能得到説明,因此我們覺得不必從介音的角度解釋。

2.1.9　層次Ⅸ:知章組複元音化。這一層次分布於上山小片開化、常山、遂昌,衹有個別字。例如:

遂昌:知 tsʅ̯ɤ。開化:齒₂tsʰə。常山:知₁tsə|齒 tsʰə|蒔 zə。

這一層次的知章組的這幾個字的今讀形成原因可能是在層次Ⅵ時,這幾個字由於常用,聲母舌尖化,與精組字合并,然後與精組字一起複元音化。

2.1.10　層次Ⅹ。這一層次爲文讀層次。

文讀主要是兩種:一是上麗片部分點精組和知章組韻母讀舌尖韻母;二是金衢片部分點脂之韻章組韻母與支韻章組韻母合流。

第一種類型如:

遂昌:是₂zʅ|池 dzʅ。開化:衹_{副詞} tsʅ|豉 zʅ。玉山:無。常山:支枝₂ 資姿衹_{副詞} tsʅ|次 tsʰʅ|私 sʅ。

第二種類型如:

永康:脂指 tɕi|試 ɕi。對比:紙 tɕi。浦江:旨志 tʃi。對比:紙 tʃi。磐安:旨 tʃi。對比:紙 tʃi。

## 2.2　南部吴語止攝字的演變

歷史層次分析法認爲,同源層次可以用來進行歷史比較。南部吴語止攝的以上層次,層次Ⅰ到層次Ⅸ是同源層次。這些層次代表的演變階段不同。

王力(1985)將先秦支部三等擬測爲 $^*\underset{.}{i}e$,將歌部三等擬測爲 $^*\underset{.}{i}ai$,將脂部三等擬測爲 $^*\underset{.}{i}ei$,將微部三等擬測爲 $^*\underset{.}{i}əi$。根據南部吴語的讀音情況,我們覺得先秦支部三等 $^*\underset{.}{i}ə$、歌部三等擬測 $^*\underset{.}{i}ɑi$、脂部三等 $^*\underset{.}{i}ai$、微部三等 $^*\underset{.}{i}əi$、之部擬測爲 $^*\underset{.}{i}e$ 更有利於説明南部吴語的情況。

南部吴語止攝的層次涉及三種演變過程,圖示如下:

過程一:

歌部 *ɑi→ai→æ→ɛ→a→ɑ→uɑ→iɑ→ia（今聲母爲雙唇音和後
　　鼻音）
　　→uɛ（今聲母爲舌根塞音）

過程二：

脂部：*i̯ai→ ai
　　　　　　↓
微部：*iəi →iɛ
　　　　　　　↓
歌部 *i̯ɑi→ *iəi →ɐiɐ（玉山）→ai（慶元、温州）→ɛ →ɛ（金華）→e
（開化）
　　→ei（磐安、龍游）

過程三：

　　　　　　　　　　　　　　　y
歌部　*i̯ɑi→*iəi　　　　　　↑↗e
　　　　　　　　　　　ui →　ø →iu
　　　　　　　　　↓　　↑　　↘ɤ
支部　*i̯ə →iə → ie → i→ʅ
　　　　　　　　　　　↑↘ɿ→ə
微部：　　 *iəi →*iei→i
　　　　　　　　　　↑
脂部：　　 *i̯ai→ *iei→i
　　　　　　　　　　↑
之部：　　 *i̯e　→i

以上演變過程的意思是：

過程一：《切韻》支韻來源於先秦的支部和歌部。其中《切韻》支
韻來自先秦歌部的部分字與同樣來自先秦歌部的中古歌韻一起變
化，保存上古音的特點。

過程二：《切韻》支韻來自先秦歌部的部分字失落 i 介音，在韻尾 i
的影響下，主要元音央化，《切韻》中古脂韻和微韻來自先秦脂部和微
部的部分字失落韻頭，合流後產生了後續變化。

過程三：先秦支部三等字、歌部三等字演變爲《切韻》音系的支
韻，部分字保存支與脂之微之別，部分字在介音影響下，主要元音前

化和高化,與中古脂、之、微合韻,并發生此後的系列變化。在上山小片部分字發展爲開化的 ui,開化的 ui 發展爲江山的 ø,江山的 ø 演變爲廣豐的 e 和慶元的 ɣ,其中有個別字從 ui 演變爲 y。

### 三、 餘論

近些年,歷史層次分析法成爲分析漢語方言演變的一種重要方法。我們認爲,在劃分歷史層次時,一要堅持對立原則,對立的兩個音不屬於同一個層次。因此我們認爲支韻在一些方言中今讀 ie 和 i 有對立,不應該處理成一個層次。二要堅持互補的原則。互補的兩個音一般可以處理成同一層次。我們認爲溫州方言脂之微韻 ei 和 ɿ 屬於同一個層次,因爲脂之微韻的 ei 和 ɿ 是互補的。三要符合語音演變規律,如果在相同條件下的 A 和 B 音類,如果 A 音類有字音 B 演變爲 C,那麼 B 音類也應該有字音演變爲 C。因此我們認爲支韻的 ie 類音不是 i 的破裂化。

### 參考文獻

曹志耘:《南部吳語語音研究》,商務印書館 2002 年版。

曹志耘等:《吳語處衢方言研究》,日本好文出版 2000 年版。

曹志耘等:《吳語婺州方言研究》,商務印書館 2016 年版。

蔡嶸:《浙江樂清方言音系》,《方言》1999 年第 4 期。

陳忠敏:《漢語方言語音史研究與歷史層次分析法》,中華書局 2013 年版。

侯精一主編,潘悟雲編寫:《溫州話音檔》,上海教育出版社 1998 年版。

羅常培、周祖謨:《漢魏晋南北朝韻部研究》,中華書局 2007 年版。

梅祖麟:《重紐在漢語方言的反映——兼論〈顏氏家訓〉所論"奇""衹"之別》,《方言》2012 年第 2 期。

秋谷裕幸等:《吳語蘭溪東陽方言調查報告》,神户市外國語大學外國語學部 2002 年版。

秋谷裕幸:《吳語處衢方言(西北片)古音構擬》,日本好文出版 2003 年版。

秋谷裕幸:《吳語江山廣豐方言研究》,愛媛大學法文學部綜合政策學科 2001 年版。

顔逸明:《浙南甌語》,華東師範大學出版社 2000 年版。

施俊:《論南部吴語支脂之韻的讀音層次》,《中國語文》2014 年第 5 期。

王福堂:《漢語方言語音中的層次》,《語言學論叢》第 27 輯,商務印書館 2003 年版。

王力:《漢語語音史》,中國社會科學出版社 1985 年版。

鄭張尚芳:《温州方言志》,中華書局 2008 年版。

# 河北孟村方言處所類雙賓語結構"V＋受事賓語＋處所賓語"研究

董淑慧

（南開大學漢語言文化學院）

**摘　要**："V＋（的）＋O$_受$＋O$_處$"和"V＋O$_處$＋O$_受$"是河北孟村方言的兩類處所類雙賓語結構，"V＋（的）＋O$_受$＋O$_處$"結構包括 A 和 B 兩類。A 類表示動作影響受事賓語并使之最終到達某一處所，B 類表示施事采取動作并最終與受事到達某一處所（或時間）終點。"V＋（的）＋O$_受$＋O$_處$"不僅和"V＋O$_處$＋O$_受$"結構具有差異，而且在冀魯官話、中原官話和晋語等不少漢語方言中廣泛存在。

**關鍵詞**："V＋（的）＋O$_受$＋O$_處$"；處所類雙賓語結構；孟村方言；歷史演變

　　河北孟村方言屬於冀魯官話滄惠片黃樂小片。該方言存在一種雙賓結構，即受事賓語置於動詞之後、處所賓語之前，構成"V＋受事賓語＋處所賓語"（我們碼化爲"V＋O$_受$＋O$_處$"），我們稱之爲"處所類雙賓結構"。處所類雙賓結構是漢語雙賓語構造中的一種獨特類型。

　　朱德熙（1982:113）將處所賓語區別爲廣義和狹義兩類，指出："狹義的處所賓語專指表示趨向或位置的動詞性成分後頭所帶的由處所詞或處所詞組充任的賓語。"李臨定（1984）、張伯江（1999）肯定了漢語口語中處所類雙賓句的現實性與合法性。王建軍（2006）歸納處所類雙賓語句語法特徵：（1）句子的謂語動詞分別與兩個名詞性詞語構成動賓關係；（2）句子的兩個賓語一個表示人物，一個表示處所，

---

＊　南開大學文科發展基金重點課題（ZB21BZ10102）。

彼此之間不發生結構關係;(3) 整個句子着重説明的是某一人物所産生的方向性變化。

處所類雙賓句包括"V＋O$_受$＋O$_處$"(O$_受$爲名詞和代詞)和"V＋O$_處$＋O$_受$"(O$_受$爲名詞)兩類。前者祇在漢語方言中使用,後者在漢語方言和普通話中都存在。馬慶株(1992:116—119)系統描寫了普通話中名詞賓語與處所賓語共現的處所類雙賓語("V＋O$_處$＋O$_受$")的特點。關於方言的"V＋O$_受$＋O$_處$",已有研究祇涉及中原官話。辛永芬(2006a,2006b,2011)和李學軍(2020)描寫了河南浚縣、内黄方言的"V＋O$_受$＋O$_處$"。辛永芬稱之爲"無標記處置結構",認爲浚縣方言"(A/B)＋V$^D$＋複指性代詞＋X(處所詞)"表示"將某人或某物處置到某一地方","是一種不使用'把'類標記詞而表達處置意義的格式。這種格式最明顯的特徵是動詞必須使用變韻形式,動詞後一定有一個代詞用來複指受事成分"。辛永芬(2006a)還認爲"動詞變韻既是終點格標記,也可以代償介詞'把'的語法功能"。李學軍(2020)對結構中的動詞進行了詳細描寫。吴繼章(2017)討論了河北魏縣方言的情況,并將其對應於普通話的"把字句"。

河南浚縣方言、内黄方言和河北魏縣方言屬於中原官話鄭曹片。至今尚無關於冀魯官話"V＋O$_受$＋O$_處$"結構的報導。本文擬詳盡描寫河北孟村方言的"V＋O$_受$＋O$_處$"結構,并從歷時角度考察其發展演變情況及其在北方方言的分布情況。先介紹一下孟村方言的聲調。孟村方言有三個單字調(不包括輕聲):

| 調類 | 調值 | 例字 |
| --- | --- | --- |
| 陰平 | 214 | 詩七呆掰天兵開哭 |
| 陽平上 | 55 | 門騎龍糖酒買 |
| 去聲 | 51 | 四氣近凍慢事用 |

孟村方言的動詞語法變調規律如下:動詞爲陰平字時,變爲51;動詞爲去聲時,變爲53(而且必須重讀)。陽平和上聲在孟村方言中合流,讀55。但變調時又會分流:來源於古濁平的字均不變調;來源於古清上、次濁上的字讀24。(見表1)下文變調動詞用上

標 D 標注。

表 1　孟村方言動詞語法變調規律表

| | 陰平 | 陽平上 | 去聲 |
|---|---|---|---|
| 本調 | 214 | 55 | 51 |
| 變調 | 214—5155（古濁平） | 55—24（古清上、次濁上） | 51—53 |

## 一、"V＋O受＋O處"處所類雙賓結構的語義功能和動詞的語義特徵

### (一)"V＋O受＋O處"的語義功能

關於"V＋O受＋O處"結構，吳繼章(2017)、辛永芬(2006a，2006b，2011)將其對應於普通話的"把字句"。就孟村方言而言，"無標記處置結構"説法不全面。孟村方言的"V＋O受＋O處"分 A、B 兩類：

1. A 類"V＋O受＋O處"結構。表示動作對賓語作出"處置"并使之最終到達 O處所在的位置。語義功能對應於普通話的處置式。如：

(1) 他去幹活頃兒，就鎖[D](的)我屋溜屋裏(他去幹活的時候，就把我鎖在屋裏)。

(2) 你告訴我，誰推[D](的)你井的？(你告訴我，誰把你推到井裏的?)

(3) 羊羔子又跑出來啦，你轟[D](的)它欄去(羊羔兒又跑出來了，你把它轟到羊欄去)。

(4) 你送[D]俺們村口上就行(你把我們送到村口上就行)。

(5) 我扣[D]他們明兒個早晨再説(我把他們扣留到明天早上再説)。

(6) 你關[D]誰屋溜屋裏，誰也不願意(你把誰關在屋裏，誰也不願意)。

該結構特點如下：

第一，O<sub>處</sub>限於空間終點位置和時間終點位置，是 O<sub>受</sub>最終到達的位置。表示空間終點位置的 O<sub>處</sub>有三類：一是指代處所的指示代詞"這""那""這溜這裏""那溜那裏"以及疑問代詞"哪""哪溜哪里"；二是雙音節方位詞（如"外頭""裏頭""後頭""前頭""上頭""底下""旁邊兒""家東""家西""家南""家北""家前""家後"）或由方位詞構成的方位短語（如"屋裏""村口上""半道上""門外頭""箱子裏頭""房後頭""墙上""桌子上頭""床底下""桌子旁邊兒"）；三是處所詞（如"教室""屋""家"）或表示處所的名詞（如"欄""井"）。表示時間終點的是時間名詞或名詞性短語，如"明天""明天早上"等（例5）。

第二，動詞後可以出現"的［ti⁰］"，也可以不出現，多數情況下傾向於省略不説。"的"是介詞"到"的弱化形式。不管"的"出現與否，動詞都遵循動詞語法變調規律進行變調。動詞變調存在兩種情況：一是代詞讀作輕聲（例1—3）。動詞變調是語流中的輕聲前變調，同時也與"的"省略有關，變調是將輕聲前變調和動詞語法變調合二爲一的。二是代詞不讀作輕聲（例4—6），動詞也要變調。動詞變調是"的"省略之後留下的痕跡，是語法變調。

第三，"V＋O<sub>受</sub>＋O<sub>處</sub>"結構語義功能對應於普通話的處置式，但它和處置式可以共現。例7—9是處置式，介詞"扳"引入受事"身份證""那破玩意兒""不聽話的學生"，受事是有定的，O<sub>受</sub>是介詞"扳"受事的代詞複指形式。如：

（7）你扳那破玩意兒給我扔<sup>D</sup>（的）它外頭去（你把那破玩意兒給我扔到外頭）。

（8）扳錢攔<sup>D</sup>（的）它書包溜裏頭，省得掉溜（把錢放在書包裏，以免丢失）。

（9）你扳不聽話的學生轟<sup>D</sup>（的）他們外頭來（你把不聽話的學生趕到外頭來）。

第四，O<sub>受</sub>是人稱代詞。人稱代詞可以是第一人稱代詞"我""俺"及其複數形式"俺們"、第二人稱代詞"你"及其複數形式"你們"、第三人稱代詞"他""她""它"及其複數形式"他們""她們""它們",還可以是疑問代詞(例6)。第一人稱代詞和第二人稱代詞可以直接用於該結構,第三人稱代詞用於該結構時,上下文中通常出現指人或指物名詞,聽話人和説話人雙方纔能明確結構中第三人稱代詞所指代的對象。如例10"它"指代"這一張畫兒"、例11"他"指代"張震兒",例12"他們"指代"客"。換句話説第三人稱代詞是複指成分。此外 O受還包括反身代詞"個兒人""個兒"(例13)。如:

(10) 就一張畫兒,擱$^D$(的)它箱子裏頭吧(衹有一張畫兒,把它放在箱子裏頭吧)。

(11) 張震兒待鬧,我弄$^D$(的)他縣溜縣裏去(張震再鬧,我把他弄到縣裏去)。

(12) 客都到了,你領$^D$(的)他們南屋兒去(客都到了,你把他們領到南屋裏去)。

(13) 你別鎖$^D$個兒自己外頭,進不去家(你別把自己鎖在外頭,回不了家)。

2. B類"V＋O受＋O處"結構。表示在受事已采取某種行爲的前提下,施事采取動作并最終與受事到達某一處所(或時間)終點。一部分 B類結構對應於重動句(例15、16、18、19、20、21),一部分在普通話中無對應的表達方式(例14、17)。如:

(14) 我跟$^D$(到/的)他村口上(我跟着他跟到了村口)。

(15) 我陪$^D$到他飯店門口纔走的(我陪他陪到了飯店門口纔走的)。

(16) 我追$^D$(到/的)你姐姐門口上,給她點錢(我追你姐姐到門口,給了她點錢)。

(17) 張三走到哪,我跟$^D$(到/的)他哪(張三走到哪里,我跟隨他到哪里)。

(18) 我衹能陪$^D$到他天黑(我陪他衹能陪到天黑)。

(19) 咱就等<sup>D</sup>到他天黑(咱們等他等到天黑)。

(20) 我耗<sup>D</sup>到他三十,看他還怎麼找別人(我耗他耗到三十歲,看他還怎麼找別人)。

(21) 你管<sup>D</sup>支付生活費用他到多嗸纔算一站?!（你養他養到什麼時候纔算完?!）

這一類"V＋O<sub>受</sub>＋O<sub>處</sub>"結構不能與普通話的"處置句"相對應,不表處置義。該結構特點如下:第一,O<sub>處</sub>限於空間終點(例14—17)和時間終點(例18—21),是受事和施事最終到達的空間位置和時間位置。O<sub>處</sub>爲空間終點時,動詞後可以出現介詞"到"及其弱化形式"的",也可以不出現"到/的"。跟 A 類"V＋O<sub>受</sub>＋O<sub>處</sub>"結構一樣,不管"的"出現與否,動詞均變調。表示空間終點位置的 O<sub>處</sub>包括指代處所的指示代詞"這""那""這溜這裏""那溜那裏"、疑問代詞"哪""哪溜哪里"、雙音節方位詞(如"外頭""裏頭""後頭")以及由方位詞構成的方位短語(如"門外頭""箱子裏頭")。表示時間終點位置的 O<sub>處</sub>是時間名詞或名詞性短語。O<sub>處</sub>爲時間終點時,動詞後必須出現介詞"到"(輕聲),介詞"到"不能弱化爲"的"。動詞變調屬於輕聲前變調。第二,O<sub>受</sub>主要是代詞(包括疑問代詞和第一、二、三人稱代詞),少數情況下也可以是名詞(例16)。

總括起來,"V＋O<sub>受</sub>＋O<sub>處</sub>"結構整體語義功能概括爲"通過動作行爲,施事作用於受事,使受事位移至某一處所或施事采取某種行爲并與受事共同位移至某一處所(或時間)終點"。B 類"V(＋的)＋O<sub>受</sub>＋O<sub>處</sub>"結構的 O<sub>受</sub>可以是代詞,也可以是名詞,但名詞限於比較簡單、音節少的詞或短語。A 類"V(＋的)＋O<sub>受</sub>＋O<sub>處</sub>"結構的 O<sub>受</sub>衹能是代詞,不能是名詞成分(包括指人名詞和指物名詞),更不可能是帶數量成分或形容詞修飾的名詞性短語。

### (二) 兩類"V＋O<sub>受</sub>＋O<sub>處</sub>"結構對動詞的選擇

A 類"V＋O<sub>受</sub>＋O<sub>處</sub>"結構表示致移事件,動詞是"致移動詞",具有"強烈處置義"。"致移動詞"是指能導致動作對象發生空間位移的動詞。能進入 A 類"V＋O<sub>受</sub>＋O<sub>處</sub>"結構的動詞爲二價動詞,是支配指人或指物的受事成分的致移動詞。分兩小類:(1)動詞具有[+使(O)移動]語義特徵,如"扔、投、拉、牽、抬、搬、挪、摟、調、甩、倒、打發、扒拉";(2)動作行爲既表示動作行爲,也包含動作行爲完成之後所存在的狀態,如"藏、壓、蓋、攔、留、關、鎖、穿"等。以"貼"爲例,"貼"既是動作,也是動作完成後所存在的狀態"貼着"。從音節角度看,動詞以單音節動詞爲主,也可以是一些雙音節動詞。李學軍、賈迪扉(2020)窮盡性列舉了内黄方言中進入 A 類"V+O受+O處"結構的149個動詞,其中單音節動詞占 88.59%,雙音節動詞占 11.41%。孟村方言進入 A 類"V+O受+O處"結構的動詞主要是單音節動詞。

B 類"V+O受+O處"結構不具備處置意味,動詞限於持續動詞,有"追隨"類(追、陪、跟)、"迎接"類(迎、接)、"勸說"類(勸、説)、"度過時間"類(等、熬、耗)。從音節角度看,進入 B 類"V+O受+O處"結構的動詞都是單音節動詞。

## 二、"V+O受+O處"結構演化及其與"V+O處+O受"的差異

### (一) 關於"V+O受+O處"結構演化的兩個問題

關於孟村方言中的"V+O受+O處"結構,我們解釋兩個問題:第一,"V+O受+到+O處"結構的介詞"到"以及弱化形式"的",爲什麼會移至受事賓語之前,構成"V(+到/的)+O受+O處"結構? 第二,進入"V(到/的)+O受+O處"結構的 O受,爲什麼大多數情况祇能是代詞?

關於第一個問題,我們認爲跟"V(+到/的)+O受+O處"結構是一個關係緊密的語言單位有關係。進入該結構的動詞以單音節動詞爲主,介詞"到"及其弱化形式"的"跟單音節動詞關聯密切。在中古和近代漢語中,動詞和表終點的介詞短語之間被受事名詞(或代詞)隔開,也就是"V+O受+到+O處"是很常見的,動詞可以是"致移動詞"(如下例"放"和"留")也可以是"追隨"類動詞。如:

(22) 宜令青州觀察使放六人到上都,餘十人勒回。(《唐文拾遺》)

(23) 忽驚飛入水,留命到今朝。(北宋《太平廣記》)

(24) 至之謂意思也隨他到那處,這裏便可與理會幾微處。
(宋·朱熹《朱子語類》)

宋明以來漢語動補結構逐漸發展并趨於成熟,其成熟標志是動詞和補語融合,組成一個語法單位,不能再被賓語隔開(VOR 結構到清代完全消失)。在漢語動補結構融合的類推作用下,介詞"到"及其弱化形式"的"與動詞凝結成爲一個類似複合詞的雙音節語言單位。人稱代詞是强行插入動補(VR)結構内部的一個成分,因"V+到/的"高度凝固,代詞祇能出現在"到(的)"後。動詞、代詞與處所詞則構成"V(+的)+O$_受$+O$_處$"結構處所類雙賓語結構,在元代文獻已經很常見。如:

(25) 等孩兒吃些茶飯,着院公送的他學堂裏去。(元·高茂卿《翠紅鄉兒女兩團圓》)

(26) (燕二雲)你跟的我鋪兒裏來。(元·李文蔚《同樂院燕青博魚》)

動詞可以是"致移動詞"(例 25 的"送"),也可以是"追隨"類動詞(例 26)。前一小類句子的動詞是"致移動詞",能換成處置式,在發展過程中逐漸被處置式取代,因而普通話没有"V(+的)+O$_受$+O$_處$",但在一些方言中有保留;後一小類句子不能換成處置式,在一些方言中保留至今。

"V 到(的)"再進一步融合和凝固,在一些方言中,"的"完全可以不出現,并與單音節動詞合成一個音節,動詞發生變調(如孟村方言、聊城方言、衡水桃城方言)或變韻(如河南浚縣方言、内黄方言)。還有一些方言没有進一步融合,"的"必須出現,如太原方言、祁縣方言、河間方言和易縣方言(參見下一節)。

第二個問題既跟"V(+到/的)+O$_受$+O$_處$"結構是關係緊密的語言單位有關,也跟整個結構的韻律特徵有關。"V(+到/的)+O$_受$+

$O_{處}$"結構的 $O_{處}$ 通常承載新信息，這就要求 $O_{受}$ 應該是不負載重要信息的語言成分，否則句子不成立。倘若進入 $O_{受}$ 位置的是名詞，如下面的例子：

（27）＊我攔一盆花桌子上。

（28）＊他挂一塊表墻上。

首先，名詞通常承載的是新信息，不能讀輕聲；其次，往往會帶數量結構作爲定語，那麼，"V（＋到/的）＋$O_{受}$＋$O_{處}$"結構動詞之後就有兩個承載新信息的成分，不僅頭輕脚重，而且也不符合語言表達規律和漢語韻律特徵。這種 VOR 結構就會朝其他方向演變。因 $O_{處}$ 是 $O_{受}$ 到達的終點位置，更適合出現在動詞後，V＋$O_{處}$ 綫性排列順序正好與其發生時間的先後對應，是一種句法臨摹現象（石毓智 2015：442）。那麼最容易被移出的祇有 $O_{受}$，前移做受事主語或處置式中介詞的賓語或話題。$O_{受}$ 移出後，其原來所處的位置用代詞進行複指。代詞是不負重音的附着成分，往往讀輕聲，而且短小（代詞祇能是單音節詞、雙音節詞）。從語言表達規律和漢語韻律角度看沒有問題。這是"V（＋的）＋$O_{受}$＋$O_{處}$"結構在現代漢語方言保留下來的原因。

### （二）"V＋$O_{受}$＋$O_{處}$"和"V＋$O_{處}$＋$O_{受}$"結構的差異

如果"V＋（終結點）PP"結構一定要出現名詞，則可以把名詞放在處所賓語之後，構成"V＋$O_{處}$＋$O_{受}$"結構。"V＋$O_{處}$＋$O_{受}$"結構是普通話和孟村方言的常見句式。在孟村方言中，動詞也要變調，動詞變調是終點格標記。如：

（29）我挂$^D$墻上一張畫兒。

（30）我剛攔$^D$桌子上兩張紙，找不着了。

（31）我剛看見，落$^D$房頂上一個家雀兒。

"V＋$O_{處}$＋$O_{受}$"（$O_{受}$是名詞）和"V＋$O_{受}$＋$O_{處}$"（$O_{受}$是代詞）是孟村方言兩種處所類雙賓語結構。進入這兩類結構的祇能是表示終點位置的處所賓語。它們存在如下差異：

第一，"V＋O$_受$＋O$_處$"結構 V 後可以出現"的""到"，大多情況要省略，"V＋O$_處$＋O$_受$"結構 V 後不可以出現"的""到"。

第二，"V＋O$_受$＋O$_處$"的 O$_受$ 是代詞，是有定成分。"V＋O$_處$＋O$_受$"的 O$_受$ 是名詞性成分（包括指人名詞和指物名詞），是無定成分，名詞前必須有數量結構。

第三，"V＋O$_受$＋O$_處$"結構的動詞必須是二價動詞，是致移動詞。"V＋O$_處$＋O$_受$"結構的動詞可以是一價動詞（如"飛、落、跑"），也可以是二價動詞，是支配指人或指物的受事成分的致移動詞（如"蓋、擱、扔、投、拉、牽、抬、搬、挪"）。

第四，"V＋O$_受$＋O$_處$"的 O$_受$ 大多數是代詞，尤其是 A 類"V＋O$_受$＋O$_處$"的 O$_受$ 一定不能是名詞。"V＋O$_處$＋O$_受$"中的 O$_受$ 是名詞性成分，不能是代詞。後者的 O$_受$ 通常有無定標記的數量定語。名詞賓語可以是主體賓語（如"爬你身上個米蚌"），可以是工具賓語（如"扎他手上兩根針"），可以是客體賓語（如"拴樹上一頭牛"）。

第五，"V＋O$_受$＋O$_處$"能換成處置式，而且沒有任何條件限制（B 類除外）；"V＋O$_處$＋O$_受$"換成處置式則有一定的條件限制，"V＋O$_處$＋O$_受$"和處置式呈現爲互補分布狀態："V＋O$_處$＋O$_受$"的賓語必須是無定的；處置式的賓語必須是有定的。"V＋O$_處$＋O$_受$"換成處置式時要把受事賓語換成有定成分。如：

（32）他剛擱$^D$桌子上兩盤菜。→他剛扳那兩盤菜擱$^D$桌子上。

（33）他剛貼$^D$門上一副對聯。→他剛扳那副對聯貼$^D$在門上。

如果動詞是一價動詞，"V＋O$_處$＋O$_受$"不可以換成處置式。如：

（34）我看見剛纔落$^D$樹上一個家雀。→＊剛纔扳那個家雀落樹上。

## 三、"V＋O受＋O處"在北方方言中的分布情况

據辛永芬(2011)的調查,"V＋O受＋O處"處置式不止浚縣方言有,浚縣周邊的安陽、滑縣、新鄉、淇縣、衛輝、長垣、封丘、原陽等地都有。從地理分布看,這種處置式帶有明顯的地域性特徵。根據我們的調查,"V＋O受＋O處"不止中原官話有,冀魯官話和晋語也比較廣泛地存在(參見表2)。

**表 2　"V＋O受＋O處"在漢語方言中的分布情况**

| | | 中原官話 | | | 冀魯官話 | | | | | | | | | | 晋語 | | | 北京官話 |
| | | 鄭曹片 | | | 滄惠片 | | 石濟片 | | | 保唐片 | | | | 張呼片 | 并州片 | 五臺片 | | 幽燕片 |
| | | 内黃 | 魏縣 | 鄆城 | 孟村 | 河間 | 獻縣 | 桃城 | 邱縣 | 内邱 | 聊城 | 蠡縣 | 易縣 | 鹿泉 | 太原 | 祁縣 | 神池 | 赤峰 |
|---|---|---|---|---|---|---|---|---|---|---|---|---|---|---|---|---|---|---|
| A類結構 | O受爲代詞 | ＋ | ＋ | ＋ | ＋ | ＋ | ＋ | ＋ | ＋ | － | ＋ | ＋ | ＋ | ＋ | ＋ | ＋ | － | ＋ |
| | O受爲名詞 | ＋ | － | － | － | － | － | ＋ | ＋ | － | － | － | ＋ | － | ＋ | ＋ | － | － |
| B類結構 | O受爲代詞 | ＋ | ＋ | ＋ | ＋ | ＋ | ＋ | ＋ | ＋ | － | ＋ | | | | ＋ | ＋ | ＋ | － |
| | O受爲名詞 | ＋ | － | － | － | － | － | ＋ | － | － | － | － | － | － | ＋ | ＋ | － | － |

"V＋O受＋O處"結構在各個方言中也存在差異,我們歸納如下:

第一,在 AB 兩組"V＋O受＋O處"中,受事賓語爲代詞的情况比較常見,祇有部分方言名詞性成分(包括指人名詞和指物名詞)能進入"V＋O受＋O處"結構。在一些方言中(内黃方言、邱縣方言、易縣方言、衡水桃城區方言、太原方言和祁縣方言),O受可以是名詞(限於有定成分)。看一些例子:

（35）抬這個醉鬼屋嘞(把這個醉鬼抬到屋裏)。（河南内黃）

（36）毒隆貴臣大村(把貴臣弄到大村)。（河南内黃）

（37）你攆狗外邊兒去(你把狗趕到外頭去)。（河北邱縣）

（38）我攆三姐到門外邊,把錢給她(我追三姐追到門外,把錢給了她)。（河北邱縣）

（39）你轟的雞外頭去（你把雞趕到外頭去）。（河北易縣）

（40）我追的我姐姐門外頭（我追我姐姐追到門外）。（河北易縣）

（41）我追（的）俺姐外頭，把錢給她（我追我姐追到外面，把錢給了她）。（河北桃城）

（42）你轟的雞兒外頭去哇（你把雞趕到外頭去）。（山西太原）

（43）我追的我姐門外頭，把錢給她（我追我姐追到門外，把錢給了她）。（山西太原）

（44）你轟的狗兒外頭去哇（你把狗趕到外頭去）。（山西祁縣）

第二，“V＋O$_受$＋O$_處$”結構在一些方言中動詞和受事賓語中間必須出現“的”，如太原方言、祁縣方言、河間方言和易縣方言。河北孟村方言、衡水桃城方言、邱縣方言、魏縣方言以及河南內黃方言、浚縣方言動詞和受事賓語中間的“的”可有可無。

第三，“V＋O$_受$＋O$_處$”結構在一些方言中，動詞變調（如孟村方言、聊城方言、衡水桃城方言）或變韻（如河南浚縣方言、內黃方言），在一些方言中，動詞不變調（如太原方言）。

## 四、結語

“V＋（的）＋O$_受$＋O$_處$”是孟村方言的處所類雙賓語結構，“V＋（的）＋O$_受$＋O$_處$”結構包括 A 類和 B 類。該結構受事賓語、處所賓語和動詞都有一定的條件限制。“V＋（的）＋O$_受$＋O$_處$”在中原官話、冀魯官話和晉語部分方言也存在。

## 參考文獻

李臨定：《雙賓語類型分析》，《語法研究和探索（二）》，北京大學出版社 1984 年版。

李學軍、賈迪扉：《豫北內黃方言 V$^D$＋NP 受事＋NP 方所結構》，《語言研究》2020 年第 2 期。

馬慶株：《漢語動詞和動詞性結構》，北京語言學院出版社 1992 年版。

石毓智：《漢語語法演化史》，江西教育出版社 2015 年版。

辛永芬 A：《河南浚縣方言的動詞變韻》，《中國語文》2006 年第 1 期。

辛永芬 B：《浚縣方言語法研究》，中華書局 2006 年版。

辛永芬：《豫北浚縣方言的代詞複指型處置式》，《中國語文》2011 年第 2 期。

吳繼章：《河北方言處置被動等常見句式的特點》，《河北師範大學學報》2017 年第 5 期。

王建軍：《古漢語中處所類雙賓句的歷史考察》，《漢語學報》2006 年第 4 期。

張伯江：《現代漢語的雙及物結構式》，《中國語文》1999 年第 3 期。

張赬：《漢語介詞詞組語序的歷史演變》，北京語言大學出版社 2002 年版。

朱德熙：《語法講義》，商務印書館 1982 年版。

# Tandem 學習法在對外漢語教學中的應用

## ——以韓國釜山外大漢語課堂爲例

李曉英

（韓國釜山外國語大學中國學部）

　　摘　要：Tandem 學習法是近年來在各國流行的一種外語學習法，它不同於以教師爲中心的傳統外語教學，而是以學生爲主的方法。該學習法由兩名不同母語的學生組成一個學習小組，分別把對方的母語當成自己學習的目標語，從而進行互助式的外語學習。本文以釜山外語大學漢語課堂爲例，探討了該學習法在對外漢語教學中的應用。

　　關鍵詞：Tandem 學習法；e-Tandem；相互性原則；自主性學習原則；跨文化交際

　　通信技術的發展和國際間交流範圍的擴大爲外語教學提供了更多新的可能性，漢語教學也同樣面臨着這樣的時代需求和變化。與用傳統方式來熟練語言結構和會話表達方式的舊式教學不同，如今，除了能夠有效率地利用語言進行交際，培養跨文化交際能力也逐漸轉變爲外語教學的目標。跨文化交際能力不僅體現在鍛煉語言能力上，還體現在重視掌握語言所蘊含的文化及社會層面的意義，以及理解不同歷史背景或習俗中所產生的行爲文化上。因此，在實際教學中，能夠幫助學習者理解母語與所學外語間所蘊含的文化差異，并以此來培養并提高跨文化交際能力的"教學學習方案"是不可或缺的。

　　"Tandem 學習法"是在歐盟各國間已被廣泛應用的外語學習法之一。借用德語發音而命名的這一學習法，簡單來説是指使用不同母語的兩名外語學習者（例如"學習韓國語的中國學生"和"學習漢語的韓國學生")互爲一個學習小組,以自主學習方式相互教授并學習對方的母語。在這個過程中,不僅可以進行單純的語言學習,還可以通過共同體驗對方國家的文化與習俗,一定程度上達到促進兩國間文化交流的作用。

特別是韓國與中國在地理位置上相鄰,無論是政治、經濟,還是文化等方面都有着緊密的聯繫。近年來,從韓國的"漢語熱"到"韓流"在中國的發展都可以看出,韓國人學習漢語以及中國人學習韓語的熱情仍衹增不減。因此,在海外漢語教學——韓國大學漢語課堂中對 Tandem 學習法進行引進與應用,在眾多方面都具有重大意義。本文旨在探討如何在海外對外漢語教學中運用 Tandem 學習法以及通過 Tandem 教學法如何提升并擴大韓國漢語學習者語言技能方面的潛力和影響。

## 一、 Tandem 學習法

Tandem 學習法指的是兩個不同母語的學習者通過自主地交流來學習對方的語言與文化等。它是一種建立在自主學習、跨文化學習和伙伴關係基礎上的學習方法。自 20 世紀 80 年代下半期以來,Tandem 學習法在整個歐洲越來越受到歡迎,并已逐漸應用於教育體系中。波鴻大學、萊比錫大學等都有爲幫助學生進行 Tandem 學習而專設的機構。實踐表明,通過 Tandem 學習法,學習者不僅能夠提高自身的語言交流能力,而且還可以鍛煉自主學習能力、跨文化交際能力以及問題解決能力等。

Tandem 的原義是"雙人自行車",如同"兩人一起騎自行車",Tandem 學習法是兩個使用不同母語的説話者互相學習對方的語言,同時將自己的母語教給對方的學習方法。

Tandem 學習法由實行多種語言政策的歐盟開發,是典型的以學習者爲中心的外語學習法。以德國、英國爲中心,在西班牙、法國等歐盟各國的大學中已被廣泛使用。2009 年引入韓國外國語教育課程後,也正在對其進行積極研究。它是一種以互惠性和自主性爲原則的外語學習法(Brammerts 2005:10—15,Lee. Hyo-young 2011 轉引)。

　　Tandem 學習法是一種合作學習關係,它建立在兩個不同母語的外語學習者之間交際的基礎之上,是通過與母語者的真實交際來獲得糾正和幫助的學習方法。Tandem 學習者通常對自己的母語有着牢固的基礎知識,并對自己國家的文化也非常瞭解,故而雙方充分具備相互提供幫助的可能性。大部分 Tandem 學習者的主要目的是爲了更好地掌握所學外語或瞭解該國的文化,兩名學習伙伴不僅是外語學習者,同時也是各自國家所説語言的母語者,而且還是各自國家和文化的"專家",這樣在交際中不僅會大大解除語言的藩籬,也會大大去除跨文化交際間産生的誤會。

　　爲了實現 Tandem 學習,需要具備以下四個條件(Ha. Su-guen 1997,2002)。首先,兩名不同母語的外語學習者纔可以申請學習。其次,學習者需要學習對方的母語。再次,本着互惠原則,雙方都願意進行合作學習。最後,要具備自主學習的意願和能力。因此,學漢語的學習者通過 Tandem 學習不僅能够從中受到自主學習能力的訓練,而且也可以提高團隊協作能力。兩名 Tandem 學習者在學習過程中配合得越默契,開發各自潛在能力的機會也就越大,從而使得 Tandem 學習能够達到極高的水準與效率。

　　Brammers(2005)提出了以下兩個特別引人注意的重要原則:即相互性原則與自主性學習原則。第一原則爲相互性原則。Brammers 將此原則總結如下:"Tandem 學習是一種合作學習方式,所有 Tandem 學習者都應各自具備學習伙伴所希望學到的能力與技術,同時雙方都要爲對方提供必要的幫助。成功的 Tandem 學習都是建立在伙伴之間的相互依賴和相互支持的基礎上,因此,兩名學習伙伴爲達到共同的學習目標必須盡可能地爲對方做出更多的貢獻,從而達到滿意的效果。"第二原則爲自主性原則。Brammers 將該原則歸納爲:"Tandem 學習者必須對自己的學習負責,計劃好自己在什麼時間學習,采用什麼樣的方式學習,以及學習什麼內容等等。同時也要決定好,想從學習伙伴那裏得到什麼樣的幫助。"按照 Brammers 的觀點,自主性學習原則對個人學習是十分重要的。因爲兩名學習伙伴的學習目標和方法不一定相同,而且在大部分情況下,兩個人的學習經驗和學習需求也會各不相同。因此,在 Tandem 學習中需要考慮到每個人不同的興趣愛好以及可能發生的各種不同情況。

## 二、 Tandem 學習法在外語課堂的教學模式及特點

Tandem 課程理想的學習目標可總結爲以下幾點:

第一,以提升交際能力爲目標。即在 Tandem 課程中,學習者應將 Tandem 學習伙伴作爲自己的交際對象,并在學習伙伴的幫助下,提高自身的交際能力。此時,履行教師職責的學習者可以幫助對方修正表達上的錯誤,或者教給學習伙伴其想要瞭解的表達內容等等。當然,并不是所有的學習伙伴自身都具備教師的資質。但這裏的重點并不是履行教師這一職責,而是要擔任學習伙伴所學外語的會話交際對象。從這個意義上來講,應用"Tandem 學習法"的課程不再是傳統課程形式的替代,而是應該理解爲彌補其中的不足之處。而且學習者們可以通過即時的會話溝通來學習更爲生動形象的外語,這也可以在一定程度上激發學習者的學習動機。

第二,以提升跨文化交際能力爲目標。在 Tandem 課程中,通過聽 Tandem 學習伙伴的直接描述或兩人共同進行文化體驗後,可以自然而然地提高跨文化交際能力。雖然這期間不可避免地會產生一些分歧,但是通過來自不同文化圈的學習者們從不同的觀點對同一學習主題進行討論與交流,可以在真正意義上實現語言學習和相互文化理解的雙贏。

第三,以提升自主學習能力爲目標。在應用 Tandem 學習法的 Tandem 課程中主要以學習者的自主學習行動爲主。這裏需要注意的是,并不能把它單純地理解爲"没有教師的學習方法"。該學習法的核心在於最大限度地保障和利用學習者能夠不受空間限制,有意識地控制自己進行學習的能力。

具有上述優點的"Tandem 學習法"在韓國外語教學實踐中,適用可能性最高的領域便是漢語—韓語教學。在韓國,不僅是因爲能夠參與 Tandem 課程的中國留學生最多,而且還因爲將 Tandem 學習法應用於綫上教學時,韓國與中國之間的時差和教育體系也比較相

似,因此在外語課程中相比較而言更適用於"漢語—韓國語"Tandem
課程。

漢語—韓語 Tandem 課程的教學原則主要列爲以下八點:一是
應以自主學習爲主。二是既要向對方學習外語,同時也要把母語教
給對方。三是在何時、何地、用什麼方法學習、學習多少內容應全部
由各 Tandem 學習小組自行決定。但是在課程的初期階段,爲了讓
學習者能够更快地適應 Tandem 課程,指導教師會對學習主題以及
課題的選擇進行相應地調整,來幫助學習小組自行選擇好適應本組
的學習內容。四是學習小組在學習過程中若有問題或遇到困難時,
應及時向指導教師尋求幫助。五是無理的學習要求不利於形成持續
的 Tandem 學習伙伴關係,因此,切忌向學習伙伴提出無理的要求。
六是由於文化間的差異,彼此間產生分歧時,應相互尊重理解。若遇
到無法解决的問題,應及時咨詢指導教師并尋求解决方案。七是既
不應修改過多的錯誤,也不應去試圖修改全部的錯誤。八是如果有
想學習的內容,應及時向對方尋求協助,共同探討能否進行學習的可
能性。

如上所述,在應用"Tandem 學習法"的 Tandem 課程中,其教學
原則也與以往以普通教師爲主而進行的課程有所不同。因此,在進
行 Tandem 教學時,面向對這種授課方法仍不够熟悉的學習者,需要
對該學習法的基本原則和方法進行一定程度的訓練。

作爲與傳統外語教學學習方法不同的 Tandem 課程,在與傳統
外語課程的特徵進行比較時大致有以下幾方面差異(見表 1):

表 1　Tandem 課程與傳統外語課程的特徵差異

| | 傳統外語課程 | Tandem 課程 |
|---|---|---|
| 學習目標 | 由教師制定,并力爭落實到每個學生 | 根據個人的外語能力及需求可以自主制定 |
| 課堂活動 | 由教師掌控,教師要管理并指導所有學生 | 由學生自主決定,并與學習伙伴合作進行,通過雙方共同努力,解决課堂活動中出現的一切問題 |

| | 傳統外語課程 | Tandem 課程 |
|---|---|---|
| 學習資料 | 使用教師指定的統一教材或學習資料 | 學生在教師提供的框架裏根據個人的興趣和需求選擇學習内容和學習資料,也可以完全由學生自由選擇學習資料 |
| 學習水準 | 所有學生通用同一學習水準 | 可同時涵蓋多種學習水準,根據每個學生的實際情況而定 |
| 教師作用 | 教師占主導地位,教師作爲授課者掌握整個教學活動,包括教學内容、課堂活動、學習評價等等 | 教師扮演着主持人、學習顧問、助學者、咨詢專家等角色,由主轉爲輔,有限地參與課堂教學活動 |
| 交際能力 | 能與母語爲所學外語的外國人溝通機會少 | 學生要與母語爲所學外語的學習伙伴進行溝通,故外語的使用機會相較頻繁 |
| 跨文化交際 | 教師通過講解或舉例説明等教學方法傳授跨文化知識 | 學生可以通過與學習伙伴的真實交流切身感受對方國家的文化,以此來瞭解和學習跨文化知識 |
| 課外時間 | 因客觀條件有限,課後很少用外語與其他伙伴溝通 | 學生在與學習伙伴商定好的情況下,隨時都可以用外語進行溝通 |

## 三、 Tandem 學習法在韓國大學漢語課堂中的應用

### (一) Tandem 學習法在韓國大學漢語課堂中的引進

在韓國,Tandem 學習法最初由釜山外國語大學的河洙權教授在 1999 年的德語—韓語 Tandem 課程報告中首次被提及。自 2007 年起以 Tandem 學習法爲主題的研究與探討正式啓動,2009 年在釜山外國語大學以課堂 Tandem 形式開始試運行,目前已有多所學校將此學習法引進到其他語種的外語教學領域。例如"漢語—韓語""日語—韓語""德語—韓語""越南語—韓語""泰語—韓語""俄語—韓語"等十多個語種的教學計劃中都已安排了 Tandem 課程。有關 Tandem 學習法研究與論文以釜山外大爲代表,發展至今已有 30 餘篇論文在衆多期刊中被刊登,其中也包括幾篇學位論文。其中,"漢

語—韓語"Tandem 課程仍在持續擴大和發展中,最近還與中國當地的幾所大學積極開展了綫上 Tandem 課程。

### (二) 在韓國"漢語—韓語"Tandem 課堂運行方式

釜山外國語大學自 2008 年起開始將"Tandem 學習法"應用於漢語課程方面的教學研究,自 2009 年起開設"漢語—韓語"Tandem 課堂。實行每學期每周 3 小時的 3 學分制課程,各班以十組共 20 名學生爲基準參加。每周 3 小時的課程由 2 小時的教室課和 1 小時的文化體驗課組成。爲了更好地進行文化體驗活動,除了提供課堂教學外,還組織學生們在教室外進行各種文化體驗及文化探訪活動。

釜山外大的"漢語—韓語"Tandem 課程在每學期初選課後,以選擇本課程的學生爲對象進行課前商談和問卷調查。通過課前商談,教師可以掌握各學習者對本科目有哪些期待以及學習者自身的學習取向與外語水準等信息。另外,通過問卷調查,還可以判斷各學習者的自主學習能力以及能否適應"Tandem 學習法"等情況,并以此爲基礎進行 Tandem 學習小組的分組。根據現有的研究結果顯示,與隨機選擇學習伙伴相比,由外語水準或學習取向相近的兩名學習者組成 Tandem 學習小組時,對於提升課程滿意度和學習效率有着積極的作用。而且由於 Tandem 課程實行由學習者自主學習的原則,所以學習者需自行制定學習計劃,不夠完善的部分將通過與教師商談而不斷進行修改與完善。由於這種教學方式對已經習慣了現有教學方式的學習者來説是一種較陌生的學習方法,因此,應提前向該課程的學生們解釋該課程的宗旨及運營方法等。所以每學期的第一節課主要進行對該科目、"Tandem 學習法"以及跨文化交際學習方法的介紹等課前準備。

關於學習內容的設定,每周的主題框架由教師制定,具體學習內容及學習資料由學生根據教師給出的主題框架同學習伙伴一起討論并決定具體的學習內容。此後,兩名學習者可以在已制定好的學習內容範圍裏,讓對方教授自己想瞭解或想學習的知識。

### (三) Tandem 學習法在韓國漢語教學中的實際應用

漢語作爲第二語言教學的目的主要有三點(劉珣 2002:295):

(1)培養學習者運用漢語進行交際的能力;(2)培養學習者的漢語自學能力;(3)提高學習者的中國文化素養。Tandem 學習法恰好應和了漢語作爲第二語言教學的核心理念,有助於突破傳統漢語教學的思維限制,促進學習者自我探究并構建個人的第二語言系統。

Tandem 學習法大致可分爲兩種類型。Ha. Su-guen(2008)認爲:"以學習者的參與空間爲準,可以分爲'面對面 Tandem 學習'和'遠程 Tandem 學習'。""面對面 Tandem 學習"是指學習者們在一定範圍内的場所見面後進行學習和教授,優點是可以直接面對面溝通,學習效率較高;缺點是對於確保能夠參與學習的學習者數量方面難度比較大。"遠程 Tandem 學習"又被稱爲"綫上 Tandem"或"e-Tandem"(Ha. Su-guen 2012)。由於可以不受時間與空間的限制,遠程通過電腦、移動通訊設備、SNS 等進行 Tandem 學習,因此將這種概念統稱爲"e-Tandem"。與"面對面 Tandem"相反,"e-Tandem"沒有空間限制,所以可以較容易地確保參與 Tandem 學習的人數,這是"e-Tandem"的優點。但由於"e-Tandem"不是在一定範圍内的場所裏進行學習,因此需要對教師─學習者、學習者─學習者之間的互動與溝通等方面的效率性進行研究。接下來簡單介紹一下在韓國釜山外大開設的"漢語─韓語"Tandem 課程(見表2)。

表2　面對面 Tandem 學習與遠程 Tandem 學習(e-Tandem)的比較

|  | 面對面 Tandem 學習 | 遠程 Tandem 學習(e-Tandem) |
|---|---|---|
| 對象 | 1)韓國人:<br>釜山外大的中文系學生,大二以上<br>2)中國人:<br>釜山外大的中國留學生,專業不限 | 1)韓國人:<br>釜山外大的中文系學生,大二或大三<br>2)中國人:<br>上海 S 大學的韓語系學生,大三 |
| 教授方法 | 翻轉學習,課前學習自製的 ppt 上課資料,和 Tandem 伙伴進行主題討論 | 利用 ZOOM 進行綫上直播課 |

面對面 Tandem 課堂采用"翻轉學習",翻轉學習是混合學習的一種形式,它是一種利用數碼技術,并以學習者爲中心的學習方法,學

習者課前要預習學習視頻和學習材料,并在課堂上討論和解決預習內容中的問題。在 Tandem 教學中進行翻轉學習的方法可以強調學習過程的成果和結果的重要性。翻轉學習 Tandem 課以學習者爲中心進行自我主導性學習,通過課前學習這種自由的學習形態可以體現綫上課型的優點。提前學習後,通過在 Tandem 課堂時間進行的 Tandem 小組活動互動溝通,學與教可以同時進行。具體操作是(1) 教師在"LMS 講義内容"欄提前上傳的講義資料,是學習者在上課前應自學的内容。(2) 在 Tandem 課堂時間,教師會再次對主題進行講解,并用詞彙或句子等多種形式進行舉例説明,以便讓學習伙伴能够更好地理解,在學習和復習的階段完成後,對學習者的提問給予反饋,并開始進行 Tandem 小組活動。(3) 學習者除了教師提供的學習資料外,還將與學習伙伴分享自己準備的參考資料,根據學習伙伴的水準,混合使用韓語和漢語進行説明。(4) 在每周的第 1 和第 2 節課進行 Tandem 的對話課程,第 3 節課則下達與第 1 和第 2 節課相關的寫作任務,以便用所學詞彙造句,并寫出符合主題的短文。(5) 針對作業内容進行溝通,一起查找資料,用各自所學外語進行寫作之後分享完成的文章,經過學習伙伴確認後并給予對方反饋。

由於始料未及的新冠疫情,韓國首次展開了綫上教育,這也成爲綫上教育的範圍能够全面擴大的契機。到目前爲止,綫上教育仍是較爲薄弱的領域之一,但隨着教育界應對新冠疫情的方向,以及 ICT 技術的迅速發展,可以看出教育領域也正在迅速朝着綫上教育轉換。尤其是面對當前這種不得不適應綫上課程的學習環境,則更應充分利用綫上教育的優勢進行授課。其中,Tandem 學習法不僅可以利用綫上教育的優點——以學習者的自主學習爲基礎,同時包含了互惠性原則以彌補教師與學習者之間互動不足的情況。

從國内外現有的研究結果中可以得知,在遠程 Tandem 學習——e-Tandem 中,有許多利用電子郵件或移動電話等方式來進行的外語學習模式和運營實例。本研究使用的 e-Tandem 方法是利用 ZOOM 進行的綫上直播課,也可以説是綫上"面對面"的授課形式。但目前,綫上教育的最大缺點是與教師溝通起來比較困難,提問後不太容易得到反饋。但在直播課上,利用 ZOOM 的多種功能,可以達到以交流爲中心的目的。

本研究進行的 ZOOM 綫上直播課的特點主要爲:可以消除遠程教學的缺點——溝通不足。在突如其來的情況下開始的綫上授課,讓教師和學習者都感到不適應。爲了能夠更有效地進行綫上溝通,教師會明確地説明基本的學習内容、授課方式以及如何進行評估,并詳細講解課前學習時間、課題提交時間、提交的課題樣式等學習過程中涉及的事項。對消息通知和學習者的提問及時進行回饋,以此讓學習者們感覺到綫上教學和課堂教學没有太大區別,增加了綫上授課的穩定感。

e-Tandem 課堂的學習主題和内容與綫下 Tandem 課堂的學習主題相似。根據 ZOOM 的功能分類、學習及活動内容來看,畫面共用可以分享制定的學習目標、課前參考資料、學習内容等,與教室裏的黑板一樣。發表時間爲五分鐘,相關專案交由同學評估。個別發表後,學習者互相進行評估。其中,ZOOM 的小會議室功能可以説是 Tandem 課中必不可少的功能。爲了和 Tandem 伙伴一起分組上課,需要一個小組空間,而 ZOOM 的小會議室是可以同時進行自主學習和小組合作學習。將各 Tandem 學習小組分配到相應的小會議室進行學習活動後,教師在主屏幕上通知活動時間和各種消息時,學習者們可以在各 Tandem 學習小組的小會議室進行確認。在 e-Tandem 中,教師的作用是最重要的。由於無法像教室一樣一眼掌控全部的教學進展情況,因此必須依次進入分配好的小會議室,起到隨時確認、管理、掌控的作用。此外,使用影像記録功能可以儲存各 Tandem 學習小組在小會議室中的學習内容,下課後各學習小組需將作業提交到 LMS 作業欄。教師通過影響記録每周確認上課時的交流情況、漢語或者韓語使用情況、與學習伙伴的合作情況、課前準備情況等。

## 四、結語

Tandem 學習法在新的教育理念下創建了一個全新的教育教學模式,在漢語及韓語教學應用過程中取得了很多令人滿意的結果。

例如,提高了漢語及韓語學習者的語言技能,培養了學生的跨文化交際能力,激發了學生們的漢語學習興趣等等。

但這裏所説的并不是要"Tandem 學習法"取代現有以教師爲中心的傳統外語教學法或學習方法的意思。相反,爲了彌補傳統外語教學法的缺點,從輔助現有教學法的角度上看,是非常有必要引進該學習法的。另外,由於時代和教育環境的變化,未來會不斷涌現出更多的教學學習法。而且在今後的教育環境中,也會衍生出更多可以應用此類學習方法的新模式。因此,在韓國大學應用"Tandem 學習法",可以爲對外漢語教學及其研究領域提供更多新的機會。

## 參考文獻

Brammerts. 2005. Helmut, Autonomes Sprachenlernen im Tandem: Entwicklung eines Konzepts. In: Brammerts &. Kleppin(Hrsg).

Ha. Su-guen. 2002. Deutschlernen per Tandem-Lernmethode in Korea in der Sprachkombination Deu tsch -Koreanisch. Deutsch als Fremdsprache in Korea, Vol. 10.

Ha. Su-guen. 2008. Fremdsprachenlernen im Tandem in Korea. Deutsch als Fremdsprache in Korea, Vol. 23.

Ha. Su-guen. 2009. Unterrichtsmethodische und curriculare Überlegungen zum Tandemlernen im Fremdsprachenunterricht in Korea. Deutsch als Fremdsprache in Korea, Vol. 25.

Ha. Su-guen, Jin. Kwang-ho, Lee. Hyo-young, Lee. Gil-hyun. 2017. Implementation of a self-directed learning system based on mobile SNS-tandem for foreign language. Multimedia Assisted Language Learning, 20(2).

李曉英:《利用 Tandem 學習方法的中文教育方案——以案例研究爲中心》,《中國語言研究》,2011(35)。

梁春基:《結合翻轉學習方式的漢語—韓語 Tandem 課模式提案》,《中國學》,2016(57)。

# 漢語入門課程中數位化學習
# 輔助工具的應用

韓希昌

（韓國漢陽大學 ERICA 中國學系）

**摘　要：** 爲了有效操作入門漢語課程，本研究對多種數字化學習輔助工具進行探索，并驗證了應用於它們的教學方法的發展和有效性。研究中，我們通過探索適用於入門課程的學習輔助工具，制定了一門使用 5 種數字學習輔助工具的智能學習課程，并在使用學習輔助工具進行課堂教學後，調查了學生們對每種學習輔助工具的滿意度，并對整個課程的滿意度進行了調查分析。

**關鍵詞：** 數字化學習輔助工具；初級漢語教育；自主學習；公共漢語課；漢語學習能力

　　數字技術的發展使我們的社會發生了翻天覆地的變化。而且由於 2020 年新型冠狀病毒的影響，我們都毫無準備地處於了巨大的變化之中。各級學校無論有没有做好準備，在這樣的情況下都祇能進行綫上教學來面對這次史無前例的事態。事實上雖然這次變化非常突然，但在教育界，之前也一直通過網絡技術開發網絡課程，最近也一直在開發綫上綫下課程并行的智慧學習課程。

　　在首都圈的 H 大學，從數年前開始全校學生按照教育簡章把漢語作爲基礎必修課，課程以每周一次，一次 100 分鐘的形式進行。各個班級的學生大約爲 40 名，學習環境并不是很理想。因此主管部門

---

\* 原文在《中國語言研究》（2020）上發表，2021 年被有關韓國中文學聯合協議會評價爲優秀論文而刊登在《2020 韓國中語中文學優秀論文集》。

經過討論決定,將提供單獨製作的綫上教學視頻,并試圖向智慧學習課程轉變。但提供的教學視頻并不完全符合實際課堂教學内容,而且利用教學視頻的教學方案也没有做充分的介紹,導致了實際負責教學的教師們往往不知道該課程是利用智慧學習教學模式的課程,而對此有所認知的教師們也很難利用已準備好的教學視頻進行智慧學習課程教學。

該課程作爲上課時間較短和學生遠超於適當人數而進行的漢語入門課程,爲了達到最佳的學習效果,增進學生學習興趣,主動引導學生學習的方案也逐漸被重視起來。此外,對探索在課堂上可利用的數位化學習工具的需求也更加强烈。因此,本研究者正在不斷探索并積極運用多種語言學習應用或 e-book、教學平臺及綫上小組聊天室等各種可以輔助課堂教學的方法,爲構建有效性顯著的智慧學習教學模式而努力。

本研究從多種數位化學習輔助工具中篩選出適用於入門課程學習的幾種輔助工具,利用該類輔助工具設計了教學方案并進行了實施。教學結束後不僅調查了學習者對各輔助工具的滿意度,同時還進行了對整體學習滿意度的調查,并分析了各輔助工具的滿意度與整體學習滿意度間的關係。另外還設計并區分了利用數位化學習輔助工具的實驗組和進行一般教室教學的對照組,以兩個群組爲對象,對漢語學習適應性①及學習成果進行了調查與比較,以此驗證各學習輔助工具是否會對漢語學習適應性及學習成果產生積極影響。

## 一、 數位化學習輔助工具介紹

與漢語學習相關的數位化學習輔助工具不勝枚舉。本研究將首先介紹多種學習輔助工具中期望可適用於漢語入門教學課程中的幾種學習輔助工具。

第一種學習輔助工具是智能手機應用軟件"Chinese Skill"。爲

---

① "漢語學習適應性"是指教育學中所説的"學習適應性",可以定義爲"可以學好漢語的能力",是指對漢語學習感興趣的程度或學習漢語的動機等。

了計劃向正式的智慧學習課程轉變，相關課程的主管部門介紹了名爲"Chinese Skill"的漢語學習軟件，旨在於各自課堂教學的適用範圍內進行應用。

"Chinese Skill"提供與聽、説、讀、寫相關領域的全部內容，其特點是構造具有系統性和反復性。另外爲了理解單詞、句型、正確的句子結構，明確列出了對正確答案及錯誤答案的分析，并通過學習與考試同時進行的方式，儘量減少自學時可能出現的錯誤。并且具備錄音功能，學生們可以自己連續聽自己的發音和正確發音來進行比較，操作方法也非常簡單。此外，通過多種方式反復出示，并對問題進行解析。由於具有這種特點，即使教師不單獨出題或反復説明單詞及句子，也可以讓學習者通過重複學習自然而然地掌握發音、單詞、文章等等。

第二種學習輔助工具是實際正在使用的教材的綫上版本——"DVbook"。H大學爲面向全校學生進行的初級漢語課程編纂了專門的教材，所有初級漢語課程均使用相對應的教材。而且該出版社以本教材爲基礎製作并普及了"DVbook"。"DVbook"是該出版社出版的多種"DVbook"之一，主要用於學習者自主學習的輔助教材。

"DVbook"作爲一種電子書，即使不單獨携帶書本，也可以輕鬆地通過手機看到教材的內容。在學習每單元的單詞時，學習者可以根據自己的學習程度，衹收集沒有學過的生詞，也可以通過單詞下端的放大鏡在網上搜索該單詞的詳細含義。另外通過觸碰手機上顯示的本文內容不僅可以聽到已選擇的相應文章的錄音，還可以聽到全部文章的錄音，而且也可以通過觸碰功能來確認解析內容①。

此外，確認本文中各句子的發音後，自己可以直接進行錄音。這時，該工具具有可以馬上確認自己發音準確度的功能。"Chinese Skill"雖然也具有錄音功能，學習者也可以比較自己的發音和正確發音間的區別，但是區別具體如何需要學習者本人自行判斷。相反，如圖1所示，"DVbook"可以判斷學習者的發音與正確發音是否一致，

---

① 〈附2〉可參考"DVbook"的運用示例。

并通過百分比的形式將準確度顯示出來①。因此,可以彌補平時學生們在學習時很難確認自己發音的情況,可以説是很適合自學的一種學習輔助工具。

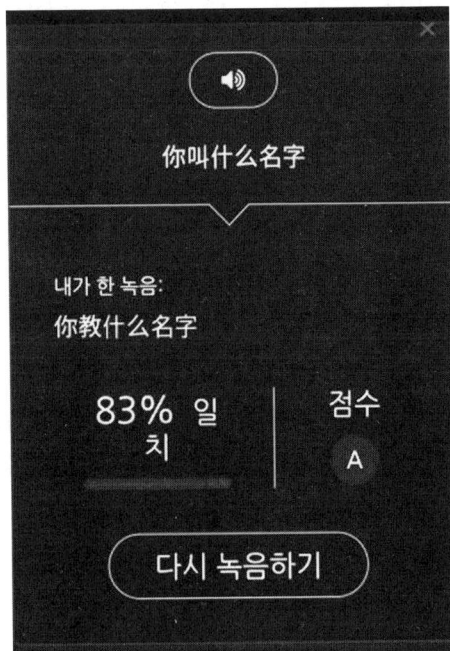

**圖 1　確認發音準確度**

　　另外,教師製作"班級"後可以邀請學習者。學習者在解答"練習題"或"實戰測試"後,也可以閲覽相關信息。

　　第三個學習輔助工具是名爲"Class Card"的專門用於單詞學習的應用軟件。"Class Card"作爲用來進行英語單詞學習而開發的應用軟件,目前被初高中英語教師廣泛應用於課程中。

　　"Class Card"的基本功能是利用外語單詞與韓語含義相搭配,通過"含義背誦→recall 學習→spelling 學習→測試挑戰→配對游戲及對決問答"等過程來進行的學習應用軟件。每個學習過程都可以進行跳躍,因此無需按順序進行。"Class Card"可以由教師直接形成

---

① 該功能在此次研究期間無法正常運轉,持續發生障礙,無法正常使用。

"班級"，製作符合實際教學的資料後進行使用。另外還可以監控學習者的學習狀態。教師在輸入單詞或文章等相關的基本內容後，在程式上會組合成多種方式的問答來讓學生學習，教師不僅可以確認學生的學習結果，即取得分數，還可以通過多種方式確認學生全部的學習過程①。例如，既可以一眼看到全體學生在解答某一套試題時的情況，也可以一眼看到特定某個學生的全部學習過程。而且還可以確認每個學生嘗試過幾次"單詞背誦"、幾次"recall 學習"，以及在哪些單詞的學習上比較薄弱、做了幾次"測試挑戰"，每一次的得分、平均分、最高分等。

此外，"配對游戲"和"對決問答"等游戲功能可作爲誘發學生學習興趣的因素。如果連續快速答對問題，則可以根據連續答題的數量增加幾倍相對應的分數。反之，如果答錯，便會減掉分數。通過這種方式獲得的分數會根據學習者的得分自動進行先後排名，由於具有即時確認的功能，學習者可以即時確認自己的排名變化，以此來刺激學習者的好勝心。

第四種學習輔助工具是智能手機自帶的語音錄音應用軟件。雖然"Chinese Skill"和"DVbook"也具有錄音功能，但是由於教師很難確認其中的錄音檔，所以可使用智能手機的錄音功能，學生將錄音檔作爲作業提交，教師確認後給予意見回饋。這種方式可以彌補因教學時間不足而難以對學習者的發音進行個別指導的情況。

"Chinese Skill""DVbook""Class Card""語音錄音作業"等可以通過與教育平臺"Black Board"一起使用的方式來彌補上述各工具的不足之處。"Chinese Skill"是全面進行自學的應用軟件，因此教師很難監控學習者的學習現狀，同樣，應用軟件"DVbook"也不具備監控學習者學習現狀的系統②。另外，"DVbook"雖然可以通過錄音功能給學習者布置作業，但是由於錄音檔會按照提交順序依次上傳，無法一眼確認題目，因此必須逐個點擊進入，纔能識別學生已上傳的錄

---

① 〈附 3〉可參考"Class Card"的運用示例。
② 由於可通過實際應用情況進行更新，所以日後有可能會具備相應功能。

音。而且同一學生多次上傳作業的情況也很多，所以很難管理學生的作業提交情況。使用應用軟件"Class Card"的過程中，雖然教師可以對學習情況進行監控，但由於最近的教學環境突然發生巨變，教師對此功能的需求劇增，開設班級和可進行監控的人員被限制在了50人。如若學生數超過50人①，教師則無法直接進行監控。而以上所述的部分可通過教育平臺"Black Board"進行彌補——在"Black Board"的上傳路綫上將利用這些應用軟件學習後的畫面進行整理，便能一眼看出學習者們是否完成作業。

"Black Board"可根據學生的名單判斷學生是否完成了作業，誰沒有交作業、誰交了兩次作業或三次作業等都一目瞭然。而且由於在"Black Board"裏也可以上傳語音檔，所以在給學生布置句子或文章錄音作業時非常實用。學生可以用智能手機錄音後馬上上傳錄音檔，除特定的幾種錄音檔格式外，教師均無需下載即可播放，還可以進行評分與意見回饋，對於管理和批改作業非常實用及便利②。

這樣的作業管理形式可以説對教師的運作是非常實用的。若利用手機短信或郵箱來接收如錄音檔或學習截圖畫面等作業，不僅需要保存并整理檔後再一一點擊進行播放，還需要另外單獨整理分數，批改作業時也不可避免需要再打開手機短信或郵箱。而且由於存在遺漏或者丟失的可能性，之後在是否提交作業的方面也可能會引發爭議。但上述的這些不便都可通過"Black Board"這款應用軟件來改善——無論教師還是學生，都可以相互確認在何時提交過幾次作業，是否正確提交等等。

此外，本研究不僅針對各班級開設并運行了"綫上小組聊天室"，教師還會在整理每節課學習内容中的核心内容後進行上傳，而且還會追加上傳可以對當天學習内容進行核對和復習的檔來鼓勵學生復習。

---

① 人數超過50人時，根據超過的人數會追加相應費用。教師在支付相應費用後即可進行監控。在初高中教師中，若某學校有3名以上教師進行了學校認證則可以自動升級爲高級會員免費使用。

② 〈附4〉可參考"Black Board"在管理作業及給予反饋時的運用示例。

另外，還可在小組聊天室中上傳各種通知等。由於不用另外單獨安排上課時間，所以可以彌補上課時間不足的情況。同時還可以改善教師在課堂上口頭進行通知後，學生們忘記或者記憶混淆等情況的發生。

綜上所述，在本章中瞭解了"Chinese Skill""DVbook""Class Card""語音錄音作業""在綫小組聊天室"等學習輔助工具的功能，以及是否能在教學中進行應用、如何應用等情況。在下一章中，將對上述學習輔助工具在實際課堂中的應用方式來進行討論。

## 二、 利用數位化學習輔助工具的教學設計

本研究以 2019 年下半年理工系三個班爲對象，在教學時應用了"Chinese Skill""DVbook""Class Card"等學習工具，并運用了"Black Board"來管理錄音作業和在綫小組聊天室。本章將討論各學習輔助工具的具體使用方法。

首先，雖然"Chinese Skill"既可以誘導學生反復學習，又可以幫助學生學習口語、聽力及排列等，再加上具有游戲模式，可以看作是讓學習者可以有趣地接觸韓語的工具，但在課堂教學中使用起來存在一些限制。比如"Chinese Skill"是以會話爲中心設計的應用軟件，因此助動詞在學習初期就會出現。又如由於在"Chinese Skill"中出現的詞彙或者文章等等，與我們所使用的教材學習進度并不一致，因此教師還需單獨投入時間指導學生學習相關的單詞和語法。這也是不容小覷的。

因此，"Chinese Skill"的實際運用被限制在無論使用任何教材都可以同樣適用的"熟悉拼音"部分。教師可以每周給學生布置學習一個階段或者兩個階段的作業，本研究者認爲這樣能够彌補其他學習輔助工具在學習拼音部分的構造較爲薄弱的缺點。對此，本研究者鼓勵運用"Chinese Skill"幫助學生來學習中文拼音，讓學生在收集每

階段學習完成時的顯示畫面或者鎖頭被打開的畫面[①]後，上傳到"Black Board"的作業欄中。以此來進行發音階段的學習，即漢語學習前六周的初級階段。

在學習單詞和文章時，運用了"Class Card"這個應用軟件。以實際課堂上使用的教材爲基礎，教師親自製作了每個單元的單詞卡。采取了讓學生在規定時間内完成多種學習階段中的"測試挑戰"後，以取得的最高分來作爲單詞考試最終分數的形式。"測試挑戰"既可以在完成"背誦學習"或"recall 學習"後進行，也可以直接馬上進行。它的特點主要爲可重複進行挑戰[②]。本過程實行無限制"挑戰"，直到學生考到 100 分爲止。因此，學生如果想在單詞考試中取得 100 分，祇需在考到 100 分之前反復進行學習即可。

如果把此應用軟件作爲進行評價單詞考試的工具來看，除極少數學生外，大部分學生都會一直進行"挑戰"，直到取得 100 分，因此這一方法并不能保證具有充分的辨別力。但如果把單詞考試的目的放在單純的學習上，那麼在重複"挑戰"直到取得 100 分之前的過程中，學習者就會自然而然地熟悉相應的單詞，因此本研究者認爲具有很好的效果。

在運用"Class Card"時，除了背誦單詞的含義之外，本研究者還製作了與拼音、漢字和文章排列相關的練習習題并進行了應用，另外還製作了模擬試題來讓學生們在課堂上進行即時比賽。爲了刺激學習者的學習興趣，現場直播學生們綫上解題現狀。

但"Class Card"也有其限制性。"Class Card"作爲專門用於英語學習而被開發的應用軟件，在用英語學習時，可通過語音進行聽力類型的問答。但在學習漢語時，由於無法提供漢語語音支持，便無法通過"Class Card"來確認正確的發音。因此，本研究祇運用"Class Card"進行了單詞學習。

---

① 每階段的學習完成後，畫面中顯示的鎖頭會被打開，便可進入下一階段的學習。可參照〈附 2〉。

② 2020 年因新冠疫情用户激增，相關功能調整爲普通用户最多可嘗試三次。但如若教師爲高級會員，則可像往常一樣無限制進行"挑戰"。

在另一學習輔助工具"DVbook"的應用上，本研究者不僅提倡學生們可通過"DVbook"不受場所限制隨時進行學習，而且還鼓勵學生們一定要邊聽"DVbook"內的語音檔邊學習。但該應用軟件不具備直接確認學生們學習進度的功能，使用時有一定的限制。目前"DV-book"還處於開發階段，在課堂上的實際應用中沒能充分發揮作用。爲此，本研究者也感到非常遺憾。在現階段完成論文的過程中，可確認本人發音準確度的功能在部分設備上可以進行驅動，但由於可以進行驅動的設備種類有限，以及受網絡環境的影響較大，因此在實際課堂教學使用時，目前爲止還存在不少的限制。

本研究擺脱了在學習課文時，通常以全體學習者爲對象重複播放所有單詞或全部課文的 MP3 檔的方式，而是在進行一兩次集體收聽後，采取了各自通過"DVbook"有選擇性地重複收聽個別需要多聽的單詞或文章的方式。

基於語言相關課程的特性，掌握和指導學生現階段的發音學習情況是非常重要的。爲此，本研究者專門設計了語音錄音作業這一環節。在與語言相關的課程上，發音指導是不可或缺的。但實際上由於同一班級內的學生人數過多，在上課時間內進行是具有一定難度的。因此爲了在不花費上課時間的情況下，能夠確認學生的發音并進行相對應的指導，采取了讓學生提交語音錄音檔的方法。

實際上語音錄音作業屬於課業之外的內容，對於教師來說也可能會產生不小的負擔。因此在本課程中，采取了在因公休日出現停課時，學生在原上課時間前提交完作業，教師在原上課時間內聽取語音檔并指導的形式進行。這樣最大限度地减少了教師的課業負擔，同時還可以彌補學生因停課而到下次上課的這兩周內完全不進行漢語學習的可能性，爲此布置了該作業。這種語音錄音作業即使在停課的星期內也可保證學生進行最低限度的學習，因此也有利於下節課的課程進行。即使不另行協商補課時間，也可以進行補課。無論是教師還是學生都很滿意這種補課方式①。

---

① 該方法作爲因新冠疫情而全面實施的綫上教學中的核心教學方法進行了運用。

　　本研究在停課的第五、六周要求每個學生對第三、四課課文的録音檔進行提交。在提交語音録音作業時運用了"Black Board"的作業欄,教師通過確認"Black Board"的作業欄,聽取語音檔并對相關内容進行了意見回饋。對録音檔的意見回饋祇有在對作業進行評分時纔能進行,如果不需立即評分,也可統一給予０分後,告知學生是爲了進行意見回饋纔全部給予０分。在本研究中没有對語音作業給予實質性的分數,祇對是否提交相關作業給予了相應分數,并反映在最終的期末成績評價中。由於大部分學生在學習初期語音録音還不够熟練,如果僅靠提交便給予滿分,即使自己的發音出現了嚴重錯誤,也可能誤認爲自己的發音已經達到了一定水準。爲避免這種情况發生,學生提交的録音作業全部給予０分。

**圖 2　綫上小組聊天室運用示例**

　　最後關於課程教學方式,本研究采取了每個班級都開設綫上小組聊天室的方式。每節課結束後,教師會在小組聊天室中整理并上傳當天學習的核心語句及相關知識、當天學習的課文、單詞、MP3 檔、學習内容摘要、學習成果核對表等,并將綫上小組聊天室作爲發布下節課作業與提交時間及方法等通知的相關問答場所。雖然"Black Board"也具有上傳學習資料和發布通知的功能，但"Black Board"的驅動較慢，下載學習資料前需要點擊多次纔可進入，還會受到智能手機機型及連接程式等環境的限制。此外，在發布通知後，相關消息通知需要耗時一至兩天，難以迅速進行處理。因此在本研究中，嘗試了利用綫上小組聊天室提供資料并進行溝通的方式。（見圖 2）

在這樣進行了 14 周的課程後，以相關學習者爲調查對象對各學習輔助道具進行了滿意度調查。下文將針對學習者對各學習輔助工具的滿意度進行分析。

## 三、 學習者對各學習輔助工具的滿意度

參與本研究的學習者共有 107 名，其中最終參與問卷調查的人數中給予有效回答的共有 99 名。按性別區分，共有男生 65 名（65.7％），女生 34 名（34.3％）。

在 99 名給予有效回答的學習者中，修讀本課程前有學習漢語經驗的學生共 56 名（56.6％），沒有學習經驗的學生爲 43 名（43.4％）。由此可見，有漢語學習經驗的學生占半數以上。

另外，對可以看作爲與漢語學習相關的先行學習，即韓文漢字進行調查後的結果顯示，學習過韓文漢字的學生共有 79 名（79.8％），沒有學過的學生爲 20 名（20.2％）。由此可見，大部分學生學習過韓文漢字，但也有不少學生完全没有學習過韓文漢字。

### （一） 學習輔助工具的滿意度與漢語學習適應性間的關係

對學習輔助工具滿意度的調查除學習者的基本信息外，共由 30 道試題組成。其中，調查問卷的試題由五分位法構成。具體的問卷調查由 5 道與整體漢語學習滿意度相關的試題、6 道與"Chinese Skill"相關的試題、6 道與"Class Card"相關的試題、5 道與"DVbook"相關的試題、5 個與"錄音作業"相關的試題及 3 個與"綫上小組聊天室"相關的試題構成①。收回的調查問卷在 Microsoft Excel 檔上進行

① 具體的調查問卷試題内容可參考〈附 5〉。

了編碼操作,并利用 SPSS 23.0 進行了相應分析。通過對各試題進行頻度分析,掌握了相應的整體趨勢。爲了進行進一步分析,在實施變數轉換後,對詢問否定意見的試題(第 5、11 題)進行了逆算。由於與各學習輔助工具相關的試題數不同,在這裏各回答的平均值通過滿意度數值進行了計算。首先,各學習輔助工具的滿意度現狀如表 1 所示:

表 1　各學習輔助工具的滿意度現狀

|  | N | 最小值 | 最大值 | 平均 | 標準偏差 |
|---|---|---|---|---|---|
| "Chinese Skill" 滿意度 | 97 | 1.83 | 5.00 | 3.72 | 0.738 |
| "Class Card" 滿意度 | 98 | 1.83 | 5.00 | 4.10 | 0.647 |
| "DVbook" 滿意度 | 97 | 1.00 | 5.00 | 3.35 | 0.820 |
| "録音作業" 滿意度 | 98 | 1.80 | 5.00 | 3.82 | 0.719 |
| "綫上小組聊天室" 滿意度 | 96 | 1.00 | 5.00 | 4.46 | 0.673 |

　　根據學習者對此次研究中應用的五種學習輔助工具的回答結果顯示,"在綫小組聊天室"的滿意度以 4.46 的分數高居榜首,其次是"Class Card"的滿意度爲 4.10,接下來的順序爲"録音作業"(3.82)、"Chinese Skill"(3.72)、"DVbook"(3.35)。從上述結果來看,滿意度最低的"DVbook"的平均值也略高於普通數值,可見學習者們對各學習輔助工具大體上持肯定態度。

　　此外,本問卷調查還調查了學習者們對學習整體的學習滿意度。其中,關於漢語學習滿意度的問卷試題則運用了在韓希昌(2014)[①]開發的測量工具中的試題。據調查結果顯示,通過以 5 個與學習滿意度相關問題的平均值而得出的全體學生對漢語學習滿意度的結果爲 4.06,處於較高水準。

　　其次,對學習滿意度與各學習輔助工具滿意度間的相關管理進行了分析,分析結果如表 2 所示。

_____

① 　韓希昌:《韓國漢語學習者學習動機的測定工具的開發》,《漢語教育與研究》,2014 年第 20 號。

表 2　漢語學習滿意度與各學習輔助工具滿意度間的相關關係

| | | Chinese Skill | Class Card | DVbook | 錄音作業 | 小組聊天室 |
|---|---|---|---|---|---|---|
| 學習滿意度 | 相關系數 | 0.273 | 0.248 | 0.194 | 0.378 | 0.204 |
| | 顯著性概率(雙側) | 0.007 | 0.015 | 0.060 | 0.000 | 0.049 |
| | N | 95 | 96 | 95 | 96 | 94 |

　　分析結果顯示，除"DVbook"外的所有學習輔助工具的滿意度都與整體漢語學習的滿意度形成了相關關係。爲了瞭解這些學習輔助工具的滿意度是否是影響整體漢語學習滿意度的因素，以漢語學習滿意度爲附屬變數，各學習輔助工具的滿意度爲獨立變數進行了回歸分析。（見表3）

表 3　各學習輔助工具滿意度對漢語學習滿意度產生的影響

| | 標準誤差 | 貝塔值 | t | 顯著性概率 | 統計量 |
|---|---|---|---|---|---|
| Chinese Skill | 0.327 | | 9.801 | 0.000 | $R^2=0.065$ |
| | 0.087 | 0.273 | 2.738 | 0.007 | $F=7.495$ $p=0.007$ |
| Class Card | 0.413 | | 7.406 | 0.000 | $R^2=0.052$ |
| | 0.100 | 0.248 | 2.485 | 0.015 | $F=6.176$ $p=0.015$ |
| DVbook | 0.276 | | 12.913 | 0.000 | $R^2=0.027$ |
| | 0.080 | 0.194 | 1.905 | 0.060 | $F=3.631$ $p=0.060$ |
| 錄音作業 | 0.336 | | 8.243 | 0.000 | $R^2=0.134$ |
| | 0.087 | 0.378 | 3.960 | 0.000 | $F=15.678$ $p=0.000$ |
| 小組聊天室 | 0.438 | | 7.373 | 0.000 | $R^2=0.031$ |
| | 0.097 | 0.204 | 1.994 | 0.049 | $F=3.977$ $p=0.049$ |

　　根據回歸分析結果可得出如下結論：

　　回歸分析結果顯示，"Chinese Skill"的滿意度對漢語學習滿意度產生了陽（＋）的影響（β＝0.273 / P＝0.007）

　　回歸分析結果顯示，"Class Card"的滿意度對漢語學習滿意度產生了陽（＋）的影響（β＝0.248 / P＝0.015）

回歸分析結果顯示,"DVbook"的滿意度對漢語學習滿意度產生了陽(＋)的影響(β＝0.194 ／ P＝0.060)

回歸分析結果顯示,"録音作業"的滿意度對漢語學習滿意度產生了陽(＋)的影響(β＝0.378 ／ P＝0.000)

回歸分析結果顯示,"綫上小組聊天室"的滿意度對漢語學習滿意度產生了陽(＋)的影響(β＝0.204 ／ P＝0.049)

從分析結果中可以看出,除"DVbook"外,其他 4 個學習輔助工具都對漢語學習滿意度產生了有意義的影響。但可惜的是"DVbook"作爲目前仍在開發中的輔助工具,在此次研究中没能充分利用其功能。

### (二) 學習輔助工具滿意度與漢語學習適應性間的關係

本研究旨在分析數位化學習輔助工具的滿意度是否爲影響漢語學習適應性的因素,進而分析其是否爲影響學習者産生積極學習成果的因素。因此,對運用數位化學習輔助工具的群體與没有使用的群體進行了漢語學習適應性的測定及比較,以此瞭解各學習輔助工具是否爲對漢語學習適應性産生積極影響的因素。本研究對對照組的調查以 218 名上一年度類似專業的學習者爲對象進行,其中給予有效回答的人數共爲 208 名。按性別區分後,男生 151 名(72.6％),女生 57 名(27.4％)。漢語學習適應性的測定運用了韓希昌(2014)中開發的"漢語學習動機測定工具"①。實驗組與對照組的調查期間均設置爲在第 3 周進行第 1 次問卷調查,第 14 周進行第 2 次問卷調查。在第 3 周進行的漢語學習適應性調查可以説是修讀本課程前的漢語學習適應性,而在第 14 周進行的漢語學習適應性調查可以説是修讀本課程後的漢語學習適應性。爲了便於區分,將分別命名爲"第 1 批漢語學習適應性"或"漢語學習適應性(第 1 批)","第 2 批漢語學習適應性"或"漢語學習適應性(第 2 批)"。其中,將"第 1 批漢語學習適應性"與"第 2 批漢語學習適應性"的區别命名爲"漢語學習適應

① "漢語學習動機測定工具"共有 35 道題目,對 5 個領域的 7 個要素進行了設計,所有的回答均采用五分位法。通過對各因素進行平均後求出總和并計算漢語學習動機分數的方式進行調查,把 7 個要素的各平均加到一起後的最高分數爲 35 分。

性提升度"。

實驗組與對照組的漢語學習適應性現狀如表4所示。

表4　實驗組與對照組的漢語學習適應性統計量

| | | N | 最小值 | 最大值 | 平均 | 標準偏差 |
|---|---|---|---|---|---|---|
| 實驗組 | 第1批漢語學習適應性 | 99 | 16.55 | 32.20 | 25.12 | 3.465 |
| | 第2批漢語學習適應性 | 100 | 20.60 | 34.35 | 27.08 | 3.477 |
| | 漢語學習適應性提升度 | 94 | −3.18 | 10.50 | 1.91 | 2.463 |
| 對照組 | 第1批漢語學習適應性 | 206 | 10.63 | 35.00 | 25.52 | 3.972 |
| | 第2批漢語學習適應性 | 188 | 16.03 | 35.00 | 26.88 | 3.765 |
| | 漢語學習適應性提升度 | 182 | −7.80 | 10.38 | 1.26 | 2.602 |

以實驗組爲例,在學習初期的漢語學習適應性的平均值爲
25.12,比對照組低0.4分。但是第2批漢語學習適應性的平均值爲
27.08,比對照組高0.2分。由此可見,在漢語學習適應性提升度上
實驗組高出了0.65分。通過這些數據可以看出,運用了數位化學習
輔助工具的實驗組的學習適應性比對照組大幅度提高。對此,接下
來分析了實驗組對各學習輔助工具的滿意度與其漢語學習適應性間
是否具有相關關係(見表5)。

表5　各學習輔助工具滿意度與漢語學習適應性的相關關係

| | | Chinese Skill | Class Card | DVbook | 錄音作業 | 小組聊天室 |
|---|---|---|---|---|---|---|
| 第1批漢語學習適應性 | 相關系數 | 0.168 | 0.145 | 0.138 | 0.335 | 0.076 |
| | 顯著性概率 | 0.112 | 0.170 | 0.193 | 0.001 | 0.476 |
| | N | 90 | 91 | 90 | 91 | 90 |
| 第2批漢語學習適應性 | 相關系數 | 0.367 | 0.433 | 0.298 | 0.478 | 0.280 |
| | 顯著性概率 | 0.000 | 0.000 | 0.003 | 0.000 | 0.006 |
| | N | 95 | 96 | 95 | 96 | 94 |

續表

|  |  | Chinese Skill | Class Card | DVbook | 錄音作業 | 小組聊天室 |
|---|---|---|---|---|---|---|
| 學習適應性提升度 | 相關系數 | 0.266 | 0.377 | 0.204 | 0.182 | 0.274 |
|  | 顯著性概率 | 0.012 | 0.000 | 0.056 | 0.086 | 0.009 |
|  | N | 89 | 90 | 89 | 90 | 89 |

　　分析結果顯示,第 1 批漢語學習適應性與除"錄音作業"以外的其他學習輔助工具的滿意度都沒有形成相關關系,但第 2 批漢語學習適應性與 5 個學習輔助工具都形成了相關關系。另外,學習適應性提升度與"Chinese Skill""Class Card""小組聊天室"等 3 個學習輔助工具的滿意度在統計上都出現了有意義的相關關系。

　　爲瞭解這些學習輔助工具的滿意度是否是影響漢語學習適應性(第 2 批)的因素,以漢語學習適應性(第 2 批)爲附屬變數,以各學習輔助工具的滿意度爲獨立變數進行了回歸分析。(見表 6)

表 6　各學習輔助工具滿意度對漢語學習適應性的影響

|  | 標準誤差 | 貝塔值 | t | 顯著性概率 | 統計量 |
|---|---|---|---|---|---|
| Chinese Skill | 1.746 |  | 11.825 | 0.000 | $R^2=0.126$ |
|  | 0.459 | 0.367 | 3.809 | 0.000 | $F=14.509$ $p=0.000$ |
| Class Card | 2.209 |  | 7.695 | 0.000 | $R^2=0.179$ |
|  | 0.531 | 0.433 | 4.660 | 0.000 | $F=21.718$ $p=0.000$ |
| DVbook | 1.435 |  | 15.986 | 0.000 | $R^2=0.220$ |
|  | 0.415 | 0.298 | 3.016 | 0.003 | $F=27.778$ $p=0.000$ |
| 錄音作業 | 1.686 |  | 10.940 | 0.000 | $R^2=0.134$ |
|  | 0.434 | 0.478 | 5.271 | 0.000 | $F=15.678$ $p=0.000$ |
| 小組聊天室 | 2.765 |  | 7.040 | 0.000 | $R^2=0.069$ |
|  | 0.611 | 0.280 | 2.802 | 0.006 | $F=7.850$ $p=0.006$ |

根據回歸分析結果可得出如下結論：

回歸分析結果顯示，"Chinese Skill"的滿意度對漢語學習適應性（第 2 批）產生了陽（＋）的影響（β＝0.367 / P＝0.000）

回歸分析結果顯示，"Class Card"的滿意度對漢語學習適應性（第 2 批）產生了陽（＋）的影響（β＝0.433 / P＝0.000）

回歸分析結果顯示，"DVbook"的滿意度對漢語學習適應性（第 2 批）產生了陽（＋）的影響（β＝0.298 / P＝0.000）

回歸分析結果顯示，"録音作業"的滿意度對漢語學習適應性（第 2 批）產生了陽（＋）的影響（β＝0.478 / P＝0.000）

回歸分析結果顯示，"綫上小組聊天室"的滿意度對漢語學習適應性（第 2 批）產生了陽（＋）的影響（β＝0.280 / P＝0.006）

從分析結果中可以看出，在本研究中使用的 5 種學習輔助工具都對漢語學習適應性（第 2 批）產生了積極的影響。

此外，實驗組與對照組在學習成果方面的差異也值得關注，實驗組與對照組的各評價領域的平均分情況如表 7 所示。

表 7　實驗組與對照組各評價領域的平均分

| | 單詞<br>(10) | 作業<br>(5) | 口頭<br>(5) | 期中<br>(30) | 期末<br>(30) | 出席<br>(10) | 態度<br>(7) | 加分<br>(3) | 總分 |
|---|---|---|---|---|---|---|---|---|---|
| 實驗組 | 9.44 | 4.53 | 4.79 | 24.93 | 24.00 | 9.30 | 6.95 | 3.00 | 86.10 |
| 對照組 | 8.37 | 4.44 | 4.82 | 19.87 | 20.39 | 8.38 | 6.80 | 2.37 | 74.39 |

實驗組在除了口頭評價領域以外的所有領域都取得了更高的成果，特別是使用了上述學習輔助工具的實驗組的期中考試與期末考試分數非常值得關注。如果把實驗組的期中考試分數換算成滿分 100 分的話，平均分爲 83.1 分。那麼，考慮到與其考試難易度相同的經營系的平均分是 79 分，可以説取得了極佳的效果。因爲從現有的資料來看，在 2018 年相同難易度的期中考試評價中經營系的平均分爲 66 分，理工系的平均分爲 57.5 分；在 2017 年相同難易度的期中考試評價中經營系的平均分爲 70 分，理工系爲 65 分。即根據之前的資料可以看出，經營系往往比理工系的學習成果更高一些。

另外，在期末考試結果中可以確認到其效果更爲明顯。本研究者通常在期中考試時以診斷評價出題。無論是哪個院系，都以同一難易度進行，之後以期中考試的得分情況爲基礎調整期末考試的難易度。其中，由於實驗組的期中考試得分情況比在非漢語專業中學習成就感最高的經營系還要高，在期末考試中采取了與經營系難易度相同的試題。但是如果把滿分換算成 100 分，實驗組的平均分爲 80 分，比試題難易度相同的平均分爲 74 分的經營系還要高出很多。從多次對人文社會系與理工系進行過教學的本研究者的經驗來看，這樣的結果實屬罕見。

特別是在"Class Card"的使用上，即使教師沒有給學生布置作業，但考試期間仍有相當一部分的學生使用該輔助工具。這種情況并非是爲了完成作業，而是由於該學習輔助工具對學習有幫助纔有了這樣的結果。

## 結語

綜上所述，爲了有效地對漢語入門課程進行教學，探索了多種數位化學習輔助工具，并驗證了運用該類工具時的教學方法的開發及其效果。

本研究認爲，多種數位化學習輔助工具中基於智能手機的學習應用軟件——"Chinese Skill""Class Card"、電子書中的一種"DVbook"以及利用手機録音功能的"語音録音作業"和"綫上小組聊天室"是適用於入門學習課程的輔助工具。在使用該類應用軟件完成教學設計與實施後，通過調查問卷的形式調查了對各工具的滿意度，同時對本課程的整體學習滿意度也進行了調查。

調查結果顯示學習者們大體上對學習輔助工具感到滿意。在本研究中沒能充分利用的"DVbook"的滿意度分數爲 3. 35 分，雖然是最低的數值，但也無法看作是負面的數值。另外通過回歸分析，對學習輔助工具的滿意度是否是影響該課程整體學習滿意度的因素進行了分析。分析結果顯示除"DVbook"外的其他 4 個學習輔助工具的滿意度均爲影響該課程整體學習滿意度的因素。

另外，本研究除了學習輔助工具的滿意度外，還分兩批調查了漢語學習適應性,以此爲基礎驗證了數位化學習輔助工具的有效性。此外,在準備本研究的過程中,對沒有使用數位化學習輔助工具進行教學的對照組也進行了同樣的調查。

通過觀察對實驗組與對照組的漢語學習適應性結果發現,在學習初期實驗組的漢語學習適應性相比較低,但經過 11 周的教學後重新進行調查的漢語學習適應性(第 2 批)的結果顯示實驗組的數值較高。這證明數位化學習輔助工具的使用對提高漢語學習適應性會產生影響的假説是成立的。爲此進行回歸分析瞭解了各數位化學習輔助工具的滿意度是否會影響漢語學習適應性(第 2 批),根據顯示的結果證明 5 個學習輔助工具均對漢語學習適應性(第 2 批)產生了有意義的影響。

另外,實驗群與對照群在學習成果方面也出現了值得注意的差異——實驗組的各評價試題的取得分數相比對照組較高,期中考試及期末考試的分數比非中文系專業中學習成果最高的經營系的分數還要高。

通過本研究可以看出,多種學習輔助工具的運用在實際課程教學中起到了非常出色的輔助作用,這對於提高學生的學習成果質量也有所幫助。

在進行此次研究的過程中,本研究者認爲既是最遺憾的部分,也是最期待的部分便是"DVbook"的應用。特別是在"DVbook"的功能中有一項是可提供發音準確度的功能,本研究者認爲該功能在今後的漢語教育中可作爲非常有用的輔助工具。但遺憾的是在本研究中,由於該工具目前還處於開發階段,存在着各種局限性,導致其功能未得到充分的驗證。如果"DVbook"與開發者的説明不一致,即目前具備的功能爲全部功能,沒有追加其他功能的可能性,那麼"DV-book"作爲課堂教學的輔助應用軟件必定存在局限性。但是如果一系列缺點都得到完善,并且吸取其他 4 個學習輔助工具的功能進行開發後,那麼不僅是在課堂教學上,對於各學習者來説,在自主學習方面也能成爲非常優秀的學習輔助工具。

例如在學習階段中,如果增加"Chinese Skill"中運用游戲功能來進行解題式拼音學習的方式，并在單詞學習部分增加類似"Class Card"中的解題功能，將會成爲非常出色的漢語學習工具。另外如果通過在各單元內或者單獨設置作業欄來構建提交和管理作業的系統，并且能夠設置爲可直接進入課堂聊天室的話，以此爲基礎便可構建有效的智慧學習環境。

本研究旨在克服學習人員過多與教學時間不足而導致的課程教學困難，以及構建并實行有效的智慧學習課程。但是由於突如其來的新冠肺炎疫情，所有的教育環境都在轉瞬間迎來了劇變。在這樣的環境下，綫上課程與數位化學習輔助工具的結合，不僅是漢語入門課程，在所有階段的課程中都是必不可少的。因此對於我們來説，開發智慧學習課程并非可選擇的，而是必須完成的重要課題。實際上在全民進行綫上教學的環境下，本研究者在其他階段的漢語課程中也利用"Class Card""錄音作業"和"綫上小組聊天室"來進行教學。

本研究者希望早日開發出能最大化地發揮出課堂教學學習效果的學習輔助工具，并且希望此項研究能成爲進行智慧學習課程及開發有效的學習輔助工具的參考材料。

## 參考文獻

H. Douglas Brown. 2010. Principals of Language Learning and Teaching (fifth edition)，pearson longman.

Han Heechang. 2014. The Development of the Measuring Device of Learning Motivation of Chinese Learners in Korea. Chinese Education and Research，No 20.

Han Heechang. 2015. Comparison of Beginner Chinese Learning Status of Engineering and Humanities and Social Sciences Learners. Journal of Chinese Linguistics in Korea，Vol 57，225 – 254.

Kim，Hye Jeo. 2016. Exploring College Students' Perceptions and Educational Experiences of Digital Literacy. Journal of Learner-Centered Curriculum and Instruction，Vol 16，No 8，937 – 958.

Kim，Hwanhee. 2017. 4th Industrial Revolution and Digital Literacy Education. Social Studies，Vol 32 ，No 2，187 – 214.

Noh，Hyung-jin Cho，Shin-saeng. 2016. Survey and statistical analysis using SPSS. HAKHYUNSA.

朴京子：《語言教學》，朴英社 2011 年版。

宋智俊：《SPSS/AMOS 統計分析法》，21 世紀社 2012 年版。

李一賢：《EasyFlow 回歸分析》，Hannarae Academy，2014 年版。

〈附 1〉 "Chinese Skill" 應用示例

〈附 2〉 "DVbook" 應用示例

〈附3〉 "Class Card" 應用示例

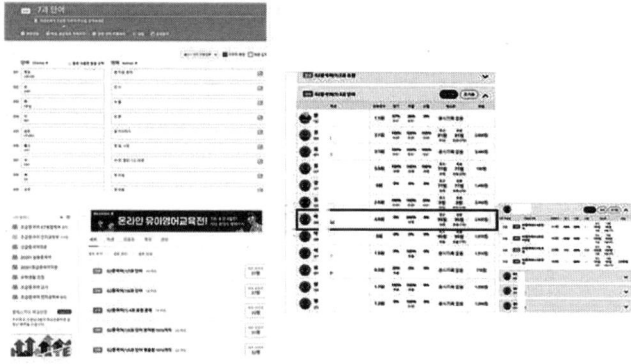

〈附4〉 "Black Board" 作業管理應用示例

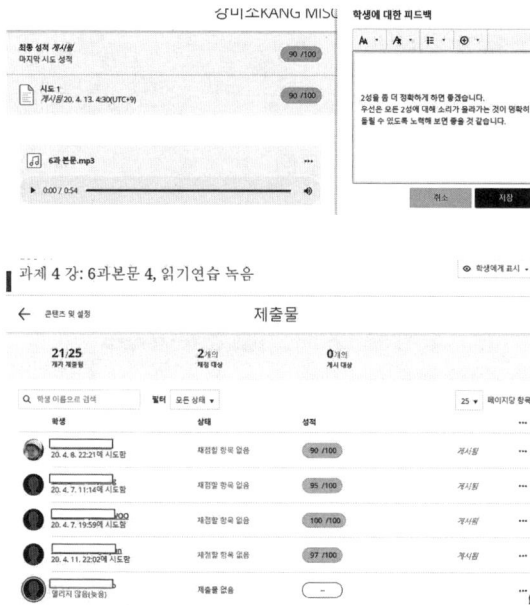

〈附5〉 滿意度問卷內容

Ⅰ Chinese Skill

1. 我認爲通過 Chinese Skill 學習是有效的方法。

2. 我認爲通過 Chinese Skill 學習是一種有趣的學習方法。

3. 通過 Chinese Skill 的學習實際上對我的漢語學習有所幫助。

4. 我很樂於運用 Chinese Skill 學習。

5. 我覺得利用 Chinese Skill 的課題很有負担。

6. 如果繼續學習中文，我有利用 Chinese Skill 軟件的想法。

Ⅱ Class Card

7. 我認爲通過 Class Card 學習漢語是有效的方法。

8. 通過 Class Card 學習漢語是很有意思的學習方法。

9. 通過 Class Card 學習漢語實際上對我的漢語學習有所幫助。

10. 我樂於運用 Class Card 學習。

11. 我覺得利用 Class Card 的課題很有負担。

12. 如果繼續學習中文，我希望在該課程中運用 Class Card。

Ⅲ DVbook

13. 我認爲通過 DVbook 學習漢語是有效的方法。

14. 我認爲通過 DVbook 學習漢語是一種有趣的學習方法。

15. 通過 DVbook 學習漢語實際上對我的漢語學習有所幫助。

16. 我喜歡利用 DVbook 學習。

17. 如果繼續學習中文，我希望在該課程中運用 DVbook。

Ⅳ 録音作業

18. 我認爲録音作業是有效的學習漢語的方法。

19. 我認爲録音作業是有趣的學習漢語的方法。

20. 録音作業是非常有趣的體驗。

21. 録音作業是實際上對我的漢語學習有所幫助。

22. 如果繼續學習中文，我希望在相關課程中有録音作業。

Ⅴ 綫上小組聊天室

23. 我認爲利用"聊天群"運營初級漢語講座是有效的方法。

24. 通過"聊天群"提供學習資料對我的中文學習很有幫助。

25. 如果繼續學習中文，我希望相關課程能開設"聊天群"。

# 留學生漢語成語學習難度影響因素及解決策略

郭建花

（廈門大學國際中文教育學院）

**摘　要**：成語是漢語詞彙系統的重要組成部分，是對外漢語教學的重點，也是中高級留學生學習的難點。本文擬從漢語成語之"難"入手，針對目前漢語成語教學中存在的問題尋找原因，并結合當前學界的研究成果，提出相應的解決策略。

**關鍵詞**：成語；語義特徵；語法功能；教學難點；教學策略

## 一、　留學生漢語成語學習難度影響因素

我多年從事高級漢語綜合課的教學，經常聽到學生反映成語難學。學生在日常交際或者書面作業中很少用到成語，即使有部分學生能用，出現的成語病句也比較多。爲什麼成語會成爲留學生漢語學習的難點？究竟是什麼原因造成的？根據本人的教學經驗和學界的研究成果，我認爲主要表現在以下幾個方面：

### （一）成語自身的特點

《現代漢語詞典》中對"成語"一詞的注解爲："漢語中具有結構的定型性、意義的特定性和完整性、在語言活動中的長期慣用性、存在形態的書面性等特點的固定詞組或短語。"黃伯榮先生等在《現代漢語》中將成語定義爲："成語是一種相沿慣用含義豐富具有書面語色彩的固定短語。"雖然各位學者對成語的定義略有不同，但從上文的論述中可以看出成語具有以下特徵：結構的穩定性；含義的曲折性；民族定型性；附加意義豐富，感情色彩鮮明；歷史傳承性。

對外國學生來説，成語中蘊含着豐富的文化內涵，是他們更深入

地瞭解中國文化、提高漢語水準的一個重要途徑。但由於成語具有較强的民族性、凝練性和修辭性，較多地保存了古漢語的一些語義要素和語法特徵，對留學生來説造成了一定的學習難度。洪波（2003）指出這些特徵與對外漢語教學的區域——現代漢語（留學生口語表達、耳聞目睹的主要也是現代漢語）構成了一對矛盾；成語在漢語書面語和口語中的常用性與教學中成語教學的地位未被重視、學習的成語數量小構成了又一對矛盾。

1. 成語的結構特點

成語一般由四個字組成，其結構有以下幾類：

① 并列結構：光明磊落、衣食住行

② 偏正結構：世外桃源、後起之秀

③ 主謂結構：毛遂自薦、百花齊放

④ 動賓結構：包羅萬象、顧全大局

⑤ 補充結構：重於泰山、逍遥法外

（肖奚强等著《外國留學生偏誤案例分析》第 185 頁）

成語作爲一種固定短語，具有穩定性，這表現在結構、語素、順序等方面，必須沿用原型，不能隨意變換和增減其中的成分，應該作爲一個整體來使用。學習者由於對於成語的性質特點没有充分的認識，從而出現錯序、誤代、誤加、遺漏，其中錯序和誤代的偏誤最多。

成語的錯序大多是學生對其構成語素的順序記憶有誤造成的，出現錯序的成語有一部分是并列結構的成語，還有一部分是由於不相鄰的兩個語素可以組合成詞，所以學習者會將這些自己熟悉的成詞語素放在一起，改變原來的語素順序，從而造成了偏誤。例如：

不言而喻—言不而喻

得天獨厚—獨得天厚

供不應求—供應不求

有説有笑—有笑有説

討價還價—還價討價

風土人情—風情人土


語素誤代中偏誤語素與目標語素往往是近義關係：

名勝古迹—名勝舊迹

半途而廢—中途而廢

將心比心—以心比心

賢妻良母—好妻良母

走馬觀花—走馬觀山


石琳(2008)在《留學生使用漢語成語的偏誤分析及教學策略》一文中,對中介語語料庫收集的外國考生的作文答卷,共計 10740 篇,約 400 萬字中所出現的涉及 373 個成語,共計 718 例偏誤進行系統的分類和分析,找出了結構偏誤 498 例,占比 69.4%。從對成語使用中的結構偏誤的統計情況看,留學生對於某個成語固有的形式結構的理解和識記還不夠深透,因而纔會出現多字、少字、易序、錯字甚至是根據原來成語意思另外生造"成語"的情況。在調查分析中,他們還發現那些成語本身的組成語素具有并列關係(A＋B)＋(C＋D)的成語,更容易出現易序的可能性,有的變成了(C＋D)＋(A＋B),如"儉用省吃";有的變成了類似於(B＋A)＋(C＋D),如"少積成多";或者(A＋C)＋(D＋B),如"字行間裏"。

2. 成語的語義特點

"表意的雙層性"是成語的重要特徵,大多數成語的意義不是其字面意義的簡單相加,而是高度凝練的產物。字面意義和實際意義不一定是等值的,這二者之間存在三種關係,即相同、引申、比喻。

夏秀文(2009)《對外漢語教學中成語的認知研究》按照成語的意義把成語分爲三種類型：

第一,"陳述型成語"：指成語的解釋中没有使用"形容"或"比喻"

來說明其意義的,字面意義基本上等於這個成語的意義。比如"奇花異草""求同存異""徒勞無功",這時字面上各個字的意義相加基本上等於整個成語的意義。但是要注意的是,這個字的字面意義是指古代漢語中這個語素的意義而不是現代漢語的,比如"走馬觀花"中的"走",不是現代慢慢走的意義,而是表示"跑"的意義。如果理解爲"走",就無法正確理解整個成語的意義。

第二,"隱喻型成語":如果在釋義時首先解釋了一下字面意義,然後又説"比喻……",或者直接解釋爲"比喻……",我們把這類成語稱爲"隱喻型成語",這類成語的意義整體大於部分之和,而且可以用上面的方法來分析,比如"引狼入室"的意思是"比喻把壞人或敵人引入内部"。再如"按兵不動"的意思是"使軍隊暫不行動。現也比喻暫不開展工作"。

第三,"描述型成語":指成語的解釋裏含有"形容"字樣的,它的整體意義大於或等於這個成語的各個部分相加。比如"安如泰山:形容像泰山一樣穩固,不可動摇";"大海撈針:在大海裏撈一根針"。這兩個例子裏成語的整體意義大於部分之和,很少使用其字面意義。

這些複雜的非確定性關係也使得留學生在學習中難以準確把握成語的語義,往往會望文生義,將成語的整體意義理解爲字面意義的簡單相加,忽略成語的引申義和比喻義,從而在使用中出現偏誤。

綜合來看,學生的語用偏誤主要表現爲理性意義偏誤和色彩意義偏誤。理性意義偏誤主要有下列幾種類型:字面義誤作實際義,語義偏離,語義重複,語義矛盾。下面舉例來説明前兩類偏誤:

(1)字面義誤作實際義

① 他沉默寡言了一會兒,又繼續談了下去。

② 游覽長江,很多人同舟共濟地玩。

③ 你以後不要病了,天長地久地活下去吧。

(肖奚强等著《外國留學生偏誤案例分析》第 189 頁)

（2）語義偏離

①　因爲生活的壓力，孩子往往自身難保，兩袖清風，哪有多餘的錢養父母。

②　我們應該以身作則地去爲他們設想，如果是自己遇到這樣的情況呢？

③　他們從事的是那些見不得人的勾當，一旦被捕，後果將不堪入目，就算不判死刑也要去蹲監獄。

（肖奚強等著《外國留學生偏誤案例分析》第 189 頁）

從以上例句來看，學習者對成語的語義缺乏正確的理解，不能透過字面意義來理解隱藏在内層的真實含義，對成語使用的對象和語境就無法確定，從而出現了感情色彩的偏誤：

①　因爲在一個富裕的國家裏，浪費現象也是令人嘆爲觀止的。

②　吸烟會給個人健康帶來不良影響，例如舉世聞名的癌症。

（肖奚強等著《外國留學生偏誤案例分析》第 190 頁）

通過研究，夏秀文認爲在對外漢語教學中如何講述成語的意義，應該根據具體情況區別對待：對“陳述型成語”可以直接講述其字面意義，“隱喻型成語”應該由其字面意義推導出隱喻意義，着重講述整體的隱喻意義；“陳述型成語”根據不同情況重點強調字面或整體意義。從統計情況看，實際義爲字面義的成語易於講解，實際義爲字面義引申義的成語數量最大，實際義爲字面義比喻義的成語數量雖少，可涉及的相關背景知識較多，不易講解。

3. 成語中包含着古漢語的相關知識

許多漢語成語是在文言文的基礎上形成的，比較多地保留了古代漢語各要素，如古漢語語音、詞彙、語法、修辭等各種知識。對古漢語中的音、義和歷史背景等方面都有諸多的繼承。比如：在字音方面,"暴虎馮河"中的"馮"讀古音"píng","心寬體胖"中的"胖"讀古音"pán";在字形方面,"上知下愚"中的"知"是"智"的古字。再如:"十年樹木"中的"樹木"是動賓結構,是栽培樹木的意思,也不同於現代漢語中的"樹木"一詞。"身體力行"中的"身體"是偏正短語,親自體驗的意思,也不是現代漢語中的"身體"一詞。又如,"唯利是圖""爲所欲爲""時不我待"等等都是古代的語法結構,與現代漢語的語法結構是不一樣的。外國學習者缺乏對古代漢語知識的瞭解,往往用自己學過的現代漢語義項來理解,結果就造成了詞義理解的偏差。如"鮮爲人知",其中"鮮"是很少的意思,此義項我們目前所用的常用教材從沒涉及過,但留學生學過"鮮"有"新鮮"的意思,因而他們就將"鮮爲人知"的意思理解爲"剛剛發生不久的"。又如"人滿爲患","患"此處爲"麻煩"義,而留學生學過"患者""患病",那麼他們就順理成章地認爲"人滿爲患"的意思也就是"人人都生了病",或者"人多了傳染疾病"。有些成語中存在一些文言字眼和文言的表達方式,留學生會對這種現象難以理解,因此產生偏誤,形成生造的"成語",比如衆所而知、一勞之逸、代之而取、曉之而理等。如果不對相關古代漢語知識進行講解,容易影響外國學習者對成語的深入理解和運用。

### (二) 大綱、教材因素

1. 大綱、教材選錄成語缺乏規劃性。

就來華留學生學習過的成語來源來看,出現在課本中的、且已經被授課教師進行講解過的成語是學生所掌握成語的主要來源。從大綱和教材的收詞情況看,成語教學存在定位不準的問題。《中國成語大辭典》共收錄了 17934 個漢語成語,《漢語水平詞彙與漢字等級大綱(修訂本)》(下文簡稱《等級大綱》)共收錄 8822 個漢語詞語,選用的成語卻衹有 146 個,僅占收錄詞彙量的 1.7%,收錄的成語數量過少。而《漢語水平考試大綱》列出常用詞彙 5168 個,其中成語僅 16 條。僅從數量來看,遠遠不能滿足中高級外國學習者的學習和使用需要。《等級大綱》除了收錄成語數量較少的問題,還有收錄不同等級的成語分布不均衡的問題。大部分成語屬於丁級詞彙(甲級詞彙:乙級詞彙:丙級詞彙:丁級詞彙爲 0:1:20:125),《等級大綱》對不同等級的成語收録不夠合理。

同爲高級教材,《成功之路》和《博雅漢語》的成語收録數量也不同。《成功之路》高級分爲"成功篇"和"衝刺篇",分別收録106和109個成語,共計215個;《博雅漢語》高級飛翔篇共三册,分別收録77、128和72,共計277個成語。另外,漢語教材中的成語數量從初級、中級課本的數量少到高級課本的數量猛增,未呈階梯狀遞增式分布,缺乏層次性,這無疑會給二語學習者和漢語教師帶來困難。精讀教材成語數量遠遠多於兩部《大綱》,但在選擇上沒有一個統一的標準。這與教材選取課文語料的隨意性有關,因此編寫者應參照教學大綱及成語本體研究成果,根據成語使用頻率,確定留學生應掌握的成語數量及等級要求。

2. 成語複現率低。

成語複現率低是一個普遍問題,尤其是在初級和中級漢語課本中,很多成語在教材中僅出現一次就消失了;在高級漢語課本中,雖然成語出現的數量多,但複現率也很低。

3. 編排上與一般詞語混編。

除《現代漢語高級教程》《成功之路》將詞與成語分列外,其他教材均出現混編現象,且未加注任何標明其爲成語的標記。對此,李紅印(2005)明確表示對外漢語教學中應該區分"詞彙"與"語彙",把"語"從《漢語水平詞彙與漢字等級大綱》詞彙中提取出來,歸入新增的"語彙大綱",與已有的"漢字等級大綱""詞彙等級大綱"相照應。依此觀點,對外漢語教材編寫者在編排生詞表時也應將成語與一般詞語分列,以使留學生意識到"詞""語"是兩個不同級的語言單位,從而重視成語的學習。

4. 釋義上體例不一,缺乏對成語語法功能的介紹。

釋義方式上,中級精讀教材釋義方式一般是:成語—拼音—英語翻譯;其他高級精讀教材釋義方式一般是:成語—拼音—漢語注釋,且漢語翻譯也多限於直接釋義,很少解釋成語構成成分的意義及成語來源等知識。此外,成語的注釋祇關注詞義,缺乏對語法功能的介紹。在過去的對外漢語教學中,多注重對成語典故、文化方面的研究,但是在教學中學生仍然不知道該怎樣使用成語。例如學生在學習"千方百計"這個成語時,從字面上看,以爲是名詞性的,可以做賓語,於是造出"用盡了千方百計也是白搭"這樣的句子。而實際上,我們檢索語料庫可以發現,"千方百計"絕大多數情況下是做狀語,如"當時每搞一齣新戲,都要求千方百計創編一些有新鮮感的唱腔,既符合人物感情,又要使臺下觀衆愛聽愛學"。占"千方百計"全部用例的 95％以上。

### (三)學習者自身因素

學生對成語學習存在畏難情緒。和其他漢語詞彙相比,成語蘊含豐富的文化信息和古漢語知識。漢語中的成語來源於神話傳説、寓言故事、歷史故事以及詩文語句、民間俗語等方面,成語來源的多樣性與成語本身的歷史傳承性讓成語擔負了更多的文化信息,而二語習得者又缺乏文化背景知識,這在一定程度上加重了學生的理解困難,爲二語習得者的成語學習設置了障礙。

以上種種原因都可能會導致留學生在使用成語的過程中極易出現語義和語用偏誤。爲減少這些偏誤,學生在用漢語進行交際時往往采取回避策略,減少成語的使用。劉艷平(2013)《中、高級對外漢語成語教學的調查與反思》發現,學習成語以後,31 人中 22 人不經常使用,6 人根本不用,祇有 3 人經常使用。

### (四)教師因素

對外漢語教學課時是十分有限的。教學課時和教學任務一一對應,教師在總體規劃這個環節就不能給成語教學留有足夠的課時。成語一般在中高級學習階段大量出現,尤其是進入高級之後,每篇課文都包含了很多成語,有時甚至多達十幾個。中高級階段的詞彙量大、課文內容長以及練習多,很多教師爲了趕進度往往祇對成語做簡單的語義解釋,沒有從成語來源、結構、用法等方面做詳細講解。有的學校專門開設了《成語故事》選修課,但課程內容主要以成語的歷史來源爲主,較少涉及語法和語用。也可能因爲成語學習的難度較大,從大綱到教師都沒有提出一個明確的成語學習目標,祇要學生能夠理解成語的意思即可,對正確使用不做硬性要求。課程考試中,一般是選詞填空的形式。因此,成語教學沒有得到足够的重視。

## 二、 針對成語學習難點提出的解決策略

### (一) 針對結構方面的問題

成語的結構具有穩定性的特點,一般不能隨意變換。教師應該向學生介紹漢語成語的結構類型,再結合具體的成語幫助學生理解。爲了强化記憶,避免使用時出現結構上的亂序,教師可以有意識地設計一些練習,比如把成語中的任何一個字去掉,讓學生補充完整,經過反復的訓練學生便能掌握。

### (二) 針對語義方面的問題

對成語意義把握不準確是留學生成語學習時最大的問題之一,正確地使用成語的前提是準確掌握成語的意義。加强成語語義教學,在教學中不僅要解決成語的字面義,還要講清隱含意義、引申義、比喻義、附加義等,使留學生全方位地掌握成語。

### (三) 針對語用方面的問題,加强成語語法功能和句法功能的教學和研究

劉洋(2013)《21 世紀以來漢語成語研究》指出,目前爲止,學界還沒有學者對每一個成語進行語性標注。詞語的用法依賴於詞性,同樣成語的用法也依賴於語性。由於對成語語性研究的缺乏,勢必造成使用中的偏誤。成語語法功能研究的欠缺,直接導致成語學習者學習的困難。

“語性”的説法類似詞性,但是“語性”與詞性不完全相同,許多學者認爲成語中祇有“實語”,分爲體詞性成語和謂詞性成語。體詞性成語在句子中主要充當主語和賓語,謂詞性成語包括動詞性成語和形容詞性成語,在句子中主要充當謂語、定語、狀語和補語。楊翠蘭(2005)《漢語成語的語法功能研究》指出成語在句子中的作用相當於實詞,可以充當謂語、定語、狀語、補語、主語、賓語,從成語在各個句法位置的分布來看,成語大多數具有動詞性,其次爲形容詞性、副詞性和名詞性。然而同樣是“形容詞性成語”“動詞性成語”,“語”的語法功能性質與詞不同。如:形容詞性成語作定語、狀語和補語時,

成語與中心語之間一般要用結構助詞"的、地、得";動詞性成語除"大聲疾呼""念念不忘"等少數幾個成語可以帶賓語外,絕大多數動詞性成語一般都不帶賓語,如果語義上有需要,則直接放在成語前,或用"對、把"等引進,或者用小句來説明。

我們在教學中必須結合具體例句講清楚每個成語語性、語法功能和句法功能,并引導學生形成意義、結構、語性和語法功能相對應的一種認識,以更好地掌握成語,并培養自學成語的能力。

### (四)引入古漢語相關知識的教學

從古漢語知識角度來研究對外漢語成語教學的嘗試很少有學者涉及,祇有少數幾位學者提出應該將古漢語知識引入到對外漢語成語教學中來,如蘇瑞卿(2003)、朱瑞平(2006)、朱焱煒(2007)、張玉(2014)等提出,在成語教學過程中應當引入古代漢語相關知識的教學,因爲成語本身很大程度上保存有古代漢語的相關知識,如果古代漢語知識缺失,會影響成語的教學與習得效果。外國學習者缺乏對古代漢語知識的瞭解,如果不對相關古代漢語知識進行講解,容易影響外國學習者對成語的深入理解和運用。當然,針對中高級漢語水準的外國學習者引入古代漢語方面的相關知識,應當注意知識的難易程度和側重,要充分考慮到學習者的接受水平,需要對古漢語各要素方面的知識進行有針對性的選取,還要注意教學方式與技巧。

劉卿(2018)《古漢語各要素關涉下對外漢語成語教學探析》指出教師應該適當地給學生講解一些古漢語基本知識:語音方面,詞的古讀與通假字的讀音、寫法等知識;詞彙方面,詞的古今詞義演變、文言虛詞和歷史詞等方面的知識;語法方面,詞類活用、古漢語特殊句式、詞的語法功能等方面的知識。

### (五)加强課文注釋

目前常用的教材對成語的注釋過於簡單、不夠完整,筆者的建議是:對於屬於《HSK 詞彙等級大綱》乙級和丙級詞彙的成語,注釋要儘量貼切、完整,要有能代表該成語語法功能的典型例句,課後要有該詞的功能擴展和搭配練習。

### (六) 要注重漢語成語的操練

成語教學屬詞彙教學,同樣遵循"講練結合""精講多練"的教學原則。教師應重視起包括成語讀音、書寫、用法在內的成語操練環節。成語在課文中的複現率極低,一般祇出現一次就消失了,教師應該有意識地定期做一些複習,以鞏固所學成語。

### (七) 編寫針對留學生的漢語成語詞典

目前針對留學生漢語成語編纂的研究不多,不能滿足外國人學習成語的需要,編寫外國人專用漢語成語詞典勢在必行。王若江(2001)《留學生成語偏誤分析誘因——詞典篇》根據對留學生成語運用中的偏誤句所做的分析,推測適合外國人需求的成語詞典的基本框架應該是:

【成語】注音
【語義解釋】① 字面義 ② 深層義 ③ 語義輕重,褒貶色彩;
【語法解釋】① 成語語性 ② 語法結構方式 ③ 語法功能(可以充當什麼語法成分);
【語用解釋】① 適用範圍 ② 限制條件 ③ 句型的選擇 ④ 相應的否定意義表示方法。

王若江還提出該類詞典應該具備以下特色:

1. 訓釋詞要通俗、明確,主旨鮮明,避免生僻字詞;句式要簡單化,避免古漢語句式。
2. 例句要多,便於理解、歸納。
3. 詞典除按音序排列的目錄外,還應附有按語用功能類別編排的目錄,如感謝類成語、稱讚類成語等。
4. 應附同義、反義成語舉例。

楊玉玲《留學生成語偏誤及〈留學生多功能成語詞典〉的編寫》也列出了《留學生多功能成語詞典》的大致體例:

不謀而合

· 注音:bùmóu-érhé

· 釋義:謀:商量;合:符合,一致。事先沒有商量過,意見或行動卻完全一致。

· 英譯:略

· 功能:一般作謂語,如:雖然沒有見面,但我和哥哥的想法不謀而合。有時可作定語,如:你和班長還有不謀而合的時候啊?

· 使用説明:常出現在"A 跟/ 和/ 與 B 不謀而合"或者"……們不謀而合"格式中,前面的主語常常是見解、計劃、觀點、理想、想法,而且不能是某一個人的想法、計劃等。

· 偏誤分析:誤帶賓語,如:＊我不謀而合她的想法。

誤受程度副詞修飾,如:＊我們的計劃很不謀而合。

· 近義成語辨析:不謀而合、不約而同

從適用對象和語法功能方面對近義成語進行了分析,并給出了反義成語。

· 反義成語:各執己見、各行其是、同床異夢

楊玉玲的研究中增加了偏誤舉例和近義成語的辨析,近義成語的辨析是非常有必要的,很多留學生對一些語義相近的成語分辨不清,容易用錯。當然,要編纂這樣一部成語詞典不是一件簡單的事情,也不可能靠一兩個人的力量在短期內完成,但是我們感到需求是迫切的,這個工作是應該去做的。

## 三、 結語

基於漢語成語目前的研究成果,目前學界對成語語性的研究較少,不少研究者都指出目前對成語語性和語法功能的研究不足是導致偏誤產生的主要原因。面對數量龐大的成語,哪些是最常用的,如何去統計,這樣的研究還非常缺乏。如果我們能利用典型語料資料庫,統計出像 2500 常用字那樣的一批常用成語,根據這些常用成語在句中的位置,對其語法功能和句法功能做詳細的描述;有了這些基礎工作,纔可能改變現有教材中成語的注釋模式,針對留學生的成語

詞典編寫纔能進行。

## 參考文獻

洪波：《對外漢語成語教學探論》，《中山大學學報論業》2003 年第 2 期。

黃伯榮、廖序東：《現代漢語》，高等教育出版社 2007 年版。

李紅印：《〈漢語水平詞彙與漢字等級大綱〉收"語"分析》，《語言文字應用》2005 年第 4 期。

劉艷平：《中、高級對外漢語成語教學的調查與反思》，《漢語學習》2013 年第 5 期。

劉洋：《21 世紀以來漢語成語研究》，《雲南師範大學學報》2013 年第 3 期。

王若江：《留學生成語偏誤分析誘因——詞典篇》，《暨南大學華文學院學報》2001 年第 3 期。

肖奚强：《外國留學生漢語偏誤案例分析》，北京大學出版社 2020 年版。

楊翠蘭：《漢語成語的語法功能研究》，《烟臺教育學院學報》2005 年第 3 期。

楊玉玲：《留學生成語偏誤及〈留學生多功能成語詞典〉的編寫》，《辭書研究》2011 年第 1 期。

張玉：《古代漢語知識在對外漢語成語教學中的應用研究》，《河南師範大學學位論文》2014 年。

中國社會科學院語言研究所詞典編輯室：《現代漢語詞典》，商務印書館 2005 年版。

# 利用圖式理論及復述法提高海外 漢語學習者的交際能力

焦冬梅

（大連大學文學院）

**摘　要**：在非目的語環境中，又沒有專門的口語課的情況下，要想提高漢語學習者的交際能力難度很大。本人嘗試用圖式理論和復述法，通過給定話題完成交際任務，補充、拓展課文的交際項目，復述課文及新聞、故事、見聞、經歷等，幫助學習者完成從激活、建構、補充、完善圖式，到自由輸出的全過程，使海外漢語學習者的交際能力在此過程中得到不斷提升。

**關鍵詞**：圖式理論；復述法；海外漢語學習者；交際能力

## 一、引　言

學習外語，如果沒有目的語環境，對於學習者而言，要想有比較好的交際能力，困難非常大。大多數海外的漢語學習者，就像國内的英語學習者一樣，學習了語言知識，具備了一定的語言能力，但是語言交際能力不是很理想。這是由於缺乏真實的交際環境，很少有實際的交際機會。現在海外的漢語教學情況是有漢語專業，專門開設口語課的也不是太多，所以有些學生學了兩三年漢語之後，還衹是會説"你好""您的身體怎麽樣？"開不了口，就像以前國内的"啞巴英語"。正如胡壯麟（2003：3）教授所説："我認爲導致我國英語學習者口語能力不高的根本原因在於英語在我們國家是外語，不是第二語言，學生離開課堂後很少有機會接觸操英語的本族人，并用英語和他們交談。平時不用，待到用時當然會力不從心。"劉建達（2006：263）

也認爲:"由於没有太多與目標語和目標語文化直接接觸的環境,學生的語用能力并不會隨他們語言能力的提高而提高。"

但是學習語言的目的,就是爲了用,在用的過程既可以增加信心,又可以逐步達到學習語言的目的;有些學生也有提高漢語交際能力的願望,在這種情况下,教師就需要在教學的過程中,注重學生交際能力的培養,想辦法爲學生提高交際能力創造條件。

圖式理論和復述法在外語學習中的作用,國内均有研究。圖式理論在國内英語教學中的應用研究比較多,主要是針對閲讀、聽力、寫作、翻譯等方面展開的,對口語的研究比較少。在對外漢語教學中也有涉及,情况與英語教學差不多,而且大多也是針對國内留學生的情况而言的。復述法的運用主要是針對國内英語教學以及中小學語文教學,對外漢語教學中也有涉及。因此,我們嘗試利用圖式理論和復述法提高海外漢語學習者的交際能力。

## 二、 圖式理論、復述法及對提高交際能力的作用

### (一) 圖式、圖式理論及對提高交際能力的作用

圖式,指在人的大腦中,圍繞一個主題組織起來的知識的儲存方式(王英菲 2014)。圖式一詞最早於 1781 年出現於德國哲學家康德(Kant,1724—1804)的著作中。他把圖式看作是一種"原發想像力"的特定形式或規則。他認爲圖式是連接概念和對象的紐帶,即概念祇有和個人的已知信息相聯繫纔具有意義。在近代心理學研究中,最早對圖式給予理論上高度重視的是格式塔心理學,如英國心理學家巴特勒特(Bartlett)在其著名的著作《記憶》(1932)(齊齊、李陸平 1999:37)中把圖式定義爲:"對過去的反應和經驗的積極組織。"瑞士著名的心理學家、教育家皮亞傑也十分重視圖式理論(石向實 1994:11),他認爲"圖式是指動作的結構或組織,這些動作在同樣或類似的環境中由於重復而引起遷移或概括"。現代圖式理論是在信息科學、電腦科學深入到心理學領域,使心理學中關於人的認知的研究發生了深刻變化之後於 20 世紀 70 年代後期發展起來的。美國人工智能專家魯姆爾哈特(D. Rumelhart,1977)(亓魯霞、王初明 1988:24)使

圖式理論得以完善。他認爲圖式是以等級形式儲存在人的長期記憶中的，是一組"相互作用的知識結構"，是一種"構成認知能力的建築砌塊"。他認爲人們頭腦中已有的圖式往往會影響或支配對新信息的理解，而人們認識新事物時，輸入的新信息必須與已知的圖式相關聯，纔能促進對新事物（信息）的理解。

圖式理論於 20 世紀 80 年代末被引進國内，并被運用於外語教學領域，開始大多是研究圖式理論對英語閱讀、聽力、寫作、翻譯、文化等方面的作用，閱讀和聽力方面的研究居多，圖式理論對口語教學的影響研究的比較少。後來又被引入到對外漢語教學中，研究圖式理論與對外漢語閱讀教學（戴雪梅 2003；孫新愛、周昊婷 2007；徐燕 2012；王鵬 2012）、與漢字教學（高春燕、孔翔 2013）、與詞彙教學（黄彩玉、朱淑潔 2013；陳竹、朱文怡 2013）、與聽力教學（王英菲 2014；張曉傑 2016）、與口語教學（陳瑶 2013；許延娜 2016）以及寫作教學（彭婷 2010）等等的關係。

經過衆多學者的研究，證明圖式理論對於閱讀能力的提高有明顯的效果，圖式在閱讀過程中具有預期功能、處理功能和鞏固功能。"因此，在外語閱讀教學中，建立新圖式，激活原有圖式和鞏固、拓寬相關圖式顯得非常重要。"（韋漢、章伯成 2004：64）對於聽力、寫作也有一定的作用。有些學者也在拓展其應用的領域，研究其對提高口語能力的作用。正如韋漢、章伯成（2004：65）的研究顯示："圖式理論不僅作用於學習者對話語或文字信息的理解，還對其話語的産出有作用。在口頭交際中，輸入的信息是靠聽覺或視覺器官激活相關圖式，達到對信息的理解。因此，對於口語教學，一方面可通過聽力訓練培養學習者在大腦中形成相關語音圖式的能力，爲後面的話語輸出奠定基礎；另一方面，應多進行說的練習，訓練發音器官，把大腦發出的圖式信息内容轉換成語音形式。"韋漢、章伯成强調了在口語教學中語音圖式能力的形成及發音器官訓練的重要性，其實要想在口語交際中能迅速激活相關圖式，前期的圖式儲備和完善也是必不可少的。當然口語能力與交際能力并不是一個相等的概念，但是口語水平提高，對交際能力的提高有積極的促進作用。圖式理論在交際能力培養中對語言圖式、內容圖式、形式圖式的豐富、補充和完善也都有促進作用。在交際中如果學生頭腦中沒有相關的語言圖式、內容圖式、形式圖式，就不知道如何表達，所以在平時要多注重從這三個方面進行訓練，豐富、補充、完善學生頭腦中的圖式。在交際時學生頭腦中有相關話題的圖式，就可以按照自上而下的方式處理信息，能夠對交際的進展進行預測和推論，激活相關圖式，再配合語音、發音器官的訓練以及大量說的練習，使交際能夠順利完成。

## （二）復述法及對提高交際能力的作用

要想提高交際能力，就要注重學習者語言輸出的訓練，"輸出理論假設"的提出者 Swain 闡述了語言輸出對語言習得有四大功能（武小莉 2011：163）：輸出能引起學習者對語言問題的注意；輸出能對目標語的結構及語義進行假設檢驗；輸出具有元語言功能；輸出能使目標語表達成爲自動化。復述法就是一種促進學習者語言輸出的方法，復述可以用於課文復述，也可以用於課外材料，比如新聞、故事、見聞、經歷等等，用所學過的詞語、語塊、語法結構、語篇結構等，把課文的內容或其他課外的內容變成自己的語言，表述出來。因爲在這個表述過程之前，學習者就需要有一個把所學的語言知識、文化內容等內化的過程，如果學習者不理解知識內容，他不可能去使用。由於在語言輸出的過程中，學習者對語言問題有了關注，所以對所學的內容又有了深化，而且還能轉化爲有意義的輸入。王玲、李青芮（2012：96）認爲："復述中的語言口頭輸出活動，對語言進行了有意識、有意義的關注，同時也兼顧了語言形式，產生可理解語言輸入，并爲輸入轉化爲吸收創造了條件。因此有意識學習活動有助於語言輸入的吸收，從而促進知識轉化爲技能。"輸出的元語言功能，可以使學習者的表達更準確、得體，通過大量的復述輸出練習，學習者的目的語表達逐漸熟練，從而促進交際能力的發展。

## 三、 圖式理論、復述法在提高海外漢語學習者交際能力中的運用

### （一）課內課外相結合，促進交際能力提高

筆者所在的學校，漢語是學生的第二外語，沒有專門的口語課，

所以在課堂上練習的機會相對於有口語課的學生要少,所以衹能充分利用學生的課外時間。按照學生的水平,分不同的話題給學生布置下去,話題可以是叙述體、對話體、討論、辯論等不同的形式。

布置的時候從圖式的角度給予提示,給關鍵字、句或搭建一定的框架。比如叙述體的,"旅行"可以按照時間圖式,準備、買票、出發、旅游過程、返回、感受。"問路"可以按事件圖式,(一直)往前(左右)走,往左(右)拐,在地點的(前後左右東西南北)等。"購物",按照場景圖式,賣服裝、家電、生活用品、飲食等不同的場景。"去飯館吃飯",按事件圖式組織,怎麼去,怎麼點菜,點了什麼,吃得怎麼樣等等。

對話體的,如"談愛好"可以用"你的愛好是什麼?""從什麼時候開始學習的?""你爲什麼喜歡×××?"等等問句的形式展開。"漢語學習計劃"可以用"你每天都學習漢語嗎?""每次學習多長時間?""讀什麼? 聽什麼? 寫什麼?"

討論的,如"學習漢語的方法",課下怎麼做,課上怎麼做。"一次足球比賽","你覺得這次足球比賽怎麼樣?""你覺得在比賽中誰踢得好? 爲什麼?"

辯論的,如"喝咖啡",正方"喝咖啡好",可以讓人清醒,口感好,不渴;反方"喝咖啡不好",不容易入睡,苦,應多喝水等等。"玩電腦游戲",正方"不應該玩",浪費時間,影響(工作、學習、情緒),學到不健康的東西;反方"可以玩",能放鬆心情,鍛煉智力,可以賺錢。

讓學生在課下準備,可以寫成文字,也可以用手機直接録音。爲什麼寫成文字? 正如 Mangelsdorf(1989)(陳光偉 2006:119)所言:"說和寫之間具有特別重要的聯繫,應將這兩種交際方式綜合到大學課堂中。"嘗試以寫來促進。寫完之後讓學生檢查自己所寫的或所録的,有不滿意的可以再修改。這種練習可以三周進行一次,上課的時候在固定的時間段内,叙述體指定兩個學生發言,或者播放自己的録音;對話體四個學生發言;討論體四個學生發言,辯論體在布置的時候分爲正反方,全體參與。對話體、討論體、辯論體,在課下準備的時候,可以交流溝通,形成文字或録音,但是課上發言的時候必須重新演示一遍。在發言的時候,可以分級進行,開始用"帶稿發言""帶綱發言",再到"脱稿脱綱""自由發揮"。讓老師和其他學生聽,聽的學生做筆記,先讓學生指出存在的問題,然後教師總結準備話題的學生以及提問題的學生在内容、結構、用詞、語法、文化等方面的優缺點,并指導學生怎麽改正。

學生們都參與準備的過程。没有發言的同學,在課上給發言同學提問題時,也可以發表自己的意見和看法。没有發言的學生所準備的文字材料或録音材料,教師課下批改,再與學生溝通交流。

因爲學生大多是成年人,有些話題在學生的頭腦中已經建構了相關圖式,趙景綏認爲(2000:60)像我國的英語學習者一樣:"我國學生已在中國文化氛圍中建立起一個圖式網絡系統。在學習英語時,他們要把英語詞語表達的概念與他們網絡系統中的圖式對比,或對號入座,或加以修飾,或構建新的圖式,以建立起一個類似於以英語爲母語的人們所擁有的圖式網絡。"海外的漢語學習者也需要經歷這樣一個過程。圖式是有層次性的,教師給話題,是先給一個高階圖式,由此可以激活學生頭腦中與之有關的圖式,并能利用"自上而下"的方式處理信息,對話題進行預期、處理并提取原有的圖式信息。現在用圖式的形式,并搭建了一定的框架,這樣在形式上就固定下來,減少了難度。學生需要填充的是低階的詞語、句式等語言圖式的内容。陳瑶(2013:32)也提到過這種方法:"教師事先準備高階圖式,比如一個話題的基本信息和情況,然後由學生自己準備獨白或對話,上課時教師可以幫助他們建立低階的圖式,如詞彙、短語等。"

當然由於知識儲備及文化因素的差異,學生頭腦中的圖式與所表達的話題可能有差異,有的可能缺省甚至有衝突,這樣就在同學和教師的點評和指正中得到修正和補充。經過利用已有圖式來整合外界刺激的同化和調整原有圖式、構建新的圖式的順應,有缺省的能够得到重構,有衝突的能够得到調整,已有的圖式可以得到加强。引導學習者在理解、記憶外語時充分利用已有圖式,"從無到有"構建圖式,"從有到優"或"從泛到詳"重構圖式(徐曼菲、何安平 2004:46)。這種練習也屬於輸出性訓練,學生在準備和輸出的過程中,對自己存在的問題進行有意識的關注,通過圖式的同化和順應,修正了存在的問題,提高了語言表達的準確性和流暢性,交際能力和寫作能力都得到了改善。在今後遇到相同或類似的内容,就能及時提取,快速運用,口語表達或書面語寫作會更加順暢。

### (二) 幫助學生建構、完善圖式,營造交際環境

1. 立足課本

對包含交際項目的課文進行補充、完善,幫助學生建構和完善圖式。讓學生表演,進入真實的交際環境。

如:《HSK 標準教程 1》(姜麗萍 2014)第 1 課《你好》,課文 2,對"您好"語境含義的補充。使用"您好",是表示尊敬,但是對比較熟悉的人,可以用"稱謂＋好",比如"老師好""爺爺好"等,顯得更親切。筆者的一個學生,每次見面都很禮貌地說"您好",我給她們上課已近一年,應該是比較熟悉了。她說"您好"雖然也沒有錯,但是總感覺有一種陌生感。所以在一年級的教學中,在建構交際文化圖式的時候,就把"您好"的具體使用情景,給學生做了詳細解釋,比較了"您好"和"稱謂＋好"的文化內涵。師生、生生之間進行操練。幫學生建構得體、全面的文化圖式,以利於今後的交際。發現問題,就要及時解決,防範類似問題的發生。

《HSK 標準教程 2》第 9 課《題太多,我沒做完》,課文 1:《打電話》,"打電話"是一個很常用的交際項目,課本上的情景是"打錯了",於是對此項目進行了補充,把"打對"的情景補充出來,讓學生通過角色扮演進行練習。

在現實的交際中,"打錯了"電話的情況存在,但是打電話"打對了"占大多數,所以把"打電話"的圖式給學生補充完整,在他們頭腦中儲存起來,再經過操練,變爲長時記憶,在今後實際的交際中能隨時提取,熟練運用。

《HSK 標準教程 2》第 11 課《他比我大三歲》,課文 1:《在歌廳》

A:王方,昨天和你一起唱歌的人是誰?

B:一個朋友。

A:什麼朋友? 是不是男朋友?

B：不是不是，我同學介紹的，昨天第一次見。

其中的"不是不是"，這裏表示否定爲什麼不用"不是"，而是用兩個"不是"。此處的回答包含了説話人害羞的情感在裏邊，把這層含義給學生解釋清楚，再給學生補充"不是不是"還可能是表明説話人的一種態度，比如：A跟B説："下午我們一起去商店好嗎？"B沒有回答，A又説"你是不是不想跟我一起去啊？"B回答："不是不是，對不起，剛纔你説話，我沒聽見。"

這是文化圖式的內容，對學生而言屬於文化圖式的缺省。"不是不是"，表示説話人害羞的情感或爲了不引起別人的誤會，表明自己的態度，這種交際心理，如果不給漢語學習者解釋清楚，他們很難體會出來，在今後的交際中也不能得體運用，不利於交際進行，所以應給學生補充完善。并創設這兩種情景，再讓學生表演。

《HSK標準教程3》第8課《你去哪兒我就去哪兒》，課文2：《在學校》，涉及送別的交際項目，於是在學完課文之後，給學生進行拓展：老師在這裏的教學任務已結束，要回國了，讓學生練習這個項目。

"送別"的交際項目，生活中也很常見，在熟悉課本提供圖式的基礎上，再進行拓展。因爲老師教學任務結束回國，是實際的情況，學生都置身其中，所以能激起他們的交流欲望。運用課本所學的詞語、語法、句型，并結合自己的實際感受，調動了學過的知識，個人的情感，取得了很好的交際效果。

2. 拓展範圍

結合學生的專業特點，用微信、telegram、學習強國平臺、大使館的新聞平臺等等，給學生看有關中國時政、經濟、文化的新聞小視頻及文字材料。因爲學生都是學習國際經濟、國際關係、國際法等專業，與專業有關係，所以比較感興趣。等學生熟悉了之後，每周指定一個學生在課下選一則新聞，俄語、英語、漢語的都可以，或者自己的見聞、經歷以及所知道的故事，講述給同學們聽，但是講的時候，必須用漢語。講完之後，同學和教師點評、糾正。

這些新聞、見聞、經歷或故事等貼近真實的生活，有些可以拉近學生與目的語的距離，還可以從語言知識、內容知識、形式知識等方面幫助學生重構或新建圖式,爲交際能力的提高做好了儲備。再用自己的語言復述出來,對所儲備的知識又進行了一次再認知的過程,對錯誤或不完善的地方,進行修改和補充,也使頭腦中的圖式更加完善。

在平時的教學中還利用播放、教唱中文歌曲,展示太極拳、太極扇、書法、國畫,播放中文電影、中華傳統文化的視頻,補充、完善學生的内容知識的圖式,加深了對中華文化的理解,爲提高交際能力做儲備。

### (三) 使用復述法,提高學生的表達能力

因爲學生没有目的語環境,交流的機會很少,開始的時候,連課文都讀不成句。首先,讓學生從練習大聲讀課文開始,低年級簡單的課文要求適量地背誦,再逐步進行課文的復述。

正如杜輝,關泓淼(2001:59)所言:"分析言語的自然發展過程,加大朗讀與背誦量應是提高學生口語能力的關鍵。在我國這樣一個特定的語言環境下,没有朗讀與背誦,幾乎就不可能有有聲的信息輸出。……隨着朗讀和背誦在量上的不斷增加,就會産生質的變化:朗讀和背誦的内容被逐漸自然地融會到人們的交際之中。"隨着朗讀和背誦的練習,學生的發音器官得到了鍛煉,也逐步積纍了一定的知識内容,在此基礎上再進行復述的練習。

"復述訓練就是一種讓學習者在理解文本意義的基礎上,利用自己現有的語法知識,包括詞彙的、句法的知識,換另一種方式,用自己的語言將原文的意義表述出來。復述調動了學生大腦中與主題有關的知識和認知方式,能將新學的知識與學生大腦中的已有的知識相結合,激活了學生大腦中的舊知識,訓練了學生用英語思維和表達的能力。"(王進 2003:92)筆者所使用的教材《HSK 標準教程》,1、2 級課文是對話體,3 級第 10 課之前也全部是對話體。1—3 級的練習中,還没有復述。但是 3 級的練習册中有"根據課文内容填空"的題,就是課文復述的内容,也可以利用。4 級有復述的練習。爲了提高學生的交際能力,不讓學生的交際能力停留在會話階段,於是從 2 級開始,嘗試用復述的方法,每一課選出一篇做復述練習。在復述之前,

先把生詞、語法的障礙掃清,再把課文的内容,通過串講或聽録音回答問題的方式,給學生理清楚;涉及人稱指代的轉換,引號的運用,疑問詞、轉述詞的使用等,涉及什麼講什麼,不一次性講完。把兩方面準備好之後,有的課文給關鍵字、句,爲學生搭建支架,有的給表格,按照表格中所列的内容復述,或者用多媒體展示相關的圖片,讓學生根據圖片復述。

在復述之前,先讓學生試着寫出來,然後再説。因爲學生之前没有做過這種練習,先讓學生寫,學生寫完之後,教師給出範式或者對照練習册中的已有内容。講解對話體轉爲叙述體後,哪裏發生了變化,爲什麼要這樣變;然後學生修改自己寫的内容,再口述。學生熟悉了程式之後,教師可以不給範式,還是先讓學生寫,然後口頭表達。開始的時候,可以參看所寫的内容,慢慢鼓勵學生脱稿;等學生口述完之後,再修改或補充。在這個過程中,學生對本課的詞彙、語法、課文的内容實現了從理解到運用,再用口語表達出來,教師進行糾正和補充,也可以克服直接説給學生帶來的心理壓力。這樣學生通過復述活動,意識到了自己在語言知識、口語表達等方面的缺陷,會對此進行有意識的修改、添加;還會激活頭腦中與此有關的圖式,并進行補充和完善,增强了表達的準確性和流利性,并從短時記憶進入了長時記憶,在今後的交際活動中可以隨時提取和利用。

## 四、 結語

交際能力的提高,不是一朝一夕的事,需要教師和學生從意識上重視,根據實際的情況,采用適合的方法,堅持不懈。筆者嘗試使用圖式理論和復述法,在教學中有一定的效果,得到了本土教師的認可,但是整體而言,學生的交際能力還是偏低,今後需要更加努力,調動學生的積極性,多種有效方法配合,讓學生多説多練,通過有效的輸入和合理的輸出促進交際能力的提高。

## 參考文獻

陳光偉:《以寫促説:提高英語成段表達能力》,《廣西師範學院學報》2006 年第 1 期。

陳竹、朱文怡:《對外漢語詞彙教學中圖式理論的應用》,《文教資料》2013 年第 6 期。

陳瑤:《基於圖式理論的初級對外漢語口語教學研究》,碩士學位論文,福建師範大學 2013 年。

戴雪梅:《圖式理論在對外漢語閱讀教學中的應用》,《漢語學習》2003 年第 2 期。

杜輝、關泓滌:《從言語的發展過程談精讀課上的口語訓練》,《外語界》2001 年第 1 期。

高春燕、孔翔:《淺議圖式理論在對外漢字教學中的應用》,《課程教育研究》2013 年 1 月上旬刊。

胡壯麟:《在中國環境下説英語》,《大學英語》2003 年第 2 期。

黃彩玉、朱淑潔:《圖式理論在對外漢語詞彙記憶教學中的理論與實踐》,《繼續教育研究》2013 年第 8 期。

姜麗萍主編:《HSK 標準教程》,北京語言大學出版社 2014 年版。

劉建達:《中國學生英語語用能力的測試》,《外語教學與研究》2006 年第 4 期。

彭婷:《圖式理論與對外漢語寫作教學》,《科教導刊》2010 年 7 月中旬刊。

亓魯霞、王初明:《背景知識與語言難度在英語閱讀理解中的作用》,《外語教學與研究》1988 年第 2 期。

齊齊、李陸平:《圖式理論與英語閱讀前教學活動》,《首都師範大學學報(社會科學版)》1999 年增刊。

石向實:《論皮亞傑的圖式理論》,《内蒙古社會科學》1994 年第 3 期。

孫新愛、周昊婷:《論圖式理論在對外漢語閱讀課中的導向作用》,《教學研究》2007 年第 6 期。

王進:《論復述訓練在外語學習中的作用》,《太原理工大學學報》2003 年第 4 期。

王鵬:《圖式理論在中級對外漢語閱讀教學中的應用——以〈漢語中級閱讀教程〉爲例》,碩士學位論文,山東大學 2012 年。

王光全:《"對話—轉述"方法在漢語教學中的應用》,《華文教學與研究》2012 年第 1 期。

王玲、李青芮:《課文復述對語言習得的有效性研究》,《雲南農業大學學報》2012 年第 3 期。

王英菲：《圖式理論在對外漢語初級階段聽力教學中的應用與教學設計》，碩士學位論文，遼寧大學 2014 年。

韋漢、章伯成：《圖式理論和中國外語教學的回顧與前瞻》，《西安外國語學院學報》2004 年第 3 期。

武小莉：《圖式理論研究對口語輸出的啓示》，《湖南科技學院學報》2011 年第 2 期。

徐曼菲、何安平：《圖式理論、語料庫語言學與外語教學》，《解放軍外國語學院學報》2004 年第 6 期。

徐燕：《圖式理論在對外漢語閱讀教學中的應用》，碩士學位論文，浙江大學 2012 年。

許延娜：《圖式理論指導下的初級對外漢語口語教學研究》，碩士學位論文，西安外國語大學 2016 年。

趙景綏：《大學英語口語教學的意義及實踐》，《解放軍外國語學院學報》2000 年第 5 期。

張文賢、李榕：《初級漢語教學中的對話體——叙述體復述練習研究》，《華文教學與研究》2015 年第 4 期。

張曉傑：《圖式理論在對外漢語初級階段短文聽解中的作用——以〈漢語聽力教程〉爲例》，碩士學位論文，北京外國語大學 2016 年。

# 李開先生著述目録

## 一、論　文

**1984 年**

1. 戰國時代第一人稱代詞"我""吾"用法種種　載《南京大學學報》1984 年 3 期,中國人民大學《複印報刊資料》(語言文字學)1984 年第 9 期。

2. 古漢語中同義雙語素構成的複音詞　載《電大教學》(語文版)1984 年第 2 期,總第 16 期。

**1985 年**

1.《論語》《孟子》《莊子》人稱代詞"其"及"其"字結構研究　載《南京大學學報》(研究生版)1985 年專輯。

2. 現代語言學及其方法論意義　載江蘇省社會科學聯合會主辦《社科信息》1985 年第 8 期。

3. 試論詞典編纂中的義項分合　載《淮陰師專學報》1985 年第 4 期,中國人民大學《複印報刊資料》(語言文字學)1985 年第 6 期。

4. 中國古代文獻語言學史的分期和研究方法問題　載《南京大學學報》(哲學社會科學版)1985 年第 52 期。

**1986 年**

1. 刻苦爲人,殷勤傳學——近代著名語學者黄侃的治學態度載《江蘇高教》1986 年第 1 期,總第 5 期。

2. 論黃侃的字源學説和方法　載《南京大學學報》1986 年第 1 期。

3.《爾雅》釋義方法淺析　載《揚州師院學報》1986 年第 2 期。

4. 語言科學與方法論　載《紹興師專學報》1986 年第 1 期,《高等學校學報文摘》1987 年第 6 期。

5. 戰國指示代詞"所"和"所"字結構用法初探　載《滁州師專學報》1986 年第 1 期。

6. 論段玉裁《説文解字注》在中國語言學史上的地位　載《南京大學學報》(語言文學專版)1986 年 12 月。

7. 從結構主義語言學到現代結構主義　載江蘇省社會科學聯合會主辦《社科信息》1986 年第 9 期。

8.《人論》──探索人類認識能力的哲學著作　載《南京日報》1986 年 11 月 19 日第三版。

### 1987 年

1. 古代文學批評方法學的文化淵源　載《江海學刊》1987 年第 2 期,《新華文摘》1987 年第 6 期全文。

2. 段玉裁《説文解字注》對探討漢語詞彙系統規律的意義　載《語文學刊》(内蒙古師範大學函授部)1987 年第 1 期,總第 61 期。

3.《吕氏春秋》主題句研究　載《南京大學學報》1987 年第 3 期,中國人民大學《複印報刊資料》(語言文字學)1987 年第 8 期。

4. 宋賈昌朝《群經音辨》及其在中國語言學史上的意義　載《淮北煤炭師範學院學報》1987 年第 4 期。

5. 卡西爾《人論》中的藝術觀　載《書林》,上海人民出版社 1987 年第 5 期。

6. 釋義學和語言研究　載江蘇省社會科學聯合會主辦《社科信息》1987 年第 8 期,總第 32 期。

### 1988 年

1. 王夫之的注釋學思想初探　載《船山學報》,1988 年第 2 期。

2. 中國古代文學批評方法論　原載《江海學刊》1988 年第 3 期，中國人民大學《複印報刊資料》（中國古代、近代文學研究）1988 年第 7 期。

3. 方光燾語言教學思想研究　載南京大學主辦《高教研究與探索》1988 年第 1 期。

4. 我國古代第一部詞性轉變和詞義轉變詞典《群經音辨》　載《辭書研究》1988 年第 4 期。

5.《墨經》語言學思想研究　載《東南文化》（第三輯），南京博物院院刊，江蘇古籍出版社 1988 年版。

### 1989 年

1. "百金"與古貨幣　載《中國語文天地》1989 年第 5 期。

2. 關於《爾雅》的成書年代　載《中國語文》1989 年第 6 期。

3.《釋名》論　載《南京大學學報》1989 年第 6 期，中國人民大學《複印報刊資料》（語言文字學）1990 年第 3 期。

4.《呂氏春秋》高誘注的語法問題　載《吉安師專學報》1989 年第 2 期。

5.《呂氏春秋》判斷句初探　載《南京教育學院學報》1989 年第 1 期。

6. 一部在開放中捍衛馬克思主義的著作——讀加羅蒂《人的遠景》　載江蘇省社會科學院《哲學探討》1989 年第 1 期。

7. 古漢語"所"字語義探微　載內蒙古烏盟師專學報《文科教學》，1989 年第 1、2 期。

8. 試論詞典釋義中的幾個問題　載江蘇省語言學會主辦《語言研究集刊》總第 3 期，江蘇省詞典辦公室詞典專號，1989 年 12 月。

### 1990 年

1.《方言》總體結構及其對《爾雅》古今語的記述　載《古漢語研究》1990 年第 4 期。又載《揚雄方言校釋匯證》，華學誠撰，中華書局 2006 年版。

2. 論現代理論語言學的科學方法意義　載《南京社會科學》1990
年第 5 期,《新華文摘》1990 年 11 月,中國人民大學《複印報刊資料》
(語言文字學)1990 年第 11 期。

3. 語言學的現代科學之路　載江蘇省社會科學聯合會主辦《社
科信息》1990 年第 7 期。

4. 簡論戴震對乾嘉解釋學的建樹　載《學術月刊》1990 年第 11
期,中國人民大學《複印報刊資料》(語言文字學)1991 年第 2 期。

### 1991 年

1.《莊子》與《楚辭》互通和用楚地語考　載日本國福島大學學報
《教育學部論集》1991 年第 3 期總第 49 號。與長尾光之教授合作。

2. 元盧以緯《助語辭》評介　載臺灣《大陸雜志》1991 年第 6 期。

3. 先秦的重要歷史文獻《呂氏春秋》　載臺灣國際孔孟學會《孔
孟學刊》第 29 卷第 7 期。

4. 論現代應用語言學的理論建構　載《南京社會科學》1991 年
第 4 期。

5.《呂氏春秋》中的陰陽家文化　載《東方文化》第一集,東南大
學出版社 1991 年版。

6. 論《韓非子》複句及其在判斷和推理中的應用　載《吉安師專
學報》1991 年第 3 期。

7.《諸宮調兩種》詞語考釋　載《古籍整理與研究》1991 年第
6 期。

### 1992 年

1.《五燈會元》詞語考釋(一)　載日本國福島大學學報《教育學
部論集》1992 年第 11 期總第 52 號。與長尾光之教授合作。

### 1993 年

1. 論戴震入聲韻獨立　載《古漢語研究》1993 年第 1 期。

2. 論戴震語言學説"以字通詞,以詞通道"的建構　載黃山國際

戴學討論會專輯《戴學新探》,南京大學學報編輯部 1993 年版。

3. 簡論戴震語言解釋學　載《江海學刊》1993 年第 3 期,中國人民大學《複印報刊資料》1993 年第 7 期。

### 1994 年

1. 蔣蔭楠教授編著《反義成語詞典》略評　載《辭書研究》1994 年第 5 期,總第 87 期。

2. 戴震《聲類表》疑紐位次考辯　載《語言研究》1994 年增刊。

3. 論戴震的古音學　載《南京大學學報》1994 年第 4 期,中國人民大學《複印報刊資料》(語言文字學)1994 年第 12 期。

4. 論戴震考定《廣韻》獨用同用例和若干韻目次序　載《徽州師專學報》1994 年第 3 期。

5. 一部實用而精深的字典——《漢語通用字字典》略評　載《南京大學學報》1994 年第 1 期。

### 1995 年

1. 詞典編纂中的共識和獨見、繼承和創新　載《辭書研究》1995 年第 3 期。

### 1996 年

1. 戴震《聲類表》考踪　載《語言研究》1996 年第 1 期。

2. 戴震古韻分部祭部獨立及其意義　中國音韻學會第九次學術討論會暨音韻學第四次國際會議論文,載《語言研究》1996 年增刊。

3. 黃坤堯先生著《〈經典釋文〉動詞異讀新探》略評　載香港大學亞洲研究中心《東方文化》第三十四卷,1996 年第 2 期。

### 1997 年

1.《説文解字》"物"字釋義中的《易》學文化考論　載《第五屆國際漢語教學討論會文選》,北京大學出版社 1997 年版。

2. 黃侃古音分部對戴震的繼承和發展　載鄭遠漢主編《黃侃學

術研究》,武漢大學出版社 1997 年版。

3. CIEE 短期漢語培訓教學探析　載《國際學術動態》1997 年第 12 期。又以《正視參差不齊,觸進共同提高》爲題,載《百川入海,各顯其能》,《美國 CIEE 漢語教學國際研討會論文集》,南京大學出版社 1999 年版。

4.《全唐詩》詞語札記　載《語言研究集刊》第五輯,江蘇教育出版社 1997 年版。

### 1998 年

1. 論章黄的學術精神　載《南京大學學報》中文學報專版,1998 年。

2. 論常用漢字的語像和習得　載《南京大學學報》1998 年第 3 期。又收入吕必松主編《漢字與漢字教學研究論文選》,北京大學出版社 1999 年版,文字上有所删節。

3. 江永對《詩經》韻例的研究　中國音韻學會第十届學術討論會暨第四届國際學術討論會論文。載《語言研究》1998 年增刊。與韓國張惠榮博士合作。

### 1999 年

1. 第一次西學東漸與乾嘉學派　載《傳統文化與現代化》1999 年第 3 期,總第 39 期。又摘要刊於南京大學思想家研究中心《思想家》第一輯《傑出人物與革命史》,江蘇教育出版社 2000 年版。

2.《馬氏文通》的中西比較之學　紀念《馬氏文通》出版一百周年學術討論會論文,載《語言研究集刊》第七輯,江蘇教育出版社 2000 年版。與韓國李美京合作。

3. 中國傳統文化和古代漢語　載南通師範學院主辦《蘇東學刊》1999 年第 1 期(創刊號)。與周遠富博士合作。

4.《五燈會元》詞語考釋(二)　載福建師範大學中文系編《藝文述林》(語言學卷),上海文藝出版社 1999 年版。

**2000 年**

1. 方光燾和他對理論語言學的研究　載張世林主編《學林往事》,北京朝華出版社 2000 年版上冊。

2. 教育學、教育心理學、教育哲學、對外漢語教學　載吳淮南、王長發主編《對外漢語課程與教學論論文集》,南京大學出版社 2000 年版。與吳淮南、王長發教授合作。

3. 對外漢語教學與中華文化海外傳播交流中的客體知識結構和主體文化素養　載同上。

4. 認知語言學、計算語言學、對外漢語教學是現代語言學的三大突破　載同上。

5. 論對外漢語教學漢語言專業(四年制)本科課程建設和教學載同上。與吳淮南、封淑珍教授合作。

6. 對外漢語教學中的語音教學和設計　載同上。

7. 對外漢語教學中的詞彙教學和設計　載同上。

8. 漢語體詞性詞組的語義類型、功能及其在對外漢語教學中的應用　載同上。德國漢諾威國際漢語教學學術研討會(1999 年 8 月)評選論文。又載《東南大學學報》2001 年第 3 期。

9. 方光燾對理論語言學的重大貢獻及其在對外漢語教學實踐中的指導作用　載同上。

10.《中國典籍精華叢書》第八卷《語文名著》前言　載《中國典籍精華叢書》第 18 冊,主編張永桃,分卷主編柳士鎮,中國青年出版社 2000 年版。與柳士鎮教授合作。

11.《音學五書》評介　載同上。

12. 論徐復教授的訓詁學說　慶賀徐復教授九十壽辰學術討論會論文。載《南通師範學院學報》2000 年第 2 期。又"摘要"轉載於《高等學校文科學報文摘》(CAPA)2000 年第 6 期。教育部委託上海師範大學主辦,該期於 2000 年 11 月 22 日出版,又全文轉載於中國人民大學《複印報刊資料》(語言文字學)2001 年第 1 期。又刊於馬景侖、薛正興主編《樸學之路:徐復教授九十壽辰學術討論會論文集》,江蘇教育出版社 2004 年版。與韓國柳花松、盛林老師合作。

### 2001 年

1. 蔣蔭楠教授《反義成語詞典》第三版《序言》　載該書,南京大學出版社 2001 年版。

2. 精深與博大兼備——讀張永言教授《語文學論集》　載四川大學漢語史研究所《漢語史研究集刊》總第三輯,巴蜀書社 2000 年版。

3.《馬氏文通》研究名詞的方法及其意義　北京外國語大學等舉辦首屆中國語言學史研討會(2000 年 6 月 3 日、4 日)論文。姚小平教授主持出版論文集:《〈馬氏文通〉與中國語言學史——首屆中國語言學史研討會文集》,北京外國語大學出版社 2003 年版。

4. 江有誥《唐韻四聲正》研究　載《中國音韻學研究會第十一屆學術討論會,漢語音韻學第六屆國際學術研討會論文集》,香港文化教育出版社有限公司 2000 年版。與韓國崔在秀博士合作。

5. 焦循注疏趙岐《孟子題辭》研究　載《南通師範學院學報》2000 年第 2 期,總第 62 期。與韓國張惠榮博士、周遠富博士合作。

6. 發揮綜合大學優勢,推進對外漢語教學　載《南京大學學報》哲學社會科學版專輯《高教研究與探索》2000 年第 1 期。

7. 來華學子的立論新視角　載武漢華中理工大學《國際學術動態》編輯部《國際學術動態》2000 年第 6 期。

8. 讀《方光燾語言學論文集》　載《世界漢語教學》(世界漢語教學學會會刊)2001 年第 1 期,總第 55 期。

9. 論江永上古韻元部陰陽入之分配及其古韻學説　載《南京大學學報》2001 年第 2 期,中國人民大學《複印報刊資料》2001 年第 8 期。

10. 義素分析法在詞典釋義中的作用　載《辭書研究》2001 年第 2 期,總第 126 期。

11. 對外漢語教學中的素質教育　載《中國語文通訊》2001 年 3 月總第 57 期。香港中文大學吳多泰中國語文研究中心、中國文化研究所出版發行。又載《外國留學生工作研究》2006 年第 2 期,總第 62 期。

12. 從傳統哲學向科學哲學、歷史文化哲學的轉移和開拓——兼論匡亞明教授主編《中國思想家評傳叢書》　載《科學中國人優秀論文選》,《人民日報》出版社 2001 年版。

**2002 年**

1. 黃侃的古音學：古本聲十九紐和古本韻二十八部　載《江蘇大學學報》(社會科學版)2002 年第 1 期,中國人民大學《複印報刊資料》2002 年第 9 期。

2. 論《馬氏文通》在晚清學術史上的地位　載《思想家》第二輯《中國學術與中國思想史》,江蘇教育出版社 2002 年版。

3. 國學大師黃侃　載《文史知識》2002 年第 5 期。

4.《近代漢語後綴形容詞詞典》序　載張美蘭《近代漢語後綴形容詞詞典》,貴州教育出版社 2002 年版。

5. 代爲草擬"南京大學—紐約大學"國際漢語教學研討會論文集序　載《高教研究與探索》2002 年特刊《國際漢語教學研究》。

6.《馬氏文通》的複句研究與對外漢語教學　載廈門大學海外教育學院主辦《海外華文教育》2002 年第 2 期,總第 23 期。又收入《廈門人學海外教育學院華文教育論文集》,廈門大學出版社 2003 年版。

7. 對外漢語教學中的詞彙教學與設計　載北京語言大學主辦《語言教學與研究》2002 年第 5 期。

8. 從解讀馬克思追尋者的角度解讀馬克思主義本體——讀《盧卡奇與馬克思》有感　載《南京社會科學》2002 年第 8 期。署名劉學文。

9. 從郭店楚竹簡本《老子》看春秋戰國之際道家哲學　載《江海學刊》2002 年第 6 期,中國人民大學《複印報刊資料》(中國哲學)2003 年第 3 期。列入《新華文摘》2003 年 3 月號《報刊文章篇目輯覽》。

10. 高本漢和他的漢學名著《中國音韻學研究》　載《南京社會科學》2002 年第 10 期,總第 171 期。署名與肇路先生合作。又刊於《國際漢學》第 15 輯,大象出版社 2007 年版。單獨署名。

11. 爐火純青鑄偉辭——學習徐復教授著《〈訄書〉詳注》　載《南京師範大學文學院學報》2002 年第 3 期。

12. 與時俱進的碩果——第三屆國際漢語教育研討會學術成果

綜述 載《高教研究與探索》2002 年第 4 期。署名大會學術組。


## 2003 年

1. 龔自珍的諸子哲學和邏輯 載《商丘師範學院學報》2003 年第 1 期。

2. 漢字研究領域的新開拓——讀俞佩琳先生著《中文字序學》載《蘇州教育學院學報》2003 年第 2 期。

3. 論郭店楚簡《太一生水》本體生成系統 載《新疆大學學報》第 3 期。署名劉學文。

4.《現代漢語詞典》詞性標注和釋義互補 載商務印書館辭書研究中心編《辭書的修訂和創新》,商務印書館 2003 年版。

5. 漢語母語教學向第二漢語教學的轉換 載胡有清、錢厚生主編《對外漢語教學研究》第 1 輯,南京大學出版社 2003 年版。

6. 探求中國語言學的發展規律——評趙振鐸《中國語言學史》載《中國語文研究》2003 年第 2 期,總第 16 期,香港中文大學中國文化研究所吳多泰中國語文研究中心主辦,香港中文大學出版社 2003 年版。

7. 戴震古音學二題 香港大學中文系主辦明清學術國際討論會論文(2002 年 12 月 21 日至 23 日)。載單周堯主編《明清學術研究》,中國社會科學出版社 2009 年版。


## 2004 年

1. 論江永的審音方法及其在古韻分部中的應用 載《徐州師範大學學報》2004 年第 1 期。中國人民大學《複印報刊資料》(語言文字學)2004 年第 5 期。

2. 論《現代漢語詞典》的釋義 中國辭書學會編輯出版專業委員會第四次學術研討會論文,商務印書館主辦(南京 2003.9.13—9.14)。載《文史研習和理論學語》,江蘇教育出版社 2005 年版。

3. 論上古真、文兩部的考古和審音 載《南京師範大學學報》2004 年第 4 期。

4. 戲曲詞語的歷史畫卷——讀〈宋金元明清曲辭通釋〉 載《湖北大學學報》2004 年第 4 期。

5. 求精求實之作——評《同義成語詞典》 載《辭書研究》2004 年第 3 期。

6. 王章濤著《阮元評傳》序 載該書,廣陵書社 2004 年版。

7. 滬博楚竹簡《孔子詩論》"吝"字考釋 載《古漢語研究》2004 年第 4 期。

8. "黃景欣"條,載《中國現代語言學家傳略》,河北教育出版社 2004 年版。

### 2005 年

1. 上博楚竹簡《孔子詩論》詞語考釋 載《古籍整理與研究學刊》2005 年第 1 期。

2. 試論歷史語言研究中的異質語言理論問題 載《語言科學》2005 年第 4 期,科學出版社 2005 年版。

3. 論上博簡《孔子詩論》的人文精神 載《江蘇社會科學》2005 年第 3 期。

4. 論喬姆斯基語法理論的人文精神 載《南京大學學報》2005 年第 3 期,《語言文字學》(人大複印)2006 年第 2 期專欄首篇。與薛遴同志合著。

5. 論馬建忠的語言教育哲學 載《世界漢語教育史研究》,李向玉、張西平、趙永新主編,澳門理工學院 2005 年版。又載胡有清主編《對外漢語教學與研究》第 2 輯,南京大學出版社 2005 年版。又載《鹽城師院學報》2005 年第 3 期。

6. 高小方、顧濤編著《工具書使用和文獻檢索》序 載該書,南京大學出版社 2005 年版。

7. 清代學術史上的盛事:戴震、段玉裁論韻十五年 載《東南大學學報》2005 年第 6 期。

8. 論戴震、段玉裁真、文分立及其研究方法 載《音韻學論集》,中華書局 2005 年版。

9. 現代學術史關於古音學的三次大討論　載《南京大學報》"百家論壇"2005 年 10 月 10 日第 6 版、3 版。又載《南開語言學》2006 年第 1 期,商務印書館 2006 年版。署南京大學國家"985"工程二期"漢語言文學與民族認同"哲學社會科學創新基地項目。

### 2006 年

1. 江永《古韻標準》方音審取古音説　載《語言研究》2006 年第 1 期,總第 62 期。

2. 潛探學理,深繹史脉——紀念孫叔平教授誕辰一百周年(合作)　載《江蘇社會科學》2006 年第 4 期。

3. 王章濤先生著《王念孫王引之年譜》序　載該書,廣陵書社 2006 年版。

4. 孫宜志教授著《安徽江淮官話語音研究》序　載該書,黄山書社 2006 年版。

### 2007 年

1. 孔廣森上古韻冬部獨立及《郭店楚簡》韻例評析,載《古漢語研究》2007 年第 2 期。《語言文字學》(人大複印)2007 年第 7 期。署南京大學國家"985"工程二期"漢語言文學與民族認同"哲學社會科學創新基地項目。

2. 中國哲學史的再開拓:語言哲學,載《江蘇社會科學》2007 年第 4 期。《高等學校文科學術文摘》2007 年第 5 期轉摘。

3. 圍繞脂、微分部的古音學史演進　載《東南大學學報》2007 年第 5 期。署南京大學國家"985"工程二期"漢語言文學與民族認同"哲學社會科學創新基地項目。

4. 試論索緒爾語言學説的康德哲學淵源　載《語文研究》2007 年第 4 期。署南京大學國家"985"工程二期"漢語言文學與民族認同"哲學社會科學創新基地項目。

5. 高本漢和漢語上古音研究　載《跨文化對話》第 21 輯,江蘇人民出版社 2007 年版。

6. 字典編撰應强調規範性和知識性并重——兼評《新華多功能字典》（與喬永同志合作），載《漢語學報》2007 年第 2 期。

7. 晚晴光華鑄寶典——論鄒酆先生現代辭書學理論研究　載《長江學術》2007 年第 2 期。署南京大學國家"985"工程二期"漢語言文學與民族認同"哲學社會科學創新基地項目。

8. 楊曉黎《漢語詞彙學與對外漢語教學》序　載該書，安徽大學出版社 2007 年版。

9. 中國語言學史的幾種研究法（與劉艷梅、焦冬梅同志合作）載《南京師範大學文學院學報》2007 年第 1 期。

10. 新蔡楚簡楚三先霽熊諸稱考（與顧濤同志合作）　載《國學研究》總第 19 卷，北京大學國學研究院中國傳統文化研究中心，袁行霈主編，北京大學出版社 2007 年版。

11. 韓國研經《論語》考　載《韓中言語文化研究》第 13 輯，2007 年 6 月出版。書號 ISSN：1738 - 0502。

12. 中國傳統語學和思維中的名和象　載《漢語教學與研究》第八輯，韓國首爾出版社 2007 年版。

13. On Ancient Chinese Literature Linguistics（Co.）　載《宏觀語言學》第 1 卷，第 1 期，2007 年美國出版。Macroliguistics ISSN 1934—5755 Volume 1，Number 1.

14. 劉冠才《兩漢韻部與聲調研究》序　載該書，巴蜀書社 2007 年版。

### 2008 年

1. 語言世界中的異同和相反對待之辨——讀《同義成語詞典》和《反義成語詞典》《辭書研究》2008 年第 1 期。署南京大學國家"985"工程二期"漢語言文學與民族認同"哲學社會科學創新基地項目。

2. 盛林著《〈廣雅疏證〉中的語義研究》序　載該書，上海人民出版社 2008 年版。

3. 倫敦語言學派的興起及其流變　載《湖北大學學報》2008 年第 3 期。

4. 一部有解釋功力的辭書——讀《當代民諺民謠》 載《辭書研究》2008 年第 5 期。

5.《春秋經》和《左氏傳》的若干名例和思想 載《韓中言語文化研究》第 15 輯,韓國現代中國研究會 2008 年版。

6. 周遠富著《〈通雅〉古音考》序 載該書,河南人民出版社 2008 年版。

7.《論〈三禮〉主體名式和類旨》 載香港浸會大學《人文中國學報》第 14 期,上海古籍出版社 2008 年版。

8. 故訓資料的纂集和上古漢語詞彙研究——兼論《故訓匯纂》對章黃學派的新開拓 載四川大學漢語史研究所、四川大學中國俗文化研究所《漢語史研究集刊》第十一輯,巴蜀書社 2008 年版。

9. 中國古代的語言反思——《郭店楚墓竹簡〈語叢〉解讀》 載周憲、徐興無編《中國文化與文學的傳統及變革》,南京大學出版社 2008 年版。

### 2009 年

1. 當代國學研究的一次新嘗試——讀黃麗麗新著《左傳新論》 載《河北日報》2009 年 4 月 17 日第 11 版。

2.“文眼”初探——《南京大學報》1000 期感言 載《南京大學報》1000 期特刊第 26 版,2009 年 5 月 20 日。

3. 先秦社會轉型時期的思想文化記錄——讀《郭店楚墓竹簡》 載《江海學刊》2009 年第 3 期,總第 361 期。

4. 新時代的經學:“軸心時代”的文化史考問——讀黃麗麗新著《左傳新論》 載鄭州大學主辦《語文知識》2009 年第 2 期。標出國家“985”工程語言文學與民族認同項目。

5. 戴震古音學二題 載《明清學術研究》,單周堯主編,中國社會科學出版社 2009 年版。

6. 王建軍《中西方語言學史之比較》(修訂本)序 載黃山書社 2009 年版。

7. 汪業全《叶音研究》序 載岳麓書社 2009 年版。

8. 先秦儒家語言論　載《南京社會科學》2009 年第 10 期,總第 264 期。標出國家"985"工程語言文學與民族認同項目。

9. 漢字簡化不能走回頭路　載《尋根》2009 年第 5 期,大象出版社 2009 年版。

10.《尚書》篇目類屬和學理　載《中國經學》第 5 輯,廣西師範大學出版社 2009 年版。標出國家"985"工程語言文學與民族認同項目。

**2010 年**

1. 目録學藝苑中的新枝——讀姚小平教授著《羅馬讀書記》　載中國社會科學報 2010 年 5 月 18 日第 8 版,"語言學"專版。

2. 試論古代語學及其解釋思想　載《江蘇大學學報》2010 年第 3 期。標出國家"985"工程語言文學與民族認同項目。

3. 學術寶山裏的點金術——讀許惟賢教授《説文解字注》整理本　載《辭書研究》2010 年第 4 期。標出國家"985"工程語言文學與民族認同項目。

4. 段玉裁的學術成就及其現代轉換:段玉裁與清代學術國際研討會綜述　載光明日報 2010 年 7 月 29 日。

5. 戰國簡儒家"仁"論元語言的蜕變——學習《郭店楚簡》和上海博物館藏戰國楚竹書(第一、二冊)　載《古籍整理研究學刊》2010 年第 3 期,總第 145 期。

6.《韻鏡》半舌半齒音重紐和舌音齒音非重紐　載《中國音韻學:中國音韻學研究會南昌國際研討會論文集·2008》,江西人民出版社 2010 年版。標出國家"985"工程"漢語言文學與民族認同"三期項目課題子課題。

7. 試論段玉裁的學術思想　載《宏德學刊》第一輯,江蘇人民出版社 2010 年版。

**2011 年**

1. 説"言"道"語"　載《中國社會科學報》2011 年 1 月 18 日第 8

版"語言學"版。

2. 潛探學理，深繹史脉——紀念孫叔平教授誕辰一百周年　載《江蘇社會科學》紀念刊(1990—2010)。

3. 張家港市沙洲中學七十華誕《芳草青青》序　載該書，鳳凰出版社 2011 年版。

4. 語言學方法與方法學　載《中國社會科學報》2011 年 8 月 16日第 15 版"語言學"專版。以所在單位"澳門科技大學"名義發表。

5. 先秦文學元素論　載《南京大學學報》2011 年第 4 期。又載中國高校系列專業期刊《文學學報》2011 年第 4 期。網絡：http://www. sju. cnki. net\sju\\dejault. aspx。以所在單位"澳門科技大學"名義發表。

6. 焦冬梅著《高誘注釋語言詞彙研究》序　載該書，北京師範大學出版社 2011 年版，序作於 2010 年 11 月 23 日。

7. 楚簡拾詁三則　載《中國文字研究》第十五輯，華東師範大學中國文字研究與應用中心編，大象出版社 2011 年版。以所在單位"澳門科技大學"名義發表。

8. 徐世海《語言與語言應用研究》序　載該書，雲南人民出版社2011 年版。以所在單位"澳門科技大學"名義發表。


## 2012 年

1. 中國禮學文化的嬗變　載《江蘇社會科學》2012 年第 3 期。以所在單位"澳門科技大學"名義發表。

2. 試論高本漢上古韻部構擬和音理　載《中國音韻學·中國音韻學研究會太原國際研討會論文集·2010》，北京九州出版社 2012年版。以所在單位"澳門科技大學"名義發表。

3. 從理論啓蒙到理論體系——學習高名凱先生《語言論》　載《語言學論叢》第四十五輯，北京大學中國語言學研究中心《語言學論叢》編委會編，商務印書館 2012 年版。以所在單位"澳門科技大學"和"南京大學文學院"名義發表。

4. 學習徐復教授《章氏〈成韻圖〉疏證》　載《南京師範大學文學

院學報》2012 年第 2 期。

5. 先秦儒學的一次重大轉型　載《中國社會科學報》2012 年 9 月 17 日第五版：哲學 A—05。以所在單位"澳門科技大學"名義發表。

6.《廣韻》重紐在古音構擬中的解釋　載《語言研究》2012 年第 4 期。以所在單位"澳門科技大學"名義發表。

7. 宋翔鳳及其常州學派的經學闡釋和學理　載《中國經學》第 10 期，廣西師大出版社 2012 年版。以所在單位"澳門科技大學"名義發表。

8. 論上古主元音是《廣韻》重紐的重要音理　載《南大語言學》第四編，商務印書館 2012 年版。以所在單位"澳門科技大學"名義發表。

9. 董淑慧著《認知視野下的對外漢語語法教學：以"趨向動詞語法化"爲例》序　載該書，南開大學出版社 2012 年版。以所在單位"澳門科技大學"名義發表。

10. 朱湘蓉《秦簡詞彙初探》序　載該書，中國社會科學出版社 2012 年版。以所在單位"澳門科技大學"名義發表。

11. 劉冠才《兩漢聲母系統研究》序　載該書，上海古籍出版社 2012 年版。以所在單位"澳門科技大學"名義發表。

### 2013 年

1. 規範化維度下的與時俱進——學習《現代漢語詞典》第 6 版　載《語文研究》2013 年第 2 期。以所在單位"澳門科技大學"名義發表。

2. 中國禮學的文化哲學特質及其歷史轉型　載《禮學中國：首屆禮學國際學術研討會論文集》，彭林、單周堯、張頷仁主編，上海書店出版社 2013 年版。以所在單位"澳門科技大學"名義發表。

3.《禮記》禮學原論中的語言叙事和認知　載《浙江社會科學》2013 年第 11 期。以所在單位"澳門科技大學"名義發表。

4. 王培林《説文檢字》序　載該書，鳳凰出版社 2013 年版。以所在單位"澳門科技大學"名義發表。

5. 俞士林《老沙話語匯》序　載該書,鳳凰出版社 2013 年版。以所在單位"澳門科技大學"名義發表。

### 2014 年

1. 文化和哲理雙楫推動語言學演進——《西方語言學史》評價　載《中國社會科學報》2014 年 2 月 17 日語言學 A008 版。以所在單位"澳門科技大學"名義發表。

2.《莊子》内篇的"齊物""逍遥"和養生　載《商丘師範學院學報》2014 年第 5 期,總第 30 期。以所在單位"澳門科技大學"名義發表。

3. 多元文化背景下的語言服務芻議　載《澳門語言文化研究》,澳門理工大學主辦,李向玉主編,2014 年版。以所在單位"澳門科技大學"名義發表。

4. 校勘《集韻》的實踐、例式和碩果——學習趙振鐸先生《集韻校本》　載《辭書研究》2014 年第 4 期。以所在單位"澳門科技大學"名義發表。

### 2015 年

1.《莊子》外篇的寓言故事和相關名理分析　載《商丘師範學院學報》2015 年第 1 期。

2. 喬永著《辭源史論》序二　載該書,商務印書館國際有限公司 2015 年版。

3. 楊建忠著《楚系出土文獻語言文字考論》序　載該書,浙江大學出版社 2014 年版。收入 2015 年《語言學和文史語言研究集稿》一書。

4. 外演在場禮儀,内合情美之禮——《儀禮》禮儀存在和語言叙事　載《能仁學報》總第 13 期,《禮學專號(一)》,香港能仁專上學院 2014 至 2015 年度印行。書號 ISSN2227 - 5665。電子版見 http://www. ny. edu. hk/web/publcations. html。

5. 段玉裁《戴東原先生年譜》叙録要義　載《段玉裁全書》第四

册,江蘇人民出版社 2015 年版,第 349 頁。

6. 論通識教育是大學語文教學實踐理性的本體　載《澳門科技大學學報》第 9 卷第 2 期,《教育改革與教學研究》專欄,2015 年 12 月 30 日出版。與蕭寶鳳老師合作。

7.《"校訓杯"讀書徵文大賽獲獎文集:文藝生風》(2011、2012、2013)後記　載該書,澳門科技大學 2015 年 4 月印行。

8.《汲古閣説文訂》叙録　載《段玉裁全書》第二册,江蘇人民出版社 2015 年版,第 203 頁。

9.《戴東原先生年譜》叙録　載《段玉裁全書》第四册,江蘇人民出版社 2015 年版,第 311 頁。載汪良發、潘定武主編《2014 全國戴震學術研討會論文集》(戴震誕辰 290 周年暨 2014 年戴震學術研討會論文集),黄山書社 2015 年版。

10.《戴東原集覆校札記》叙録　載《段玉裁全書》第四册,江蘇人民出版社 2015 年版,第 349 頁。

## 2016 年

1. 孫叔平中國哲學史觀探論——紀念孫叔平教授誕辰 110 周年　載《江海學刊》2016 年第 2 期。

2. 關於陸志韋先生的古音學思想　載北京師範大學主辦《民俗典籍文字研究》第 17 輯,王寧主編,商務印書館 2016 年版。

3. 關於北大簡《老子》的辨偽　載《光明日報》2016 年 9 月 12 日第 16 版《國學》版。

4. 通識教育信念下的大學語文教學　載《澳門日報》2016 年 8 月 15 日"G4 教思"版。

5. 豐碩的成果——段玉裁誕辰 280 周年紀念暨段學、清學國際學術研討會學術成果述要　載《宏德學刊》第五輯,江蘇宏德文化出版委員會主編,《段玉裁誕辰 280 周年紀念暨段學、清學國際研討會論文集》,江蘇人民出版社 2016 年版。

6.《説文段注》在漢簡《老子》上經考訂中的解釋作用例舉載同上。

7.《學生成語詞典》序　載郭駿教授主編《學生成語詞典》,上海辭書出版社 2016 年版。

**2017 年**

1.《辭源》第三版釋義研究——以丑集爲例　載《古漢語研究》2017 年第 1 期。

2. 五十年前的一場學術大討論:方光燾先生和高名凱先生語言言語大討論　載《南大語言學》第 5 期,商務印書館 2017 年版。

3. 試論俄籍漢語古音學家斯塔羅思京的古音學　載《語言科學》第 16 卷第 3 期,總第 88 期,科學出版社 2017 年版。

4. 尋求漢語文字和漢語研究的科學發展之路:何九盈教授最新語言學研究述評　載北京師範大學主辦《勵耘語言學刊》特稿,2017年第 2 期,總第 27 期,中華書局 2017 年版。與喬永同志合作。

5. 宋洪民著《八思巴字資料與蒙古字韻》序　載該書,商務印書館 2017 年版。

6. 從語言哲學看話語體系理論　載《宏德學刊》,賴永海主編,商務印書館 2017 年版。與喬永同志合作。

**2018 年**

1. 承接古今,融匯中西——紀念《馬氏文通》問世 120 周年　載《中國社會科學報》2018 年 4 月 17 日第 4 版“語言學”版,發表時有刪節。

2.《漢文經緯》與《馬氏文通》比較研究　載《當代語言學》第 20卷第 3 期。《中國社會科學文摘》2018 年第 12 期,總第 180 期。

**2019 年**

1. 西漢竹書《老子》上經校勘繹言　載《國學研究》第 41 卷,北京大學國學研究院中國傳統文化研究中心主辦,袁行霈主編,北京大學出版社 2019 年版。

2. 西漢竹書《老子》下經校勘繹言　載北京師範大學《民俗典籍

文字研究》第 24 輯,王寧主編,商務印書館 2019 年版。

**2020 年**

1. 西漢竹書《老子》下經校勘考述　載北京語言文化大學主辦,華學誠主編《文獻語言學》第十輯,中華書局 2020 年版。

2. 方光燾理論語言學的思想方法底層是形上學——紀念方光燾先生誕辰 120 周年　載南京大學漢語史研究所主辦,張玉來主編《漢語史與漢藏語研究》第五輯,中國社會科學出版社 2019 年版。

3. 紀念方光燾、黃淬伯先生誕辰 120 周年國際學術研討會開幕式致詞,載同上。

4. 徐復先生經學思想研究　收入《語言學和文史語言研究集稿(續集)》,鳳凰出版社 2021 年版。

5. 胡小石先生《聲統表》解讀　載南京大學文學院文獻系主辦《文獻學研究》第二十二輯上卷,商務印書館 2020 年版。

6. 李葆嘉等《塵封的比較語言學史:終結瓊斯神話》序　載該書,科學出版社 2020 年版。

7. 劉冠才著《北朝通語語音研究》序　載該書,中華書局 2020 年版。

## 二、 編撰和整理

1. 《漢語大詞典》禺部、鬼部、魚部 1/3　載《漢語大詞典》第 12 册,上海漢語大詞典出版社 1993 年版。《漢語大詞典》獲國家新聞出版署頒發的國家圖書一等獎(1994 年 1 月)。

2. 《古文鑒賞詞典》一則:《吕氏春秋·察今》　載該書,吴功正教授主編,江蘇文藝出版社 1988 年版。

3. 《當代百科知識大詞典》"語言、語言學"全部條目曲欽岳教授主編,南京大學出版社 1989 年版。該書 1992 年獲全國圖書金鑰匙獎,獲江蘇省新聞出版局 1994 年頒發的 1991—1992 年度江蘇優秀圖書獎暢銷書二等獎。

4. 《中等語文文史工具書知識舉要》　載《中等語文》,江蘇省人事局組織編寫,江蘇人民出版社 1989 年版。又《高等語文》(文選注釋、語文知識)有關篇目。又《中學文言文文選注釋》有關篇目,鮑明煒、柳士鎮教授主編,陝西人民出版社出版。

5.《二十世紀文史哲名著精義》三則:[法]加羅蒂《人的遠景》,周振鶴、游汝傑《方言與中國文化》,[美]布龍菲爾德《語言論》 載該書,蔣廣學、趙憲章教授主編,江蘇文藝出版社 1992 年版。

6.《美育詞典》語言美等 72 條詞目 楊咏祁、李開、左健主編,江蘇美術出版社 1992 年版。該書獲 1993—1994 年度江蘇優秀圖書二等獎。

7.《古代文化知識要覽》十三則:以仁爲本,一以貫之(《論語》)。浩然之氣與充實謂美(孟子)。平民哲學,邏輯大全(墨家)。"無"中生有與大音希聲(老子)。逍遙遁世與萬物一齊(莊子)。"最爲老師",警句勸學(荀子)。"矛盾""隱栝",刑名之術(韓非)。天地理一與格物致知(朱熹)。精神鴉片與文化契機(古代宗教)。《詩經》爲什麼不押韻了(上古音)。漢字萬花筒中的常住法則(六書)。識字辨義的訣竅(右文説)。追本逐源"最後了"(字源) 載該書,郭維森教授主編,錢南秀、柳士鎮教授副主編,湖南人民出版社 1988 年版。

8.《古代文化基礎》十則:孔孟儒學的發展、道家本體論思想與美學境界、墨翟與後墨、荀况與《荀子》、法家代表人物韓非、古代的邏輯學派與詭辯家、陰陽家與歷史循環論、《戰國策》與縱橫家、理學與朱熹、清代的考據學 載該書,郭維森、柳士鎮教授主編,湖南岳麓書社 1995 年版。

9.《黃景欣語言研究論文集》李開、姜明寶編,江蘇教育出版社 1995 年版。書中撰《黃景欣傳略》(與朱家維先生合作)、編後記(與姜明寶教授合作),又校譯黃翻譯的前蘇聯 A.C 契柯巴瓦《作爲語言學對象的語言問題》等等。

10.《中國典籍精華叢書》第八卷《語文名著》"學習研究參考書目"簡介七則:韻鏡、七韻指掌圖、四聲等子、切韻考、六書音韻表、方言、文心雕龍 載該書,張永桃教授主編、柳士鎮教授分卷主編,中國青年出版社 2000 年版。

11.《百川入海,各顯其能——CIEE漢語教學國際研討會論文集》,魏久安(J. Wheatley)、李開、何師娟(Sharon Hou)主編,南京大學出版社1999年版。

12.《中華箴言》"戴震箴言"選注 載該書,蔣廣學、朱維寧主編,南京大學出版社1995年版。

13.《後漢書今注今譯》:卷八十一《獨行列傳》、卷八十二上《方術列傳》上、卷八十二下《方術列傳》下、卷八十三《逸民列傳》 載該書,湖南岳麓書社1997年版。

14. 幫助學生樹立科學的世界觀 載許敖敖主編《我們怎樣培養面向二十一世紀的人才》,南京大學出版社1997年版。

15.《古文類選讀本》十四則:段太尉逸事狀、董宣傳、淝水之戰、十漸不克終疏、與高司諫書、湖心亭看雪、游天都、蘭亭集序、待漏院記、錄海人書、項脊軒志、畫記、李龍眠畫羅漢記、核工記 載該書,柳士鎮、張宏生教授主編,郭維森教授審訂,南京大學出版社1999年版。

16.《南京大學百年學術精品·中國語言文學卷》,趙憲章主編,李開、丁帆、張宏生副主編。其中負責語言文字學文選二十篇(含《楚辭辨名》)輯校及其作者簡介。南京大學出版社2002年版。

17.《晚清學術史》,李開、劉冠才主編,南京大學出版社2003年版。李開撰《前言》。

18.《南京大學中文系九十周年系慶論文集》,莫礪鋒主編,丁帆、張宏生、李開副主編,南京大學出版社2004年版。

19. 從哲學走向語言學——懷念周鍾靈教授 載《薪火九秩——南京大學中文系九十周年系慶紀念文集》,莫礪鋒主編,南京大學出版社2004年版。

20. 青年書法家和他的"蘭亭情結"——憶侯鏡昶老師 載同上。

21. 葉老師和《黃景欣語言學論文集》始末 載《別夢依稀:葉子銘教授紀念集》,南京大學出版社2006年版。

22. 選文《黃侃求本字捷術》導言、訓詁導論、訓詁選文五篇導言(原撰9篇,現選用了6篇)。 載周憲總主編《大學研究型課程專業系列教材》,高小方等編著《古代漢語系列研究導引》,南京大學出版社 2006 年版。

23. 許敖敖教授主編《中國文化通論》第五章、第六章"中國古代文學"(上、下)的修訂(原撰稿人:汪應果教授)以及全書修改稿編集、校對,并撰寫《編後記》。澳門科技大學 2012 年 8 月印行。

24.《辭源》攴部、夊部、夕部、口部等增補、修訂,筆者 2014 年 9 月底交出的修訂者最後自審稿 941 條,初審稿南京編寫組内稿件 4500 餘條(至 2015 年 9 月 10 日赴澳門前夕)。

25. 紀念郭維森老師　載《南京大學報》2012 年 4 月。

26. 回憶三位漢語老師　載《風雨五十年》,中文系 1962 級畢業紀念册。

27.《大學語文新編》,李開主編,蕭寶鳳副主編,澳門科技大學 2014 年 7 月印行。其中第七編《宗教美文》的專題導語、各篇導讀、寫作專題爲本人撰稿。

28.《記言,記念》,李開 2020 年編撰,共收評述、紀念性文章 27 篇。

## 三、論　著

1. 現代詞典學教程　南京大學出版社 1990 年版。

2. 現代結構主義的一顆明星——布龍菲爾德《語言論》導引　江蘇教育出版社 1991 年版。

3. 戴震評傳　南京大學出版社 1993 年 8 月第 1 版。2001 年 12 月第 2 次印刷(修訂後重印本)。2006 年 6 月第 3 次印刷。獲 2001—2002 年度江蘇省第八次哲學社會科學優秀成果三等獎(2003 年 12 月)。

4. 漢語語言研究史　江蘇教育出版社 1993 年版。獲江蘇省第四次哲學社會科學三等獎(1994 年 7 月 30 日)。本課題爲國家中華社科基金"九五"項目。該書曾被列入江蘇教育出版社重點圖書(1994 年 11 月 16 日)。

5. 惠棟評傳:附惠周惕、惠士奇評傳　南京大學出版社 1997 年 7 月出版。獲 1997—1998 年度江蘇省第六次哲學社會科學優秀成果三等獎(1999 年 12 月底)。2006 年 2 月第 2 次印刷。

6. 戴震語文學研究　江蘇古籍出版社 1998 年版。獲南京大學第二屆哲學社會科學優秀成果二等獎(2000 年 1 月)。本課題爲國家中華社科基金“八五”項目。

7. 漢語語言學和對外漢語教學論　中國社會科學出版社 2002 年版。本課題爲國家漢辦資助項目,列入《國家漢辦 1998—2000 年科研項目成果叢書》。獲第四屆南京大學哲學社會科學優秀成果二等獎(2004 年 1 月)。

8. 文史研習和理論學語　江蘇教育出版社 2005 年版。

9. 二十世紀中國的語言學(與盛林、宮辰合著)　黨建出版社 2005 年版。獲第七屆南京大學哲學社會科學優秀成果二等獎(2008 年 1 月)。

10. 漢語古音學研究　上海人民出版社 2008 年版。署南京大學國家“985”工程二期“漢語言文學與民族認同”哲學社會科學創新基地項目。

11. 哲學和語言文化哲學問津　韓國首爾出版社 2008 年版。書號 ISBN978－89－5930－296－393150。

12. 理論語言學哲理研究(與顧濤、盛林合著)　南京大學出版社 2010 年版。標出國家“985”工程南京大學研究生院核心課程資助項目。

13. 漢語語學義理舉實　上海人民出版社 2010 年版。標出南京大學 211 工程三期“中國語言文學與民族文化復興”項目成果。

14. 語言學和文史語言研究集稿　南京大學出版社 2015 年版。

15. 漢語古音學史(合著)　上海古籍出版社 2015 年版。

16. 漢語文化　南京大學出版社 2017 年版。

17. 中國漢語文化　南京大學出版社 2020 年版。

18. 語言學和文史語言研究集稿(續集)　鳳凰出版社 2021 年版。

19. 上古漢語時期的語言哲學　待出版。

(2020 年 7 月整理)

# 編後記

李開先生是我們的老師，我們都跟着李老師讀過書，從老師這裏獲得了知識，領悟了人生，我們都無比感謝老師的栽培，對老師充滿了感激之情，誠所謂"師如父"也！李老師今年八十大壽了，好幾年前，就有同學提議出一本學術論文集給老師祝壽。我們幾個在老師身邊工作的同學，自然就承擔起了組稿和聯繫出版的工作。經過三年多的努力，同學們積極響應，學界前輩和李老師的好友大力支持，論文集順利編成了！

本論文集共收論文 27 篇，內容總體上包括兩個方面，一是研讀李老師學術論著心得，一是展現各自研究成果，涉及中國語言學史、古音學、等韻學、現代漢語普通話和漢語古今方言、西方語言理論、晚清經學、民族語言、同源詞、出土文獻、對外漢語教學理論和對外漢語教學實踐的方方面面，這些內容，也大都是李老師涉獵過的領域，足見老師學術研究範圍之廣。

《文集》附有李老師《著述目錄》，從中可以整體上窺見老師自 20 世紀 80 年代初至今（2020）的全部著述，從厚重的著述目錄中，我們可以全面瞭解到老師在西方語言學理論、西方哲學、中國語言學史、漢語本體、漢語文化、諸子學、乾嘉學術、晚清經學、詞典編纂理論、對外漢語教學、出土文獻等方面研究的全面成就。

我們作爲李老師的學生，在這裏要特別感謝馮蒸先生、李葆嘉先生、李無未先生，他們都是老師的多年好友，在百忙之中賜文助威，爲慶壽文集增添光彩，我們向三位老師表示衷心的感謝；我們還要特別感謝姚小平先生，姚先生在重病康復階段欣然爲慶壽文集作序,足以看出姚先生對李老師的深情厚誼,這也使我們做學生的無比感激。

在李老師八十華誕之際,謹以此文集爲李老師祝壽,祝老師健康長壽,祝老師學術之樹長青!

編　者